Manual do Direito do
AGRONEGÓCIO

O GEN | Grupo Editorial Nacional – maior plataforma editorial brasileira no segmento científico, técnico e profissional – publica conteúdos nas áreas de concursos, ciências jurídicas, humanas, exatas, da saúde e sociais aplicadas, além de prover serviços direcionados à educação continuada.

As editoras que integram o GEN, das mais respeitadas no mercado editorial, construíram catálogos inigualáveis, com obras decisivas para a formação acadêmica e o aperfeiçoamento de várias gerações de profissionais e estudantes, tendo se tornado sinônimo de qualidade e seriedade.

A missão do GEN e dos núcleos de conteúdo que o compõem é prover a melhor informação científica e distribuí-la de maneira flexível e conveniente, a preços justos, gerando benefícios e servindo a autores, docentes, livreiros, funcionários, colaboradores e acionistas.

Nosso comportamento ético incondicional e nossa responsabilidade social e ambiental são reforçados pela natureza educacional de nossa atividade e dão sustentabilidade ao crescimento contínuo e à rentabilidade do grupo.

Renato Buranello

Doutor em Direito Comercial pela PUC/SP, com capacitação docente em Direito & Economia pela Direito FGV/RJ e certificação em Economia Comportamental pela Universidade de Chicago (Booth School of Business). Coordenador do Curso de Direito do Agronegócio do Insper. Vice-Presidente da Associação Brasileira do Agronegócio (ABAG). Membro da Câmara de Modernização do Crédito do Mapa e do Conselho Superior de Agronegócio (COSAG) da FIESP. Presidente do Instituto Brasileiro de Direito do Agronegócio (IBDA).

Manual do Direito do
AGRONEGÓCIO

4ª edição
2025

- O autor deste livro e a editora empenharam seus melhores esforços para assegurar que as informações e os procedimentos apresentados no texto estejam em acordo com os padrões aceitos à época da publicação, *e todos os dados foram atualizados pelo autor até a data de fechamento do livro.* Entretanto, tendo em conta a evolução das ciências, as atualizações legislativas, as mudanças regulamentares governamentais e o constante fluxo de novas informações sobre os temas que constam do livro, recomendamos enfaticamente que os leitores consultem sempre outras fontes fidedignas, de modo a se certificarem de que as informações contidas no texto estão corretas e de que não houve alterações nas recomendações ou na legislação regulamentadora.

- Data do fechamento do livro: *14.07.2025*

- O autor e a editora se empenharam para citar adequadamente e dar o devido crédito a todos os detentores de direitos autorais de qualquer material utilizado neste livro, dispondo-se a possíveis acertos posteriores caso, inadvertida e involuntariamente, a identificação de algum deles tenha sido omitida.

- **Atendimento ao cliente: (11) 5080-0751 | faleconosco@grupogen.com.br**

- Direitos exclusivos para a língua portuguesa
  Copyright ©2025 by **SRV Editora Ltda.**
  Saraiva Jur, um selo da SRV Editora Ltda.
  Uma editora integrante do GEN | Grupo Editorial Nacional
  Travessa do Ouvidor, 11
  Rio de Janeiro – RJ – 20040-040

- Reservados todos os direitos. É proibida a duplicação ou reprodução deste volume, no todo ou em parte, em quaisquer formas ou por quaisquer meios (eletrônico, mecânico, gravação, fotocópia, distribuição pela Internet ou outros), sem permissão, por escrito, da **SRV Editora Ltda.**

- Capa: Fabricando Ideias Design Editorial

- **CIP – BRASIL. CATALOGAÇÃO NA PUBLICAÇÃO.**
  SINDICATO NACIONAL DOS EDITORES DE LIVROS, RJ.

B966m
4. ed.

Buranello, Renato
Manual do direito do agronegócio / Renato Buranello. – 4. ed. – Rio de Janeiro :
   Saraiva Jur, 2025.

Inclui bibliografia
ISBN 978-85-5362-510-9

1. Direito agrário – Brasil. 2. Agroindústria – Brasil. I. Título.

25-98869.0   CDU: 349.42(81)

Gabriela Faray Ferreira Lopes – Bibliotecária – CRB-7/6643

Dedico este livro aos meus filhos Fernando, Santiago e Marina.
"Construímos muros demais e pontes de menos."
Isaac Newton

"O problema do nosso tempo é que o futuro não é mais o que costumava ser."
Paul Valéry

Agradeço a sorte de ter encontrado pessoas admiráveis neste tempo aqui, àqueles que têm paixão pelo estudo e pesquisa deste que é o mais vital setor da economia: o agronegócio. Espero que este livro contribua, agora e no futuro, *com* a produção eficiente e sustentável de alimentos, fibras e bioenergia no Brasil para bilhões de pessoas ao redor do mundo.

PREFÁCIO

O Direito do Agronegócio é o mais novo dos sub-ramos do Direito Comercial. Assim como o societário, cambiário, industrial e outros, ele cuida de institutos jurídicos típicos da relação entre empresários. Não se confunde com o Direito Agrário, cujo objeto gira em torno dos usos da propriedade rural.

Todo brasileiro minimamente bem-informado sabe a importância do agronegócio para a nossa economia. No entanto, chamado a definir essa atividade, talvez não consiga ir além de vagas referências à produção rural. O agronegócio, contudo, é algo bem mais extenso e complexo. Ultrapassa os limites do campo. Aliás, muitos dos profissionais da área trabalham diante de computadores, em escritórios com ar-condicionado, nos modernos prédios de grandes centros urbanos e, talvez, nunca tenham sujado as botas em uma fazenda.

Para entender o que vem a ser o agronegócio, convém partir daquela clássica, e bastante conhecida, divisão da economia em três setores: primário (agricultura, pecuária e outras atividades extrativistas), secundário (indústria e comércio atacadista) e terciário (varejo e serviços). O agronegócio simplesmente não se encaixa nessa classificação, por ser uma atividade que "atravessa" os três setores, unindo atividades agrícolas, industriais e de serviços. O agronegócio é o exemplo mais acabado do que os economistas chamam de "rede negocial", conceito baseado em estudos desenvolvidos desde os anos 1950, pelos Professores John Davies e Ray Goldberg, da Universidade de Harvard (*production chain*) e na ciência econômica francesa (*filières*). Consiste em um articulado conjunto de contratos, operações financeiras e negócios, ligado à produção agrícola.

O agronegócio não se limita, assim, especificamente à plantação e ao cultivo das *commodities* agrícolas (cana, soja, milho, trigo, café etc.), embora essa atividade esteja no centro da rede agronegocial. Também a integram a produção e a comercialização de sementes, adubos e demais insumos, distribuição, armazenamento, logística, transporte, financiamento, conferência de qualidade e outros serviços, bem como o aproveitamento de resíduos de valor econômico. É, na verdade, a interligação racional de todas essas atividades econômicas que compõe o agronegócio, e não cada uma delas em separado.

Para ilustrar como se dá essa interligação, considerem-se dois empresários da rede: um agricultor que planta soja e uma companhia *trading*. O primeiro entende tudo sobre a produção da soja. Conhece as técnicas de plantio, os meios apropriados para a prevenção de pragas, a melhor época para a colheita etc. No entanto, embora entenda tudo sobre produção de soja, não tem conhecimento suficiente para acompanhar com facilidade as oscilações do preço do produto no comércio internacional, nem para se proteger de eventuais quedas na cotação, que podem comprometer todo o seu esforço empresarial.

Já os operadores da companhia *trading* entendem tudo sobre o mercado internacional da soja, acompanham as cotações do produto e sabem acionar sofisticadas medidas de proteção contra as oscilações nos preços. Em geral, trabalham com olho nos mercados de produtos variados, mas talvez não conseguissem, em uma viagem ao campo, distinguir a plantação de soja da de cana-de-açúcar. Nem precisam, para bem desenvolver seus trabalhos, desse conhecimento. Devem estar bem familiarizados, porém, com os instrumentos financeiros pelos quais investidores do mundo todo chamam para si o risco das oscilações nos preços das *commodities* agrícolas.

O agronegócio é a rede em que se encontram o produtor rural (que sabe plantar e colher soja, mas não compreende nem quer se expor aos riscos da variação dos preços) e a *trading* (cuja *expertise* é o mercado internacional de *commodities* agrícolas e os instrumentos financeiros que podem poupar os produtores rurais das oscilações dos preços). Cada um, cuidando daquilo que sabe fazer melhor, contribui para a plena eficiência da integração racional da rede de negócios.

Em relação aos princípios formadores do Direito do Agronegócio, podem-se divisar quatro: a) função social da cadeia agroindustrial; b) desenvolvimento agroempresarial sustentável; c) proteção da cadeia agroindustrial; e d) integração das atividades da cadeia agroindustrial.

Quanto ao primeiro, uma especialização do princípio da função social da empresa, as atividades econômicas exploradas na cadeia agroindustrial contribuem especialmente para a proteção do meio ambiente e para o aumento da produção de alimentos, fibras e bioenergia. Esse aumento da produção é essencial para o enfrentamento dos desafios globais propostos pelo crescimento populacional, visando à segurança alimentar. Importa que as atividades desenvolvidas na agricultura, pecuária, exploração florestal e pesca pressupõem o uso adequado do solo, da água e dos recursos genéticos animais e vegetais e, ainda, a execução de processos tecnicamente apropriados e economicamente equilibrados. O princípio da proteção da cadeia do agronegócio define-a como um bem jurídico que a lei tutela em razão do interesse nacional. E, finalmente, pelo princípio da integração das atividades econômicas da cadeia agroindustrial, o interesse na preservação desta prevalece sobre os interesses individuais dos empresários que nela operam. A respeito destes dois últimos, cabem mais algumas considerações.

O interesse nacional volta-se à proteção da própria rede agronegocial, isto é, da integração racional de atividades econômicas, que acabam se tornando bastante interdependentes. Para a economia brasileira, interessa a plena eficiência dessa integração. Cada uma das atividades do agronegócio, quando isoladamente consideradas, não tem, de longe, a mesma relevância para o País que a rede de contratos e operações tomada como um conjunto integrado. A lei deve proteger o interesse nacional na integração do agronegócio. A distribuição de riscos entre os diversos empresários que atuam na rede, estabelecida pelos contratos que celebram, deve ser preservada para que a atividade continue crescendo e contribuindo para o desenvolvimento da economia brasileira.

Em razão da supremacia do interesse público (inclusive o nacional) sobre o individual, valor próprio de todos os ramos do direito contemporâneo, quando dois empresários da rede agronegocial se desentendem, relativamente ao contrato que celebraram, o juiz não pode se ater à relação negocial isoladamente considerada. Ao contrário, deve resolver o conflito desconsiderando os interesses específicos dos contratantes e adotando a decisão que corresponda ao interesse nacional, de todos os brasileiros, qual seja, a decisão que assegure a preservação da própria cadeia integrada de negócios. Como as atividades do agronegócio, por definição, se tornam interdependentes, cada empresário, compondo um elo da imensa cadeia econômica, deve cumprir as obrigações contratadas para que não se comprometam a existência e a consistência da própria rede. Para a economia brasileira, interessa a integridade da integração.

Na verdade, o interesse na preservação da cadeia agronegocial é, a rigor, transnacional e extrapola o âmbito do nosso país. Projeções apontam que a segurança alimentar de toda a humanidade depende muito do regular desenvolvimento do agronegócio brasileiro. Quando a lei assegurar a proteção da cadeia, acima dos interesses individuais dos empresários que a compõem, estará tutelando também os direitos dos povos de todo o mundo e das gerações futuras.

O livro que o leitor tem às mãos é o primeiro compêndio sistematizado desse novo sub-ramo do Direito Comercial. Seu autor, Renato Buranello, é, sem favor algum, o maior especialista em Direito do Agronegócio no Brasil. Além de forte liderança do setor, esse advogado paulista é Doutor e Mestre em Direito Comercial pela Pontifícia Universidade Católica de São Paulo. Estudioso sério e dedicado, conhece como ninguém os assuntos tratados neste Manual. Tem a experiência dos advogados competentes, mas não desdenha a reflexão teórica e sua importância; tem a profundidade dos acadêmicos, mas não se perde, inebriado, nos devaneios da academia.

A importância do agronegócio para a economia brasileira é inquestionável. Para que possamos contar com quadros de profissionais do direito realmente preparados para cuidar dos conflitos de interesses entre os empresários do setor, com os olhos voltados à preservação da rede de negócios, é imprescindível que os comercialistas se dediquem ao estudo e ao desenvolvimento desse novo sub-ramo jurídico. Certamente para alcançarmos objetivo tão ingente, este Manual servirá como importantíssimo instrumento.

FÁBIO ULHOA COELHO
Professor Titular de Direito Comercial da PUC-SP

SUMÁRIO

Prefácio VII

Introdução 1

CAPÍTULO 1
DESENVOLVIMENTO, CONCEITO E REGIME JURÍDICO DO AGRONEGÓCIO

1.1. Desenvolvimento histórico do agronegócio.. 5
1.2. Sistema agroindustrial e conceito de agronegócio................................. 17
1.3. Política agrícola... 22
1.4. Direito Agrário e regime jurídico do agronegócio 29
1.5. Planejamento estatal estratégico e futuro do agronegócio 36

CAPÍTULO 2
OBJETO, CARACTERÍSTICAS E MERCADOS AGRÍCOLAS

2.1. Caracterização das *commodities* agrícolas 45
2.2. Gestão do risco da produção agroindustrial.. 49
2.3. Defesa agropecuária 59
2.4. Mercados agrícolas e bolsas de mercadorias e futuros.......................... 66
2.5. Contrato futuro e derivativos agropecuários.. 74
2.6. Comércio internacional, subsídios agrícolas, medidas sanitárias e fitossanitárias.. 82
2.7. A relevância do Brasil na geopolítica agroalimentar............................. 98

CAPÍTULO 3
BIOTECNOLOGIA E PROTEÇÃO DA PROPRIEDADE AGROINDUSTRIAL

3.1. O desenvolvimento da atividade e a biotecnologia............................... 103
3.2. Proteção jurídica da inovação 108

3.3. Regime jurídico da patente agroindustrial 127
3.4. Proteção dos sinais distintivos no agronegócio 131
3.5. Proteção legal de cultivares 136
3.6. Mudanças e perspectivas da nova regulação sobre agrotóxicos 143
3.7. Agricultura regenerativa 147

CAPÍTULO 4
ESTABELECIMENTO RURAL E CONTRATOS AGRÁRIOS

4.1. Estabelecimento e empresário rural e a agricultura familiar 155
4.2. Cooperativas agrícolas 160
4.3. Teoria contratual e contratos agrários 169
4.4. Parceria e arrendamento rural 179
4.5. Contrato de integração vertical 194
4.6. Contrato de depósito de produtos agropecuários 200
4.7. Monitoramento agrícola e administração colateral de estoques 205

CAPÍTULO 5
FUNDAMENTOS DO FINANCIAMENTO DO AGRONEGÓCIO

5.1. Funções do mercado financeiro e de capitais 211
5.2. Garantias fidejussórias, características gerais e constituição 219
5.3. Garantias reais: penhor, hipoteca e alienação fiduciária 223
5.4. Patrimônio rural em afetação 239
5.5. Execução de garantias e recuperação judicial 244
5.6. Recuperação judicial do produtor rural e créditos extraconcursais especiais ... 263

CAPÍTULO 6
SISTEMA PÚBLICO E CRÉDITO RURAL

6.1. Crédito rural, características e operacionalização 279
6.2. Cédulas de crédito rural 287
6.3. Linhas específicas BNDES 296
6.4. Programas e instrumentos de serviços ecossistêmicos 309
6.5. Regulação do mercado de carbono 326

CAPÍTULO 7
SISTEMA PRIVADO DE FINANCIAMENTO

7.1. Características gerais dos títulos de crédito	335
7.1.1. Direitos creditórios do agronegócio	342
7.1.2. Registro e custódia em entidade autorizada	347
7.1.3. Penhor ou cessão fiduciária de recebíveis	352
7.1.4. Oferta e distribuição de títulos e valores mobiliários	358
7.2. Cédula de Produto Rural (CPR)	365
7.3. Certificado de Depósito Agropecuário e *Warrant* Agropecuário (CDA/WA)	375
7.4. Certificado de Direitos Creditórios do Agronegócio (CDCA)	381
7.5. Letra de Crédito do Agronegócio (LCA)	383
7.6. Certificados de Recebíveis do Agronegócio (CRA)	388
7.7. Fundos de Investimento das Cadeias Agroindustriais (Fiagros)	395

CAPÍTULO 8
SEGURO E COBERTURA DOS RISCOS AGROINDUSTRIAIS

8.1. Fundamentos da atividade securitária	417
8.2. Seguro rural	422
8.3. Seguro garantia	429
8.4. Seguro de crédito	434
8.5. Fundamentos do Projeto de Lei n. 2.951/2024	439

CAPÍTULO 9
RESTRIÇÕES AO IMÓVEL RURAL: AQUISIÇÃO E ARRENDAMENTO POR ESTRANGEIRO E MARCO TEMPORAL

9.1. Investimento estrangeiro nas cadeias de produção	441
9.2. Função social da propriedade rural	446
9.3. Empresa de capital nacional e formas de controle	454
9.4. Restrição à aquisição de imóvel rural	460
9.5. Marco Temporal	466
9.6. Principais aspectos do atual Projeto de Lei n. 2.963/2019	468

CAPÍTULO 10
TUTELA DO MEIO AMBIENTE E ATIVIDADE AGRÍCOLA

10.1. Sustentabilidade e produção rural 477

10.2. Unidades de conservação, áreas de preservação permanente e reserva legal ... 485

10.3. Uso dos recursos naturais, fertilizantes e agrotóxicos 498

10.4. Cadastro Ambiental Rural (CAR) e Programa de Regularização Ambiental (PRA) 508

10.5. Responsabilidade ambiental das instituições financeiras 515

10.6. Bioeconomia e meio ambiente como oportunidade 526

Referências 537

INTRODUÇÃO

Em outubro de 1945, a Organização Mundial das Nações Unidas (ONU) lançava um esforço mobilizador para impulsionar a agricultura nos países pobres e em desenvolvimento. Naquele mesmo ano, era criada a Organização das Nações Unidas para a Agricultura e Alimentação (FAO). Nas décadas que se seguiram à Revolução Verde, os preços foram influenciados pelos choques de oferta. Os ganhos de produtividade, com a incorporação de novas tecnologias, eram repassados para o preço final, de modo que o custo da cesta básica sofria queda no seu valor real.

O contexto do atual agronegócio brasileiro deve ser acompanhado da compreensão dos conceitos e teorias econômicas aplicadas na formação da conceituação dos Sistemas Agroindustriais (SAGs). As nuances da atividade impõem concepção tradicionalmente econômica. O agronegócio representa a soma das operações de produção e distribuição de suprimentos, das operações de produção nas unidades agrícolas, do armazenamento, processamento e distribuição dos produtos agrícolas e itens produzidos a partir deles como subprodutos e resíduos de valor econômico.

Os SAGs foram pensados para desenvolver análises que valorizam a coordenação entre os agentes e a redução dos custos de transação, respondendo pela implantação de novo conceito com a participação indissolúvel da agricultura e da indústria. A implantação desses sistemas permitiu a integração de variados recursos em contexto sistêmico e organizado, transformando a agricultura tradicional.

Ao dizer sobre o agribusiness, vemos base teórica derivada da teoria da produção e pautada na matriz insumo-produto e na teoria dos custos de transação, na sequência das transformações sofridas na esteira econômica da atividade, em especial, na relação da produção rural com a indústria. O enfoque está na coordenação do agronegócio, no desenvolvimento de itinerário físico e conjunto de agentes e de operações que permitem a exploração da atividade produtiva, até o consumidor final.

O desenvolvimento das atividades e a tecnificação da agricultura a aproximaram das atividades originalmente industriais. Com isso, passa a ser necessário importar teorias econômicas e organizacionais, que confiram maior organização e integração às atividades desenvolvidas no contexto agroindustrial. É o caso da Teoria da Organização Industrial (OI), que analisando a forma como os processos de mercado orientam as atividades dos produtores para melhor atendimento da demanda consumidora, é capaz de apresentar arcabouço de análise sobre como esses processos se ajustam ou podem ser ajustados para alcançar o desempenho mais próximo possível de um padrão ideal.

De igual relevância, a Economia dos Custos de Transação (ECT) impõe centralidade entre os agentes econômicos como condição para a organização e o desenvolvimento da economia, trazendo interpretações sobre o funcionamento das firmas e dos mercados, tendo na transação e em seus custos o elemento base de análise. Sob a sua visão, a firma é um complexo de contratos que objetivam diminuir os custos de transação, tornando efetivamente eficiente apenas aquele capaz de o fazer.

Os sistemas – também, os SAGs –, passam por mudanças ao longo do tempo, que podem gerar perturbações nas relações entabuladas pelas vias contratuais. Por isso, os contratos estabelecidos entre os agentes devem ser bem sistematizados e interpretados, em abordagem cujo foco reside na coordenação, sem o afastamento da busca por elementos analíticos. Os SAGs podem, sob essa ótica, ser observados como um composto de firmas, com distintos níveis de coordenação vertical, que se interrelacionam via mercado ou contratos e sobre os quais pairam as regras do jogo, ou seja, as condições mínimas do ambiente nos quais ocorrem as transações e que interferem na definição de objetivos das organizações e em suas estruturas de governança.

A teoria econômica, portanto, contribui na percepção de que os negócios não ocorrem em mercados de livre comércio, com informações perfeitas e simétricas, de forma a que certos institutos jurídicos são capazes de produzir incentivos completamente distintos dos esperados. A essência de uma abordagem de Análise Econômica do Direito está na insistência de que todos os custos e benefícios, inclusive os não pecuniários, devem ser levados em conta quando da decisão sobre a eficiência de uma norma.

Com base no exposto, desenvolve-se o panorama capaz de direcionar os estudos sobre o Direito do Agronegócio, que resvala na compreensão de que o agronegócio, ainda que parta da divisão da economia em três setores, a isso não se limita. O crescimento e a eficiência do agronegócio crescem de uma visão integrada da atividade que deixou de contemplar, exclusivamente, as atividades ligadas ao cultivo da terra e à cria e recria de animais, passando a cuidar de extensa cadeia de negócio, que cuida de objetos jurídicos variados.

A expressão Direito do Agronegócio passa a ser cunhada para caracterizar o conjunto de normas jurídicas que disciplinam as relações decorrentes da produção, armazenamento, comercialização, financiamento e distribuição de alimentos, fibras e bioenergia do complexo agroindustrial; se expressa de forma própria, ao identificar, de imediato, o conceito de relações intersubjetivas regradas: os modelos de fornecimento de insumos, os agentes privados de produção, a empresa agroindustrial, as formas de integração contratual, a relação com as formas de comercialização, as negociações internacionais e os instrumentos do mercado financeiro e de capitais.

O Brasil tem papel privilegiado no tratamento de grande desafio global de garantia da segurança alimentar com sustentabilidade e qualidade. Entender os conceitos e valores que envolvem o desenvolvimento do agronegócio brasileiro e seu regime jurídico aplicável é o primeiro passo. Além de ser importante player mundial no abastecimento de alimentos, fibras e bioenergia, o Brasil desenvolveu modelo de agricultura adaptada aos trópicos que garantiu aumento da produção em 385%, enquanto a área agrícola aumentou apenas 32%.

Ao mesmo passo, a agropecuária mundial passa por grandes transformações econômicas, culturais, tecnológicas, sociais, ambientais e mercadológicas, que acontecem simultaneamente em diferentes direções e em alta velocidade. O crescimento populacional, a maior longevidade humana, a urbanização, o incremento da classe média e as mudanças no comportamento dos consumidores levam a importantes projeções, que demonstram que até 2030 será necessário aumento de 35% de produção mundial de alimentos. A maneira como essa demanda será suprida impacta as bases de recursos naturais. Aumentar a produção de alimentos implica identificar tecnologias que contribuam para a redução de emissões de gases de efeito estufa e a utilização média de recursos naturais.

Um dos principais desafios globais é a realização de investimentos em tecnologias para mitigação da mudança do clima e para a redução dos seus impactos nos setores produtivos, principalmente, na agricultura. Os grandes desafios estão resumidos na Agenda 2030 para o Desenvolvimento Sustentável, da ONU – constituída por 17 ODS. O pacto global constitui compromisso político que envolve praticamente toda a comunidade internacional.

Visando adaptar-se às novas demandas mundiais, bem como, aprimorar o exercício da atividade agropecuária no país, foram apresentadas algumas megatendências ao setor para os próximos anos, nas quais aparecem sustentabilidade, adaptação à mudança do clima, digitalização do agronegócio (agrodigital), intensificação tecnológica e concentração da produção, transformações rápidas no consumo e na agregação de valor, biorrevolução, integração de conhecimentos e de tecnologia e incremento da governança e dos riscos.

Questão de primeira ordem à produção, a sustentabilidade é também expressa na biorrevolução em que se insere a economia brasileira, na constituição de verdadeira bioeconomia. A crescente preocupação mundial com o meio ambiente direciona a atenção a uma nova economia de baixo carbono, com base na biotecnologia, na agricultura, na biodiversidade e nas energias limpas. Esses movimentos convergem em longa transição energética, não mais direcionada à extração de recursos naturais, mas sim, em seu cultivo para a produção de combustíveis, medicamentos, insumos agrícolas e materiais utilizados na indústria. A bioeconomia, dessa forma, pode ser apontada como a ciência que estuda os sistemas biológicos e os recursos naturais, aliados ao uso de novas tecnologias, com o propósito de criar produtos e serviços mais sustentáveis.

O Brasil possui a maior biodiversidade de flora e fauna do planeta. O uso racional desses recursos é capaz de contribuir à alavancagem da economia nacional, inserida em contexto macroeconômico de cadeia sustentável. Para isso, porém, necessário melhor ambiente jurídico e econômico, com vistas a conferir a devida segurança a que os agentes de produção sejam capazes de exercer suas atividades, de forma a integrar a produção, economia e sustentabilidade, para que se atenda à demanda crescente global.

Até 2050, o Brasil deverá ser responsável por 40% do aumento projetado de consumo de alimentos e bioenergia produzidos no mundo.

A criatividade e a inovação tecnológica tiveram papel central no desenvolvimento da agroindústria brasileira, até o momento. Agora é imperioso ganho qualitativo no melhor planejamento por meio de política agrícola de longo prazo orientada para pesquisa, crédito, gestão de risco e capacitação das instituições e agentes na agregação de valor aos produtos alimentares e não alimentares dos Sistemas Agroindustriais. Ainda, a sustentabilidade agroindustrial exigirá um novo enfoque na melhor interpretação e integração dos aspectos econômico, social e ambiental: uma melhor inter-relação de propriedades sustentáveis, capacitação e assistência técnica, evolução do cooperativismo e definitiva participação do mercado de capitais na monetização das safras.

No regime jurídico da atividade, uma nova posição econômica demanda uma nova sistematização, na busca de soluções específicas a uma nova realidade dos mercados, daí a necessária integração de um subsistema jurídico com o Direito do Agronegócio, no conjunto de normas que busque melhor regular as atividades econômicas agroindustriais e seus mercados. É o Direito, como superestrutura, que dá forma à infraestrutura econômica e seus mercados.

CAPÍTULO 1

DESENVOLVIMENTO, CONCEITO E REGIME JURÍDICO DO AGRONEGÓCIO

1.1. DESENVOLVIMENTO HISTÓRICO DO AGRONEGÓCIO

Os primeiros registros de áreas agrícolas foram localizados em vales dos rios Nilo, Eufrates, Tigre, Indo e Amarelo. Com o tempo, a produção agrícola aumentou em razão da utilização da irrigação, bem como pelo melhor aproveitamento da terra e pela diversificação de culturas. Os cereais eram cultivados de acordo com o tipo de solo e clima de cada região; assim, em 800 a.C., o trigo e a cevada eram plantados no Oriente Médio, o arroz na China, e no sudeste asiático determinada variedade de trigo. Com a melhoria nas técnicas de cultivo e criação de animais, os produtores começaram a dispor de excedentes, o que levou as comunidades a realizarem comercialmente outras atividades relacionadas à produção agropecuária.

Com o advento da agricultura, foi possível à humanidade aglomerar-se em locais específicos, e o comércio passou a ser realizado com base na troca direta de produtos. O homem, até então um ser nômade e extrativista, passou a se fixar com mais constância em determinados lugares. Essa transformação de hábitos criou as condições para a apropriação, por alguns, não só dos meios e instrumentos de produção (terra, arado etc.), mas também de tudo o que era produzido.[1] Ocorriam feiras organizadas por pequenos grupos de comerciantes amadores, mas, além desse tipo de comércio, existia outro praticado pelos mercadores judeus, que traziam especiarias e tecidos do norte da África ou do Império Bizantino. Nas regiões temperadas da Europa, depois do desflorestamento, a agricultura criou um novo sistema de cultivo, por meio de plantações de pastagens e criação de gado, utilizando, para isso, ferramentas manuais. A maioria das terras agrícolas da Europa Ocidental e Central estava dividida em áreas conhecidas como "feudos".

Na propriedade feudal, a terra arável se dividia em duas partes. Uma delas pertencia ao senhor e era chamada de seus "domínios", enquanto a outra ficava em poder

---

[1] COELHO, Fábio Ulhoa. *Princípios do direito comercial*: com anotações ao projeto de Código Comercial. São Paulo: Saraiva, 2012. p. 27-28.

dos arrendatários que trabalhavam na terra.[2] Com a expansão da moeda, surgiram também outros produtos de grande aceitação comercial, o que despertou o mundo feudal para as formas de cultivo e de comercialização praticados, passando a desenvolver o comércio de maneira mais intensa. Inicia-se a busca por novas terras para colonização e exploração. Com os portugueses partindo na frente, à medida que passava o século XV, o Brasil mais se aproximava do seu horizonte histórico.[3] Inicialmente, a metrópole explorou o pau-brasil, atividade econômica desenvolvida por mais de 370 anos, até que o corante extraído da madeira deixou de interessar à indústria têxtil. Posteriormente, a cultura da cana tornou-se a principal atividade, sendo explorada por vários séculos, e não raramente o valor das exportações de açúcar era maior que o das remessas de ouro e de pedras preciosas para a metrópole. Os portugueses produziam também a cachaça e o tabaco, produtos que eram trocados por escravos, e, em menor escala, exploravam o algodão e o cacau.

No período colonial brasileiro, a agricultura de exportação fez parte do novo processo mundial de expansão mercantilista, visto que na época predominava o monopólio e a metrópole tinha exclusividade para comercializar tudo o que era aqui produzido. O açúcar, após o declínio da exploração do pau-brasil, foi o grande produto de exportação produzido na colônia, tendo seu apogeu em Pernambuco no período entre 1570 e 1650. A indústria açucareira da época processava a cana e exportava o açúcar, produto líder das exportações até as primeiras décadas do século XIX.

Em meados do século XVIII, algodão, tabaco e cacau foram exportados, e no século XIX surgiu um produto novo, o café. Primeiro foi plantado na região do Vale do Paraíba fluminense e paulista, bem como no sul de Minas Gerais; depois, nos anos de 1870 e 1880, no oeste paulista e sudeste de Minas Gerais. O café suplantou o açúcar como principal produto de exportação, posição que foi mantida até os anos 1930. Outra mercadoria importante foi a borracha, explorada na região amazônica, com grande participação nas exportações brasileiras, principalmente no final do século XIX e início do século XX.

O desenvolvimento e a mecanização agrícola estavam intimamente ligados à modernização da agricultura. Entre a Primeira Guerra Mundial e o fim da década de 1940, a produção agrícola europeia, já deficiente em razão da Primeira Guerra Mundial, sofreu ainda mais com as importações de produtores mais eficientes do Novo Mundo, da Austrália e dos países da América. A mecanização completa da agricultura norte-americana e o advento da era do automóvel significaram o fim do estilo de vida rural tradicional nos Estados Unidos. Na Europa, milhões de produtores agrícolas também abandonaram as zonas rurais e foram para as cidades. O cotidiano rural europeu não sobreviveu aos fatores da importação de alimentos, mecanização

---

[2] HUBERMAN, Leo. *História da riqueza do homem*. 21. ed. Rio de Janeiro: LTC, 1986. p. 4.
[3] FURTADO, Rogério. Agribusiness *brasileiro*: a história. São Paulo: Evoluir Cultural, 2002. p. 19.

do campo e desenvolvimento da indústria automotiva. Ainda assim, alguma produção agrícola tradicional foi mantida ao longo da década de 1950 por meio da ajuda financeira dos governos.

No Brasil, em decorrência da abertura dos portos em 1808, houve a derrocada do sistema colonial. Superado o exclusivismo português, iniciou-se o processo de internacionalização do País, o que deu aos principais centros da ex-colônia, especialmente os portuários, um caráter cosmopolita. Ao longo do século, houve um despertar geral de consciência em torno da possível constituição de um Estado Moderno, com a consequente organização e melhoria do comércio, desenvolvimento dos meios de transporte e de comunicação, bem como a instalação de indústrias e investimentos na produtividade agrícola.[4] Lavouras como as de café, cana, algodão, borracha, cacau e fumo respondiam por mais de 85% das exportações, mesmo com a falta de comunicação entre as regiões produtoras e a formação de novos centros econômicos.

Em decorrência da acelerada industrialização ocorrida entre 1930 e 1980, o Estado brasileiro foi reestruturado e suas áreas de atuação, ampliadas. Nesse período, aconteceram dois fatos marcantes na economia interna e internacional: excesso de produção de produtos agrícolas destinados à exportação e o *crash* de 1929. Com a intervenção do Estado após 1930, foram criadas diversas autarquias com a finalidade de regular os vários setores da economia agrária, como o Instituto do Açúcar e do Álcool (IAA), para a indústria açucareira, e o Instituto Brasileiro do Café (IBC), para o café, além de uma política de controle da produção, que comprava e estocava o excedente. A partir da década de 1960, com a execução do plano de metas elaborado pelo governo de Juscelino Kubitschek, concretizou-se a projetada industrialização do Brasil, com o surgimento de moderno parque industrial e políticas voltadas para a condução de uma nova agricultura de exportação. Após 1964, as autarquias reguladoras foram esvaziadas e desapareceram durante o governo Collor.[5]

A modernização da agricultura brasileira ocorreu, de forma definitiva, durante o regime militar, mediante o acesso a máquinas e implementos, a maior utilização de fertilizantes e demais insumos agrícolas industrializados e o relacionamento mais intenso entre os diversos setores da economia. O regime militar retomou políticas públicas voltadas para a criação de uma agricultura altamente técnica, eliminando-se o atraso existente no setor, que era mantido estagnado pela falta de modernas políticas de produção. As novas diretrizes consistiam na expansão das fronteiras agrícolas, concessão de créditos e subsídios para o setor, utilização de novas tecnologias e privilégios aos produtos de exportação ou vinculados a programas energéticos, como o Proálcool.

---

[4] MOTA, Carlos Guilherme (org.). *Viagem incompleta*: a experiência brasileira. 2. ed. São Paulo: Senac, 2000. p. 290.
[5] Ver introdução à obra: FREYRE, Gilberto. *Novo mundo nos trópicos*. São Paulo: Nacional, 1971.

As transformações ocorridas na década de 1960 foram chamadas propriamente de revolução verde. Essas mudanças centravam-se no intenso processo de mecanização da agricultura e da pecuária, o que pôde ser percebido pela quantidade de máquinas e fertilizantes utilizados e, também, pelo grande consumo de sementes selecionadas, rações, medicamentos veterinários etc., empregados nas diversas fases de cultivo e criação de animais. De outro modo, também o uso da análise econômica para o estudo do financiamento dos mercados representou importante contribuição para a definição de políticas públicas. O financiamento do mecanismo de preços como indutor de fluxos de comércio, a profissionalização das agroindústrias, a participação das *trading companies* e a alocação de recursos, de modo geral, realinhando os desafios em uma nova empresa multidisciplinar.

Até a década de 1970, o Brasil tinha dificuldades na agricultura, de forma a ainda contar com a importação de alguns alimentos básicos. Nossas exportações dependiam principalmente do café, cujas oscilações de preço no mercado internacional geravam volatilidade na taxa de câmbio, prejudicando os demais setores, inclusive a indústria. Nos anos seguintes, os investimentos na formação e capacitação humana em vários campos do conhecimento, principalmente em pesquisa e inovação tecnológica, tornaram o País autossuficiente, nada obstante o crescimento forte da população. Por trás da expansão da fronteira agrícola do cerrado, há um conjunto de inovações tecnológicas que transformaram a agricultura tropical brasileira. O governo apoiou pesquisas para adaptar as culturas das zonas temperadas, como a soja, para o trópico brasileiro, além de desenvolver pessoas que pudessem resolver problemas, como a inadequação do solo para a agricultura do Centro-Oeste, demasiadamente pobre em nutrientes e ácido.[6] Ao longo dos últimos 15 anos, a 2ª expansão da fronteira agrícola ocorreu na direção da região do MATOPIBA (Maranhão,[7] Tocantins, Piauí e Bahia), com a adoção de práticas de agricultura de precisão e eficiência no uso dos recursos.

A entrada dos anos 1980 já apontava uma nova realidade do agro, que passou a ser observado sob a ótica empresarial, com a união entre produção-indústria, desenhando o que hoje conhecemos por agroindústria. O processo de industrialização proporcionou consideráveis ganhos de produção, principalmente aqueles direcionados ao comércio agrícola mundial. O mundo deixou de ser visto como um modelo fechado,

---

[6] A Embrapa financiou a formação de cerca de 2.000 técnicos em boas universidades, muitas foras do Brasil. Além disso, existiam pesquisadores competentes em universidades públicas como Esalq, Viçosa e várias outras, assim como em centros privados e públicos de pesquisa (LISBOAS, Marcos. Estado e desenvolvimento. *Folha de S.Paulo*, 12 ago. 2023).

[7] Em meados dos anos 1990, a renda média por habitantes dos moradores do Maranhão era de R$ 335 por mês, apenas 35% da renda média do Brasil. A chegada da soja ao sul do estado permitiu que a renda média dos moradores da região crescesse 235% desde então, muito acima do que ocorreu na renda média do País e em outras áreas do estado (LISBOAS, Marcos. Estado e Desenvolvimento. *Folha de S.Paulo*, 12 ago. 2023).

representado na política vigente no início do século XX, passando a ser observado em um contexto de sistemas compostos por diversos agentes, como fornecedores de insumos, produtores rurais, indústrias processadoras, distribuidores, armazéns, certificadoras, operadores logísticos etc., visando a atender o consumidor em suas novas e crescentes demandas e contando com a participação do mercado financeiro e políticas públicas direcionadas à participação do setor privado, entendidas em um contexto de cadeias de produção global.

Ademais, os avanços verificados na produção agroindustrial brasileira têm sido combinados com a ascensão da agricultura sustentável. Traçado com o Código Florestal de 2012, o tema é objeto de constantes debates e implementações significativas no setor ao longo das últimas safras. São diversos os planos governamentais de valorização de uma agricultura ambientalmente positiva. As políticas públicas, importante destacar, apenas refletem a mudança de pensamento da população consumidora que cobra dos agentes produtivos a adequação a padrões de sustentabilidade. Ainda, a demanda dos importadores passa necessariamente por selos de comprovação da produção sustentável e garantia de qualidade, é, pois, a prática ambientalmente correta, também um novo mecanismo de acesso a mercados.[8]

Com ganhos em eficiência produtiva, a agricultura brasileira respondeu às demandas de uma população urbana crescente, ofertando alimentos relativamente mais baratos e acessíveis, contribuindo para a redução de pressões inflacionárias e assegurando a maior nutrição populacional entre as variadas classes sociais. Adicionalmente, a diversificação e a intensificação das exportações agrícolas das últimas décadas foram capazes de criar superávit na balança comercial, ampliando a capacidade de geração de receita no País, além de instigar a maior entrada de capital e investimento, bem como garantir o emprego de relevante parcela da população.

Ainda que desafiador, é equivocado o argumento de que a agricultura produz itens de baixo valor agregado. A tecnologia se consolida, cada vez mais presente, em todas as fases da produção: desde toda a pesquisa e desenvolvimento que levaram à seleção de uma variedade de grãos e os melhoramentos genéticos animais, até os insumos e maquinários avançados que colaboram, significativamente, para o salto de produtividade do setor.[9] Tamanha é a relevância do tema que a Embrapa elencou, entre uma das principais megatendências do agronegócio para a próxima década, justamente a

---

[8] A Embrapa, em pesquisa intitulada "Visão 2030: o futuro da agricultura brasileira", traz a sustentabilidade como tendência dos padrões de consumo, sendo valorizadas por cerca de 21% dos consumidores brasileiros, especialmente em relação ao setor agropecuária. Sustentabilidade e, também, ética são tendências que representam, assim, a valorização da forma como os alimentos são produzidos, processados e comercializados.

[9] LAZZARINI, Sérgio. A indústria virou suco? *Veja*, 1º nov. 2017, p. 65. O autor ainda cita um novo estudo de Dani Rodrik, em coautoria com Xinshen Diao e Margaret McMillan, no qual se examinam experiências em alguns países da América Latina e África.

agregação de valor.[10] Ressalta-se que, entre todos os segmentos industriais, apenas a construção civil encontra-se acima da média do País em matéria de agregação de valor, de acordo com o IBGE.[11]

Além do mais, o agronegócio apresenta o maior fator de multiplicação do valor agregado entre os principais países produtores, o que sugere a existência de uma importante vantagem comparativa para os Sistemas Agroindustriais. Vale lembrar que a agricultura brasileira não é estática ou estável. Há intensa dinâmica espacial, temporal e tecnológica no uso e ocupação das terras, com transformações decisivas ocorrendo nas últimas décadas de forma diferenciada no território nacional. Nos últimos quarenta anos, enquanto a área plantada dobrou, saindo de 40 milhões de hectares em 1980 para cerca de 83,4 milhões em 2020 – considerando lavoura e florestas plantadas –, a incorporação de tecnologias agrícolas tropicais ao processo produtivo multiplicou mais de cinco vezes a produção de grãos.[12] Referido ganho de produtividade, verdadeiro crescimento vertical da produção, foi responsável pelo elevado impacto ambiental positivo em razão das tecnologias denominadas poupa-terra. A safra 2023/2024 obteve 79,82 milhões de hectares de área semeada, mas a estimativa para a safra de grãos de 2024/2025 é aumentar, atingindo a área de 81,34 milhões de hectares.[13]

A interação entre pesquisa, tecnologia e produtividade é relevante para explicar o desenvolvimento agroindustrial no Brasil. Enquanto a tecnologia representou 69,7% da variação da produção, o trabalho correspondeu a 20,3% e a terra, apenas a 10,1%.[14] A ciência aplicada à agricultura explica o enorme excedente destinado ao consumo interno e internacional. O País, por conseguinte, deixou de ser um importador líquido de alimentos para se tornar um dos maiores exportadores mundiais de alimentos, fibras

---

[10] Diretamente vinculada à percepção dos consumidores e, em contrapartida, à crescente obesidade mundial, alimentos de caráter funcional, produtos com apelos de tecnologia limpa e ambientalmente amigáveis, aproveitamento de coprodutos agroindustriais para obtenção de compostos de interesses, agregação de valor pela origem, nanotecnologia, bioeconomia e automação despontam como tendências. A pesquisa, assim, deve ser agora calcada no sistema alimentar como um todo, desde a produção agrícola até a obtenção de alimentos prontos para consumo e que propiciem dietas de alta qualidade. Visando à redução de deficiências e micronutrientes, a pesquisa em biofortificação em culturas continua sendo importante estratégia.

[11] IBGE. *Síntese de indicadores sociais*: uma análise das condições de vida da população brasileira. Rio de Janeiro, 2018.

[12] MIRANDA, Evaristo de. *Os territórios da agropecuária brasileira*: 40 anos de pesquisa e inovação. Campinas: Embrapa Territorial, 2021.

[13] CONAB. *Último levantamento da safra 2023/2024 estima produção de grãos em 298,41 milhões de toneladas*. Disponível em: https://www.conab.gov.br/ultimas-noticias/5728-ultimo-levantamento-da-safra-2023-2024-estima-producao-de-graos-em-298-41-milhoes-de-toneladas. Acesso em: 28 jan. 2025.

[14] VIEIRA FILHO, José Eustáquio Riberio; FISHLOW, Albert. *Agricultura e indústria no Brasil*: inovação e competitividade. Brasília: IPEA, 2017. p. 17-18.

e bioenergia em pouquíssimo tempo.[15] O incremento da produção agrícola e a assunção de importante posição no mercado mundial de alimentos ocorreram ainda garantindo que o suprimento do mercado interno não fosse prejudicado. Pelo contrário, o suprimento doméstico brasileiro teve significativa melhora quando o País se tornou uma potência agroexportadora com a não mais existência de crises de abastecimento. Isso não é coincidência. Em 2021, a participação da indústria de alimentos brasileira foi de 10,6% do PIB, momento em que apenas R$ 244,1 bilhões dos R$ 922,6 bilhões faturados foram exportados, ou seja, cerca de 73,5% do faturamento ficou no mercado interno, o que demonstra, mais uma vez, que o objetivo de agregação de valor do agronegócio vem sendo cumprido.[16] Em 2023, o faturamento da indústria de alimentos e bebidas no PIB nacional foi de 10,7%, correspondendo a R$ 234,9 bilhões de vendas alcançadas. Atualmente, o Brasil é o maior exportador de alimentos industrializados do mundo em volume e ocupa o 5º lugar em valor. São 190 países que importam nossos produtos alimentícios, destacando-se a Ásia (43%), os Países Árabes (16,4%) e a União Europeia (14,6%).[17] Nos últimos 50 anos, os resultados do nosso agronegócio são expressivos, com produtividade crescente cerca de 2,9% ao ano. Em média, os preços dos alimentos pesquisados pela Fipe-USP caíram em termos reais perto de 2% ao ano, barateando a oferta de alimentos para a população. Entre 1975 e 2022, a redução real acumulada dos preços passa de 60%. O aumento da produtividade permitiu o crescimento e a diversificação das exportações, gerando ciclo virtuoso. A expansão da escala de produção induziu aumentos de produtividade, inclusive para enfrentar a concorrência de outros países. O Brasil, entre os principais produtores de alimentos do mundo, foi o que mais aumentou a produtividade total dos fatores na agricultura, nas últimas duas décadas. A expansão do agronegócio, ainda, incentivou o desenvolvimento de insumos e da indústria de equipamentos, de forma a ser significativo o aumento de novas empresas de tecnologia em áreas como agricultura de precisão, automatização, robotização e biotecnologia.[18]

---

[15] Segundo dados da Confederação da Agricultura e Pecuária do Brasil, em 2020 o Brasil foi o maior exportador de soja, café, açúcar, suco de laranja, carne de frango e carne bovina, assumindo o País o *share* mundial desses produtos, respectivamente, de 50%, 33%, 36%, 75%, 32% e 24%.

[16] "No ano 2000, o agronegócio brasileiro exportou, em números redondos, US$ 20,6 bilhões. Ano passado, o número subiu para US$ 120,6 bilhões, ou seis vezes mais em 21 anos. E as exportações de março de 2021 para fevereiro de 2022 chegaram a US$ 127,9 bilhões. (...) O saldo comercial do agronegócio no ano passado foi de US$ 105 bilhões, superpositivo, até porque contribui para a garantia das nossas reservas cambiais. Mas o desejável para o futuro próximo é agregar valor às *commodities* agrícolas com uma indústria moderna e competitiva" (RODRIGUES, Roberto. Supermercado do mundo. *Forbes*, 1º jul. 2022).

[17] ABIA – ASSOCIAÇÃO BRASILEIRA DA INDÚSTRIA DE ALIMENTOS. Números do setor 2024. 2024. Disponível em: https://intranet.abia.org.br/vsn/temp/z2024827NUMEROSDOSETOR2024ONEPAGE.pdf. Acesso em: 28 jan. 2025.

[18] LISBOAS, Marcos. Estado e desenvolvimento. *Folha de S.Paulo*, 12 ago. 2023.

Importante fator para o desenvolvimento da economia agrícola brasileira, as relações internacionais e a abertura de mercados surgiram como ponto de destaque das movimentações do Ministério da Agricultura, ao longo dos últimos anos. Encabeçado pelo então Ministro da Agricultura, Carlos Henrique Baqueta Fávaro, o Brasil teve significativos avanços em novas fronteiras: em pouco mais de 20 meses, o Brasil atingiu meta inédita ao expandir o mercado para 200 novos mercados, sendo 60 deles novos destinos.[19] Há notória relevância na abertura de novos mercados no período de 2019 a 2022, quando o Ministério da Agricultura estava sob a direção de Tereza Cristina. Nesse período, 229 novos mercados foram abertos, num total de 54 países – 26 asiáticos, 19 americanos, 8 africanos e 1 na Oceania. A crise alimentar mundial tem assumido condão multidimensional, especialmente desde a pandemia da Covid-19, seguida por guerras fiscais e comerciais e reforçada em mudanças do clima, resultando o aumento da volatilidade dos preços, das incertezas, elevação nos custos de produção e insegurança alimentar. O Brasil assume o potencial de salvaguardar a segurança alimentar. Hoje, somos o 3º maior exportador do mundo – atrás apenas de Estados Unidos e do Bloco União Europeia e Reino Unido –, atingindo mais de 200 países, com Produtividade Total dos Fatores (PTF) que cresce 3,5% ao ano e tecnologia tropical única, que caminha na vanguarda mundial.

Dados obtidos pelo relatório do Insper Agro Global[20] apontam queda de 1,3% no valor das exportações no agronegócio, comparando o ano de 2023 e 2024, em razão da menor safra de grãos no período e dos preços mais baixos de algumas *commodities*, como a de soja e milho. O ano foi marcado por imprevisibilidade climática, fato que impediu os produtores de prepararem-se para as fortes chuvas, ou secas extremas.

Atualmente, há forte demanda na China, a qual permanece como o país que mais importa produtos agrícolas brasileiros. Entretanto, há uma diferença entre a satura dos mercados e o aumento ou diminuição das exportações. Mesmo com a alta demanda chinesa, as exportações do agronegócio brasileiro sofreram queda de 16,9% (comparado ao ano de 2023), em relação à China e a Hong Kong. Essa baixa no mercado

---

[19] De janeiro a setembro de 2024, o Ministério da Agricultura e Pecuária (Mapa) e o Ministério das Relações Exteriores (MRE) foram responsáveis pela abertura de 122 novos mercados, divididos mensalmente em: 9 novos mercados em janeiro, constando 5 diferentes países; 7 em fevereiro e 6 novos países; 10 mercados em março e 7 países; 5 em abril e 3 países; 15 em maio, com 10 países; 26 novos mercado em junho e 13 países diferentes; 16 em julho, sendo 9 novos países; 15 em agosto; e 19 novos mercados em setembro, com 10 novos destinos.

[20] CARDOSO, Victor M.; GILIO, Leandro; JANK, Marcos S. Evolução histórica e análise do desempenho das exportações do agronegócio em 2024. *Insper Agro Global*, jan. 2025. Disponível em: https://agro.insper.edu.br/storage/papers/January2025/Exportac%CC%A7o%CC%83es%20e%20Importac%CC%A7o%CC%83es%20AGRO%20-%20Histo%CC%81rico%20e%20Balanc%CC%A7o%20de%202024.pdf. Acesso em: 28 jan. 2025.

decorre de quedas no complexo da soja e de milho. A participação da China nas exportações agrícolas brasileiras corresponde a 31%. O salto chinês é impressionante: em 2000, apenas 5% de nossa produção era destinada aos asiáticos.[21] O Sudeste Asiático, o Oriente Médio e o Norte da África, em virtude do aumento da renda *per capita* e da urbanização, apresentam-se como destinos promissores para o mercado agropecuário brasileiro. No futuro, Índia (Sul da Ásia) e África, em decorrência do crescimento populacional, devem aumentar, ainda mais, as suas participações no comércio agrícola brasileiro. Vale ressaltar que, em relação à América Latina, houve queda nas vendas agropecuárias advindas do Brasil.

A desigual distribuição populacional e dos recursos naturais no mundo explicam, ao menos em parte, a dependência de produtos do exterior pela Ásia. Enquanto os chineses têm 20% da população mundial, possuem apenas 8% de terras aráveis e 5% da água do planeta. Ao mesmo tempo, o grande crescimento das manufaturas e da população urbana chinesas, na década de 1970, ocorreu concomitantemente ao início da revolução agrícola brasileira. Nos anos 2000, com esses dois processos já em fase de consolidação, começou o forte fluxo de comércio entre os países. A parceria comercial cresceu rapidamente em resultados, ainda que não tenhamos avanços em acordos comerciais formais.[22]

O relacionamento das nações decorre do encontro da oferta brasileira com a demanda emergente do país asiático. É o caso da soja, cuja produção foi aumentada pela demanda chinesa e que, a rebote, incentivou o crescimento das produções de algodão e de milho, produtos que se expandiram especialmente como culturas de segunda safra, nas áreas de soja, e que vêm evoluindo ano após ano em embarques à China. Os envios de carne, por seu turno, crescem com a evolução de renda chinesa e o aumento do consumo de proteínas. Além de ser nosso principal parceiro comercial, a China é uma das maiores fontes de investimento estrangeiro em território nacional.

Foi desenvolvida uma dependência mútua entre as nações. A diminuição das exportações agrícolas brasileiras para a China não impediu que novos mercados fossem conquistados, diversificando os destinos e os produtos. Dos principais produtos agrícolas brasileiros, ao menos sete têm a China como principal destino, de outro lado, o Brasil é o principal originador de quatro produtos de alto consumo chinês (soja, carne bovina, carne de frango e açúcar), ficando em segundo lugar em relação à celulose e

---

[21] CARDOSO, Victor M.; GILIO, Leandro; JANK, Marcos S. Evolução histórica e análise do desempenho das exportações do agronegócio em 2024. *Insper Agro Global*, jan. 2025. Disponível em: https://agro.insper.edu.br/storage/papers/January2025/Exportac%CC%A7o%CC%83es%20e%20Importac%CC%A7o%CC%83es%20AGRO%20-%20Histo%CC%81rico%20e%20Balanc%CC%A7o%20de%202024.pdf. Acesso em: 28 jan. 2025.

[22] GILIO, Leandro. O estreitamento das relações entre o Brasil e a China no agronegócio. *Insper Agro Global*, 22 mar. 2023.

algodão e em terceiro lugar, na carne suína. A partir de 2018, o Brasil, ao ultrapassar os Estados Unidos, tornou-se o segundo maior fornecedor de alimentos aos chineses, ficando atrás apenas da União Europeia. Em relação à receita, o complexo da soja manteve destaque entre os produtos vendidos à China, totalizando US$ 32 bilhões em 2024, 18% menor do que em 2023 (US$ 39 bilhões). O milho também seguiu o mercado em baixa, correspondendo a US$ 800 milhões (US$ 4 bilhões em 2023).

A atenção deve recair nos próximos anos justamente sobre as proteínas de origem animal, pois, na medida em que a renda média do País avança, é comum que mais pessoas sejam incluídas na economia de mercado, buscando, portanto, produtos com maior valor agregado como as proteínas e, consequentemente, abrindo novo espaço no mercado aos produtos brasileiros. A relação com a China, nesse sentido, demanda postura estratégica e equilibrada que gere maior diversificação e valor adicionado ao comércio. Ainda, o arrefecimento do crescimento da China, que teve um dos desempenhos mais fracos da década em 2022, e a geopolítica mundial, com a disputa de poder e influência entre chineses e americanos, requerem especial cautela brasileira. Para a Companhia Nacional de Abastecimento (Conab), as expectativas para este ano de 2025 são otimistas, ao passo que prevê a colheita de grãos com aumento de 24 milhões de toneladas em relação à safra anterior, ou seja, um resultado de 322 milhões de toneladas produzidas. Estima-se que os preços de soja e milho permanecerão abaixo dos registros obtidos entre 2020 e 2022, porém com maior volume de exportação dos grãos. Em 2024, as receitas de exportação das carnes atingiram recorde nominal de US$ 26,2 bilhões (aumento de 11,4% em relação a 2023). Para 2025, a produção de carne bovina deve diminuir e a de frangos e suínos tende a aumentar.

É fato que o cenário geopolítico atual permanece instável, ao passo que o novo Presidente norte-americano, Donald Trump, assumiu o cargo e modificou questões relevantes, com foco em maior protecionismo, impondo tarifas às importações. O Brasil deve enfrentar novos desafios, encontrando novas oportunidades no mercado internacional e valorizando sua posição estratégica no comércio global. Em meio a um cenário de incertezas econômicas, o Brasil precisará ajustar suas políticas comerciais, buscar diversificação de mercados e fortalecer parcerias com outras nações, principalmente na Ásia e na Europa, para mitigar os efeitos de possíveis barreiras comerciais. Além disso, será essencial focar reformas internas, como a melhoria da infraestrutura, o avanço nas questões fiscais e o estímulo à inovação, a fim de se tornar mais competitivo no cenário global. A adaptação do Brasil a esse novo contexto será determinante para o seu crescimento e para a sustentabilidade de suas relações comerciais a longo prazo.

A continuidade de nosso crescimento dependerá de novos parceiros comerciais. Em momento em que a geopolítica retorna com vigor, nosso primeiro desafio será construir demandas consistentes para nossos produtos, ao mesmo tempo que reforçamos as já existentes, como a mais recente abertura do mercado canadense à proteína animal brasileira. Devemos mapear nossos interesses de curto e longo prazo nas principais macrorregiões do mundo emergente, expandindo nossos mercados. O holofote de hoje está no Leste e Sudeste asiático e no Oriente Médio, regiões que somam 2,6 bilhões de habitantes e 54% das exportações brasileiras do setor. Nosso futuro, porém, está depositado no Sul da Ásia (leia-se, subcontinente indiano) e na África – na soma, 3 bilhões de habitantes em rápido crescimento demográfico, mas que hoje respondem por apenas 12% das nossas exportações.

A orientação da agricultura brasileira para os próximos 20 anos, portanto, é a de construir sistemas agroalimentares e agroindustriais sustentáveis, com balanço positivo de carbono, que integrem qualitativamente a relação campo/cidade, com cadeias e arranjos produtivos, com ênfase em associativismo, cooperativismo e outras estratégias para ganho de escala, sem pobreza rural, com alimentos seguros e nutritivos para a sociedade. Para tal, o País continuará investindo em soluções tecnológicas, gerenciais e de organização da base social da produção e do consumo que propiciem, ao mesmo tempo, competitividade e padrões elevados de segurança e qualidade no acesso a novos mercados.

O desenvolvimento sustentável da agricultura passa pelo ordenamento da ocupação dos espaços geográficos, organizados em diferentes biomas, contemplando mosaicos de variadas ocupações e paisagens: as atividades agrícolas (em sentido amplo), os recursos hídricos, a relação com as cidades e outros componentes. A utilização de técnicas como o plantio direto, a integração lavoura-pecuária-floresta (ILPF) e os sistemas orgânicos de produção serão objeto de intensas pesquisas para melhorar ainda mais sua eficiência produtiva, objetivando maior renda aos produtores, conservação e melhor uso dos recursos naturais, fixação de carbono e minimização dos efeitos do aquecimento global. O País tem plena capacidade de aumentar substancialmente sua produção sem desmatamento adicional, o que, porém, exigirá mais capital para garantia de maior eficiência e produtividade do setor, vinculado a tecnologias direcionadas ao efeito "poupa-terra". É o que tem sido feito pelos setores público e privado.

O efeito poupa-terra está relacionado diretamente ao ganho de produtividade, contendo a maior expansão das áreas agrícolas. Além da melhoria na utilização dos recursos tecnológicos, esse conceito preceitua a prática agrícola mais eficiente e a conservação de áreas naturais. Ao analisar dados apresentados pelo Insper Agro Global,[23] conclui-se que, de 1997 a 2022, houve economia de 205,5 milhões de hectares de pastagens, projetando-se a duplicação da produção de carne bovina nas próximas décadas. A combinação da agricultura de precisão, do desenvolvimento de culturas compatíveis com as condições locais, da execução de sucessivas safras anuais e novas práticas agrícolas, resulta no que chamamos de efeito poupa-terra.

---

[23] INSPER AGRO. Efeito poupa-terra: produtividade é a chave para a sustentabilidade ambiental do agro brasileiro. *Agro in Data*. Disponível em: https://agro.insper.edu.br/agro-in-data/artigos/efeito-poupa-terra-produtividade-e-a-chave-para-a-sustentabilidade-ambiental-do-agro-brasileiro. Acesso em: 28 jan. 2025.

As evoluções tecnológicas são grandes e refletem um novo conceito de agricultura 4.0, que avança e trará ganhos de eficiência ao produtor. As tecnologias digitais têm levado a agricultura de precisão a um novo patamar, satélites e drones colhem dados do solo e do clima, que são trocados em tempo real. Os produtores brasileiros precisarão de condições para se adaptarem às novas alternativas de mecanização, automação e mundo digital, que os ajudarão a enfrentar os desafios associados às mudanças climáticas globais, aos elevados custos de insumos, às pressões para redução de desperdícios e à produção com sustentabilidade, qualidade e eficiência.

O Agro 4.0 é o marco que destaca o uso da tecnologia digital no âmbito rural, sendo utilizado em tarefas de gestão, dentro e fora da porteira. O investimento em tecnologia digital facilita a coleta de dados, possibilitando a projeção de determinados acontecimentos futuros e viabilizando a tomada de decisões certeiras. O fenômeno do Agro 4.0 engloba a integração vertical e horizontal, impactando diretamente o aumento de produtividade, eficiência e redução de custos. Alcançar a meta de sustentabilidade socioambiental, associado à melhor rentabilidade da produção, é fato corolário da adaptação do setor agro ao ambiente tecnológico e digital. Já se fala sobre a evolução da Agricultura 4.0 para a 5.0. O diferencial dessas fases é a difusão da tecnologia, que no primeiro caso (Agro 4.0) adere ao conceito dos aspectos econômicos e produtivos e no segundo caso (Agro 5.0), além desses aspectos, atende ao social e ao ambiental. Por se tratar de um modelo novo a ser integrado à sociedade, não tem definido o papel dos produtores, governos e consumidores diante da Agricultura 5.0, mas pode-se afirmar que, com o potencial de transformação que o Brasil possui, essa etapa de desenvolvimento vem alinhada a novos hábitos de consumo, adaptação ao aquecimento global, uso de energias limpas e renováveis, mitigação e remoção de gases de efeito estufa, acesso a novas tecnologias e aumento da biodiversidade.

A moderna agropecuária, representada pelo agronegócio e pela agricultura familiar, utiliza conhecimentos científicos e tecnológicos para produzir de forma mais eficiente, com menor uso de terra e água. Além disso, recicla resíduos e dejetos, preserva os ativos ambientais e evita o desmatamento, garantindo alimentos sustentáveis e resistentes às mudanças climáticas. Essa abordagem é impulsionada por estratégias empresariais focadas na redução de custos, diferenciação de produtos e diversificação de atividades.

São esses os desafios que devem ser internalizados pelo País para garantia da busca de um novo ciclo de crescimento de nossa produção. Os novos horizontes procurarão agregar maior valor ao que se exporta, bem como maior internacionalização, possibilitando uma troca mais intensa e sem prejuízos à ampliação do mercado de trabalho local. Tudo isso também refletirá no crescimento da concorrência, impactando a definição de preços e prazos e a qualidade dos produtos oferecidos. Nesse contexto de integração dos mercados, serão necessárias políticas agrícolas sintonizadas com o funcionamento dos mercados em um contexto de cadeia sustentável global de produção de alimentos, fibras e bioenergia.

1.2. SISTEMA AGROINDUSTRIAL E CONCEITO DE AGRONEGÓCIO

O desenvolvimento da agricultura no mundo levou à construção teórica dos Sistemas Agroindustriais, programados para desenvolver de forma mais eficiente a produção agrícola, respondendo pela implantação de um novo conceito, com a participação indissolúvel da agricultura e da indústria.[24] A crescente implantação operacional de Sistemas Agroindustriais permitiu a integração de capitais agrícola, comercial, industrial e financeiro, que hoje mostram um desenvolvimento incomparável do mercado agrícola com outros setores nacionais. O novo conceito trouxe métodos para a transformação da agricultura tradicional, associando a isso a constante preocupação dos empresários com a gestão administrativa e econômica e a colaboração de profissionais especializados no controle, riscos e formação do sistema de preços dos produtos.

A modernização da agricultura refletiu-se na expansão do trabalho assalariado no campo e no considerável aumento do uso de equipamentos, como máquinas, implementos e insumos agrícolas, reflexos do progresso técnico. Assim, a visão do processo agrícola como complexo agroindustrial integrou-se às empresas de insumos, às empresas processadoras de alimentos e às exportadoras, utilizando-se de recursos para o seu desenvolvimento.[25] As unidades produtoras passaram a se especializar e a orientar sua produção para o mercado. A tecnologia transformou-se em elemento cada vez mais importante, buscando sempre as economias de escala, trazendo redução nos custos de produção com vantagens competitivas para os produtores rurais.[26]

À evolução produtiva se somam o desenvolvimento de trabalhos acadêmicos e as publicações dos professores de Harvard, John Davis e Ray Goldberg,[27] de 1957 e 1968, que exploram a impossibilidade de se ignorarem as relações de integração entre indústrias de insumos, produção agrícola, pecuária, de reflorestamento e pesca e aquicultura e indústria de alimentos, que compõem os Sistemas Agroindustriais. O estudo, aqui, deverá contrastar o conceito de *agribusiness* de Harvard e o conceito de *filière*, com base na escola francesa.[28]

De tradição calcada na organização industrial, os franceses buscaram captar o aspecto de uma estrutura relativamente ordenada e hierarquizada, por meio do

---

[24] PAULILLO, Luiz Fernando. Sobre o desenvolvimento da agricultura brasileira: concepções clássicas e recentes. *In*: BATALHA, Mário Otávio (org.). *Gestão agroindustrial*. 3. ed. São Paulo: Atlas, 2007. v. 1, p. 750.

[25] MORVAN, Yves. *Fondements d'economie industrielle*. 2. ed. Paris: Economica, 1991. p. 247.

[26] NEVES, Marcos Fava; SPERS, Eduardo Eugênio. Agribusiness: a origem, os conceitos e tendências na Europa. *In*: MACHADO FILHO, Claudio A. Pinheiro. *Agribusiness europeu*. São Paulo: Pioneira, 1996.

[27] DAVIS, John H.; GOLDBERG, Ray A. *A concept* of *agribusiness*. Boston: Harvard University Graduate School of Business Administration, 1957.

[28] GOLDBERG, Ray; BIRD, Kermit Molyneaux; ARTHUR, Henry B. The *Technological Front in the Food and Fiber Economy*. Washington, DC: National Advisory Commission on Food and Fiber, ago. 1968.

conceito de *filières*. Assim, apresentaram *cluster* de setores que se unem por fortes interligações tecnológicas e comportamentais.[29] Os setores verticalmente integrados e as *filières* fornecem estrutura diferenciada e relativamente ordenada de difusão, transmissão e ampliação de impulsos microeconômicos, cuja intensidade e direção dependem da estrutura geral do sistema e da posição de cada elemento interno. O conceito de cadeias não privilegia a variável preço no processo de coordenação do sistema, dessa forma foca aspectos distributivos do produto industrial, com articulação guiada pela tecnologia.[30]

A escola norte-americana, por sua vez, desenvolveu o *Commodity System Approach* (CSA). Sua base teórica é derivada da teoria da produção e pautada pela matriz insumo-produto e pela teoria dos custos de transação, na sequência das transformações sofridas na esteira econômica da atividade, em especial na relação da produção rural com a indústria. O enfoque está na coordenação do *agribusiness*. É desenvolvido itinerário físico e conjunto de agentes e de operações que permitem a exploração da atividade produtiva, até o consumidor final, com a criação de estrutura analítica aplicável a qualquer decisão a ser tomada.

No Brasil, o estudo dos Sistemas Agroindustriais foi influenciado pelo trabalho dos já citados professores norte-americanos, embasado no desenvolvimento do *Commodity System Approach* (CSA), bem como no modelo de cadeia agroalimentar (*filière*) criado na França. No início dos anos 1990, as universidades revisaram seus departamentos de Economia Agrícola e também foi alterado o tradicional enfoque de políticas públicas. O Programa de Estados de Negócios do Sistema Agroindustrial (Pensa), da Universidade de São Paulo, buscou inserir a teoria das instituições e do custo de transação no estudo dos Sistemas Agroindustriais.

Consolidando base conceitual a nossos estudos, podemos dizer que um sistema de *commodities* engloba todos os atores envolvidos com a produção, o processamento e a distribuição de um produto final, subproduto e resíduos de valor econômico, incluindo instituições governamentais, mercados e entidades associativas. O sistema compreende o mercado de insumos agrícolas, a produção agrícola, as operações e a estocagem, o processamento, o atacado e varejo, demarcando um fluxo que vai dos insumos até o consumidor final. O conceito engloba todas as instituições que afetam a coordenação dos estágios sucessivos do fluxo de produtos, tais como as instituições governamentais, mercados futuros e associações de comércio.[31]

---

[29] MORVAN, Y. Filière de production. *In*: MORVAN, Yves. *Fondements d'Economie Industrielle*. 2. ed. Paris : Economica, 1991. p. 243-275.

[30] MONTIGAUD, J. C. *Les filieres fruits et legumes et la grande distribution*: méthodes d'analyse et resultants. Montpellier, France: Centre International de Hautes Études Agronomiques Mediterraneennes (C.I.H.E.A.M.) – Institut Agronomique Mediterraneen de Montpelier. UV. A 4 – Filières Agro-alimentaries, 1991.

[31] DAVIS, John H.; GOLDBERG, Ray A. *A concept* of *agribusiness*. Boston: Harvard University

O complexo agroindustrial abrange o conjunto de atividades relacionadas à produção agroindustrial, ainda na indeterminação de um produto específico na visão integrada da produção e industrialização de variados Sistemas ou Cadeias Agroindustriais (SAGs ou CAIs). Um sistema ou cadeia de produção, por seu turno, é definida a partir da identificação de determinado produto final, no qual notamos certas características: (i) sucessões de operações de transformação encadeadas, passíveis de serem separadas ou ligadas entre si por um procedimento técnico; (ii) conjunto de relações comerciais e financeiras que estabelecem, entre todos os estágios de transformação, um fluxo de troca entre fornecedores; e (iii) conjunto de ações econômicas que permitam a valorização dos meios de produção e assegurem a articulação de operações.[32]

Os SAGs, por fim, vinculados aos estudos dos norte-americanos, compreendem os segmentos antes, dentro e depois da porteira da fazenda, envolvidos na produção, transformação, comercialização e logística de um produto agrícola básico e itens produzidos a partir deles, até o consumo final. Podemos conceituar o agronegócio, portanto, como o conjunto organizado de atividades econômicas integradas que envolve o fornecimento de insumos, a produção, o processamento e o armazenamento até a distribuição para consumo interno e internacional de produtos de origem agrícola, pecuária, de reflorestamento ou manejo florestal, pesca e aquicultura.

Os conceitos dados são frutos da percepção sobre o processo de especialização da produção agrícola, o aumento da interação do setor com a indústria e da complexidade existente na coordenação das atividades de armazenagem, processamento e distribuição. Atualmente, são observadas alterações nos consumidores finais e na sua influência sobre as estratégias das empresas agroindustriais, de forma que passaram a exercer papel de transformação da agricultura, o que redundou em inovações tecnológicas e organizacionais.

O mercado é uma forma de governar as transações econômicas, local onde se relacionam compradores e vendedores e assim também o conjunto de institutos jurídicos que garantem as trocas. Os Sistemas Agroindustriais podem ser divididos em dois grandes mercados: (i) mercado agroalimentar: conjunto das atividades e instituições que concorrem à formação e à distribuição dos produtos alimentares, em consequência, o cumprimento da função da alimentação; e (ii) mercado agroindustrial: conjunto das atividades e instituições que concorrem à obtenção de produtos oriundos do

---

Graduate School of Business Administration, 1957; ZYLBERSZTAJN, Decio. Conceitos gerais, evolução e apresentação. *In:* ZYLBERSZTAJN, Decio; NEVES, Marcos Fava. *Economia & gestão dos negócios agroalimentares*. São Paulo: Pioneira, 2000. p. 5.

[32] PAULILLO, Luiz Fernando. Sobre o desenvolvimento da agricultura brasileira: concepções clássicas e recentes. *In*: BATALHA, Mário Otávio (org.). *Gestão agroindustrial*. 3. ed. São Paulo: Atlas, 2007. v. 1, p. 750.

agronegócio, não destinados à alimentação, mas aos sistemas de fibras e bioenergia (madeira, papel, couro, têxtil etc.).

O desenvolvimento das atividades e a tecnificação da agricultura a aproximaram das atividades originalmente industriais, tornando útil o estudo da matriz insumo-produto final, assim, alimentos, fibras e bioenergia. É o caso da Teoria da Organização Industrial (TOI), que analisa a forma com que os processos de mercado orientam as atividades dos produtores, visando melhor atendimento da demanda de seus consumidores. Ainda, apresenta arcabouço de análise acerca de como esses processos se ajustam ou podem ser ajustados para alcançar desempenho o mais próximo possível de um padrão ideal.[33]

A teoria é centrada no estudo de mecanismos organizacionais – como o livre mercado, suas variações e imperfeições – capazes de afetar o grau de sucesso alcançado pelos produtores em satisfazer os desejos da sociedade, em matéria de bens e serviços. Portanto, apoia-se em estruturas imperfeitas de mercado, seus padrões de concorrência e as implicações dessas realidades para as políticas públicas e para as estratégias empresariais. O papel fundamental da gestão na organização é assegurar a coordenação. A empresa moderna tomou lugar dos mecanismos de mercado na coordenação das atividades da economia e alocação de seus recursos. Em muitos setores, a mão visível da gerência substituiu a mão invisível das formas de mercado.[34]

A Nova Economia Institucional, expressa especialmente nas obras de Oliver Williamson e de Douglass North, tem análise fundamentada nos estudos do custo de transação como indutor das estruturas de governança.[35] As instituições, por outro lado, influenciam o desempenho das organizações e dos mercados. A Economia dos Custos de Transação (ECT) é baseada na centralidade entre os agentes econômicos como condição para organização e desenvolvimento da economia; traz interpretações sobre o funcionamento das firmas e dos mercados; e tem na transação e seus custos o elemento-base de análise. Sob a sua visão, a firma é complexo de contratos que visam reduzir custos de transação, tornando reconhecidamente eficientes apenas aqueles capazes de fazê-lo.

---

[33] FARINA, E. M. M. Q. Competitividade e coordenação de Sistemas Agroindustriais: um ensaio conceitual. *Revista Gestão e Produção*, São Carlos, v. 6, n. 3, dez. 1999.

[34] CHANDLER, Alfred. *The visible hand:* managerial revolution in American Business. Belknap Press: USA, 1977.

[35] Para Williamson, a economia de mercado é composta por diferentes estruturas de governança, entendidas como a matriz institucional em que a integridade de uma transação será decidida. O ambiente institucional será responsável por delinear as regras segundo as quais os bens e serviços são produzidos e comercializados, determinando, por sua vez, o enquadramento da forma como os agentes organizarão as transações, em matéria de seleção dos arranjos que se utilizarão para fazê-lo (WILLIAMSON, Oliver. *The mechanisms of governance*. Oxford: Oxford University Press, 1996. p. 378).

A firma e os mercados são formas de organização que envolvem uma série de mecanismos de coordenação, que vão desde as transações via mercado, passam por formas mistas de organização (contrato) e atingem até a via hierárquica, ou seja, interna à firma. Os contratos assumem papel de elementos-chave para a organização econômica, representando estruturas de governança intersegmentos.[36] A ECT visa explicar as diferentes formas organizacionais prevalecentes nos mercados, oferecendo uma teoria da firma e contribuindo para a Organização Industrial na determinação de estruturas de mercado, especialmente em relação à integração vertical. Transportando esses conceitos aos SAGs, temos a ideia de que a coordenação entre fornecedores de insumos, produtores e indústria faz parte de uma coordenação vertical na organização da produção, o que pode ser melhorado e aprimorado por meio de acordos que minimizem os custos de transação.

Os sistemas, em geral, passam por modificações ao longo do tempo, na medida em que as relações entre os agentes se alteram em virtude da intervenção externa ou tecnológica. O mesmo ocorre com os SAGs, gerando perturbações na execução dos contratos. Por isso, as relações contratuais entre os agentes devem ser bem sistematizadas e interpretadas: abordagem com foco na coordenação, sem afastar a busca por elementos analíticos dos contratos, que traz referencial fértil à compreensão dos diferentes desenhos que podem assumir os Sistemas Agroindustriais, bem como suas respostas ao ambiente competitivo e institucional.

Os SAGs podem ser observados como composto de firmas com distintos níveis de coordenação vertical, que se inter-relacionam via mercado ou contratos. Sobre aqueles pairam as regras do jogo, ou seja, condições mínimas do ambiente nos quais as transações ocorrem e que interferem na definição dos objetivos das organizações e em suas estruturas de governança. A organização agroindustrial atua em um regime de mercado, compreendido como forma de governar as transações econômicas, local onde se relacionam compradores e vendedores e, ainda, um conjunto de institutos jurídicos que garantem as trocas. A disciplina de mercado, portanto, se baseia em estrutura de incentivos, determinante à conduta dos agentes econômicos. Qualquer mudança na norma afeta o sistema, pelo qual o mercado reage, impactando o desempenho econômico. É o objetivo das normas promover a maior eficácia dos sistemas econômicos e das cadeias de produção.

A teoria econômica contribui na percepção de que os negócios não ocorrem em mercados de livre-comércio, com informações perfeitas e simétricas. Certos institutos jurídicos, por vezes, acabam por produzir incentivos completamente distintos do esperado. A teoria agrega valor ao contribuir com os formuladores de políticas públicas na busca por melhor *design* estrutural, pautando a conduta dos agentes por possíveis

---

[36] COASE, R. H. The nature of the firm. *Economica*, v. 4, p. 386-405, nov. 1937.

consequências de suas escolhas, propondo novo desenho aos institutos jurídicos para maior eficiência.

Ao entender a fazenda como um negócio, o produtor rural busca fontes de informações técnicas, de mercado e de gestão, visando otimização de recursos e elevação da sua competitividade. A maior competitividade do produtor deriva de eficiente aquisição de insumos e maquinários, melhorias dos processos internos, acesso às linhas de financiamento adequadas, utilização de ferramentas de comercialização mais vantajosas e melhor gestão do risco. Essa visão de um negócio de produção rural como atividade econômica e organizada, cada vez mais frequente entre os produtores, impacta a tomada de decisão,[37] levando à concepção da empresarialidade.

1.3. POLÍTICA AGRÍCOLA

As políticas públicas, especialmente direcionadas à consecução de objetivos sociais, assumiram especial destaque nos últimos anos. Foi desenvolvida uma ciência das políticas públicas, focada no estudo e aplicação de instrumentos utilizados para a resolução de um problema público; é conceito abstrato que se materializa com instrumentos concretos como leis e programas de Estado.[38] A análise de políticas públicas deve pretender sistematizar informações relevantes ao processo decisório estatal, levando à solução de questões reclamadas por parcela significativa da sociedade, portanto reside em uma avaliação sistemática da viabilidade técnica, econômica e política de alternativas de *policy* (ou plano ou programas), estratégias de implementação e as consequências da sua adoção.[39]

A sistematização teórica da abordagem das políticas públicas deve contribuir para a criação de fórmulas de organização e estruturação do Poder Público, capazes de melhorar a sua intervenção – tornando-a mais efetiva, racional e compreensível – e acelerar o processo de modernização, de redução da desigualdade e de inclusão social. Passa a ser necessário apontar pressupostos teóricos que subsidiem juridicamente tanto a análise como a formulação de políticas públicas, considerando a ação governamental em escala ampla.[40] É criado o critério de economicidade, por meio do qual procura-se outorgar à norma jurídica eficácia capaz de motivar, modificar e dirigir o comportamento dos agentes econômicos. As políticas agrícolas são assentadas em objetivos fundamentais para as nações: (i) suporte à formação de renda dos

---

[37] ZYLBERSZTAJN, Decio; NEVES, Marcos Fava; CALEMAN, Silvia M. de Queiroz. *Gestão de sistemas de agronegócios*. São Paulo: Atlas, 2015.

[38] SECCHI, Leonardo. *Análise de políticas públicas:* diagnóstico de problemas, recomendação de soluções. São Paulo: Cengage Learning, 2021.

[39] PATTON, C.; SAWICKI, D. Basic *Methods of policy analysis and planning*. New Jersey/US: Prentice-Hall, 1993.

[40] PATTON, C.; SAWICKI, D. Basic *Methods of policy analysis and planning*. New Jersey/US: Prentice-Hall, 1993.

agricultores; (ii) integração entre os elos da cadeia produtiva; (iii) manutenção da população no meio rural e estabilidade social; (iv) redução do custo da alimentação e aumento da renda dos produtores; e (v) preservação ambiental.

Mundo afora, os Estados dedicam tratamento diferenciado à agricultura em razão da segurança alimentar e dos riscos que lhes são específicos. A atividade agroindustrial, por seu turno, desempenha função estratégica na maioria dos países, o que explica a existência de políticas domésticas de apoio ao setor como uma tendência internacional. Diversas formas de assistência governamental existem para garantir um adequado nível de produção de alimentos e uma melhora nas condições de vida da população. Países em desenvolvimento possuem modos particulares de articulação da economia e da sociedade com o Direito, seja pela atividade planejadora, seja pelos mecanismos de participação do Estado, fomento e incentivo. O objetivo é compreender o fenômeno governamental dentro do Direito, de forma a se desenvolver uma tecnologia jurídica própria dos objetivos na consecução dessas políticas setoriais.

A demanda pelo Estado nos países em desenvolvimento é ainda mais particular, reclamando governo coeso e em condições de articular ações para a modificação de estruturas que reproduzem o atraso e a desigualdade. Sobre o governo recaem as funções de organizar a alocação dos meios públicos, dirigir e executar a Administração Pública e, mais importante, coordenar e planejar a ação coletiva, em diversos níveis e abrangências. A diferença do papel do governo, no contexto do desenvolvimento, reside na condição de planejamento e execução coordenada da ação: planejar estrategicamente, em prazo longo o suficiente para realizar os objetivos, na medida necessária para que não se perca a credibilidade no processo.[41]

A agricultura tem peculiaridades que levam ao desenvolvimento de política pública direcionada, objetivando: (i) sistematizar as ações dos diversos segmentos da agricultura em uma perspectiva de médio e longo prazos, reduzindo as incertezas do setor; (ii) eliminar as distorções que afetam o desempenho das funções econômicas e sociais da agricultura; e (iii) planejar[42] o incremento da produção e produtividade agrícolas, a regularidade do abastecimento interno e a redução das disparidades regionais. A política agrícola deve ser estabelecida como uma política de Estado, e não de Governo, único meio possível ao verdadeiro desenvolvimento da atividade econômica e melhoramento social, mediante a continuidade dos objetivos traçados.

As políticas públicas deverão ser guiadas pelos princípios estabelecidos na Constituição Federal, dos arts. 170 a 181. Acerca do regimento da atividade econômica, observa-se a valorização da soberania nacional, da propriedade privada, da livre

---

[41] BUCCI, Maria Paula Dallari. *Fundamentos para uma teoria jurídica das políticas públicas*. 2. ed. São Paulo: Saraiva, 2021.

[42] Ao dizermos sobre planejar, aqui, conferir-lhe-emos o sentido de estabelecer fins da atividade econômica e predispor os meios necessários para tanto.

concorrência, do trabalho humano, das noções de planejamento estatal e da liberdade de mercado, da defesa do consumidor e do meio ambiente e da livre-iniciativa, visando o equilíbrio harmônico entre a liberdade de empresa e a regulação da atividade econômica. Entre os regimes jurídicos da atividade econômica, é na livre-iniciativa que se aplicam o princípio geral da livre concorrência e da liberdade de empreendimento, apoiados na autonomia da vontade, na apropriação do lucro e na propriedade privada. A Constituição Federal disciplina a intervenção econômica do Estado como hipótese excepcional e estritamente vinculada.

Entre as formas de intervenção, a direta apenas será permitida quando necessária aos imperativos da segurança nacional ou relevante interesse coletivo. A indireta, por sua vez, qualifica o Estado como um agente normativo e regulador, e é nesse ponto que residem os meios de execução das políticas de Estado que objetivam corrigir as falhas de mercado por meio da fiscalização, do incentivo ou do planejamento. A fiscalização promove a análise da eficácia das normas produzidas e as medidas utilizadas pelo Estado no sentido de regular a atividade econômica sob a égide do princípio da legalidade. O incentivo analisa o uso dos instrumentos de intervenção em consonância com as leis que regem o funcionamento dos mercados, capazes de induzir os destinatários à adoção de uma opção econômica de interesse coletivo e social. Por fim, o planejamento qualifica a intervenção do Estado sobre o domínio econômico, buscando seu exercício mais racional – a rigor, está mais no campo da preparação para a intervenção, não se constituindo nesta propriamente.

A Constituição Federal dispõe que a política agrícola nacional será planejada e deverá ser executada com a participação efetiva do setor produtivo, envolvendo produtores e trabalhadores rurais (art. 187). No planejamento e execução da política agrícola, serão incluídas as atividades agroindustriais, agropecuárias, pesqueiras e florestais, nos termos dispostos pelo § 1º do apontado artigo. Vale dizer, a atividade agrícola também compreenderá os processos físicos, químicos e biológicos que utilizam os recursos naturais envolvidos. A atividade se subordina às normas e princípios de interesse público, permitindo o cumprimento da função social e econômica da propriedade, garantindo o efetivo estímulo ao processo de agroindustrialização, com as respectivas áreas de produção.

Traçada pelo legislador infraconstitucional em janeiro de 1991, a política agrícola brasileira encontra guarida na Lei n. 8.171 que, entre seus fundamentos, define os objetivos e as competências institucionais, prevendo as fontes de recursos e, ainda, estabelecendo suas ações e instrumentos. Essa política visa promover a descentralização da execução dos serviços públicos de apoio ao setor rural, buscando a atuação complementar dos Estados, do Distrito Federal, dos Territórios e Municípios, cabendo a estes adequar os diversos instrumentos às suas necessidades e recursos. Além disso, objetiva a prestação de apoio ao produtor rural, com prioridade de atendimento ao pequeno produtor e sua família. Nesse amplo contexto institucional, as ações e os instrumentos de política agrícola referem-se a, nos termos do art. 4º da Lei n. 8.171/1991:

Art. 4º As ações e instrumentos de política agrícola referem-se a: I – planejamento agrícola; II – pesquisa agrícola tecnológica; III – assistência técnica e extensão rural; IV – proteção do meio ambiente, conservação e recuperação dos recursos naturais; V – defesa da agropecuária; VI – informação agrícola; VII – produção, comercialização, abastecimento e armazenagem; VIII – associativismo e cooperativismo; IX – formação profissional e educação rural; X – investimentos públicos e privados; XI – crédito rural; XII – garantia da atividade agropecuária; XIII – seguro agrícola; XIV – tributação e incentivos fiscais; XV – irrigação e drenagem; XVI – habitação rural; XVII – eletrificação rural; XVIII – mecanização agrícola; XIX – crédito fundiário. Parágrafo único. Os instrumentos de política agrícola deverão orientar-se pelos planos plurianuais.

Seguindo a diretriz constitucional, o Estado exercerá função de planejamento, determinante ao setor público e indicativo ao setor privado, destinada a promover, regular, fiscalizar, controlar, avaliar a atividade e suprir necessidades, visando assegurar o incremento da produção e produtividade agrícolas. Feito por meio de planos nacionais de desenvolvimento agrícola, planos de safras e planos operativos anuais, a atividade de planejamento agrícola deverá observar as definições constantes na Lei n. 8.171/1991, que deverão considerar especificidades regionais e estaduais, de acordo com a vocação agrícola e as diferenciadas necessidades de abastecimento, formação de estoque e exportação.

Atualmente, a atividade de planejamento que assume maior destaque é o Plano Safra, de forma a atuar sistematizando o crédito rural, em sentido amplo, prevendo programas específicos de fomento, seguro rural e alterações particulares de crédito rural. Destaca-se que os planos deverão prever, ainda, a integração das atividades de produção e destas com os demais setores da economia nacional. No adequado planejamento, portanto, pretende-se sistematizar a atuação do Estado para que os diversos segmentos organizem suas ações e investimentos, considerando perspectivas de médio e longo prazos, reduzindo, assim, incertezas do setor, eliminando distorções que afetam o desempenho das funções econômica e social da agricultura e, ao mesmo passo, zelando pelo meio ambiente no uso sustentável dos recursos naturais.

A política econômica procura viabilizar os objetivos tidos como necessários ou desejáveis pela sociedade. Com efeito, não importa apenas à sociedade fixar uma determinada meta, mas interessa-lhe igualmente saber de que forma será atingida. O desenvolvimento está associado à ideia da chamada eficiência dinâmica da economia, ou seja, o potencial de ampliar a sua capacidade produtiva de longo prazo. O Estado deve definir concretamente sua posição em face do crescimento, inserindo na ordem econômica mecanismos de incentivo, controle e planejamento. Assim, a ordem econômica passa a ser uma atividade instrumental reguladora das transformações de mercado, atuando como influência positiva na produção, na distribuição e no consumo. É a atividade econômica condicionada por meio do sistema jurídico a determinados fins políticos do Estado.[43]

---

[43] CARVALHOSA, Modesto. *Direito econômico*: obras completas. São Paulo: RT, 2013. p. 49.

Segundo o Professor Decio Zylbersztajn,[44] são três os fatores principais responsáveis por afetar as rotinas e a eficiência da agricultura: as regras institucionais, as estratégias privadas compartilhadas e as ações coletivas. O primeiro fator, as regras institucionais, relaciona-se à definição e garantia de direitos de propriedade, que tem no Estado o principal protagonista. O Estado é o agente especializado a garantir ambiente propício às transações e geração de valor nas cadeias produtivas. A ausência de ação eficaz do Estado na proteção dos direitos de propriedade leva à atuação abaixo de seu potencial, pelo setor. O segundo fator tem os produtores como protagonistas, ao formular estratégias com base em contratos bilaterais e transacionar no ambiente desenhado pelo Estado. O terceiro fator, por fim, está nas ações coletivas representadas pelos arranjos privados que associam produtores com interesses semelhantes para apoiar negociações nas cadeias produtivas.

Na transformação da agricultura moderna, os três fatores atuam na garantia à competitividade. Cabe, porém, comparar as políticas agrícolas postas em prática mais recentemente com as necessidades impostas pela agricultura em transformação. A política agrícola brasileira se assenta sobre os mecanismos de renda agrícola, que perdem força por afetarem o orçamento público, crédito subsidiado direcionado à pequena agricultura e manutenção de sistema integrado de pesquisa agrícola.

As políticas de crédito se deparam com crises periódicas que remetem os débitos para as gerações futuras. A política de renda, em geral, tem pouco fôlego para lidar com flutuações inesperadas e intensas nos preços das *commodities*, esbarrando em orçamentos curtos que focam a agricultura familiar. Se a agenda de política agrícola ainda funciona com recursos limitados, a agricultura em transformação surge e deve ser considerada com suas novas bases e demandas.

É possível dizer que existem três pilares fundamentais da política agrícola brasileira, em uma concepção mais recente: (i) o crédito, fornecedor de recursos para o custeio, comercialização e industrialização e para o investimento público; (ii) o apoio a preços e renda, expresso na Política de Garantia de Preços Mínimos (PGPM); e (iii) a gestão de risco dos produtores rurais.[45]

A execução da política agrícola, consoante o planejado, levou à instituição do Conselho Nacional de Política Agrícola (CNPA), vinculado ao Ministério da Agricultura, Pecuária e Abastecimento, com atribuições de orientar a elaboração do plano de safra, propor ajustamentos ou alterações na política agrícola e manter um sistema de análise e de informação sobre a conjuntura econômica e social da atividade agrícola. O CNPA, ainda, conta com uma secretaria executiva e sua estrutura funcional é

---

[44] ZYLBERSZTAJN, Decio. *Caminhos da agricultura brasileira*. São Paulo: Atlas, 2011.
[45] WEDEKIN, Ivan. *Política agrícola no Brasil*: o agronegócio na perspectiva global. São Paulo: Wdk Agronegócio, 2009.

integrada por câmaras setoriais, especializadas em produtos, insumos, comercialização, armazenamento, transporte, crédito, seguro e demais componentes da atividade rural.

A existência de regramento específico e de longo prazo a regular a política agrícola brasileira não é capaz de responder com aumento dos níveis de apoio à agricultura. O desempenho do agronegócio nacional pode, de outra forma, ser explicado por alguns elementos principais: a estabilização da economia, os ganhos recorrentes de produtividade e a eliminação das transferências de recursos da agricultura para a implementação do modelo de desenvolvimento urbano-industrial brasileiro.[46]

As medidas de política pública são determinadas por meio de normas e de atos jurídicos. O Direito Econômico, além de fornecer a estrutura básica das políticas públicas, condiciona requisitos e procedimentos de execução. A regulação deve estabelecer tais procedimentos voltados a eliminar assimetrias de informação e discrepâncias de poder econômico que possam afetar o exercício da atividade econômica. Hoje, é possível elencarmos como três principais desafios para melhorar a qualidade da relação entre as políticas públicas e o Direito: a informação, a realidade e a complexidade.

1. Desafio da informação: aponta ao problema de comunicação entre o mundo jurídico e o não jurídico. A informação jurídica, muitas vezes, restringe-se a ambientes dessa ordem, impedindo que a população média tenha conhecimento de circunstâncias e regulações que impactam sobremaneira sua vida.

2. Desafio da realidade: tendência à realidade refletida não corresponder às normas e, mais ainda, às concepções que a sociedade constrói a partir delas. Refere-se a situações em que há desequilíbrio de informações entre os agentes econômicos, impedindo negócios de acontecer ou gerar as decisões adequadas.

3. Desafio da complexidade: ao partirmos da premissa de que normas e atos jurídicos envolvem ônus e custos (edição, aplicação e interpretações), passa a ser necessária sua racionalização, de forma a garantir a maior ligação entre os atos do mundo fático e as regulações do mundo normativo.

Sabe-se que a regulação econômica é capaz de gerar incentivos e desincentivos aos agentes públicos e privados. Uma nova norma trará impactos e eventuais limitações; estas, porém, não devem ser capazes de aumentar os custos de transação, a concentração econômica, criar barreiras à entrada no mercado e, com isso, prejudicar a livre-iniciativa. A Análise de Impacto Regulatório (AIR)[47] é ferramenta aplicada com a finalidade de subsidiar a elaboração de normas regulatórias e a formulação de políticas

---

[46] WEDEKIN, Ivan. *Política agrícola no Brasil*: o agronegócio na perspectiva global. São Paulo: Wdk Agronegócio, 2009.

[47] É definida no Decreto n. 10.411, em seu art. 2º, I, como: "procedimento, a partir da definição de problema regulatório, de avaliação prévia à edição dos atos normativos de que trata esse decreto, que conterá informações e dados sobre os prováveis efeitos, para verificar a razoabilidade do impacto e subsidiar a tomada de decisão".

públicas, contribuindo para o aumento da racionalidade no processo decisório das ações governamentais.

São considerados critérios na elaboração da AIR: (i) a economicidade se direciona à minimização de custos dos recursos utilizados na consecução de uma atividade, sem comprometimento de seu padrão de qualidade. Por sua vez, a (ii) eficiência aponta à relação entre os produtos gerados por uma atividade e os custos dos insumos empregados na sua produção, em determinado período. Já a (iii) eficácia analisa o grau de alcance das metas programadas em determinado período, independentemente dos custos aplicados; e a (iv) efetividade visa demonstrar o efetivo alcance dos resultados pretendidos a médio e longo prazos.

Os impactos levam em conta o objetivo pretendido pela política e/ou nova norma, o que determina a metodologia aplicada (menor custo, custo-efetividade, custo-benefício, risco e multicritério). Os desafios regulatórios se tornam mais expressivos em um mundo tecnológico e conectado, não mais se limitando à regulação da estrutura de mercado, mas condicionando-a às novas interferências de tecnologias disruptivas, novos modelos de negócios e plataformas digitais.

O desenvolvimento e a aplicação das políticas agrícolas foram e são importantes ao desenvolvimento da atividade nacional. É necessário, também, considerar a crescente mudança pela qual passa o sistema agrícola, sendo exigida visão mais ampla para o atendimento das urgências mundiais. Impulsionada pelo crescimento da renda e pelos processos de urbanização, mudança tecnológica e globalização, a agricultura tem se tornado mais intensiva e integrada a estágios pré e pós-porteira da fazenda. Como resultado, os mercados têm buscado mais segurança e qualidade alimentar.

Sendo, hoje, o agronegócio brasileiro um dos setores da economia mais integrados aos mercados internacionais, as políticas macroeconômica e comercial, relacionadas à inserção do País em novos mercados, compõem quadro estrutural mais amplo que condiciona o desempenho do setor em contexto global. A partir daí, políticas específicas podem ser implementadas para alavancagem do desempenho, de forma à integração entre os mercados e preços internacionais permitirem o desenvolvimento de verdadeiro *hedge* natural contra as oscilações de preços.[48]

As mudanças crescentes não apenas na agricultura, mas também na economia mundial, trouxeram diversas complexidades aos produtores, que precisarão se adaptar a novos ambientes: (i) a redução, ao longo dos anos, do preço real dos produtos agrícolas, com o consequente achatamento das margens de ganhos; (ii) o aumento do valor adicionado nos estágios pós-porteira do sistema agroindustrial com a busca por alimentos processados e de rápido preparo; e (iii) os desafios de acesso a mercados ocasionados por barreiras de entradas cada vez maiores e em muito relacionados a uma

---

[48] WEDEKIN, Ivan. *Política agrícola no Brasil*: o agronegócio na perspectiva global. São Paulo: Wdk Agronegócio, 2009. p. 97-99.

intensificação do uso de tecnologias que demandam capital e capacidade gerencial, necessidade de investimentos específicos e relacionamento com os demais participantes do sistema agroindustrial, adoção de padrões de qualidade, consolidação nas indústrias de processamento e varejo, existência de economias de escala e maiores custos de transação.

É necessária uma política que enfatize a inserção em contexto de sistemas, componentes do complexo agroindustrial brasileiro. Além de uma política afinada com as realidades do mercado, é necessário promover a unificação de todas as diversas e esparsas iniciativas, centralizadas no Ministério da Agricultura, reduzindo substancialmente o impacto do falso debate ideológico entre agricultura empresarial *versus* agricultura familiar, agronegócio *versus* pequena agricultura, uma vez que integrantes de um único sistema econômico. Essa transformação da agricultura tradicional ainda passa pela difusão de conhecimento, melhor integração dos segmentos intracadeias de produção e universalização da tecnologia empregada. Assim, não pode prescindir de Estado competente para alocar recursos públicos em áreas estratégicas, capaz de oferecer ambiente de negócios adequado e que orquestre eficientes políticas agrícolas.[49]

1.4. DIREITO AGRÁRIO E REGIME JURÍDICO DO AGRONEGÓCIO

Na evolução do Direito Agrário e definição de objeto atual do regime jurídico do setor, importam alguns conceitos de base econômica. Sabemos que o direito é superestrutura da infraestrutura econômica e, também, é verdade que com ela interage dialeticamente. O processo econômico reforma o Direito e o influencia de modo complexo, constante e dinâmico. O uso da análise econômica para o estudo do funcionamento dos mercados representou uma importante contribuição para a formação do regime jurídico do agronegócio.

O funcionamento de mecanismo de preços como indutor de fluxos negociais, do processo de mudança tecnológica na agricultura e da alocação de recursos de modo geral representa uma contribuição inestimável da Teoria Econômica e da Economia Agrícola, em particular. A análise dos mecanismos de coordenação da produção por meio de contratos, alianças estratégicas, relações informais e contratos socialmente típicos impõe ampliar o escopo tradicional e o alcance da economia agrícola para introduzir um olhar sobre a governança dos Sistemas Agroindustriais.[50]

Podemos caracterizar o sistema de normas como um complexo de atos jurídicos de criação e aplicação de preceitos jurídicos positivos. O caráter instrumental do direito corresponde à função que a sociedade atribui às regras jurídicas de servir como ferramenta para disciplinar as condutas de acordo com o interesse econômico-social.

---

[49] ZYLBERSZTAJN, Decio. *Caminhos da agricultura brasileira*. São Paulo: Atlas, 2011.
[50] ZYLBERSZTAJN, Decio; NEVES, Marcos Fava; CALEMAN, Silvia M. de Queiroz. *Gestão de sistemas de agronegócios*. São Paulo: Atlas, 2015. p. 1-2.

De toda forma, o Direito Agrário organiza-se principalmente pela ideia de servir à regulamentação do exercício da posse e da propriedade sobre imóveis rurais, especialmente no sentido de preservar esse exercício de interferências externas.[51]

O Direito Agrário forma um todo organizado de normas que regulam o conjunto de sujeitos e bens envolvidos na consecução da atividade agrária, entendida, segundo a melhor doutrina, como a atividade centrada no uso e cessão da terra. Sendo assim, engloba as realidades relacionadas ao trabalhador rural e à forma de utilização de terras públicas e privadas (reforma agrária, colonização, usucapião agrário e imposto territorial rural); além disso, abarca a tutela dos contratos agrários (arrendamento e parceria rural), sempre de acordo com um contexto geral da função social da propriedade. Assim, as questões relativas à posse e ao uso da terra acabaram consolidando um capítulo especial da ciência jurídica, centralizada na função social da propriedade rural.[52]

A Constituição Federal de 1934, art. 5º, XIX, c, já fazia menção à competência da União para legislar sobre normas fundamentais de Direito Rural. No entanto, àquela época, o chamado Direito Rural era considerado, em doutrina, mero capítulo do Direito Civil. Aliás, a própria designação rural, em vez de agrário, estava eivada da noção fundiária civilista. Não se falava de um Direito Agrário propriamente dito, este só ganhou consagração efetiva na década de 1960, por meio da Emenda Constitucional n. 10 à Constituição Federal de 1946, que lançou as bases para a entrada em vigor do Estatuto da Terra.

O Direito Agrário ganhou reconhecimento e foi consagrado por todas as constituições posteriores. Com a Constituição Federal de 1988 foi confirmada a sua especialidade, bem como sua autonomia legislativa, científica e didática, de forma a ser prevista, pelo inciso I do art. 22 da Constituição atual, competência privativa à União para legislar sobre Direito Agrário. Além disso, no art. 126, *caput*, é prevista a proposição, pelo Tribunal de Justiça, da criação de varas especializadas, com competência exclusiva para questões agrárias, com intuito de dirimir conflitos fundiários.

O fundamento constitucional do Direito Agrário visa a realização da justiça social por meio da reformulação do sistema fundiário, com base na função social da propriedade.[53] Como forma de regulamentar esses interesses, veio a Lei n. 4.504, de 30 de novembro de 1964, conhecida como Estatuto da Terra, posteriormente regulamentada pelo Decreto n. 55.891/1965. A esse respeito, Fernando Pereira Sodero destaca o aspecto publicístico do Direito Agrário na análise de dois dos principais elementos caracterizadores, oportunidade de acesso à propriedade e função social, com os reflexos da

---

[51] SCAFF, Fernando Campos. *Direito agrário*: origens, evolução e biotecnologia. São Paulo: Atlas, 2012. p. 9.
[52] GRAZIANO NETO, Francisco. Direito Agrário. *O Estado de S.Paulo*, São Paulo, 11 ago. 2009.
[53] GISCHKOW, Emílio Alberto Maya. *Princípios de direito agrário*: desapropriação e reforma agrária. São Paulo: Saraiva, 1988. p. 15.

atividade agrária na subsistência e alimentação da população e no abastecimento de matérias-primas fundamentais.[54]

O Direito Agrário no sistema normativo de caráter público, fundado na função social da propriedade, disciplina as relações jurídicas que têm por base a atividade agrária, regulamentando a distribuição da terra (regime fundiário) e a atuação dos sujeitos agrários sobre os objetos agrários – propriedade, posse e ocupação da terra, assim como os vínculos obrigacionais recíprocos entre o Estado e proprietário rural.[55]

O uso da terra como fator de produção, a prevalência da noção de fundo social da terra, o estímulo ao aproveitamento econômico do solo e a instituição de mecanismos próprios de acesso à terra, inclusive a desapropriação, compõem a gama de pressupostos inspiradores da referida regulamentação específica, que se mantém no ramo autônomo denominado Direito Agrário. Há prevalência de caráter público do Direito Agrário como forma de intervenção estatal indireta na atividade econômica agrária, que orienta os usos diretos e indiretos da propriedade rural, e sua função social na estabilidade e no desenvolvimento social e econômico do produtor rural.

Contudo, as transações atuais no setor encontram profunda mudança da base teórica da produção agrícola organizada e sistema econômico de mercado. Em outras palavras, nas últimas décadas, ocorreu uma transformação da produção rural, que permite a construção de uma ponte até a *Teoria* das *Organizações*, criando-se uma ferramenta útil para a compreensão da estrutura e funcionamento do modelo agroindustrial. A produção agrícola pode ser caracterizada como uma relação entre agentes que têm direitos de propriedade sobre diferentes fatores de produção, cuja interação será governada de modo a gerar valor. O produtor reconhece a existência de diferentes planos de produção possíveis e busca a melhor tecnologia e combinação de insumos, com base no pressuposto de maximização do lucro. A produção agrícola pode ser caracterizada como uma relação entre agentes cuja interação é orientada para gerar valor. A relevância da concepção de firma como um nexo de contratos ganhou evidência na aplicação dos Sistemas Agroindustriais e o avanço da economia das organizações influenciou os estudos sobre os SAGs a partir dos anos 1960. Nas palavras de Ronald Coase, "a firma, na moderna Teoria Econômica, é uma organização que transforma insumos em produtos".[56]

A noção de atividade econômica passa pela consideração de uma sequência coordenada de atos, objetivando um fim principal, contexto econômico realizado pelas firmas. Assim, a firma moderna pode ser entendida como um conjunto de contratos

---

[54] SODERO, Fernando Pereira. *Direito agrário e reforma agrária*. São Paulo: Legislação Brasileira, 1968. p. 36.
[55] GISCHKOW, Emílio Alberto Maya. *Princípios de direito agrário*: desapropriação e reforma agrária. São Paulo: Saraiva, 1988. p. 21.
[56] COASE, Ronald. *A firma, o mercado e o direito*. São Paulo: Forense Universitária, 2017. p. 6.

entre agentes especializados, aqui, numa cadeia de produção integrada de alimentos, fibras e bioenergia. Esses agentes poderão estar dentro de uma hierarquia, que é o que convencionalmente chamamos de firma, e, de outra forma, estar fora dela, relacionando-se extrafirma por meio das políticas públicas, mas agindo motivados por estímulos que os levam a atuar coordenadamente. A gestão e a regulamentação dos Sistemas Agroindustriais requerem um enfoque multidisciplinar.

Hoje, fala-se em sistemas produtivos sob a égide da organização de empresas, em um novo contexto institucional, dado pela desregulamentação da atividade e redefinição do papel das organizações.[57] Há aqui o encontro dos elementos de organização, tecnologia e lucro. A complexidade dos ordenamentos atuais resulta na igual complexidade dos fatos, relações e problemas socioeconômicos que vêm merecendo cuidadoso e abundante tratamento científico. Nessa esfera, prevalece como método científico do conhecimento a análise econômica dinâmica, na medida em que se avolumam e ganham complexidade as relações econômicas entre os agentes, exigindo maiores investimentos ou diferentes capacitações.

No âmbito dos Sistemas Agroindustriais, a produção, a comercialização e o financiamento de produtos, subprodutos e resíduos de valor econômico de origem agrícola, pecuária, de reflorestamento e aquicultura não mais podem ser desenvolvidos com eficiência por um indivíduo apenas, mas, sim, a partir de investimentos comuns de mais de um agente. O seu desenvolvimento pressupõe, então, a aglutinação de esforços de diversos agentes, interessados nos lucros que essas atividades prometem propiciar. Essa articulação assume, entre as variadas formas jurídicas, a de uma firma. A empresa é hoje enorme centro de poder na sociedade e, consequentemente, centro de interesses dentro da esfera econômica ou social que pretende e deve atender.[58]

Dessa forma, a abordagem dos Sistemas Agroindustriais serve de suporte e facilita a análise dos arranjos institucionais que são as estruturas contratuais de produção de base rural. A abordagem contratual da firma abre uma perspectiva analítica que foi aplicada para o estudo das diferentes organizações. A representação agregada dos SAGs tem importância para uma primeira aproximação. Ao descrever as transações, o que se busca é representar a transação típica de caráter setorial. E, ao nos aproximarmos da realidade das organizações agroindustriais, vemos uma grande variedade de arranjos institucionais ou mecanismos contratuais de governança, em uma mesma transação.

Ganha relevância o papel dos contratos, como instrumento de incentivo para alocação eficiente dos recursos. Os contratos passam a ter ainda mais relevância

---

[57] ZYLBERSZTAJN, Decio; NEVES, Marcos Fava (org.). *Economia e gestão dos negócios agroalimentares*. São Paulo: Pioneira, 2000. p. 1-20.

[58] SALOMÃO FILHO, Calixto. Regulação da atividade empresarial para o desenvolvimento. *In*: SALOMÃO FILHO, Calixto. *Regulação e desenvolvimento*: novos temas. São Paulo: Malheiros, 2012. p. 61.

diante da complexidade da integração de atividades e emprego de tecnologia de ponta na produção, comercialização e financiamento, decorrente de mudanças estruturais dos mercados e de mudanças institucionais e tecnológicas. A aplicação e formação dos contratos no agronegócio atendem a: a) redução de incertezas relacionadas com a disponibilidade, qualidade e custos dos insumos; b) assistência técnica e gerencial, aumentando o valor e a produtividade; c) acesso ao crédito e a mercados diferenciados e de alto valor agregado; e d) redução dos riscos associados à volatilidade de preços.

Entendemos que os negócios agroindustriais podem permear uma série de contratos, como de produção, comercialização e financiamento. Estes são representativos das variadas fases da cadeia produtiva, que se estabelece em verdadeira rede de contratos. Enquanto os contratos de produção direcionam-se à coordenação do processo produtivo, desde a aquisição de insumos e matérias-primas necessárias à produção, até a obtenção do produto final, a ser encaminhado ao consumidor, os contratos de comercialização têm como condão as trocas subsequentes, baseadas em transacionar os produtos finais, bem como seus subprodutos e resíduos de valor econômico. Por seu turno, os contratos de financiamento são aqueles formados pelo conjunto de instrumentos (operações com títulos e valores mobiliários) que operacionalizam o crédito necessário à atividade agroindustrial, tanto no mercado financeiro como no mercado de capitais. Hoje, são variados os tipos de contrato que envolvem a atividade agroindustrial e o estabelecimento de estratégias de produção e comercialização dos produtos do agronegócio.[59]

Ao considerar-se a complexa gama de atividades gerenciadas pelos agricultores nos SAGs, percebe-se que as relações contratuais formais e os acordos de cooperação informais de longo prazo se estabelecem entre os agricultores, os fornecedores de insumos, os *traders*, as firmas processadoras e, ainda, os supermercados e o sistema de distribuição de produtos frescos. Os contratos surgem como estruturas de amparo às transações que visam controlar a variabilidade e mitigar os riscos, aumentando o valor de uma transação ou de um conjunto complexo de transações.

Abordar as relações estabelecidas em contexto de atividade produtiva rural sob a ótica da Teoria da Organização e da Economia dos Custos de Transação reconhece a ruptura do isolamento estático do estabelecimento rural, sugerindo que análises desconectadas do sistema produtivo são parciais e não representariam a realidade. A associação das análises mostra-se compatível e útil para explicar os arranjos institucionais.

---

[59] Nas Cadeias Agroindustriais, os contratos ligam as variadas fases do processo produtivo, desde: (i) o fornecimento de insumos, nas espécies de distribuição, representação, multiplicação e *barter*; (ii) na produção, com arrendamento, parceria e integração vertical; (iii) na comercialização, com a compra e venda, fornecimento e contratos futuros (*hedge*); (iv) na associação técnica, com desenvolvimento e cessão de tecnologia e prestação de serviços; (v) no financiamento, com contrato bancário, títulos e valores mobiliários e contratos de investimento; até (vi) a distribuição (circulação de produtos), com transporte, armazenamento, depósito e *packing*.

Em adição, a abordagem incluiu o papel das instituições que pautam o funcionamento dos SAGs, ou seja, tanto os aspectos microrganizacionais quanto os aspectos macroinstitucionais, com ênfase na definição e garantia dos direitos de propriedade, são relevantes na abordagem dos SAGs.[60]

O estudo das transações isoladas não permite adequada análise da realidade. Essa preocupação nos levou a observar que o mundo real é pontilhado por arranjos institucionais complexos, que envolvem um misto de transações realizadas via mercado, com transações internas de forma verticalmente integrada e, de modo particular, o universo de contratos com desenho e formatos diversos, com múltiplos participantes e amparados por complexos mecanismos de salvaguardas.

Está claro, ainda, que o conceito de Sistemas Agroindustriais incorpora à abordagem de cadeia produtiva os aspectos do ambiente institucional, tais como as instituições de apoio e regulamentação – políticas públicas –, mas que não afasta o reconhecimento de uma série de atos coordenados e unificados entre si por terem uma função econômica própria, ou seja, as relações empresariais moldam-se conforme o direito posto pelo Estado, por meio do Direito Econômico. Conforme a professora Rachel Sztajn, já no contexto de mercado, as firmas que compõem os SAGs, consideradas organizadas e profissionais, devem ser encaradas sob o contexto de atividade empresária.[61]

Em síntese, à doutrina clássica que limita o Direito Agrário a disciplina dos direitos de exploração do estabelecimento agrário junta-se outra na perspectiva mais ampla e de modo integrado com o direito dos mercados.[62] Por outras palavras, a um Direito Agrário "da produção" (para mercados) acrescenta-se um Direito Agrário "dos mercados", efetivando-se a mútua articulação em torno da noção jurídica de atividade econômica de produção rural[63] e de noção dinâmica de propriedade rural.

Assim, hoje, o agronegócio como atividade econômica de empresa também é marcado pelo dinamismo de usos e costumes, contratos atípicos e formas próprias de financiamento, base para a necessária disposição de enunciados declaratórios de regulamento próprio, com a manutenção de um microssistema. O Direito do

---

[60] ZYLBERSZTAJN, Decio. *Caminhos da agricultura brasileira*. São Paulo: Atlas, 2011. p. 83.

[61] SZTAJN, Rachel. *Teoria jurídica da empresa*: atividade empresária e mercados. 2. ed. São Paulo: Atlas, 2010. p. 99.

[62] O mercado é o espaço de operatividade da firma e de ação de seus agentes. É o lugar para o qual convergem os mais diversos interesses econômicos. O ambiente onde se celebram os contratos entre firmas e outras firmas ou entre firmas e consumidores. Consideramos a opção da formação de um microssistema auxiliar na sistematização de normas que cuidam dos mercados agroalimentares e agroindustrial. Embora centrado na produção rural, o agronegócio é uma rede de negócios que perpassa os três setores tradicionalmente identificados na economia (primário, secundário e terciário).

[63] MASSENO, Manuel David. Novas variações sobre um dos temas de direito agrário industrial. *In*: II CONGRESO EUROPEO Y I IBEROAMERICANO DE DERECHO AGRARIO, 1999, Almeria. *Boletim do Ministério da Justiça* – Documentação e Direito Comparado, 1997. p. 311.

Agronegócio – capítulo do Direito Comercial que reclama cada vez mais atenção e pesquisa – não coincide, assim, com o Direito Agrário, cujo foco repousa sobre a atividade de produção no campo, um dos elos da cadeia que confere substrato ao conceito jurídico de agrariedade.[64]

A industrialização e a distribuição de alimentos, fibras e bioenergia correspondem à fase mais ampla dentro das cadeias de produção e, por sua vez, envolve a ideia de que a agricultura acaba se transformando em um complexo da produção, industrialização, comercialização e financiamento. A operacionalização desses mecanismos ou etapas é sustentada nas organizações empresariais, organização de capital e de instrumentos destinada à produção agroindustrial e/ou serviços conexos para o mercado, coordenados pelo empresário. Nota-se que na atividade, como elemento de empresa, restam relações e consequências diversas em um novo contexto global e internacionalização dos mercados. A empresa aparece como meio de dar governança entre os agentes econômicos no mercado, além de diminuir custos de transação na medida em que reduz tais conflitos.[65]

Podem-se extrair da dinâmica dos mercados agrícolas os fundamentos que conferem harmonia a esse subsistema legal. Portanto, utilizaremos a expressão Direito do Agronegócio para caracterizar o conjunto de normas jurídicas que disciplinam as relações decorrentes da produção, armazenamento, comercialização e financiamento do complexo agroindustrial. Entendemos que o regime jurídico do agronegócio expressa forma própria, uma vez que identifica, de imediato, o conceito de relações intersubjetivas regradas: os modelos de fornecimento de insumos, os agentes privados de produção, a empresa agroindustrial, as formas de integração contratual, as formas de comercialização e distribuição, as negociações internacionais e os instrumentos próprios do mercado financeiro e de capitais.

Atualmente, reconhece-se que o ordenamento pode aumentar ou diminuir os custos de transação. O Direito Comercial deve atuar para afinar o fluxo de relações econômicas, incrementando a segurança e a previsibilidade jurídicas e diminuindo os custos de transação, buscando, portanto, eficiência.

No regime jurídico do agronegócio devem estar as prescrições oriundas da empresa agrícola (ou agroindustrial) como atividade econômica organizada. Vê-se um sistemático conjunto de relações jurídicas formadoras de contratos em rede, representativos dos negócios realizados para o fornecimento de insumos, a produção agrícola propriamente dita, o armazenamento, a comercialização interna e internacional de produtos, subprodutos e resíduos de valor econômico de origem agrícola, pecuária de reflorestamento e de aquicultura. É no regramento das relações econômicas de

---

[64] COELHO, Fábio Ulhoa. *Desafios do direito comercial*. São Paulo: Saraiva, 2014. p. 75.
[65] SALOMÃO FILHO, Calixto. *O novo direito societário*. 3. ed. rev. e ampl. São Paulo: Malheiros, 2006. p. 92.

mercado que o Direito do Agronegócio se mostra fundamentalmente determinante e distinto de outros ramos, formando um subsistema jurídico. Mais discutida na doutrina internacional, faz-se na doutrina brasileira uma distinção acadêmica e didática de grande interesse, uma vez que centralizarão esforços, pesquisas e, futuramente, direcionarão políticas mais afinadas.

1.5. PLANEJAMENTO ESTATAL ESTRATÉGICO E FUTURO DO AGRONEGÓCIO

A política econômica procura viabilizar os objetivos tidos como necessários ou desejáveis pela sociedade. Com efeito, não importa apenas à sociedade fixar determinada meta, mas interessa-lhe igualmente saber de que forma será atingida. O desenvolvimento está associado à ideia da chamada eficiência dinâmica da economia, ou seja, o potencial de ampliar a sua capacidade produtiva de longo prazo. O Estado deve definir concretamente sua posição em face do crescimento, inserindo na ordem econômica mecanismos de incentivo, controle e planejamento. Assim, a ordem econômica passa a ser uma atividade instrumental reguladora das transformações da ordem de mercado como uma influência positiva na produção, na distribuição e no consumo. É a atividade econômica condicionada por meio do sistema jurídico a determinados fins políticos do Estado.[66]

O Direito deixa-se penetrar no conteúdo econômico, ao mesmo tempo em que a economia torna-se cada vez mais administrativa e regulamentada. Ainda, há um debate acerca da sobrecarga do sistema jurídico contemporâneo, daí a ideia de microssistemas legais, há pouco discutido.[67] A função do Estado neoliberal passou a ser a produção de políticas ou programas. Hoje, o Direito Comercial, sem perder sua especificidade, influencia diretamente a interpretação e o desenvolvimento. É imperativa a adaptação do direito e de sua metodologia às novas tarefas que se apresentam em uma sociedade complexa, ainda com mais destaque na regulação e planejamento dos Sistemas Agroindustriais.

Assim, o Direito Econômico é o conjunto de normas de conteúdo econômico, que pelo princípio da economicidade assegura a defesa e a harmonia dos interesses individuais e coletivos e regulamenta a atividade dos respectivos sujeitos na efetivação da política econômica definida na ordem jurídica. Ao contrário dos demais ramos do Direito, que podem ter conteúdo econômico, o Direito Econômico obrigatoriamente o terá, mas indo além, exigindo um tipo de formulação de juízo de valor a um só tempo dessas duas conotações. Assim, busca-se o justo-certo capaz de adequar a conduta econômica a normas jurídicas que impeçam rompimentos do equilíbrio ou o estabelecimento de conflitos de interesse. Nesse ponto, impossível desconhecer a presença

---

[66] CARVALHOSA, Modesto. *Direito econômico*: obras completas. São Paulo: RT, 2013. p. 49.
[67] LUHMANN, Niklas. *Direito da sociedade*. São Paulo: Martins Fontes, 2011. p. 33.

do poder econômico como elemento capaz de trazer perturbação à estrutura jurídica de moldes tradicionais.[68]

Conforme falamos e calcadas no Direito Econômico, as políticas públicas se baseiam no assentamento de objetivos fundamentais para as nações como suporte à formação de renda dos agricultores, à criação de empregos, à manutenção da população no meio rural e à estabilidade social, à redução dos custos da alimentação, ao aumento do poder aquisitivo dos trabalhadores, à integração entre os elos da cadeia produtiva e à preservação ambiental, o que demonstra a importância do uso adequado do direito como instrumento para melhor regulação da vida em sociedade, garantindo o caminho para que os objetivos econômico-sociais da nação sejam atingidos. Além de fornecer estrutura básica às políticas, o Direito Econômico condiciona os trâmites processuais e os requisitos procedimentais que garantirão sua execução. À regulação cabe estabelecer os procedimentos para a eliminação da assimetria de informação e discrepâncias de poder econômico que afetem o exercício da atividade. O planejamento, com base jurídico-econômica, é indissociável de uma política de formação de capital para investimento, e não há desenvolvimento sem crescimento econômico.

O planejamento é uma questão técnica e de permanente consulta dos interesses dos grupos ou setores direta e indiretamente envolvidos na execução do programa. Ao Poder Público cabe a função primordial de planejador e ao direito, os processos jurídicos de planificação. O planejamento é um método racional de intervenção indireta na ordem econômica de forma a sistematizá-la a determinados enquadramentos institucionais. Dessa forma, nas palavras de Eros Grau, é por meio do planejamento que "haverá formulação explícita dos objetivos e definição dos meios de ação coordenadamente dispostos, mediante a qual se procura ordenar, sob o aspecto macroeconômico, o processo econômico para melhor funcionamento da ordem social, em condições de mercado".[69]

Nesse sentido, Maurício Antônio Lopes[70] dá algumas diretrizes atuais para direcionamento de políticas públicas e planejamento do agronegócio, que passa a ser regido por uma lógica sistêmica, que adota um modelo industrial e que dá repercussão a um ambiente de desenvolvimento econômico centrado na bioeconomia. O modelo agroindustrial nacional, baseado em ciência e tecnologia, colocou o Brasil como protagonista de uma verdadeira revolução na produção de alimentos nos trópicos.

Contextos mais desafiadores e dinâmicos exigirão respostas cada vez mais rápidas às demandas da sociedade e dos mercados. O grande risco é que questões conjunturais

---

[68] SOUZA, Washington Peluso Albino de. Conceito e objeto do direito econômico. *Revista da Faculdade de Direito da UFMG*, Belo Horizonte, n. 16, v. 24, p. 26-28, maio 1976.

[69] GRAU, Eros Roberto. Notas a respeito do direito do planejamento: uma hipótese a discutir. *Revista de Direito Público*, v. 8, n. 41-42, p. 289, 1979.

[70] LOPES, Maurício Antônio. Escolhas estratégicas para o agronegócio brasileiro. *Revista de Política Agrícola*, ano XXVI, n. 1, p. 151, jan./fev./mar. 2017.

e preocupações do presente impeçam a criatividade e a modernização que precisaremos ter para a construção de uma trajetória de longo prazo para nossa agricultura, com mais foco na sustentabilidade e na integração de esforços. Infelizmente, não é incomum, nas muitas discussões sobre a agricultura brasileira, predominar a atenção ao passado e ao presente, com pouca prioridade para discussão de trajetórias em direção ao futuro, que será repleto de externalidades.

O agronegócio precisará responder aos anseios de uma sociedade cada vez mais exigente, a uma agenda de desenvolvimento fortemente centrada na sustentabilidade e aos mercados cada vez mais dinâmicos e competitivos. Portanto, a construção de um futuro sustentável para nossa agricultura dependerá, necessariamente, da nossa capacidade de integrar e gerir sistemas cada vez mais dinâmicos, mutáveis e complexos. Para estimular a discussão sobre escolhas estratégicas que permitam ao agronegócio brasileiro se ajustar a essa realidade, apresentamos dimensões e temas que precisarão receber grande atenção das lideranças e dos tomadores de decisão, responsáveis por nortear e modelar o futuro dos mercados agroalimentar e agroindustrial.[71]

A agricultura migra rapidamente para uma lógica sistêmica, capaz de abarcar a sustentabilidade em sua completude. O Brasil precisará intensificar o esforço de geração e uso de tecnologias poupa-recursos, de baixa emissão de carbono, capazes de promover a expansão sustentável da sua produção agropecuária – expansão baseada em ganhos de produtividade da terra, em sintonia com os desafios impostos pela legislação ambiental. O Plano ABC, agora denominado RenovAgro, cujo foco está na redução da emissão de carbono, é uma arrojada política pública, que já contribui para essa agenda, uma vez que estimula a incorporação de práticas sustentáveis, como a recuperação de pastagens degradadas, a integração lavoura-pecuária-floresta (ILPF), o sistema de plantio direto (SPD) e a fixação biológica de nitrogênio (FBN).

Nesse sentido, o Plano ABC+ ou Plano de Adaptação e Baixa Emissão de Carbono na Agricultura refere-se à agenda estratégica que sustenta as políticas setoriais em face das mudanças climáticas no agronegócio. O ABC+ (2020 a 2030) dá continuidade ao Plano ABC (2010 a 2020), fomentando a sustentabilidade na agropecuária, ao passo que enfatiza o controle de Gases de Efeito Estufa (GEE) e busca conservar os recursos naturais da terra. Essa política pública possui nove eixos estratégicos divididos em quatro programas e cinco estratégias, os quais promovem a adaptação às mudanças climáticas, aumento de eficiência e resiliência dos setores produtivos e o controle de emissões de GEE. É regulamentado pela Lei n. 12.187, de 29 de dezembro de 2009, a Política Nacional sobre Mudança do Clima (PNMC), instrumento jurídico que define normas e compromissos internacionais adotados pelo Brasil.

---

[71] O Brasil é um dos candidatos a protagonizar esta era de socorro do futuro planetário. Ver: HARTUNG, Paulo. Política ambiental como motor social. *O Estado de S.Paulo*, 4 jul. 2023.

O Programa Nacional de Conversão de Pastagens Degradadas em Sistemas de Produção Agropecuários e Florestas Sustentáveis (PNCPD), lançado em 2023, pelo Decreto n. 11.815, com foco em recuperar e converter até 40 milhões de hectares em dez anos, promove e coordena políticas públicas que ditam sobre a conversão de pastagens degradadas em sistemas sustentáveis. O objetivo é tornar os solos degradados com o tempo em férteis e ativos biologicamente, impulsionando uma agricultura mais eficiente e sustentável. A recuperação dessas áreas não só contribui para a melhoria da qualidade do solo, mas também desempenha um papel crucial na redução das emissões de carbono, promovendo práticas que ajudam a mitigar os impactos das mudanças climáticas e a preservar os recursos naturais para as futuras gerações.

Diversificar, especializar e agregar valor à produção agropecuária nacional é um imperativo para o futuro. A agenda é de grande importância para o Brasil, considerando as oportunidades para a expansão da participação no mercado mundial de produtos do agronegócio mais elaborados, diversificados e sofisticados (alimentares e não alimentares). Vários estudos apontam para a redução da demanda por produtos agropecuários pouco elaborados e de baixa elasticidade-renda, em particular a partir de 2030. Nesse horizonte, as previsões de expansão da classe média mundial, com maior renda *per capita*, sinalizam para a necessidade de novos produtos e novos processos, o que significará enorme pressão para grandes produtores agrícolas, como o Brasil, ainda muito centrados na produção primária ou em produtos pouco elaborados.

O mundo rural envolve diversos elementos que mantêm um dinamismo permanente. São ambientes que interagem e se transformam, se complementam e se ajustam. Por isso, devem ser analisados e compreendidos em conjunto e geridos em sintonia. Essa gestão precisará ser feita, cada vez mais, na escala do território, levando em conta a diversidade, a dinâmica e a riqueza das relações e interações ali existentes. Os desafios são complexos e vão muito além dos limites do "dentro da porteira". Para responder a tais desafios, é necessário ampliar a capacidade de olhar para além da unidade produtiva, em escala que permita monitorar a dinâmica da agricultura no espaço geográfico, simulando os cenários mais adequados e promissores para uso e ocupação das terras considerando seus contextos natural, agrícola, socioeconômico e de infraestrutura.

Ainda, monitorar, qualificar e quantificar a dinâmica de múltiplas atividades agropecuárias em bases territoriais, bem como as novas alternativas de uso das terras, exigem a integração de grandes bancos de dados (*big data*), o emprego de imagens de satélites e o uso de sistemas de informações geográficas, na lógica da gestão territorial estratégica, apoiada em recursos computacionais de alto desempenho. Formuladores de políticas públicas demandarão tais informações para ampliar sua capacidade de desenhar políticas e propostas de expansão das atividades econômicas sobre nosso imenso e complexo espaço geográfico de forma mais eficiente e alinhada à agenda de desenvolvimento que a sociedade deseja.

Em acréscimo, a gestão de riscos traduzida no controle de fenômenos climáticos adversos, mercados complexos e mutáveis, riscos sanitários, crédito caro ou incerto, comercialização, logística, marco regulatório e mudanças rápidas nos padrões de consumo são alguns dos muitos riscos que afligem os produtores rurais. Os riscos associados à incerteza quanto aos resultados do empreendimento destacam a agricultura como uma das mais complexas atividades da sociedade. Tais pressões têm efeitos multiplicadores que se propagam por muitos setores em virtude da redução da renda e da disponibilidade de produtos para o abastecimento ou em razão da diminuição de empregos e da arrecadação de impostos. Falhas na gestão de riscos podem levar a prejuízos na atividade agropecuária capazes de indiretamente afetar muitas dimensões da economia, como comércio, indústria e serviços, além de agravar a situação de exclusão nas regiões mais pobres.

O Brasil dispõe de importantes políticas e programas de gestão de risco para sua agricultura, mas são vários os indicativos de que é possível aumentar a eficiência e a efetividade dessas políticas com avanços nos processos de coordenação e priorização e no tratamento de lacunas e de oportunidades de melhoria. Pela dimensão e importância estratégica de sua agropecuária, o Brasil não pode mais prescindir de um planejamento estratégico e de uma institucionalidade estável, na forma de uma lei agrícola, com vigência mínima de cinco anos, que garanta atenção destacada à gestão de riscos e uso da inteligência territorial estratégica para orientar o desenvolvimento rural sustentável, além da incorporação de conhecimentos e tecnologias para ganhos contínuos de resiliência nos sistemas produtivos.

As tecnologias aparecem rapidamente e desaparecem na mesma velocidade. Rupturas ou mudanças profundas em nosso proceder, decorrentes do progresso científico e tecnológico, estão se tornando cada vez mais frequentes. As tecnologias evolucionárias, que levam a pequenos avanços, e mesmo as revolucionárias, que provocam grandes alterações, vão aos poucos cedendo espaço para as chamadas tecnologias disruptivas, que promovem mudanças radicais – substituindo o que existe –, atendendo aos desejos dos mercados e dos consumidores com vantagens significativas. Não há dúvidas de que o mundo seguirá acelerando o ritmo das transformações, e os alvos vão ser mais difusos e móveis e as decisões e ações, mais difíceis.

Mais recentemente, a bioeconomia tem adquirido destaque nos debates dos Sistemas Agroindustriais. Como ciência que estuda os sistemas biológicos e os recursos naturais aliados ao uso de novas tecnologias, visando à criação de produtos e serviços mais sustentáveis, a bioeconomia tem total adesão ao momento de transformação de imagem, pelo qual passa o agronegócio brasileiro. O mundo tem demonstrado crescente preocupação com o meio ambiente, o que direciona atenção a uma nova economia de baixo carbono, com base na biotecnologia, na agricultura, na biodiversidade e nas energias limpas. Esses movimentos convergem em tônica de longa transição energética, baseada não mais na extração de recursos naturais, mas, sim, seu cultivo para a produção de combustíveis, medicamentos, insumos agrícolas e materiais utilizados na indústria.

É a partir da visão sustentável que se cria a estratégia global em busca de fontes renováveis e processos biotecnológicos para a produção de alimentos, materiais, serviços, energia e produtos químicos. Nesse sentido, a bioeconomia impacta diretamente a preservação florestal, à medida que estimula a criação de negócios que utilizam como alicerce a conservação florestal, além de desenvolver as cadeias produtivas sustentáveis, diminuindo o desmatamento. Ao analisar a grandeza das reservas naturais e a matriz energética mais verde do mundo, confirma-se que o Brasil possui capacidade de alcançar a liderança mundial nos termos de bioeconomia.

O Brasil possui a maior biodiversidade de flora e fauna do planeta. Uma vez racionalmente explorados, esses recursos podem contribuir para a alavancagem da economia brasileira, agora inserida em um contexto macroeconômico de cadeia sustentável. O potencial desse segmento já vem sendo notado no País, como indicado em estudos recentes elaborados pelo Observatório de Bioeconomia da FGV. Projeções do Ministério da Agricultura, Pecuária e Abastecimento (Mapa) confirmam que, até 2030, a transição completa e eficaz da bioeconomia pode vir a gerar mais de R$ 1 trilhão ao PIB brasileiro. Com a transformação da produção agrícola, pecuária e energética, torna-se imprescindível investir em marcos regulatórios que fomentem a inovação, a sustentabilidade e, principalmente, os investimentos e os financiamentos das pequenas e médias empresas do agronegócio.

O Boletim de Pesquisa de Macrobioeconomia da FGV Agro[72] registrou o PIB-Bio de R$ 2,7 trilhões, em 2023, representando 25,3% do PIB brasileiro. Esses dados são calculados a partir da cadeia de valor da bioeconomia primária, bioenergia, indústria com viés biológico e bioindústria. Este último indicador, a bioindústria, detém a maior representação econômica do PIB-Bio (46%), seguida da bioeconomia primária (41%), ao passo que a bioenergia e a indústria com viés biológico refletem 5% e 8%, respectivamente. Não há como negar o avanço do setor, visto que a análise do PIB-Bio, no período entre 2010 e 2023, cresceu 13,8%, uma média de 0,81% ao ano. Vale ressaltar que o crescimento do setor enfrentou diversas crises, como instabilidade climática, pandemia de Covid-19, conflitos na geopolítica mundial e volatilidade nos mercados internacionais. Nesse cenário, a exploração de alternativas energéticas sustentáveis apresenta-se não apenas como uma oportunidade estratégica, mas também como um caminho fundamental para o Brasil fortalecer sua posição no cenário global e impulsionar uma transição mais autônoma e sustentável em sua agricultura e indústria.

Também temática de condão muito atual, a abordagem de alternativas energéticas mais sustentáveis tem sobrelevado a discussão acerca do hidrogênio verde, produto que possui conteúdo de energia por unidade peso três vezes maior do que a gasolina e que, ao contrário do combustível fóssil, não emite poluentes. O potencial brasileiro para sua

---

[72] FGV – FUNDAÇÃO GETULIO VARGAS. Macrobioeconomia. 2024. Disponível em: https://agro.fgv.br/sites/default/files/2024-10/MACROBIOECONOMIA_0.pdf. Acesso em: 28 jan. 2025.

produção é em suma elevado, o que especialmente nos afeta, em seu uso para a produção de fertilizantes – hoje, a agricultura brasileira muito se vale do uso de fertilizantes nitrogenados, o que impõe a dependência nacional de produção estrangeira. É importante que o Brasil considere suas próprias necessidades e potenciais, priorizando os caminhos mais adequados a nosso contexto. Ao priorizar a economia de hidrogênio com foco em necessidades estratégicas, o País poderá avançar na descarbonização da agricultura de maneira autônoma e sustentável, posicionando-se como um líder nessa área e na produção sustentável de alimentos.

Com a transformação digital, muda o paradigma evolutivo do agronegócio, fenômeno que produz profundas mudanças na forma como a tecnologia é criada, gerenciada e consumida. Segmentos estratégicos da agricultura são espaços privilegiados para o País na nova era digital. Nesses setores essenciais, conquistar a fronteira tecnológica não é só um desafio comercial, mas também um imperativo estratégico. Ao incorporar, por exemplo, práticas e processos de precisão, amplo uso de sensores e mecanismos sofisticados de previsão e resposta a variações de clima, o agronegócio poderá ganhar mais equilíbrio nas vertentes econômica, social e ambiental. Dessa forma, a adequada concepção do setor e aprimoramento da política direcionada deveria contemplar os seguintes pontos, com olhar para o futuro:

a) *Aumento* da oferta de serviços públicos, principalmente os relativos à defesa sanitária, à infraestrutura de transporte, armazenagem e comercialização, pesquisa, desenvolvimento e extensão agrícola e sistemas de informação de mercado, com o consequente desenvolvimento de um sistema nacional de certificação de qualidade.

b) *Mecanismos* de gestão de risco, sobretudo com a introdução de mecanismos efetivos e sustentáveis de seguro rural, bem como maior incentivo ao uso de contratos futuros e derivativos agrícolas na administração dos ativos, melhor precificação dos produtos e auxílio aos produtores no controle do repagamento dos financiamentos.

c) *Segurança* jurídica dos contratos e direitos de propriedade, com a distribuição de títulos de posse da terra para os beneficiários da reforma agrária, a solução do problema de titulação de terras na Amazônia Legal e a garantia de cumprimento dos contratos entre os diferentes integrantes dos SAGs.

d) *Avaliação* sistemática de programas eficazes e subsídios diretos, principalmente os destinados a grupos de interesses específicos, como os beneficiários das renegociações de dívida, e o monitoramento do uso e dos resultados concretos dos programas de reforma agrária e agricultura familiar.

e) *Modernização* da regulamentação, desenvolvimento dinâmico da relação com Mercado de Capitais e investimentos estrangeiros na redução da dependência dos programas oficiais e escassa poupança pública interna.

f) *Comércio* administrado, que coloca em destaque acordos bilaterais e regionais em paralelo ao desenvolvimento de negociações multilaterais e reafirmação do papel da OMC nas negociações internacionais e criação de novas fontes e relações comerciais.

g) *Introdução* de programas de capacitação técnica e gerencial a produtores e pequenos e médios proprietários rurais, objetivando a formação de empreendedores agrícolas com melhor visão mercadológica. O esforço inclui a promoção e a modernização de cooperativas e associações de produtores, entendidos como instrumentos importantes de inserção no mercado, desde que consigam solucionar seus problemas de capitalização, administração e direitos de propriedade.

Nesse sentido, concluímos seguindo os pensamentos apresentados pelo Prof. Decio Zylbersztajn,[73] ao nos apresentar que uma agenda de política agrícola contemporânea poderia saltar o discurso tradicional e se fixar na mudança dos papéis do Estado, dos líderes setoriais privados e, especialmente, dos produtores, que são os atores mais importantes. A transformação da agricultura tradicional, ainda, passa pela educação, mas não pode prescindir de Estado competente para alocar recursos públicos em áreas estratégicas, que ofereça um ambiente de negócios adequado e que orquestre as políticas agrícolas cristalizadas em diferentes ministérios em vasos comunicantes. Não pode prescindir de entidades de representação que aceitem discutir uma agenda que extrapole as tradicionais garantias de preços e negociação de dívidas, mas, sim, um sistema de fomento do agronegócio seguro, racional e com maior participação dos agentes privados.

---

[73] ZYLBERSZTAJN, Decio. *Caminhos da agricultura brasileira.* São Paulo: Atlas, 2011.

CAPÍTULO 2

OBJETO, CARACTERÍSTICAS E MERCADOS AGRÍCOLAS

2.1. CARACTERIZAÇÃO DAS *COMMODITIES* AGRÍCOLAS

A formação dos Sistemas Agroindustriais privilegia a relação entre os setores de produção de insumos e os meios de produção específicos de cada produto agrícola, agroindustrialização, bem como a demanda dos consumidores. Dentro do complexo agroindustrial macroeconômico, os Sistemas Agroindustriais operam como a microeconomia de certo produto. Têm-se, assim, os Sistemas sucroenergético, da soja, do milho, de carnes, do leite, da laranja etc. Aproximando conceitos econômicos, especialmente em contexto particular de transação entre mercados, a palavra *commodity* – mercadoria, em inglês – adquire sentido mais específico, na medida em que a transformação de um produto em uma *commodity* pode afetar não apenas a forma com que este é comprado e vendido, mas até mesmo o que é produzido. Lembramos, nem todos os produtos agrícolas são considerados *commodities*.[1]

De maneira simplificada, é possível apresentarmos as *commodities* agrícolas como os produtos primários, comercializados *in natura* ou com baixo teor de industrialização que, de forma geral, são utilizados para a produção de outros produtos ou subprodutos com valor agregado. Com características padronizadas ao redor do mundo, ao mercado não haverá diferenciação nas *commodities* de acordo com a sua origem (não importando se a soja adquirida foi produzida no Brasil ou nos Estados Unidos, por exemplo), o que, também, fará com que o preço desses produtos seja o mesmo, uma vez que cotado em mercado internacional e, normalmente, em dólares. Dessa forma, para que um produto possa ser considerado uma *commodity*, é necessário que atenda a alguns requisitos mínimos:

(i) Padronização do produto com a especificação particular de suas características em um contexto de comércio internacional.

---

[1] ROTH, Alvin E. *Como funcionam os mercados*: a nova economia das combinações e do desenho de mercado. Tradução Isa Mara Lando e Mauro Lando. São Paulo: Portfolio-Penguin, 2016. p. 29.

(ii) Pouco ou nenhum grau de industrialização, processo de beneficiamento e *packing*.

(iii) Larga escala de consumo, o que exige grande disponibilidade para negociação e transação no fluxo de amplo mercado.

(iv) Cotação de preços em bolsas de mercadoria e futuros internacionais.

(v) Possibilidade de entrega nas condições e prazos de seus contratos de bolsa, aos quais aderem comprador e vendedor.

(vi) Armazenagem ou venda em unidades certificadas e aprovadas previamente.

Com base nos requisitos indicados, é possível entender o motivo de as frutas, por exemplo, não serem consideradas *commodities*, uma vez que, sendo produtos perecíveis, não atendem ao sexto requisito. No entanto, o suco de laranja concentrado e congelado, por permitir armazenamento, é transacionado como uma *commodity*.

São dois os tipos de *commodities* existentes: *soft* e *hard commodities*. As primeiras, as *soft commodities*, referem-se a produtos, em geral, cultivados, nos quais se incluem grãos e proteínas animais que, por sua própria natureza, possuem elevada volatilidade de preços, uma vez que a precificação está diretamente vinculada a fatores externos e incontroláveis. A produção desses bens está sujeita a, entre outras variáveis, adversidades climáticas, razão pela qual as economias agrícolas sofrem mais com o aumento da temperatura global. Safras abundantes são capazes de deprimir preços, gerando excedente no mercado, o que aponta a vulnerabilidade considerável à qual nem todos os países estão dispostos a se submeter. Dessa maneira, a saúde financeira das economias agrícolas impõe planejamento produtivo e estatal, além de alinhamento a práticas que objetivem reduzir prejuízos de larga escala ao meio ambiente.

As *hard commodities*, por seu turno, são representadas por recursos naturais extraídos e minerados, em que se incluem metais preciosos e algumas fontes energéticas – é o caso de ouro, minério de ferro, petróleo e outros. Ativos que comumente são utilizados como base a contratos futuros têm no monitoramento de sua demanda global um mecanismo para avaliação da estabilidade futura de uma economia, uma vez que sua oferta e demanda são mais previsíveis, em razão de seu potencial de armazenagem e menor volatilidade de seus preços. Isso porque, ao contrário das *soft commodities*, que têm limitação de tempo de armazenagem em virtude de sua perecibilidade, as *hard commodities* podem ser armazenadas por longos períodos de tempo, sem prejuízo às suas características. Demandando elevado investimento para operacionalidade de sua extração, os produtores dessa modalidade de *commodities* normalmente são grandes empresas multinacionais.

O perfil de consumo tem mudado rapidamente ao longo das últimas décadas. Os produtos do agronegócio brasileiro, em que também se incluem as *commodities*, experimentam a necessidade de se adaptar a um novo padrão de consumidores, mais atentos às formas de produção, à rastreabilidade do produto e à sustentabilidade dos processos. Vale lembrar, o comportamento do consumidor pode ser apontado como o conjunto de atividades envolvidas na obtenção, consumo e disposição de produtos e serviços, que abrange os processos decisórios que antecedem e sucedem essas ações. Ademais, deve-se considerar se aquele que toma a decisão de compra de um produto é quem vai consumi-lo, se é alguém responsável pelas compras da família ou, ainda, se é um comprador institucional.[2]

O consumidor alimentar foi, durante longo tempo, considerado como um caso particular da teoria geral da demanda. Buscava-se explicar o fenômeno do comportamento do consumidor de alimentos pelo uso de teorias originadas na microeconomia clássica, em que a renda e o preço eram considerados as principais variáveis condicionantes do consumo. No entanto, vários autores consideram que o preço e a renda não são os únicos fatores a explicarem a opção alimentar do consumidor – fatores culturais, psicológicos e ligados ao estilo de vida, além das próprias tendências de consumo, exercem importante influência no processo de escolha dos alimentos. Vale ressaltar a presença da tecnologia, fato que pode vir a interferir diretamente nas decisões do consumidor alimentar. Nesse sentido, pontua criticamente Ray A. Goldberg em sua obra *Food citizenship: food system advocates in na era of distrust*:

> A comida é parte integrante das culturas, religiões e modos de vida. Qualquer tecnologia que mude nossos costumes, rituais e o modo de vida histórico é uma ameaça a quem somos e ao que queremos ser.[3]

Um exemplo de mudança no portfólio dos produtos, motivada pelas alterações no comportamento de consumo, são os frigoríficos norte-americanos e brasileiros que processam carne bovina. Atentos às mudanças no comportamento dos consumidores, eles passaram a incluir na gama de seus produtos opções vegetarianas e veganas, buscando desenvolver produtos que atendam não apenas aos estimados 8% de vegetarianos da população,[4] mas, também, aos demais curiosos e preocupados com a saúde.

Em sentido diverso da ocasião de compra que afeta o consumidor final, no caso do *client business*, existem outras situações de compra, como a recompra simples, a recompra modificada e a tarefa nova. No caso da recompra simples, o comprador

---

[2] SILVA, Andrea Lago da; SPERS, Eduardo Eugênio. Marketing aplicado ao agronegócio. *In*: BATALHA, Mário Otávio (coord.). *Gestão agroindustrial*. 4. ed. São Paulo: Atlas, 2021. p. 142.

[3] "Food is an integral part of cultures, religions, and ways of life. Any technology that changes our customs, rituals, and historical way of life is a threat to who we are and who we want to be" (GOLDBERG, R. A. *Food citizenship*: food system advocates in an era of distrust. New York: Oxford University Press, 2018. Foreword, p. xix, tradução nossa).

[4] O número de vegetarianos e veganos no mundo possui a tendência de crescimento. Dados obtidos pelo *RadioFreeRurope/RadioLiberty* evidenciam os países com maior índice de vegetarianos no mundo, sendo a Índia o país líder (31%-42% da população é vegetariana), seguida do México (19%) e, em terceiro lugar do *ranking*, estão o Brasil e Taiwan (ambos com 14%). Um estudo feito pela plataforma Statista observou a divisão quantitativa por cidades das pessoas que se autodeclararam vegetarianas, veganas ou apoiadores. A que possui maior número é a cidade de São Paulo (4,2 mil pessoas), seguido do Rio de Janeiro (1,9 mil pessoas) e Porto Alegre (1,2 mil pessoas).

adquire, de forma rotineira, o produto. Aqui, as experiências de compra anteriores exercem grande peso no processo, de modo que haja predominância na opção por fornecedores tradicionais da empresa, que oferecem produtos adequados à necessidade do comprador; há, também, a avaliação da possibilidade de novos fornecedores, capazes de oferecer inovações ou melhorias no produto/serviço. Uma segunda forma é a recompra modificada, na qual o comprador realiza alterações nas especificações técnicas, no preço, no prazo de entrega ou outra especificação do produto. Nesse caso, é demandada participação de mais pessoas em ambos os lados – fornecedores atuais e novos fornecedores são contatados pelos compradores e há maior busca por informações. Por fim, tem-se a tarefa nova, na qual o comprador adquire o produto pela primeira vez. Nesse contexto, há situação mais complexa, em razão de o risco percebido ser mais elevado, exigindo, portanto, maior número de pessoas no processo e quantidade de informação, o que aumenta o tempo e o gasto necessários para a tomada de decisão.

Rememoramos, os produtos agroindustriais possuem especificidades diversas, entre as quais a atribuição de serem alguns denominados de *commodities*, produtos que, no geral, são pouco diferenciados e com alta frequência de compra pelos consumidores. Aqui, surge uma dificuldade premente quanto ao *marketing* a ser desenvolvido sobre esses produtos, sendo dada ao agronegócio a missão de "descommoditizar" esses produtos, criando diferenciais. Alguns desses diferenciais são as marcas e os selos; além desses, surgem estratégias como a de *Brand Ecosystem* e *Brand Ingredient*. O *Brand Ecosystem* parte do pressuposto de que é possível definir uma marca para toda a cadeia de produção, e não apenas a um dos seus elos. Dessa forma, não se comunica apenas a marca da indústria ou do varejo, mas também a de toda uma cadeia. Por sua vez, o *Brand Ingredient* tem relação com a exploração de um *co-branding*, ou seja, a associação de duas ou mais marcas, com sinergia entre si, sendo uma a do produto como um todo e outra de um ou mais de seus ingredientes.[5]

A distribuição dos produtos agroindustriais é procedida por vários canais, que podem ser mais diretos, como as feiras de produtores, ou mais indiretos, compreendendo atacado, atacarejo centros de distribuição, varejos tradicionais ou de autosserviço e, entre estes, um conjunto de empresas prestadoras de serviços logísticos. Esses *players* retratam o crescente poder de barganha dos varejistas, em especial, no caso de grandes redes varejistas, em relação aos segmentos de produtos agropecuários e processamento. Dessa forma, ao analisar a cadeia de determinado produto agrícola, bem como suas principais funções, é possível destacarmos alguns mercados:

(1) Mercado vendedor: tem a função de ofertar o produto, apontando suas condições de venda e seu preço, realizando a sua entrega e atendendo às demandas do cliente, de forma a criar e oferecer múltiplos canais de distribuição e

---

[5] SILVA, Andrea Lago da; SPERS, Eduardo Eugênio. Marketing aplicado ao agronegócio. *In*: BATALHA, Mário Otávio (coord.). *Gestão agroindustrial*. 4. ed. São Paulo: Atlas, 2021. p. 137.

gerenciar seus conflitos, incrementar os negócios e seu crescimento e abrir novas frentes e condições de troca.

(2) Mercado comprador: realiza os pagamentos, avalia os preços e as condições do produto, antes mesmo de concretizar a negociação, além de ser responsável por verificar o cumprimento dos atributos desejados e esperados.

(3) Mercado potencial: conjunto de todos os consumidores de determinado mercado que possuam nível suficiente de interesse por uma oferta do produto agrícola.

(4) Mercado disponível: conjunto de consumidores que, em determinado período, demonstram possuir interesse, renda e acesso a uma oferta do produto.

(5) Mercado disponível qualificado: conjunto especial de consumidores que têm interesse, renda, acesso e qualificações para uma oferta específica, com valor agregado alto e especificidade regional.

(6) Mercado atendido: parte do mercado disponível e qualificado que é efetivamente atendido pela oferta do produto.

(7) Mercado penetrado: conjunto de consumidores que já compraram determinada marca ou tipo do produto agrícola.

Apontar as *commodities* e suas características, considerando a relevância que elas assumem para a economia brasileira, faz-nos relembrar os desafios para o setor, os quais, hoje, têm corporificação, substancialmente, em três pilares. O primeiro, afeto à agregação de valor e diversificação da produção, garantindo responsividade às expectativas de uma sociedade cada vez mais exigente e visando a pretendida entrada em novos mercados. O segundo, concernente ao escalonamento da produção nacional e o aprimoramento da qualidade dos produtos agrícolas, com o uso de tecnologias de baixo impacto ambiental e redução de emissão de gases de efeito estufa. O terceiro, referente à gestão de riscos inerentes à atividade econômica em questão.

2.2. GESTÃO DO RISCO DA PRODUÇÃO AGROINDUSTRIAL

Os Sistemas Agroindustriais vivem momentos específicos, indicativos de mudanças estruturais em seu ciclo e de fatores de mercado. Entendidos como uma série de fenômenos que se sucedem em certa ordem e periodicidade, os ciclos estão presentes nos mais variados setores da economia e são influenciados por inúmeros fatores externos. Na economia, os ciclos são objeto de estudos que buscam desvendar suas causas e criar formas de atuação preventiva para solução de problemas econômicos. São inúmeros os ciclos de relevância no mercado agrícola brasileiro, como a cana, a borracha, o café etc. A observação e o estudo atento e abrangente das cadeias produtivas do agronegócio, além da análise histórica do comportamento dos preços e das condições de oferta e demanda dos produtos agrícolas, devem revelar a existência de distintos ciclos e riscos no setor.

O conhecimento dos ciclos dos produtos agrícolas, com as particularidades de cada caso, permite o desenvolvimento de estratégias positivas de investimento e comercialização, em benefício de produtores e consumidores. Existem múltiplas variáveis interferindo em aspectos relevantes do ciclo de um produto, o que torna seu estudo complexo e sujeito a imprecisões. É indiscutível, porém, que o conhecimento do ciclo de um negócio é capaz de trazer enormes vantagens àqueles que desejam traçar estratégia específica de atuação em determinado mercado. Em especial, algumas cadeias produtivas atravessam momentos particulares no cenário mundial, que podem indicar importantes mudanças estruturais no mercado e, em consequência, nos seus ciclos.

Há um bom tempo, o agronegócio brasileiro é visto com maior interesse pelos agentes de produção, comercialização e financiamento, conforme novo cenário econômico mundial. Entre essas cadeias produtivas incluem-se as de grande produtividade e as de elevado potencial de desenvolvimento, independentemente de sua modalidade, porém, e de forma geral, nas características da atividade agropecuária, vislumbramos quatro principais: (i) sazonalidade da produção; (ii) influência de fatores biológicos; (iii) rápida perecibilidade; e (iv) variação de preço.

A produção, dependendo das condições climáticas de cada região, apresenta períodos de safra e entressafra, ou seja, períodos de abundância de produtos alternados com períodos de falta de produção, salvo raras exceções. Outra importante característica da atividade consiste na influência dos fatores biológicos, na sujeição das lavouras aos ataques de pragas e doenças que comprometem a produção, sua qualidade ou, até, as extirpam integralmente. Fatores biológicos são altamente considerados, na medida em que pragas e doenças podem se alastrar e, por vezes, contaminar até seres humanos.[6] Uma das características mais marcantes da atividade, ao lado da sazonalidade da produção, é a variação do preço. A volatilidade nos preços dos produtos agrícolas e dos principais insumos é capaz de gerar substancial impacto ao agente do agronegócio que decide produzir, comprar e/ou vender determinado produto em um momento diferente da realização financeira da respectiva operação. O preço de venda do produto, quando de sua comercialização, é uma incógnita que dependerá de fatores que, muitas vezes, fogem ao controle do agente do setor. Passa a ser necessário avaliar se estamos ou não diante de alteração estrutural que mudará o ciclo do negócio como um todo.

O exposto, ainda que envolva variações, ou seja, ocorra em maior ou menor medida em culturas distintas, tem potencial de afetar todos os produtos agrícolas. O desafio consiste em compreender como os ciclos se alterarão, entendendo-os em cada novo contexto. Os ciclos refletem diretamente na atividade produtiva e trazem, como consequência, uma mudança na percepção da atuação dos agentes e os potenciais

---

[6] WINTER, Marcelo Franchi. Cédula de produto rural e teoria da imprevisão. *Revista de Direito Bancário e do Mercado de Capitais*, São Paulo, v. 15, n. 57, p. 171-199, jul. 2012.

riscos econômicos e de produção. A avaliação de risco[7] implica o conhecimento sobre a possibilidade de impacto de um determinado evento no resultado da produção, que pode ser significativamente afetado em razão de fatores imprevisíveis como variações biológicas, climáticas, de mercado e da regulação. Em outras palavras, podemos entender o risco como a possibilidade de obtenção de resultado insatisfatório em relação ao inicialmente esperado.[8]

A capacidade de administrar riscos é particularmente importante ao agronegócio, pois, ao mesmo tempo que são abundantes as armadilhas, são escassas as iniciativas e ferramentas para sua administração. Uma gestão organizada e com governança da atividade se baseia na maximização, pelos gestores do negócio, da relação risco-retorno dos acionistas ou sócios e investidores pelo uso de estratégias empresariais consistentes. Uma boa gestão dos riscos é crucial a um agronegócio estável e à obtenção do retorno esperado.

Há, no Brasil, necessidade de melhor gestão de riscos no agronegócio, capaz de permitir uma visão integrada do processo. Entre 2013 e 2022, o País perdeu R$ 287 bilhões da sua produção agrícola e pecuária exclusivamente por extremos climáticos,[9] que poderiam ser geridos de forma mais eficiente. O ano de 2024 foi especialmente marcado por impactos climáticos devastadores para o setor. Dados do IBGE indicam que, em dezembro de 2024, o Brasil alcançou uma produção de 292,7 milhões de toneladas de cereais, leguminosas e oleaginosas, o que representa uma redução de 7,2% em relação a dezembro de 2023, quando a produção foi de 315,4 milhões de toneladas. Para 2025, espera-se uma recuperação nas condições climáticas, com previsões de um aumento na produção, que deve atingir 322,6 milhões de toneladas de grãos. Dado o potencial de eventos climáticos imprevisíveis, a gestão de riscos no agronegócio se torna essencial para mitigar os impactos e garantir a sustentabilidade do setor.

---

[7] Importante consideração está na diferenciação entre risco e limitante. Por exemplo, no agronegócio, o escoamento dos produtos é uma peça-chave para a venda. Se um produtor não tem bom acesso logístico aos mercados, isso é considerado um limitante. No entanto, se frequentemente o produtor dispõe de boa logística e, inesperadamente, a estrada fica interditada afetando a logística, isso é um risco. Também, a diferença entre risco e tendência é de necessária análise. A exemplo, em uma zona geográfica existe um aumento gradual e previsível da frequência e impacto das secas (em razão da mudança climática ou outros fatores), essa tendência não é considerada um risco. Outro exemplo de tendência brasileira está na diminuição de disponibilidade de mão de obra em zonas rurais, somente a falta inesperada de mão de obra pode ser considerada um risco (ARIAS, Diego; MENDES, Paulo; ABEL, Pedro (org.). *Revisão rápida e integrada da gestão de riscos agropecuários no Brasil*. Brasília: Banco Mundial, 2015. p. 19).

[8] ARIAS, Diego; MENDES, Paulo; ABEL, Pedro (org.). *Revisão rápida e integrada da gestão de riscos agropecuários no Brasil*. Brasília: Banco Mundial, 2015. p. 21-22.

[9] Levantamento realizado pela Confederação Nacional dos Municípios (CNM) por meio da consolidação de dados do Sistema Integrado de Informações sobre Desastres do Ministério da Integração e do Desenvolvimento Regional (S2ID/Midr), no qual os municípios registram os prejuízos na produção rural.

Especialistas afirmam que a safra de soja 2024/2025 pode ser a maior da história. Segundo dados da Agroconsult pré-Rally da Safra, espera-se uma produtividade acima da média em comparação aos últimos cinco anos, atingindo patamares de 172,4 milhões de toneladas e produtividade de 60,5 sacas por hectare. O Estado de Mato Grosso sofreu no início da safra, mas obteve recuperação completa em novembro de 2024. A partir do cenário de retorno das chuvas, boa luminosidade, controle de pragas e doenças, está previsto o desenvolvimento da produtividade de soja no Mato Grosso de 53,1 sacas/ha em 2023/2024, para 63,0 sacas/ha em 2024/2025. Além de Mato Grosso, os Estados de Goiás, Bahia, Minas Gerais, São Paulo e Tocantins são listados como ótimos potenciais produtivos. Paraná, Piauí e Rondônia são bons potenciais. E os Estados de regular potencial produtivo são o Rio Grande do Sul e o Mato Grosso do Sul.

Em 2021, somente nos instrumentos de política pública de compartilhamento de riscos, o volume de indenizações pagas chegou à ordem de R$ 11 bilhões, somando-se apólices com sinistros do Programa de Subvenção ao Prêmio do Seguro Rural (PSR) e do Programa de Garantia da Atividade Agropecuária (Proagro).[10] Não afastamos, aqui, a existência de muitas e boas políticas públicas para a gestão de riscos agropecuários, essa situação, porém, pode ainda melhorar sem o aumento do gasto público, sendo promovida a melhor integração dos mecanismos utilizados.

Em 2024, ainda era possível observar a dificuldade do Governo Federal em assegurar recursos no orçamento da União para honrar seu compromisso com o PSR. As seguradoras privadas dependem do apoio público para a subvenção do prêmio, e, em um cenário histórico de margens baixas nas produções agrícolas, os produtores enfrentam uma grande dúvida sobre contratar ou não o PSR. Isso ocorre porque, diante de uma possível catástrofe climática, eles podem perder toda a produção e, ainda assim, ter que arcar com o custo do prêmio. Especialistas afirmam que o valor mínimo para suplementar o orçamento seria de R$ 3 bilhões no ano de 2024, com previsões de R$ 4 bilhões em 2025.

A evolução das técnicas de produção e gestão colaborou para a redução de riscos, tornando-os não apenas identificáveis, mas quantificáveis, por meio de cálculos probabilísticos. Os avanços tecnológicos e a intensificação dos investimentos na atividade produtiva têm permitido a redução do efeito aleatório decorrente das condições climáticas. A natureza impõe espaço de tempo entre a decisão de investir e a efetiva produção agrícola, de forma que a maturação do investimento dependa da maturação biológica de seus componentes, sejam plantas ou animais. A sucessão de safras e entressafras decorre da natureza biológica da produção agrícola. Tipicamente, a produção agrícola se concentra em algumas épocas do ano, de acordo com as características do produto – o café, por exemplo, tem sua colheita na safra de inverno. Essa

---

[10] HARFUCH, Leila; LOBO, Gustavo Dantas; GOMES, Ricardo. Gestão de riscos, seguro rural e paisagem: caminhos para a inovação. *Agroanlysis*, v. 42, n. 11, nov. 2022.

característica denominada sazonalidade é um determinante fundamental do comportamento do preço.[11]

A comercialização de produtos agroindustriais necessariamente se subordina ao comportamento sazonal da oferta agrícola. O ritmo da produção, das vendas e a formação de estoques caminham conforme a comercialização em cada período do ano. As consequências dos riscos variam de acordo com a região, o tipo de produtor e a cadeia de valor. Ainda, esses riscos geram gastos fiscais que afetam a renda do setor, podendo culminar em gastos públicos inesperados e emergenciais. Podemos, assim, classificar três principais tipos de risco que ocorrem durante o desenvolvimento da atividade agropecuária: risco de produção, risco de mercado e risco do ambiente de negócios.

Iniciando pelo risco de produção (ou risco físico), observamos que este diz respeito à produção e à sua gestão propriamente dita. Compreende eventos climáticos extremos e incêndios (como secas prolongadas, geadas e ventos fortes), eventos inesperados relacionados à sanidade animal e vegetal (é o caso de surtos de febre aftosa e Encefalopatia Espongiforme Bovina (EEB) – doença da vaca louca) e a gestão na propriedade e dos recursos naturais (mudanças regulatórias ou de assistência técnica, por exemplo). É tido como um dos principais responsáveis pelas variações e quebras de safras em razão da dificuldade de se prever, à época do plantio, o que vai acontecer durante o processo de plantio até a colheita.

Os principais fatores a serem considerados no risco de produção são os referentes ao clima e à incidência de doenças e pragas. Apesar dos constantes avanços científicos e tecnológicos que têm permitido a redução desse efeito aleatório, o clima ainda pode ser qualificado como um fator decisivo para o agronegócio, influenciando diretamente em todos os estágios da cadeia produtiva, incluindo a colheita, o armazenamento, o transporte e a comercialização. Entre os elementos climáticos que afetam o agronegócio, podemos citar quatro fundamentais: (i) temperatura; (ii) precipitação; (iii) umidade; e (iv) radiação solar. Esses elementos devem estar em absoluta consonância com a necessidade da atividade agropecuária a ser desenvolvida, sob risco de submetê-la a condições impróprias ao cultivo e desenvolvimento da cultura ou produção, levando a quebras.

Não obstante as causas apontadas, na última década, os índices de quebra agrícola relacionados aos riscos de produção baixaram consideravelmente em virtude de movimentações dos agentes produtivos. Aqui, cabe destaque a um projeto do Ministério da Agricultura, com a Embrapa, de mapeamento das regiões a fim de estabelecer medidas de prevenção da seca e do excesso de chuva, bem como de proposição ao produtor da adoção de tecnologias adequadas à região, hoje conhecido como

---

[11] SANTOS, Wellington Gomes dos; MARTINS, João Isídio Freitas. O zoneamento agrícola de risco climático e sua contribuição à agricultura brasileira. *Revista de Política Agrícola*, Brasília, v. 25, n. 3, p. 74, jul. 2016.

Zoneamento Agrícola de Risco Climático (Zarc).[12] O sistema de zoneamento correlaciona as características das variedades de produtos e do solo com a ocorrência de eventos climáticos, gerando, dessa forma, a possibilidade de o produtor rural reduzir riscos decorrentes de fenômenos climáticos previsíveis com certa margem de probabilidade, bem como induzi-lo a aumentar sua produtividade. Essas recomendações técnicas, geradas pelo sistema de zoneamento, constituem valioso serviço ao público, gratuito e de fácil acesso, via *internet*.

Manutenção e tratos culturais adequados, monitoramento agrícola e seguro rural são mecanismos de mitigação de riscos de produção. A manutenção e os tratos culturais adequados não são menos relevantes do que os demais fatores de riscos, requerendo precisão técnica na definição das melhores práticas a serem utilizadas de acordo com cada cultura, região, qualidade do solo, momento do plantio, planejamento da lavoura e, eventualmente, incidência de pragas e doenças. Hoje, os empresários rurais devem fazer alianças técnicas, integração operacional e participar de cooperativas regionais, principalmente no que diz respeito à comercialização e à distribuição de fertilizantes e insumos para o melhor aproveitamento dos serviços em cada região e garantia de fornecimento de todos os itens necessários para o melhor desenvolvimento das culturas agrícolas e criação de animais.

O monitoramento (*collateral management*) agrícola ou pecuário surgiu prioritariamente como exigência dos bancos que financiavam as exportações na mitigação de riscos físicos e controle de garantias. Consiste em um serviço de acompanhamento periódico de lavouras ou rebanhos, por meio do qual a empresa supervisora tem a obrigação de indicar, dentro da periodicidade contratada, o estado em que se encontram os produtos monitorados, bem como sua capacidade produtiva estimada, se for o caso. Nesse sentido, prevê a análise e o relatório de vários itens necessários ao desenvolvimento de lavouras e da cria e recria de animais, a incidência de pragas ou doenças, a aplicação de fertilizantes e insumos e, ainda, o contratante ou o terceiro beneficiário poderá verificar se os bens monitorados estão recebendo os tratos culturais devidos, se estão evoluindo da forma esperada e se estão sendo colhidos ou abatidos conforme o acordado. Mediante as informações prestadas pela empresa supervisora, o contratante ou o terceiro beneficiário poderá tomar as medidas necessárias para retificar eventual falha na produção ou exigir medidas para a adequação do procedimento. Hoje, esses serviços de monitoramento são indispensáveis para diversas operações envolvendo o agronegócio.

O seguro rural, que receberá maior atenção em capítulo próprio, foi criado para dar proteção aos produtores rurais ou a terceiros investidores, como beneficiários de eventual indenização contra as adversidades climáticas e pragas que coloquem em

---

[12] SANTOS, Wellington Gomes dos; MARTINS, João Isídio Freitas. O zoneamento agrícola de risco climático e sua contribuição à agricultura brasileira. *Revista de Política Agrícola*, Brasília, v. 25, n. 3, p. 75, jul. 2016.

risco a produção. É instrumento de eficaz regulação do equilíbrio de mercado e incentivo, dentro das políticas públicas, para o setor. O seguro rural é gênero da espécie seguro agrícola, cuja cobertura assegura, basicamente, a lavoura, desde seu plantio até a colheita, contra a maioria dos riscos de origem externa, tais como o raio ou incêndio, tromba-d'água, vendavais, granizo, geada, chuvas excessivas, seca e excessiva variação de temperatura. Também é gênero da espécie seguro pecuário, cuja cobertura garante o beneficiário contra a morte de animal destinado exclusivamente ao consumo, produção, cria, recria, engorda ou trabalho por tracionamento de arados ou cargas.

Observando a segunda modalidade de riscos, os riscos de mercado (*ou* riscos de preço), verificamos serem estes provenientes de alterações nos preços e nas relações de preços entre o momento em que a decisão de produzir é tomada e o período no qual a venda da produção será realizada. Incluem as variações significativas nos preços de insumos e produtos, créditos e comércio exterior, alcançando as variações nas taxas de juros e de câmbio, mudanças nos termos do crédito, fechamento de mercados para exportação e as mudanças no acesso à importação de insumos. O *hedge* feito por meio do mercado de derivativos é, nesse caso, o principal instrumento utilizado para mitigação desses riscos, mas pode tanto oferecer a segurança necessária para garantir o retorno do investimento quanto agregar outros riscos financeiros, como o de liquidez, por meio da cobertura de margens nas posições contratadas.

Com relação a essa modalidade de riscos, o mais importante para o administrador é a identificação daqueles que a organização agroindustrial está disposta a assumir, bem como a maximização do retorno esperado perante o nível de risco estabelecido. A prática de gestão de risco de mercado em empresas não financeiras baseia-se, historicamente, na medição de impactos da variação isolada de certos fatores sobre suas áreas de atuação específicas. Essa prática evoluiu para uma visão integrada dessas variações e de seus impactos sobre a exposição consolidada aos riscos de mercado da empresa, nos custos de insumos para produção, na produção agrícola propriamente dita, na sua integração com a área industrial e de sistemas e, por fim, na política de comercialização dos produtos.

A estruturação das operações levando em conta a gestão de riscos é uma ferramenta confiável, dinâmica e flexível, que possibilita a realização de simulações, cenários e estratégias. A adoção dessa prática objetiva possibilitar a visão integrada dos riscos, de forma a comparar e priorizar os mais relevantes, o que não é possível em caso de visão segmentada. O portfólio integrado deve ser analisado pelo prisma da exposição da empresa aos diversos fatores de risco. Estes devem ser mapeados e acompanhados periodicamente em relação a sua variabilidade e a suas correlações.

Com a estruturação das operações da empresa, é possível identificar também as formas de administração de estoques físicos e futuros. Esse processo é importante para que seja possível a análise detalhada dos produtos que a empresa possui ao longo do tempo. Após a estruturação de todo o portfólio e da decomposição em fatores de riscos relevantes, faz-se a necessária estimação com precisão da real exposição da empresa a tais fatores, por meio de métricas como o *value at risk* (valor em risco) e o *cash flow at risk* (fluxo de caixa em risco). Mais do que isso, é necessário saber quais os fatores geradores de riscos, ou seja, quanto destes se deve à exposição ao câmbio, quanto decorre da exposição a determinada *commodity*, quanto se deve à exposição ao contrato a termo, à taxa de juros etc. Essas informações são fundamentais para as decisões financeiras e estratégicas da empresa.[13]

O *value at risk* mede a perda potencial de uma empresa em determinado período, associada a uma probabilidade específica. A grande motivação para o seu uso é sua capacidade de integrar, em uma só medida numérica, risco total de mercado da carteira de investimentos sob análise, englobando em seu cálculo todos os ativos e passivos. Assim, permite a comparação e a agregação dos riscos envolvidos em diferentes mercados, facilitando o trabalho dos que têm que administrar e fixar limites de riscos. O *cash flow at risk*, por seu turno, é ferramenta para se calcular qualquer tipo de resultado em risco, seja ele uma variável relativa a um fluxo de caixa (geração operacional de caixa, por exemplo) ou conta de resultado contábil (lucro).

A observação da correlação entre fatores de risco tem papel importante na gestão da atividade e na formulação dos preços, fundamental à atividade, podendo ter efeito amplificador ou redutor ao risco geral envolvido. Segundo a análise dos riscos em geral, devemos, de maneira mais detalhada, descrever alguns conceitos em relação à formação de preços e formas de comercialização dos produtos agropecuários, com a finalidade de melhor comparar os mercados e as altas volatilidades a que estão submetidos e que tornam o agronegócio uma atividade de evidente risco de mercado. O controle de preços de *commodities* tem diversas implicações e, por isso, a implementação de uma correta política de gestão de risco de mercado deve ser vista como fundamento à atividade empresarial agroindustrial. Assim, a conscientização da existência dos mecanismos e de ferramentas de gestão de riscos constitui elemento importante para a evolução consistente da atividade e para a manutenção da liquidez e linhas de crédito.

Além de relevante ao panorama do setor, o ciclo de investimento é importante para a análise do mercado nacional e internacional. Enquanto em relação ao setor é importante identificar os ciclos de investimentos, na evolução de mercado é importante avaliar as causas e as consequências, para que se possam avaliar os impactos dos investimentos para o setor. Portanto, as variáveis do agronegócio acabam por se afastar de uma simples análise hermética, a qual é desenvolvida em modelos que se abstraem da realidade e que falham por não levarem conta o grande número de variáveis do mundo real.

Por fim, temos o risco do ambiente de negócios (*ou* risco institucional), responsável por agrupar os riscos que envolvem mudanças no contexto de políticas e instituições,

---

[13] STEIN, J.; USHER, S.; LAGATTUTA, D.; YOUNGEN, J. A comparables approach to measuring Cash-Flow-at-Risk for non-financial firms. *Journal of Applied Corporate Finance*, v. 13, n. 4, p. 8, Winter 2001.

nos quais se incluem infraestrutura, logística, marco regulatório e grupos de interesse. Sua existência é confirmada quando nos deparamos com questões de caráter conjuntural e que afetam uma classe ou toda uma cadeia de valor, em determinada região ou em caráter nacional, de maneira igual ou diferenciada. São exemplos dessa modalidade de riscos greves nos portos, fechamento em rodovias e mudanças no incentivo à armazenagem. Também podemos verificar sua incidência quando temos novos marcos regulatórios, com alterações em lei e regulações, mudanças de orientação de instituições públicas de apoio, como Ministérios e Agências vinculadas ao setor, e mudanças de interpretação de normativos.

Grupos de Riscos	Riscos	Exemplos de eventos
Risco de Produção	Climáticos e Incêndios	Secas prolongadas, geadas, excesso de chuva e inundações, ventos fortes.
	Sanidade Animal	Surtos de febre aftosa, BSE (vaca louca), Newcastle etc.
	Sanidade Vegetal	Introdução de novas pragas e doenças no País (ex.: lagarta *Helicoverpa armígera*).
	Gestão da Produção e de Recursos Naturais	Mudanças nas outorgas de água, na assistência técnica, na fiscalização e na disponibilidade de mão de obra, além de má gestão dos recursos naturais, a exemplo da seca no RS, que não foi decorrente apenas de evento climático, mas, em grande parte, do manejo inadequado dos solos e, consequentemente, da água.
Risco de Mercado	Comercialização (preço de insumos e produtos e crédito)	Variação significativa dos preços dos produtos e insumos, nas taxas de câmbio, nas taxas de juros e nas mudanças nos termos dos créditos.
	Comércio Exterior	Fechamento de mercados para exportação e mudanças no acesso à importação de insumos.
Ambiente de Negócios	Logística e Infraestrutura	Greves nos portos, fechamento em rodovias/hidrovias/ferrovias e mudanças nos incentivos à armazenagem.
	Marco Regulatório, Políticas, Instituições e Grupos de Interesse	Mudanças em leis/regulações (ambientais, trabalhistas, insumos, terra), mudanças de orientação em instituições públicas de apoio (Mapa, MDA, MMA, ANA, MDIC), modificações na interpretação de normativas.

Fonte: Diego Arias, Paulo Mendes e Pedro Abel.

Políticas públicas e análises tradicionalmente realizadas focam os riscos de produção, o que não é suficiente para evitar perdas do agronegócio que ainda encontra lacunas e oportunidades. Assim, enquanto a sanidade, por exemplo, é muito bem atendida por programas e políticas públicas, questões mais estruturais, como a infraestrutura e a logística, enfrentam dificuldades. Com isso, os novos riscos merecem destaque e cuidado, tanto quanto os riscos já conhecidos. O Brasil tem ainda elevado nível de apoios agropecuários anticíclicos ou "variáveis". Esses apoios anticíclicos incluem políticas e programas de respostas a desastres naturais, compensação de preços de produtos e programas emergenciais – o referido apoio é destaque em nível mundial. Tais programas abrangem as várias áreas de gestão de riscos, incluindo a mitigação, a resposta e a transferência.

Para ser devidamente operada, é necessário que a gestão atue nas três ordens supra-apontadas e leve em conta, especificamente, a atividade, os agentes, os instrumentos e os riscos sobre os quais atua. Dessa forma, a mitigação se expressa com a tomada de uma ação para prevenir, reduzir ou eliminar a ocorrência de eventos que culminem em impactos econômicos negativos à agropecuária; a transferência se expressa em ações para transferir a terceiro um custo ocorrido, e a resposta são ações tomadas durante ou depois da confirmação do risco para reconstruir ou diminuir as despesas. A estratégia de mitigação é a mais bem amparada por políticas e programas públicos, mas não é suficiente para cobrir as perdas dos pequenos e médios produtores de forma integrada.

Uma gestão de riscos integrada[14] pode viabilizar, inclusive, uma melhoria de renda ao agricultor, deixando-a menos exposta a perdas e beneficiando a economia nacional como um todo. Para isso é demandado um aumento da eficiência e da efetividade dessas políticas com avanços nos processos de coordenação e priorização e no tratamento de lacunas e de oportunidades de melhoria, sendo um desafio, porém, melhorar a coordenação interinstitucional entre diferentes setores do governo, em seus mais diversificados níveis.

Nas Cadeias Agroindustriais, o paradigma de produção atual consiste em melhor aproveitamento dos recursos disponíveis, por meio de maior diversidade de culturas (policulturas). Para atender a essa finalidade, a Food Agribusiness and Agriculture Organization (FAO)[15] sugere a utilização dos Sistemas Integrados de Produção Agropecuária (Sipa), que se compromete, justamente, a intensificar a produção mediante o uso de policultura, de forma sustentável. Segundo o órgão internacional, o Sipa se torna um novo paradigma para a revolução da agricultura, reconciliando o aumento da produtividade e a conservação ambiental. Uma vez compreendido que o elo mais frágil, em matéria de riscos, é a agropecuária e que o atual paradigma de produção está nos Sipas, passa-se a focar a gestão de riscos – por se pautar pela diversificação da produção,

---

[14] Todos os riscos agropecuários estão inter-relacionados. O risco de crédito é influenciado pela maioria dos outros riscos. Assim, o crédito pode servir como ferramenta para promover a gestão integrada de riscos, premiando os produtores e incentivando-os a adotar melhores práticas e tecnologias para reduzir a probabilidade de perdas. Os riscos relacionados ao clima influenciam os demais e, assim, merecem análise especial e, também, mudanças no marco regulatório afetam todos os outros riscos, assim como políticas e programas que apoiam sua gestão (ARIAS, Diego; MENDES, Paulo; ABEL, Pedro (org.). *Revisão rápida e integrada da gestão de riscos agropecuários no Brasil*. Brasília: Banco Mundial, 2015. p. 53).

[15] FAO. An international consultation on integrated crop-livestock systems for development. The Way Forward for Sustainable Production. *Integrated Crop Management*, v. 13, p. 64, 2010.

os Sipas se sujeitam a menos riscos econômicos.[16] Os benefícios, porém, não vêm destituídos de desafios, isso porque esses Sistemas implicam maior complexidade de implementação e gestão, custos mais elevados de instalação e mais conhecimento técnico e econômico.[17] Esses desafios, por vezes, também podem se reproduzir em novos riscos, que obrigarão gestão mais ampla para que se transformem em benefícios e oportunidades produtivas.[18]

Os riscos interferem diretamente nas margens operacionais dos produtos agrícolas, sendo prudente que os produtores busquem proteger a sua rentabilidade e lucratividade pelo uso de mecanismos que possibilitem eliminar ou minimizar as incertezas. Uma das principais incertezas, considerando-se que os produtores não possuem, com relação a ela, qualquer ou pouca possibilidade de influência, está relacionada aos riscos de preços. Os produtos agrícolas, particularmente as *commodities*, estão expostos a incertezas quanto ao comportamento futuro dos preços, influenciados fundamentalmente por movimentos de oferta e demanda.[19] Oscilações que são de difícil previsão e ocasionam dificuldade no planejamento da produção, da comercialização, bem como da tomada de decisão pelos agricultores. A gestão de risco de preços poderá ser feita por meio do chamado mercado de derivativos agrícolas, em que ocorre a negociação de contratos que estabelecem a fixação dos preços para liquidação futura, na modalidade física ou financeira. Por oportuno, os derivativos, bem como os contratos futuros, serão tratados em tópico específico desta obra (item 2.5).

2.3. DEFESA AGROPECUÁRIA

Tratada no Capítulo VII da Lei n. 8.171/1991 (Lei de Política Agrícola), a defesa agropecuária compreende a vigilância e a defesa sanitária vegetal e animal, a inspeção e a classificação de produtos de origem vegetal e animal, subprodutos e resíduos de valor econômico, e a fiscalização dos insumos e serviços das atividades agropecuárias. Estando inserida no Sistema Unificado de Atenção à Sanidade Agropecuária (Suasa), a defesa agropecuária envolve União, Estados e Municípios, e os trabalhos de revisão regulatória devem observar a ocorrência de eventuais conflitos de normas entre as unidades da federação. A revisão, iniciada em nível normativo inferior a Decreto, levou à modernização legislativa.

---

[16] BELL, L. W.; MOORE, A. D. Integrated crop-livestock systems in Australian agriculture: Trends, drivers and implications. *Agricultural Systems*, v. 111, p. 1-2, set. 2012.

[17] MORAES, A. *et al*. Integrated crop-livestock systems in the Brazilian subtropics. *European Journal of Agronomy*, v. 57, p. 4-9, 2014.

[18] CORRÊA, Ricardo G. de Farias. *Gestão integrada de riscos no agronegócio*: um modelo para sistemas integrados de produção agropecuária. 2019. Tese (Doutorado em Engenharia) – Universidade Federal do Rio Grande do Sul, Porto Alegre, 2019, p. 18.

[19] WAQUIL, Paulo Dabdab; MIELE, Marcelo; SCHULTZ, Glauco. *Mercados e comercialização de produtos agrícolas*. Porto Alegre: Editora da UFRGS, 2010. p. 35.

Foi nesse contexto revisional que, em 2022, foi sancionada a Lei n. 14.515, responsável por dispor sobre os programas de autocontrole dos agentes privados regulados pela defesa agropecuária e sobre a organização e os procedimentos aplicados pela defesa agropecuária aos agentes das cadeias produtivas e regulada pelo Decreto n. 12.126/2024, detalhando como os programas e instrumentos previstos na Lei devem ser implantados, monitorados e fiscalizados pela Secretaria de Defesa Agropecuária (SDA), do Ministério da Agricultura e Pecuária. A Lei ficou responsável por instituir o Programa de Incentivo à Conformidade em Defesa Agropecuária, a Comissão Especial de Recursos de Defesa Agropecuária e o Programa de Vigilância em Defesa Agropecuária para Fronteiras Internacionais (Vigifronteiras). O cumprimento da legislação fica a cargo da fiscalização e gestão da SDA. Publicada em 29 de maio de 2020, a Portaria n. 107/2020, da Secretaria de Defesa Agropecuária (SDA), do Ministério da Agricultura, Pecuária e Abastecimento (Mapa), submeteu a Consulta Pública lista preliminar com 2.238 atos normativos vigentes de defesa agropecuária. O processo em questão se inseriu na política de revisão e consolidação de atos normativos, de que tratava o Decreto n. 10.139/2019 (alterado, posteriormente, pelos Decretos n. 10.301/2020, n. 10.437/2020, n. 10.776/2021, n. 11.148/2022, n. 11.187/2022, n. 11.243/2022 e todos os revogados pelo Decreto n. 12.002/2024).

A revisão regulatória na área de defesa agropecuária abriu a possibilidade de revogar, corrigir ou instituir atos normativos hierarquicamente inferiores a decreto, atingindo portarias, resoluções, instruções normativas, ofícios e avisos, orientações normativas, diretrizes, recomendações, despachos etc. Dada essa abrangência, a revisão da matriz regulatória da defesa agropecuária possibilitou a simplificação normativa, com redução de custos de transação e melhoria da competitividade do agronegócio, não se tratando de mero procedimento administrativo burocrático.

O cenário revisional, antes de mais nada, deve levar em conta a tendência global de maiores exigências quanto à qualidade/sanidade dos alimentos, inclusive como estratégia de protecionismo. Em outras palavras, o "revisaço" regulatório, iniciado em 2020, deve manter a busca por um equilíbrio entre a simplificação/desburocratização e os novos padrões e restrições dos mercados internacionais.[20] Nessa perspectiva consequencialista, é fundamental a utilização de instrumentos de avaliação de impacto regulatório, voltada ao diagnóstico e à verificação da necessidade de atuação regulatória, bem como da melhor forma de executá-la. A Análise de Impacto Regulatório (AIR) pode ser definida como "um processo sistemático de análise baseado em evidências que busca avaliar, a partir da definição de um problema regulatório, os possíveis impactos das alternativas de ação disponíveis para o alcance dos objetivos pretendidos, tendo como finalidade orientar e subsidiar a tomada de decisão".[21] Em

---

[20] REBOUÇAS, Helder. "Revisaço" regulatório e defesa agropecuária. *Carta Agro*, ano II, n. 6, jun. 2020.
[21] BRASIL. Subchefia de Análise e Acompanhamento de Políticas Governamentais. *Diretrizes gerais e guia orientativo para elaboração de Análise de Impacto Regulatório – AIR*. Brasília: Presidência da República, 2018.

olhar detido à norma, verificamos, logo em seu art. 3º, atenção conceitual, que impõe a defesa agropecuária como uma estrutura constituída de normas e ações que integram sistemas públicos e privados, destinada à preservação ou à melhoria da saúde animal, da sanidade vegetal e da inocuidade, da identidade, da qualidade e da segurança de alimentos, insumos e demais produtos agropecuários. Assim, a fiscalização agropecuária é trazida como atividade de controle, de supervisão, de vigilância, de auditoria e de inspeção agropecuária, no exercício do poder de polícia administrativa, com finalidade de verificar o cumprimento da legislação (art. 3º, II, da Lei n. 14.515/2022).

Para fins da norma, serão considerados produtos agropecuários os insumos agropecuários, animais, vegetais, seus produtos, subprodutos, derivados e resíduos de valor econômico. À norma se sujeitarão como agentes (art. 3º, IV) as pessoas físicas ou jurídicas, públicas ou privadas, que realizam ou participam, direta ou indiretamente, dos processos de: (i) produção, transporte, beneficiamento, armazenamento, distribuição e comercialização; (ii) importação, exportação, trânsito nacional, trânsito internacional e aduaneiro; (iii) transformação e industrialização; (iv) diagnóstico, ensino, pesquisa e experimentação; ou (v) prestação de serviços e demais processos. É responsabilidade dos agentes garantir que seus produtos e serviços atendam aos requisitos de segurança e qualidade necessários (art. 4º, *caput*). A norma impõe, ainda, análise de risco,[22] que contemplará avaliação, gerenciamento e comunicação de risco.

Para fins da Lei, fica caracterizada como autocontrole a capacidade do agente privado de implantar, executar, monitorar, verificar e corrigir procedimentos, processos de produção e distribuição de insumos agropecuários, alimentos e produtos de origem animal ou vegetal, com o intuito de garantir sua inocuidade, identidade, qualidade e segurança. Aos agentes sujeitos ao autocontrole é permitida a autocorreção, portanto a adoção de medidas corretivas, diante da detecção de não conformidade, de acordo com o previsto em seu programa de autocontrole ou por deliberação da sua área responsável por qualidade.

A norma confere ao Mapa e aos demais órgãos públicos integrantes do Suasa competência para credenciar pessoas jurídicas ou habilitar pessoas físicas para a prestação de serviços técnicos ou operacionais relacionados às atividades de defesa agropecuária. O credenciamento e a habilitação têm o objetivo de assegurar que os serviços técnicos e operacionais prestados estejam em consonância com o Suasa – o credenciamento, porém, não confere a eles o poder para desempenhar atividades próprias da fiscalização agropecuária que exijam o exercício específico de poder de polícia administrativa. Com a Lei, a análise de risco passa a ser instituída como uma abordagem de ação da defesa agropecuária, de forma que as ações de controle e de fiscalização

---

[22] VII – análise de risco: processo adotado para identificar, avaliar, administrar e controlar potenciais eventos ou situações de risco advindos de fontes internas ou externas e para buscar segurança razoável na consecução dos objetivos da defesa agropecuária.

desempenhadas pela SDA serão mensuradas de acordo com critérios de gerenciamento de risco (art. 6º da Lei de 2022).

A fiscalização a ser realizada deverá se nortear com base em princípios elementares (art. 7º): (i) atuação baseada em gerenciamento de riscos; (ii) atuação preventiva, com o intuito de evitar que eventual irregularidade leve seja majorada pelo decurso de tempo; (iii) intervenção subsidiária e excepcional na atividade econômica dos agentes, justificada apenas em situações de prevalência do interesse público pelo privado; (iv) orientação pela isonomia, pela uniformidade e pela publicidade na relação com o agente da ação fiscalizatória, assegurado o amplo acesso aos processos administrativos em que o estabelecimento seja parte interessada; e (v) obediência às garantias conferidas pela Lei de Liberdade Econômica, sobretudo em relação ao direito à inovação tecnológica e à presunção de boa-fé.

Em olhar direcionado ao autocontrole, vemos que a norma cuida ao dispor que os agentes privados deverão aplicar programas que contenham registro sistematizado e auditável do processo produtivo, previsão de recolhimento de lotes (quando verificadas deficiências ou não conformidades no produto que possam causar risco à segurança do consumidor ou à saúde animal e à sanidade vegetal) e descrição dos procedimentos de autocontrole (art. 8º, § 2º). É permitida a certificação por entidade terceira da implementação desses programas (art. 8º, § 3º). Essas disposições, porém, não serão aplicáveis compulsoriamente aos agentes da produção primária agropecuária e da agricultura familiar, de forma que a estes será conferida a liberalidade de adesão voluntária, por meio de protocolo privado de produção (art. 8º, § 6º). Nota-se, com isso, que a normativa promove a análise vinculada ao porte dos agentes econômicos para sua adesão ao programa.

Ainda, os programas de autocontrole poderão conter garantias advindas de sistemas de produção com características diferenciadas, com abrangência sobre a totalidade da cadeia produtiva, desde a produção primária agropecuária até o processamento e a expedição do produto final (art. 9º, *caput*). Quando a diferenciação envolver a produção primária agropecuária, o programa de autocontrole será estabelecido por meio de protocolo privado de produção com a descrição das características do sistema e a modalidade de verificação. É de competência do Mapa[23] estabelecer os requisitos básicos necessários ao desenvolvimento dos programas de autocontrole, editar normas complementares para dispor sobre estes e, ainda, definir os procedimentos oficiais de verificação de sua implementação (art. 10).

---

[23] Ao Ministério da Agricultura, é possível determinar: (i) apreensão de produtos, (ii) suspensão temporária de atividade, de etapa ou de processo de fabricação do produto e (iii) destruição ou devolução à origem de animais e vegetais, seus produtos, resíduos e insumos agropecuários, quando constatada a importação irregular ou a introdução irregular no País.

Na esteira de defesa agropecuária, é instituído o Programa de Incentivo à Conformidade em Defesa Agropecuária,[24-25] com o objetivo de estimular o aperfeiçoamento de sistemas de garantia da qualidade robustos e auditáveis, visando à consolidação de um ambiente de confiança recíproca entre o Poder Executivo federal e os agentes regulados, pela via do aumento da transparência (art. 12, Lei n. 14.515/2022). A esses agentes deverão ser concedidos os seguintes incentivos, nos termos do art. 13 da norma: (i) agilidade nas operações de importação e de exportação; (ii) prioridade na tramitação de processos administrativos perante a Secretaria de Defesa Agropecuária do Ministério da Agricultura, Pecuária e Abastecimento, sobretudo dos relacionados a atos públicos de liberação da atividade econômica; (iii) acesso automático às informações de tramitação dos processos de interesse do estabelecimento; e (iv) dispensa de aprovação prévia de atos relacionados a reforma e ampliação do estabelecimento, com base na existência de princípios regulatórios já estabelecidos.[26]

Visando o cumprimento da Lei e objetivando a concessão devida dos incentivos, ao Mapa fica autorizada a adoção de sistema de classificação de riscos de empresas privadas reguladas para fins de fiscalização agropecuária, com base no desempenho nos programas de autocontrole e no Programa de Incentivo à Conformidade em Defesa Agropecuária; porém, é vedada qualquer forma de divulgação pública de listas de classificação de riscos das empresas reguladas ou a utilização de informações do sistema para finalidade diversa da fiscalização agropecuária (art. 16 da Lei de 2022).

---

[24] "Art. 12, parágrafo único. O Programa de Incentivo à Conformidade em Defesa Agropecuária exigirá do estabelecimento regulado o compartilhamento periódico de dados operacionais e de qualidade com a fiscalização agropecuária e oferecerá como contrapartida benefícios e incentivos, na forma prevista em regulamento."

[25] "Art. 14. O regulamento do Programa de Incentivo à Conformidade em Defesa Agropecuária estabelecerá:

I – procedimentos para adesão ao Programa;

II – obrigações para permanência no Programa; e

III – hipóteses de aplicação de advertência, de suspensão ou de exclusão do Programa.

Parágrafo único. A regulamentação do Programa de Incentivo à Conformidade em Defesa Agropecuária deverá levar em consideração o porte dos agentes econômicos e a disponibilização pelo poder público de sistema público de informações, de forma a conferir tratamento isonômico e passível de cumprimento por todos os agentes."

[26] "Art. 15. Aos estabelecimentos que aderirem ao Programa de Incentivo à Conformidade em Defesa Agropecuária fica autorizada a regularização por notificação de que trata o inciso X do *caput* do art. 3º desta Lei.

§ 1º O estabelecimento notificado não será autuado, desde que adote as medidas corretivas necessárias e sane a irregularidade ou não conformidade no prazo indicado na notificação.

§ 2º Regulamento disporá sobre as irregularidades ou não conformidades passíveis de regularização por notificação."

O registro, cadastro, credenciamento ou qualquer outro ato público de liberação de estabelecimento, para fins de defesa agropecuária, serão exigidos de acordo com a natureza da atividade, documentos e informações necessários às avaliações técnicas. Ainda, no que tange ao registro de produtos, que serão analisados por ordem cronológica de apresentação, o Mapa[27] incentivará a adoção de procedimento administrativo simplificado pelo uso de meios eletrônicos e o estabelecimento de parâmetros e padrões, visando à automatização da concessão das solicitações de registro dos produtos; a concessão de registro de produtos que possuam parâmetros ou padrões normatizados deverá ser automática. Todavia, a não observância dos parâmetros ou dos padrões implicará o cancelamento do registro do produto e a imposição de sanções administrativas, após processo administrativo que garanta ao agente direito ao contraditório e à ampla defesa (art. 19, Lei n. 14.515/2022).[28] A rotulagem é responsabilidade do detentor do registro; não serão os rótulos objeto de aprovação pelo Mapa – o que não impede o Ministério de exigir o depósito destes para fins de fiscalização (art. 25).

Ante a evidência de que uma atividade ou produto agropecuário apresente risco à defesa agropecuária ou à saúde pública, ou ainda em virtude de embaraço à ação fiscalizadora, poderão ser tomadas as seguintes medidas cautelares, isolada ou cumulativamente (art. 26): (i) apreensão de produtos; (ii) suspensão temporária de atividade, de etapa ou de processo de fabricação de produto; e (iii) destruição ou devolução à origem de animais e vegetais, de seus produtos, resíduos e insumos agropecuários, quando constatada a importação irregular ou a introdução irregular no País. Uma vez confirmado o dano, passaremos a ver a aplicação de infrações e penalidades que podem assumir as formas de advertência, multa, condenação do produto, suspensão ou cassação de registro, cadastro ou credenciamento ou cassação de habilitação profissional (art. 27).

Por fim, foi instituído em 2022 no âmbito do Suasa o Vigifronteiras, programa que tem como objetivo estabelecer um sistema integrado de vigilância relativo à defesa agropecuária na faixa de fronteira de todo o território nacional, com a finalidade de: (i) impedir o ingresso no território nacional de substâncias ou agentes biológicos de qualquer natureza, sob qualquer meio de transporte ou difusão, que possam causar danos à produção, ao processamento e à comercialização de produtos e serviços agropecuários, pesqueiros e florestais; (ii) evitar o ingresso no território nacional de

---

[27] "Art. 20. O Ministério da Agricultura, Pecuária e Abastecimento poderá dispor de especialistas para subsidiar a avaliação de registro de produtos, por meio de credenciamento, contratação de pessoa física ou jurídica ou ajustes com instituições de pesquisa públicas ou privadas, na forma prevista em regulamento, assegurada a confidencialidade em relação aos dados e às informações sobre os produtos e os agentes privados.

Parágrafo único. Todo processo de registro de produtos avaliado por especialistas terá supervisão de um auditor fiscal federal agropecuário, que será responsável pela aprovação definitiva da concessão do registro."

[28] Para mais informações sobre o processo administrativo ver Lei n. 14.515, a partir do art. 33.

produtos agropecuários que não atendam aos padrões de identidade e qualidade ou aos requisitos de segurança higiênico-sanitária e tecnológica exigidos para o consumo; e (iii) conter danos, efetivos ou potenciais, causados pela introdução no território nacional de qualquer substância ou agente biológico que importe em risco ou ameaça ao território brasileiro, dos produtos mencionados nos itens (i) e (ii). Nos termos do art. 43 da Lei n. 14.515/2022, a atuação do Vigifronteiras pautar-se-á pela integração, pela produção e pela difusão de conhecimentos técnico-científicos e pela cooperação entre os órgãos e as entidades públicas integrantes das três instâncias do Suasa.

A Lei n. 14.515/2022 aguarda, agora, a criação de Decreto e Portaria regulamentadores. Nessa esteira, em 2023, foram apresentadas duas Portarias da SDA, em que realizadas Consultas Públicas para obtenção de propostas à regulamentação (em ambos os casos, o prazo para contribuição findou em 12 de agosto de 2023). A primeira, a Portaria SDA n. 826, tem como escopo a criação de Decreto que objetiva a uniformização de procedimentos do processo administrativo de fiscalização agropecuária, a criação da Comissão Especial de Recursos de Defesa Agropecuária e a apresentação dos procedimentos para celebração de Termo de Ajustamento de Conduta (TAC). Nesta, a redação sugestiva do Decreto impõe, em destaque: processo administrativo de fiscalização limitado a três instâncias; penalidade em forma de multa com prazo para pagamento de 30 dias; possibilidade de conversão em multa de penalidades de suspensão ou de cassação de registro, de cadastro ou de credenciamento, mediante apresentação de requerimento e celebração de TAC; prazo para cumprimento de obrigações não superior a três anos; prazo máximo de 45 dias para execução das medidas necessárias à implementação do TAC; e possibilidade de obrigações de TAC preverem o pagamento de multa compensatória e sujeição a controles específicos.

A segunda, a Portaria SDA n. 827, que se direciona à criação de uma Portaria, também visa a uniformização de procedimentos do rito processual administrativo de fiscalização agropecuária, a ser realizada pela SDA do Mapa e impõe que, uma vez constatada a prática de infração administrativa, competirá à autoridade fiscalizadora instaurar o processo administrativo, por meio do auto de infração (peça inaugural ao processo). Em ambos os casos, observa-se uma fragilidade na redação vigente, diante da ausência de definição prévia e clara das condutas consideradas ilegais e lesivas à defesa agropecuária, passíveis de sanção. Isso abre margem a discussões e sanções arbitrárias, inclusive, de caráter internacional (barreiras tarifárias e não tarifárias).

Nesse contexto, ainda, cumpre mencionar a existência de Projeto de Lei no Senado (PL) n. 326/2016, que institui a Política Nacional de Defesa Agropecuária. Depois de ter sido arquivado no final de legislatura, o Projeto foi retomado em 2023 e se encontra, até o momento em que escrevemos esta obra, na Comissão de Constituição, Justiça e Cidadania do Senado (CCJ). Ainda, em 2019, o Senado aprovou o PL n. 2.993, que visa estabelecer requisitos mínimos de transparência na administração pública federal, em matéria de defesa agropecuária. Na justificativa, alega-se que há mais de 10 mil normativos vigentes sobre o tema, causando insegurança jurídica e ambiente hostil para os agentes econômicos que atuam no setor, já que é praticamente impossível ter conhecimento desse emaranhado de regras. O PL n. 2.993/2019 aguarda o parecer do relator da Comissão de Comunicação (CCOM).

Ainda em 2024, a Comissão de Agricultura, Pecuária, Abastecimento e Desenvolvimento Rural da Câmara dos Deputados aprovou o Projeto de Lei Complementar n. 95/2024, o qual proíbe o bloqueio de recursos do Orçamento Público destinados à defesa agropecuária. Nesse diapasão, as propostas alteram o § 2º do art. 9º da Lei Complementar n. 101, de 4 de maio de 2000, vedando a limitação de empenho e movimentação financeira das despesas relativas a atividades relacionadas à defesa agropecuária. Também incluem as despesas com serviços de vigilância sanitária e a inspeção e classificação de produtos de origem animal e vegetal. Até o momento de escrita desta obra, o PLP n. 95/2024 está aguardando designação de Relator na Comissão de Finanças e Tributação.

Como se nota, a revisão do sistema normativo da defesa agropecuária brasileira é tema central para o agronegócio, porque doenças e pragas, animais ou vegetais, afetam diretamente a qualidade e inocuidade dos alimentos e insumos, bem como o trânsito doméstico e internacional de pessoas e mercadorias. Não só isso. Num país continental como o Brasil, com vulnerabilidade de fronteiras, a defesa agropecuária é pauta que deve integrar as políticas estratégicas de elevado interesse nacional, inclusive por meio da instituição de agência reguladora específica para a matéria.

2.4. MERCADOS AGRÍCOLAS E BOLSAS DE MERCADORIAS E FUTUROS

Mercado é o espaço de operatividade da empresa agroindustrial e de ação de seus agentes, e, em uma visão particular a este item, é o local em que se encontram compradores e vendedores que, por meio de um processo de negociação, firmam o preço, a quantidade e a qualidade do produto a ser transacionado ou trocado. Tal entidade é regulada por diversos institutos jurídicos que garantem suas operações mercantis, sempre voltadas para objetivos econômicos. Em qualquer mercado, uma das variáveis fundamentais é o preço, que mede o valor do bem em termos monetários ou valor de troca, o que facilita a tomada de decisões dos agentes do mercado. Os preços de mercado permitem aos agentes analisarem os mais adequados mecanismos de comercialização. Todas as transações realizadas e os canais dispostos se estabelecem em um ambiente de mercado. A abrangência geográfica dos mercados depende de diversos fatores, as *commodities*, por exemplo, admitem especificidades mercadológicas, podendo ser estocadas e transacionadas internacionalmente.

De forma geral, estamos acostumados a operar diariamente no mercado à vista, o qual é caracterizado pelo relacionamento direto de compradores e vendedores, que estabelecem um preço para certo produto que possui determinada especificação e que deve ser imediatamente entregue ou em tempo próximo, como após o fechamento da operação comercial. Esse também, é conhecido como mercado físico, disponível ou *spot* (termo empregado para classificar transações que se realizam em único instante de tempo).

Sabemos, no entanto, que as transações entre produtores agrícolas e *tradings companies*, ou ainda no *intertrading*, normalmente são realizadas em momento presente, mas o cumprimento ou entrega física se dão no futuro. O mercado *spot* é, em geral, esporádico e isoladamente não é um mecanismo adequado para alguns tipos de transação, sobretudo quando a estabilidade do fornecimento e dos preços é obrigatória ou a qualidade dos insumos é importante e de difícil observação. Por esse motivo, outros mecanismos de comercialização o substituem. O ciclo de produção agrícola, ainda que sujeito a uma série de riscos, busca atender a uma demanda que, dependendo da variação, ocasiona intensa flutuação de preços, ensejadora de apreensão ao produtor rural, que busca mecanismos que mitiguem essas incertezas, gerando maior tranquilidade no acompanhamento de sua lavoura ou criação.

Nasce a justificativa para a criação dos mercados de derivativos agrícolas, nome dado à família de mercados em que as operações com liquidação futura são implementadas, tornando possível a gestão do risco de preço de diversos ativos. O negócio com derivativos segue a lei da oferta e da demanda, uma vez que é negociado livremente e sem controle de preços, podendo ser definido como operação que deriva de algum negócio tradicional do mercado físico ou de algum título negociado no mercado financeiro. O termo derivativo se explica porque os preços futuros dos produtos agrícolas derivam ou sofrem influência do mercado físico desses mesmos produtos em diferentes regiões produtivas. Um derivativo implica a existência de um ativo-objeto, o qual se torna referência para a operação. Assim, um derivativo sobre trigo tem um valor que flutua de acordo com as variações do preço do trigo. O objetivo do uso desses mercados é garantir que o produtor de certa *commodity* consiga "congelar" os preços de uma safra futura mediante operação de venda no mercado a termo ou no futuro.[29]

Ao dizer sobre derivativos, portanto, não nos referimos à causa da variação, mas, sim, a seu efeito. Apontados mercados podem ser divididos, ainda, por sua forma de atuação, dando origem aos conhecidos: (i) mercado a termo, (ii) mercado futuro, (iii) mercado de opções; e (iv) *swap*. Rapidamente, julgamos pertinente destacar que alguns analistas não consideram o mercado de *swap* como modalidade própria de derivativo, em razão de sua semelhança com o mercado a termo.

---

[29] YAZBEK, Otávio. O risco de crédito e os novos instrumentos financeiros: uma análise funcional. *In*: WAISBERG, Ivo; FONTES, Marcos Rolim Fernandes (coord.). *Contratos bancários*. São Paulo: Quartier Latin, 2006. p. 329.

Tipo de mercado	Características
Mercado a termo	Mercado em que se negociam contratos a termo, especificando-se a venda ou a compra antecipada da produção, mediante preço previamente acordado entre as partes e podendo ou não ocorrer adiantamento de recursos em virtude de promessa de entrega futura da mercadoria em local determinado.
Mercado futuro	Onde se negociam os contratos futuros, estabelecendo-se a obrigação de compra e venda de mercadoria em data futura por preço negociado em bolsa (pregão). Estes são padronizados com relação a prazos, quantidade e qualidade da mercadoria, podendo ser liquidados antes do vencimento, mediante reversão da posição assumida na bolsa.
Mercado de opções	Neste são negociados os contratos de opções, definindo-se acordos em que uma parte, ao pagar um valor (prêmio), adquire o direito (opção) de comprar ou vender, em data futura, uma mercadoria a preço negociado em bolsa. Por sua vez, a contraparte, ao receber esse valor (prêmio), obriga-se a vender ou comprar essa mesma mercadoria, caso a primeira exerça seu direito de compra ou venda. O valor do prêmio é livremente negociado entre as partes (bolsa ou balcão), e os contratos de opção são flexíveis, quando negociados em balcão e padronizados, quando negociados em bolsa.

Fonte: Waquil, Miele e Schultz com base em diversos autores, 2010.

Iniciamos dispondo sobre o mercado a termo. Ao contrário do *spot*, no qual as transações se consumam em um único momento, no mercado a termo temos a concretização da obrigação contratual em dois ou mais eventos no tempo. Dessa forma, existe um acordo entre as partes para comprar ou vender determinada mercadoria, em data futura, por um preço preestabelecido. No mercado a termo, as partes fixam referencial de preço para a liquidação físico-financeira de certo produto e em determinado prazo, a qual é feita integralmente no vencimento. Os contratos a termo, mais bem dispostos no próximo item, são negociados localmente, no mercado de balcão ou *over the counter* (OTC). Nos primeiros, haverá especificações como preços, quantidades, cotações e locais de entrega determinados diretamente pelas partes contratantes.

O mercado de balcão não se forma na bolsa. O conjunto das transações é, assim, negociado entre as instituições ofertantes e as aceitantes fora desse ambiente. Sem um lugar fixo para o fechamento das operações, os participantes negociam diretamente entre si, em ambiente centralizado, mas não apregoado. Em razão dos requisitos necessários à sua formação, o mercado de balcão é operado por instituições financeiras e investidores institucionais, bem como agentes autônomos autorizados, credenciados a atuar no mercado de capitais, e não somente sociedades corretoras, estando igualmente submetidos à Comissão de Valores Mobiliários (CVM). A vantagem desse mercado consiste no menor custo das operações, quando comparadas àquelas realizadas em bolsa. As negociações são efetuadas diretamente pelas instituições financeiras, incumbindo-lhes a liquidação física e financeira das operações. O mercado de balcão, portanto e como já dissemos, não é apregoado e não tem local fixo para desenvolvimento de suas operações. Em razão das especificidades de funcionamento, o mercado de balcão prescinde, para existir, de organização normativa que autorize a negociação de ativos pelas instituições que o compõem.

Importante destacar, o mercado de balcão organizado[30] é de livre criação, sendo administrado por sociedade definida especialmente a esse fim. Com isso, distingue-se do mercado não organizado, pelo fato de seus participantes serem supervisionados por entidade reguladora. Seu funcionamento se submete às regras das resoluções da CVM. No mercado a termo, também existirá a obrigação da formação simultânea de preços e exigência de fechamento pela melhor oferta. Os formadores de mercado, bem como os intermediadores, responderão diretamente pela boa liquidação dos papéis negociados e por sua legitimidade, além de contratar em nome próprio.

Entre as principais características das negociações a termo, encontramos: concentração de liquidez ou distribuição irregular de liquidez, pouca pulverização e negociações travadas em curtos períodos, normalmente de alto valor unitário. Abrangem, assim, não apenas as negociações com ações, mas também com outros ativos, inclusive derivativos. Na medida em que as operações atendem às especificações determinadas pelo cliente, também são denominadas customizadas, termo geralmente utilizado em operações fechadas entre agentes, sem conhecimento público.

Ao dizermos sobre os mercados futuros, referimo-nos a mercados organizados. Dessa forma, nestes são assumidos compromissos de compra e venda de contratos padronizados de determinada mercadoria, ativo financeiro ou índice econômico para liquidação em data futura preestabelecida. O mercado futuro é, pois, uma variação do mercado a termo. Como visto, no mercado originário de preço preestabelecido podem ocorrer limitações, no futuro e ao longo de operações, como a inexistência de mercado secundário no qual a promessa de compra e venda representada pelo contrato possa ser negociada, bem como a dificuldade de que compradores e vendedores com

---

[30] Os Mercados Organizados de Bolsa e Balcão, de acordo com o art. 3º da Instrução CVM n. 461, são "o espaço físico ou o sistema eletrônico, destinado à negociação ou ao registro de operações com valores mobiliários por um conjunto determinado de pessoas autorizadas a operar, que atuam por conta própria ou de terceiros". Os mercados organizados de valores mobiliários são as bolsas de valores, de mercadorias e de futuros e os mercados de balcão organizado. Para classificar um mercado organizado como de bolsa ou de balcão, o art. 5º da Instrução CVM n. 461 elenca os seguintes critérios: (i) existência de sistema ou ambiente para o registro de operações realizadas previamente; (ii) regras adotadas em seus ambientes ou sistemas de negociação para a formação de preços; (iii) possibilidade de atuação direta no mercado, sem a intervenção de intermediário; (iv) possibilidade de diferimento da divulgação de informações sobre as operações realizadas; (v) volume operado em seus ambientes e sistemas; e (vi) público investidor visado pelo mercado (BURANELLO, Renato. *Cédula de Produto Rural*: mercados agrícolas e financiamento da produção. Londrina: Thoth, 2021. p. 368).

necessidades opostas se encontrem, ainda, somando-se ao risco de que uma ou outra parte cumpra, na data do vencimento, o compromisso assumido.[31]

A origem do mercado futuro é relacionada à transferência dos riscos atrelados à produção e comercialização de produtos agrícolas, momento em que foram criadas as bolsas de *commodities*. O mecanismo utilizado para as negociações em bolsa permite aos investidores e a outras forças de mercado atuação. As bolsas identificam-se com particular e específico mercado, assegurando e proporcionando liquidez aos títulos e produtos que negociam. Ao realizar negócios, seja com estoques existentes, seja com futuros, as bolsas de mercadorias exercem papel estabilizador de mercado, minimizando as variações de preço causadas por flutuações e reduzindo riscos dos produtores.

A busca pela diminuição de riscos inerentes às operações com execução diferida no tempo levou ao *hedging*. Justapondo duas transações a termo de valores equivalentes, mas de sentido contrário,[32] no *hedging*, o interessado pode assumir posição de credor ao mesmo passo em que assume a posição de devedor. O uso desse mecanismo busca neutralizar os riscos de variação ou oscilação de valores a que se sujeitam prestações recíprocas. Uma vez que, como ocorre no mercado de futuros, para cada contrato há sempre outro correspondente, as partes usam da faculdade de, a cada pregão, reverter a posição, mediante aquisição da posição que lhe é contrária. De forma simplificada, portanto, podemos dizer que o *hedge* – do inglês cercar, proteger – é o mecanismo que atua na proteção às operações financeiras expostas a alta taxa de volatilidade, ou seja, que estão em constante variação de preço. Analisaremos a operação de *hedge* de forma mais detida no próximo capítulo (2.4). No momento, importa saber que sua criação tem estrita vinculação ao mercado futuro e à necessidade de diminuir os riscos dos transigentes. Visando à melhor elucidação do tema, julgamos pertinente apresentar tabela que seja capaz de demonstrar as principais características do mercado a termo e do mercado futuro, apoiando o entendimento de suas diferenças:

Características	Mercado futuro	Mercado a termo
Local de negociação	Bolsas de futuros	Bolsas de cereais ou balcão
Padronização	Definida pela bolsa	Definida entre as partes
Prazo	Vencimento padronizado na bolsa	Definido entre as partes
Liquidação	Financeira ou física	Física

---

[31] BESSADA, Octavio; BARBEDO, Claudio; ARAÚJO, Gustavo. *Mercado de derivativos no Brasil: conceitos, operações e estratégias*. Rio de Janeiro: Record, 2005.

[32] MESSINEO, Francesco. *Operazioni di borsa e di banca*. 2. ed. Milano: Giuffrè, 1954. p. 11.

Características	Mercado futuro	Mercado a termo
Operadores	Profissionais (priorizam a liquidez)	Normalmente usuários finais (priorizam a flexibilidade dos contratos)
Garantias	Mecanismo de bolsa e *clearing*	Definidas em contrato e confiança
Correções de preço	Diárias	No vencimento dos contratos

Fonte: Corrêa e Raíces, 2005.[33]

O mercado futuro possui duas vantagens principais: (i) a proteção contra oscilações de preços; e (ii) a descoberta de preços futuros das *commodities* agrícolas. Portanto, atua como ferramenta fundamental para o bom funcionamento do agronegócio brasileiro, proporcionando informações para a realização do planejamento e gestão das propriedades rurais, podendo ser utilizado por todos aqueles que compõem as cadeias produtivas. O produtor, lembramos, ao comprar contratos e assumir a posição de "vendido" na bolsa, estará travando o preço de seu produto, realizando, assim, o *hedge* – eliminação da incerteza de oscilação de preços, mediante o pagamento de ajustes diários e depósito da margem de garantia.

Além do apontado quanto às distinções em relação a mercado futuro e a termo, carece, também, necessária observação acerca das diferenças entre o mercado futuro e o de opções, cuja diferença basilar reside na possibilidade de beneficiamento do produtor com as oscilações de alta nos preços das *commodities*, uma vez que este terá o direito, mas não a obrigação, de vender seus contratos pelo preço que estiver em vigor na bolsa, mediante o pagamento de um prêmio à contraparte que assume o risco da negociação:

Mercado futuro	Mercado de opções
Proporciona garantia contra queda e aumento dos preços, mediante fixação de preço futuro para uma *commodity*.	Proporciona garantia contra queda e aumento dos preços, ao mesmo tempo em que permite ganhos extras caso o mercado se movimente favoravelmente.
Compradores e vendedores de contratos futuros devem depositar margem de garantia (aproximadamente 5% do valor total negociado).	Compradores de contratos de opções não são obrigados a depositar margem de garantia, já que não oferecem risco ao sistema.
Compradores e vendedores de contratos futuros precisam de fluxo de caixa para honrar os ajustes diários.	Compradores de contratos de opções não necessitam pagar ajustes diários.

---

[33] CORRÊA, Arnaldo Luiz; RAÍCES, Carlos. *Derivativos agrícolas*. São Paulo: Globo, 2005.

Mercado futuro	Mercado de opções
Contratos futuros impedem a obtenção de lucros decorrentes de movimento favorável dos preços.	Contratos de opções limitam o prejuízo ao valor do prêmio pago.
Principal risco: enfraquecimento da base.	Principal risco: pagamento de prêmio muito alto ao vendedor.

Fonte: Waquil, Miele e Schultz, 2010.

A palavra bolsa surgiu no século XIV e deriva do nome da família de banqueiros, os Van der Burse, de Bruges, em casa dos quais se reuniam armadores, mercadores, agentes de câmbio e onde eram realizadas operações financeiras com frequência. Ia-se aos Burse e, assim, passou-se a ir à bolsa.[34] Hoje, as duas maiores bolsas de futuros dos Estados Unidos são a Chicago Board of Trade, Chicago Mercantile Exchange e New York Mercantile Exchange (NYMEX); na Europa, há a London International Financial Futures and Options Exchange (Life) e a Eurex. Entre as grandes bolsas, encontram-se a atual B3, localizada em São Paulo, a Tokyo International Finance Futures, a Singapore International Monetary Exchange e a Sydney Futures Exchange.

As bolsas identificam-se com particular e específico mercado, assegurando e proporcionando liquidez aos títulos e produtos que negociam. As bolsas de mercadorias são mercados centralizados para transações com mercadorias, sobretudo produtos primários de maior importância no comércio internacional e interno, como as *commodities* aqui estudadas. Ao realizarem negócios, tanto com os estoques existentes quanto com os futuros, as bolsas de mercadorias exercem papel estabilizador do mercado, minimizando as variações de preço causadas pelas flutuações e reduzindo os riscos dos produtores. Historicamente, as bolsas de mercadorias são originadas dos mercados em que se compravam e vendiam mercadorias à vista.

Dentro do regime regulatório, o art. 18 da Lei n. 6.385, de 7 de dezembro de 1976, traz importantes determinações sobre o regime jurídico das bolsas – atribui ao Conselho Monetário Nacional (CMN) competência para, mediante iniciativa da CVM, editar normas gerais sobre a constituição, administração e exercício do poder disciplinar das bolsas sobre seus membros, imposição de penas etc. O poder de interferência da autarquia na organização interna e no funcionamento das bolsas não se esgota, porém, aí. O conjunto de regras legais e regulamentares autoriza o intérprete a concluir que as bolsas, em nosso sistema de mercado de capitais, exercem autêntico serviço público econômico, ao regular atividades econômicas privadas.

Bolsas de mercadorias e de futuros diferem tendo em vista os contratos e os títulos que nelas são negociados – em regra, todos os valores mobiliários que não são

---

[34] CASAGRANDE NETO, Humberto. *A abertura do capital de empresas no Brasil*. São Paulo: Atlas, 1989. p. 23.

negociados em bolsas de valores, portanto, certos contratos e títulos, valores baseados em *commodities* agrícolas e ativos financeiros, moedas, juros etc. Trata-se, portanto, de uma competência residual. Outra diferença importante entre as duas espécies de bolsas reside no fato de as bolsas de valores serem fiscalizadas pela CVM, enquanto as bolsas de mercadorias e futuros são fiscalizadas tanto pela CVM quanto pelo Banco Central.

Ainda no âmbito do poder de regulação,[35] por serem operacionalizadas por instituições privadas no exercício de atividades de interesse público, as bolsas se autorregulam conforme os limites da legislação. Quando as partes, por meio das corretoras e dos membros de compensação, negociam em pregão, assumem o compromisso de respeito às regras previamente estipuladas e as que venham a ser editadas durante a existência dos contratos.

Essas regras são definidas pela bolsa com o intuito de preservar princípios equitativos de negociação e comércio, estabelecendo, assim, padrões éticos aos agentes atuantes. O conceito de novo mercado diz respeito, justamente, a esse conjunto de regras. Nesse contexto, faz com que os agentes se organizem de acordo com as regras de autorregulação, em respeito a modernos critérios de transparência e governança corporativa. Também regulamenta e fiscaliza as negociações e as atividades de seus associados, resolve questões operacionais, aplica penalidades aos infratores, concede crédito operacional de acordo com seus programas e objetivos, defende seus interesses e de seus membros e dissemina a cultura dos mercados de derivativos.

Nas bolsas, portanto, são realizadas as seguintes atividades de competência exclusiva: (i) registro, compensação e liquidação, física ou financeira, das operações realizadas em seus pregões ou registradas em seus sistemas de negociação; (ii) organizar, prover o funcionamento e desenvolver mercados livres e abertos para negociação de quaisquer títulos ou contratos que tenham como referência ativos financeiros, índices, indicadores, taxas, mercadorias e moedas, nas modalidades à vista e de liquidação futura; (iii) promover a realização da produção e a comercialização de produtos relacionados a títulos ou contratos operados, bem como aprimorar e desenvolver mercados à vista e de liquidação futura desses produtos; (iv) manter serviços de padronização, classificação, análises, cotações, estatísticas, educação, formação profissional, estudos, publicações e *softwares* sobre matérias relativas aos contratos negociados; (v) prestar

---

[35] Segundo Nelson Eizirik, por autorregulação entende-se basicamente a normalização e a fiscalização por parte dos próprios membros do mercado organizado em instituições ou associações privadas, visando à manutenção de elevados padrões éticos. Há dois sistemas de autorregulação, ou seja, um sistema de autorregulação voluntária, sem interferência do Estado, e um sistema de autorregulação imposto legalmente. No direito brasileiro, as bolsas de valores são exemplos de entidades autorreguladas do mercado de capitais, sob a supervisão de entidade reguladora governamental, inicialmente pelo Bacen (art. 62 da Lei n. 4.728) e ora pela Comissão de Valores Mobiliários (art. 17 da Lei n. 6.385), por imposição da própria lei, conforme exposto no artigo Regulação e autorregulação do mercado de valores mobiliários, publicado na *Revista de Direito Mercantil*, São Paulo, ano XXI, nova série, n. 48, p. 48-59, out./dez. 1982.

serviços de custódia fungível e infungível de mercadorias, títulos e valores mobiliários e de quaisquer outros ativos físicos e financeiros; e (vi) participar de outras sociedades, associações e organizações de caráter assistencial e exercer atividades que não contrariem as disposições dos estatutos e da legislação vigente.

Os clientes das bolsas de mercadorias e futuros não podem operar diretamente, devendo sempre ser representados por corretora devidamente registrada, a qual cumpre observar as normas e os procedimentos estabelecidos pela Instrução CVM n. 36, de 26 de maio de 2021. Essas corretoras podem ser constituídas sob a forma de sociedade corretora ou distribuidora de valores mobiliários, banco de investimento ou banco múltiplo com carteira de investimentos e, quando ocorrer qualquer dessas situações, serão regidas pelas regras a que estão sujeitas as instituições financeiras. Para os efeitos da Instrução, considera-se corretora de mercadorias a sociedade habilitada a negociar ou registrar operações com valores mobiliários em bolsas de mercadorias e futuros.

Portanto, as corretoras de mercadoria dependem, para seu funcionamento, de registro prévio da CVM, devendo atender os seguintes requisitos: (i) ser constituída na forma de sociedade anônima ou limitada; (ii) ser admitida como membro da bolsa de mercadorias e futuros; (iii) indicar à CVM um diretor estatutário ou sócio-administrador tecnicamente qualificado, com experiência no mercado de valores mobiliários, mercadorias e futuros; e (iv) adotar, em sua denominação social, a expressão corretora de mercadorias. A corretora deverá ter, ainda, condições patrimoniais e financeiras de acordo com as normas estabelecidas para seu funcionamento. Para compreender melhor a atuação em bolsa e nos mercados de derivativos, passa a ser necessário, agora, um olhar cauteloso sobre os contratos que os operacionalizam.

As bolsas de mercadorias e de futuros são entidades que nascem livremente pela vontade de seus associados e propiciam local para o desenvolvimento de atividades específicas. São regidas internamente por estatutos sociais e respectivos regimentos internos. A bolsa de maior expressão no País é a B3, criada em 2017 com a integração entre a BM&FBovespa e a Cetip. No cenário global, no qual acompanhar a velocidade das transformações é um diferencial competitivo, essa bolsa tem opções de investimento na negociação de ações, títulos e contratos referenciados em ativos financeiros, índices, taxas, mercadorias e moedas nas modalidades à vista e de liquidação futura; além disso, sua missão é atuar segundo a dinâmica macroeconômica de crescimento do mercado latino-americano e posicionar não apenas a bolsa, mas também o Brasil, como centro financeiro internacional de negociação de ações *commodities* e outros instrumentos de mercado.

2.5. CONTRATO FUTURO E DERIVATIVOS AGROPECUÁRIOS

Dissemos, no item anterior (2.4), acerca da estratégia de *hedging*, aplicada como mecanismo de travamento de preços e oferta de maior previsibilidade aos produtores rurais, inclusive atuando como uma opção à gestão de risco. O conceito de *hedge*, a nós mais afeto, se liga intimamente ao fundamento e à origem do mercado futuro.[36] Os contratos do mercado de futuros ou os contratos futuros, como são chamados, visam propiciar meios que permitam às partes se protegerem contra o risco de flutuação de preço. Por isso, é de sua essência a permissividade à saída antecipada, ou *way-out*, sempre que modificações nas circunstâncias econômicas assim o recomendem, a critério exclusivo e subjetivo das partes. A possibilidade de reversão de posições é da essência do contrato de *hedge*, o que condiciona à existência de mercado que lhe confira liquidez. Daí a análise jurídica do contrato implicar, necessariamente, o estudo do papel das bolsas.[37]

A estratégia de *hedge* pode ser aplicada em diferentes tipos de ativos. Ao dizermos sobre o *hedge* em *commodities*, uma das espécies mais comuns de seu uso e que mais nos interessa aqui, referimo-nos à tentativa de evitar o efeito deletério ocasionado pela imprevisibilidade do movimento da oferta e da demanda a que se sujeitam produtos cotados em bolsas mundiais. Produtores de *commodities*, por via de regra, realizam a venda de sua produção por meio de contratos futuros, ou seja, fixando o preço agora, com a liquidação no futuro.[38]

Nos contratos futuros, as partes ficam obrigadas a comprar ou vender o objeto da negociação, ou seja, o contrato padronizado e disponível em bolsa pelo preço negociado em pregão. As partes, porém, não precisarão, necessariamente, pagar pelos produtos ou entregar a mercadoria, revertendo a posição na bolsa e saindo do mercado a qualquer momento. Padronizados, esses contratos permitem a participação de maior número de *hedgers*, que buscam proteção a seu negócio, resultando em maior facilidade para entrada e saída do mercado (liquidez).[39] O encerramento do contrato antes do

---

[36] CORRÊA, Arnaldo Luiz; RAÍCES, Carlos. *Derivativos agrícolas*. São Paulo: Globo, 2005. p. 63.
[37] OLIVEIRA, Fernando A. Albino de. Contratos futuros: características jurídicas e regulação dos mercados futuros. *Revista de Direito Público*, ano XXI, n. 87, p. 224-228, jul./set. 2008.
[38] Importante descrever que há, também, o *hedge* cambial, que tem como objetivo reduzir o máximo possível do prejuízo ocasionado pelas variações das moedas no mercado financeiro. Crises como as mais recentemente experienciadas têm impactos significativos na percepção do mercado financeiro mundial, gerando instabilidade em cotações e nos valores das moedas globalmente. Além de proteger os investidores em moedas, essa modalidade acaba sendo utilizada por organizações que importam ou exportam produtos cotados em moedas estrangeiras para estimar o valor das negociações e realizar planejamentos. Por fim, temos o *hedge* em ações, que visa evitar a volatilidade dos papéis na Bolsa de Valores que afete os investimentos de forma muito negativa, nesse caso, o investidor ou analista percebe a possibilidade de queda no valor das ações e determina a opção de venda por preço e data pré-acordados, fazendo movimento de mercado que mitigue prejuízos a seu rendimento. Seu uso não é tão corriqueiro quanto a diversificação em carteira.
[39] Brevemente, dizemos que a liquidez de mercado pode ser compreendida como o custo da imediata execução de uma ordem de compra e venda, portanto fator essencial à gestão de investimentos, de forma aos mercados líquidos serem, justamente, aqueles que proporcionam negociações com um mínimo impacto sobre os preços. A relação entre liquidez e retorno dos títulos está atrelada

vencimento, o que ocorre na maioria dos contratos abertos em bolsa, ficará condicionado à realização da operação de natureza inversa à original pela parte, transferindo, assim, os direitos e obrigações a outro comprador ou vendedor. Caso o vendedor, por seu turno, não faça a reversão de sua posição na bolsa, deverá realizar a entrega da mercadoria em armazéns credenciados. Além da maior liberdade para entrada e saída, é mercado que elimina riscos vinculados ao não cumprimento de compromissos, em razão do mecanismo de ajuste diário, o qual é base de funcionamento do mercado futuro – diferença entre os preços de ajuste de dois períodos.

Nesses contratos, os vendedores serão aqueles que possuem os produtos físicos, como produtores rurais e suas cooperativas. O temor da baixa de preços faz com que estes busquem espécie de seguro que lhes preserve financeiramente na data de comercialização da safra. Esse *hedger* – portanto, quem faz *hedge* – vende contratos futuros referentes a uma quantidade de produtos agrícolas, mantendo a posição vendida (*short*). Os compradores, por seu turno, são aqueles que se preocupam com a alta dos preços, utilizando o produto físico como matéria-prima, a exemplo, as agroindústrias e os processadores. Em contrapartida aos vendedores, esses *hedgers* temem a alta dos preços e entram no mercado comprando contratos futuros referentes a uma quantidade de produtos agrícolas, mantendo a posição comprada (*long*).

Ambos os *hedgers* apresentados negociam contratos no pregão da bolsa com o objetivo de se protegerem de mudanças de preços em data futura. Dessa forma, podemos dizer que o *hedger* não visa a obtenção de lucro a todo custo em suas operações com derivativos, mas, sim, evitar perdas, transferindo riscos de preços para outros agentes do mercado. Para efetuar uma operação no mercado futuro de *commodities*, tanto vendedor quanto comprador devem operacionalizar suas intenções por meio de corretora de mercadorias que seja membro da bolsa. Essas corretoras são credenciadas a participarem do pregão por meio de seus operadores e, além de executarem as ordens de seus clientes, devem acompanhar suas contas e sua posição na câmara de compensação. Em suma, são os operadores de pregão que executam as ordens de compra e venda que vêm das corretoras por ordem de seus clientes

De maneira simplificada, quando estamos diante de um *hedge*, temos situação em que o produtor aceita determinado preço como suficiente para cobrir todas as suas despesas de safra, assumindo também o não beneficiamento em eventual tendência de alta de preços. Em outras palavras, o produtor (*hedger*) não obterá lucro no mercado futuro (em caso de recebimento de ajustes diários), tampouco terá prejuízos (caso pague ajustes diários), mas, sim, deixará de perder, caso haja queda dos preços ou deixará de ganhar, caso haja aumento nestes. Ainda que muitos produtores possam entender que

---

à hipótese de aversão ao risco dos investidores. Assim, a dificuldade e os custos para transacionar título sem liquidez significam maiores riscos para o investidor, que demanda retorno maior ao ativo. Entre seus variados benefícios, a liquidez fortalece os mercados, aumenta o número de participantes, cria curvas de referência e, principalmente, reduz custos de transação e de emissão.

deixar de ganhar é, propriamente, perder, o fundamental para os negócios agropecuários é a alteração das características de risco de preço das *commodities* agrícolas.

Com o objetivo primeiro de proteger os contratantes contra os riscos de mercado, materializado no preço futuro do produto negociado, os contratos futuros têm a posição de *hedger*, podendo ser assumida por produtor, pessoa física ou jurídica, bem como comprador de um produto agrícola ou financiador de sua produção, uma indústria processadora, uma *trading company*, um armazenador, um revendedor de insumos, um banco ou um administrador de fundos. Entre os aspectos mais importantes nos contratos futuros de *commodities* agrícolas estão:[40]

(i) Padronização: definição de padrão de qualidade, quantidade, pontos de entrega e data para encerramento dos negócios, permitindo a oferta pública de mercadoria sem a necessidade de sua disposição física.

(ii) Local de entrega: local para a entrega física da mercadoria, caso haja o interesse das partes em recebê-la desse modo. Referido local deve estar previsto de maneira explícita no contrato para que o vendedor saiba os custos de transporte do produto e o comprador saiba quanto gastará com a entrega efetiva da mercadoria e também sua necessidade de transporte. Embora as mercadorias não precisem, obrigatoriamente, transitar até o local de entrega, este servirá como centro de formação de preços. A escolha desse ponto deve levar em conta a representatividade da região em matéria de produção, consumo, rede de armazenagem e recepção.

(iii) Ambiente de negociação: realizados em pregão, com grande número de participantes e de informação imediatamente disseminada, faz com que mercados futuros se aproximem do ideal de competição perfeita. Além disso, a divulgação dos preços por diversos meios de informação permite a vendedores e compradores conhecerem, a qualquer momento, o preço das mercadorias que pretendem comprar e vender. As regras da negociação em pregão proporcionam a certeza de que os negócios foram realizados pelo melhor preço possível, sem favorecimento ou discriminações.

(iv) Garantia contratual: sistema montado de forma a se tornar praticamente impossível a manipulação de resultados, cabendo especial destaque ao papel das *clearing houses*, instituições geralmente paralelas às bolsas e que asseguram o cumprimento de todos os contratos; elas também são responsáveis pelo registro de operações e controle de posições, compensação de ajustes diários, liquidação financeira e física dos negócios e administração de garantias. As *clearing houses* asseguram, além de tudo, que, após a realização dos negócios, vendedores e compradores não tenham dependência mútua até a liquidação dos contratos.

---

[40] MARQUES, Pedro Valentim; MARTINES FILHO, João; MELLO, Pedro. *Mercados futuros agropecuários*. São Paulo: Campus, 2008.

Os contratos futuros, consoante as características apresentadas, são representativos de transações padronizadas e simplificadas, não se permitindo a inclusão de particularidades em seu escopo ou de diferentes especificações, ainda que o comprador e o vendedor assim o queiram. Eles especificam, principalmente, o padrão de lotes, meses de vencimento, local de entrega, tipificação da mercadoria e moeda aplicável à cotação. São instrumentos que têm por objetivo a proteção dos transigentes contra a variação futura de preço, sendo de sua essência a possibilidade de cessão da posição contratual por meio de negociação em pregão de bolsa. Portanto, assim podemos dizer, entendemos que o contrato futuro é um instrumento financeiro que se reveste de natureza jurídica própria, emanado dos usos e costumes da prática comercial que se desenvolvem em mercados organizados.

Ao dizer sobre contratos de *hedge*, precisamos ter em mente que estamos falando de contrato em suma distinto do de compra e venda de mercadorias. Aqui, não há parte e contraparte, não se tratando de contrato comutativo, bilateral e sinalagmático, no qual o inadimplemento de uma parte confere à outra o imediato direito ao descumprimento de sua obrigação. Por meio dos contratos de *hedge* são vendidas e compradas as posições de lotes-padrão de bens, previamente determinados. Ao final da operação, ficam abertas as posições de compra e de venda, sem o conhecimento da outra parte.

O exposto é explicativo ao papel da câmara de compensação ou *clearing* em todas as operações de bolsa.[41] O sistema de liquidação consiste no registro dos contratos negociados nos pregões da bolsa, bem como na liquidação e compensação das obrigações. As operações são compensadas por essas câmaras que assumem a responsabilidade pelo cumprimento das avenças, na qualidade de terceiro garantidor. Com base nisso, foram criadas as câmaras de compensação que garantem o fiel cumprimento das obrigações assumidas pelos contratantes, desenvolvendo a liquidez necessária ao mercado de futuros.

A padronização, ainda, conferiu à parte contratante a possibilidade de liquidação dos contratos mediante compensação, realizada pelas *clearings*, por meio da assunção

---

[41] Esse ingresso da *clearing*, como contraparte de todos os contratos negociados em bolsa, sem que isso implique novação do vínculo contratual, é descrito pelo advogado norte-americano da New Jersey Audubon Society, Wayne D. Greenstone, *ipsis litteris*: "(...) by assuming the responsibilities to both the buyer and seller of a contract, thereby releasing each one from his personal and individualized obligation to the other, and requiring a kind of performance bond that fluctuates daily so that the risk exposure of possible nonperformance is kept constant, the clearing mechanism of the exchange because the final step in the evolution of futures contracts as they are traded today. In practical terms, once a transaction in made on the floor of the exchange, the clearing process cuts the contract n half, interposes itself as the buyer from the seller and the seller to the buyer, thereby permitting the trader to offset his obligation, or in the rare instance of delivery, matching those with actual commodities who want to deliver and those with obligations to take delivery who want to receive the actual commodity, without being concerned with the identity of the original parties".

de posição oposta em outro contrato. No caso de contratos que estabeleçam a liquidação física das obrigações, cabem à câmara de compensação a responsabilidade por sua concretização e a exigência de que as mercadorias atendam às especificações contidas no documento. A *clearing*, ao atuar como contraparte central, reduz a exposição dos participantes ao risco de crédito e garante a liquidação de todas as operações, assumindo e centralizando o risco de inadimplência e exigindo, para tanto, que os participantes cedam garantia para cobrir eventual descumprimento obrigacional pelas partes envolvidas.

Ressalta-se que a garantia da liquidação das operações passa pela exigência prévia de depósito inicial, a cada novo participante. As margens de garantia são, portanto, depósitos requeridos pela bolsa para assegurar operações de compra e venda de contratos futuros e garantir ajustes diários. O depósito pode ser realizado em dinheiro, carta fiança, títulos públicos ou privados ou, ainda, outros títulos e valores mobiliários, sendo calculado sobre o valor dos contratos, com a função de garantir o cumprimento das obrigações assumidas pelo contratante.

Os riscos dos operadores, em virtude da alta ou da baixa das cotações durante o período entre a conclusão e a execução dos contratos, bem como a dificuldade de prestação recíproca de garantias reais ou pessoais, permitiram a combinação de sistema central para sua liquidação segura. O gerenciamento diário de posições consiste no ajuste do valor dos contratos, representado por prejuízo ou lucro para as partes envolvidas, dependendo da posição que tomaram em determinada operação. Ajustes diários, portanto, são créditos ou débitos resultantes da diferença entre o preço no fechamento do pregão e o preço no fechamento do pregão do dia anterior.

Vale apontar, os contratos futuros são amplamente utilizados no mercado, conforme observado na Chicago Mercantile Exchange Group (CME), que diariamente recebe 2.500 investidores e comercializa mais de 500 mil contratos.[42] A razão para o sucesso do mercado de futuros reside, justamente, em sua simplicidade para operar e, de modo indireto, em suas restrições ou estandardização. O custo de operar nesse tipo de contrato, vale dizer, é inferior ao custo de transacionar outro contrato qualquer, uma vez que a padronização realizada reduz problemas de informações e elimina as especificidades da relação contratual.

No que atine aos contratos de opções, ressaltamos que as operações de *opções* podem ser consideradas uma evolução dos contratos futuros. A diferença básica reside no fato de o titular do direito poder utilizar uma opção, ou seja, a compra e a venda de determinado produto a certo preço e momento, condicionada à declaração de vontade do comprador quanto ao efeito. De outra forma, podemos dizer, nos contratos de opções, os produtores travam o preço dos produtos, protegendo-se contra a queda

---

[42] Em 18 de outubro de 2006, a CME, que opera com contratos futuros de taxas de juros, índices de ações e de bolsas estrangeiras, anunciou a compra da Chicago Board of Trade (CBOT), que opera com *commodities* agrícolas, formando atualmente a CME Group.

de preços, mas, ao mesmo tempo, podem se beneficiar da alta das cotações mediante o pagamento de um prêmio (seguro) negociado entre as partes ou em pregão. Opções podem ser apresentadas, dessa forma, como negociações de direitos de compra ou de venda, a um preço de exercício predeterminado sobre um ativo-objeto em uma data específica ou até certa data. Os compradores de opções são chamados de titulares e os vendedores, de lançadores; uma opção de compra é chamada de *call* e uma opção de venda, de *put*.

A opção dá direito à aquisição de determinado produto financeiro, valor mobiliário ou mercadoria, conforme a opção negociada nas bolsas de valores ou de futuros por preço preestabelecido, de acordo com certo prazo ou data prefixada. Trata-se de um ato jurídico diferido, que se caracteriza por uma promessa irrevogável do beneficiário ou tomador, encerrando uma declaração unilateral de vontade que implica o dever de adquirir ou vender nos termos propostos.

Originalmente, as opções eram negociadas em ambiente de balcão e os negócios eram bilaterais, sendo os riscos da contraparte assumidos por ambas as partes. Na forma atual, porém, há interposição da câmara de compensação entre as partes, assumindo esta o risco de contraparte. A bolsa, assim, padronizou algumas características das opções como a data de vencimento e o preço de exercício, conferindo-lhes fungibilidade, aumentando a liquidez do instrumento e evitando manipulação de preços. Vale dizer, são objetos de opção os produtos agrícolas que tenham qualidade e características compatíveis com aquelas especificadas nos contratos. As séries de opções são de mesma espécie, relativas ao mesmo contrato futuro de referência, com mesmo mês de vencimento e preço de exercício.

A já apontada opção de compra (*call*) confere ao titular o direito de comprar, do lançador, o objeto da opção a preço previamente estipulado em data prefixada. No mesmo sentido, é instrumento que confere ao titular da opção o direito de, mediante pagamento de prêmio, receber resultado financeiro positivo entre o preço da mercadoria praticado no pregão da bolsa e o preço de exercício fixado no contrato. A opção de venda (*put*), em sentido contrário, confere ao titular da opção o direito de, mediante pagamento de prêmio, receber o resultado financeiro positivo entre o preço de exercício fixado no contrato e o preço da mercadoria praticado no pregão da bolsa. Aqui, o comprador da opção tem o direito de vender o bem subjacente pelo prazo ajustado e a preço fixado.

Vale reforçar, porém, que nas duas espécies o titular das opções tem o direito, não a obrigação, de comprar ou vender o bem subjacente. É essa, pois, a principal diferença indicativa desse tipo de transação aos demais mercados, em especial aos simples contratos futuros. Na opção, uma vez aceita a proposta, esta fica sujeita ao interesse do comprador, obrigando-se o lançador a aguardar a manifestação do comprador ou do titular da opção. Ao exercer uma posição comprada em *call*, por seu turno, obtém-se posição comprada a futuro pelo preço de exercício da opção mais valor em dinheiro, igual à diferença entre o preço futuro corrente e o preço de exercício.

Operacionalmente, ao exercer opção comprada em *put*, obtém-se posição vendida a futuro pelo preço do exercício da opção, acrescida de valor em dinheiro igual à diferença entre o preço de exercício e o preço de futuro corrente. Os compradores de *calls* ou de *puts* pagam pela opção no momento da compra. Não há chamadas de margem potenciais para compradores de opções, visto que o máximo que podem perder com sua compra é o valor pago por ela, ou seja, o prêmio pago antecipadamente.

Os vendedores de opções recebem o prêmio normalmente creditado em suas contas, mas devem depositar margem, por estar sua posição sujeita a perdas semelhantes às posições a futuro. Assim e de maneira simples, a chamada de margem compreende valor exigido como garantia em operações de investimento com maior risco, de forma a liquidar parte da perda. Como nos futuros, as chamadas de margem são feitas diariamente.[43] Por fim, na determinação de alguns conceitos relacionados, o prêmio é o preço de negociação da opção no pregão da bolsa. Os fatores que afetam o preço das opções sobre futuros são representados pelo preço futuro, pelo preço de exercício, pelo tempo para o vencimento e volatilidade do preço futuro.[44] Por conseguinte, quando se questiona o valor de opções, depara-se com elevada incerteza, motivada pela volatilidade. A volatilidade, vale dizer, indica o grau médio de variação das cotações de futuros e derivativos. Quanto maior a incerteza sobre o contrato futuro, maior o risco das opções, e, quanto maior o risco, maior seu valor.

Assim, estes são alguns conceitos que devemos ter em mente quando abordarmos o tema: exercício, ato pelo qual o titular da opção exerce o direito de comprar ou vender, a qualquer tempo até o vencimento do contrato, o objeto da opção a preço previamente estipulado; preço do exercício é valor previamente definido a ser utilizado como parâmetro ao titular da opção, para que exerça seu direito; e lançador, por seu turno, aquele que assume a obrigação de vender ou comprar do titular o objeto a que se refere a opção, ao prêmio previamente estipulado, a qualquer tempo e até o vencimento.

Nos contratos afetos ao mercado a termo, isto é, nos contratos a termo, as partes acordam volume, qualidade e preço dos produtos que deverão ser disponibilizados no momento da transação, ou seja, em data futura. Os contratos de comercialização a termo são firmados entre compradores e vendedores com o objetivo de facilitar as trocas e alterar as características de risco futuro dos preços das *commodities* agrícolas. Em

---

[43] No Banco do Brasil, podem-se adquirir opções de compra ou de venda de café, algodão, cacau e de soja, referenciadas nas bolsas de Nova York e de Chicago, respectivamente. As opções obedecem ao estilo norte-americano, ou seja, podem ser negociadas a qualquer momento entre a data de lançamento (aquisição) e a de vencimento. Para financiar a margem de garantia, os ajustes diários das operações no mercado futuro e o prêmio de opções nele referenciado, o Banco do Brasil criou uma linha de crédito específica, ao amparo da resolução Bacen n. 2.701, de 14 de março de 2000. Podem recorrer ao financiamento cafeicultores e suas cooperativas de produção, indústrias de torrefação e moagem de café solúvel, empresas e cooperativas exportadoras de café.

[44] FUTURES INDUSTRY INSTITUTE. *Curso de futuros e opções*. São Paulo: BM&F, 2008. p. 59.

outras palavras, o contrato a termo é um compromisso de compra e venda de determinado ativo no mercado de capitais para pagamento em data futura a um preço preestabelecido.

Aqui, portanto, se formam contratos em que as partes (1º) acordam com os elementos da transação e (2º) determinam o tempo futuro a que se realizem. Elucidando a mecânica das operações a termo, apontamos a estrutura do contrato de compra e venda – no qual o vendedor se obriga a transferir o domínio da coisa mediante o pagamento de um preço. Em uma primeira fase, a conclusão do contrato é aperfeiçoada com o acordo entre as partes sobre a coisa e o preço. A segunda fase, por sua vez, indica a liquidação das entregas para época determinada contratualmente. Apenas com o adimplemento do prazo futuro, ambas as obrigações se dão por encerradas.[45]

Uma vez apresentados os contratos que operacionalizam as modalidades de mercado futuro, de opções e a termo, podemos apontar, quanto ao vencimento: (i) dos contratos futuros, a data-limite para a liquidação da posição – saldo de determinada data, resultante de operações realizadas por um mesmo cliente e em mesmo contrato, intermediado pela mesma corretora de mercadorias e registrado pelo mesmo agente de compensação; (ii) dos contratos de opção, a data em que se extingue o direito de exercê-la; e (iii) dos contratos a termo, a data-limite para a liquidação do contrato. Por fim, reforça-se que o *hedge* não resulta da fusão de prestações ou de elementos próprios de distintos contratos, nem mesmo é caracterizado pela junção de contratos, já que nem sequer há interdependência jurídica entre eles, normalmente celebrados pelos interessados com partes diferentes.

2.6. COMÉRCIO INTERNACIONAL, SUBSÍDIOS AGRÍCOLAS, MEDIDAS SANITÁRIAS E FITOSSANITÁRIAS

O acesso a mercado e a inserção de países em desenvolvimento em um cenário que conta com agentes consolidados dependem de regulações que garantam o mínimo de condições de disputa. Foi esse processo integrativo mundial que motivou a criação da Organização Mundial do Comércio (OMC), cujo objetivo é o desenvolvimento do comércio internacional, missão que atinge também instituições como o Banco Mundial, o Fundo Monetário Internacional, instituições regionais e os bancos centrais. A OMC, vale dizer, substituiu o antigo Acordo Geral de Tarifas e Comércio (GATT, na sigla em inglês).

É nesse contexto de mercado mundial que surge a integração dos mercados de *commodities*. Hoje, o tema agrícola é um dos mais debatidos e sensíveis às negociações internacionais, tanto de caráter bilateral quanto de multilateral, especialmente tangenciado pela segurança alimentar mundial. Pensando no tema em nível nacional, as negociações mais importantes realizadas foram operadas no âmbito da OMC, da

---

[45] BARRETO FILHO, Oscar. As operações a termo sobre mercadorias (*hedging*). *Revista de Direito Mercantil*, São Paulo, ano XVII, nova série, n. 29, p. 12, 1978.

Associação do Livre Comércio das Américas (Alca) e do Mercosul. Estas, por sua vez, são motivadas por barreiras tarifárias e não tarifárias, medidas compensatórias, subsídios domésticos, créditos à exportação, cotas de importação, entre outros.

Ainda que não atue de maneira isolada, a OMC é um dos protagonistas do comércio mundial. Criada pelo Tratado de Marrakesh, passou a atuar a partir de 1995 em razão das negociações do GATT,[46] na Rodada Uruguai, realizada entre 1986 e 1994.[47] Atualmente, conta com 164 membros e é dotada de personalidade jurídica de Direito Internacional público. Seu objetivo é promover o desenvolvimento sustentável do comércio internacional, apoiando países em desenvolvimento com a construção de quadro institucional comum. Norteada pelo fenômeno da globalização, atua como fórum para as negociações de acordos multilaterais de comércio e sua administração. O advento da OMC é marco ao Direito Internacional, na medida em que proporciona a consolidação e a intensificação dos processos de codificação e harmonização do Direito Internacional público, bem como a cooperação econômica entre as comunidades internacionais. A atuação desse organismo reveste-se de grande importância, uma vez enquadrado como sistema intergovernamental de Direito Econômico.

Em virtude das alterações e demandas sociais, novas regras de aplicabilidade internacional passaram a ser negociadas por meio de reuniões gerais, denominadas de rodadas. Em 2001, na cidade de Doha, no Catar, foi iniciada a rodada conhecida como "Rodada do Desenvolvimento",[48] cujo intuito era manter a liberalização das políticas de comércio com a consequente rejeição do protecionismo,[49] na qual houve intenso debate entre países em desenvolvimento e desenvolvidos, especialmente pautado pela

---

[46] O GATT foi assinado em 30 de outubro de 1947, em Genebra, na Suíça, por vinte e três países e entrou em vigor em 1º de janeiro de 1948. Não obstante sua natureza jurídica ser a de contrato internacional, alguns autores chegam a atestar que, na prática, o acordo funcionava como uma verdadeira entidade. No âmbito do Gatt, desenvolveu-se uma disciplina jurídica abrangente e harmônica para o comércio internacional regrada por alguns princípios básicos como o tratamento geral da nação mais favorecida e o princípio do tratamento nacional, ambos corolários da ideia de não discriminação persistente ao GATT e, futuramente, à OMC (WORLD TRADE ORGANIZATION. *General Agreement on Tariffs and Trade 1947*. Disponível em: http:// www.wto.org; AMARAL JÚNIOR, Alberto do. *A solução de controvérsias na OMC e a aplicação do direito internacional*. 2006. 645 f. Tese (Concurso para professor titular de Direito Internacional Público) – Faculdade de Direito do Largo São Francisco, Universidade de São Paulo, 2006).

[47] CARMO, Edgar Cândido do; MARIANO, Jefferson (org.). *Economia internacional*. 3. ed. São Paulo: Saraiva, 2016. p. 34.

[48] Essas Rodadas são mesas de negociação multilateral, nas quais as nações aderentes à OMC discutem o tema proposto na agenda de debates, visando à harmonização das relações comerciais internacionais. A Rodada de Doha tinha como objetivo discutir: tarifas, agricultura, serviços, facilitação de comércio, solução de controvérsias, "regras".

[49] COSTA, Ligia Maura. *OMC e direito internacional do desenvolvimento sustentável*. São Paulo: Quartier Latin, 2013. p. 112.

quebra das barreiras às exportações de produtos agrícolas e têxteis, com a prorrogação da Cláusula Paz.[50]

Em 2003, novo encontro deu origem ao G-20, grupo de 20 nações liderado pelo Brasil, com o objetivo de desenvolver exportações de produtos agrícolas.[51] Foram iniciadas, também, negociações bilaterais de comércio entre países e blocos econômicos e entre blocos regionais, o que impactou o multilateralismo. Os impasses continuaram com a constante argumentação dos países em desenvolvimento pela redução das barreiras e dos subsídios ofertados pelos países desenvolvidos a seus produtos agrícolas, de um lado, e pela reclamada indisposição de diminuição de tarifas sobre a importação de produtos industriais, serviços e investimentos, de outro. Apesar de a União Europeia ter, à época, acatado a pretensão do G-20 de acesso a mercados para produtos agrícolas, os EUA tardaram a tomar a iniciativa para corte de subsídios domésticos. A última reunião realizada antes do prazo para o término da Rodada Doha, em 2007, foi marcada pela manutenção dos impasses.[52]

Uma das formas de avaliação do equilíbrio das negociações consiste na comparação dos resultados agrícolas, de modo a terem estas por base dois pilares: (i) aperfeiçoamento das disciplinas e (ii) abertura de mercado. Especialmente o aperfeiçoamento das disciplinas ganha destaque em relação ao comércio agrícola, de maneira a tangenciar a redução da liberdade dos países de utilizarem subsídios que comprometam o comércio mundial, diminuindo preços e deslocando vendas. Eventual acordo na Rodada Doha poderia eliminar subsídios às exportações. A manutenção dos subsídios compromete diretamente o multilateralismo e estimula acordos bilaterais que levam à comercialização restrita a seus componentes acordantes e à redução no volume de exportações dos demais.

Também criada para impulsionar o livre-comércio no continente americano é a Alca, fruto da Cúpula das Américas de 1994. Com o intuito de controlar as transações do Alasca à Patagônia, a Alca objetiva eliminar, progressivamente, as barreiras impostas ao comércio e ao investimento.[53] Para operacionalização das negociações foram criados cúpulas, reuniões e comitês, além de grupos temáticos. Comitê tripartite foi formado pelo Banco Interamericano de Desenvolvimento (BID), Comissão Econômica para América Latina e Caribe (Cepal) e Organização dos Estados Americanos (OEA),

---

[50] ALTEMANI, Henrique; LESSA, Antônio Carlos (org.). *Relações internacionais no Brasil:* temas e agendas. São Paulo: Saraiva, 2006. 2 v., p. 165.

[51] É grande a importância dos membros do G-20 na produção e comércio desses produtos, representando altos percentuais de produção rural (ALTEMANI, Henrique; LESSA, Antônio Carlos (org.). *Relações internacionais no Brasil:* temas e agendas. São Paulo: Saraiva, 2006. 2 v., p. 167).

[52] RODRIGUES, Roberto. A importância do multilateralismo. *Agroanalysis*, jul. 2022.

[53] NEGRI, João Alberto de; ARBACHE, Jorge Saba; SILVA, Maria Luiza Falcão. *A formação da Alca e seu impacto no potencial exportador brasileiro para os mercados dos Estados Unidos e do Canadá*. Brasília: Ipea, 2003.

com o condão de dar suporte técnico às negociações. Os grupos de negociações criados são, pela ordem: agricultura, acesso a mercados, subsídios, *antidumping* e medidas compensatórias, compras governamentais, serviços, investimentos, propriedade intelectual, política da concorrência e solução de controvérsias.[54]

Em que pese o exposto, os Estados Unidos decidiram pelas liberalizações competitivas, resumidas em estratégia, segundo a qual, caso a OMC não produza o resultado almejado, poderiam os americanos se valer da Alca e, em caso de nova situação em que não se logre êxito, pela utilização de acordos bilaterais. O exposto é permissivo a que os EUA não coloquem em discussão suas políticas domésticas, como a de subsídios e as medidas *antidumping*.

Desde a década de 1970, mudanças nas políticas brasileira e argentina ocasionaram diversas iniciativas de cooperação, ato que antecede o processo de integração. Apenas em 1990, porém, por meio da Declaração de Buenos Aires, que foi criado o Grupo do Mercado Comum, encarregado pelo desenvolvimento de projeto para implementação do mercado comum.[55] Em seguida, Uruguai e Paraguai aderiram ao projeto de integração e, em 1991, os quatro países assinaram o Tratado de Assunção, do qual originou o Mercado Comum do Sul (Mercosul). É somente em dezembro de 1995, com a entrada em vigor do protocolo, que se pode falar do Mercosul como uma organização internacional. Em 1996, Chile e Bolívia tornaram-se membros associados, em 2003, foi a vez do Peru e, em 2006, da Venezuela.[56]

Aos componentes do Mercosul foram fixadas algumas metas: (i) gradativa unificação de leis, regulamentos fiscais, cambiais e administrativos; (ii) tarifa externa comum; (iii) livre circulação de pessoas, bens, capitais e serviços; (iv) eliminação de barreiras aduaneiras, tarifárias ou não tarifárias; e (v) criação de blocos para questões agrícolas, industriais, monetárias e de comunicação entre os estados participantes. A criação da tarifa externa comum foi precedida de discussões e objeções. Em agosto de 1994, um acordo foi assinado, apesar de alguns impasses. Em 1999, o Mercosul passou por uma crise em razão de problemas internos de seus membros e até hoje não encontrou a tração esperada. Além das crises econômico-financeiras nos países, a Alca enfraqueceu o Mercosul, a ponto de o Chile haver preferido negociar com os Estados Unidos em detrimento dos países da região.

As mudanças surgidas a partir dos anos 1990 têm como característica integrar um processo de alterações estruturais dos países, tendo como mote a abertura das economias e sua maior participação em um mercado de nível global, desvencilhando-se da

---

[54] BATISTA JUNIOR, Paulo Nogueira. A Alca e o Brasil. *Estudos Avançados*, São Paulo, v. 17, n. 48, p. 267-293, ago. 2003. Disponível em: http://dx.doi.org/10.1590/s0103-40142003000200021.
[55] Informações veiculadas pelo Ministério da Economia, Indústria, Comércio Exterior e Serviços.
[56] ALTEMANI, Henrique; LESSA, Antônio Carlos (org.). *Relações internacionais no Brasil:* temas e agendas. São Paulo: Saraiva, 2006. v. 1, p. 277.

ideia protecionista que, até então, permeava integrações de caráter regional.[57] Brevemente, de acordo com a ótica liberal, o mercado funcionaria melhor quanto menor fosse a intervenção do Estado no ambiente econômico, deixando que os agentes cuidassem da livre alocação de recursos. Sob essa ótica, a prática protecionista é encarada como uma forma ineficiente de alocar recursos produtivos, perpetuando benefícios de setores mais bem organizados e que têm maiores acessos ao Estado.[58] Por seu turno, aqueles que apoiam o protecionismo entendem que é necessária a atuação do Estado com o objetivo de corrigir as imperfeições do mercado, adotando uma política comercial estratégica. Argumentam, portanto, que é preciso garantir uma competitividade do capital nacional, com a proteção da indústria nascente.

De forma geral, no contexto de integração econômica é criado um processo no qual países participantes do bloco decidem eliminar, de forma gradativa, suas barreiras aos fluxos comerciais e aos fatores de produção, promovendo a harmonização de políticas econômicas para estabelecimento de mercados integrados. Essa integração, portanto, pode ser vista como um processo (adoção de medidas que eliminem restrições a fluxos comerciais, de fatores e de investimentos entre os envolvidos) e como uma situação (ausência de discriminação entre economias nacionais).[59] São motivos para esses acordos busca por eficiência produtiva, ampliação de mercados, redução de custos e preços, diversificação de produtos, acesso a novas tecnologias, ganhos de economia de escalas, aumento do poder de barganha, segurança econômica, aumento da credibilidade, estabilidade política e formação de alianças estratégicas para prevenção de futuros conflitos.[60]

A União Europeia é o principal agente, hoje, na formação de alianças. É no cenário de globalização, investimentos e comércio mundial que destacamos a relevância da relação estabelecida entre o Brasil e a União Europeia, que data de muitos anos. O Bloco aparece como segundo colocado nas exportações brasileiras, ficando atrás apenas da China. Essa antiga relação, porém, tem encontrado óbices com as mais recentes movimentações europeias. O Parlamento Europeu tem apontado rigor perante a entrada de alguns produtos brasileiros, especialmente *commodities*, que, alegam, advêm de zonas de desmatamento. Mais recentemente aprovado, o Ato Europeu traz impedimento à entrada de produtos bovinos, cacau, café, óleo de palma, borracha, soja e

---

[57] CARMO, Edgar Cândido do; MARIANO, Jefferson (org.). *Economia internacional*. 3. ed. São Paulo: Saraiva, 2016. p. 39.

[58] CARMO, Edgar Cândido do; MARIANO, Jefferson (org.). *Economia internacional*. 3. ed. São Paulo: Saraiva, 2016. p. 15.

[59] CARMO, Edgar Cândido do; MARIANO, Jefferson (org.). *Economia internacional*. 3. ed. São Paulo: Saraiva, 2016. p. 40.

[60] WHALLEY, J. Why do countries seek regional trade agreements?. In: WHALLEY, J. *The regionalization of the world economy*. Chicago: University of Chicago Press, 1998. p. 63-90.

madeira,[61] oriundos de áreas legalmente desmatadas após 2020. A medida tinha a previsão para ser aplicada a partir de 30 de dezembro de 2024, tornando obrigatória às empresas compradoras a realização de *due diligence* – auditoria em que se devem detalhar questões como as coordenadas da área de origem, o que permite rastrear se as informações prestadas por produtores e vendedores são verdadeiras. No entanto, diante do cenário de impacto direto no agronegócio brasileiro, a medida foi prorrogada para entrar em vigor em 30 de dezembro de 2025, decisão que dá mais tempo para o Brasil se adequar às novas exigências. Há, aqui, potencial aumento de custos de produção. Caso o Brasil seja classificado como país de alto risco ambiental, é possível que enfrente significativa redução de mercado.

Os países exportadores para União Europeia terão que se atentar às práticas de monitoramento e validação ambiental, social e de governança (ESG), seguindo rígidos critérios estabelecidos, sendo alguns deles: (i) rastreabilidade da produção; (ii) conformidade com padrões ambientais; (iii) riscos de penalidades e embargos; e (iv) necessidade de parcerias, ao passo que os produtores necessitarão de novos métodos para o monitoramento da produção. Alvo de diversas críticas, a Comissão Europeia enfrenta discussões acerca do prazo estabelecido para as novas metas sustentáveis, bem como o excesso delas. Especialistas brasileiros comparam as normas do *Green Deal* com o Código Florestal brasileiro, o qual é considerado como referência normativa para o meio ambiente no mundo inteiro. Ao mesmo tempo que preza por equilíbrio, o Código cria restrições necessárias nas produções do agronegócio. Em termos práticos, os produtores residentes no bioma amazônico precisam garantir e manter a cobertura original em 80% da sua propriedade. Em outros biomas, esse número pode atingir a meta de 50%. O Brasil merece destaque por manter 66% do território nacional com a vegetação nativa. Em breve comparação, a Europa mantém apenas 2%.

Como veremos à frente, a medida de condão não tarifário imposta pelos europeus teve destaque nas principais mídias, impondo significativa preocupação, em especial aos produtores de soja brasileiros – principal *commodity* de exportação do País. O Ato, que alegadamente se baseia no apoio a uma economia verde e na redução de emissão de gases poluentes, impõe um desmatamento zero, previsão diferente da trazida por nosso Código Florestal. O descontentamento da classe produtora se assenta, além da preocupação com a medida de caráter protecionista, na perda de área a ser explorada em seu imóvel. Isso porque imóveis que ainda têm área a ser explorada – em respeito à legislação ambiental nacional – não mais poderiam fazê-lo, dado o decurso do tempo,

---

[61] Para selecionar essas matérias-primas, a Comissão aponta ter se baseado em pesquisas científicas e na coleta de dados. A lista, entretanto, não é definitiva e não será definitivamente fechada se a proposta avançar, já que contempla uma primeira revisão após os primeiros cinco anos em vigor e, posteriormente, revisões a cada três anos. A lista inicial, ainda, inclui os derivados dessas matérias-primas, como o chocolate e o couro.

sob pena de diminuição do mercado. Uma vez publicado e vigente o Ato, todo grão produzido no País estaria sujeito à sua aplicação.

Apesar de ser uma regulamentação, e não uma diretiva, a proposta confere margem (ainda que pequena) à atuação dos Estados, já que nestes incide o regime de sanções. O projeto, ainda, deixa claros os princípios que as multas devem seguir: proporcionalidade em relação ao dano, ao mesmo tempo que promovem a dissuasão. Em casos mais graves, o descumprimento da regulamentação pode resultar em multas de até 4% do faturamento da empresa. Ainda, as sanções contemplam o confisco dos produtos e do pagamento e a exclusão da empresa operadora dos processos de contratação pública.

O cenário internacional, em 2025, é incerto e necessita de planejamento rigoroso para o agronegócio. Diante de juros altos, câmbio volátil e aumento nos custos de produção, o setor agropecuário enfrenta desafios significativos para manter sua competitividade e sustentabilidade. A instabilidade econômica global, aliada a fatores como as mudanças climáticas e a crescente demanda por práticas agrícolas mais sustentáveis, exige que os produtores se adaptem rapidamente a um ambiente em constante transformação. Nesse sentido, o Mercosul firmou marco estratégico com a União Europeia, ao passo que pactuaram a ampliação do acesso a mercados de alto valor agregado para fortalecer a imagem dos países exportadores. Foram 25 anos de negociações no total até os blocos econômicos firmarem o acordo. Segundo Leonardo Munhoz, o acordo realizado entre as duas partes "pretende criar o maior bloco econômico/comercial do mundo, envolvendo 718 milhões de pessoas e aproximadamente US$ 22 trilhões".[62]

O acordo foi convalidado em 18 capítulos que abrangem diversos temas. A sustentabilidade é tratada no capítulo "Comércio e Desenvolvimento Sustentável", que reitera outros acordos mundiais, como é o caso da Convenção-Quadro das Nações Unidas sobre Mudanças Climáticas (UNFCCC, sigla em inglês), o Acordo de Paris, a Convenção sobre Diversidade Biológica (CDB), e os seus protocolos (de Nagoya e de Cartagena). Outras normas foram impostas em relação ao desmatamento, sistemas de monitoramento, resoluções de conflitos, entre outros.

O Brasil se sobressai com posição favorável no mercado internacional.[63] Ao passo que o País detém relevância nas exportações, os produtores brasileiros terão de se preocupar em adequar-se ao rigor das legislações florestais e trabalhistas. Assim, a credibilidade depositada no mercado brasileiro aumenta. O próximo passo das negociações acerca do acordo firmado entre o Mercosul e a União Europeia exige o voto do

---

[62] FGV. Acordo Mercosul-EU: o impacto positivo sobre a economia brasileira. *Agroanalysis*, v. 45, n. 1, jan. 2025.

[63] Dados obtidos pelo relatório de janeiro de 2025 da *Agroanalysis* confirmam que quase 50% das importações de soja da União Europeia vêm do Brasil. De julho de 2024 a janeiro de 2025, R$ 4,95 milhões de toneladas de soja foram exportadas do Brasil para UE.

Parlamento Europeu por maioria simples. Os principais países em oposição são a França, a Irlanda a Itália e a Polônia. Diante de tal cenário, o Brasil já possui práticas sustentáveis modelo para outras nações e deve, portanto, demonstrar ao mundo e ao mercado europeu que já cumpre as leis ambientais.

O desenvolvimento das cadeias agroindustriais globais está intimamente relacionado ao processo de aprofundamento de interconexões ou inter-relações dos Estados, atualmente vistas pela globalização e pelos blocos econômicos. Fatores fundamentais no contexto internacional estão combinados na relação da política de subsídios agrícolas praticados pelos países ricos, como a gestão dos preços das *commodities* agrícolas e o acesso a mercados. Ademais, as formas de comercialização, sejam domésticas, sejam internacionais, ligam-se às questões ambientais direcionadas à análise da sustentabilidade dos produtos, fortificada pela interferência estatal consoante a necessidade de certificação da produção. Essas certificações geram barreiras à entrada de produtos brasileiros que se aliam a dificuldades locais relacionadas à logística e à sanidade.

As barreiras, todavia, não têm sido capazes de frear o crescimento e o desenvolvimento do nosso agronegócio. É significativo o aumento da participação brasileira nos mercados internacionais, motivada pelo aporte de capitais externos para o desenvolvimento de nossas atividades. As exportações não deixam de aumentar, colocando o Brasil em posição de liderança na exportação de diversos produtos de variados SAGs. Como dissemos anteriormente nesta obra, movimentações públicas bem direcionadas geraram ao Brasil significativos avanços em novas fronteiras: em pouco mais de 20 meses, o Brasil atingiu meta inédita ao expandir o mercado para 200 novos mercados, sendo 60 deles novos destinos. No contexto internacional, o Brasil é um dos líderes do grupo de países que vêm tentando, via negociações multilaterais no âmbito da Rodada Doha, reduzir os subsídios agrícolas e obter maior acesso a mercados desenvolvidos.

Atualmente, o sucesso financeiro das atividades rurais depende do êxito na comercialização das *commodities* agrícolas. O aumento dos custos de produção observados nos últimos anos, associado à estagnação de alguns produtos, têm levado os produtores a repensarem sua produção e a demandarem planejamento cada vez mais eficiente da comercialização, que tem se apresentado como um gargalo na gestão de grande parte das propriedades rurais no Brasil. Além da qualidade dos produtos e do uso do melhor e mais moderno maquinário, a produção tem início com a ação de uma classe empreendedora de agricultores que passou a dominar a produção e que teve que lutar contra ambiente econômico competitivo, criando o que se conhece como suas próprias cadeias de valor, compostas por organizações verticais e horizontais estruturadas para garantir que, coletivamente, consigam reduzir custos, compensar a falta de disponibilidade governamental e capacitar a classe. Em face de tal cenário, passa a ser essencial também melhor compreender o que envolve os subsídios, sua legitimidade e as barreiras tarifárias e não tarifárias a que nossos produtos se sujeitam.

A política comercial de um país, no que toca ao comércio exterior, tem por objetivo o fomento das exportações e a administração da balança comercial, buscando equilibrar o fluxo de transações e ativar a produção industrial, criando, assim, oportunidades de trabalho. Para a defesa, execução e efetividade dessa política, são criados instrumentos protetivos, como a concessão de subsídios, medidas compensatórias, barreiras comerciais e quotas de importação. Aqui, faremos a análise de alguns dos artífices que impactam o cenário mundial de transações.

Iniciemos com os subsídios, caracterizados pela contribuição financeira do governo ou de uma agência governamental, incluindo autarquias ou agentes privados designados pela máquina de Estado, destinada a favorecer o desenvolvimento de determinado setor econômico, beneficiando aquele que recebe a contribuição. Em outras palavras, seria a contribuição financeira dada pelo governo ou órgão público, ao beneficiário da política econômica que implique transferência direta de fundos, perdão ou isenção de receitas públicas devidas, ou fornecimento de bens e serviços além daqueles destinados à infraestrutura geral.[64] Assim, revela-se como uma forma de intervenção estatal na atividade econômica, caracterizada pela transferência de recursos para produtores ou consumidores com intuito de garantir ou suplementar renda e reduzir custos.[65]

Hoje, são três as categorias de subsídios apresentadas. Os proibidos (vermelhos), capazes de influenciar o desempenho das exportações ou privilegiar o uso de produtos nacionais em detrimento dos estrangeiros – são as chamadas subvenções à exportação e subvenções domésticas; os acionáveis (amarelos), não necessariamente são capazes de gerar obstáculos ao comércio mundial, ainda que tenham um potencial para isso, portanto poderão ser questionados quando a consumação da subvenção desviar ou inviabilizar a entrada no mercado interno de produto similar importado; e os não acionáveis (verdes), não restringem ou obstaculizam o comércio mundial, não distorcendo seus efeitos.[66]

Vale apontar, essas classificações são métricas que impõem a vedação, ou não, da prática pelo Acordo sobre Subsídios e Medidas Compensatórias (ASMC). O simples enquadramento do subsídio como acionável ou proibido não é, por si só, suficiente para cessação da prática. Logo, é necessária investigação acerca do dano pelo mecanismo ocasionado à economia transnacional, para aplicação de medidas repressivas e compensatórias. Uma vez comprovado o dano, será permitida a imposição de sobretaxas à importação do produto originalmente beneficiado pelo subsídio, de forma a se anular a vantagem decorrente da política econômica do país de origem (medida compensatória). Especificamente no que tange aos subsídios agrícolas, verificamos sua regulação

---

[64] GUEDES, Josefina Maria M. M. Antidumping, *subsídios e medidas compensatórias*. 3. ed. São Paulo: Aduaneiras, 2002. p. 42; MAGALHÃES, Luiz Roberto Paranhos de. *Subsídios na disciplina da Organização Mundial do Comércio – OMC*: a necessidade de maior liberdade para a ação governamental nos países em desenvolvimento. Rio de Janeiro: Forense, 2007. p. 112.

[65] DANTAS, Adriana. *Subsídios agrícolas*: regulação internacional. São Paulo: Saraiva, 2009. p. 3.

[66] PERANTONI, Marianna. *Os subsídios no sistema OMC e a defesa comercial no Brasil*. Rio de Janeiro: Lumen Juris, 2014. p. 58-64.

por meio do Acordo sobre Agricultura da Rodada Uruguai (AARU). Em vigor desde 1995, o Acordo determinou a redução de subsídios à exportação e de apoio doméstico aos produtores, diminuição da média das tarifas e, ainda, impôs garantia de acesso mínimo e contínuo aos produtos antes bloqueados pela proteção, visando maior acesso a mercados e maior competitividade às exportações.

O apoio interno, também conhecido como subsídio doméstico, consiste em aplicação de medidas para auxílio e proteção do produtor nacional, como apoio aos preços de mercado, e até pagamentos diretos realizados pelo governo. Dessa forma, envolve assistência governamental direta e indireta.[67] O grau de intervenção estatal no comércio internacional, com base nos subsídios domésticos oferecidos, é dividido por caixa de diferentes cores – vermelha (mais grave e combatida), amarela, azul e verde (mais leve e aceita).

Também modalidade definida em acordo sobre subsídios é a competição nas exportações, que engloba os subsídios e os créditos ofertados a produtos destinados ao exterior. Subsídios à exportação assumem caráter direto e são aplicados a produtos transacionados em mercado internacional; devido a seu potencial distorcivo a condições normais de comércio, foram, de forma geral, proibidos.[68] Embora o acordo sobre agricultura permita seu uso apenas nesse segmento, foram estabelecidos compromissos para sua redução: em 36% para países desenvolvidos e em 24% para países em desenvolvimento.

Durante a mencionada Rodada Uruguai, Estados Unidos e União Europeia foram os protagonistas do Blair House Agreement (BHA),[69] acordo negociado visando à redução do uso de subsídios e limitação à sua concessão. A celebração do apontado acordo foi fundamental para a continuidade das negociações da AARU, tendo em vista a concordância a que chegaram americanos e europeus em relação às disputas e políticas comerciais então em debate, objetivando facilitar o acesso a seus respectivos mercados de forma mútua.

Em que pese o tema "subsídios" ser o mais debatido nas negociações agrícolas e um dos principais motes do contencioso da OMC, os créditos à exportação não foram objeto de compromisso de redução ou regulamentação no âmbito do acordo sobre agricultura da Rodada Uruguai. Luiz Antônio Pinaza[70] observa que a Organização para Cooperação e Desenvolvimento Econômico (OCDE) criou, a título de metodologia para

---

[67] PERANTONI, Marianna. *Os subsídios no sistema OMC e a defesa comercial no Brasil*. Rio de Janeiro: Lumen Juris, 2014. p.73.
[68] DANTAS, Adriana. *Subsídios agrícolas*: regulação internacional. São Paulo: Saraiva, 2009. p. 47.
[69] UNITED STATES INTERNATIONAL TRADE COMISSION. *The Year in Trade*: Operation of the Trade Agreements Program. 2640. Washington, DC: Usitc Publication, 1993. (44th Report), p. 47-49.
[70] PINAZA, Luiz Antônio. A palavra é reforma. *Revista Globo Rural*, 1.º fev. 2013.

mensurar a proteção para o setor agrícola, a Estimativa de Apoio ao Produtor (PSE, na sigla em inglês), que se trata de um indicador do valor monetário bruto anual transferido por consumidores e contribuintes como apoio aos agricultores. No contexto da OMC, o subsídio é entendido como uma distorção ao comércio internacional, indo contra o entendimento de países de terceiro mundo que veem o subsídio como instrumentos para a promoção de seu desenvolvimento. Ainda, o ASMC estabeleceu regras restritivas aos subsídios no sentido de tentar evitar impactos nas relações comerciais internacionais, apontando os recursos que os países-membros da OMC poderão adotar contra subsídios danosos e os procedimentos a serem seguidos, inclusive mediante aplicação de medidas compensatórias.[71]

Apesar do debate e de toda a controvérsia, todos os anos a União Europeia destina US$ 65 bilhões em subsídios agrícolas para financiar agricultores do continente e manter as comunidades rurais. A nova Política Agrícola Comum (PAC) da região, para 2023/2027, foi adotada em 2 de dezembro de 2021, com o objetivo de apoiar o desenvolvimento da atividade agrícola e ser mais ecológica. Infelizmente, na Hungria e em boa parte da Europa Central e Oriental, a maior parcela desse valor é encaminhada a poucos oligarcas poderosos e bem relacionados. Investigação efetuada pelo *The New York Times* descobriu um sistema de subsídios deliberadamente obscuro que burla metas ambientais da União Europeia e é distorcido pela corrupção e por favorecimentos pessoais.[72]

Sobre o tema, julgamos pertinente apresentar, ainda, o exemplo estadunidense. Entre os anos de 2018 e 2020, os americanos superaram em US$ 60,4 bilhões o limite de subsídios que distorcem o comércio fornecidos aos produtores agrícolas, de acordo com levantamento do Serviço de Pesquisa do Congresso dos EUA. Segundo compromissos assumidos perante a OMC, os EUA apenas podem conceder até US$ 19,1 bilhões em subsídios anualmente. Apenas em 2022, o apoio do governo americano a produtores rurais atingiu a monta de US$ 51,2 bilhões, representando, assim, 40% da renda dos agricultores do país.[73]

Com a posse do novo presidente americano em 2025, Donald Trump, foi indicada ao posto de direção do Departamento de Agricultura dos Estados Unidos (USDA) Brooke Rollins, advogada reconhecida por liderar organização que não era favorável aos subsídios agrícolas e às exigências do etanol. Em 2016, Rollins e seus aliados emitiram relatório que eliminava os subsídios agrícolas, intitulado de "The Policymaker's

---

[71] MAGALHÃES, Luiz Roberto Paranhos de. *Subsídios na disciplina da Organização Mundial do Comércio – OMC*: a necessidade de maior liberdade para a ação governamental nos países em desenvolvimento. Rio de Janeiro: Forense, 2007. p. 109.

[72] GEBREKIDAN, Selam; APUZZO, Matt; NOVAK, Benjamin. Subsídio da EU financia oligarcas e populistas. *O Estado de São Paulo*, Economia, 22 nov. 2019; THE NEW YORK TIMES. The money farmers, 3 set. 2019.

[73] VALOR ECONÔMICO. EUA superam em US$ 60 bi teto definido para subsídio, 12 nov. 2020.

Guide to Corporate Welfare". A justificativa apresentada no relatório afirmava que os empréstimos cedidos aos agricultores introduziriam distorções no mercado.

Brevemente, passamos à análise das salvaguardas apresentadas como medidas de proteção temporária à indústria doméstica que esteja sofrendo ameaça ou grave prejuízo em razão do aumento exacerbado da importação de produtos estrangeiros. Criadas na Rodada Uruguai, as salvaguardas apenas poderão ser aplicadas quando presentes os elementos insculpidos no artigo XIX do antigo GATT.[74] De forma diversa ao operado em outras medidas, a salvaguarda não tem efeito restrito a uma empresa ou a uma nação, a restrição é, de forma geral, a um produto, sendo produzida reserva de mercado doméstico para a indústria nacional. São, pois, pressupostos de sua aplicação: (i) prejuízo grave; (ii) aumento das importações; e (iii) nexo causal.

Vale dizer, que a aplicação das medidas de salvaguarda está submetida ao princípio da não seletividade, de modo que a diferenciação entre produtos nacionais e estrangeiros deve observar critérios objetivos e isonômicos. Norteadas pelo princípio da proibição de comércio predatório, as salvaguardas objetivam a manutenção saudável da indústria nacional contra efeitos imprevisíveis do comércio. As salvaguardas mais adotadas são o aumento de tarifa e o estabelecimento de quotas para um produto, podendo vigorar pelo tempo necessário para evitar ou remediar prejuízos. Aos países em desenvolvimento prevê-se sua duração pelo prazo de seis anos e aos países desenvolvidos, de quatro anos. Em ambos os casos, permite-se a prorrogação da medida por prazo igual ao inicial. A salvaguarda provisória em caráter urgente, por seu turno, é possível em circunstâncias críticas, ou seja, casos em que a demora causaria danos de difícil reparação econômica, não podendo exceder 200 dias e devendo, sempre, assumir a forma de aumento de tarifas, nunca de quotas. Ainda, a existência da salvaguarda na Cláusula da Paz proíbe que o país-membro que impôs a medida restritiva sofra eventuais retaliações.

Para proteção de produtos agrícolas foi criada salvaguarda especial, conhecida como *special safeguard provision* (SSP), ainda que as demais salvaguardas de caráter genérico também lhes possam ser aplicadas. Em relação às SSP, ao Estado importador é permitido impor tarifa adicional aos produtos importados, sem a necessidade de demonstração do grave dano à indústria doméstica. As condições para adoção de salvaguarda especial dizem respeito à tarifa imposta ao produto em questão e à

---

[74] Article XIX, *a*, GATT: "If, as a result of unforeseen developments and of the effect of the obligations incurred by a contracting party under this Agreement, including tariff concessions, any product is being imported into the territory of that contracting party in such increased quantities and under such conditions as to cause or threaten serious injury to domestic producers in that territory of like or directly competitive products, the contracting party shall be free, in respect of such product, and to the extent and for such time as may be necessary to prevent or remedy such injury, to suspend the obligation in whole or in part or to withdraw or modify the concession".

necessidade de inscrição do símbolo SSG (*special safeguard*) na lista de compromisso do membro adotante da medida.[75]

Além dos subsídios e das salvaguardas, possui elevada aplicação a imposição de barreiras tarifárias, no que se compreende a taxação, ou seja, o aumento de preço provocado, normalmente, por um tributo, em produtos importados. Seu objetivo é, como esperado, tornar o objeto de importação mais caro e, consequentemente, menos atrativo, incentivando, assim, o consumo de produtos domésticos. Grande exemplo da aplicação da barreira tarifária no Brasil é o Imposto sobre Importação (II).

Em razão da demanda por maior acesso aos mercados pelos produtos agrícolas, foram impostas medidas de tarificação, consolidação e redução média das tarifas, com garantia de acesso mínimo e contínuo aos produtos antes bloqueados pelo elevado nível de proteção existente. A tarificação, ao contrário do que se possa imaginar, em primeiro momento, corresponde à proposta a que todas as barreiras de caráter não tarifário sobre importação agrícola fossem abolidas, sendo convertidas em tarifas *ad valorem* ou tarifas específicas.[76]

Chegamos então ao último instrumento de desregulação mercadológica e, possivelmente, um dos mais complexos: as barreiras não tarifárias (BNT), mecanismos e instrumentos de política econômica que influenciam o mercado, afetando quantidades, preços ou ambos. Vale dizer, há diferença entre as barreiras não tarifárias e as medidas não tarifárias (MNT). Isso porque as MNTs são instrumentos legítimos que visam garantir a proteção de plantas, animais, pessoas, meio ambiente e segurança alimentar, sendo, assim, livres os países para regulá-las, desde que não sejam arbitrárias, discriminatórias e restritivas ao comércio. Aquelas medidas, por seu turno, que, ao serem estabelecidas, violarem essas condições serão tratadas como Bentes e passíveis de litígios entre os países na OMC. Atualmente, barreiras não tarifárias representam obstáculos maiores ao livre-comércio do que as tarifas. Ainda, são duas as principais formas de barreiras a serem destacadas: as técnicas e as sanitárias e fitossanitárias.

Iniciemos, então, com exposição acerca da barreira técnica, a qual deriva da utilização de normas ou regulamentos obscuros e de não padronização internacional, uma vez que não embasados em normas internacionalmente aceitas. Estas, ainda, podem decorrer da adoção de procedimentos de avaliação não transparentes ou demasiadamente dispendiosos, bem como de inspeções excessivamente rigorosas. No GATT, durante a Rodada de Tóquio (1973-1979), foi assinado acordo sobre barreiras técnicas, calcado no abuso dos países na aplicação de medidas infundadas, para impedirem

---

[75] As disposições apresentadas referem-se ao artigo V do "Agreement on Agriculture" pertencente aos acordos estabelecidos na Rodada do Uruguai.

[76] MORATH, T. *TRQs have little impact in EU market acces, while CEEs may benefit*. Washington: Market and Trade Economics Division, Economic Research Service, U.S. Department of Agriculture, Washington, 1997. p. 12.

importações e modificarem a realidade do mercado. Posteriormente, foi realizado novo acordo, totalmente reformulado e incorporado pela OMC que ficou conhecido como TBT *Agreement*.

Segundo dados do Inmetro, o acordo determina que cada país se responsabilize pela manutenção de um centro de informações para difusão de seus regulamentos e normas técnicas, bem como seus procedimentos de avaliação de conformidade. No Brasil, é justamente a apontada instituição que exerce referida função focal, fonte imprescindível de informações para os empresários que desejam obter conhecimento sobre os requisitos a que se sujeitarão os objetos de transação internacional.

Lidando o agronegócio com produtos, majoritariamente, de ordem alimentícia, a intervenção governamental regulamentadora do comércio é intensa.[77] Particularmente difundida é a intervenção sanitária, que visa garantir a saúde dos consumidores, incapazes de conhecer todas as características dos alimentos quando de sua compra para consumo. As regras de controle sanitário disciplinam a comercialização de produtos agroindustriais, impondo restrições às quais a empresa tem de se submeter. Essas regras têm assumido importância crescente no seio do comércio internacional, em que restrições sanitárias vêm sendo usadas como elemento de proteção ao produto doméstico dos países. O conjunto de regulamentações relevante a cada produto varia de acordo com as características particulares destes e a natureza do consumo.

Vale dizer, há considerável dificuldade na definição de barreiras sanitárias e fitossanitárias, o que invoca a necessária análise das *Specific Trade Concerns* (STC), preocupações comerciais específicas levantadas pelos países nas reuniões do Comitê do Acordo sobre barreiras sanitárias e fitossanitárias (SPS), para apoio na melhor compreensão desses conceitos.[78] Ressalta-se, muitos casos passaram a ser objeto de discussão no contencioso da OMC com base nesse tema. Assim, são criadas STC, as quais retiradas são das notificações enviadas por um país que adotou alguma medida e analisadas nas reuniões do órgão com o intuito de verificar o impacto ocasionado por elas. Os exemplos de restrições são abundantes. A fruticultura e o setor de carnes enfrentam restrições fitossanitárias relacionadas à importação de produtos contaminados

---

[77] A agricultura é a espinha dorsal de muitas economias, especialmente em países em desenvolvimento, pois representa a saída da pobreza e a possibilidade de melhoras nas condições econômicas da sociedade em geral. Para garantir a inocuidade alimentar e evitar a introdução de pragas e doenças por meio do comércio, os países estabelecem regulamentos para proteger a saúde humana e animal (medidas sanitárias) e vegetal (medidas fitossanitárias).

[78] Segundo informações apresentadas por trabalho assinado por Mahdi Ghodsi ao Instituto de Estudos Econômicos de Vienna: "TBT STCs are specific cases of NTMs and the STC data represent a subset of all TBTs notified to the WTO secretariat. In other words, the actual number of TBTs imposed by the WTO members is much larger than the number of STCs on TBT" (GHODSI, Mahdi. *The Role of Specific Trade:* Concerns Raised on TBTs in the Import of Products to the EU, USA and China. Viena: Vienna Institute For International Economic Studies, 2015).

por pragas e doenças, sendo igualmente ilustrativa a exigência de certificação pelas normas da série ISO 9000 e 14000 enfrentada por vários setores.

Infelizmente, uma característica frequente do comércio internacional é o uso de barreiras não tarifárias como mecanismo comprometedor da ordem transacional comum. Variando de país a país, a OMC estipulou a metodologia a ser adotada pelos regulamentos técnicos sobre o método e o processo de produção industrial. Nesse sentido, o já apontado TBT *Agreement* que esboça, em seu preâmbulo, o principal mote do tratado: a regulamentação das barreiras técnicas para que o direito de resguardar a segurança nacional não fosse utilizado de maneira errada ou abusiva, abrindo possibilidades para a criação de distorções e desvios no comércio internacional. O tratado foi dividido em quatro blocos, de modo a tratar diferentes aspectos das barreiras técnicas.[79]

Quanto ao acordo sobre barreiras sanitárias e fitossanitárias, foi estabelecido compromisso para a disciplina de três áreas do setor agropecuário em 1986, quais sejam: (i) acesso a mercados; (ii) subvenções diretas e indiretas; e (iii) barreiras sanitárias e fitossanitárias. O acordo baseia-se em cinco princípios gerais, que se extraem da leitura do texto acordado: (i) harmonização, adoção de medidas que se ajustem às normas internacionais; (ii) equivalência, reconhecimento mútuo de medidas diferentes apresentadas pelos diversos países, equivalentes às normas internacionais; (iii) não discriminação de produtos por sua origem; (iv) transparência, notificação a parceiros comerciais de eventuais mudanças normativas; e (v) regionalização, permissão de exportação contínua a partir de áreas limpas, ou seja, livres de enfermidades. Seu objetivo foi, assim, o de promover o comércio seguro de produtos agropecuários. Para tanto, trouxe em seus artigos que a adoção de barreiras sanitárias e fitossanitárias devem ser tomadas em face de evidências científicas que sustentem a aplicação e tratem da harmonização dos códigos nacionais com as recomendações e códigos internacionais.

O documento, em seu art. 2º, prevê aos membros o direito de estabelecer barreiras sanitárias e fitossanitárias para alcançar o nível adequado de proteção, baseadas em princípios científicos (harmonizadas com as normativas internacionais ou baseadas em análise de riscos). Três organismos são responsáveis pela normatização internacional

---

[79] O primeiro bloco, sobre regulamentos técnicos e normas, afirma ser da responsabilidade de cada governo a regulamentação das barreiras, desde que estas não impliquem prejuízo ao comércio. O segundo trata da conformidade com regulamentos técnicos e normas, referindo-se à tentativa de diminuir o uso de procedimentos técnicos como simples barreiras de comércio. Há a preocupação de que tais barreiras sejam utilizadas de forma indevida, sendo solicitado aos membros que, ao imporem barreiras técnicas, informem também as justificativas para a sua imposição e os meios para superá-las. Já o terceiro bloco obriga cada país a montar um centro de informações capaz de responder todas as consultas possíveis e fornecer os documentos pertinentes, dispondo sobre o tratamento especial a ser oferecido para países em desenvolvimento. Por fim, o quarto e último bloco assinala a criação de comitê de barreiras técnicas ao comércio, podendo também o órgão de solução de controvérsias ser utilizado para atender os países que se sentirem prejudicados por alguma regulamentação ou norma que considerem como barreira prejudicial às transações.

(as "Três Irmãs"): a Comissão do Codex Alimentarius estabelece normas, diretrizes e recomendações para medidas relativas à inocuidade alimentar; a Organização Mundial da Saúde Animal (OIE) é voltada para as questões de saúde animal; e a Secretaria da Convenção Internacional de Proteção Vegetal (CIPV) estabelece medidas relativas à sanidade vegetal.

Embora o Acordo SPS quanto às regras para o comércio internacional de animais, plantas e seus produtos seja consistente, verifica-se na prática um aumento considerável de barreiras sanitárias e fitossanitárias criadas pelo uso inadequado das medidas SPS, com o objetivo de estabelecer obstáculos ao comércio, dificultando o acesso aos mercados. Assim, o Comitê SPS serve como fórum para se "multilateralizarem" questões que perduram sem soluções nas tratativas bilaterais, prestando um auxílio significativo ao processo negociador internacional.

Desde a vigência do acordo sobre barreiras técnicas, tornou-se obrigatório aos países notificar suas normas técnicas para a OMC.[80] Em relação ao objeto das notificações brasileiras, destacam-se a segurança do consumidor, a harmonização e a proteção à saúde e à vida animal ou vegetal. Como grande exportador de produtos agrícolas, o Brasil adota uma posição defensiva em relação às barreiras, principalmente no tocante às barreiras sanitárias e fitossanitárias, pois muitas vezes os mecanismos podem ser utilizados para a criação de distorções ao comércio, e não para salvaguardar a saúde dos consumidores nacionais.

Por fim, insta também comentar as modificações introduzidas no ordenamento jurídico pelo Decreto n. 9.013/2017, que trata do Regulamento de Inspeção Industrial e Sanitária de Produtos de Origem animal (Rispoa). Referida norma aplica-se aos ramos de carne, pescado, ovos, leite, produtos de abelha e respectivos derivados, além de produtos não destinados à alimentação e armazenamento. O Decreto n. 9.013/2017 prevê um extenso rol com 44 infrações sanitárias (art. 496), classificadas em leves, moderadas, graves e gravíssimas, sem prejuízo de multas, penas de advertência, apreensão, suspensões e interdições (arts. 507 a 537).

Podem ser responsabilizadas as pessoas físicas ou jurídicas fornecedoras de matérias-primas ou de produtos de origem animal, desde a origem até o recebimento nos estabelecimentos registrados ou relacionados no Ministério da Agricultura, Pecuária e Abastecimento; proprietárias, locatárias ou arrendatárias de estabelecimentos registrados ou relacionados no Mapa onde forem recebidos, manipulados, beneficiados, processados, fracionados, industrializados, conservados, acondicionados, rotulados, armazenados, distribuídos ou expedidos matérias-primas ou produtos de origem animal; que expedirem ou transportarem matérias-primas ou produtos de origem animal; e importadoras e exportadoras de matérias-primas ou de produtos de origem animal (art. 494).

---

[80] GHODSI, Mahdi. *The Role of Specific Trade:* Concerns Raised on TBTs in the Import of Products to the EU, USA and China. Viena: Vienna Institute For International Economic Studies, 2015.

Essa responsabilidade abrange as infrações cometidas por quaisquer empregados ou prepostos das pessoas físicas ou jurídicas que exerçam atividades industriais e comerciais desses produtos.

Referido diploma tratou do devido processo administrativo para apuração do descumprimento de suas prescrições, que é iniciado com a lavratura do auto de infração, consoante o art. 520. O Serviço de Inspeção de Produtos de Origem Animal na Unidade da Federação, de jurisdição da ocorrência da infração, depois de juntada ao processo a defesa ou o termo de revelia, deve instruí-lo com relatório e o Chefe desse Serviço deve proceder ao julgamento em primeira instância (art. 526). Desse julgamento caberá recurso, em face de razões de legalidade e do mérito, no prazo de dez dias, contados da data de ciência ou da data de divulgação oficial da decisão, o qual poderá ter efeito suspensivo sobre a penalidade aplicada, a critério da autoridade julgadora, e deve ser dirigido à autoridade que proferiu a decisão, que, se não a reconsiderar, encaminhará o processo administrativo ao Diretor do Departamento de Inspeção de Produtos de Origem Animal, para proceder ao julgamento em segunda instância (art. 527) pelo Diretor do Departamento de Inspeção de Produtos de Origem Animal (art. 528). Será dado conhecimento público dos produtos e dos estabelecimentos que incorrerem em adulteração ou falsificação comprovadas em processos com trânsito em julgado no âmbito administrativo, com vistas à transparência (art. 530).

Para Helder Rebouças,[81] o Rispoa prevê várias ações dos agentes privados para garantir o nível adequado de sanidade, cujo descumprimento pode trazer consequências negativas ao longo da cadeia de negócios, o que levaria à previsão, nos contratos respectivos, de cláusulas de conformidade a esse novo regulamento. O Estado, lembra o autor, em seu papel de garante constitucional, deve zelar pela saúde pública também por meio da implementação de práticas que assegurem sua eficácia.

2.7. A RELEVÂNCIA DO BRASIL NA GEOPOLÍTICA AGROALIMENTAR

A ideia de que o agronegócio constitui a integração de diversos processos, tanto antes quanto dentro e fora da porteira, não é uma novidade. No entanto, frequentemente é negligenciado o fato de ele abranger também o complexo agroalimentar, que engloba a produção primária (agropecuária e pesca), o processamento e a transformação em alimentos para o uso humano e animal.[82] O desafio presente e futuro do setor reside em como essa estrutura pode se adaptar para atender a uma demanda global crescente. Para isso, a otimização da produção, por meio da utilização de novas

---

[81] REBOUÇAS, Helder. Segurança jurídica do agronegócio. *Valor Econômico*, 2 jun. 2017.
[82] BRASIL. Banco Nacional de Desenvolvimento Econômico e Social (BNDES). *Complexo agroalimentar*: desafios e oportunidades. Rio de Janeiro, 2014. Disponível em: https://web.bndes.gov.br/bib/jspui/bitstream/1408/18021/1/PRCapLiv214782_Complexo%20Agroalimentar_compl_P.pdf. Acesso em: 29 jan. 2025.

tecnologias e práticas inovadoras, como a agricultura industrial, torna-se essencial para garantir maior eficiência e sustentabilidade.

Segundo as projeções mundiais, podemos atingir o número de 10 bilhões de pessoas, em 2050, e, para suprir tamanha demanda de alimentos, a agroindústria se torna a principal fonte. Uma das soluções para atender à necessidade mundial é otimizar a produção utilizando menos área e gerando mais mercadoria. É assim que a agricultura industrial desponta, ao passo que utiliza tecnologias, insumos, fertilizantes, programas de monitoramento e melhoramento genético.

Para Warren Muir,[83] diretor executivo do *Division of Earth and Life Sciences* da Academia Nacional de Ciências dos Estados Unidos, o setor agroalimentar, como um todo, está mudando constantemente e se desenvolvendo. Ele pontua importantes revoluções no que diz respeito à genética, às informações e às tecnologias. A noção dos consumidores sobre o que eles estão ingerindo é cada vez maior, o que gera cuidados e preferências em prol da segurança alimentar. Por isso, a indústria alimentícia deve se atentar às mudanças e desenvolver-se no ramo de comidas, prezando por valores nutricionais robustos. O executivo ainda afirma que os produtores serão beneficiados nessa nova tendência à medida que terão de utilizar a tecnologia a seu favor, trazendo mais eficiência para a produção.

Além da segurança alimentar, as questões geopolíticas e as medidas protecionistas são pontos importantes que tendem a mudar o rumo do mercado de alimentos global. Desde a pandemia de Covid-19 de 2020, dados estatísticos mostram elevação do número de desnutrição. Aliado a isso, as guerras, os conflitos políticos e ideológicos e as disputas comerciais agravaram a instabilidade nas negociações entre os países. Como corolário, em busca de proteção para as economias locais, as nações vêm implementando políticas que dificultam os acordos mercantis, como é o caso dos Estados Unidos e suas ações protecionistas.

Posto isso, é necessário entender qual é a posição e a responsabilidade do Brasil na alimentação global. O agro brasileiro se destaca por dois principais fatores: a produtividade e as exportações. O primeiro (produtividade) foi alavancado após a revolução tecnológica no campo e a exploração das economias de escala em escopo.[84] Já as exportações foram estimuladas pelas altas demandas do comércio internacional, delegando ao Brasil o favorecimento em relação à produção de grãos, oleaginosas e proteínas animais, segmento florestal e sucroenergético.

---

[83] GOLDBERG, R. A. *Food Citizenship:* food system advocates in an era of distrust. New York: Oxford University Press, 2018. p. 224-229.

[84] CRUZ, G. M.; GILIO, L.; JANK, M. S. Novos desafios do comércio agrícola internacional: geopolítica, segurança alimentar e inovação. *Agro Global,* Comércio Internacional, n. 7, p. 1, dez. 2024.

Para suprir a necessidade das outras nações, a América Latina se destaca como a região do mundo mais importante para o fornecimento de alimentos.[85] Os países que apresentam crescimento do nível de renda *per capita* tendem a consumir mais alimentos, criando dependência nos países exportadores. Um bom exemplo é a China, país que possui cerca de 20% da população mundial, com tendência de evolução da renda *per capita* e urbanização. Por esse motivo, a China se subordina aos mercados externos para adquirir capacidade de alimentar a própria população.

Logo, os países que exportam os produtos alimentícios devem estar atentos a fatores importantes para que não sejam deixados para trás na luta pelo *ranking* mundial. São exemplos de pautas para discussões estratégicas: ações no combate à fome; equidade e resiliência nos sistemas alimentares; sustentabilidade na produção e gestão de recursos; custos, investimentos e finanças; perspectivas regionais; e estratégias no âmbito privado e em políticas governamentais. Portanto, para atender a essas questões complexas e garantir um papel relevante no comércio global, é imprescindível que os países adotem um plano bem estruturado para a cadeia produtiva dos alimentos. Esse plano deve contemplar não apenas a inovação tecnológica e a sustentabilidade, mas também um alinhamento entre as políticas públicas e privadas, com investimentos estratégicos. A integração de todos esses aspectos é fundamental para garantir a resiliência da produção alimentar e assegurar que os países possam atender à crescente demanda de forma eficiente, sem comprometer os recursos naturais e sociais.

Sob essa ótica, a obra *Food and Agribusiness in 2030: a roadmap*[86] traz uma proposta para a cadeia de suprimentos, com método estratégico de planejamento e gestão de alimentos e agronegócio. Composta por 12 etapas, essa proposta pode derivar de acordo com as diferentes demandas, setores e organizações. O primeiro estágio são a introdução, o mapeamento e o entendimento da cadeia (tradução nossa),[87] que diz respeito aos primeiros contatos com os conceitos e práticas do setor. Já o segundo é a análise externa e do ambiente da cadeia de suprimentos (tradução nossa),[88] que entende o macro e propõe ajustes para adaptações às mudanças externas.

Marcos Fava Neves intitula como terceiro processo as análises internas da cadeia e os principais concorrentes[89] (tradução nossa), em vista de identificar os pontos fortes

---

[85] CRUZ, G. M.; GILIO, L.; JANK, M. S. Novos desafios do comércio agrícola internacional: geopolítica, segurança alimentar e inovação. *Agro Global,* Comércio Internacional, n. 7, p. 9, dez. 2024.

[86] NEVES, Marcos Fava. *Food and Agribusiness in 2023*: a roadmap. The Netherlands: Wageningen Academic Publishers, 2020. p. 23.

[87] Introduction, chain mapping and understanding. *In*: NEVES, Marcos Fava. *Food and Agribusiness in 2023*: a roadmap. The Netherlands: Wageningen Academic Publishers, 2020. Referenciado na nota de rodapé de n. 109.

[88] External (environmental) analysis of the chain. *In*: NEVES, Marcos Fava. *Food and Agribusiness in 2023*: a roadmap. The Netherlands: Wageningen Academic Publishers, 2020.

[89] NEVES, Marcos Fava. *Food and Agribusiness in 2023*: a roadmap. The Netherlands: Wageningen Academic Publishers, 2020. Idem nota de rodapé de n. 159, p. 23.

e fracos da área, para alavancar as vantagens e mitigar as desvantagens. Em quarta posição, a definição dos objetivos quantitativos para a cadeia em prol de expor claramente os dados e objetivos a serem alcançados. Nessa fase, é importante verificar indicadores das produções, consumo, exportação, importação, vendas, custos, entre outros. A quinta etapa refere-se às estratégias macro, sendo recomendado criar uma lista com as principais estratégias (ações) a serem implementadas para alcançar os objetivos estabelecidos na etapa 4, abordando aspectos como liderança, posicionamento, geração de valor e segmentação de mercado.

Em sequência, do sexto ao décimo primeiro ponto são discutidos e sugerida a implementação de alguns projetos, sendo eles: produção; comunicação e informação; distribuição, logística e infraestrutura; ativos humanos; projetos institucionais ambientais, de coordenação e governança; e investimentos estratégicos. Por fim, como décima segunda etapa, ficam a implementação e a gestão de tudo o que foi estudado, objetivado e criado.

A crescente complexidade do agronegócio e seu impacto na cadeia produtiva de alimentos exigem uma reflexão profunda sobre os desafios enfrentados pelo Brasil e outros países exportadores. A evolução tecnológica e as mudanças no cenário geopolítico exigem estratégias inovadoras para garantir a sustentabilidade e a competitividade no mercado global. A integração entre os diferentes setores, da produção primária à distribuição e comercialização, é fundamental para otimizar os recursos e atender à crescente demanda mundial por alimentos. Portanto, é de extrema importância que se desenvolvam políticas e planos de ação que integrem inovação, sustentabilidade e eficiência na cadeia agroalimentar.

Ao mesmo tempo, é crucial que o Brasil invista em infraestrutura e na melhoria das condições logísticas, aspectos que ainda representam um grande gargalo para o setor. A disparidade entre o crescimento da produção e a capacidade de armazenamento, por exemplo, é um dos principais desafios que precisam ser enfrentados para garantir que o País atenda com eficiência ao mercado internacional. Além disso, é necessário que o setor agroalimentar se prepare para a pressão crescente por práticas mais sustentáveis, conciliando a alta demanda por alimentos com a preservação ambiental e o respeito às questões éticas e de saúde pública. O investimento em novas tecnologias e a adaptação à agricultura industrial serão fatores decisivos para atender às projeções de crescimento populacional e garantir a segurança alimentar global.

Em última instância, o Brasil tem um papel estratégico no cenário agroalimentar global, com potencial para ser um dos principais fornecedores de alimentos para o mundo. No entanto, esse *status* não será alcançado sem um planejamento cuidadoso e ações concretas em diversas frentes, como a melhoria da infraestrutura, o desenvolvimento de práticas sustentáveis e a adoção de tecnologias que otimizem a produção e o transporte. Seguir os caminhos sugeridos, como os indicados pela proposta do "Food and Agribusiness in 2030", é essencial para o Brasil fortalecer sua posição no mercado global e contribuir para a alimentação de uma população mundial crescente, sem comprometer seus recursos e sustentabilidade a longo prazo.

CAPÍTULO 3

BIOTECNOLOGIA E PROTEÇÃO DA PROPRIEDADE AGROINDUSTRIAL

3.1. O DESENVOLVIMENTO DA ATIVIDADE E A BIOTECNOLOGIA

A produção tecnificada que conhecemos hoje é resultado da experiência acumulada ao longo de gerações de produtores. A busca pela modificação do estado original dos produtos rurais, acrescendo-os de qualidades e tornando-os o produto final pretendido, remonta a muitos séculos. Em nosso quotidiano, deparamo-nos com uma infinidade de produtos que passam por essas mudanças sem que nos reportemos ao momento em que iniciadas, por exemplo, a fermentação para obtenção do pão, a fabricação de queijo, a fabricação de cervejas; em todos esses casos temos métodos de transformação de matéria sendo aplicados – ainda que em um primeiro momento de forma não proposital –, criando qualidades aos produtos para seu consumo. Esbarramos, assim, com uma biotecnologia, ainda que muito rudimentar. Os primeiros biotecnólogos foram os agricultores, que desenvolveram espécies aprimoradas de plantas e animais por meio do melhoramento vegetal e cruzamento de raças (*cross breeding*). Nos últimos anos, os avanços tecnológicos permitiram que a biotecnologia tomasse as dimensões atuais, tocando todos os aspectos da vida humana.

O sentido de biotecnologia pode ser bastante amplo. Segundo a Convenção sobre Diversidade Biológica, acordo aprovado durante a Conferência das Nações Unidas sobre o Meio Ambiente e Desenvolvimento em 1992: "biotecnologia significa qualquer aplicação tecnológica que utilize sistemas biológicos, organismos vivos, ou seus derivados, para fabricar ou modificar produtos ou processos para utilização específica".[1] Ainda, a Organização Mundial da Propriedade Intelectual (Ompi), órgão filiado à ONU, em definição recente, apresenta o termo da seguinte forma: "a biotecnologia diz respeito a organismos vivos, como plantas, animais, sementes e microrganismos, bem

---

[1] Convenção sobre Diversidade Biológica (CDB) foi assinada durante a Conferência das Nações Unidas sobre Meio Ambiente e Desenvolvimento, realizada na Cidade do Rio de Janeiro, no período de 5 a 14 de junho de 1992, e aprovada pelo Decreto Legislativo n. 2/1994 e promulgada pelo Decreto n. 2.519 de 16 de março de 1998.

como a materiais biológicos, como enzimas, proteínas e plasmídeos (utilizados na "engenharia genética").[2]

De outra forma, podemos entender a biotecnologia como um conjunto de técnicas que envolvem a manipulação de organismos vivos, direcionadas à modificação de produtos com finalidade específica de melhorar a vida ou atender a uma necessidade humana. Permeia, portanto, todas aquelas técnicas desenvolvidas pela pesquisa, ao longo dos anos, e que se valem, de modo integrado, de diferentes disciplinas biológicas, químicas e de engenharia para produzir bens ou serviços graças ao emprego de organismos vivos, células ou seus constituintes. Aqui, cabe reforço ao entendimento de que todos e quaisquer conhecimentos ou técnicas que possam vir a ser utilizados para intervenção em seres vivos e materiais biológicos integram a biotecnologia, bem como o fato de todos os seres vivos e materiais biológicos poderem ser objeto de intervenção biotecnológica.

O avanço da biotecnologia no Brasil está diretamente vinculado à evolução da atividade produtiva brasileira, à utilização de novas técnicas de plantio e à manipulação de insumos nos trópicos determinante à expansão de nossa produção anual de grãos, com base em utilização de genética molecular na agricultura. Inúmeros protocolos de modificação e regeneração de plantas encontram-se estabelecidos, com as principais *commodities* já sendo transformadas, via engenharia genética, confirmando a herança segura dos genes introduzidos e a viabilidade comercial da tecnologia de DNA recombinante para culturas como milho, tomate, batata, soja, algodão, melão, fumo, beterraba e outros. Também, espécies de plantas transgênicas[3] foram produzidas para diversas finalidades e a produção de energias renováveis, limpas e de biocombustíveis nunca esteve tão em alta como atualmente. A capacidade, por meio da biotecnologia, de descobrir novas fontes de energia renováveis e controlá-las, permitindo o cumprimento da demanda mundial, é o que mais se pretende nesse novo momento global, que visa a transição para uma matriz energética limpa. No Brasil, as fontes renováveis – incluindo água, vento, sol e bioenergia – são responsáveis por 46,2% da energia consumida, enquanto no resto do mundo as fontes de energia renovável representam apenas 13% da matriz energética.[4]

---

[2] "Biotechnology concerns living organisms, such as plants, animals, seeds and microorganisms, as well as biological material, such as enzymes, proteins and plasmids (which are used in 'generic engineering')" (OMPI; WIPO. *Intellectual Property Handbook*. 2. ed. Genebra: WIPO, 2008. p. 442, par. 7.42).

[3] Plantas transgênicas são aquelas modificadas pela inserção de um ou mais genes de outra espécie (vegetal ou não) em seu genoma. Os genes que são transferidos de uma espécie para outra são selecionados por estarem relacionados a características que permitem o melhor desempenho das plantas. O desenvolvimento de plantas transgênicas se faz necessário, principalmente, quando características de interesse (tolerância à seca, resistência a doenças, insetos e outras) não estão disponíveis no banco de germoplasma da cultura.

[4] Informações extraídas de materiais disponibilizados pela CropLife Brasil.

No campo, pragas antes incontroláveis e que dizimavam plantios inteiros passaram a ser combatidas de diversas formas, seja por meio de agrotóxicos ou organismos geneticamente modificados multirresistentes. Biofertilizantes, clonagem, plantas resistentes a variações climáticas e alimentos melhorados com suplemento multivitamínicos são apenas um pequeno exemplo do que a biotecnologia pode fazer. Tendo em vista o exposto e sabendo como o incremento populacional demanda aumento da disponibilidade de alimentos, que pode levar à busca por novas áreas produtivas, essa tecnologia surge como um importante aliado à preservação ambiental, aumento de produtividade e diminuição de perdas, uma vez que tem como fundamentos a gestão e a restauração ambiental dos males já causados – microrganismos e enzimas são formulados em laboratórios para desintoxicar resíduos e despoluir ecossistemas. O fundamento principal da biotecnologia reside na responsabilidade de acompanhar o crescimento da população mundial, afastando a escassez de alimentos e garantindo a segurança alimentar.

A Empresa Brasileira de Pesquisa Agropecuária (Embrapa) é uma referência mundial em pesquisas e tecnologias para a agricultura. Com o objetivo de desenvolver novas tecnologias e sistemas de produção vocacionados à valorização do agronegócio brasileiro, a Embrapa busca explorar o potencial genético de nossa biodiversidade nativa e de variedade agrícola adaptada, incorporando inovações tecnológicas às plantas, animais e microrganismos e gerando novas alternativas de produção. Em suas pesquisas direcionadas, vemos o foco na geração de métodos específicos e sensíveis de diagnóstico de doenças, clonagem de animais de interesse pecuário, emprego de marcadores moleculares em programas de melhoramento genético e desenvolvimento de plantas transgênicas e bioinseticidas.[5]

A biotecnologia, entre outras atividades, é capaz de permitir o desenvolvimento de genótipos com tolerância ao estresse abiótico (é o caso de culturas tolerantes ao manganês, que podem crescer em solos ácidos, inundados por água, além de maior tolerância ao sal e à seca), o desenvolvimento de tecnologias não químicas alternativas ao manejo de pragas, a melhoria das características agronômicas da produção (como a seleção de marcadores para aumentar o rendimento potencial tanto em animais quanto em plantas), a geração de níveis mais altos de nutrientes (vitamina A, ferro, amino essencial) em culturas de alimentos básicos deficientes de nutrientes, como o arroz e, ainda, garantir a melhor digestibilidade das culturas para animais e humanos, impactando a melhor absorção dos nutrientes e o bem-estar. A isso se agregam o atraso na maturação excessiva de frutas e vegetais (redução das perdas pós-colheitas), criação de estoque livre de doenças, melhora na fermentação, aprimoramento de tecnologias para a geração de energia derivada da biomassa e restauração de solo arável.

São, ainda, quatro as funções básicas esperadas da biotecnologia: (i) a contribuição para o aumento da produtividade, com emprego de tecnologias poupa-terra e áreas de

---

[5] Informações retiradas do conteúdo institucional da Embrapa.

produção multissafras;[6] (ii) a redução dos custos de produção; (iii) a influência na implantação de sistemas produtivos ambientalmente sustentáveis; e (iv) a criação de novas alternativas metodológicas para a conservação, caracterização, avaliação e uso de recursos genéticos e naturais. A utilização da biotecnologia esbarra, assim, em uma das suas finalidades, qual seja gerar mudanças profundas na forma de cultivo de plantas, valendo-se de sementes capazes de produzir espécies ou frutos com maior nível de nutrientes úteis, mais resistentes às pragas ou, por vezes, que adquiriram características novas e especificamente almejadas, como nos casos dos alimentos criados para o tratamento de enfermidades.

O desenvolvimento da tecnologia e das pesquisas levou não a uma simples evolução dos métodos relacionados à agricultura e à pecuária propriamente ditas, mas a uma modificação generalizada de diversas atividades a ela vinculadas, tanto as preparatórias para a produção de frutos, animais e vegetais como as que lhe são posteriores e que foram, de algum modo, alteradas com o uso da biotecnologia. Além das atividades agrícolas usuais, é preciso notar o trabalho sistemático dirigido à própria criação de novas espécies de animais e plantas, o que pode ser feito mediante o emprego de métodos que são efetivamente complexos e que pouco têm a ver com o que se fazia tradicionalmente na economia agrária.[7]

A biotecnologia, com os produtos obtidos mediante o desenvolvimento de atividades agrárias principais de criação de animais ou de cultivo de vegetais, levou alguns autores a se valerem da expressão agrobiotecnologia. Com isso, e tendo em mente a extraordinária aceleração de progresso técnico-científico ocorrida no final do século XX, percebe-se a necessidade de proteção aos agentes criadores quanto aos direitos sobre o novo insumo, novo método de cultivo, novo produto. Dessa forma, esse bem imaterial pode constituir um valioso ativo às empresas que se destinam a seu desenvolvimento. Com a biotecnologia, abre-se grande campo de ação para o uso de recursos genéticos, considerando a Lei de Biossegurança, a Lei de Propriedade Industrial, a Lei de Proteção de Cultivares e todas as demais normativas que regulam essa atividade.

Há que se adiantar: nem todas as invenções biotecnológicas são passíveis de proteção por direitos de propriedade intelectual, seja em razão das restrições gerais impostas pelo sistema de patentes, seja em virtude de restrições relacionadas especificamente às invenções na área de biotecnologia. Os direitos de propriedade intelectual relacionados às inovações no campo da biotecnologia são objeto de diversos tratados internacionais, entre os quais podemos destacar a Convenção da União de Paris (CUP), a Convenção da União Internacional para Proteção das Obtenções Vegetais (Upov) e o

---

[6] Uma abordagem-padrão no Brasil consiste em aproveitar a mesma área para plantar duas culturas temporárias no mesmo ano. Enquanto o modelo multissafra é empregado em quase todas as regiões produtoras de grãos do Brasil, ele é impraticável em lugares com invernos muito rigorosos.

[7] SCAFF, Fernando Campos. *Direito agrário*: origens, evolução e biotecnologia. São Paulo: Atlas, 2012. p. 54.

Acordo sobre Aspectos de Direito de Propriedade Intelectual relacionados ao Comércio (Trips), que balizaram, em diferentes momentos, a legislação brasileira de propriedade industrial e de proteção de cultivares.

O correto emprego da biotecnologia e propriedade intelectual será indutor ao desenvolvimento ainda maior de um agricultura sustentável e de um fluxo contínuo de novos produtos descobertos e seus próprios nichos no mercado. Para isso, necessário reconhecer que as novas tecnologias são um desafio científico e legal, especialmente no que concerne à obtenção do registro da propriedade intelectual para os resultados da pesquisa e desenvolvimento, aumentando, assim, o fluxo de recursos financeiros para a pesquisa agropecuária.[8]

Apesar de o termo propriedade ser usualmente utilizado para tratar tanto dos poderes exercidos sobre os bens tangíveis e corpóreos quanto daqueles incorpóreos e intangíveis, o conceito implica diferentes regras jurídicas aplicáveis, no que concerne àqueles que compõem a disciplina jurídica. Os bens imateriais do agronegócio, exatamente por sua peculiaridade, demandam proteções para a propriedade intelectual, como a proteção dada às cultivares, algumas modalidades de sinais distintivos e outros bens que se relacionam especificamente com produtos animais ou vegetais. De qualquer forma, esses bens imateriais existem em um sistema no qual sua prévia admissão formal pelo ordenamento jurídico será o que conduz ao sentido de sua proteção.

A proteção aqui disposta passa a ser considerada, então, como imaterial, industrial ou intelectual. Isso significa, como ocorre com as cultivares, que o objetivo principal das regras legais criadas sobre o tema são as retribuições devidas aos investimentos feitos pelos empresários, ou seja, garantir que ganhos patrimoniais possam legitimamente ocorrer a partir da iniciativa tomada, no sentido de permitir a criação de novos bens de natureza imaterial, passíveis de assimilação pelo sistema que regula o exercício de direitos sobre os bens intangíveis. Assim, dedicar-nos-emos, nos demais itens do capítulo, a analisar a proteção despendida às inovações no agronegócio. Na publicação realizada pela CropLife Brasil,[9] no marco de 25 anos de transgênicos no campo, está demonstrado que o Brasil possuía cerca de 56,9 milhões de hectares de lavouras transgênicas em 2023, número que só tende a subir, principalmente quando analisadas as produções de cana-de-açúcar, feijão, soja, milho e algodão. Em breve análise, a adoção de culturas transgênicas no Brasil progrediu significativamente desde 1998: a soja tinha apenas 6,1% da sua produção com culturas transgênicas em 1998 e passou para 99% em 2022; já o algodão possui dados a partir de 2006, quando contava com apenas 6% da produção transgênica, atingindo o percentual de 99% em 2022; o milho de inverno

---

[8] VALOIS, Afonso Celso Candeira. Biodiversidade, biotecnologia e propriedade intelectual., *Cadernos de Ciência & Tecnologia*, Brasília, v. 15, 1998.
[9] CROPLIFE BRASIL. *25 anos de transgênicos no campo:* benefícios ambientais, econômicos e sociais no Brasil. 2023. Disponível em: https://static.poder360.com.br/2024/08/Relatorio_CropLife_Brasil_25_Anos_Transgenicos_2023.pdf. Acesso em: 12 fev. 2025.

e o de verão foram quantificados a partir do ano de 2008, quando possuíam, respectivamente, 14,7% e 4,8% da produção modificada pela biotecnologia, chegando ao patamar de 96% e 97% em 2022.

Em 2025, a biotecnologia continua a desempenhar um papel essencial no avanço das soluções para os desafios globais. O desenvolvimento de novas tecnologias tem permitido um controle mais preciso sobre as características das culturas agrícolas e dos animais, proporcionando maior resistência a doenças, pragas e mudanças climáticas. Esse avanço na engenharia genética não só promete aumentar a produtividade e a sustentabilidade da agricultura, mas também melhorar a qualidade dos alimentos, garantindo que sejam mais nutritivos e acessíveis. O uso dessas tecnologias tem acelerado a criação de variedades de plantas e animais adaptados a diferentes condições ambientais, reduzindo a necessidade de grandes expansões de terras agrícolas.

O impacto da biotecnologia também é notável no setor ambiental. Em 2025, o uso de organismos geneticamente modificados para a recuperação de ecossistemas degradados, como a remediação de solos contaminados e a purificação da água, tem se tornado uma prática cada vez mais comum. A biotecnologia, assim, está se consolidando como um pilar central para o desenvolvimento sustentável da produção rural. É por meio do uso da biotecnologia que o produtor utiliza menos defensivos e aumenta sua produtividade, reduzindo os custos totais de insumos e recursos. Em matéria de preservação de área, foi a biotecnologia um dos fatores fundamentais para que a terra plantada se mantivesse igual, mesmo com o aumento da produtividade. Dados da CropLife Brasil[10] nos mostram que, para que se mantivesse o nível de produção observado exclusivamente nas áreas que adotam produtos transgênicos entre o período de 1988 a 2022/2023, cerca de 21,4 milhões de novos hectares teriam de ser adicionados.

A biotecnologia contribui para a redução de insumos e defensivos agrícolas, promovendo práticas mais sustentáveis e rentáveis para o produtor. Com o contínuo desenvolvimento de novas tecnologias e soluções biotecnológicas, o Brasil segue liderando uma nova revolução verde, alinhando crescimento econômico e responsabilidade ambiental para atender à crescente demanda global por alimentos de forma eficiente e segura.

3.2. PROTEÇÃO JURÍDICA DA INOVAÇÃO

O crescimento da produção agrícola brasileira ao longo da última década é inegável e os determinantes à sua confirmação são muitos. Mais que isso, não há dúvida de que a introdução de novas variedades agrícolas teve participação decisiva, embora não única, para esse resultado, e o marco regulatório de proteção da propriedade intelectual

---

[10] CROPLIFE BRASIL. *25 anos de transgênicos no campo:* benefícios ambientais, econômicos e sociais no Brasil. 2023. Disponível em: https://static.poder360.com.br/2024/08/Relatorio_CropLife_Brasil_25_Anos_Transgenicos_2023.pdf. Acesso em: 12 fev. 2025.

foi decisivo para o desenvolvimento de novas cultivares por empresas privadas e para o ingresso de multinacionais no cenário brasileiro. A inovação é, assim, essencial para o desenvolvimento do Brasil. Qualquer que seja o ângulo de análise dos desafios do País, não há saída que não passe pela geração de conhecimento e pela inovação em seu sentido mais abrangente.

Em nossa história, porém, nem sempre foi assim. Na fase anterior de desenvolvimento econômico brasileiro, até os anos 1970, era possível copiar tecnologia quase sem consequências práticas. A propriedade intelectual, a bem da verdade, ganhou importância no marco global que emergiu com a criação da OMC e na instituição e vigência do Acordo sobre Aspectos dos Direitos de Propriedade Intelectual Relacionados ao Comércio (*Trade Related Intellectual Property Rights Agreement* – TRIPs), a partir de 1994.

Em plano geral, Douglass North (vencedor do Nobel de Economia)[11] argumenta que as instituições que definem e asseguram os direitos de propriedade modificam seu desempenho econômico, à medida que reduzem os custos de transação e as incertezas do ambiente econômico. Ao apontamento de North, Zak[12] acrescenta que a aplicação imperfeita dos direitos de propriedade – entre os quais os concernentes à propriedade intelectual – pode integrar o rol de falhas de crescimento de uma nação. Nesse sentido, direitos de propriedade intelectual mal definidos são capazes de reduzir os incentivos a que se continue inovando, aumentando o incentivo a que se copie o já existente, padrão esse capaz de trazer implicações negativas à sociedade, que consequentemente deixaria de evoluir. Em algum momento, também os copiadores não mais teriam benefícios oriundos dessa atividade, uma vez que ausentes os novos inventos.[13]

No que tange aos custos de transação, existe a tendência a que sejam altos tratando-se de propriedade intelectual, mesmo na existência de poucos agentes envolvidos (efetiva ou potencialmente), o que se dá pela dificuldade de identificação do objeto da propriedade, dadas sua natureza imaterial e a ausência de corpo físico exclusivo, ao contrário do que ocorre com a propriedade sobre um imóvel, por exemplo.[14] Traçados esses conceitos, convém destacar que inovação e propriedade intelectual se inter-relacionam no sistema econômico neoliberal. De fato, inova-se para proteger e se protege para inovar.

A argumentação principal para a criação do direito à propriedade intelectual, assim, é de que existiriam duas principais características nos bens intelectuais:

---

[11] NORTH, Douglas C. Institutions. *Journal of Economic Perspectives*, v. 5, n. 1, p. 97-112, 1991.
[12] ZAK, P. J. Institutions, property rights, and growth. *Recherches Economiques de Louvain*, v. 68, n. 1, p. 55-73, 2002.
[13] BARRO, R. J.; SALA-I-MARTIN, X. Technological diffusion, convergence, and growth. *Journal of Economic Growth*, v. 2, n. 1, p. 1-26, 1997.
[14] LANDES, William M.; POSNER, Richard A. *The Economic Structure of Intellectual Property Law*. Cambridge/London: The Belknap Press of Harvard University Press, 2003.

(i) facilidade de cópia; e (ii) possibilidade de uso simultâneo do bem por mais de uma pessoa. O somatório dessas características atuaria como desincentivo aos criadores, incapazes de recuperar seus custos ao competir com meros copiadores. A essa abordagem soma-se a ideia de Locke de que o trabalho cria um direito daquele que o realizou sobre seus frutos.[15] A propriedade intelectual se refere à área do Direito dedicada à análise das criações humanas, de maneira geral. É um conceito mais amplo do que a propriedade industrial, limitada aos resultados dedicados à indústria e ao comércio, como marcas, patentes e modelos de utilidade.

O acesso à propriedade de ativos, particularmente quando são estes especializados, ajuda a estabelecer o titular dos ganhos no processo de inovação. Dessa forma, passa a ser fundamental o desenvolvimento de mecanismos contratuais eficientes e adequados para a tutela dos direitos de propriedade intelectual. A proteção jurídica, vale dizer, será formada a partir do conjunto de estatutos ou de leis vigentes, assim regulamentando a propriedade intelectual que, tradicionalmente, é dividida em dois grupos: (i) direito do autor; e (ii) propriedade industrial. De maior atenção a nós, nesse momento, a propriedade industrial atinge diversas atividades relacionadas às invenções, protegidas por patentes de invenções, modelos de utilidade, desenho industrial, marcas, indicações geográficas e designação de origem, segredos de negócio e concorrência desleal.

A proteção de cultivares, por sua vez, diferencia-se da proteção à propriedade industrial tanto por seu escopo, quanto pelas exceções ou limitações impostas ao detentor de direitos. Por esse motivo, é considerada uma proteção *sui generis*. Entre as exceções, cabe ressaltar a do agricultor (permissão para utilização de sementes protegidas, plantadas para uso próprio ou mesmo venda, desde que não caracterizada como atividade principal), a do melhorista (utilização livre de variedades protegidas para fins de pesquisa e melhoramento), além do licenciamento compulsório previsto normalmente em legislações de propriedade intelectual. Ainda, acrescenta-se, as legislações de cada nação permitem a exclusão de proteção de determinadas espécies em razão de interesses que lhe são próprios.

Ademais, as formas predominantes de proteção se relacionam às fontes de inovação na agricultura da seguinte maneira: fontes privadas de organizações industriais envolvem diversas indústrias, nas quais os mecanismos jurídicos de proteção à propriedade intelectual variam, à medida que estas se inserem em dinâmicas técnicas e concorrenciais distintas. Inegavelmente, no tocante à propriedade industrial, esbarra-se especialmente nas figuras das marcas e das patentes. As patentes, diga-se, são mecanismo fundamental à proteção dos agrotóxicos, por exemplo, cuja indústria é

---

[15] PORTILHO, R. Magnino Rosa; SANT'ANNA, L. da SILVA Análise econômica do direito e propriedade intelectual: a contribuição de Posner & Landes. *Revista de Direito Econômico e Socioambiental*, [S. l.], v. 9, n. 1, p. 355-379, 2018. DOI: 10.7213/rev.dir.econ.soc.v9i1.18997. Disponível em: https://periodicos.pucpr.br/direitoeconomico/article/view/18997. Acesso em: 27 out. 2022.

caracterizada, em matéria da dinâmica competitiva, no lançamento de novos produtos e na criação de novas faixas de mercado, possibilitando, assim, a sua diferenciação. No Brasil, essa dinâmica ainda foi condicionada à possibilidade de integração do controle por defensivos biológicos; de utilização de menores volumes de defensivos de maior eficácia e preços igualmente maiores; e produtos cujas patentes estejam vencidas (em domínio público) competindo via preços.[16]

Cabe complementar, a proteção prevista na legislação brasileira para as plantas é a dos direitos de melhoristas ou proteção de cultivares, tema que será à frente mais bem tratado. Essa proteção é particularmente relevante às espécies de polinização aberta, uma vez que podem ser reproduzidas por produtores rurais a partir dos grãos obtidos na colheita. Para os híbridos, por outro lado, a proteção fundamental é feita por meio de informação não revelada, ou segredo de negócio, a qual encontra subsídio na Lei de Propriedade Industrial, ainda que a Lei de Proteção de Cultivares possibilite registro para as linhagens parentais que dão origem aos híbridos. Entre os híbridos, as espécies mais importantes são o milho, o girassol e o sorgo, cabendo assinalar que muitas das hortaliças também se enquadram nessa categoria.

Importante destacar, ao compararmos o mercado de sementes com o de defensivos, a complementaridade entre as formas de proteção e a superposição de mecanismos de proteção jurídica aparecem de forma incisiva. Por outro lado, a convergência de tecnologia mostra como as trajetórias tecnológicas se conformam e, adicionam, que seu processo de seleção leva em conta as possibilidades de apropriação e os estatutos jurídicos de proteção. A função prospectiva da propriedade intelectual, aqui, também se manifesta, podendo assumir a forma de referência no processo de inovação e de interação entre os agentes. Na medida em que a cumulatividade no mercado de sementes surge no melhoramento incremental de materiais que obtenham sucesso comercial, as empresas podem optar por utilizar variedades de terceiros para fins de variação.

As fontes institucionais públicas apresentam um quadro variado, tal como as fontes privadas de organizações industriais, e as atividades entendidas como públicas institucionais tipicamente representam o processo de complementaridade entre os campos de proteção. Isso porque, e como já mencionamos, o conhecimento científico é protegido pelos direitos de autor, as tecnologias pela propriedade industrial, pelos direitos de cultivares ou, ainda, por uma conjugação desses campos – tal como o processo de inserção de genes em plantas, e a proteção de programas de computador desenvolvidos para gestão da produção, para regulação de máquinas agrícolas ou para irrigação.[17]

---

[16] CARVALHO, Sérgio Medeiros Paulino de; SALES FILHO, Sérgio; PAULINO, Sonia Regina. Propriedade intelectual e dinâmica de inovação na agricultura, *Revista Brasileira de Inovação*, Rio de Janeiro, v. 5, n. 2, 2006.

[17] CARVALHO, Sérgio Medeiros Paulino de; SALES FILHO, Sérgio; PAULINO, Sonia Regina. Propriedade intelectual e dinâmica de inovação na agricultura, *Revista Brasileira de Inovação*, Rio de Janeiro, v. 5, n. 2, 2006.

Outra forma de proteção e acesso à tecnologia remete aos contratos de transferência e pesquisa conjunta. A Embrapa, por exemplo, mantém contrato de transferência de tecnologia na área de transgênicos com multinacionais de insumos. Essa é uma das formas de acesso à tecnologia de ponta, conjugando esforço próprio de P&D e transferência de conhecimento gerado no exterior. As fontes privadas relacionadas à agroindústria, na medida em que influenciam a qualidade e o padrão de produção agrícola e a estrutura organizacional, tendem a proteger suas inovações em diversos campos de proteção à propriedade intelectual. Estão presentes, assim, a proteção de cultivares – uma empresa pode impor determinadas cultivares que resultem em melhor desempenho industrial ou garantam paladar, cor e outras características – e os segredos de negócio – proteção a processos de interação usuário-produtor envolvidos na estrutura organizacional que derivam de integração.[18]

Apontamos que entre as fontes privadas estão aquelas estabelecidas na forma de organizações coletivas e sem fins lucrativos, as quais contemplam cooperativas e associações de produtores. Interessante notar, essas fontes são importantes titulares de certificados de proteção de cultivares no Brasil. Igualmente, uma vez que essas associações e cooperativas impactam formas específicas de produção articuladas a determinadas regiões geográficas e processos produtivos, podem, eventualmente, proteger seus padrões de produção e tecnologia por meio de indicações geográficas e denominação de origem, na medida em que pressupõem homogeneidade e padrão de qualidade.

A atuação dessas instituições no processamento e distribuição de produtos realça a importância das marcas e dos segredos de negócios, bem como das patentes, resultantes de esforços de inovação próprios. Os mesmos comentários podem ser aplicados às fontes privadas relacionadas ao fornecimento de serviços, a adequação de novas técnicas (organizacionais, plantio, reprodução, entre outras) para os produtores rurais. Já nas unidades de produção podem ser geradas novas variedades (protegidas pelos direitos de melhoristas), todavia sem maior impacto em matéria de números de cultivares protegidas.[19]

Cabe ressalva, ainda, ao fato de as variedades vegetais não serem objeto de proteção patentária no País, a estas aplicando-se sistema *sui generis* invocado pela Lei n. 9.457/1997. Apesar disso, a proteção outorgada pela lei de patentes poderá abarcar o processo de inserção do gene na variedade vegetal e os produtos resultantes desse processo, por força do art. 42, I e II,[20] que, não raras vezes, traz consequências no

---

[18] CARVALHO, Sérgio Medeiros Paulino de; SALES FILHO, Sérgio; PAULINO, Sonia Regina. Propriedade intelectual e dinâmica de inovação na agricultura, *Revista Brasileira de Inovação*, Rio de Janeiro, v. 5, n. 2, 2006.

[19] CARVALHO, Sérgio Medeiros Paulino de; SALES FILHO, Sérgio; PAULINO, Sonia Regina. Propriedade intelectual e dinâmica de inovação na agricultura, *Revista Brasileira de Inovação*, Rio de Janeiro, v. 5, n. 2, 2006.

[20] Art. 42 da Lei n. 9.279/1996: "Art. 42. A patente confere ao seu titular o direito de impedir terceiro, sem o seu consentimento, de produzir, usar, colocar à venda, vender ou importar com estes propósitos: I – produto objeto de patente; II – processo ou produto obtido diretamente por processo patenteado".

âmbito jurídico e econômico. De toda forma, os titulares das tecnologias, sob amparo das leis específicas, podem se beneficiar da conjugação ou da complementaridade dos efeitos de proteção do processo de inserção do gene na variedade vegetal, por meio do mecanismo de patentes, e do produto, no caso do material propagativo, por meio do sistema de cultivares.[21]

A cumulação de direitos de proteção em um só bem imaterial pode ser vista sob duas vertentes principais. Uma decorrente da complementaridade entre as formas de proteção. E outra, no caso da proteção das variedades vegetais pela legislação brasileira de cultivares, os direitos de exclusividade serão obtidos por meio de concessão de certificados de proteção de cultivares, única forma prevista. Logo, nenhum outro tipo de proteção, senão a conferida pelos certificados de cultivares, poderá obstar sua livre utilização, salvo quando proveniente de contrato entre as partes, sem a ofensa das leis de defesa da concorrência.

O preceito elencado no art. 2º da Lei n. 9.456/1997 pode ser entendido como um limite exclusivo e restrito para esses tipos de criações, não admitindo interpretação extensiva a outros tipos de proteção, que não a prevista no certificado de proteção de cultivares.[22] Em outras palavras, o sistema de proteção *sui generis*, por ser um direito de propriedade intelectual, é juridicamente vinculativo, incluindo proteções que não sejam aquelas vinculadas aos certificados relativos às variedades vegetais. Seu limite de proteção (*sui generis*) encontra-se na materialidade da planta em si, em suas partes ou na estrutura vegetal utilizada em sua reprodução e multiplicação, por força da legislação de cultivares nacional.

Vale dizer, a proteção *sui generis* não assume caráter protetivo quanto à informação genérica ou conjunto de genes introduzidos, ou mesmo a inclusão de uma característica nova pelos processos de inserções gênicas. Em outras palavras, a proteção de obtenção vegetal não se refere apenas ao elemento novo efetuado por meio de processo de inserção genética, ou a inovação acrescentada ou introduzida à variedade, mas a toda ela. Dessa forma, não são os processos de obtenção abrangidos pela proteção, mas as variedades (novas ou não) resultantes deles.[23]

---

[21] PLAZA, Charlene Maria Coradini de Ávila; CARRARO, Fábio. Propriedade intelectual – patentes e cultivares. *In*: PLAZA, Charlene Maria Coradini de Ávila; DEL NERO, Patrícia Aurélia; TARREGA, Maria Cristina Vidotte Blanco; SANTOS, Nivaldo dos (org.). *Propriedade intelectual na agricultura*. São Paulo: Fórum, 2012. p. 118.

[22] Art. 2º da Lei n. 9.456/1997: "Art. 2º A proteção dos direitos relativos à propriedade intelectual referente a cultivar se efetua mediante a concessão de Certificado de Proteção de Cultivar, considerado bem móvel para todos os efeitos legais e única forma de proteção de cultivares e de direito que poderá obstar a livre utilização de plantas ou de suas partes de reprodução ou de multiplicação vegetativa, no País".

[23] PLAZA, Charlene Maria Coradini de Ávila; CARRARO, Fábio. Propriedade intelectual – patentes e cultivares. *In*: PLAZA, Charlene Maria Coradini de Ávila; DEL NERO, Patrícia Aurélia; TARREGA, Maria Cristina Vidotte Blanco; SANTOS, Nivaldo dos (org.). *Propriedade intelectual na agricultura*. São Paulo: Fórum, 2012. p. 138.

O objetivo comum entre os direitos *sui generis* e da propriedade intelectual clássica é o de incentivar o equilíbrio de produtos e processos inovadores e úteis, representando o equilíbrio entre o interesse público e o interesse privado do titular. A cumulação dos direitos de exclusivo[24] sobre uma única criação tem sido utilizada por vários setores da economia de mercado, principalmente no setor de sementes. Assim, de um lado, a variedade vegetal é protegida pela lei de cultivares e, de outro lado, os genes manipulados geneticamente na mesma variedade e seus processos, se patenteados, serão protegidos cumulativamente pela lei de patentes.

O pressuposto para atestar a existência de proteção e concessão por patentes consiste na consideração necessária da criação como um invento e deve trazer uma solução técnica a um problema técnico. Importante suscitar essa premissa, especialmente quando relacionamos, de um lado, a viabilidade de proteção patentária aos processos de transgenia de uma variedade vegetal, seja porque houve atividade humana alterando os estados da natureza, seja porque a própria Lei n. 9.279/1996, no enunciado de seu art. 42, I e II, confere proteção a processos e produtos. O fato de haver intervenção humana, assim, modificando e alterando os caracteres genéticos de uma variedade vegetal, por si só, não pode ser interpretado como invento passível de concessão de privilégios por patentes.

A proteção *sui generis*, por outro lado, abandona a noção de conhecimento. A novidade cognoscitiva como um dos elementos básicos do balanceamento de interesses constitucionais quanto às patentes não encontra igual previsão na Lei n. 9.456/1997. O requisito "novidade" para a Lei de Cultivares não representa uma novidade absoluta como na Lei de Patentes; de outra forma, refere-se à novidade de mercado, portanto, mais branda, exigindo o "conhecimento intelectual", e não somente o comercial.[25] Com efeito, as variedades vegetais não foram programadas para se reproduzirem com precisão e suas características podem variar, a depender do ambiente em que são cultivadas. Assim, conforme mencionado, a invenção deve ser apta a produzir, com os mesmos meios, resultados constantemente iguais e suscetíveis de repetição, estabelecendo o seu autor a relação de causa e efeito entre os meios empregados e o resultado obtido e realizado na invenção.[26]

---

[24] O direito de exclusivo aponta que a publicidade da invenção, de forma detalhada (suficiência descritiva), é capaz de conferir ao titular o direito de expulsar os demais *players* do mercado da exploração comercial por determinado período, com isso estimulando a Pesquisa e o Desenvolvimento. No Brasil, no caso das patentes, esse direito é de 20 anos, contados da data do depósito do pedido.

[25] PLAZA, Charlene Maria Coradini de Ávila; CARRARO, Fábio. Propriedade intelectual – patentes e cultivares. In: PLAZA, Charlene Maria Coradini de Ávila; DEL NERO, Patrícia Aurélia; TARREGA, Maria Cristina Vidotte Blanco; SANTOS, Nivaldo dos (org.). *Propriedade intelectual na agricultura*. São Paulo: Fórum, 2012. p. 139.

[26] CARVALHO DE MENDONÇA, J. X. *Tratado de direito comercial brasileiro*. Campinas: Russell, 2003. p. 153.

A patente, vale dizer, é o instituto jurídico utilizado para proteger a propriedade intelectual da invenção e do modelo de utilidade. Não é, porém, suficiente para a aquisição desse direito que o inventor ou o criador do modelo tenha conseguido, em suas pesquisas científicas, resultado original, isso porque a legislação prevê um conjunto de critérios para sua concessão.[27] No Brasil, esse instituto jurídico é regulado pela Lei de Propriedade Intelectual (n. 9.279/1996), cuja proteção é conferida como prestação administrativa plenamente vinculada, desde que respeitados os critérios condicionantes a tanto. O objetivo dessa lei é exatamente dar aos inventores um incentivo para arriscarem tempo e dinheiro na pesquisa e desenvolvimento, enquanto se exige divulgação pública dos dados.

Dessa forma, podemos dizer que o primeiro critério à proteção será o da novidade que, em termos legais, impõe ser considerado como novo o processo ou produto não compreendido no estado da técnica, desconhecido dos cientistas e pesquisadores especializados. O segundo critério, por sua vez, é o da atividade inventiva, ou seja, a invenção não poderá derivar de forma simples dos acontecimentos nela reunidos, sendo necessário o resultado de um verdadeiro engenho, de um ato de criação intelectual. O terceiro critério, por seu turno, é o da industriabilidade, quando demonstrada a possibilidade de utilização ou produção do invento, por qualquer tipo de indústria.

Em outras palavras, pode-se arguir a existência de cumulação de proteções, nos casos em que: (i) o processo de transgenia no genoma da variedade vegetal adequar-se aos critérios objetivos de novidade, atividade inventiva e aplicação industrial;[28] e (ii) a mesma variedade vegetal obedecer aos critérios objetivos de distintividade, homogeneidade, estabilidade e novidade. Independentemente das controvérsias e das diferenças entre classificações das proteções, todas elas atuam delimitando a propriedade de ativos que assumem importância crescente como forma de riqueza na sociedade de hoje e que são estratégicos para a organização e controle da produção social de riqueza e para o desenvolvimento em geral.

A crescente demanda por maior atenção à sustentabilidade produtiva induz à busca por mecanismos produtivos mais ambientalmente adequados e seguros, levando ao desenvolvimento de fórmulas de menor impacto ambiental. Nesse sentido é fomentada, especialmente ao longo dos últimos anos – e, ainda mais, em relação à cultura da soja –, a figura dos bioinsumos. Iniciemos, assim, dispondo o que estes compreendem: são considerados bioinsumos todos os produtos, métodos e tecnologias de origem majoritariamente orgânica, capazes de beneficiar os processos da cadeia e impactar

---

[27] VIEIRA, Adriana Carvalho Pinto; BUAINAIN, Antônio Márcio. Aplicação da propriedade intelectual no agronegócio. In: PLAZA, Charlene Maria Coradini de Ávila; DEL NERO, Patrícia Aurélia; TARREGA, Maria Cristina Vidotte Blanco; SANTOS, Nivaldo dos (org.). *Propriedade intelectual na agricultura*. São Paulo: Fórum, 2012. p. 31.
[28] Art. 8º da Lei n. 9.279/1996.

positivamente todos os atores integrados ao sistema produtivo – desde o solo, a planta, a água, animais, microrganismos etc.[29]

De forma distinta, mas em mesmo sentido, a legislação brasileira, em 2020, julgou pertinente defini-los, por meio do Decreto n. 10.375 (Programa Nacional de Bioinsumos),[30] em seu art. 2º como: todo produto, processo ou tecnologia de origem vegetal, animal ou microbiana, destinado ao uso na produção, no armazenamento e no beneficiamento de produtos agropecuários, nos sistemas de produção aquáticos ou de florestas plantadas, que interfiram positivamente no crescimento, no desenvolvimento e no mecanismo de resposta de animais, de plantas, de microrganismos e de substâncias derivadas e que interajam com os produtos e os processos físico-químicos e biológicos; e que têm como principais representantes os produtos relacionados à nutrição vegetal, como inoculantes e biofertilizantes, ao estímulo, como os bioestimulantes, e ao controle de pragas, doenças e plantas daninhas, como os produtos biológicos de controle, ou defensivos biológicos, incluindo os semioquímicos.

Termos como bioprotetores, em referência a agentes de controle biológico (organismos de ocorrência natural ou introduzidos no ambiente para o controle de organismos ou suas atividades que causam danos às culturas), e promotores de crescimento de plantas (organismos diretamente relacionados com a promoção de crescimento de plantas e que colaboram com o aumento da produtividade das culturas como os inoculantes, os bioestimulantes e os biofertilizantes) também são, por vezes, empregados para se referirem à classe de bioinsumos. O controle biológico, porém, não é algo novo – entre 1921 e 1944, foram variadas as tentativas de importação e liberação de agentes de biocontrole de pragas no Brasil. Tudo isso, porém, sem sucesso. O primeiro projeto, verdadeiramente bem-sucedido, foi a introdução do parasitoide *Neodusmetia sangwani* para o controle da cochonilha das pastagens, em 1967. Desde então, diversos foram os instrumentos de controle biológico utilizados no Brasil. Controle biológico é o termo empregado para designar o uso de um organismo para reduzir a densidade populacional de outro, o qual, por vez, é indesejado e prejudicial a uma cultura. Portanto, é meio para, de forma efetiva, proceder ao controle de problemas sanitários (doenças, pragas e plantas invasoras) na agricultura e na veterinária.[31]

---

[29] SILVA, C. B. S.; FERREIRA, E. F.; COELHO, N. T.; SOUZA, E. P. Uso e efeito dos bioinsumos na agricultura. *In*: MELO, Julio. *Ciências agrárias:* o avanço da ciência no Brasil. São Paulo: Editora Científica Digital, 2022. p. 194-205.

[30] É objetivo do Programa Nacional de Bioinsumos propor um marco regulatório para produção e uso desses produtos; fomentar a ciência, a tecnologia e a inovação; articular crédito e fomento para desenvolvimento, produção e uso; gerar e disseminar conhecimento e informações; capacitar e formar competências; incentivar implantação de biofábricas; e construir planos e políticas públicas.

[31] BETTIOL, Wagner. Pesquisa, desenvolvimento e inovação com bioinsumos. *In*: MEYER, M. C.; BUENO, A. de F.; MAZARO, S. M.; SILVA, J. C. da. *Bioinsumos na cultura da soja*. Brasília: Embrapa Soja, 2022. p. 21-38.

Realizado de forma natural, o controle biológico de pragas e doenças agrícolas é baseado na manutenção do equilíbrio de organismos parasitoides pela ação de inimigos naturais de ação antagonista, sem qualquer intervenção humana. Quando em caráter conservacionista, ações humanas são empregadas como forma de proteger e estimular a preservação, aumentando naturalmente as populações de agentes benéficos às plantações. No controle biológico clássico, por seu turno, há coleta de inimigos naturais em área de exploração – geralmente, área de origem da praga, patógeno ou planta invasora – e sua consequente liberação em áreas onde se deseja elevar o número de agentes de biocontrole, o que pode, por seu turno, culminar em uma nova população permanente. Por fim, e de outro modo, o controle biológico aumentativo se vale da utilização, de forma massal, de antagonistas em uma cultura – é esse o meio mais conhecido entre os agricultores, pois tem como base a aplicação de agente de biocontrole disponível no mercado (fungos, bactérias, oomicetos, vírus etc.).

Assim como no desenvolvimento de agrotóxicos químicos,[32] que dependem da avaliação de milhares de moléculas para o desenvolvimento de um agente de controle, ao tratarmos do controle biológico, demandamos o isolamento e a seleção do bioagente. Contudo, há que acrescer a existência de variáveis e outros aspectos durante o processo, o que fez com que Kohl *et al.*[33] propusessem um sistema para a seleção de antagonistas destinados ao controle de doenças. Nesse sistema, vários aspectos do agente de biocontrole devem ser considerados para a obtenção de instrumento que tenha capacidade positiva no mercado. É assim organizado um passo a passo para a seleção do antagonista que pressupõe: (1) seleção da cultura-alvo, da doença e do mercado; (2) origem de isolamento dos candidatos a antagonistas; (3) seleção rápida; (4) consulta aos bancos de dados; (5) ensaios para teste da eficácia dos organismos; (6) avaliação preliminar da produção massal; (7) formulação-piloto e análise dos custos de registro; (8) aumento da escala da produção massal e estudos em condições de campo; e (9) integração no sistema de cultivo. Cada um desses passos, cumpre dizer, admite a sugestão de características de manutenção ou de exclusão de determinado organismo do processo.

---

[32] O setor não se encontra livre de desafios, de forma a ser importante o esclarecimento à sociedade da possibilidade de produção de alimentos seguros, mesmo com o uso de agrotóxicos agrícolas. Além disso, é necessária maior agilidade no processo de registro, com o aprimoramento da estrutura que tem tempo médio de 24 meses. A regulamentação também é ponto que carece de aprimoramento para harmonização entre Mapa, Anvisa e Ibama, ao que se acresce o desafio de priorização de registro de novos produtos, que segue a exigência dos países importadores e a produção integrada. A tecnologia de aplicação desses produtos, que culmina em seu uso correto e seguro, com redução de resíduos e menor impacto ambiental, deve ser aprimorada. A exploração de agrotóxicos biológicos de qualidade, bem como sua interação com agrotóxicos químicos, deve ser mais bem explorada.

[33] KOHL, J.; POSTMA, J.; NICOT, P.; RUOCCO, M.; BLUM, B. Stepwise screening of microorganisms for commercial use in biological control of plant pathogenic funghi and bacteria. *Biological Control*, v. 57, p. 1-12, 2011.

As principais fases da história do controle biológico são resumidas na obra *Bioinsumos na cultura da soja*,[34] sendo separadas em quatro etapas. A fase 1 refere-se a todo o processo, desde o início até o ano de 2005, no qual a produção era exclusivamente caseira ou *on farm*, e os produtos eram vendidos sem registro, com exceção do produto biológico *Bacillus thuringiensis*. A fase 2 (de 2005 a 2014) foi um marco para o início dos registros dos produtos de controle de praga e doenças. Foi nesse período que as mudanças no processo de registro ganharam destaque, fato que originou novas empresas no setor, inclusive a criação da Associação Brasileira das Empresas de Controle Biológico (ABCBIO), e expandiu a comercialização de bioprodutos. Por sua vez, a fase 3 (2014-2022) consolidou de fato o controle biológico nas produções agrícolas brasileiras, desenvolvendo o mercado com novas empresas, novos produtos registrados e o Programa de Bioinsumos do Mapa. A última fase citada pelos autores, fase 4, inicia-se em 2022, e não foi pontuado um ano final. Esse período é reconhecido pelo aumento de oferta de ingredientes ativos e de produtos, além inovações tecnológicas, legislativas e biológicas. É a partir de 2022 que as regras sobre o registro de bioinsumos tornam-se discussões centrais no âmbito normativo e legislativo, culminando para a criação de uma lei específica para o assunto: a Lei n. 15.070, de 23 de dezembro de 2024 (será tratada mais à frente).

Na agricultura, os bioinsumos se destacam na produção de grãos, principalmente milho e soja, na aplicação de biofertilizantes, tornando mais eficaz o uso de nutrientes e expondo, cada vez menos, o solo aos desgastes naturais do processo de plantio e colheita. Na produção de frutas, os insumos biológicos são utilizados como biopesticidas para o controle de doenças e pragas. No setor ambiental, esses produtos favorecem a luta contra as mudanças climáticas, ao passo que "preservam a biodiversidade do solo, reduzem a contaminação ambiental, fortalecem a microbiota e combatem pragas de maneira sustentável".[35] Segundo dados obtidos pelo Mapa, o mercado de insumos biológicos também estimula o desenvolvimento econômico. Como 97% dos bioinsumos negociados no Brasil possuem fabricação nacional, a redução dos custos em transporte pode vir a gerar uma economia de R$ 165 milhões por ano no âmbito agrícola.[36]

Segundo dados da CropLife Brasil,[37] o setor de bioinsumos agrícolas mundial girou um valor estimado entre US$ 13 e 15 bilhões, prevendo, ainda, um aumento de 13% a 14% até 2032. Em suma, os produtos biológicos são divididos em dois

---

[34] BUENO, A. F.; SILVA, J. C.; MEYER, M. C.; MAZARO, S. M. *Bioinsumos na cultura de soja*. Brasília: Embrapa, 2022. p. 24-26.
[35] NEVES, M. F. Os biológicos, bioinsumos e bioprodutos: um mar de oportunidades. *Revista Veja*, 23 nov. 2023.
[36] BRASIL. Ministério da Agricultura, Pecuária e Abastecimento. *Bioinsumos*.
[37] CROPLIFE BRASIL; FGV. *Desafios e oportunidades para o mercado brasileiro de bioinsumos*, 6 nov. 2024.

grupos, sendo eles o de bioestimulantes (macrobianos e não macrobianos) e biocontroles (biopesticidas e macroorganismos). Este último corresponde a 57% do valor total que roda no setor. A última safra finalizada (2023/2024) contou com o aumento no uso de produtos biológicos, obtendo crescimento de 15% na utilização destes. Além disso, o valor do mercado total (incluindo sementes, inoculantes, óleos, herbicidas, adjuvantes, nematicidas, fungicidas e inseticidas) teve um orçamento recorde de R$ 5,1 bilhões.

Em matéria de safras específicas, o mesmo estudo que apresentou os dados anteriores ainda confirma que as principais culturas que utilizaram bioinsumos em suas produções foram de soja (55% do uso total dos produtos foram destinados a essa produção), milho (27%), cana-de-açúcar (12%) e um complexo de algodão, café, *citrus* e hortifruti (6%). Os estados que se destacam com o uso são: Mato Grosso (34%), Goiás/Distrito Federal (13%), São Paulo (9%), Mato Grosso do Sul (8%), Minas Gerais (8%) e Paraná (7%). No entanto, mesmo com a expansão dos produtos biológicos nos cultivos agrícolas, alguns desafios são impeditivos, como é o caso da falta de capacitação, impossibilitando o uso da tecnologia. Outro ponto que ganha destaque é a diversidade de estruturas de produção e armazenamento que existem, fato que é obstáculo para as empresas que buscam padronizar a utilização dos bioinsumos.

Até 2024, duas leis regulavam os bioinsumos no País:[38] a Lei n. 7.802/1989 (Lei de Agrotóxicos – revogada, regulamentada pelo Decreto n. 4.074/2002) e a Lei n. 6.894/1980 (Lei de Fertilizantes e Inoculantes). Além dessas, o Decreto n. 10.375/2020, já mencionado, trazia outras regulamentações à questão. Havia, contudo, diferenças importantes a serem salientadas quando da referência a biofertilizantes e bioestimulantes, uma vez que a definição, bem como a regulamentação internacional, diferia da utilizada no Brasil. Em algumas classificações, o termo biofertilizante inclui os inoculantes e os bioestimulantes; no Brasil, de outra forma, não havia clareza na definição, o que implicava certa confusão na análise desses grupos para mensuração do mercado, no âmbito internacional.[39] Cabe acrescer, o setor é altamente regulado pelo Mapa, Ibama e Anvisa, que coordenam as atividades de indústrias, empresas fabricantes, canais de distribuição, registrantes, consultorias e prestadores de serviços.

---

[38] Segundo Leonardo Munhoz, em seu artigo Bioinsumos no Brasil e insegurança jurídica (*Agroanalysis*, v. 44, n. 8, p. 38, ago. 2024), Argentina, Uruguai, Equador e Colômbia são países de estrutura regulatória para os bioinsumos, legislando sobre o controle de segurança fitossanitária na produção comercial de bioinsumos. É importante verificar essa comparação com o Brasil, tendo em vista que a legislação brasileira considera a produção *on farm*, fato que pode vir a impedir que todos os agricultores tenham acesso a tecnologias.

[39] BORSARI, A. C. P; VIEIRA, L. C. Mercado e perspectivas dos bioinsumos no Brasil. *In*: MEYER, M. C.; BUENO, A. de F.; MAZARO, S. M.; SILVA, J. C. da. *Bioinsumos na cultura da soja*. Brasília: Embrapa Soja, 2022. p. 39-52.

Por esse motivo, criou-se a Lei dos Bioinsumos, Lei n. 15.070, de 23 de dezembro de 2024, que dispõe sobre a produção, a importação, a exportação, o registro, a comercialização, o uso, a inspeção, a fiscalização, a pesquisa, a experimentação, a embalagem, a rotulagem, a propaganda, o transporte, o armazenamento, as taxas, a prestação de serviços, a destinação de resíduos e embalagens e os incentivos à produção de bioinsumos para uso agrícola, pecuário, aquícola e florestal. O Diploma Legal será tratado adiante, neste mesmo capítulo.

O uso de bioinsumos vem crescendo consideravelmente no Brasil e no mundo em razão de questões regulatórias, de mercado e de manejo das culturas. São crescentes as demandas pela diminuição do uso de nitrogenados na produção e a introdução desses componentes orgânicos surge como uma saída à recuperação do solo. De caráter biológico, esses instrumentos demonstram considerável eficiência quanto ao uso e efeito nas principais culturas agrícolas de interesse econômico em produção de escala.

Consoante o crescimento da demanda, no Brasil existem, hoje, alguns programas de incentivo ao uso de compostos biológicos. A isso se aliam mecanismos de restrição ao uso e à aprovação de compostos químicos que esbarram, cada vez mais, em critérios de maior rigidez e controle de toxidez e persistência ambiental de resíduos, que levam ao aumento do tempo e custos envolvidos entre a descoberta de uma nova molécula e a disponibilização do produto no mercado. É, portanto, criado movimento de favorecimento aos bioinsumos, o que encontra impulso na redução das opções de controle de pragas e doenças ocasionadas pela perda de eficiência de certos químicos.

Ao redor do mundo merecem destaque os exemplos ilustrativos do *European Green Deal* e da estratégia *Farm to Fork* (da fazenda ao garfo), da União Europeia (UE), que apresentam metas ambiciosas de redução do uso de defensivos químicos com o consequente aumento de áreas dedicadas à exploração de agricultura orgânica no bloco econômico. O primeiro exemplo citado, o *European Green Deal*, refere-se ao plano aprovado em 2019 pela UE, que visa à neutralidade climática do bloco europeu até o ano de 2050. Nesse cenário, os países se comprometeram a investir em descarbonização do setor energético (representa 75% das emissões GEEs), em renovação de construções sustentáveis (os prédios consomem 40% da energia total do bloco), em indústrias que aderem à lógica circular (reciclagem), e em meios de transporte sustentáveis (setor que interfere em 25% das emissões). Já o segundo exemplo, o *Farm to Fork*, é a estratégia que adere ao *Green Deal*, ao passo que luta pelos sistemas alimentares mais "justos, saudáveis e ecológicos",[40] por meio de rigidez legislativa. Um bom exemplo desse plano é a promoção de práticas agrícolas extensivas, ou seja, uso correto de defensivos agrícolas.

---

[40] SANTOS, L. L. G.; RIBEIRO, P. H. C.; SÁ, C. D.; GILIO, L. Tempos de crise: uma análise das manifestações agrícolas na Europa. *Agro Global*, Meio Ambiente, n. 3, jun. 2024.

Por fim, a Política Agrícola Comum (PAC), criada em 1962, é um meio de incentivar os produtores europeus às práticas sustentáveis, ao passo que fornece auxílio estatal para mantê-los com rendimento mínimo estável. Como é um programa antigo, este foi submetido a algumas alterações durante as décadas. A última delas converge com o plano *Green Deal* e condiciona os produtores a receberem o auxílio, caso eles apresentem indicadores de Boas Práticas Agrícolas e Ambientais. A PAC é alvo de diversas discussões e críticas ao sistema. Dados demonstrados pelo Insper Agro Global confirmam que 80% do orçamento total de subsídios é destinado apenas a 20% dos produtores agrícolas europeus. Ademais, o rendimento mensal dos fazendeiros não chega a atingir nem 60% dos salários médios dos europeus, fato que não condiz com o objetivo da política pública.

No entanto, tais alterações nas metas e legislações agrícolas europeias não causaram apenas impactos positivos. Entre 2022 e 2024, inúmeros protestos foram realizados por agricultores de diversos países, como França, Bélgica, Alemanha, Grécia, Romênia, Polônia, Bulgária, Hungria, Eslováquia e Holanda, intensificando-se no último ano. Essas manifestações, caracterizadas com confrontos às autoridades, bloqueio em estradas e marcha de tratores, tiveram como estopim a aprovação do *Green Deal*. A principal justificativa respalda-se no fato de as instaurações políticas serem muito restritivas aos produtores europeus, gerando o aumento no preço da produção. Como esses critérios não são impostos no mundo inteiro, os produtos agrícolas importados no bloco possuem valores mais baixos de produção, deixando em desfalque os produtores da UE. Assim, o fato de aplicar as novas regras apenas aos agricultores da região do bloco econômico gerou um aumento expressivo no valor da produção agrícola local, o que não se estendeu aos demais países parceiros do bloco econômico, resultando em uma concorrência desleal. Um bom exemplo a ser dado é o da Ucrânia, país que se encontra em guerra contra a Rússia desde que foi invadido, em 24 de fevereiro de 2022. Por esse motivo, a Ucrânia carece e utiliza de facilidades comerciais e econômicas para sustentar o seu mercado agrícola interno, vendendo seus produtos mais baratos para os países europeus. Os protestantes europeus solicitam revisão nos tratados comerciais, impedindo a concorrência desleal, além de demandarem subsídios para a produção de alimentos que se adéquem às rígidas regras impostas.

Corolário aos protestos, em fevereiro de 2024, a UE decidiu abandonar a meta de reduzir em 50% o uso de agrotóxicos e retirou o setor agrícola do rigoroso plano de redução das emissões de gases de efeito estufa (GEE) até 2040. A proposta de redução de agrotóxicos no âmbito da estratégia *Farm to Fork*, que visava a diminuir o risco e a aplicação desses produtos até 2030, foi retirada após a pressão do setor agrícola, que agora busca alternativas. Em virtude da insatisfação dos agricultores com as rígidas regulamentações ambientais, a UE iniciou um "diálogo estratégico" para discutir o futuro da agricultura, cujas recomendações serão analisadas no Parlamento Europeu e pelos Estados-membros.

No contexto global, as diretrizes europeias não agradam aos países que estão correndo contra o tempo para adequarem-se aos requisitos impostos. Para Alan Beattie, "o problema com a regulamentação não é o princípio, mas sim a conformidade, que claramente não foi criada tendo em mente a capacidade dos países mais pobres".[41] Em outras palavras, a regulamentação foi desenvolvida sem considerar as diferenças de contexto entre os países, o que torna a conformidade (ou seja, o cumprimento das regras) um desafio para os mais pobres. O Brasil não se esquiva em criticar algumas das imposições.

Em fóruns internacionais relacionados a discussões sobre clima e Sistemas Agroalimentares, por exemplo, é possível observar clara tendência ao uso de tecnologias que reduzam o emprego de produtos de elevado potencial residual e que envolvam grandes emissões de gás carbônico em seu processo produtivo. Por se tratar de segmento em que as barreiras à entrada não assumem tamanha força quanto as verificadas na indústria de defensivos químicos, é possível observar uma crescente participação de empresas de menor porte, muitas delas nacionais. Em 2022, existiam cerca de 132 empresas de biológicos ativas no Brasil.[42] Tendo em vista o crescimento do mercado na safra de 2023/2024 (aumento de 15% do mercado de bioinsumos), a clara tendência é que esse número será ainda mais elevado.

Ainda, para ser comercializado no Brasil, um produto biológico de controle demanda avaliação prévia realizada por três órgãos independentes: (i) Agência Nacional de Vigilância Sanitária (Anvisa), dedicada à análise dos potenciais riscos do ativo à saúde; (ii) Instituto Brasileiro de Meio Ambiente e dos Recursos Naturais (Ibama), dedicado a observar eventuais riscos ao meio ambiente; e (iii) Mapa, responsável por analisar a eficácia agronômica do ativo. O produto só é registrado quando há a aprovação dos três órgãos.

As pressões sofridas pelo Brasil e a busca pelo incremento da produtividade do agronegócio, alinhadas com a evolução tecnológica e as demandas de mercado, têm feito com que o número de bioinsumos registrados avance consideravelmente. Em outubro de 2024, foram contabilizados 662 produtos com registro ativo, cabendo especial destaque, entre estes, aos bioinseticidas, que respondem por cerca de metade dos ativos existentes.[43] Vale apontar, porém, que as médias de crescimento do uso de

---

[41] VALOR ECONÔMICO. UE cria conflitos sobre desmatamento. 2025. Disponível em: https://valor.globo.com/opiniao/coluna/ue-cria-conflitos-sobre-desmatamento.ghtml. Acesso em: 29 jan. 2025.

[42] BORSARI, A. C. P; VIEIRA, L. C. Mercado e perspectivas dos bioinsumos no Brasil. *In*: MEYER, M. C.; BUENO, A. de F.; MAZARO, S. M.; SILVA, J. C. da. *Bioinsumos na cultura da soja*. Brasília: Embrapa Soja, 2022. p. 39-52.

[43] BRASIL. Ministério da Agricultura e Pecuária. Líder global na utilização de bioinsumos. Brasil apresenta panorama regulatório de registros biológicos na ABIM. 2024. Disponível em: https://www.gov.br/agricultura/pt-br/assuntos/noticias/lider-global-na-utilizacao-de-bioinsumos-brasil-apresenta-panorama-regulatorio-de-registros-biologicos-na-abim. Acesso em: 4 fev. 2025.

produtos de controle biológico, em nível mundial, pode suscitar impressão equivocada, na medida em que, apesar de o Brasil apontar crescimento superior à média mundial, em muito, isso se deve à baixa adoção, até então, de produtos dessa ordem pelo produtor rural brasileiro.

Em sequência ao desenvolvimento dos mecanismos para regulação do uso de bioinsumos em território nacional e seguindo a criação do Programa Nacional de Bioinsumos (Decreto n. 10.375/2020), foram editados dois atos de importância ao desenvolvimento da pauta: a Portaria SDA/Mapa n. 110/2020, que visa a regulamentação do manejo biológico *on farm*, e a Instrução Normativa n. 61/2020, daquela originada. Apesar do consenso de que a produção *on farm* ou caseira de agentes de controle biológico é invenção recente da agricultura brasileira, essa produção ocorreu livremente até o final de 2005, ano em que os primeiros produtos biológicos foram registrados no Brasil – diversos foram os agentes que multiplicaram esses produtos diretamente em sua propriedade.

Como foi citado anteriormente neste capítulo, outra importante inovação legislativa no âmbito da defesa agropecuária é o marco legal dos bioinsumos, instituído pela Lei n. 15.070, de 2024, publicada em 23 de dezembro de 2024, no *Diário Oficial da União*. Originada a partir do Projeto de Lei (PL) n. 658/2021, de autoria do deputado Zé Vítor (PL-MG), a Lei regula a produção, importação, exportação, registro, comercialização, uso, inspeção, fiscalização, pesquisa, experimentação, embalagem, rotulagem, propaganda, entre outros aspectos relacionados aos bioinsumos destinados aos setores agrícola, pecuário, aquícola e florestal. Embora os bioinsumos já fossem utilizados na agropecuária brasileira, eles careciam de uma regulação específica até a criação dessa legislação.

No art. 1º da Lei, é estabelecido que as normas se aplicam a todos os sistemas de cultivo, sejam convencionais, orgânicos ou de base agroecológica, além de abranger todos os tipos de bioinsumos, como bioestimuladores, inibidores de crescimento, semioquímicos, bioquímicos, entre outros mencionados na legislação. A responsabilidade pelo controle, registro, inspeção e fiscalização dos bioinsumos fica atribuída aos órgãos de defesa agropecuária em nível federal, estadual e municipal.

Essa alteração visa não apenas a regular o uso desses produtos, mas também a garantir maiores segurança e eficiência na aplicação desses insumos, alinhando o setor agropecuário com as práticas de sustentabilidade e inovação no Brasil. A falta de regulamentação sobre a produção de bioinsumos *on farm* (também chamada de "produção caseira" ou "produção na fazenda") gerava riscos à saúde, ao meio ambiente e à competitividade no mercado. Muitos produtores rurais utilizavam produtos biológicos registrados como material de partida para multiplicá-los em suas propriedades, comercializando os resultados sem regulamentação específica. Isso gerava distorções, uma vez que a prática se baseava em uma interpretação equivocada de dispositivos legais, prejudicando empresas que investiam em pesquisa e desenvolvimento para criar esses produtos.

A Lei n. 15.070, de 2024, estabelece regras claras para a produção caseira, permitindo que o produto seja usado exclusivamente pelo produtor, vedando sua comercialização, e proíbe o uso de produtos registrados como material de partida para a produção caseira. Além disso, visa a assegurar uma concorrência justa no mercado de bioinsumos, protegendo os investimentos das empresas que desenvolvem esses produtos. Ela determina que a produção/multiplicação *on farm* só pode ser feita com materiais de bancos de germoplasma públicos ou privados, ou diretamente da natureza. A lei também define a proteção dos dados regulatórios usados para o registro de produtos biológicos, impedindo que sejam utilizados por terceiros durante o período de proteção. No entanto, a lei ainda deixa em aberto a definição precisa de "uso próprio" para os produtos produzidos, o que gera uma lacuna na regulamentação. Espera-se que o futuro decreto regulamentador aborde essa questão de forma mais detalhada, garantindo maior segurança e eficácia para a produção *on farm*, evitando riscos à saúde e à competitividade.

Referente à produção comercial, a Lei de Bioinsumos estabelece como obrigatório o registro dos estabelecimentos com fins comerciais (biofábricas, importadores e exportadores) e dos produtos citados em lei. São isentos de registro os produtos semioquímicos, de ação exclusivamente mecânica (placas e armadilhas). A Lei incentiva a produção de bioinsumos, ao passo que permite que o Poder Executivo utilize mecanismos financeiros fiscais e tributários em favor da pesquisa, desenvolvimento, produção, uso e comercialização do produto. Há possibilidade de o Sistema Nacional de Crédito Rural (SNCR) implementar taxas de juros diferenciadas nas operações de crédito que envolvam produtores rurais e cooperativas que utilizam bioinsumos nas suas produções.

Ao longo do presente tópico, esbarramos com diversos conceitos que, ainda que pareçam similares e, verdadeiramente, resguardem certas características que se aproximam, merecem ser apresentados em suas diferenças. Em razão do alvo, os produtos de origem biológica podem ser categorizados como bioinseticidas, biofungicidas, bioacaricidas, bionematicidas, feromônios, aleoquímicos e reguladores de crescimento. Seus efeitos estão diretamente relacionados à cepa de microrganismos e à sua formulação, que garante a otimização dos efeitos de seu uso no campo, a estabilidade dos ativos, a compatibilidade com outros produtos, o uso de menores doses, a redução dos impactos da toxicidade, a facilidade na aplicação e o maior tempo de vida do produto nas prateleiras. Aqui, preparamos quadro-resumo que nos traz os termos e seus conceitos de destaque.

Termo	Conceito
Agentes biológicos de controle ou Defensivos biológicos	Organismos vivos, de ocorrência natural ou obtidos por manipulação genética, introduzidos no ambiente para o controle de uma população ou de atividades biológicas de outro organismo considerado nocivo, podendo abranger: I – inimigos naturais: os organismos que naturalmente infectam, parasitam ou predam uma praga específica, entre eles os parasitoides, predadores e nematoides entomopatogênicos; II – Técnica de Inseto Estéril (TIE): consiste na liberação de machos que foram esterilizados por radiação ionizante como método de controle que pode ser usado na supressão ou erradicação de pragas. Em suma, os defensivos biológicos (ou biodefensivos) são produtos agrícolas desenvolvidos a partir de um ativo biológico, ingrediente ativo com origem natural, com intuito de eliminar alvos (doenças ou pragas) que estejam prejudicando a lavoura, mas sem agredir o meio ambiente.
Biofertilizantes	Adubo orgânico líquido utilizado para complementar a adubação de fertilizantes sólidos e que pode ser produzido dentro da propriedade rural, com materiais fáceis de ser encontrados no comércio e até na propriedade, cuja preparação ocorre em um tempo relativamente curto. Produto que contém componentes ativos ou agentes biológicos, capaz de atuar direta ou indiretamente sobre o todo ou parte das plantas cultivadas, melhorando o desempenho do sistema de produção e que seja isento de substâncias proibidas pela regulamentação de orgânicos.
Inoculantes	Produto que contém grande quantidade de bactérias benéficas às lavouras. Intensifica o processo natural da fixação biológica de nitrogênio (FBN), pelo qual bactérias que vivem no solo se associam às plantas, captam o nitrogênio do ar e o transformam em alimento para a planta. Contém bactérias que são responsáveis pela formação de nódulos nas raízes das plantas e é desenvolvido e produzido em conformidade com protocolos estipulados pela Rede de Laboratórios para a Recomendação, Padronização e Difusão de Tecnologia de Inoculantes Microbianos de Interesse Agrícola (Relare).
Condicionador de solo	Produtos que promovem a melhoria das propriedades físicas, físico-químicas ou da atividade biológica do solo. Embora seja mais utilizado como fonte de cálcio e magnésio no caso do cultivo do eucalipto, por exemplo, o calcário enquadra-se também como condicionador do solo, já que altera algumas propriedades físico-químicas do solo como a acidez, a capacidade de troca de cátions e a estrutura do solo, entre outras.
Probióticos	Microrganismos vivos que, uma vez administrados em quantidades adequadas, conferem benefícios à saúde do hospedeiro. A utilização de culturas bacterianas probióticas estimula a multiplicação de bactérias benéficas, em detrimento da proliferação de bactérias potencialmente prejudiciais, reforçando os mecanismos naturais de defesa do hospedeiro.

Termo	Conceito
Bioinseticidas	Solução ecológica para o controle de mosquitos transmissores de doenças e pragas agrícolas. São, pois, microrganismos vivos de ocorrência natural, bem como aqueles resultantes de técnicas que impliquem a introdução natural de material hereditário, utilizados no controle de espécies consideradas nocivas.
Biofungicidas	Microrganismos que atuam diretamente no patógeno das plantas, fazendo com que este não consiga se desenvolver. Dessa forma, fungos e bactérias são postos em contato com o fungo patogênico que está atacando a planta e começam a produzir metabólitos que têm ação antifúngica, criando barreira natural.
Bioacaricidas	Produtos biológicos para controles de ácaros. Os ácaros provocam danos nas folhas, em plantas jovens e mudas, e nas folhas e frutos, em plantas safreiras. Ocasionando intensas cloroses e secamento nas folhas, atrasando o desenvolvimento da planta, necrosam e atrofiam a folha central da planta jovem causando sua morte; necrosam a epiderme dos frutos; reduzem o tamanho e, consequentemente, o peso dos frutos, refletindo no rendimento da produção, além de causar deformações e queda prematura.
Bionematicidas	Produtos formulados com o uso de fungos e/ou bactérias que atuam como agentes biocontroladores de nematoides de plantas. Possuem a capacidade de capturar, parasitar, desorientar e até mesmo paralisar nematoides em diferentes estágios de desenvolvimento. Nematoides são vermes microscópicos e geralmente abundantes no solo, água doce e salgada e muitas vezes são parasitas de animais, insetos e também de plantas.
Aleloquímicos	Toda e qualquer substância química utilizada na comunicação entre os seres vivos na natureza são denominados de semioquímicos. O termo semioquímicos vem do grego *semeion* (sinal). Os semioquímicos que atuam entre indivíduos de uma mesma espécie (intraespecífico) são chamados de feromônios. Aqueles que atuam entre indivíduos de espécies diferentes (interespecífico) são chamados de aleloquímicos. Muitas causas de baixa produtividade estão relacionadas à alelopatia, termo oriundo da união das palavras *allélone pathos*, significando mútuo e prejuízo, respectivamente. A expressão foi criada por Hans Molisch, e o fenômeno é definido como a influência benéfica ou maléfica de um indivíduo, planta ou microrganismo, sobre outro, mediada por biomoléculas denominadas aleloquímicos.
Reguladores de crescimento	Substâncias que têm efeito sobre o metabolismo vegetal e causam respostas fisiológicas das plantas. A maioria deles atua como sinalizador na regulação do crescimento e desenvolvimento de plantas. Normalmente, ligam-se a receptores, na planta, e desencadeiam uma série de mudanças celulares, as quais podem afetar a iniciação ou modificação do desenvolvimento de órgãos ou tecidos. Os reguladores que reduzem a estatura de plantas são normalmente antagonistas às giberelinas e agem modificando o metabolismo destas.

Fonte: diversos autores e entidades, entre as quais se destacam a Embrapa, o Mapa e a Esalq/USP.

3.3. REGIME JURÍDICO DA PATENTE AGROINDUSTRIAL

As patentes representam um contrato social entre a sociedade, como um todo, e os inventores, sendo vistas como uma segurança à titularidade de propriedade intelectual, concedida, na maioria dos países do mundo, após rigoroso processo de exame. Esse direito de proteção à propriedade intelectual representa, portanto, um direito exclusivo que se concede sobre uma invenção, sendo facultado a seu titular decidir se sua invenção poderá ser utilizada por terceiros e, em caso afirmativo, de que forma.[44] Em outras palavras, as patentes consistem em direito de exploração exclusiva e temporária de uma inovação, representando o retorno e a retribuição para o seu desenvolvimento.

Ao longo dos anos, sistemas de patentes têm sido adotados por muitos países, cujo principal intuito é: (i) estimular a revelação de informações ao público em geral, o que contribui para a difusão de conhecimento técnico e científico, para a criação de novas invenções e para a retroalimentação desse processo inovativo; (ii) dar incentivos e recompensas à inovação e investimentos em pesquisa e desenvolvimento (P&D) e para futuras invenções; (iii) estimular a rápida comercialização das invenções, de forma que o público receba, de maneira agilizada, benefício concreto dessa invenção; e (iv) contribuir para evitar a duplicação de pesquisas, estimulando-as, bem como a própria concorrência.

Analisando o ordenamento jurídico aplicável à temática, no Brasil, o pedido de patente[45] deve ser requerido ao Instituto Nacional de Propriedade Intelectual (Inpi), autarquia federal criada em 1970 e vinculada ao Ministério da Indústria, Comércio Exterior e Serviços (MDIC). Com base na Lei de Propriedade Industrial (Lei n. 9.279/1996), a patente confere ao inventor o direito de impedir terceiro de fabricar, usar, colocar à venda ou importar produto ou processo patenteado ou produtos obtidos diretamente desses processos, pelos prazos previstos em lei. Dessa forma, garante a seu proprietário o direito de uso exclusivo em todo o território nacional e traz identificação pelo consumidor, valorizando, com isso, esse ativo para a empresa e tornando-se parcela estável de mercado.

Uma vez concedida a patente, o que ocorre após o deferimento do pedido de registro e o comprovado pagamento de retribuição, será expedida a carta-patente, com vigência de 20 anos para a patente de invenção e 15 anos para a patente de modelo de utilidade. O parágrafo único do art. 40 da Lei que previa a não possibilidade de ser o prazo inferior a dez e sete anos, respectivamente, foi revogado pela Lei n. 14.195/2021. Embora, teoricamente, os poderes legais conferidos ao titular da patente não envolvam

---

[44] OMPI – ORGANIZAÇÃO MUNDIAL DE PROPRIEDADE INTELECTUAL. *Patents*. 2018. Disponível em: http://www.wipo.int/patents/en/index.html. Acesso em: 4 fev. 2025.

[45] Art. 19 da Lei n. 9.279/1996: "Art. 19. O pedido de patente, nas condições estabelecidas pelo INPI, conterá: I – requerimento; II – relatório descritivo; III – reivindicações; IV – desenhos, se for o caso; V – resumo; e VI – comprovante do pagamento da retribuição relativa ao depósito".

interpretações além do estabelecido, o enunciado do art. 42, I e II, em tese, poderá comportar, em algumas situações, interpretação mais abrangente. Como mencionado, são duas as modalidades de patentes reconhecidas em nosso ordenamento: (i) patente de invenção, garantida a novas tecnologias, sejam estas associadas a produto ou a processo, como um novo motor de carro ou uma nova forma de fabricar medicamentos; (ii) patente de modelo de utilidade, proteção direcionada a novas formas em objetos de uso prático, como utensílios e ferramentas, que apresentem melhorias em seu uso ou em sua fabricação.

Dessa maneira, imperioso mencionar que não é suficiente que o inventor ou o criador do modelo tenha conseguido, em suas pesquisas, um resultado original para que tenha direito à patente. A Lei de Propriedade Industrial prevê em seu art. 8º os requisitos necessários a que uma invenção seja considerada patenteável: "é patenteável a invenção que atenda aos requisitos de novidade, atividade inventiva e aplicação industrial". Cabe dizer, a invenção representa uma solução técnica a um problema técnico, que conjuga a intervenção humana e sua capacidade criativa, em uma ação planejada direcionada à obtenção de um resultado previsível, com o qual resguarde relação de causalidade – por esse motivo, simples processos naturais biológicos não conduzem à capacidade de proteção por patentes.[46] A patenteabilidade da invenção fica condicionada ao cumprimento, em conjunto, de três critérios:

(1) Novidade: a invenção será considerada nova quando não fizer parte do estado da técnica, constituído por tudo aquilo acessível ao público antes da data do depósito do pedido de patente, por descrição escrita ou oral, pelo uso ou por qualquer outro meio, no Brasil ou no exterior, ressalvados os períodos de graça e as prioridades. Assim, carece de pesquisa ampla e compreensiva, com intuito de confirmar o cumprimento desse critério.

(2) Atividade inventiva: uma vez confirmada a novidade da invenção, é preciso verificar se há, efetivamente, atividade inventiva, que será considerada presente se a invenção (como um todo) não decorrer da evolução óbvia ou evidente do estado da técnica, visto por um perito no assunto. Em outras palavras, a invenção deve ultrapassar o desenvolvimento normal da tecnologia para se

---

[46] Entende-se por "processo biológico natural" qualquer processo biológico que ocorra espontaneamente na natureza e no qual a intervenção humana não afeta o resultado. Se a intervenção técnica desempenha um papel importante na determinação do resultado, ou se a sua influência é decisiva, o processo é considerado como invenção, ou seja, os processos que contenham pelo menos uma etapa técnica que possua um impacto decisivo no resultado, e que não possa ser realizada sem a intervenção humana, são considerados invenção. Sob esse conceito, o processo clássico de obtenção de plantas ou animais não é invenção. Do mesmo modo, processos que possuam somente etapas que mimetizem eventos que ocorram na natureza não são considerados invenção. Em contraste, os métodos baseados na engenharia genética (por exemplo, a produção de uma planta transgênica), em que a intervenção técnica é significativa, são passíveis de privilégio.

beneficiar dos direitos decorrentes da patente, sendo verificado verdadeiro salto qualitativo. Três etapas serão empregadas na determinação da obviedade da invenção reivindicada, quando em comparação ao estado da técnica: (i) determinar o estado da técnica mais próximo; (ii) determinar as características distintivas da invenção e/ou o problema técnico de fato solucionado pela invenção; e (iii) determinar se, diante do problema técnico considerado, e partindo-se do estado da técnica mais próximo, a invenção é ou não óbvia a um técnico no assunto.

(3) Industriabilidade ou aplicação industrial: nos termos da Lei, uma invenção será considerada passível de aplicação industrial quando puder ser utilizada ou produzida em qualquer tipo de indústria. Dessa forma, o conceito de aplicação industrial deve ser analisado com a devida flexibilidade quanto a seu significado, sendo aplicável também às indústrias agrícolas e extrativas e a todos os produtos manufaturados, desde que dotados de repetibilidade (ou seja, um perito naquela específica área, seguindo as instruções do pedido de patente, deve ser capaz de reproduzir a invenção).

Ainda, é necessária atenção ao art. 18 da Lei n. 9.279/1996, que prevê as criações insuscetíveis de proteção por patentes, em razão de interesse de política pública; alinhado a essa disposição, o art. 10 do mesmo diploma prevê as criações não sujeitas aos privilégios protetivos, embora algumas das situações dispostas possam ser enxergadas como inventos, logo não é apregoada a não patenteabilidade dessas criações, mas, sim, a não possibilidade, em tese, do privilégio de proteção até o momento em que inexistir uma solução técnica a problemas técnicos. Não há, portanto, nos enunciados do art. 10, quaisquer referências de natureza proibitiva à concessão de patentes.

O efeito dessa declaração, porém, é controverso ao tratarmos de patentes de processo e produto da área da biotecnologia: (i) no que diz respeito à patenteabilidade de processos de materiais biológicos,[47] produzidos por síntese química ou biotecnológica, quando o produto resultante final é igual à substância de origem natural; (ii) quanto ao desequilíbrio dos preceitos finalísticos da Constituição Federal, referentes ao art. 5º, XXIX, e aos princípios da livre concorrência e livre-iniciativa, uma vez que cada direito de propriedade intelectual, além de possuir função social geral, tem sua função tópica; (iii) a reprodução da criação baseada no relatório descritivo, tratando-se de componentes genéticos autorreplicantes impossibilita que sua tecnologia tenha publicidade, em razão da ausência de descrição suficiente – no que concerne ao pedido de

---

[47] Considera-se que "material biológico", no contexto do depósito, pode referir-se a qualquer material contendo informação genética e capaz de exercer a autorreplicação direta ou indireta. Exemplos representativos incluem bactérias, arqueias, protozoários, vírus, fungos, algas, sementes, linhagens de células animais e vegetais, hibridomas, cromossomos artificiais e demais vetores, podendo, para alguns desses casos, e de acordo com as exigências do centro depositário escolhido, ser depositada a célula hospedeira que abriga esses materiais biológicos.

patente de materiais de biotecnologia, não há suficiência descritiva caso a concretização da invenção seja dependente do acaso ou seja inerentemente impossível, por exemplo; dessa forma, sendo a obtenção do microrganismo dependente do acaso, sua suficiência descritiva será satisfeita por meio de seu depósito;[48-49] e (iv) a existência de um "melhoramento genético" efetuado por meio de processos de transgenia por força de práticas e conhecimentos científicos, sem atividade inventiva em si.[50]

A patente tem, assim, a finalidade de atuar como um instrumento impulsionador à inovação tecnológica, estimulando os investimentos, valendo-se de estratégias econômicas de valorização dos ativos. Certo é que, sem patente, não há propriedade e sem propriedade não pode haver o *claim* para apropriação exclusiva da riqueza gerada pelo ativo.[51] Com isso, além de ressaltar o papel da propriedade intelectual como elemento de apropriação do esforço de inovação, o que é fundamental em determinados setores, é possível enfatizar, também, sua importância como elemento que torna a tecnologia passível de transação econômica, ou seja, permite transformar inovações em ativos comercializáveis e ampliar a articulação entre agentes econômicos.

Cabe dizer, porém, que o Inpi experimenta um declínio constante nos pedidos de patente depositados. Em 2013, foram protocolados 34.050 pedidos de patentes e, em 2020, o Inpi recebeu aproximadamente 27.000 pedidos, ou seja, uma redução de 20% em um período de sete anos, com nova queda em 2021, quando o número de solicitações foi de 26.921.[52] Na última década, esses pedidos de registros de patentes caíram 18%,

---

[48] O art. 24 da LPI determina que o relatório protocolado com o pedido de registro de patente deverá descrever clara e suficientemente o objeto, de modo a possibilitar sua realização por técnico no assunto. Assim sendo, a análise da suficiência descritiva da matéria reivindicada deve ser feita com base no que foi revelado no relatório descritivo, listagem de sequências e desenhos (quando houver). Deve ser assegurado que o pedido contenha informação técnica suficiente para permitir que um técnico no assunto coloque a invenção em prática, ou seja, implemente ou realize a invenção. Quando o pedido se referir a um produto ou processo envolvendo um material biológico, que não possa ser descrito de maneira que um técnico no assunto possa compreender e reproduzir a matéria, o relatório descritivo deverá ser suplementado pelo depósito do dito material.

[49] No caso de necessário depósito do material, esse deverá ser procedido em instituição autorizada pelo Inpi ou indicada em acordo internacional vigente no País, ou em qualquer uma das autoridades de depósito internacional reconhecidas pelo Tratado de Budapeste.

[50] PLAZA, Charlene Maria Coradini de Ávila; CARRARO, Fábio. Propriedade intelectual – patentes e cultivares. *In*: PLAZA, Charlene Maria Coradini de Ávila; DEL NERO, Patrícia Aurélia; TARREGA, Maria Cristina Vidotte Blanco; SANTOS, Nivaldo dos (org.). *Propriedade intelectual na agricultura*. São Paulo: Fórum, 2012. p. 120.

[51] VIEIRA, Adriana Carvalho Pinto; BUAINAIN, Antônio Márcio. Aplicação da propriedade intelectual no agronegócio. *In*: PLAZA, Charlene Maria Coradini de Ávila; DEL NERO, Patrícia Aurélia; TARREGA, Maria Cristina Vidotte Blanco; SANTOS, Nivaldo dos (org.). *Propriedade intelectual na agricultura*. São Paulo: Fórum, 2012. p. 31.

[52] INPI. *Boletim Mensal de Propriedade Industrial*: estatísticas preliminares. Rio de Janeiro, mar. 2022.

mas os depósitos de marcas mais que dobraram. Observando apenas o ano de 2023, o Inpi recepcionou 27.918 pedidos de patentes (as marcas tiveram o número de pedidos para registro de 402.460.[53] Dessa forma, temos um indicativo que carece de atenção, vinculado a uma desaceleração da industrialização, bem como dos incentivos e do financiamento às atividades de pesquisa e desenvolvimento. Carece salientar que a demora e a burocracia no processo de registro também são fatores que culminam para a redução dos pedidos.

3.4. PROTEÇÃO DOS SINAIS DISTINTIVOS NO AGRONEGÓCIO

Os sinais distintivos constituem categoria de bens de propriedade imaterial, representativa de objeto de compreensão intelectual, e não mera apreensão e subordinação física. Assim sendo, poderão caracterizar os produtos resultantes da atividade agrícola o local em que se encontra seu estabelecimento ou, ainda, atribuir uma denominação específica a determinada empresa. São esses os papéis que desempenham a marca, a insígnia e a firma. Portanto, os sinais distintivos devem indicar qualidades e referências verdadeiras e reais acerca de bens tangíveis aos quais estejam relacionados, ou seja, os produtos das atividades agrícolas e pecuárias, além daquelas atividades conexas. Ademais e essencialmente, devem possuir em si as qualidades de novidade, veracidade e capacidade de distinção entre aqueles determinados bens aos quais se aderem, daqueles outros que lhe sejam meramente assemelhados.[54]

De outra forma, para os doutrinadores franceses Albert Chavanne e Jean-Jacques Burst,[55] os sinais distintivos são meios fonéticos ou visuais que permitem à clientela reconhecer os produtos, serviços ou estabelecimentos que procura e os distinguir dos produtos e serviços dos estabelecimentos similares. Assumem, portanto, valiosa função econômica, garantindo o trabalho e o esforço humano, representando fator de mercado e tornando-se elemento de êxito e segurança às transações.[56]

Apontada característica adquire condão peculiar no tocante às novas empresas dedicadas ao desenvolvimento de produtos biotecnológicos, situação também representada no campo da concorrência, considerando principalmente a disputa pelo mercado travada entre as empresas atuantes nesse setor que desenvolvem e comercializam sementes com o emprego da biotecnologia para serem cultivadas por produtores, o que

---

[53] CARVALHO, J. Pedidos de registro de marca no Inpi sobem 143% em dez anos. *Consultor Jurídico*, Anuário de Direito Empresarial, 1º dez. 2024. Disponível em: https://www.conjur.com.br/2024-dez-01/pedidos-de-registro-de-marca-no-inpi-sobem-143-em-dez-anos/. Acesso em: 4 fev. 2025.
[54] CAMPOBASSO, G. F. *Diritto commerciale*. 1. Diritto dell'impresa. 2. ed. Torino: UTET, 1996. p. 167.
[55] CHAVANNE, Albert; BURST, Jean-Jacques. *Droit de la propriété industrielle*. 5. ed. Paris: Dalloz, 1998.
[56] CARVALHO DE MENDONÇA, J. X. *Tratado de direito comercial brasileiro*. 5. ed. Rio de Janeiro: Freitas Bastos, 1955. v. 5.

farão no mesmo ambiente dos que perseveram em selecionar ou criar tipos de plantas ou raças de animais mediante o emprego de técnicas tradicionais.

No âmbito empresarial, empresários se valem de sinais distintivos para identificar e diferenciar a si mesmos, seus produtos e seus serviços dos inúmeros concorrentes de mercado. É, pois, proteção resguardada pela Constituição que, no inciso XXIX de seu art. 5º, impõe: "a lei assegurará aos autores de inventos industriais privilégio temporário para sua utilização, bem como proteção às criações industriais, à propriedade das marcas, aos nomes das empresas e a outros signos distintivos, tendo em vista o interesse social e o desenvolvimento tecnológico do País".

Ao estudar o impacto da propriedade intelectual no mercado de sementes no Brasil, constatamos novos padrões de competição, articulados à geração de novos produtos (variedades de espécies cultivadas na forma de sementes), utilizando novos processos (por exemplo, combinando métodos tradicionais de melhoramento genético e o emprego de técnicas de biologia molecular) e empregando estratégias de valorização de ativos relevantes e complementares, procurando se apropriar dos resultados decorrentes desse investimento em inovação. As empresas que perdem o acesso a essas novas formas de incorporação do progresso técnico podem ser alijadas no processo de competição.[57]

Nesse sentido, percebe-se a importância da garantia de que o adubo ou a semente ostentem a marca de determinado produtor. É esse o meio para assegurar que o produto provenha realmente da empresa especificada por aquele símbolo de identificação, uma vez que o uso de um sinal distintivo deve trazer, por si só, a presunção da existência de várias características inerentes ao produto, fruto da reputação, da tradição e de quaisquer outras qualidades atribuídas a determinado fabricante daquele insumo de agricultura.[58] Da mesma forma, a insígnia – destinada a indicar o local onde se realizam as atividades de criação de animais reprodutores – deve ser nova e diferente daquelas anteriormente existentes, a fim de não induzir os consumidores ao erro decorrente da má compreensão causada por um sinal viciado, assim resultando ao pretenso adquirente prejuízos na aquisição de produto que não atenda às suas necessidades e expectativas.

A marca é o principal elo entre o negócio e o cliente, pois é por meio dela que se identifica o negócio e o diferencia dos demais. Marca, porém, não é um conceito fácil de precisar. A Lei de Propriedade Industrial (Lei n. 9.279/1996) a define como qualquer sinal distintivo (palavra, figura, símbolo etc.) visualmente perceptível, que identifica e

---

[57] CARVALHO, Sérgio Medeiros Paulino de; SALES FILHO, Sérgio; PAULINO, Sonia Regina. Propriedade intelectual e dinâmica de inovação na agricultura, *Revista Brasileira de Inovação*, Rio de Janeiro, v. 5, n. 2, 2006.

[58] SCAFF, Fernando Campos. *Direito agrário*: origens, evolução e biotecnologia. São Paulo: Atlas, 2012. p. 84.

distingue produtos e serviços de outros semelhantes, de origens diversas, bem como certifica sua conformidade com determinadas normas ou especificações técnicas. Alinhada ao exposto, aponta a Organização Mundial da Propriedade Industrial ser a marca um sinal que serve para distinguir os produtos ou serviços de uma empresa dos outros de outras empresas.

Para que isso seja confirmado, porém, é preciso que a marca tenha características que permitam essa identificação, de forma a serem excluídas as proibições de caráter geral, evidentemente, caso em que a marca já pertença a outro titular. Nesse caso, dizemos que a marca exige os requisitos da novidade e da especialização. Cabe destacar, de outro lado, que o nome ou sinal pode já estar em uso, desde que se destine a assimilar produtos que não sejam concorrentes.

O pedido de registro da marca não confere ao requerente a exclusividade de seu uso. Para isso, é necessário que a marca seja reconhecida e concedida pelo Inpi, por meio da expedição do Certificado de Registro da Marca, com validade de dez anos, prorrogável a pedido do titular por períodos iguais e sucessivos, desde que seja procedido o pedido de prorrogação no último ano de vigência da marca. Caso contrário, será extinto o registro e a marca estará, em princípio, disponível. Em essência a marca é uma promessa da empresa de fornecer uma série específica de atributos, benefícios e serviços uniformes aos compradores. A análise da importância da propriedade intelectual para o agronegócio tem enfatizado as patentes e a proteção das cultivares, no entanto as marcas são também relevantes para o comércio dos insumos, produtos e consumo pelos mercados finais dos produtos derivados da biotecnologia avançada.

Cabe dizer que o registro de marca está sujeito ao princípio da precedência, segundo o qual é assegurado, àquele que comprove o uso de boa-fé no território nacional por pelo menos seis meses antes da data da prioridade ou do depósito, o direito preferencial ao registro de marca idêntica ou semelhante destinada a distinguir produtos ou serviços idênticos ou afins. Ainda, o direito de precedência apenas poderá ser cedido com o negócio da empresa ou parte deste, que tenha direta relação com o uso da marca. Uma vez reconhecida e registrada a marca, seu titular poderá ceder seu registro ou licenciar o uso da marca, ficando a seu encargo zelar por sua integridade material ou reputação.

Para Kotler,[59] a marca é um símbolo mais complexo do que o simples atestado de qualidade, podendo trazer até seis níveis de significados: atributos (a marca remete a certos atributos), benefícios (são traduzidos em benefícios funcionais e emocionais), valores (a marca transmite valores), cultura (a marca tem o poder de representar certa cultura), personalidade (a marca projeta certa personalidade) e usuário (a marca sugere o tipo de consumidor a atingir). O direito decorrente do registro da marca exclui seu emprego por todos os demais no mesmo ramo de atividade. Salvo se a marca estiver

---

[59] KOTLER, P. et al. *Principles of marketing*. 4. ed. New Jersey: Prentice Hall Europe, 2005.

amparada por proteção mais ampla, que decorre do reconhecimento de sua notoriedade – marca de alto renome –, não poderá o titular do registro impedir seu uso por terceiros em ramo de atividade diverso, que não possibilite confusão entre mercadorias, produtos ou serviços.

A marca terá, assim, validade e eficácia quando se constituir em sinal visualmente perceptível, devendo revestir-se de distintividade, para distinguir produtos ou serviços. Como se espera de qualquer titularidade de direitos, a marca não pode incidir em proibições legais, seja em razão da sua própria constituição, do seu caráter de liceidade ou da sua condição de disponibilidade. Para efeito de utilização, dividem-se em (i) marca de produto ou serviço, usada para distinguir produto ou serviço de outro idêntico, semelhante ou afim, de origem diversa; (ii) marca de certificação, usada para atestar a conformidade de um produto ou serviço a determinadas normas ou especificações técnicas, notadamente quanto à qualidade, natureza, material utilizado e metodologia empregada; e (iii) marca coletiva, usada para identificar produtos ou serviços provindos de membros de determinada entidade. Com o passar do tempo, a marca alcançou maior importância entre os tipos de sinais distintivos, até para efeitos de regulamentação legislativa, uma vez que da sua finalidade original de caracterizar o fruto das atividades de criação de animais e cultivo de vegetais criaram-se subespécies, visando atingir objetivos diferentes.

Entre essas subespécies destacam-se principalmente as chamadas marcas coletivas e marcas de certificação. As coletivas possibilitam a criação de vínculos formais entre vários empresários de uma mesma região que pretendem, de modo uniforme, distinguir o conjunto formado por seus produtos daqueles de outros produtores ou pecuaristas. Os produtos agrícolas de diferentes empresas, desde que obtidos por meio das mesmas técnicas e tecnologia, previamente ajustadas de modo consensual entre os empresários associados, caracterizam a coletividade, que deverá ser uma prova de qualificação de todos os produtos derivados. Dessa forma, é atingido um benefício do ponto de vista da divulgação e credibilidade daqueles frutos no mercado.

Para que as marcas coletivas sejam reconhecidas como tais, é necessária a constituição prévia de uma sociedade ou de associação de empresas que se encarregarão de atribuir aos produtos criados ou cultivados por seus membros a possibilidade de uso daquele sinal de diferenciação. As marcas de certificação, por sua vez, também podem agregar valor aos produtos relativos à confiabilidade e credibilidade de tais certificadores. Seu objetivo é representar uma referência confiável com o cumprimento de processos necessário, assim, também, culminando em presunção de garantia sobre certos produtos, a partir de um exame prévio, feito por entidade habilitada.

O cerne da questão no tocante às marcas de certificação está na reputação da certificadora, dotada de discricionariedade para conceder ou não um atestado de qualidade. O produto ou a empresa que se mostrem aptos a receber o selo de certificação serão valorizados no mercado, o que somente ocorrerá caso forem atendidos critérios rígidos de qualidade. Essas figuras específicas possuem natureza jurídica de sinais distintivos, não se confundindo com as etiquetas ou rótulos, cujos objeto e finalidade são fornecer determinadas informações consideradas relevantes e, na verdade, obrigatórias acerca daquele produto final, bem como sobre seus ingredientes, características, efeitos eventuais e métodos de produção, o que se faz, portanto, visando proteger os interesses dos consumidores e em virtude de determinação legislativa expressa.[60]

É o que se verifica nos produtos derivados de insumos ou práticas de engenharia ligadas à biotecnologia – tal como o milho ou a soja transgênica –, característica que deve ser explicitada. É o caso das rotulagens, cada vez mais presentes em mercado, de orgânicos, biológicos, *light*, *diet* etc. A ideia de publicidade aqui é inerente e feita por meio da difusão das marcas a um número maior de potenciais consumidores, multiplicando, assim, o impacto e a influência dos sinais distintivos, podendo agregar valor à empresa. Os bens imateriais representam, para a publicidade, campo fértil e preferencial, como também é o caso das denominações de origem.

Desde sempre, o ser humano se habituou a identificar determinados produtos com base na região em que produzidos; com isso, indicações de ordem geográfica e marcas foram utilizadas no decurso da história como ferramentas capazes de valorizar produtos e serviços por meio de sua diferenciação. Atualmente, fatores como origem, qualidade, segurança do alimento, rastreabilidade e compromissos socioambientais estão cada vez mais valorizados pelos consumidores.

De maior adesão e conhecimento na Europa, as indicações geográficas são instrumentos previstos na PAC, que concedem ao empresário rural a valorização de seus produtos agroalimentares e, ao longo do tempo, têm seu valor aumentado, do ponto de vista comercial. Em 2019, no Brasil, encontravam-se registradas 62 Indicações Geográficas (IG) distribuídas por todas as regiões brasileiras e definidas pelas próprias associações, sindicatos e cooperativas de produtores locais. Após cinco anos, em 2024, o Brasil registrou 125 IGs, e esse número só tende a crescer, tendo em vista o potencial de expansão. Para alguns especialistas, o número pode aumentar para 200 IGs, até 2026. A base do cálculo comparou o território brasileiro e o continente europeu, pelo fato de o Brasil possuir dimensão continental. Em dados estatísticos, a Europa possui 3.500 IGs reconhecidas.[61] O Selo de IG do Inpi é regulamentado pela Lei de Propriedade Intelectual. A indicação geográfica, ainda, pode assumir a forma de denominação de origem (DO) ou de indicação de procedência (IP). Diferentemente das marcas, porém, aos produtos com indicação geográfica, sobretudo àqueles com denominação de origem, são incorporadas especificidades de recursos locais, tanto materiais quanto imateriais.

---

[60] SCAFF, Fernando Campos. *Direito agrário*: origens, evolução e biotecnologia. São Paulo: Atlas, 2012. p. 87.
[61] LOPES, M. Brasil fecha ano com 125 Indicações Geográficas. *Agência Sebrae de Notícias*. Nacional: 26 dez. 2024. Disponível em: https://agenciasebrae.com.br/cultura-empreendedora/brasil-fecha-ano-com-125-indicacoes-geograficas/. Acesso em: 4 fev. 2025.

É por meio das denominações de origem que se busca indicar o lugar de procedência dos produtos agrícolas, qualificando-os como obtidos a partir da realização regulamentada das atividades determinadas, tanto em relação aos métodos empregados no cultivo de plantas, ou na criação de animais, como nos processos posteriores de elaboração ou de preparação desses produtos. Em verdade, as denominações de origem referem-se unicamente aos produtos agrícolas, podendo vincular-se à prestação de serviços ou a processos exclusivamente industriais. Sua capacidade baseia-se na eficácia em, como indicativo de qualidade e fonte potencial, sua capacidade de agregar valor aos produtos que, de algum modo, estão relacionados a local ou método de produção peculiar apreciados, assim, pelos mercados consumidores.

A indicação de procedência, por sua vez, impõe a vinculação de nome de país, cidade, região ou localidade territorial, que tenha se tornado conhecido como centro de extração, produção ou fabricação de determinado produto ou de prestação de determinado serviço. Dessa forma, na IP temos conceito que não se vincula, tão estritamente, a uma reunião de fatores locais relacionados a características geológicas, fisiográficas ou humanas. Nesta, é mais relevante a fama que determinada região atingiu no desenvolvimento do produto ou serviço. Assim, nota-se que a DO vai mais além do que a IP, de forma que a localidade que indique onde o produto ou serviço foi feito implica diretamente suas qualidades e características. A DO, portanto, traz mais detalhes como qualidade, estilo e sabor e se relaciona à cultura regional.

A importância dos sinais distintivos é clara – independentemente de informações obrigatórias prestadas quanto aos produtos – e pode representar bens imateriais no sentido de especificadamente informar sobre a presença da biotecnologia no processo de criação dos frutos, ou até mesmo na atividade agrícola em si, de forma a valorizar, por fim, esses produtos.

3.5. PROTEÇÃO LEGAL DE CULTIVARES

O termo cultivar é originário da expressão em inglês *cultivated variety*, que aponta a uma planta deliberadamente selecionada com base em características específicas e desejáveis, do ponto de vista agronômico. No âmbito da propriedade intelectual, é a tradução para o português brasileiro de *plant variety*, sendo considerada um sinônimo de variedade de planta ou variedade vegetal. A diversidade de organismos vegetais criou a necessidade de classificação, cujo objetivo é agrupar as plantas dentro de um sistema botânico.

A proteção da propriedade intelectual sobre novas cultivares, no mundo, está regulamentada pela União para a Proteção de Obtenções Vegetais (UPOV), à qual o Brasil aderiu em 1999. A UPOV permitiu que as características específicas da inovação vegetal pudessem ser levadas em conta, sendo, assim, superadas as lacunas e as restrições impostas pelos estatutos anteriores que regiam a matéria, como os de proteção à propriedade industrial. A incorporação das novas características foi feita, porém, de forma muito peculiar, isso porque a legislação nacional assimilou aspectos constantes das Revisões (ou Atas), de 1978 e 1991, não se atendo a uma destas em específico. A Revisão da UPOV de 1978 determinava que as variedades protegidas deveriam ser distintas, homogêneas e estáveis, prevendo a exceção do agricultor e do melhorista. Também, proibia a dupla proteção (simultaneamente, por direitos de melhorista e por patentes), ao mesmo tempo em que possibilitava aos países definirem quais espécies seriam objeto de proteção.[62]

A proibição à dupla proteção, porém, não consta da Revisão de 1991, ponto que deve ser entendido no contexto do avanço das modernas técnicas biotecnológicas e das possibilidades concretas da transgenia. Na realidade, o sistema *sui generis* de proteção para inovações em plantas não abrange os organismos geneticamente modificados. Estes, em vários países, são passíveis de proteção por propriedade industrial. Em virtude da proibição à dupla proteção, o Brasil pode aderir à Revisão de 1978 da UPOV, mesmo reconhecendo o direito de patente a genes modificados. Com isso, temos, hoje, o Estado como membro da Convenção de 1978, incorporando elementos da Convenção de 1991 (entre os quais figura a variedade essencialmente derivada). O Brasil, assim, como membro da OMC, adotou disposições do Acordo sobre Aspectos dos Direitos de Propriedade Intelectual relacionados com o comércio que especifica a proteção de variedades vegetais por um sistema de patentes ou por um sistema *sui generis*.

À UPOV cabe a função de regular, em âmbito internacional, direitos e deveres relativos à propriedade intelectual sobre novas variedades vegetais, fornecendo o marco conceitual que baliza as legislações nacionais de seus países-membros sobre direitos dos obtentores[63] de plantas. Seu objetivo é, justamente, proteger o direito de propriedade intelectual no campo do melhoramento vegetal, sendo sua missão fomentar um sistema eficaz de proteção, visando ao desenvolvimento de novas cultivares para o benefício da sociedade, padronizando e estabelecendo requisitos uniformes à concessão e anulação dos direitos de propriedade intelectual sobre cultivares.

A variedade essencialmente derivada, do ponto de vista econômico, protege os titulares de cultivares, visando-lhes maior sucesso no mercado e, aos melhoristas, garantindo maior capacidade de lançamento de novas cultivares. A matéria envolve o estudo de plantas que foram enriquecidas em suas propriedades e qualidades, podendo envolver inclusive aquelas geneticamente modificadas. Dessa forma, introduz-se em uma planta ou em um conjunto de plantas um atributo ou uma combinação destes, que se fixam de modo estável, uniforme e permanente, dando-lhes uma qualificação própria. São, pois, adquiridos determinados fenótipos e genótipos.

---

[62] CARVALHO, Sérgio Medeiros Paulino de; SALLES FILHO, Sérgio Luiz Monteiro; BUAINAIN, Antônio Márcio. A institucionalidade propriedade intelectual no Brasil: os impactos da política de articulação da Embrapa no mercado de cultivares no Brasil. *Cadernos de Estudos Avançados*, Rio de Janeiro, 2005.

[63] Pessoa física ou jurídica que obtiver novo cultivar ou cultivar essencialmente derivado.

Fenótipos, vale dizer, constituem características morfológicas, fisiológicas e comportamentais criadas por elementos microscópicos e de natureza bioquímica, que foram desenvolvidas cientificamente ou que decorrem de fatos externos, como a exposição ao sol, às temperaturas elevadas ou baixas e ao tipo de alimentação. Disso decorre a relação com a aparência do ser vivo. Os genótipos, por seu turno, referem-se ao genoma do indivíduo, isto é, aos genes do organismo dos seres vivos, que nada mais são do que o conjunto de cromossomos que se situam no núcleo das células. Refere-se, nesse sentido, à constituição genética de um organismo.[64]

No caso dos vegetais, a cultivar significa a seleção de determinados fenótipos e genótipos, formando um ser vivo não diferente, mas melhorado ou aperfeiçoado, podendo receber um novo nome, que os distinga de seus equivalentes anteriores. Concebe-se, então, a cultivar como um sistema de aperfeiçoamento genético dos componentes que integram o vegetal. Os cientistas a entendem como a variedade de qualquer gênero ou espécie vegetal, superior, que seja claramente distinguível de outras conhecidas; por margem mínima de descritores;[65] por sua denominação própria, que seja homogênea e estável quanto aos descritores; por meio de gerações sucessivas e que seja de espécie passível de uso pelo complexo agroflorestal, descrita em publicação especializada disponível e acessível ao público.

Cultivar, assim, vem a ser o resultado do melhoramento em uma variedade de plantas que a torne diferente das demais em sua coloração, qualidade, porte e resistência a herbicidas, a doenças e a certas mudanças climáticas. A nova característica apresenta-se igual em todas as plantas de uma mesma cultivar, permanecendo ao longo das gerações. Havendo uma nova combinação do próprio material genético, com o surgimento de uma planta diferente daquela da qual é proveniente, resulta o aumento da produtividade agrícola, da tolerância a certas doenças, da qualidade dos insumos e dos produtos derivados.[66] As atividades de melhoramento visam atender as demandas de uma população em processo de crescimento, assim como de aproveitar melhor o solo de forma sustentável, obter variedades adaptadas às condições climáticas em mutação, que sejam resistentes a pragas e fatores abióticos, e que tenham qualidade e valor nutritivo. Plantas melhoradas produzem safras melhores e geram lucros aos agricultores e, por via de consequência, aos consumidores finais.

A distinção entre uma nova variedade e outras variedades conhecidas implica a possibilidade de diferenciá-las por meio de uma qualidade determinada em lei, de características relevantes, que surgem como requisitos de proteção: homogeneidade, distinção e estabilidade. A homogeneidade que lhe é inerente, remete à manutenção

---

[64] RIZZARDO, Arnaldo. *Curso de direito agrário*. São Paulo: RT, 2013. p. 736.
[65] A característica morfológica, fisiológica, bioquímica ou molecular que seja herdada geneticamente, utilizada na identificação de cultivar.
[66] RIZZARDO, Arnaldo. *Curso de direito agrário*. São Paulo: RT, 2013. p. 737.

do conjunto de características definidas para a variedade, quando do seu registro, em todas as plantas dessas produzidas. A estabilidade contempla a manutenção desse conjunto de características depois de sua reprodução sexual ou propagação vegetativa. A exceção do agricultor permite-lhe que possa utilizar parte da produção própria para replantio. A exceção do melhorista,[67] por seu turno, possibilita o uso de variedades protegidas para fins de criação de novas variedades, independentemente de permissão do titular dos direitos sobre estas. Não se confundem as cultivares com plantas transgênicas, que recebem genes artificialmente de outras plantas ou de espécie diferente por meio de um trabalho de engenharia genética. Nas cultivares, há todo um trabalho de seleção (técnica de cultivo) até que se obtenha uma planta nova com a característica pretendida, diferente da original.

Inaugurado em 1997, pela Lei n. 9.456, o diploma conhecido como Lei de Proteção de Cultivares disciplina as cultivares e sua proteção e, logo em seu art. 3º, IV, apresenta como sua definição: "A variedade de qualquer gênero ou espécie vegetal superior que seja claramente distinguível de outras cultivares conhecidas por margem mínima de descritores, por sua denominação própria, que seja homogênea e estável quanto aos descritores através de gerações sucessivas e seja de espécie passível de uso pelo complexo agroflorestal, descrita em publicação especializada disponível e acessível ao público, bem como a linhagem componente de híbridos".[68] A Lei de Proteção de

---

[67] A pessoa física que obtiver cultivar e estabelecer descritores que o diferenciem dos demais.

[68] Art. 3º, Lei n. 9.456/1997. "Considera-se, para os efeitos desta Lei: I – melhorista: a pessoa física que obtiver cultivar e estabelecer descritores que a diferenciem das demais; II – descritor: a característica morfológica, fisiológica, bioquímica ou molecular que seja herdada geneticamente, utilizada na identificação de cultivar; III – margem mínima: o conjunto mínimo de descritores, a critério do órgão competente, suficiente para diferenciar uma nova cultivar ou uma cultivar essencialmente derivada das demais cultivares conhecidas; IV – cultivar: a variedade de qualquer gênero ou espécie vegetal superior que seja claramente distinguível de outras cultivares conhecidas por margem mínima de descritores, por sua denominação própria, que seja homogênea e estável quanto aos descritores através de gerações sucessivas e seja de espécie passível de uso pelo complexo agroflorestal, descrita em publicação especializada disponível e acessível ao público, bem como a linhagem componente de híbridos; V – nova cultivar: a cultivar que não tenha sido oferecida à venda no Brasil há mais de doze meses em relação à data do pedido de proteção e que, observado o prazo de comercialização no Brasil, não tenha sido oferecida à venda em outros países, com o consentimento do obtentor, há mais de seis anos para espécies de árvores e videiras e há mais de quatro anos para as demais espécies; VI – cultivar distinta: a cultivar que se distingue claramente de qualquer outra cuja existência na data do pedido de proteção seja reconhecida; VII – cultivar homogênea: a cultivar que, utilizada em plantio, em escala comercial, apresente variabilidade mínima quanto aos descritores que a identifiquem, segundo critérios estabelecidos pelo órgão competente; VIII – cultivar estável: a cultivar que, reproduzida em escala comercial, mantenha a sua homogeneidade através de gerações sucessivas; IX – cultivar essencialmente derivada: a essencialmente derivada de outra cultivar se, cumulativamente, for: a) predominantemente derivada da cultivar inicial ou de outra cultivar essencialmente derivada, sem perder a expressão das características essenciais que resultem do genótipo ou da combinação de genótipos da cultivar da qual derivou, exceto no que diz respeito às diferenças resultantes

Cultivares, vale dizer, provocou mudanças no próprio modelo de geração de tecnologia na área de produção de sementes e estimulou a modernização e a internacionalização da indústria de sementes brasileira, com maior entrada de agentes privados ao setor.

As cultivares, portanto, são novas variedades cultivadas de vegetais, resultantes do emprego de técnicas de melhoramento, desde a seleção e o cruzamento, até modernos métodos de engenharia genética. O direito de propriedade intelectual sobre as cultivares, conferido ao melhorista, garante ao seu titular privilégio exclusivo sobre a utilização de sua obra por período determinado (direito de usar, fruir e dispor do bem imaterial).

A evolução do mercado de sementes, desenvolvida mediante constante pesquisa e inovação, elevou a produtividade no campo. Foi esse cenário, alinhado à necessidade de insumos mais qualificados e variados, que permitiu a concretização de parcerias e acordos de cooperação entre empresas públicas e privadas (ou privadas e privadas) para o desenvolvimento de novas variedades de plantas.[69] A obtenção de licença para produzir cultivares, embora existissem tentativas de introduzir uma regulamentação desde 1947, somente passou a ser matéria disciplinada pela Lei n. 9.456/1997 (Lei de Proteção de Cultivares), regulamentada pelo Decreto n. 2.366/1997. É a partir desse marco legal que foram introduzidos mecanismos para organização, sistematização, controle da produção e comercialização de sementes e mudas.

---

da derivação; b) claramente distinta da cultivar da qual derivou, por margem mínima de descritores, de acordo com critérios estabelecidos pelo órgão competente; c) não tenha sido oferecida à venda no Brasil há mais de doze meses em relação à data do pedido de proteção e que, observado o prazo de comercialização no Brasil, não tenha sido oferecida à venda em outros países, com o consentimento do obtentor, há mais de seis anos para espécies de árvores e videiras e há mais de quatro anos para as demais espécies; X – linhagens: os materiais genéticos homogêneos, obtidos por algum processo autogâmico continuado; XI – híbrido: o produto imediato do cruzamento entre linhagens geneticamente diferentes; XII – teste de distinguibilidade, homogeneidade e estabilidade (DHE): o procedimento técnico de comprovação de que a nova cultivar ou a cultivar essencialmente derivada são distinguíveis de outra cujos descritores sejam conhecidos, homogêneas quanto às suas características em cada ciclo reprodutivo e estáveis quanto à repetição das mesmas características ao longo de gerações sucessivas; XIII – amostra viva: a fornecida pelo requerente do direito de proteção que, se utilizada na propagação da cultivar, confirme os descritores apresentados; XIV – semente: toda e qualquer estrutura vegetal utilizada na propagação de uma cultivar; XV – propagação: a reprodução e a multiplicação de uma cultivar, ou a concomitância dessas ações; XVI – material propagativo: toda e qualquer parte da planta ou estrutura vegetal utilizada na sua reprodução e multiplicação; XVII – planta inteira: a planta com todas as suas partes passíveis de serem utilizadas na propagação de uma cultivar; XVIII – complexo agroflorestal: o conjunto de atividades relativas ao cultivo de gêneros e espécies vegetais visando, entre outras, à alimentação humana ou animal, à produção de combustíveis, óleos, corantes, fibras e demais insumos para fins industrial, medicinal, florestal e ornamental".

[69] BUAINAIN, A. M.; SOUZA, R. F. *Propriedade intelectual e desenvolvimento no Brasil*. Rio de Janeiro: Idea D; ABPI, 2019.

O procedimento de registro de uma nova cultivar depende, em primeiro lugar, de pedido[70] de aprovação ao Serviço Nacional de Proteção de Cultivares (SNPC), órgão do Mapa, criado nos termos do arts. 45 da Lei de Proteção de Cultivares e com funções delineadas pelo art. 3º do Decreto n. 2.366/1997. A função principal do SNPC é analisar os pedidos de proteção de cultivares e a competência para conceder a proteção de uma cultivar, o que importa em reconhecer a propriedade intelectual dos obtentores de novas combinações filogenéticas na forma de cultivares distintas, homogêneas e estáveis.[71]

Para a aprovação das novas cultivares e autorização da comercialização, submetem-se as sementes e plantas a testes de distintividade, homogeneidade e estabilidade (DHE), realizados por dois anos em cada região, normalmente utilizando uma amostra de 300 plantas coletadas durante a fase de produção de semente genética. Esse teste assegura a diferenciabilidade da nova cultivar perante as demais variedades disponíveis e apresenta homogeneidade e estabilidade na expressão das suas características. Mais condições, todavia, são exigidas: (i) ser produto de melhoramento genético, de espécie passível de proteção no Brasil; (ii) não ter sido comercializada no exterior há mais de quatro anos, ou há mais de seis anos, no caso de videiras ou árvores; (iii) não ter sido comercializada no Brasil há mais de um ano; (iv) ser distinta; (v) ser homogênea; e (vi) ser estável. A distintividade das cultivares é critério de caráter agrotécnico: uma planta se distingue de outra por suas cores, resistência a pragas e outros aspectos biológicos.

Observando o órgão regulador necessidade, serão formuladas exigências adicionais julgadas convenientes, inclusive no que se refere à apresentação de novo relatório descritivo, sua complementação e demais informações consideradas relevantes para conclusão do exame do pedido. Uma vez não cumprida ou contestada a exigência adicional no prazo de sessenta dias, contados da ciência da notificação, será procedido o arquivamento do pedido, encerrando-se a instância administrativa. Outra hipótese de arquivamento do pedido reside na consideração de improcedência de contestação oferecida à exigência. Da decisão exarada caberá recurso. Interposto o recurso, o órgão competente terá o prazo de até sessenta dias para decidir.

Uma vez aprovado o pedido, será concedido título de propriedade, o Certificado de Proteção de Cultivar (art. 2º da Lei de Cultivares), e providenciado o registro da nova variedade, que se refere à inscrição da cultivar no cadastro de Registro Nacional de Cultivares (RNC), seja na produção, no beneficiamento ou na comercialização de sementes e mudas, inclusive as protegidas. A proteção estabelece a propriedade sobre o cultivar e o registro habilita as cultivares para comercialização e recai sobre o material de reprodução ou de multiplicação vegetativa, conforme preceitua o art. 8º do diploma legal, já que a proteção exclusiva não é conferida à cultivar, mas à sua função de propagação.

---

[70] Art. 13 e ss. da Lei n. 9.456/1997.
[71] RIZZARDO, Arnaldo. *Curso de direito agrário*. São Paulo: RT, 2013. p. 741.

O RNC foi criado pela Portaria n. 527/1997, sendo atualmente regido pela Lei n. 10.711/2003, e regulamentado pelo Decreto n. 10.586/2020. Mais recentemente, foi emitida nova Portaria pelo Mapa, de n. 502, de 20 de outubro de 2022, que se propõe a estabelecer normas para a inscrição de cultivares e de espécies no RNC. Referido órgão fica subordinado à Coordenação de Sementes e Mudas (CSM), que faz parte do Departamento de Fiscalização de Insumos Agrícolas (DFIA), ligado à Secretaria de Defesa Agropecuária (DAS) do Mapa. A finalidade principal desse órgão é, justamente, habilitar previamente as cultivares e as espécies de plantas para a produção, beneficiamento e comercialização das sementes e mudas no País, disponibilizando aos produtores, assim, os avanços da pesquisa genética vegetal.

Com isso, o uso da cultivar registrada fica na dependência de prévia autorização do titular que cobra um preço, expresso no pagamento de *royalties*, a ser definido como uma taxa tecnológica. Quem recebe a autorização, conforme visto anteriormente, denomina-se "melhorista", que é a pessoa responsável pelo processo de melhoramento genético das cultivares e pela descrição das características que vão diferenciar uma nova cultivar das demais. A Lei n. 9.456/1997 assegura a proteção e o direito à reprodução comercial da cultivar, ficando vedado a terceiros, durante período em que protegida a espécie, a produção para fins comerciais, o oferecimento à venda ou à comercialização do material de propagação da cultivar.

A apontada proteção é, ainda, estendida à proibição dos adquirentes de sementes ou mudas em desenvolver a produção com a nova cultivar e depois vender o produto colhido para terceiros utilizarem a nova espécie em suas culturas agrícolas. Exclusivamente em caso de autorização do criador das sementes e mudas, com a certificação de qualidade pelo Mapa e depois de experimentos e análises por entidade certificadora habilitada e autorizada é que se permite a comercialização do produto, operando-se o que se chama de multiplicadores das cultivares. Lembremos, a proteção, como as demais afetas à propriedade intelectual, se dá para fins de exploração comercial, desde que preenchidos os requisitos já destacados de distinção, homogeneidade e estabilidade.

Também sobre a proteção, os arts. 4º e 5º da Lei n. 9.456/1997 preveem sua possibilidade à nova cultivar ou cultivar essencialmente derivada, de qualquer gênero ou espécie, de forma à pessoa física ou jurídica que obtiver nova cultivar ou cultivar essencialmente derivada ser assegurada proteção que lhe garanta o direito de propriedade, nas condições estabelecidas em Lei. A proteção ao material de produção ou de multiplicação é estendida pelo art. 8º do diploma, que a impõe sobre o material de reprodução ou de multiplicação vegetativa da planta inteira, de forma a ser, justamente, essa proteção que garante a seu titular o direito à reprodução comercial no território brasileiro, ficando vedados a terceiros, durante o prazo de proteção, a produção com fins comerciais, o oferecimento à venda ou à comercialização, do material de propagação da cultivar sem sua autorização. Daqui se extrai o direito de exclusivo referente às cultivares, que vigorará, a partir da data da concessão do Certificado Provisório de

Proteção, pelo prazo de 15 anos, salvo quanto às videiras, árvores frutíferas, árvores florestais e ornamentais, para as quais a duração será de 18 anos.

É, pois, no Certificado de Proteção de Cultivar que se constitui o instrumento de proteção dos direitos relativos à propriedade intelectual da cultivar, sendo ele a única forma de proteção capaz de obstar a livre utilização, por terceiros, de plantas, de suas partes de reprodução ou de multiplicação vegetativa no País. É, dessa forma, o que garante ao obtentor, ou chamado melhorista, os direitos de propriedade sobre a cultivar desenvolvida, permitindo a coleta de *royalties* sobre sua comercialização, como semente ou muda. Há o direito de proteção em favor daquele que faz o aperfeiçoamento, ao pesquisador, isto é, o melhorista, pelo trabalho, como compensação pelo que acresce à semente. O processo concebido pelo melhorista quanto à obtenção de nova variedade não é passível de proteção, mas apenas o produto final, ou seja, a nova variedade vegetal (cultivar).

Cabe acrescer, a Lei de Proteção de Cultivares assegurou que não fere direito de propriedade aquele que: (i) reserva e planta sementes para uso próprio, em seu estabelecimento ou em estabelecimento de terceiros cuja posse detenha; (ii) usa ou vende como alimento ou matéria-prima o produto obtido do seu plantio, exceto para fins reprodutivos; (iii) utiliza a cultivar como fonte de variação no melhoramento genético ou na pesquisa científica; (iv) multiplica material vegetativo de cana-de-açúcar destinado à produção para fins de processamento industrial, em áreas de até quatro módulos fiscais; e (v) sendo pequeno produtor, multiplica sementes, para doação ou exclusivamente para outros pequenos produtores rurais, no âmbito de programas de financiamento e de apoio a pequenos produtores rurais, conduzidos por órgãos públicos ou organizações não governamentais autorizadas pelo poder público.

Com a lei, os investimentos em pesquisa de novas cultivares foram bastante incrementados por parte de todos os obtentores, e terceiros são impedidos de produzir e comercializar sementes sem a autorização do obtentor, pelo prazo anteriormente citado. A lei não obriga o pagamento de *royalties* pelos obtentores, mas deixa essa opção, uma vez que para a produção de sementes por terceiros será necessária autorização prévia, exigida pelo Mapa no ato da comunicação dos campos de sementes. Apesar de muitas empresas ainda terem como estratégia não proteger suas cultivares no SNPC, o número de cultivares protegidas aumentou consideravelmente nos últimos cinco anos. Nos dias atuais, a percepção dos produtores é que a cada ano são lançadas novas cultivares com potencial de agregar valor para o produtor, seja em ganhos de produtividade, redução de riscos climáticos e maior conformidade com as exigências dos mercados.

3.6. MUDANÇAS E PERSPECTIVAS DA NOVA REGULAÇÃO SOBRE AGROTÓXICOS

No ano de 2023, houve importantes transformações regulatórias, como o novo marco legal do uso de agrotóxicos, Lei n. 14.785, de 27 de dezembro de 2023. Anteriormente como Projeto de Lei (PL) n. 1.459, a atual Lei tramitava há mais de 20 anos no

Congresso Nacional e passa a se tornar ponto de referência para grandes produtores agrícolas, modernizando o agro brasileiro. Segundo o então presidente da CropLife Brasil (CLB), Eduardo Leão:

> A aprovação do PL 1459 é um marco importante para o avanço e modernização da agricultura brasileira. Ele cria processos mais avançados e transparentes, sem abrir mão dos rígidos critérios técnico-científicos de aprovação de novas moléculas. Além disso, nos leva a um cenário extremamente positivo para a eficiência agronômica, a saúde humana e a preservação do meio ambiente.[72]

A norma dispõe sobre pesquisa, experimentação, produção, embalagem, rotulagem, transporte, armazenamento, importação, exportação, entre outros pontos que envolvem a inspeção e a fiscalização de agrotóxicos. Composta por 66 artigos, a legislação inicia-se contemplando sua abrangência (art. 1º), seguida de importantes determinações conceituais. Entre os termos citados no art. 2º, VI, da Lei destaca-se a "análise dos riscos", dividida em três fases: (i) avaliação dos riscos, caracterizada pela identificação de riscos à saúde humana, avaliação da exposição às substâncias ou produtos e avaliação da dose-resposta; (ii) comunicação dos riscos, em prol da transmissão de informações e percepções sobre perigos e riscos do uso de agrotóxicos e produtos de controle ambiental; e (iii) gestão dos riscos, fase importante para processar a avaliação realizada dos riscos, ponderando fatores econômicos, sociais, regulatórios e os efeitos sobre a saúde humana e sobre a natureza.

Nota-se, também, detalhamento ao explicar o intervalo de segurança na aplicação de agrotóxicos, de produtos de controle ambiental e afins (art. 2º, XVI, da Lei n. 14.785/2023), diferenciando-o antes da porteira (período entre última aplicação e a colheita), em ambientes hídricos (tempo entre a última aplicação e o reinício das atividades de irrigação, de dessedentação de animais, de balneabilidade, de consumo de alimentos provenientes do local e de captação para abastecimento público), em pastagens (intervalo entre a última aplicação e o consumo do pasto) e pós-colheita (período entre a última aplicação e a comercialização do produto tratado).

Uma das principais alterações realizadas foi no prazo máximo de inclusão e alteração de registro de agrotóxico e produtos de controle ambiental. Foi estipulado entre 30 dias e dois anos, dependendo do caso concreto. Em breve comparação, o Brasil demorava, em média, sete anos para regularizar os registros, e, em países europeus, esse tempo não passava de alguns meses.

Segundo o art. 3º da Lei de Agrotóxicos, o menor prazo estabelecido (30 dias) refere-se ao Registro Especial Temporário (RET), sendo esse registro que confere

---

[72] CROPLIFE BRASIL. Projeto de Lei n. 1.459, que dispõe sobre o marco legal dos pesticidas, é aprovado no Senado Federal. 2025. Disponível em: https://croplifebrasil.org/projeto-de-lei-1459-que-dispoe-sobre-o-marco-legal-dos-pesticidas-e-aprovado-no-senado-federal/. Acesso em: 28 jan. 2025.

direito de importar ou produzir determinado montante do produto destinado à pesquisa e à experimentação, seja em campo ou em laboratório (art. 3º, § 1º, VIII); e às alterações de registro descritas no art. 26 dessa Lei (art. 3º, § 1º, XII). O produto formulado idêntico (art. 3º, § 1º, V) possui prazo de 60 dias para registro. Já o produto formulado (inciso III), o genérico (inciso IV), o produto técnico relevante (inciso VI), o atípico (inciso VII), à base de agente biológico de controle (inciso X) e o de pré-mistura (inciso XI) possuem todos o limite de 12 meses para o registro e suas alterações. São dados 24 meses totais para os produtos novos – formulados (inciso I) e produtos novos – técnicos (inciso II), pela complexidade do registro. Por fim, são 180 dias designados para as demais alterações. Os prazos podem ser suspensos nos casos de solicitações escritas e fundamentadas, vindas de órgãos avaliadores, sendo reiniciada a partir do atendimento das respectivas exigências (art. 12, § 4º, da Lei n. 14.785/2023).

Em seguida, no art. 4º do Dispositivo Legal, são estabelecidas competências do órgão inserido no processo de registro. O órgão federal fica responsável por registrar os agrotóxicos no setor da agricultura e por registrar produtos de controle ambiental no setor do meio ambiente. No dever dos órgãos federais registrantes, cabe aplicar as penalidades; auditar entidades públicas e privadas de ensino que realizam experimentação e pesquisa (aquelas que emitem pareceres técnicos); autorizar as empresas para comunicação de risco, emitindo rótulos e bulas em consonância com o GHS; fiscalizar a pesquisa, a produção, a importação e exportação dos produtos e dos estabelecimentos que realizam essas atividades; coordenar as reanálises dos riscos e os processos de registro; além de outros compromissos.

O Capítulo III – Das Competências deve ser analisado com cautela. Este possui notabilidade, ao passo que transcreve as atribuições dos órgãos federais, da União, dos Estados e do Distrito Federal. Tudo o que compete ao órgão federal responsável pelo setor da agricultura está exposto no art. 5º, como é o caso da análise e homologação dos pareceres técnicos apresentados nos pleitos de registro de produtos técnicos, equivalente, de pré-mistura, produtos formulados e genéricos. Em relação ao setor da saúde, a Lei não hesita em responsabilizar o órgão federal em apoiar tecnicamente os órgãos inseridos no processo de investigação de acidentes e de enfermidades que envolvem agrotóxicos, além de delegar outras tarefas como analisar e homologar a avaliação de risco toxicológico apresentada pelo requerente dos produtos. Ao final, competem ao órgão federal responsável pelo setor do meio ambiente diversas tarefas, como autorizar e emitir o documento eletrônico de RET para realização de pesquisa e desenvolvimento de novos produtos de controle ambiental.

É nesse sentido que a Lei delega função para a União (art. 8º do Dispositivo Legal) sobre legislar sobre a produção, o registro, o comércio interestadual, a exportação, a importação, o transporte, a classificação e o controle tecnológico e toxicológico. Além disso, a União deve controlar e fiscalizar os estabelecimentos de produção, de importação e exportação, além de analisar e homologar a análise de risco dos produtos. Já os Estados e o Distrito Federal (art. 9º, *caput*) ficam encarregados de legislar supletivamente, conforme os arts. 23 e 24 da CF, sobre o uso, produção, consumo, comércio e armazenamento dos agrotóxicos. Os Municípios devem legislar supletivamente sobre o uso e armazenamento dos produtos (art. 9º, parágrafo único).

Finalmente, compete ao poder público (art. 10 da Lei) a fiscalização (i) da devolução e da destinação adequada de embalagens vazias de agrotóxicos, de produtos de controle ambiental e afins, de produtos apreendidos pela ação fiscalizadora e daqueles impróprios para utilização ou em desuso; (ii) do armazenamento, do transporte, da reciclagem, da reutilização e da inutilização das embalagens vazias dos produtos referidos no inciso I do *caput*.

Os demais Capítulos ditam sobre os procedimentos de registro (Capítulo IV), as alterações, reanálise e análise dos riscos de agrotóxicos e de produtos de controle ambiental (Capítulo V), a repressão às infrações contra a ordem econômica (Capítulo VI), o controle de qualidade (Capítulo VII), a comercialização, as embalagens e os rótulos e bulas (Capítulo VIII), o armazenamento e transporte (Capítulo IX), a inspeção e fiscalização (Capítulo X), a responsabilidade civil e administrativa (Capítulo XI), os crimes e respectivas penas (Capítulo XII), o sistema unificado de informação, petição e avaliação eletrônica (Capítulo XIII), a criação da taxa de avaliação e registro (Capítulo XIV), a destinação dos valores arrecadados com a taxa de avaliação e de registro (Capítulo XV) e, por fim, mas não menos importante, as disposições finais e transitórias (Capítulo XVI).

A Lei n. 14.785/2023, ao estabelecer um novo marco regulatório para o uso de agrotóxicos no Brasil, visa a atender a uma necessidade crescente de modernizar a agricultura brasileira ao mesmo tempo que assegura a proteção da saúde humana e do meio ambiente. É de extrema necessidade que haja o equilíbrio entre o avanço do setor agrícola e a sustentabilidade, tendo em vista que o Brasil enfrenta desafios cada vez maiores em matéria de impacto ambiental e de segurança alimentar.

O Brasil, um dos maiores produtores agrícolas do mundo, tem uma grande dependência de produtos químicos, como agrotóxicos, para aumentar a produtividade das lavouras. No entanto, o uso excessivo e inadequado desses produtos pode levar à contaminação do solo, da água e dos alimentos, além de impactos negativos na saúde dos trabalhadores rurais e das comunidades próximas às áreas de cultivo. Por isso, a legislação foi projetada para responder a essas preocupações, ao estabelecer regras mais rigorosas para a pesquisa, produção, comercialização e aplicação de agrotóxicos. Modernizar o processo de registro e fiscalização dos produtos de controle ambiental e agrotóxicos garante que os novos produtos sejam avaliados de forma mais ágil e transparente.

A diminuição dos prazos para o registro e alteração dos produtos (que passa de anos para meses, em alguns casos) também tem o intuito de tornar o Brasil mais competitivo, alinhando-se a práticas adotadas em outros países desenvolvidos. Por sua vez, a preocupação com a sustentabilidade também reflete na criação de um sistema de fiscalização e controle mais eficiente, que visa a coibir práticas ilegais, como a utilização de produtos fora do registro ou a contaminação dos recursos hídricos e do meio ambiente. Assim, a fiscalização, que envolve desde a aplicação dos produtos até a destinação correta das embalagens vazias, reforça a ideia de que a modernização do setor agrícola deve estar alinhada com a preservação dos recursos naturais.

Com a implementação da Lei n. 14.785/2023, o Brasil avança para uma gestão mais responsável dos agrotóxicos, criando condições para um modelo agrícola que, ao mesmo tempo que garante alta produtividade, também se preocupa com a preservação ambiental e com a saúde das pessoas. O novo marco regulatório busca equilibrar os interesses econômicos e a segurança ambiental, promovendo uma agricultura mais sustentável e responsável. Em um contexto global de crescente demanda por práticas agrícolas sustentáveis e alimentos mais seguros, a Lei alinha o Brasil às tendências internacionais, garantindo que o País permaneça líder na produção de alimentos de maneira equilibrada e responsável.

3.7. AGRICULTURA REGENERATIVA

A sustentabilidade é um conceito antigo, mas que se encontra em evidência, impulsionado pela crescente demanda de instituições, organizações e empresas internacionais por práticas responsáveis e conscientes. Dentro desse conceito encontram-se diversas práticas ambientais ecológicas, que buscam promover o uso responsável dos recursos naturais, preservar os ecossistemas e garantir o bem-estar das gerações futuras. A agricultura regenerativa é uma delas e merece destaque.

Com práticas adotadas há anos no Brasil, a agricultura regenerativa ganhou relevância nas últimas décadas como uma abordagem inovadora e essencial para a preservação ambiental e a sustentabilidade no campo. Ao passo que observamos crescente degradação do solo, mudança climática e crises na biodiversidade, a discussão sobre práticas agrícolas regenerativas se torna crucial para promover a recuperação e o fortalecimento dos ecossistemas naturais. Essa é a prática de agricultura que regenera o ecossistema em que está colocada, ou seja, busca restaurar e melhorar a saúde do solo, aumentar a biodiversidade e reverter danos ambientais, oferecendo uma alternativa mais sustentável e equilibrada.

Discutir a agricultura regenerativa é fundamental não apenas para mitigar os impactos ambientais negativos da produção agrícola, mas também para garantir a segurança alimentar com aumento da produção apoiada na sustentabilidade. A degradação dos solos, a redução das áreas agricultáveis e a escassez de recursos naturais são desafios que afetam diretamente o setor do agronegócio. É nesse cenário que a agricultura regenerativa se apresenta como uma oportunidade para fortalecimento dos meios de subsistência local e promoção da equidade social, ao passo que integra as práticas agrícolas sustentáveis.[73]

---

[73] SOUZA, M. N. et. al. Agricultura regenerativa: abordagens, técnicas e práticas conservacionistas de água e solo no Sítio Jaqueira Agroecologia. *In:* SOUZA, M. N. (org.). *Tópicos em recuperação de áreas degradadas*. Mérida Publishers CC-BY 4.0, 2024. v. VIII, p. 68-97.

Esse é um sistema agrícola que busca harmonizar a produção com a recuperação da natureza, promovendo a saúde do solo e restaurando ambientes degradados, o que contribui diretamente para a produtividade.[74] Criado na década de 1980 por *Robert Rodale*, o conceito visa a melhorar os recursos naturais, em vez de esgotá-los, adotando práticas agrícolas sustentáveis que reabilitam os ecossistemas. A principal característica desse modelo é que ele trabalha para melhorar a saúde do solo, o que, por sua vez, beneficia a qualidade da água, da vegetação e a produtividade das terras agrícolas. Os pilares da agricultura regenerativa, como o plantio direto, a rotação de culturas e a integração de animais, promovem a acumulação de carbono no solo, melhorando a retenção de água e nutrientes e aumentando a resiliência e a biodiversidade do ecossistema. Diferente de modelos convencionais, a agricultura regenerativa adota uma abordagem holística, entendendo que a produção agrícola deve ser parte de um ciclo contínuo de coevolução entre os seres humanos e o meio ambiente:

> Na agricultura regenerativa, as fazendas são posicionadas como relacionais, caracterizadas pela coevolução entre os humanos e outras biotas da paisagem; onde o potencial inato dos sistemas vivos é percebido como proveniente do local; onde se mantém uma abertura ao pensamento e às práticas alternativas.[75]

E ainda,

> (...) o setor empresarial brasileiro sugere a adoção de uma definição mais abrangente para produção regenerativa, considerando a pluralidade de práticas agrícolas sustentáveis e conservacionistas, que também sejam adequadas à realidade brasileira. Entretanto, também é importante que esta definição não considere apenas critérios ambientais, mas que também se contemple a sustentabilidade social, econômica e financeira dessas práticas.[76]

Ao adotar técnicas como a rotação de culturas, cobertura vegetal, manejo de nutrientes e conservação do solo,[77] a agricultura regenerativa pode ajudar a restabelecer a fertilidade do solo, reduzir o uso de insumos químicos e melhorar a resiliência das paisagens agrícolas diante das mudanças climáticas. Essas práticas são divididas em quatro partes, segundo Gabriela Mota da Cruz e Victor Martins Cardoso.[78] A primeira

---

[74] CROPLIFE BRASIL. Agricultura regenerativa, uma solução frente às mudanças climáticas. 2024. Disponível em: https://croplifebrasil.org/agricultura-regenerativa/. Acesso em: mar. 2025.

[75] CROPLIFE BRASIL. Agricultura regenerativa, uma solução frente às mudanças climáticas. 2024. Disponível em: https://croplifebrasil.org/agricultura-regenerativa/. Acesso em: mar. 2025.

[76] GHELER-COSTA, Carla; LOPES, Juliana; CRUZ, Gabriela Mota da. *Agricultura regenerativa no Brasil:* desafios e oportunidades. Consultoria: São Paulo: CEBDS, 2023. Disponível em: https://cebds.org/publicacoes/agricultura-regenerativa-no-brasil-desafios-e-oportunidades/. Acesso em: 8 jul. 2025.

[77] CRUZ, G. M.; CARDOSO, V. M. Agricultura Regenerativa: o que há de novo? *Insper*, Clima e Meio Ambiente, 19 fev. 2025. Disponível em: https://agro.insper.edu.br/agro-in-data/artigos/agricultura-regenerativa-o-que-ha-de-novo. Acesso em: mar. 2025.

[78] CRUZ, G. M.; CARDOSO, V. M. Agricultura Regenerativa: o que há de novo? *Insper*, Clima e Meio Ambiente, 19 fev. 2025. Disponível em: https://agro.insper.edu.br/agro-in-data/artigos/agricultura-regenerativa-o-que-ha-de-novo. Acesso em: mar. 2025.

delas refere-se ao processo de agricultura de conservação, o qual busca preservar o solo utilizando métodos como plantio direto, rotação de culturas e manejo integrado de nutrientes, além de outras abordagens voltadas para a conservação. Já a segunda categoria é a integração de culturas e árvores com a pecuária, que maximiza o uso da terra ao integrar diferentes sistemas produtivos, como o manejo de pastagens, agrossilvicultura e sistemas silvipastoris. A terceira é a fase de recuperação da saúde do solo, focada na restauração ambiental, com práticas como a neutralização da degradação do solo (LDN), o plantio de árvores em áreas degradadas e a recuperação de zonas úmidas, fundamentais para a regeneração dos ecossistemas. Por fim, tem-se a captura de carbono da biosfera terrestre, que reduz as emissões por meio do armazenamento de carbono no solo (tanto orgânico quanto inorgânico) e na biomassa, ajudando na mitigação das mudanças climáticas.[79]

Para o desenvolver da tecnologia do comércio probiótico, conforme Altamiro Alvernaz,[80] há quatro pilares fundamentais da agricultura regenerativa. O primeiro pilar diz respeito à diversificação de culturas em busca da biodiversidade microbiológica. A convivência de diferentes culturas impede que o solo fique empobrecido e desequilibrado, com pragas e doenças (fato decorrente de uso da terra com monoculturas, agrotóxicos e fertilizantes sintéticos). Já o segundo pilar trata sobre a redução do emprego de agroquímicos, ou seja, a utilização de produtos mais naturais, biofertilizantes e fertilizantes sem minerais de produção industrial. Em terceiro lugar, foi estabelecida a integração de animais ao sistema agrícola. É a partir dessa prática que é possível analisar maior diversidade microbiana e ciclagem de nutrientes, tornando adequada a utilização solo e evitando contaminação de pragas e doenças. Por fim, o quarto pilar é destinado à cobertura permanente do solo, sendo esse tópico importante para evitar erosão, perda de nutrientes e exposição às temperaturas extremas na plantação.

Ainda, segundo Alvernaz,[81] referindo-se ao grande cientista Rattan Lal, a dinâmica da biodiversidade microbiológica depende de sete fatores para que seja determinado o equilíbrio do ecossistema. O primeiro fator determinante para o equilíbrio do ecossistema é a chave para o sequestro de carbono. Nesse contexto, um solo saudável, rico em matéria orgânica, é fundamental para o armazenamento eficaz de carbono, desempenhando um papel crucial na mitigação das mudanças climáticas. Solos ricos em matéria orgânica possuem a capacidade de armazenar o carbono proveniente de

---

[79] CRUZ, G. M.; CARDOSO, V. M. Agricultura Regenerativa: o que há de novo? *Insper*, Clima e Meio Ambiente, 19 fev. 2025. Disponível em: https://agro.insper.edu.br/agro-in-data/artigos/agricultura-regenerativa-o-que-ha-de-novo. Acesso em: mar. 2025.

[80] ALZERNAZ, A. Avanço da agricultura regenerativa no Brasil. *Agroanalysis*, v. 45, n. 1, p. 35, fev. 2025.

[81] ALZERNAZ, A. Avanço da agricultura regenerativa no Brasil. *Agroanalysis*, v. 45, n. 1, p. 35, fev. 2025.

processos naturais de decomposição, funcionando como "sumidouros de carbono". Isso significa que eles capturam mais carbono da atmosfera do que liberam, o que contribui para a redução dos níveis de gases de efeito estufa e, consequentemente, para o combate ao aquecimento global. Além de seu papel climático, solos saudáveis favorecem o crescimento das plantas, melhorando a estrutura do solo e a disponibilidade de nutrientes, garantindo um ecossistema equilibrado e sustentável. Esse primeiro ponto foi designado como "chave para o sequestro de carbono".

Denominada como presença da matéria orgânica no solo, a segunda fase para o equilíbrio do ecossistema, conforme mencionado por Alvernaz, refere-se à presença e aumento da matéria orgânica no solo. O incremento dessa matéria é uma das formas mais eficazes de sequestrar carbono, pois ela atua como um reservatório que captura e armazena o carbono atmosférico. A adoção de práticas agrícolas que favoreçam o aumento do teor de matéria orgânica, como o uso de compostagem, adubos verdes e a manutenção de resíduos de culturas no campo, possibilita que o solo absorva mais carbono da atmosfera. Essas práticas promovem a melhoria da estrutura do solo, favorecendo sua capacidade de reter carbono por períodos prolongados, ao mesmo tempo que aumentam a fertilidade do solo e sustentam a biodiversidade. Dessa forma, a gestão adequada da matéria orgânica não só contribui para a mitigação das mudanças climáticas, mas também favorece a saúde e a sustentabilidade dos ecossistemas agrícolas.

Após a identificação da matéria orgânica (fator 1) e o investimento no aumento desta (fator 2), torna-se necessário conservar o solo utilizado. O fator 3, cujo nome é "práticas agrícolas de conservação", envolve abordagens agrícolas de conservação, que desempenham um papel fundamental na restauração de solos degradados e no aumento da capacidade de captura de carbono. A agricultura de conservação, que inclui técnicas como o plantio direto, a rotação de culturas e o uso de culturas de cobertura, é projetada para melhorar a saúde do solo, reduzir a erosão e promover a biodiversidade. O plantio direto, por exemplo, evita o revolvimento excessivo do solo, mantendo sua estrutura e facilitando o armazenamento de carbono.[82] Já a rotação de culturas contribui para a diversificação biológica e o controle de pragas e doenças,[83] enquanto as culturas/plantas de cobertura protegem o solo contra a erosão e a lixiviação de nutrientes e ajudam a aumentar o teor de matéria orgânica.[84] Essas práticas não só auxiliam a

---

[82] CRUZ, J. C. et al. Plantio direto. *Embrapa*, dez. 2021. Disponível em: https://www.embrapa.br/agencia-de-informacao-tecnologica/cultivos/milho/producao/manejo-do-solo-e-adubacao/sistema-de-manejo-do-solo/plantio-direto. Acesso em: mar. 2025.

[83] SENAR. Rotação de culturas melhora fertilidade do solo e aumenta produtividade. 31 maio 2022. Disponível em: https://www.cnabrasil.org.br/noticias/rotacao-de-culturas-melhora-fertilidade--do-solo-e-aumenta-produtividade#:~:text=O%20uso%20de%20rota%C3%A7%C3%A3o%20de,a%20renda%20do%20produtor%20rural. Acesso em: mar. 2025.

[84] ARAUJO, C. Plantas de cobertura: O que é isto? *Embrapa*, 25 set. 2017. Disponível em: https://www.embrapa.br/busca-de-noticias/-/noticia/28512796/artigo---plantas-de-cobertura-o-que--e-isto. Acesso em: março de 2025.

restaurar solos degradados, mas também favorecem a captura de carbono atmosférico, contribuindo para a mitigação das mudanças climáticas e promovendo ecossistemas agrícolas mais sustentáveis e resilientes.

O quarto fator a ser observado em busca do equilíbrio do ecossistema é relacionado à "recuperação de solos degradados", e dá enfoque necessário na restauração da capacidade dos solos que perderam sua eficácia ao longo do tempo, devido a práticas agrícolas inadequadas. Solos degradados, quando manejados corretamente, podem recuperar significativamente sua habilidade de capturar e armazenar carbono orgânico por meio de métodos sustentáveis e regenerativos. Técnicas como revegetação, compostagem, rotação de culturas e o uso de plantas de cobertura ajudam a restaurar a estrutura e a fertilidade do solo, promovendo a retenção de carbono e a regeneração da biodiversidade. Essas práticas não apenas favorecem o sequestro de carbono, mas também melhoram a capacidade de retenção de água, protegem contra a erosão e aumentam a resiliência dos solos a condições climáticas adversas.

O quinto fator para o equilíbrio do ecossistema, "integração em sistemas agrícolas (agroflorestas)", evidencia como a combinação de árvores com cultivos agrícolas pode transformar a dinâmica ambiental. Em sistemas agroflorestais, as árvores desempenham um papel fundamental não apenas no sequestro de carbono, mas também na revitalização e manutenção da saúde do ecossistema. As árvores promovem uma rica biodiversidade ao oferecerem abrigo e alimentos para uma variedade de organismos, criando um ecossistema mais equilibrado e resiliente. Ao integrarem árvores com culturas agrícolas, as agroflorestas não apenas capturam mais carbono, mas também aumentam a resiliência da agricultura a eventos climáticos extremos, garantindo uma produção mais sustentável e equilibrada ao longo do tempo.

A agrofloresta, um modelo de manejo sustentável que integra árvores com cultivos agrícolas, pode transformar regiões mais ameaçadas pelo desmatamento no Brasil. Nesse cenário, a pecuária extensiva, visto por muitos como o principal vetor do desmatamento, pode levar à degradação do solo e ao ciclo de destruição ambiental. Ao adotar sistemas agroflorestais, como o cultivo de cacau intercalado com outras culturas nativas, pequenos produtores rurais têm mostrado que é possível restaurar áreas degradadas e gerar uma fonte de renda sustentável, ao mesmo tempo que se combatem a degradação e o desmatamento. Iniciativas como as da *The Nature Conservancy* (TNC) Brasil,[85] que há dez anos apoia pequenos agricultores na Amazônia, têm demonstrado o sucesso do modelo agroflorestal na recuperação de terras e na promoção de uma agricultura sustentável. Mais de 600 famílias já comprovam que é possível restaurar a Amazônia com agroflorestas, ao cultivarem espécies nativas como o cacau, associadas

---

[85] TNC – THE NATURE CONSERVANCY. *Desenvolvimento rural sustentável: agroflorestas e soluções baseadas na natureza*. Disponível em: https://www.tnc.org.br/o-que-fazemos/nossas-iniciativas/desenvolvimento-rural-sustentavel/agroflorestas/. Acesso em: mar. 2025.

a outros cultivos como milho, mandioca e açaí. Esses sistemas não só aumentam a produtividade e a geração de renda, mas também contribuem para a segurança alimentar das comunidades locais. A agrofloresta é um exemplo claro de como práticas agrícolas tradicionais e modernas podem ser adaptadas para promover a regeneração ambiental e melhorar a vida dos agricultores. Com mais de 1,4 milhão de pequenas propriedades rurais na Amazônia, todas elas com potencial para se beneficiar de sistemas agroflorestais, é possível criar um impacto positivo tanto na natureza quanto na economia local.[86] A agrofloresta não só sequestra carbono e reduz emissões, mas também oferece uma alternativa mais rentável e sustentável à pecuária, mostrando que a união entre agricultura e floresta pode ser a chave para um futuro mais equilibrado e resiliente diante da crise climática.

Dando continuidade à análise dos fatores necessários para alcançar o equilíbrio ecossistêmico, em sexto lugar é elencada a "redução do uso de insumos químicos", uma prática fundamental para promover a intensificação sustentável da agricultura. A diminuição da dependência de produtos como agrotóxicos, fertilizantes sintéticos e herbicidas não só reduz os impactos ambientais, como também contribui para a saúde do solo. O uso excessivo desses insumos pode prejudicar a biodiversidade do solo, reduzir sua capacidade de retenção de carbono e comprometer sua fertilidade a longo prazo. Ao adotar práticas agrícolas mais sustentáveis, como a rotação de culturas, o uso de adubos orgânicos e o controle biológico de pragas, é possível aumentar a produção agrícola sem a necessidade de expandir áreas cultivadas, preservando áreas naturais e melhorando a capacidade do solo de capturar carbono. Essa abordagem não apenas promove a saúde do solo, mas também contribui para a mitigação das mudanças climáticas, ao reduzir as emissões de gases de efeito estufa associadas ao uso de insumos químicos.

Por fim, são destacados os "benefícios do sequestro de carbono no solo". Assim, cita-se a importância dessa prática não apenas para a mitigação do aquecimento global, mas também para o fortalecimento da saúde e resiliência dos ecossistemas agrícolas. O sequestro de carbono no solo proporciona uma série de vantagens, como o aumento da fertilidade, o que melhora a capacidade do solo de reter nutrientes e água, essencial para o crescimento das plantas. Com mais carbono armazenado, o solo também se torna mais produtivo, aumentando a eficiência agrícola sem a necessidade de expandir áreas cultivadas. Além disso, essa prática contribui para a resiliência das plantações, tornando-as mais adaptáveis a eventos climáticos extremos, como secas e tempestades intensas. Ao capturar carbono de forma eficaz, o solo desempenha um papel crucial não só na mitigação das mudanças climáticas, mas também no fortalecimento da

---

[86] TNC – THE NATURE CONSERVANCY. *Desenvolvimento rural sustentável: agroflorestas e soluções baseadas na natureza*. Disponível em: https://www.tnc.org.br/o-que-fazemos/nossas-iniciativas/desenvolvimento-rural-sustentavel/agroflorestas/. Acesso em: mar. 2025.

sustentabilidade e da segurança alimentar, garantindo um futuro mais equilibrado e sustentável.

Os métodos de sequestro de carbono podem ser classificados em três tipos principais: biológico, geológico e tecnológico.[87] Cada um desses tipos envolve abordagens distintas para capturar e armazenar o dióxido de carbono (CO_2), com diferentes estratégias e resultados potenciais para a redução das emissões globais. O sequestro biológico envolve a captura de CO_2 por ecossistemas naturais, como florestas, pastagens e solos, sendo as florestas responsáveis por cerca de 30% das emissões de CO_2 causadas pelos humanos. A preservação e o reflorestamento, além de práticas como sistemas agroflorestais e cultivo de conservação, ajudam a aumentar a captura de carbono. O sequestro geológico envolve a injeção de CO_2 em reservatórios subterrâneos, como aquíferos salinos e reservatórios exauridos de petróleo, embora apresente riscos de vazamento. Já o sequestro tecnológico abrange técnicas como a captura e armazenamento de CO_2 (CCS), a captura direta do ar (DAC) e a produção de materiais como grafeno, que oferecem soluções inovadoras para remover e armazenar CO_2 da atmosfera, embora com desafios tecnológicos e custos elevados.

Após uma breve análise sobre a agricultura regenerativa, seu conceito, seus benefícios e suas etapas, conclui-se que essa é uma solução promissora para enfrentar os desafios ambientais e sociais impostos pela agricultura convencional. Ao adotar práticas sustentáveis, ela não apenas melhora a saúde do solo, mas também contribui significativamente para o sequestro de carbono, aumentando a fertilidade e a resiliência das paisagens agrícolas. Essa abordagem busca restaurar os ecossistemas degradados, promovendo uma interação mais equilibrada entre os seres humanos e o meio ambiente. A agricultura regenerativa, portanto, apresenta-se como uma resposta essencial à degradação dos solos, mudanças climáticas e à busca por segurança alimentar, criando um caminho para a sustentabilidade da produção rural.

---

[87] EOS DATA ANALYTICS. Sequestro de carbono: como funciona e exemplos. *Gestão de Carbono*, 26 nov. 2024. Disponível em: https://eos.com/pt/blog/sequestro-de-carbono/. Acesso em: mar. 2025.

CAPÍTULO 4

ESTABELECIMENTO RURAL E CONTRATOS AGRÁRIOS

4.1. ESTABELECIMENTO E EMPRESÁRIO RURAL E A AGRICULTURA FAMILIAR

Um ciclo agrícola envolve o preparo da terra, o plantio e segue a colheita de produtos destinados à comercialização ou industrialização. O Projeto de Lei n. 4.588/2021[1] conceituou o produtor rural como: a pessoa física ou jurídica que explore as atividades de agricultura; pesca, aquicultura, pecuária e demais criações de animais; extração vegetal; cultivo de florestas que se destinam ao corte para comercialização, consumo ou industrialização e o manejo e a conservação de florestas nativas ou plantadas; outras atividades semelhantes, afins ou conexas que possam ser entendidas como rurais. Em sentido diverso, trouxe no texto originário a compreensão de que não deve ser considerado produtor rural aquele que atua na intermediação ou comercialização de produtos ou serviços rurais.

Essa percepção, todavia, nos parece apontar a ideário limitante à extensão da representação do produtor rural e verticalização da produção. Consoante trazido por Flávia Trentini, "a partir dos anos 1970 e da constituição dos complexos agroindustriais, os determinantes da dinâmica da agricultura brasileira mudaram e, por isso, se deveria falar não de uma, mas de várias agriculturas brasileiras. Não há uma única dinâmica geral nem um único setor agrícola; o que há, hoje, é uma estrutura complexa, heterogênea e multideterminada. E, nessa estrutura complexa, não existe apenas um modelo de contratante, mas vários, correspondendo aos múltiplos contextos em que

---

[1] O PL n. 4.588/2021, de autoria do Deputado Sergio Souza (MDB-PR), está pronto para a Pauta na Comissão de Agricultura, Pecuária, Abastecimento e Desenvolvimento Rural (CAPADR). A apresentação foi realizada em 21 de dezembro de 2021, porém, até março de 2025, o PL não foi transformado em lei. O último despacho publicado foi em fevereiro de 2022 com o seguinte texto: Às Comissões de Agricultura, Pecuária, Abastecimento e Desenvolvimento Rural; Finanças e Tributação (Mérito e art. 54, RICD) e Constituição e Justiça e de Cidadania (art. 54 RICD) Proposição Sujeita à Apreciação Conclusiva pelas Comissões – Art. 24. II. Regime de Tramitação: Ordinária (art. 151, III, RICD).

estão inseridos, criando a necessidade de tratamentos jurídicos distintos adequados a cada contexto".[2]

O produtor rural pode se enquadrar como empresário, nos termos do Código Civil brasileiro,[3] motivo que nos alude à necessária e intrincada observação à sua percepção como integrador dos elementos de empresa. O conceito de empresa agrária, cabe apontar, seria capaz de atrair, na órbita da empresa, conceitos e institutos fundamentais, desde a propriedade até os contratos. Dessa forma, o Código Civil de 2002 adotou o mesmo critério já trazido pelo Código italiano: ao conceituar a empresa, já conceituou o empresário de igual maneira ao art. 2.082, não trazendo distinção a essa figura em relação à empresa comercial e à empresa rural. Na visão de Asquini,[4] o conceito de empresário deve se referir a qualquer setor da economia, sem distinção, consoante consubstanciado no Código.

Asquini[5] ainda salienta a relevância do conceito de atividade empresarial, uma vez que a noção de empresário passa por esta, obrigatoriamente. De todos os perfis delineados pelo autor italiano atualmente há preferência pelo perfil funcional na conceituação da empresa. O perfil subjetivo diz respeito ao sujeito de direito, o empresário; já o perfil objetivo se refere à atividade econômica. A empresa é, então, definida como uma atividade a ser explorada e deve ser revestida de duas características básicas: economia e organização.[6]

Aos empresários cuja atividade principal seja a rural o Código Civil proporciona um tratamento diferenciado e mais benéfico,[7] mas não pela ausência de organização, e sim pelos riscos inerentes à atividade desenvolvida. Ao conceituar a atividade organizada, a doutrina comercialista não se refere a níveis de organização; portanto, se esta estiver presente com os demais requisitos, o produtor rural passará a ser qualificado como empresário. De outro modo, a preservação de maior risco da atividade de

---

[2] TRENTINI, Flavia; AGUIAR, Carolina Costa de. As cláusulas obrigatórias dos contratos agrários – e as várias agriculturas. *Conjur*, 30 mar. 2018.

[3] "Art. 971. O empresário, cuja atividade rural constitua sua principal profissão, pode, observadas as formalidades de que tratam o art. 968 e seus parágrafos, requerer inscrição no Registro Público de Empresas Mercantis da respectiva sede, caso em que, depois de inscrito, ficará equiparado, para todos os efeitos, ao empresário sujeito a registro."

[4] ASQUINI, A. Perfis da empresa. Tradução Fábio Konder Comparato. *Revista de Direito Mercantil*, n. 4, p. 109, 1996.

[5] ASQUINI, A. Perfis da empresa. Tradução Fábio Konder Comparato. *Revista de Direito Mercantil*, n. 4, p. 116-117, 1996.

[6] TRENTINI, Flavia. *Teoria geral do direito agrário contemporâneo*. São Paulo: Atlas, 2012.

[7] "Art. 971. O empresário, cuja atividade rural constitua sua principal profissão, pode, observadas as formalidades de que tratam o art. 968 e seus parágrafos, requerer inscrição no Registro Público de Empresas Mercantis da respectiva sede, caso em que, depois de inscrito, ficará equiparado, para todos os efeitos, ao empresário sujeito a registro."

produção e o vínculo à agrariedade vêm sendo relativizados pelo emprego de alta tecnologia no campo.

O estabelecimento, uma vez constituído como representação patrimonial da empresa, produz reflexos que se materializam na criação de múltiplos interesses superando aqueles que seriam próprios e decorrentes da mera avaliação individualizada e estanque dos bens de produção. O perfil instrumental do estabelecimento agrário e a sua relação de parte relativamente ao todo são representados pela ideia de empresa, não podendo ser convenientemente delineados o seu conceito e a sua verdadeira natureza jurídica, se não se fizer essa tentativa em contexto adequado que é, justamente, o aspecto dinâmico do estabelecimento rural que traz os meios à atividade organizada de produção rural.

Assim, de outra forma, podemos dizer que o estabelecimento agrário será a projeção patrimonial da empresa rural, ou seja, da empresa que tem como atividades principais a produção rural, podendo ainda desenvolver atividades acessórias de comércio ou de industrialização, sempre que estas estiverem vinculadas às atividades principais.[8] As empresas rurais são consideradas pela lei brasileira de acordo com o tipo de sociedade, entre as quais as sociedades limitada e anônima ou cooperativa, as mais comuns no desenvolvimento das atividades de produção, armazenamento, distribuição e comercialização.

Quanto ao regime jurídico atual, observamos que o empresário individual rural não está obrigatoriamente sujeito ao registro comercial, já que o atual Código Civil permitiu que o empresário rural fosse excluído da condição formal de empresário, ainda que contemple os critérios materiais da empresarialidade. No entanto, facultou-lhe adquirir a condição plena de empresário (arts. 970 e 971 do CC). Dotado de organização, aquele que atua na atividade de produção poderá optar, livremente, pela condição de sociedade simples ou de sociedade empresarial. Para adquirir a condição de sociedade empresária, terá de requerer sua inscrição no registro de empresas.

São intermediárias aquelas empresas que adquirem produtos diretamente dos produtores e os distribuem nas etapas seguintes da comercialização, buscando, com isso, abrir novos e competitivos mercados para conseguirem melhor preço para os produtos, geralmente em polos regionais para compra e venda no atacado e nos grandes centros consumidores. Contam com estruturas operacionais mínimas, como recepção, conjunto logístico, máquinas de beneficiamento, *packing house*[9] etc. As agroindústrias, no momento da compra de matéria-prima, atuam como intermediárias.

---

[8] FERRI, G. *Manuale di diritto commerciale*. 12. ed. Torino: UTET, 2006. p. 43-46.

[9] O *packing house* conta com estrutura e equipamentos necessários ao beneficiamento de produtos agrícolas, principalmente frutas, em que se fazem seleção, classificação, limpeza, polimento, tratamento contra pragas e doenças e, por fim, a embalagem e o acondicionamento.

As agroindústrias são unidades empresárias onde ocorrem etapas de beneficiamento, processamento, transformação e embalagem de produtos agrícolas para a distribuição ao mercado consumidor. Alguns autores entendem existirem duas modalidades de agroindústrias: as não alimentares, como as de fibras, couros, óleos não comestíveis; e as alimentares, voltadas para a produção de alimentos como sucos, lácteos, carnes etc.[10] Contudo, hoje, notamos sistemas agroindustriais complexos, atuando na indústria com o processamento de produtos, subprodutos e insumos com destinação alimentar e não alimentar, o que as caracterizam como agroindústrias de natureza mista, enquadrando entre elas as usinas de açúcar e álcool e os frigoríficos, ambos envolvidos com produção alimentar e produção de bioenergia.[11]

Entre as fases de processamento dos produtos agrícolas, uma delas refere-se ao beneficiamento, que os manipula sem lhes tirar as características de produtos *in natura*. Portanto, não ocorre qualquer transformação, pois o processamento elimina doenças ou defeitos, seleciona e classifica o produto, que adquire melhor apresentação e, por fim, é embalado de acordo com os mercados de destino, processo comumente aplicado às frutas e a algumas hortaliças.

No processamento, são tomados os cuidados necessários para a manutenção das características originais do produto, utilizando-se de modernas técnicas de manuseio e tendo, por exemplo, procedimentos para a pasteurização e embalagem de leite, cortes especiais de carnes, curtimento de couros etc. Na fase de transformação, os produtos têm suas características alteradas e são transformados em novo produto, por exemplo, as etapas de produção de queijos, embutidos, confecção de calçados, fabricação de açúcar e álcool ou de óleos comestíveis.

Ainda entre as formas de exploração da atividade agroindustrial, no contexto da comercialização interna e internacional de seus produtos, encontramos as sociedades empresariais voltadas para a prática do comércio atacadista interno e internacional, bem como para a gestão privada da oferta e venda nos maiores mercados consumidores. Cumpre ressaltar que, por meio do Decreto-lei n. 1.248, de 29 de novembro de 1972, foram estabelecidas condições para a constituição e funcionamento de *trading companies*, com o objetivo principal de incentivar e desenvolver a atividade exportadora brasileira, com redação atualmente dada pelo Decreto n. 6.759/2009.

Às empresas que atendessem a determinados requisitos e obtivessem tal registro seriam concedidos, além dos benefícios fiscais comuns à atividade exportadora, outros ainda mais atraentes. Criou-se, em consequência, uma diferença entre empresas

---

[10] ARAÚJO, Massilon J. *Fundamentos de agronegócios*. 6. ed. São Paulo: Atlas, 2022. p. 93.
[11] Cabe acrescentar, mais recentemente, em 17 de outubro de 2022, a Receita Federal publicou Instrução Normativa n. 2.110, na qual reconhece, em seu art. 2º, ser compreendido como agroindústria o produtor rural pessoa jurídica cuja atividade econômica seja a industrialização de produção própria ou de produção própria e adquirida de terceiros.

comerciais exportadoras e as *tradings companies*, tendo estas últimas um procedimento de constituição mais complexo, mas, em contrapartida, receberiam toda a série de benefícios citados anteriormente.[12] Portanto, as empresas que têm como atividade principal a compra de mercadorias no mercado interno para exportação, revestida dos requisitos impostos pelo Decreto-lei n. 1.248/1972, bem como possuem registro especial do Departamento de Operações de Comércio Exterior (Decex) são consideradas *trading companies*. Tratando-se de empresas constituídas sob qualquer tipo societário e que atuam em qualquer segmento do mercado exportador, exigido apenas o registro na Secretaria da Receita Federal aplicável a toda empresa que exporte mercadorias, é considerada uma empresa comercial exportadora.

Vale ressaltar a importância da agricultura familiar no Brasil. Regida pela Lei n. 11.326, de 24 de julho de 2006, ampliada pela Lei n. 14.828/2024, o conceito é formado pelo agricultor e empreendedor familiar que pratica atividades no meio rural, que não detenha, a qualquer título, área maior do que quatro módulos fiscais; utilize mão de obra da própria família para o seu empreendimento; tenha percentual mínimo da renda familiar originada de atividades econômicas do seu estabelecimento; e faça a gestão do negócio com sua família (art. 3º, I a IV, Lei n. 11.326/2006). O conceito ainda vai além da designação legal. Para Milena Pavão Serafim,[13] a agricultura familiar é uma "noção que designa o inter-relacionamento entre trabalho, terra e família numa unidade de produção". Nesse contexto, a agricultura familiar não se resume apenas ao tamanho da propriedade ou à forma de organização da produção, mas também à maneira como a família se configura como o pilar central desse sistema produtivo.

O Anuário Estatístico da Agricultura Familiar de 2024, publicado pela Confederação Nacional dos Trabalhadores na Agricultura (Contag),[14] destacou que a área de produção das famílias rurais, mesmo que em menor escala quando comparada às grandes empresas do agro, detém 23% das terras produtivas, sendo 3,9 milhões de estabelecimentos familiares. Em relação ao valor bruto da produção agropecuária, 23% advém das

---

[12] Na época da concessão dos referidos benefícios fiscais (1972), tal medida era coerente e necessária, pois visava ao desenvolvimento do mercado exportador brasileiro. Contudo, atualmente, não existem mais diferenças entre empresas comerciais exportadoras e as *tradings companies* quanto aos benefícios fiscais, pois ambas recebem o mesmo tratamento, exceto com relação às obrigações acessórias do Imposto sobre a Circulação de Mercadorias e Serviços (ICMS). Restaram, portanto, alguns elementos diferenciadores decorrentes essencialmente da exigência de requisitos para a sua constituição, do tratamento tributário de ICMS referente às obrigações acessórias e da obtenção de registro especial dado às mercadorias adquiridas. As regras fiscais incidentes sobre o ICMS são respaldadas na Lei Complementar n. 87/1996, que reconhecem sua não incidência nas operações que destinem mercadorias ao exterior e na saída de mercadoria, com o fim específico de exportação para o exterior.

[13] SERAFIM, Milena Pavan. *Agricultura familiar no Brasil:* um panorama sobre a política e as instituições. São Paulo: Annablume, 2015. p. 16.

[14] CONTAG. *Anuário Estatístico da Agricultura Familiar*, ano 3, 2024.

unidades de produção familiares, de acordo com o artigo de Adélia Franceschini, "Agricultura familiar, a marca mais amada do consumidor: *New Love Brand*", o qual foi publicado na obra de José Luiz Tejon.[15]

4.2. COOPERATIVAS AGRÍCOLAS

As cooperativas agrícolas podem ser caracterizadas, sob a égide de contexto associativo baseado na produção, como uma associação autônoma de pessoas que se unem, voluntariamente, para satisfazer suas necessidades e aspirações econômicas, sociais e culturais comuns, por meio de uma sociedade coletivamente administrada. Os princípios doutrinários do cooperativismo, expressos nos estatutos da cooperativa de Rochdale – originária a essa forma de organização –, são solidariedade, igualdade, liberdade e fraternidade.

O cooperativismo e as formas de cooperação, em si, são muito antigos na história da humanidade. Nas cooperativas, há uma dicotomia a ser considerada, isso porque as economias empresariais cooperativas se situam, de um lado, entre as economias particulares dos cooperados e o mercado, de outro. Portanto, nessas sociedades, o cooperado assume, ao mesmo tempo, as funções de usuário da entidade e de proprietário ou gestor, transferindo funções de sua economia individual para a firma cooperativada.[16] Previstas pela ordem constitucional (nos arts. 5º, XVIII; 174, § 2º; e 187, VI, da Constituição Federal), tradicionalmente, o direito brasileiro também as considera como sociedades civis, não sujeitas a regime empresarial comum.

Entre vários outros ramos, as cooperativas agrícolas são qualificadas como uma junção de produtores rurais, sejam estes exercentes de atividade agrícola, pecuária, de pesca ou de aquicultura, cujos meios de produção pertencem ao cooperado. Caracterizam-se, portanto, além dos serviços prestados aos associados, pelo recebimento ou comercialização da produção conjunta, pelo seu armazenamento ou industrialização, além de responsabilidade de prestação de assistência técnica, educacional e social. Como exemplo de atividades exercidas por essas sociedades podemos citar a compra de insumos em grandes quantidades pelas cooperativas, a fim de aumentar o poder de negociação dos produtores perante seus fornecedores, em um cenário de forte competitividade. É o caso do agronegócio.

As sociedades cooperativas dependem de registro, porém esse sistema passou por grande alteração quando da entrada em vigor do atual Código Civil. Isso porque, no regime anterior, a cooperativa era considerada uma sociedade civil, mas seu registro era feito na Junta Comercial. O Código de 2002, porém, modificando a ordem então

---

[15] TEJON, José Luiz. *Agricultura familiar:* marketing ético; onde o amor e o alimento se unem para sempre. Piracicaba: FEALQ, 2024. p. 95-101.

[16] BIALOSKORSKI NETO, Sigismundo. *Economia e gestão de organizações cooperativas*. São Paulo: Atlas, 2012. p. 3-8.

existente, passou a prever, no parágrafo único de seu art. 982 que: "independentemente de seu objeto, considera-se empresária a sociedade por ações; e, simples, a cooperativa". Dessa forma, por ser classificada como sociedade simples, seu registro deverá ser efetivado no Registro Civil de Pessoas Jurídicas, conforme imposição do art. 1.150 da norma de 2002.[17]

Brevemente, cumpre dar destaque ao fato de que as Cooperativas de Crédito, diferentemente das demais cooperativas, assumem a natureza jurídica de instituição financeira, nos termos da Lei Complementar n. 130, de 17 de abril de 2009, que dispõe sobre o Sistema Nacional de Crédito Cooperativo e revoga dispositivos das Leis n. 4.595, de 31 de dezembro de 1964, e n. 5.764, de 16 de dezembro de 1971. É a previsão de seu art. 1º: "as instituições financeiras constituídas sob a forma de cooperativas de crédito e as confederações de serviço constituídas por cooperativas centrais de crédito sujeitam-se ao disposto nessa Lei Complementar, bem como, no que couber, à legislação aplicável ao Sistema Financeiro Nacional (SFN) e às sociedades cooperativas".

Em análise normativa, notamos que o antigo Código Civil brasileiro nada dispunha sobre as sociedades cooperativas, então reguladas exclusivamente pela Constituição Federal e por legislação especial, qual seja a Lei n. 5.764, de 16 de dezembro de 1971, que define a Política Nacional do Cooperativismo. É também aplicável às cooperativas de crédito a Lei n. 4.595/1964. Com o advento do atual Código Civil, que enunciou os princípios gerais que regem essas sociedades, deverão prevalecer as disposições previstas na Lei n. 5.764, por tratar de lei especial sobre o assunto, e naquilo em que for omissa, aplicar-se de forma subsidiária e supletiva os dispositivos dos arts. 1.093 a 1.096 da norma geral civilista.

As sociedades cooperativas podem ser classificadas da seguinte forma: (i) cooperativas singulares, constituídas por pessoas físicas ou jurídicas, estas últimas desde que tenham objeto similar às atividades das pessoas físicas ou, ainda, aquelas sem fins lucrativos; (ii) cooperativas centrais ou federações de cooperativas, compostas por, no mínimo, três cooperativas singulares e que podem, excepcionalmente, admitir sócios individuais; e (iii) confederações de cooperativas, constituídas, no mínimo, por três federações de cooperativas ou cooperativas centrais, de mesma ou diferente modalidade.

O Código Civil, em seu art. 1.094, apresenta as principais características das sociedades cooperativas, entre as quais se incluem: (i) variabilidade ou dispensa do capital social, que pode ampliar-se ou reduzir-se conforme as movimentações dos sócios, dispensando-se alterações do estatuto social; (ii) concurso de sócios em número mínimo suficiente a que se componha a administração da sociedade, sem limitação de

---

[17] Art. 1.150 do Código Civil: "O empresário e a sociedade empresária vinculam-se ao Registro Público de Empresas Mercantis a cargo das Juntas Comerciais, e a sociedade simples ao Registro Civil das Pessoas Jurídicas, o qual deverá obedecer às normas fixadas para aquele registro, se a sociedade simples adotar um dos tipos de sociedade empresária".

número máximo; (iii) intransferibilidade das cotas do capital a terceiros estranhos à sociedade, ainda que por herança; (iv) quórum, para a assembleia geral funcionar e deliberar, representado pelo número de sócios presentes na reunião, e não pelo capital social; (v) direito de cada sócio a um só voto nas deliberações, tenha ou não capital a sociedade e qualquer que seja o valor de sua participação; (vi) distribuição dos resultados, proporcionalmente, ao valor das operações efetuadas pelo sócio com a sociedade, podendo ser atribuídos juros fixos ao capital realizado; (vii) indivisibilidade do fundo de reserva entre os sócios, ainda que em caso de dissolução da sociedade; e (viii) prestação de assistência aos associados e, quando previsto nos estatutos, a seus empregados.

Com base nas características citadas e mantendo-lhes em mente, tem-se a concepção de que celebram contratos de sociedades cooperativas pessoas que, reciprocamente, se obrigam a contribuir com bens ou serviços para o exercício de atividade econômica de proveito comum, sem objetivo de lucro, nos termos do art. 3º da Lei n. 5.764/1971, bem como do art. 1.094, VII, do Código Civil, que emprega o termo "resultado"; portanto, visa a sociedade a união de interesses dos cooperados, de forma a ser caracterizado benefício a todos aqueles que a compõem e a esta se associam. Constituídas por deliberação da assembleia geral dos fundadores, sua transcrição em ata deverá declarar, obrigatoriamente: (i) denominação da entidade, sede e objeto de funcionamento; (ii) nome, nacionalidade, idade, estado civil, profissão e residência dos associados, além do valor e número da cota-parte de cada sócio; (iii) aprovação do estatuto da sociedade; e (iv) nome, nacionalidade, estado civil, profissão e residência dos associados eleitos para sua administração e fiscalização.

A Lei das Sociedades Cooperativas, em seu Capítulo XII, faz distinção entre atos cooperativos e não cooperativos. Denominam-se atos cooperativos aqueles praticados pela cooperativa e por seus associados para a consecução de seus objetivos sociais, não implicando o ato cooperativo operação de mercado, nem contrato de compra e venda de produto ou mercadoria, nos termos do art. 79 da Lei de 1971. Os atos não cooperativos, por sua vez, são aqueles transacionados com terceiros não associados, tendo, portanto, caráter comercial, com a finalidade de execução de contratos com o mercado.

É a partir do conceito de ato cooperativo – no tocante à ausência de finalidade lucrativa –, conjugado à disposição do art. 3º da Lei n. 5.764/1971, que se torna possível analisar a tributação a que se sujeitam. Inicialmente, cumpre esclarecer que o sistema tributário brasileiro foi alterado pela Lei Complementar n. 214/2025, a qual estabelece a criação de novos impostos, sendo eles: Contribuição sobre Bens e Serviços (CBS); Imposto sobre Bens e Serviços (IBS); e Imposto Seletivo (IS). Essa nova regulação altera drasticamente importantes tributos já existentes (ISS, ICMS, PIS, Cofins e IPI). A meta é que, até o ano de 2032, os antigos impostos sejam completamente substituídos pelos novos.

Entre diversos setores que tiveram as regras tributárias modificadas, as cooperativas agrícolas não entram como exceção. Importante ressaltar a análise estrutural financeira de uma cooperativa: a ausência de objetivo lucrativo não significa que a cooperativa deva ser deficitária. Pelo contrário, há sim a busca por um resultado positivo que, nos termos do art. 1.094, VII, do Código Civil, será distribuído, de forma proporcional, com base no valor das operações efetuadas pelo sócio com a sociedade, podendo, ainda, ser atribuído juro fixo ao capital realizado.

De maneira distinta ao que ocorre com as pessoas jurídicas que visam lucro, a ser repassado aos sócios de acordo com sua participação no capital social, nas cooperativas a distribuição dos resultados é fruto do valor das operações do sócio com a sociedade. Assim, os resultados são dirigidos aos cooperados, independentemente das cotas que possuírem. Será, portanto, a título de renda da pessoa física do cooperado que esses resultados poderão ser tributados – não enquanto lucro da cooperativa, uma vez que os atos cooperados são incapazes de gerá-lo. Justamente o ato cooperado, por não gerar lucro, não se subsume à regra-matriz de incidência tributária do imposto sobre a renda de pessoa jurídica. Tanto é assim que o art. 193 do Regulamento do Imposto sobre a Renda (Decreto n. 9.580/2018) estabelece, em resumo, a não incidência do imposto sobre a renda sobre suas atividades econômicas, de proveito comum, sem objetivo de lucro. Em contrapartida, o art. 194 do Regulamento determina a incidência do imposto sobre os resultados positivos das operações e das atividades estranhas à finalidade social da cooperativa. Ambas as disposições caminham em sentido similar ao apontado pelo art. 111 da Lei n. 5.764/1971.

Ao final do exercício, deverão ser procedidas a apuração e a partilha dos resultados entre os cooperados, nada remanescendo com a cooperativa.[18] O exposto é, também, decorrência da estrutura dessa forma de sociedade, tanto pelo fato de suas cotas serem limitadas a cada associado quanto pelo fato de o voto do cooperado independer do valor de sua participação, nos termos do art. 4º da Lei n. 5.764/1971 e do art. 1.094 do Código Civil. O objetivo central das sociedades cooperativas é realizar interesse comum dos associados, sem pretensão lucrativa, pois as cooperativas "(...) não possuem efetivas receitas próprias (de sua titularidade), uma vez que os valores auferidos apenas transitam por seu caixa, porque, em realidade, pertencem exclusivamente aos próprios associados".[19]

Com a reforma tributária, as cooperativas de produção terão alíquota zero dos novos tributos (CBS, IBS e IS), nas operações realizadas entre a cooperativa e o cooperado, fato que reduz carga fiscal (impostos a serem pagos) e beneficia os produtores rurais. A Lei Complementar n. 214, de 16 de janeiro de 2025, que altera a legislação tributária, em seu art. 6º, *b*, VI, determina que o IBS e a CBS não incidirão no recebimento de dividendos e de juros sobre capital próprio, de juros ou remuneração ao capital pagos pelas cooperativas e os resultados de avaliação de participações societárias,

---

[18] LOUBET, Leonardo Furtado. *Tributação federal no agronegócio*. São Paulo: Noeses, 2017. p. 209.
[19] MELO, José Eduardo Soares de. *Contratos e tributação:* noções fundamentais. São Paulo: Malheiros, 2015. p. 184.

com ressalva à transmissão, pelo contribuinte, para sócio ou acionista que não seja contribuinte no regime regular, por devolução de capital, dividendos *in natura* ou de outra forma, de bens cuja aquisição tenham permitido a apropriação de créditos pelo contribuinte, inclusive na produção.

Os novos tributos também não incidirão nas transferências de recursos públicos e demais bens públicos para organizações da sociedade civil constituídas como pessoa jurídica sem fins lucrativos, por meio de acordo de cooperação (art. 6º, *b*, IX); na destinação de recursos por sociedade cooperativa para o Fundo de Reserva, e o Fundo de Assistência Técnica, Educacional e Social (art. 6º, *b*, XI). As sociedades cooperativas são obrigadas a constituir dois fundos: (i) Fundo de Reserva, destinado a reparar perdas e atender ao desenvolvimento das atividades da sociedade, constituído com, pelo menos, 10% das sobras líquidas do exercício; e (ii) Fundo de Assistência Técnica, Educacional e Social, destinado à prestação de assistência aos associados, seus familiares e, quando previsto no estatuto, aos empregados da cooperativa, constituído de, ao menos, 5% das sobras líquidas apuradas no exercício. Além desses fundos, a assembleia geral poderá criar outros, inclusive rotativos, com recursos destinados a fins específicos, fixando seu modo de formação, aplicação e liquidação. Acerca dos serviços a serem prestados pelo Fundo de Assistência, tem-se a compreensão de que podem ser executados com base em convênios com entidades públicas e privadas (art. 28 da Lei n. 5.764/1971).

Ainda sobre a reforma tributária e a não incidência dos impostos IBS e CBS, o repasse da cooperativa para os seus associados está isento, nos casos dos valores decorrentes das operações em que o associado fornece bem ou serviço à cooperativa de que participa e/ou operações em que a cooperativa fornece bens ou serviços associados sujeitos ao regime regular do IBS e da CBS. Além disso, a distribuição em dinheiro das sobras por sociedade cooperativa aos associados, apuradas em demonstração do resultado do exercício, também não se sujeita à incidência dos novos tributos. Adiciona-se que a cooperativa cuja receita seja inferior a R$ 3.600.000,00 no ano-calendário, ou aquela que é constituída exclusivamente por produtores rurais em pessoas físicas (com receita abaixo de R$ 3.600.000,00), estará isenta igualmente.

Importante notar que a Lei traz consigo um capítulo próprio sobre sociedades cooperativas (Capítulo VI da Lei Complementar n. 214/2025. Ganha destaque o art. 271, § 1º, II, do regime legal, que zera a alíquota do IBS e da CBS para as operações de fornecimento de bem material pela cooperativa de produção agropecuária a associado não sujeito ao regime regular dos novos tributos, com a condição de que os créditos por ela apropriados referentes ao bem fornecidos sejam anulados.

Sobre a estrutura societária da cooperativa, o capital social das cooperativas, ainda, deverá ser dividido em cotas-partes, como prevê o art. 24 da Lei das Sociedades Cooperativas,[20] não se admitindo que o valor unitário de cada uma das cotas exceda o

---

[20] Art. 24 da Lei n. 5.764/1971: "O capital social será subdividido em quotas-partes, cujo valor unitário não poderá ser superior ao maior salário mínimo vigente no País".

valor do salário mínimo. A subscrição pelo associado não pode, em regra, exceder a 1/3 da totalidade das cotas-partes (art. 24, § 1º), salvo em sociedades nas quais a subscrição deva ser proporcional ao movimento financeiro do cooperado ou ao quantitativo dos produtos a serem comercializados, beneficiados ou transformados. A distribuição ou rateio entre os cooperados dos resultados auferidos pelas sociedades cooperativas – em conformidade com o disposto pelo art. 1.094, VII, do Código Civil – será feito proporcionalmente ao valor das operações efetuadas pelo sócio com a sociedade após as deduções das despesas gerais em que a cooperativa incorrer.

Conforme anteriormente apresentado, a sociedade cooperativa é sociedade simples, podendo ser a responsabilidade de seus sócios limitada ou não. A responsabilidade será limitada quando o sócio responder apenas pelo valor de suas cotas e pelo prejuízo que causar às operações sociais, guardada a proporção de sua participação nestas. A responsabilidade ilimitada, por seu turno, carregará a obrigatoriedade do sócio de responder solidária e ilimitadamente por todas as obrigações sociais da cooperativa (art. 1.095 do Código Civil).

Dando sequência à análise das cooperativas, temos o art. 38 da Lei de 1971, que revela as características de sua administração. Desse modo, será fixada assembleia geral, órgão supremo da sociedade, dentro dos limites legais e estatutários, com poderes de decisão – a que todos se vinculam – acerca dos negócios relacionados ao objeto da sociedade e das resoluções convenientes a seu desenvolvimento e defesa. Suas deliberações serão tomadas por maioria de votos dos associados presentes com direito de votar.

Especialmente no tocante à administração da cooperativa, o art. 47 prescreve competir à diretoria ou conselho, composto apenas por associados eleitos na assembleia geral, o desempenho dessa atividade, que será fiscalizada por um conselho fiscal, cujos membros são associados eleitos anualmente (art. 56 da Lei de Cooperativas). Disso decorrem questões relativas à governança da organização. Vale dizer, a governança tem assumido, cada vez mais, relevância dentro do setor, o que reflete também nas cooperativas e, consequentemente, a participação dos associados nas estruturas de governança passa a ser uma variável essencial para garantia de sucesso e transparência.

Uma organização cooperativa pode ter basicamente duas funções objetivo. A primeira refere-se à busca pela distribuição de resultados (sobras) aos seus membros, em dinheiro e ao final do período contábil, criando, assim, situação para que o membro possa monitorar o comportamento econômico da organização por meio dos valores distribuídos; essa estratégia é, contudo, pouco comum no Brasil. A segunda objetiva resultados econômicos distribuídos, imediatamente entre os cooperados, na forma de melhores preços de aquisição de produtos agrícolas ou de vendas de insumos, e em forma de prestação de serviços de assistência técnica e outros; por seu turno, esta é amplamente encontrada em território nacional. A função objetivo mais comum no País, de distribuir os resultados das cooperativas em matéria de melhores preços e serviços, pode gerar maior indefinição de direitos de propriedade e de decisões, o que ocorre em virtude de relações formais e informais entre os associados beneficiários e os funcionários detentores de direitos residuais, de decisão sobre o uso de ativos coletivos e prestação de serviços, passarem a ser importantes. Essa situação pode, todavia, constituir incentivo ao esforço de participação do membro associado em sua cooperativa.[21]

Um dos pontos de principal atenção é a eleição dos dirigentes, muitas vezes amparadas em propostas nem sempre alinhadas à eficácia produtiva e comercial das sociedades; além disso, em alguns casos, é possível observar uma ausência de profissionalismo na gestão, sobretudo na análise técnico-econômica de projetos e *marketing*, a existência de arranjos organizacionais densos, acompanhamento inapropriado da execução de projetos e, por fim, limitação dos recursos disponíveis.[22] Como imperativo da dinâmica em que suas relações se estabelecem, mudanças na profissionalização, estrutura organizacional, transparência, praticidade e planejamento de negócios nas cooperativas se tornaram uma realidade ao longo dos últimos anos e representam movimentos que devem continuar a ocorrer.

Existem, porém, alguns problemas de desempenho da cooperativa que devem ser apontados, como nos apresenta Alan Kardec Veloso de Matos.[23] É o caso da necessidade de capital para seu funcionamento em proporção maior do que o demandado por sociedades de capital, além do possível despreparo e inexperiência dos associados – simultaneamente aos donos e usuários – para administrar a cooperativa. Para um gerenciamento moderno dessas sociedades, pode surgir como alternativa a profissionalização do quadro gestor; a ampliação da responsabilidade do conselho fiscal, com envolvimento de consultoria especializada; melhorias no cômputo de votos e ausências nas assembleias gerais; incentivos à inovação na gestão, com participação de capital externo e parcerias estratégicas, com devida observação das bases do cooperativismo; emissão de títulos visando à capitalização; possibilidade de abertura de capital a terceiros, como fonte de recursos para o crescimento e capitalização; auditorias independentes; e órgão direcionado ao treinamento e capacitação dos profissionais que gerenciam o empreendimento cooperativo.

Em relação às cooperativas agrícolas, mais detidamente, observa-se que seus armazéns mantêm prerrogativa para emitir títulos representativos de mercadorias

---

[21] BIALOSKORSKI NETO, Sigismundo. Um ensaio sobre desempenho econômico e participação em cooperativas agropecuárias. *RER*, Rio de Janeiro, v. 45, n. 1, jan./mar. 2007.

[22] MACHADO FILHO, Cláudio Antonio Pinheiro; MARINO, Matheus Kfouri; CONEJERO, Marco Antônio. Gestão estratégica em cooperativas agrícolas. *In*: IV CONGRESSO INTERNACIONAL DE ECONOMIA E GESTÃO DE REDES AGROALIMENTARES. Faculdade de Economia, Administração e Contabilidade de Ribeirão Preto, da Universidade de São Paulo, *Anais (...)* 2013. p. 2-13.

[23] MATOS, Alan Kardec Veloso de. Cooperativismo e agronegócio. *In*: QUEIROZ, João Eduardo Lopes; SANTOS, Márcia Walquiria Batista dos (coord.). *Direito do agronegócio*. 2. ed. ampl. Belo Horizonte: Fórum, 2011. p. 255-256.

depositadas, ou seja, os produtos, subprodutos e resíduos de valor econômico, objeto do Certificado de Depósito Agropecuário e o *Warrant* Agropecuário (CDA/WA), conforme determina a Lei n. 11.076/2004. Dessa forma, os componentes do conselho de administração ou diretoria executiva ficarão responsáveis pessoal e solidariamente pela guarda e conservação dos produtos vinculados, respondendo civil e criminalmente pelas declarações constantes do título, bem como por qualquer ação ou omissão que acarrete o desvio, a deterioração ou a perda dos produtos. As sociedades cooperativas também poderão operar unidades de armazenagem, embalagens e frigorificação, inclusive armazéns gerais alfandegários.

Consoante redação dada à Lei de Falência e Recuperação Judicial, Lei n. 11.101/2005, pela Lei n. 14.112/2020, não se sujeitam aos efeitos da recuperação judicial os contratos e obrigações decorrentes dos atos cooperativos praticados pelas sociedades cooperativas com seus cooperados (art. 79 da Lei n. 5.764/1971). Aqui, portanto, notamos que a alteração operada tem o condão de cunhar os atos cooperativos de extraconcursalidade, ao que se acresce a previsão do art. 2º, II, da Lei n. 11.101/2005, que prevê não se sujeitarem às regras de recuperação judicial e falência as cooperativas de crédito.

Em regime jurídico especial, as cooperativas poderão ser dissolvidas nos seguintes casos: (i) deliberação da assembleia geral, desde que os sócios, totalizando o número mínimo exigido por lei, não se disponham a assegurar a continuidade da sociedade; (ii) pelo decurso do prazo de existência; (iii) pela consecução dos objetivos quando predeterminados; (iv) pela alteração de sua forma jurídica; (v) pela redução do número de sócios ou do capital social mínimo se, até a assembleia geral subsequente, realizada em prazo não inferior a seis meses, não forem restabelecidos; (vi) pelo cancelamento da autorização para funcionamento, quando aplicável; e (vii) pela paralisação de suas atividades por mais de 120 dias.

Vale apontar, a liquidação das cooperativas era promovida por iniciativa do respectivo órgão executivo federal, o qual designava liquidante, sendo processada de acordo com legislação específica e demais disposições regulamentares, desde que a sociedade deixe de oferecer condições operacionais, principalmente se constatada a insolvência.[24] Contudo, a jurisprudência tem afirmado o seguinte entendimento:

---

[24] "Tributário e processual civil. Agravo regimental no recurso especial. Cooperativa em liquidação. Caráter não empresarial. Lei de falências. Inaplicabilidade. Aplicação da Lei 5.764/1971. Entendimento pacífico do STJ.

1. A jurisprudência desta Corte Superior tem entendimento pacífico no sentido da inaplicabilidade da legislação falimentar às cooperativas em liquidação, pois estas não possuem características empresariais, sendo elas aplicáveis as disposições previstas na Lei 5.764/1971. Precedentes: AgRg no Ag 1.385.428/MG, 1ª Turma, Rel. Min. Teori Albino Zavascki, *DJe* 13.09.2011; AgRg no REsp 999.134/PR, 1ª Turma, Rel. Min. Luiz Fux, *DJe* 21.09.2009; REsp 1.202.225/SP, 2ª Turma, Rel. Min. Mauro Campbell Marques, *DJe* 06.10.2010.

2. Quanto ao produto da arrecadação, 'A Lei n. 5.764/1971 não autoriza a remessa, ao Juízo da liquidação, do produto de arrematação de bens penhorados nos autos da execução fiscal.

Recurso especial. Direito civil e processual civil. Liquidação extrajudicial de sociedade cooperativa. Suspensão das ações em andamento. Prazo de um ano do art. 76 da Lei 5.764/1971. Prorrogações sucessivas. Descabimento. Caráter excepcional da regra em comento. Inviabilidade de interpretação analógica com o *stay period* da recuperação judicial. Descabimento.

1. Controvérsia em torno da suspensão de um cumprimento de sentença contra uma cooperativa em regime de liquidação extrajudicial para além do prazo de um ano, prorrogável por mais um ano, previsto no art. 76 da Lei 5.764/1971.

2. Nos termos do art. 76 da Lei 5.764/1971, a aprovação da liquidação extrajudicial pela assembleia geral implica a suspensão das ações judiciais contra a cooperativa pelo prazo de um ano, prorrogável por no máximo mais um ano.

3. Inviabilidade de aplicação ao caso das razões de decidir dos precedentes relativos à prorrogação do *stay period* da recuperação judicial de empresas, pois a recuperação judicial de empresas, por se submeter à supervisão judicial, não guarda semelhança com a liquidação extrajudicial da cooperativa.

4. Caráter excepcional da regra do art. 76 da Lei 5.764/1971 por atribuir a uma deliberação privada o condão de suspender a prestação da atividade jurisdicional. Doutrina sobre o tema.

5. Inviabilidade de interpretação analógica ou extensiva da regra legal *sub examine*, em respeito ao princípio fundamental da inafastabilidade da jurisdição (art. 5º, inciso XXXV, da CF).

6. Caso concreto em que a liquidação extrajudicial foi aprovada em 2011, estando há muito superado o prazo legal de suspensão das ações judiciais.

7. Reforma do acórdão recorrido para se determinar o prosseguimento do cumprimento de sentença.

8. Recurso especial provido (REsp 1.833.613/DF, 3ª Turma, Rel. Min. Paulo de Tarso Sanseverino, j. 17.11.2020, DJe 20.11.2020).

A dissolução das sociedades cooperativas obedece ao regime próprio da citada lei. Dessarte, não há que cogitar da insolvência civil ou da declaração de falência. Contudo, não se exclui da apreciação do Poder Judiciário a liquidação, ainda que extrajudicial. É o que deflui da leitura do art. 5º, XVIII, da Constituição Federal de 1988, e das disposições contidas na Lei n. 5.764/1971, isto é, a vedação de interferência estatal fica afastada em razão da exagerada ingerência que o Estado produzia em entidades de cunho privado. Isso não quer dizer que afasta da apreciação do Poder Judiciário ofensa a direito da parte que se sinta prejudicada diante da liquidação extrajudicial.

A importância que assumem as cooperativas, hoje, no País, é inegável. No Brasil, existem 4.509 cooperativas, das quais 1.179 estão no ramo do agronegócio. Segundo dados obtidos no Anuário Coop 2024, as cooperativas do agro geram cerca de 257.137

Precedente' (AgRg no AgRg nos EDcl no REsp 1.129.512/SP, 2ª Turma, Rel. Min. Eliana Calmon, DJe 10.12.2013).

3. Agravo regimental a que se nega provimento" (AgRg no REsp 1.109.103/SP, 1ª Turma, Rel. Min. Sérgio Kukina, j. 25.11.2014, DJe 02.12.2014).

empregos, envolvendo 1.047.068 cooperados.[25] Por esse motivo, muito se tem dito acerca da reorganização dessas sociedades, o que, inclusive, motivou a apresentação do Projeto de Lei n. 815/2022. Além dos expressivos números, são diversos os fundamentos econômicos que imprimem a relevância das cooperativas no setor, como a organização da atividade de produção nos SAGs e a integração entre agentes em contexto de diversidade regional e de extensão territorial; tudo isso envolvido na égide de ganhos de escala propiciados pela comunhão de vontades comuns e a integração dos agentes em redes contratuais sob condições mais equilibradas. Até o momento da redação deste livro, o PL n. 815/2022 estava em fase de espera pelo parecer do relator na Comissão de Desenvolvimento Econômico (CDE).

Iniciativas que visam a manutenção da atividade produtiva são, inegavelmente, importantes, tendo em vista o impacto que crises econômico-financeiras de maior expressão poderiam causar ao setor e à economia como um todo. O debate com toda a cadeia, porém, faz-se necessário, com o intuito de evitar desincentivos aos demais agentes. Alterações normativas, em especial aquelas que têm potencial de desequilibrar economicamente o setor, devem ter por base estudo jurimétrico e análise de impacto regulatório capazes de imprimir, com maior clareza, quais as perspectivas da manutenção ou modificação do arcabouço legal.

4.3. TEORIA CONTRATUAL E CONTRATOS AGRÁRIOS

Embora a relação entre Direito & Economia tenha sempre sido próxima, é possível afirmar que jamais foi tão intensa quanto nos dias atuais. É constante a repercussão que encontra nas estruturas jurídicas as modificações registradas nas relações econômicas. Dar o estímulo a algumas inovações legais constitui verdadeiro processo de desenvolvimento econômico. Em um mundo globalizado, onde as decisões econômicas são tomadas de forma transnacional e o capital assume necessidade vital, principalmente quando observamos agentes em desenvolvimento, o direito e a segurança jurídica passam a ser fundamentais ao processo de decisão empresarial.

No sistema de Direito Privado, e com a unificação do Direito das Obrigações, ganham força os princípios dos contratos e a aplicação das cláusulas gerais, instituídos pelo Código Civil. Enquanto a liberdade do juiz é mais ampla, a ele caberá concretizar conceitos indeterminados e aplicar cláusulas gerais. Para isso, necessário que o magistrado seja capaz de conhecer as consequências de sua decisão não somente para as partes envolvidas, mas em contexto sistemático na proteção dos interesses sociais, que se dará na interligação de vários sistemas, entre eles e de forma aqui destacada o econômico e o jurídico na melhor e mais adequada compreensão do mercado.

Os princípios atuam como alicerce ou garantia de certeza a um conjunto de juízos, ordenados em um sistema de conceitos relativos a uma porção da realidade.

---

[25] ANUÁRIO.COOP. [S.d.]. Disponível em: https://anuario.coop.br/. Acesso em: 9 mar. 2025.

As cláusulas gerais são normas orientadoras, apresentadas sob a forma de diretrizes dirigidas ao juiz, vinculando-o ao mesmo tempo em que lhe dão liberdade para decidir. São formulações, contidas na lei, de caráter genérico e abstrato, com valores a serem preenchidos pelo juiz. Atuam como regras de conduta, como todas as demais normas componentes do ordenamento vigente em um país, e não guardam relação hierárquica perante as demais regras de Direito; a superioridade hierárquica existirá apenas quando enunciada norma de categoria mais elevada à base analisada.

A empresa é a organização que reduz os custos de transação de mercado e, como vimos, os agentes econômicos se organizam para aumentar a eficiência de suas relações contratuais. Sobre o contrato, são diversas as forças divergentes que atuam. É possível destacarmos, ainda que não atuem com exclusividade, a força obrigatória e a influência de fatores determinantes da integração de atividades econômicas. Não traz surpresa o surgimento de novas figuras contratuais, de tal forma que assistimos ao progresso quantitativo e qualitativo do contrato, na reflexão de que novas tecnologias e modelos de negócios requerem novas formas de vínculos, o que faz do contrato, portanto, um instrumento por excelência da vida econômica.

Um dos traços da sociedade moderna é a representação das relações jurídicas por meio de contratos socialmente típicos como instrumento de organização das relações sociais. Todos os contratos, independentemente de sua tipologia, devem ter como objetivo, na visão moderna, a organização dos interesses envolvidos e a adequada alocação de riscos. A tarefa passa a ser, então, identificar os pontos de convergência desses interesses. Essa identificação tem sentido, antes de tudo, lógico. Se o objetivo é comum (permuta de mercadorias, compra e venda etc.) é necessário que as partes colaborem antes, durante e depois da conclusão do contrato para sua consecução. Há, portanto, uma premissa de que a colaboração supera a conclusão do contrato, não se esgotando nesse momento.

Nessa perspectiva, o princípio da força obrigatória dos contratos adquire nova função: passa a ser instrumental, não para a garantia dos interesses das partes, mas, sim, para a persecução de seu objetivo comum. São necessários, porém, outros estímulos à disciplina contratual para que a cooperação seja contínua, no sentido do objetivo perseguido. Esses estímulos podem ser encontrados nas disciplinas da causa, representadas na motivação ou razões subjetivas para a conclusão do contrato. Trata-se de elemento relevante para a identificação dos vícios de vontade. Por outro lado, a causa consiste no objeto do negócio, que permite identificar o objetivo econômico da operação. Dessa forma, torna-se evidente a instrumentalidade do conceito de causa, para a ideia de cooperação ou organização contratual, como também, para orientação e interpretação do contrato, aqui, em especial, a proteção dos interesses dos Sistemas Agroindustriais.

Dando forma ao ambiente negocial esperado, entre os princípios gerais que o regem, encontramos a autonomia da vontade, relacionada à liberdade de contratar e à sua força obrigatória (*pacta sunt servanda*). Caio Mário da Silva Pereira trata o princípio da força obrigatória do contrato como a irreversibilidade da palavra empenhada, de forma a ser essa palavra permissiva a que as partes contratassem e fixassem as cláusulas (condições) contratuais. Portanto, celebrado o contrato, devem a ele se sujeitar.[26] No agronegócio, vale dizer, já se decidiu que "os contratos empresariais não devem ser tratados da mesma forma que os contratos cíveis em geral ou os contratos de consumo. Nestes admite-se o dirigismo contratual, naqueles devem prevalecer os princípios da autonomia da vontade e da força obrigatória das avenças".[27]

No estudo da organização dos Sistemas Agroindustriais dois outros princípios ganham relevância e devem somar à força obrigatória: autonomia privada ou autonomia negocial, que referenda a liberdade de contratar, de optar por tipo contratual específico, pelo momento da contratação, pela escolha da outra parte da relação e pela escolha do conteúdo do contrato; e do equilíbrio contratual, consubstanciado na busca pela preservação do equilíbrio real de direitos e deveres no contrato, para manter a proporcionalidade inicial dos direitos e obrigações, ou corrigir desequilíbrios supervenientes.

Além dos princípios, prescreve o art. 421 do Código Civil que a liberdade de contratar será exercida em razão e nos limites da função social do contrato, e o art. 422 que os contratantes são obrigados a guardar, na conclusão do contrato, assim como em sua execução, os princípios de probidade e boa-fé. Citados dispositivos contemplam as chamadas cláusulas gerais da função social do contrato e da boa-fé objetiva, que iniciam o Título V do Código Civil, responsável por tratar sobre os contratos em geral. As cláusulas gerais, cabe dizer, exigem atuação especial do juiz, na medida em que atribuem mobilidade ao sistema. São o meio pelo qual o Estado atua como juiz no equilíbrio econômico das relações contratuais, permitindo-lhe conformar e contingenciar essa relação. Acentuam a função social do contrato, instrumento socialmente útil à percepção de que as relações econômicas devem se pautar por princípios éticos. Sua função é instrumentalizadora, de forma que o magistrado se sirva de sua indicação abstrata para dizer, na situação concreta, o que efetivamente seria capaz de imprimir uma função social ao contrato (art. 421 do Código Civil). Possibilitam a criação de modelos jurídicos hermenêuticos, quer pelos advogados, quer pelos juízes, para atualização de preceitos legais.

O exposto confere flexibilidade ao sistema, dando destaque ao papel da jurisprudência. O art. 421, antes de mencionar a função social do contrato, trata da liberdade de contratar, como manifestação da autonomia privada. Segundo Judith Martins-Costa, a liberdade de contratar é uma liberdade situada, isto é, a liberdade de contratar é expressamente limitada pelo princípio da função social do contrato.[28] Direito acolhido

---

[26] PEREIRA, Caio Mário da Silva. *Instituições de direito civil*. 12. ed. Rio de Janeiro: Forense, 2005. p. 14-15.
[27] STJ, REsp 936.741/GO, Rel. Min. Antonio Carlos Ferreira, j. 03.11.2011.
[28] MARTINS-COSTA, Judith. Reflexões sobre o princípio da função social dos contratos. *Revista Direito GV*, v. 1, n.1, p. 45, maio/out. 2005.

pelo *caput* do art. 5º da Constituição Federal, a liberdade tem reflexos na disciplina da ordem econômica e financeira, como se observa e se sobreleva no art. 170 e, nesse aspecto, assume caráter instrumental.

O contrato pode, ainda, ser tomado como a formalização jurídica de operações econômicas verificadas na prática, existindo em decorrência delas. Operações econômicas, por sua vez, envolvem a circulação de riqueza (utilidades) entre sujeitos.[29] A função dos contratos é, dessa forma, fazer circular riquezas e bens objetos de propriedade, sendo, por essa razão, a ferramenta por excelência da vida econômica, servindo ao mercado.[30] É certo que a jurisprudência atual reafirma a análise do contrato sob a perspectiva de sua função social, não ignorando sua finalidade principal e natural, que é a de regular relações econômicas entre as partes envolvidas. Ou seja, o contrato deve atender aos interesses sociais e econômicos de todos os envolvidos, cumprindo sua função básica: garantir uma troca de bens, serviços ou valores de forma justa e eficiente no mercado. Em outras palavras, a função social do contrato deve ser equilibrada com sua natureza econômica.[31]

A função social do contrato limita a autonomia de vontade, em casos que a autonomia colida com o interesse social, em hipóteses em que este deve preponderar. Em resumo, o contrato está a serviço, também, do interesse social, sendo essa uma das funções que lhe foram atribuídas. A função social do contrato expressa, em si, a função

---

[29] LOUREIRO, Luiz Guilherme. *Contratos no novo Código Civil*. 2. ed. São Paulo: Método, 2004. p. 53.
[30] FORGIONI, Paula A. *Teoria geral dos contratos empresariais*. 2. ed. São Paulo: RT, 2010. p. 87-88.
[31] "Direito civil e agrário. Compra e venda de safra futura a preço certo. Alteração do valor do produto no mercado. Circunstância previsível. Onerosidade excessiva. Inexistência. Violação aos princípios da função social do contrato. Boa-fé objetiva e probidade. Inexistência. A compra e venda de safra futura, a preço certo, obriga as partes se o fato que alterou o valor do produto agrícola não era imprevisível. Na hipótese afigura-se impossível admitir onerosidade excessiva, inclusive porque a alta do dólar em virtude das eleições presidenciais e da iminência da guerra no Oriente Médio – motivos alegados pelo recorrido para sustentar a ocorrência de acontecimento extraordinário – porque são circunstâncias previsíveis, que podem ser levadas em consideração quando se contrata a venda para entrega futura com preço certo. O fato do comprador obter maior margem de lucro na revenda, decorrente da majoração do preço do produto no mercado após a celebração do negócio, não indica a existência de má-fé, improbidade ou tentativa de desvio da função social do contrato. *A função social infligida ao contrato não pode desconsiderar papel primário e natural, que é econômico*. Ao assegurar a venda de sua colheita futura, é de se esperar que o produtor inclua nos seus cálculos todos os custos em que poderá incorrer, tanto os decorrentes dos próprios termos do contrato, como aqueles derivados das condições da lavoura. A boa-fé objetiva se apresenta como uma exigência de lealdade, modelo objetivo de conduta, arquétipo social pelo qual impõe o poder-dever de que cada pessoa ajuste a própria conduta a esse modelo, agindo como agiria uma pessoa honesta, escorreita e leal. Não tendo o comprador agido de forma contrária a tais princípios, não há como inquirir seu comportamento de violador da boa-fé objetiva. Recurso especial conhecido e provido" (Recurso Especial 803.481/GO 2005/0205857-0, Min. Nancy Andrighi).

social da propriedade, cuja liberdade de contratar é corolário necessário da afirmação da propriedade privada dos bens de produção, de modo que não há função social da propriedade sem função social dos contratos.[32]

Ademais, ao lado da função social, figura como cláusula geral a boa-fé. O art. 422 do Código Civil apresenta a boa-fé objetiva, típica do direito das obrigações que, diferentemente da boa-fé subjetiva – pertinente à consciência da pessoa –, refere-se ao comportamento adotado na relação jurídica, dentro de um padrão de conduta esperado, o que deve ser demonstrado. Mais do que isso, dado o processo de positivação do ordenamento jurídico, o agente conhece previamente as sanções decorrentes da violação das normas, o que lhe permite apreender, também previamente, o que se espera como padrão de comportamento, nos ditames da boa-fé. A função da boa-fé no direito contratual, especialmente quando entendido como um instrumento de organização social, é permitir a cooperação entre as partes no cumprimento dos objetivos econômicos do contrato. A sua presença como princípio no Código Civil (art. 421) é prova da ideia de cooperação subjacente aos instrumentos contratuais.

Para garantir que os esforços se dirijam ao objetivo contratual comum, é necessário que as partes atuem para seu cumprimento, não visando, exclusivamente, interesses particulares e externos. É legítimo, por outro lado, que dentro dos parâmetros cooperativos estabelecidos pelo instrumento contratual busquem proteger seus próprios interesses. Na identificação de conflito de interesse nas relações negociais, por esse motivo, não deve ser admitida a sobreposição de vontades particulares aos objetivos do negócio. A probidade na conclusão do contrato significa, assim, atuar no cumprimento de seu objetivo econômico.[33] Vale suscitar, porém, que o direito contratual clássico tende a ser dogmático e mais focado no momento da formação do contrato, não em sua função.

A introdução dos princípios da boa-fé e da função social ao direito brasileiro leva a uma releitura dos antigos princípios do Código Civil, com realce a valores fundamentais como eticidade, sociabilidade e operabilidade. A "ética da situação" inspira e governa a estrutura do projeto, obedecendo à exigência atual do "Direito como concreção" ou "Direito como experiência", incompatível com disposição que levará em conta relações formais com o afastamento de seu conteúdo existencial. O modelo adotado pelo Código Civil de 2002 traz, portanto, novos pressupostos metodológicos, atuando por meio de duas soluções teóricas: chamando a responsabilização da jurisprudência pelo emprego das cláusulas gerais e encarregando o legislador da tarefa de olhar para o futuro, editando leis aditivas ao Código. O sistema se torna o eixo central e, por seu condão aberto, permite a constante incorporação de novos problemas pela solução de construção jurisprudencial.

---

[32] FORGIONI, Paula A. *Teoria geral dos contratos empresariais*. 2. ed. São Paulo: RT, 2010. p. 245.
[33] SALOMÃO FILHO, Calixto. Breves acenos para uma análise estruturalista do contrato. *Revista de Direito Mercantil, Industrial, Econômico e Financeiro*, n. 141, p. 7 e ss., jan./mar. 2006.

Ainda no contexto de formação das relações contratuais e, em especial, no que tange aos vínculos entre as atividades econômicas do agronegócio, importa mencionar a conexidade ou coligação contratual[34] que ocorre, em diversos graus, quando contratos com estruturação diversa estão unidos por ligação funcional-econômica, com consequências jurídicas próprias.[35] Pode-se dizer, portanto, que os contratos conexos são queridos pelas partes contratantes como um todo. Um depende do outro de tal modo que, isoladamente, seriam desinteressantes. Apesar disso, os contratos não se fundem. Conservam a individualidade que lhes é própria e, por isso, se distinguem dos contratos considerados mistos.[36] Para Claudia Lima Marques, a conexidade é o fenômeno operacional econômico de multiplicidade de vínculos para atingir um fim econômico unitário, que decorre da especialização das tarefas produtivas, de formação de redes de fornecedores e, eventualmente, da vontade das partes.[37]

Dando enfoque sistêmico à questão, Laís Bergstein observa que a conexidade advém da causa econômica do contrato, uma vez que não há causa jurídica aglutinadora prévia. Assim, vínculos individuais unem-se guiados por um interesse supracontratual comum.[38] É possível identificarmos três espécies de contratos conexos: (i) grupos de contratos,[39] (ii) redes de contratos[40] e (iii) contratos conexos *stricto sensu*.[41] Uma das

---

[34] Cuida-se, nesse contexto, de duas ou mais relações formalmente autônomas e contemporâneas interligadas em face da existência de uma finalidade comum, em geral consistente em uma operação econômica global. Esses contratos, embora estruturalmente independentes, exercem influência recíproca e têm sua finalidade e conteúdo material alterados e redefinidos pelo escopo do grupo, também chamado de causa contratual (FERNANDES, Marcelo Cama Proença. *Contratos:* eficácia e relatividade nas coligações contratuais. São Paulo: Saraiva, 2014. p. 219).

[35] BERGSTEIN, Laís Gomes. Conexidade contratual, redes de contratos e contratos coligados. *Revista de Direito do Consumidor*, v. 26, n. 109, p. 168, jan./fev. 2017.

[36] GOMES, Orlando. *Contratos*. Atualizadores Antônio Junqueira de Azevedo e Francisco Paulo de Crescenzo Marino. Coordenador Edvaldo Brito. 26. ed. Rio de Janeiro: Forense, 2007. p. 121.

[37] MARQUES, Claudia Lima. *Contratos no Código de Defesa do Consumidor:* o novo regime das relações contratuais. 5. ed. São Paulo: RT, 2005. p. 105-107.

[38] BERGSTEIN, Laís Gomes. Conexidade contratual, redes de contratos e contratos coligados. *Revista de Direito do Consumidor*, v. 26, n. 109, p. 170-171, jan./fev. 2017.

[39] Contratos vários que incidem de forma paralela e cooperativa para a realização do mesmo fim. Cada contrato tem um objetivo diferente, mas todos concorrem para um mesmo objetivo e somente unidos podem prestar [o serviço] adequadamente (MARQUES, Claudia Lima. *Contratos no Código de Defesa do Consumidor:* o novo regime das relações contratuais. 5. ed. São Paulo: RT, 2005. p. 105-107).

[40] Cada contrato tem sucessivamente por objeto a mesma coisa, o mesmo serviço, o mesmo objeto da prestação. É a estrutura contratual mais usada pelos fornecedores ao organizarem suas cadeias de prestação ao consumidor com fornecedores diretos e indiretos, como no caso do seguro-saúde, também usada nas colaborações entre fornecedores para a produção (e terceirizações) e distribuições no mercado (MARQUES, Claudia Lima. *Contratos no Código de Defesa do Consumidor:* o novo regime das relações contratuais. 5. ed. São Paulo: RT, 2005. p. 105-107).

[41] Contratos autônomos que, por visarem a realização de um negócio único (nexo funcional) se celebram entre as mesmas partes ou entre partes diferentes e se vinculam por esta finalidade

consequências jurídicas específicas dessas realidades é o modo como se dará sua interpretação. No processo interpretativo, é necessário preservar a finalidade econômica supracontratual para garantir a devida realização da função social do contrato, tratada anteriormente, na consideração da multiplicidade e da complexidade das relações contratuais contemporâneas,[42] em especial, aqui, e vale destacar, no aspecto ligado à proteção dos interesses dos negócios realizados em contexto de Sistemas Agroindustriais.

Ainda, cumpre salientar, as relações entre fornecedor e consumidor são regidas pelo Código de Defesa do Consumidor (CDC), já que fundadas na vulnerabilidade inerente do consumidor, o que justifica e lhe ampara interpretação mais favorável. De acordo com o CDC, o consumidor é pessoa física ou jurídica que adquire ou utiliza produtos ou serviço como destinatário final. Portanto, importa verificar se existe, ou não, tal condição, a fim de determinar a aplicação do CDC. Não havendo confirmação de ser o produto destinado a consumidor final, podemos estar diante de relação empresarial.

Na existência de caracterização de pessoa jurídica consumidora, o STJ adota o entendimento da teoria denominada finalista, pela qual o destinatário final, quando adquire o produto ou serviço, é aquele que o faz alheio às finalidades profissionais, sem objetivar aumento de lucro, por meio dessa aquisição. Conforme entendimento do destacado tribunal superior, será considerada destinatária final a empresa que adquire bem ou serviço, mesmo que venha esse a integrar o estabelecimento empresarial, mas que não participe diretamente do produto ou serviço que produz a empresa e oferta a terceiros. Publicado na edição anterior deste Manual, e com base nessas premissas, podemos dizer que o CDC não se aplica ao produtor rural que não possa se enquadrar como destinatário final.[43] Em 2024, as decisões do Superior Tribunal de Justiça permanecem no mesmo sentido, considerando que o produtor rural não se enquadra no papel de consumidor. No entanto, o entendimento adquiriu certo abrandamento:

---

econômica supracontratual comum, identificável seja na causa, no consentimento, no objeto ou nas bases do negócio. Assim, se a finalidade supracontratual comum é de consumo, todos os contratos são de consumo por conexidade ou acessoriedade (MARQUES, Claudia Lima. *Contratos no Código de Defesa do Consumidor*: o novo regime das relações contratuais. 5. ed. São Paulo: RT, 2005. p. 105-107).

[42] BERGSTEIN, Laís Gomes. Conexidade contratual, redes de contratos e contratos coligados. *Revista de Direito do Consumidor*, v. 26, n. 109, p. 179, jan./fev. 2017.

[43] "Civil. Processual civil. Agravo interno em recurso especial. Irresignação submetida ao NCPC. Ação revisional de contrato de abertura de crédito. Produtor rural. Aquisição de insumos. Negativa de prestação jurisdicional. Não verificada. Inaplicabilidade do CDC. Precedentes. Descaracterização da mora. Abusividade na cobrança de encargos não comprovada. Agravo interno não provido. (...) 3. *A jurisprudência majoritária desta Corte Superior orienta que, no contrato de compra e venda de insumos agrícolas, o produtor rural não pode ser considerado destinatário final, razão pela qual, nesses casos, não incide o CDC*" (AgInt no REsp 1.656.318/MT, 3ª Turma, Rel. Min. Moura Ribeiro, j. 15.08.2022, *DJe* 17.08.2022).

Esta Corte possui entendimento de que, embora não se aplique o Código de Defesa do Consumidor no caso em que o produto ou serviço seja contratado para implementação de atividade econômica, já que não estaria configurado o destinatário final da relação de consumo (teoria finalista ou subjetiva), tem-se admitido o abrandamento da regra quando ficar demonstrada a condição de hipossuficiência técnica, jurídica ou econômica da pessoa jurídica, autorizando, excepcionalmente, a aplicação das normas do CDC (teoria finalista mitigada).[44]

A dinâmica própria do Código Civil, em especial no que se relaciona com o direito dos contratos, alinhada com a análise econômica do direito, é concretamente observável pela irradiação dos efeitos derivados dos princípios norteadores desse diploma. Dentro do sistema de direito privado, há regime jurídico específico, o subsistema de regras do Direito Comercial, que imprime uma dinâmica particular quanto à aplicação de certos princípios. Nos contratos celebrados entre empresários, há nuances que não se fazem presentes em relações obrigacionais civis, como o pleno respeito à autonomia da vontade das partes e à função econômica da avença.

A Lei n. 13.874/2019 (Lei da Liberdade Econômica) trouxe significativo reforço ao tratamento especializado dos contratos empresariais, reconhecendo-os como categoria separada dos negócios jurídicos. Os negócios jurídicos empresariais paritários são objeto de livre estipulação das partes transigentes, estando sujeitos à aplicação das regras de direito empresarial. Aqui, os contratos são paritários e simétricos, até que haja a presença de elementos concretos que justifiquem o afastamento dessas presunções e o sujeitem a um regime jurídico especial.

A Lei da Liberdade Econômica, em seu art. 2º, III, consagra como princípio "a intervenção subsidiária e excepcional do Estado sobre o exercício de atividades econômicas", alinhando-se com as críticas ao intervencionismo judiciário nas relações empresariais e à exacerbação da possibilidade de revisão das relações contratuais em prejuízo da segurança jurídica. Em mesma linha, ainda, a referida Lei promoveu importantes modificações no Código Civil, a exemplo da inclusão do parágrafo único no art. 421, que em sua letra compreende que "nas relações contratuais privadas

---

[44] "Processo civil. Agravo interno no agravo em recurso especial. Insumos agrícolas. Produtor rural. Implementação de atividade econômica. Não incidência do Código de Defesa do Consumidor. Teoria finalista. Abrandamento. Demonstração de hipossuficiência técnica, jurídica ou econômica. Verificação. Reexame do acervo fático-probatório dos autos. Súmula n. 7 do STJ. 1. O CDC não se aplica no caso em que o produto ou serviço seja contratado para implementação de atividade econômica, já que não estaria configurado o destinatário final da relação de consumo. Entretanto, tem-se admitido o abrandamento desta regra quando ficar demonstrada a condição de hipossuficiência técnica, jurídica ou econômica da pessoa jurídica, autorizando, excepcionalmente, a aplicação das normas do CDC (teoria finalista mitigada). 2. Incide a Súmula n. 7 do STJ se o acolhimento da tese defendida no recurso especial reclamar a análise dos elementos probatórios produzidos ao longo da demanda. 3. Agravo interno desprovido" (STJ, Agravo Interno no Agravo em Recurso Especial AgInt no AREsp 2.377.029/BA, 4ª Turma, Rel. João Otávio de Noronha, j. 20.05.2024, Data de publicação: 22.05.2024).

prevalecerão o princípio da intervenção mínima e a excepcionalidade da revisão contratual". Aqui, vemos a busca por um fortalecimento da autonomia da vontade e do respeito ao pactuado pelas partes (*pacta sunt servanda*), disposições que devem ser aplicadas, sem divisão, a todos os contrários entre empresários nos quais, também, incidem aqueles realizados por empresários (produtores) rurais que, salvo comprovação fática em contrário, não são hipossuficientes.

Ademais, convém salientar o quanto trazido no próprio Estatuto da Terra (Lei n. 4.504/1964) que dispõe, em seu art. 92, § 9º, que: "Para solução dos casos omissos na presente Lei, prevalecerá o disposto no Código Civil". Ora, aqui, temos o reconhecimento da normativa incidente sobre os contratos agrários, da aplicação dos preceitos do diploma civilista nacional, o que deve vir acompanhado de interpretação que privilegie a abertura do sistema instituída por meio das cláusulas gerais e dos princípios, norteadores da aplicação do direito dos contratos.

O Superior Tribunal de Justiça (STJ) também se vale do entendimento que "contratos empresariais não devem ser tratados da mesma forma que contratos cíveis em geral ou contratos de consumo". Nestes admite-se o dirigismo contratual. Naqueles devem prevalecer os princípios da autonomia da vontade e da forma obrigatória das avenças.[45] Também o STJ consolidou o entendimento de que, "quando o arrendatário é uma grande empresa, desenvolvendo o chamado agronegócio, o princípio da justiça social deixa de ter aplicabilidade, pois ausente a vulnerabilidade social que lhe é pressuposto. (...) Sob outro ângulo, ao se afastar a aplicabilidade do Estatuto da Terra, prestigia-se o princípio da autonomia privada, que, embora mitigado pela expansão do dirigismo contratual, ainda é o princípio basilar do direito privado, não podendo ser desconsiderado pelo intérprete".[46]

Atualmente, os sujeitos da relação jurídica em tela são empreendedores do agronegócio, que investem profissionalmente na produção e na adequada utilização do solo. Mesmo quando há um desequilíbrio, este não mais ocorre como antes, em vista das profundas alterações no campo rural.[47] Na complexa estrutura agrícola atual, não há uma única dinâmica geral nem um único setor agrícola, como já sustentamos ao longo do presente, temos uma estrutura heterogênea e multideterminada, que leva à certa cautela, quando da análise casuística, motivo pelo qual reforçamos a importância da observação jurisprudencial que se verá no presente.

O desenvolvimento da produção agrícola, também, em muito se deve aos contratos agrários, que permitem a cessão do uso da terra por não proprietários rurais e que impactaram a eficiência do uso das propriedades.[48] São duas as espécies dos contratos,

---

[45] STJ, Recurso Especial 936.741/GO, Rel. Min. Antonio Carlos Ferreira, j. 03.11.2011.
[46] STJ, Recurso Especial 1.447.082/TO, Rel. Min. Paulo de Tarso Sanseverino, j. 10.05.2016.
[47] TRENTINI, Flavia; AGUIAR, Carolina Costa de. As cláusulas obrigatórias dos contratos agrários – e as várias agriculturas. *Conjur*, 30 mar. 2018.
[48] BURANELLO, Renato. Os contratos do agronegócio. *In*: VERÇOSA, Haroldo Malheiros Duclerc. *Direito comercial*: contratos empresariais em espécie. São Paulo: RT, 2014. p. 412.

hoje, tipicamente agrários: os previstos pelo Estatuto da Terra (Lei n. 4.504/1964) e os não previstos. Iniciaremos com enfoque nos que encontram, no diploma de 1964, o principal arcabouço legal. São, assim, os contratos de arrendamento e parceria rural, cuja finalidade é de regular a posse ou o uso temporário da terra entre o proprietário de imóvel rural e aquele que nela exerça atividade agrícola, pecuária, agroindustrial, extrativa ou mista. Antes de nos debruçarmos sobre o tema, deixamos um alerta: o legislador proibiu avenças que resultem em contrato híbrido de arrendamento e parceria, portanto, caso isso ocorra, deverão ser interpretados como contratos distintos.

Ainda no âmbito do dirigismo contratual, há necessidade de serem observados preceitos gerais quanto à obrigatoriedade de cláusulas cogentes, que visem a conservação de recursos naturais; a proibição de renúncia, por parte do arrendatário ou do parceiro-outorgado, de direitos ou vantagens estabelecidas em leis ou regulamentos; e a proteção social e econômica da parte não proprietária do imóvel rural. No que concerne ao uso ou posse temporária da terra rural, salienta-se a aplicação do Estatuto da Terra, que possui Capítulo próprio direcionado à sua regulação (Capítulo IV) e inicia no art. 92 da Lei n. 4.504/1964. Assim, os contratos agrários têm características próprias que disciplinam a sua estrutura, não resultando apenas do simples e livre acordo de vontades.

É necessário que se tenham em mente normas gerais do Estatuto da Terra, as disposições previstas pelo art. 13 da Lei n. 4.947/1966 e de seu Regulamento, instituído pelo Decreto n. 59.566, de 1966, fruto de um contexto agrário e econômico da época (estrutura fundiária, para empresa de tecnologia e baixa produtividade), levou a dirigismo acentuado dos contratos agrários, que partem do pressuposto de que o homem do campo é desprovido de recursos socioeconômicos e culturais, necessitando de especial proteção das leis agrárias, com intuito de que se estabeleça um equilíbrio das partes, por meio da interferência das normas de ordem pública desenvolvidas em numerosas restrições.

Na perspectiva moderna de novo ordenamento contratual, já se enxerga a manifestação por parte dos tribunais, de que o Direito Empresarial possui uma lógica própria e que deve ser interpretada a partir de regras específicas. O texto inova ao fixar rol de princípios que devem reger a interpretação das normas empresariais, como estímulo à atividade econômica, à livre-iniciativa e à livre concorrência, pautado pela maior densidade do princípio da força obrigatória dos contratos. A proposta também institui a ampla liberdade contratual, de modo que as partes possam estipular parâmetros autônomos de interpretação das cláusulas, hipóteses à resolução do contrato, alocação de riscos e seus critérios, entre outros. Sob essa perspectiva, a nova legislação prevê, também, a consideração dos usos e costumes para suprir omissões nos contratos empresariais.

Em conclusão, atenta-se o leitor para a importância da segurança jurídica mediante os contratos. O produtor rural interage com o mercado por meio de contratos, que criam riquezas e alocam os riscos da atividade entre as partes. É maneira de coordenar as transações, provendo incentivos para os agentes atuarem de acordo com o planejado, permitindo, assim, um planejamento de longo prazo (previsibilidade) e preservação das relações jurídicas estabelecidas e revisão contratual em caráter excepcional (proteção do interesse das Cadeias Agroindustriais). Pela interpretação sistêmica e integração das atividades econômicas da CAI, o interesse na preservação desta prevalece sobre os interesses individuais dos empresários que nela operam. A quebra da unidade da cadeia agroindustrial significa a criação de riscos: a unidade na proteção à cadeia agroindustrial atende a uma função econômica e social.

O relacionamento contínuo entre os agentes da rede de negócios agroindustriais exige a adoção de comportamentos compatíveis com as novas circunstâncias contratuais, permitindo que tais condutas sejam avaliadas sob a ótica da boa-fé objetiva e da função econômica e social dos contratos. As transformações no ambiente de negócios impõem a necessidade de integração das atividades produtivas à gestão e ao contingenciamento de riscos, exigindo uma ordem jurídica que favoreça a proteção dos investimentos, o cálculo racional das decisões negociais e a redução dos custos de transação. A probidade na formação e na execução do contrato está intrinsecamente vinculada à realização de sua função econômica, conforme dispõe o art. 422 do Código Civil de 2002. Nesse contexto, a previsibilidade das decisões judiciais torna-se elemento essencial para a segurança jurídica, a atração de investimentos e a consolidação de relações comerciais. O comportamento do Poder Judiciário, por sua vez, tem despertado crescente interesse de estudiosos do Direito, da Economia e da Sociologia, especialmente quanto aos efeitos não intencionais que as decisões judiciais podem gerar sobre as organizações.

4.4. PARCERIA E ARRENDAMENTO RURAL

Iniciemos dispondo acerca do contrato de parceria. Regulado a partir do art. 96 do Estatuto da Terra e regulamentado pelo Decreto n. 59.566/1966, nessa espécie contratual, o parceiro-outorgante, proprietário cedente do uso da terra, faculta a utilização da propriedade ao parceiro-outorgado, portanto, aquele que utilizará a propriedade para explorar atividade produtiva. Pelo contrato de parceria, o proprietário da terra disponibiliza o seu uso para o desenvolvimento de uma atividade rural pelo parceiro-outorgado com destinação específica, não se autorizando sua utilização para destinação diversa da definida. Trata-se de um contrato bilateral, consensual, oneroso e aleatório, assim definido no mesmo artigo, em seu § 1º, nos seguintes termos: "o contrato agrário pelo qual uma pessoa se obriga a ceder à outra, por tempo determinado ou não, o uso específico de imóvel rural, de parte ou partes dele, incluindo, ou não, benfeitorias, outros bens e/ou facilidades, com o objetivo de nele ser exercida atividade de exploração agrícola, pecuária, agroindustrial, extrativa vegetal ou mista; e/ou lhe entrega animais para cria, recria, invernagem, engorda ou extração de matérias-primas de origem animal, mediante partilha, isolada ou cumulativamente".

O compartilhamento de risco entre o proprietário da terra e o produtor é a principal característica do contrato de parceria. Assim, ao celebrá-lo, as partes apenas terão direito ao recebimento de frutos se o empreendimento, a atividade, tiver sucesso. Nessa espécie contratual, portanto, dá-se partilha às vantagens, como produtos, lucros e frutos, ao mesmo passo em que se compartilham riscos de caso fortuito e de força maior. Os parceiros assumem, em conjunto, os riscos do empreendimento. Dessa forma, a parceria se assemelha a um contrato de sociedade, uma vez que duas ou mais partes colaboram para a realização do empreendimento, compartilhando seus ônus e seus bônus. Entre os principais riscos existentes, destacamos a perda de safra por caso fortuito ou força maior, pragas, ocorrências naturais imprevistas, além de ocorrências mercadológicas como a oscilação de preço dos frutos.

Cabe acrescentar, todavia, que nesse contrato não é verificada a fruição plena da posse pelo parceiro-outorgado, mas, sim, apenas o uso específico de determinado imóvel rural e seus bens, com o que os acessórios estão abrigados para a finalidade de exploração econômica na divisão de resultados.[49] Apesar de em muito se assimilar a um contrato de sociedade, o contrato de parceria não o é, não havendo intenção de criar uma *affectio societatis* entre as partes.[50] Também não se confunde com a sociedade empresária, responsável por seus atos, como pessoa jurídica de personalidade própria, ao passo que na parceria a responsabilidade de atuação fica a cargo do parceiro-outorgado, praticante da atividade agropecuária.

Segundo o art. 96 do Estatuto da Terra, são cinco as modalidades de contrato de parceria possíveis: (i) agrícola, o objeto da cessão do imóvel se destina ao exercício de atividade de produção vegetal; (ii) pecuária, o objeto da cessão do imóvel volta-se a animais de cria, recria, invernagem ou mesmo engorda; (iii) agroindustrial, o objeto da cessão será o imóvel somado a maquinarias e implementos, para o desenvolvimento de atividades que consistem na transformação de um produto agrícola; (iv) extrativa, nos casos em que o objeto for a cessão do imóvel para extração de produção agrícola, animal ou florestal; e (v) mista, quando o objeto da cessão compreende mais de uma das modalidades antes descritas.

A prescrição legal que aponta as modalidades de contrato de parceria indica, também, cláusulas de previsão obrigatórias à sua formulação. São estas:

(i) Quota-limite do proprietário na participação dos frutos: consequência do princípio entabulado no art. 13 do Decreto n. 59.566/1966, voltado à proteção social e econômica dos parceiros-outorgados, estando relacionada estreitamente à participação a que cada parceiro teria direito, conforme sua contribuição na atividade explorada.

(ii) Prazos mínimos de duração e os limites de vigência: quando não estabelecido por escrito ou convencionado prazo, haverá presunção de que o contrato de parceria será válido por, ao menos, três anos, em razão do tempo necessário à colheita e ao crescimento vegetal.[51]

---

[49] BURANELLO, Renato M. *Sistema privado de financiamento do agronegócio*: regime jurídico. 2. ed. São Paulo: Quartier Latin, 2011. p. 225.

[50] OPTIZ, Oswaldo. *Tratado de direito agrário brasileiro*. São Paulo: Saraiva, 1983. p. 146.

[51] Decreto n. 59.566/1966: "Art. 37. As parcerias sem prazo convencionado pelas partes, presumem--se contratadas por 3 anos (art. 96, I, do Estatuto da Terra)."

(iii) Bases para as renovações convencionadas: as partes podem convencionar a renovação do contrato, com prazo e preço. Inexistindo convenção, o parceiro outorgado terá preferência à renovação em novos contratos.

(iv) Direitos e obrigações referentes à construção de benfeitorias: concernentes ao consentimento do proprietário às benfeitorias e aos danos significativos causados pelo parceiro por práticas predatórias na área de exploração ou em demais equipamentos, máquinas, ferramentas e implementos existentes. Resulta, assim, da regra de direito comum que agasalha o possuidor de boa-fé, incluindo-se o parceiro-outorgado, que será indenizado por benfeitorias necessárias e úteis, ao final do contrato. Caso, no entanto, estas sejam realizadas às custas do parceiro-outorgante, ao final do contrato, o outorgado não terá direito a indenizações ou retenções, exceto quando houver previsão em sentido diverso.

(v) Formas de extinção ou rescisão: uma vez encerrado o prazo do contrato de parceria, a terra será devolvida ao proprietário. Essa, porém, não é a única forma de extinção do contrato; pelo contrário, há multiplicidade de hipóteses para sua conclusão, coincidentes com as previstas para o contrato de arrendamento rural, nos termos do art. 26 do Decreto n. 59.566/1966.

(vi) Direito e oportunidade de dispor sobre os frutos repartidos: objetiva garantir aos parceiros a justa distribuição dos lucros, em respeito ao princípio da proteção social e econômica dos participantes.

Além das cláusulas obrigatórias supradestacadas, a definição do percentual de cada parceiro na quota-parte dos resultados é limitada por lei, conforme art. 96, VI, do Estatuto da Terra, sendo necessário identificar a forma da parceria para definição da participação dos envolvidos. Para facilitar a compreensão do leitor, elaboramos quadro a seguir:

Parceria Rural – Remuneração (art. 96, VI, do Estatuto da Terra, com redação dada pela Lei n. 11.443/2007)	
Remuneração do parceiro-outorgante	Contribuição do parceiro-outorgante
20% da partilha dos frutos	Terra nua.
25% da partilha dos frutos	Terra preparada.
30% da partilha dos frutos	Terra preparada e moradia.
40% da partilha dos frutos	Conjunto básico de benfeitorias, constituído especialmente de casa de moradia, galpões, banheiro para gado, cercas, valas ou currais, conforme o caso.
50% da partilha dos frutos	Terra preparada e o conjunto básico de benfeitorias e mais o fornecimento de máquinas e implementos agrícolas, para atender aos tratos culturais, bem como as sementes e animais de tração, e, no caso de parceria pecuária, com animais de cria em proporção superior a 50% do número total de cabeças objeto de parceria.
75% da partilha dos frutos	Nas zonas de pecuária ultraextensiva em que forem os animais de cria em proporção superior a 25% do rebanho e onde se adotarem a meação do leite e a comissão mínima de 5% por animal vendido.

Cabe acrescentar, nos casos não previstos pelas alíneas destacadas *supra*, a quota adicional do proprietário será fixada com base em percentagem mínima de 10% do valor das benfeitorias ou dos bens postos à disposição do parceiro.

Os parceiros poderão prever em contrato a renovação automática, de forma a, terminado o prazo do contrato, não ser necessária elaboração de aditivo ou novo instrumento, com prorrogação do vínculo nos ditames então existentes. Os parceiros-outorgados, aponta-se, têm direito de preferência à renovação: ao fim do contrato, havendo terceiro interessado na terra com melhores condições do que o parceiro-outorgado, este deverá ser informado para que lhe seja dada oportunidade de igualar as condições ofertadas (art. 95, IV, do Estatuto da Terra e art. 22, *caput*, do Decreto n. 59.566/1966).[52] Não sendo igualada a proposta de terceiro, o parceiro-outorgado deverá entregar o imóvel. Por sua vez, não procedendo à entrega espontaneamente, será efetuado despejo compulsório, consoante determinação do art. 32 do Decreto regulamentador, que prevê, taxativamente, as hipóteses para confirmação do despejo. Quanto à preferência do parceiro-outorgado na aquisição do imóvel rural, em que pese aplicarmos subsidiariamente boa parte das regras concernentes ao arrendamento, notamos que a jurisprudência tem se manifestado em sentido oposto à sua existência. É o caso do STJ, em sede de análise do REsp 264.805/MG.[53-54]

---

[52] Nesses termos, importante destacar jurisprudência do Superior Tribunal de Justiça, no tocante ao tema que, como se observa da leitura do acórdão, impacta parceria e arrendamento rural:
"Agravo interno no agravo em recurso especial. Agravo de instrumento. Embargos à execução. Contrato de parceria rural. Ausência de notificação prévia. Acórdão em sintonia com o entendimento firmado no STJ. Exigibilidade do título executivo extrajudicial. Matéria que demanda reexame de fatos e provas. Súmula 7 do STJ. Agravo interno não provido. 1. Esta Corte possui entendimento no sentido de que: 'O Estatuto da Terra prevê a necessidade de notificação do arrendatário seis meses antes do término do prazo ajustado para a extinção do contrato de arrendamento rural, sob pena de renovação automática' (REsp 1.277.085/AL, 3ª Turma, Rel. Min. Ricardo Villas Bôas Cueva, j. 27.09.2016, *DJe* 07.10.2016). (...)" (STJ, AgInt nos EDcl no AREsp 1.786.844/MT, 4ª Turma, Rel. Min. Luis Felipe Salomão, j. 16.08.2021).

[53] "Parceria agrícola. direito de preferência. O direito de preferência que se confere ao arrendatário rural não alcança o contrato de parceria. Precedentes. Recurso conhecido pelo dissídio, mas improvido" (STJ, REsp 264.805/MG, Rel. Min. Cesar Asfor Rocha, j. 21.03.2002).

"Embargos de terceiro. Liminar. Manutenção da agravante na posse do imóvel arrematado. Admissibilidade. Contrato de parceria agrícola pode ser verbal ou expresso sendo dispensado o registro para seu reconhecimento. Nas hipóteses de alienação do imóvel, a lei prevê que o alienante se sub-roga nos direitos e obrigações do alienante. Direito à posse prevista na Lei 4.504/1964, art. 92 e incisos. Liminar concedida. Suspensão da ação monitória e dos atos de transferência. Inadmissibilidade. Reconhecimento de direito de preferência é aplicado aos contratos de arrendamento rural e não aos contratos de parceria agrícola. Ausência do fumus boni iuris. Indeferimento mantido. Recurso parcialmente provido" (TJSP, Agravo de Instrumento 0144725-68.2012.8.26.0000, Rel. Des. Álvaro Torres Júnior, j. 20.05.2013).

[54] "Civil e processual civil. Agravo interno no agravo em recurso especial. Contrato de parceria rural. Retomada do imóvel. Notificação prévia. Necessidade. Renovação automática. Aplicação

Ademais, importante destacar que a retomada do imóvel[55] apenas poderá ser procedida quando subjacente um dos motivos presentes na legislação em vigor, nos termos previstos pelo art. 22, § 2º, do Decreto n. 59.566 que, apesar de dispor acerca do arrendamento rural, é extensível à parceria, consoante entendimento exarado pela jurisprudência do STJ:

> Recurso especial. Ação declaratória. Reconvenção. Contrato de parceria agrícola. Pedido de retomada. Notificação. Requisitos legais. Preenchimento.
>
> 1. No contrato de parceria agrícola não se admite a denúncia vazia, devendo o pedido de retomada do bem imóvel ter sempre como causa subjacente um dos motivos admitidos na legislação de regência (artigo 22, *caput* e § 2º, do Decreto n. 59.566/1966).
>
> 2. No caso dos autos, a denúncia não pode ser considerada vazia, porquanto efetivada a notificação extrajudicial a que se refere o § 2º do artigo 22 do Decreto n. 59.566/1966, tempestivamente, no ano de 2009, tendo, ademais, as instâncias ordinárias assentado que desde 2005 o parceiro agricultor tinha plena ciência da intenção da parceira proprietária de retomar o imóvel para uso próprio. (...) (STJ, REsp 1.535.927/RS, 3ª Turma, Rel. Min. Ricardo Villas Bôas Cueva, j. 13.10.2015).

Pelo contrato de parceria, insta informar, caberá ao outorgante: (i) entregar o imóvel rural objeto do contrato, na data estipulada ou de acordo com os usos e costumes do local onde celebrado o contrato; (ii) garantir ao parceiro-outorgado o uso e o gozo do imóvel rural cedido durante o prazo do contrato; (iii) fazer no imóvel, na

---

supletiva do estatuto da terra. Decisão mantida. 1. Com relação à aplicação supletiva do Estatuto da terra à hipótese dos autos, os arts. 95, IV, e 96, VII, da Lei n. 4.504/1964 incidem obrigatoriamente nos contratos de arrendamento e parceria rural, sendo vedado aos contratantes modificá-los contratualmente dada a natureza cogente, sob pena de nulidade. Precedentes. 2. Considerando a impossibilidade de ser reexaminar fatos e provas nesta instância especial, afastada a tese aplicada na origem, devem os autos retornar às instâncias ordinárias, para que seja novamente apreciada a demanda, nos termos da jurisprudência do STJ. 3. Agravo interno a que se nega provimento" (STJ, Agravo Interno no Agravo em Recurso Especial AgInt no AREsp 1.972.895/SP, 4ª Turma, Rel. Antonio Carlos Ferreira, j. 12.12.2022, Data de Publicação: 15.12.2022).

[55] Sobre a motivação da retomada, Tribunais estaduais já se manifestaram quanto à impossibilidade de alteração dos motivos, uma vez notificados, de maneira ulterior. É o caso analisado pelo Tribunal de Justiça do Rio Grande do Sul:

"Contratos agrários. Arrendamento rural. Extinção. Notificação premonitória. Retomada motivada. Impossibilidade de posterior alteração do motivo. Notificação ineficaz. Renovação do contrato. 1. Embora o arrendante tenha efetuado a notificação premonitória dentro do prazo legal, referiu ele que a retomada dar-se-ia com fulcro no art. 95, IV, da Lei 4.504/1964 (Estatuto da Terra) e do art. 22 do Dec. 59.566/1966. Se esse era o caso, deveria ele ter instruído a notificação com as detalhadas propostas de terceiros para novo arrendamento, a fim de que o arrendatário pudesse exercer seu direito de preferência em igualdade de condições. 2. É ineficaz a tentativa do arrendador de, posteriormente, vir a alterar o motivo da retomada, alegando que se tratava de retomada para uso de descendente seu. Tal tipo de retomada, embora possível, igualmente dependeria de notificação com prazo superior a seis meses antes do término do contrato, com fulcro no inc. V do art. 95 da Lei 4.504/1964. Decisão mantida. Agravo desprovido" (TJRS, Agravo de Instrumento 70055059380, 9ª Câmara Cível, Rel. Eugênio Facchini Neto, j. 13.06.2013).

vigência do contrato, as obras e reparos necessários; e (iv) pagar taxas, impostos, foros e toda e qualquer contribuição que incida ou venha a incidir sobre o imóvel rural concedido na parceria.

Por sua vez, deve o parceiro-outorgado: (i) entregar ao parceiro-outorgante a fração que lhe couber na partilha; (ii) usar o imóvel rural, de acordo com o convencionado ou presumido, tratando-o com o mesmo cuidado que teria se fosse o proprietário; (iii) informar o parceiro-outorgante sobre qualquer ameaça ou ato de turbação ou esbulho; (iv) realizar no imóvel, durante o contrato, as benfeitorias úteis e necessárias, exceto convenção em sentido diverso; e (v) devolver o imóvel ao final do contrato, exatamente como recebeu seus acessórios, excetuadas as deteriorações naturais ao uso.

Encerrando nossa disposição acerca da parceria rural, suscitamos importantes questões que têm sido levadas à apreciação judiciária por seu intuito fraudulento. A primeira diz respeito à simulação de parceria rural em situação de arrendamento; no caso, deparamo-nos com uma tentativa de elisão fiscal baseada no regime tributário mais favorável da parceria, em virtude de sua natureza iminente de risco. Aqui, portanto, independentemente do nome dado ao contrato, uma vez comprovado o arrendamento, as regras atinentes a este serão aplicadas.[56-57]

A segunda e igualmente falsa é a hipótese de parceria rural fraudulenta para mascarar contrato de trabalho – caso em que o trabalhador recebe parte de seu salário

---

[56] "Imposto sobre a Renda de Pessoa Física (IRPF). Ano-calendário: 2002, 2003, 2004, 2005, 2006. Parceria rural x arrendamento rural. Distinção. Forma de tributação. A diferença intrínseca entre os contratos de parceria rural e de arrendamento rural é que os primeiros caracterizam-se pelo fato de o proprietário da terra assumir os riscos inerentes à exploração da atividade e partilhar os frutos ou os lucros na proporção que houver sido previamente estipulada, enquanto nos segundos não há assunção dos riscos por parte do arrendador que recebe uma retribuição fixa pelo arrendamento das terras. O pagamento em quantidade fixa de produto, por si só, não descaracteriza o arrendamento e, muito menos, permite enquadrar o contrato como parceria rural, visto que a essência da parceria rural está no compartilhamento do risco, que deve ser comprovado documental. No caso de contrato de arrendamento, o rendimento recebido pelo proprietário dos bens rurais cedidos é tributado como se fosse um aluguel comum, enquanto no contrato de parceria, as duas partes são tributadas como atividade rural na proporção que couber a cada uma delas" (Carf, Acórdão 2402-008.839, 2ª Seção de Julgamento, 4ª Câmara, 2ª Turma Ordinária, Rel. Cons. Rafael Mazzer de Oliveira Ramos, j. 07.08.2020).

[57] "(...) Então, se houve inicialmente a celebração de um contrato de parceria agrícola, pactuando-se posteriormente um contrato de compra e venda pelo qual se altera a contraprestação devida pelo uso da terra (de parte da colheita para uma quantia fixa e inalterável em função da produção efetivamente colhida), há de entender-se que as partes, livremente, designaram alterar a relação jurídica de parceria agrícola para arrendamento rural" (TJSP, Apelação Cível 0001588-86.2015.8.26.0076, Rel. Des. Lino Machado, j. 16.09.2020).

"(...) Diante do aditamento contratual a natureza do contrato, que era de parceria agrícola, foi modificada para arrendamento rural, modalidade em que não há partilha de riscos e de frutos" (TJSP, Apelação 0000510-78.2014.8.26.0242, Rel. Des. Renato Sartorelli, j. 13.09.2018).

em dinheiro e parte em percentual de produção.[58] Aqui, o risco do negócio fica a cargo do proprietário da terra, assim como os benéficos resultados produtivos. Ao produtor caberá recebimento de valor fixo, independentemente do sucesso da produção. Há, dessa forma, fraude que visa diminuir o recebimento do produtor-trabalhador, tanto por não concorrer devidamente nos resultados quanto por não lhe serem ofertados os direitos trabalhistas que uma relação de trabalho formal lhe significaria, consoante o normatizado pelo Estatuto do Produtor Rural (Lei n. 5.889/1973).[59-60-61]

Caminhamos, agora, à análise do contrato de arrendamento rural, cuja disciplina jurídica também reside no Estatuto da Terra, no Decreto n. 59.566/1966 e na Lei n. 4.947/1966. Percebem-se, em matéria de direito comparado, diversas disposições sobre seu regime ao redor do mundo, havendo as bases agrárias brasileiras por muito tempo

---

[58] FERREIRA, Pinto. *Curso de direito agrário*: de acordo com a Lei n. 8.639/93. São Paulo: Saraiva, 1994. p. 230.

[59] "Agravo de instrumento. Recurso de revista. Contrato de parceria agrícola. Reconhecimento de vínculo de emprego. I. O Tribunal Regional afirmou a existência de trabalho pessoal, não eventual, oneroso e subordinado e reconheceu a existência do contrato de emprego. II. Diante da delimitação fática não se verifica a violação dos arts. 2º, § 2º, da CLT e 3º, § 2º, da lei 5.589/1973. III. Não demonstradas as hipóteses do art. 896 da CLT, não há como processar o recurso de revista. IV. Agravo de instrumento de que se conhece e a que se nega provimento" (AIRR 1034-33.2012.5.05.0581, 4ª Turma, Rel. Des. Convocada Cilene Ferreira Amaro Santos, *DEJT* 23.10.2015).

[60] "Agravo de instrumento em recurso de revista. Vínculo empregatício. O Tribunal de origem entendeu que, no caso em tela, se configurou a relação de emprego diretamente com o reclamado, uma vez que não foram preenchidos os requisitos legais para a caracterização do contrato de parceria rural. Diante da delimitação fática, não se verifica a alegada violação do artigo 96, § 1º, I, II e III, da Lei n. 4.504/1964. Agravo de instrumento conhecido e não provido" (AIRR 767-80.2015.5.12.0025, 8ª Turma, Rel. Min. Dora Maria da Costa, *DEJT* 09.11.2018).

[61] "Constitucional, trabalhista e processual civil. Agravo interno na reclamação. Ausência de estrita aderência entre o ato impugnado e o paradigma invocado. Agravo desprovido. I. Caso em exame. 1. Agravo interno em reclamação que impugna acórdão proferido pelo TRT-9, que reconheceu o vínculo empregatício entre os Reclamantes e o ora beneficiário. II. Questão jurídica em discussão. 2. Discute-se a suposta violação à autoridade da decisão proferida por esta Corte nos autos da ADPF 324, Rel. Min. Roberto Barroso, bem como no Tema 725 da Repercussão Geral, RE 958.252, Rel. Min. Luiz Fux. III. Razões de decidir. 3. É pacífico o entendimento desta Corte no sentido de que a estrita aderência, entre o ato impugnado e o parâmetro de controle indicado como violado, é requisito essencial para a admissibilidade do instrumento constitucional da reclamação. 4. A decisão reclamada não se fundamentou na ilegalidade de contratos de parceria agrícola, por sua natureza, frente à legislação trabalhista, mas, sim, na existência de vínculo empregatício no caso concreto. 5. A postulação não passa de simples pedido de revisão do entendimento aplicado na origem, o que confirma a inviabilidade desta ação. Esta Corte já teve a oportunidade de afirmar que a reclamação tem escopo bastante específico, não se prestando ao papel de simples substituto de recursos de natureza ordinária ou extraordinária (RCL 6.880 AgR, Rel. Min. Celso de Mello, Plenário, *DJe* 22.02.2013). IV. Dispositivo. 6. Agravo interno a que se nega provimento" (STF, Ag.Reg. na Rcl 68887 AgR, 1ª Turma, Rel. Alexandre de Moraes, j. 07.08.2024, Data de Publicação: 19.08.2024).

emprestado ensinamentos de Itália e Espanha, por exemplo.[62] Nos termos do art. 3º do Decreto regulamentador, o contrato de arrendamento rural "é o contrato agrário pelo qual uma pessoa se obriga a ceder à outra, por tempo determinado ou não, o uso e gozo de imóvel rural, parte ou partes do mesmo, incluindo, ou não, outros bens, benfeitorias e ou facilidades, com o objetivo de nele ser exercida atividade de exploração agrícola, pecuária, agroindustrial, extrativa ou mista, mediante certa retribuição ou aluguel, observados os limites percentuais da Lei". Dessa forma, diferentemente do contrato de parceria anteriormente analisado, no contrato de arrendamento rural o arrendatário não somente pode usar, como também gozar do imóvel, uma vez que os riscos pertinentes à produção ficam exclusivamente a seu cargo.

Novamente, aqui, estamos diante de contrato bilateral, oneroso, consensual e não solene. Como partes, encontramos o arrendador, que pode ser o proprietário, o usufrutuário, o usuário ou o possuidor do bem imóvel, bem como outras pessoas que tenham livre administração do imóvel rural;[63] de outro lado, temos a figura do arrendatário, pessoa física ou conjunto familiar representado por seu chefe, podendo até ser essa posição exercida por pessoa jurídica de direito privado, consoante disposição do art. 3º, § 2º, do Decreto n. 59.566/1966,[64] na posição de cultivador direto, detendo a posse direta do imóvel e assumindo todos os riscos da exploração, bem como beneficiando-se com os lucros.

Portanto, ao contrário do contrato de parceria rural, no contrato de arrendamento há estipulação prévia de renda fixa ao arrendador, que deve observar os limites traçados pelo art. 95, XII, do Estatuto da Terra, segundo o qual: "não poderá ser superior a 15% (quinze por cento) do valor cadastral do imóvel, incluídas as benfeitorias que entrarem na composição do contrato, salvo se o arrendamento for parcial e recair apenas em glebas selecionadas para fins de exploração intensiva de alta rentabilidade, caso em que a remuneração poderá ir até o limite de 30% (trinta por cento)". Justifica-se limite de 15% tendo em vista a finalidade de evitar prejuízo econômico pelo arrendatário, evidentemente a parte mais fraca da relação, devendo o acordo atender aos interesses público e social; ademais, com porcentagem superior, as possibilidades de ganho ou rentabilidade do arrendatário seriam mínimas. Assim, a alteração da porcentagem para 30% resultou do fato de a atividade de exploração intensiva ser mais rentável ao arrendatário, ensejando aumento dos ganhos pelo arrendador. Como

---

[62] CARVALHO, Ana Sofia; AZEVEDO, Patrícia Anjos de; CUNHA, Ary Ferreira da. *Contratos próprios do mundo rural:* parceria pecuária e constituição de servidão predial. Porto: Vida Econômica, 2013. p. 36.

[63] FERREIRA, Pinto. *Curso de direito agrário*: de acordo com a Lei n. 8.639/93. São Paulo: Saraiva, 1994. p. 227.

[64] BORGES, Antonino Moura. *Comentários ao Estatuto da Terra e legislação adesiva*. São Paulo: Edijur, 2007. p. 367.

consequência, a cláusula contratual que for além dos limites prescritos pela Lei será tida como abusiva e nula de pleno direito.

Embora a lei descreva limites percentuais, é necessário ressaltar que os contratos de arrendamento, obrigatoriamente, devem dar cumprimento ao art. 17 do Decreto de 1966, segundo o qual, havendo arrendamento parcial a um ou mais arrendatários, o montante dos valores cobrados como aluguel não pode ser maior do que o limite de 30% do valor cadastral do imóvel. De outra forma, tratando-se de arrendamento parcial, com posterior arrendamento, ao mesmo arrendatário, da porção da terra restante, o limite será de 15% sobre o valor do imóvel. A renda, ou aluguel – como podemos chamar – deve ser previsto no contrato como uma quantia fixa em dinheiro. A questão já foi analisada judicialmente e, hoje, encontra-se como posicionamento sedimentado pelos tribunais superiores.[65-66-67]

---

[65] Merece especial atenção a temática, sendo objeto de análise judicial por diversas vezes e restando firmado posicionamento jurisprudencial no seguinte sentido:

"Agravo interno. Recurso especial. Julgamento monocrático. Possibilidade. Juízo de admissibilidade na origem. Ausência de efeito vinculativo. Decisão proferida em antecipação de tutela. Juízo precário. Prequestionamento. Abertura da instância especial. Arrendamento rural. Ação declaratória e desconstitutiva. Fixação do preço em produtos agrícolas. Art. 18 do Decreto n. 56.666/1966. Nulidade da cláusula contratual. Cédula de produto rural. Garantia do pagamento fixado em produtos. Nulidade. (...) 4. Segundo deflui dos arts. 95, XI, 'a', da Lei n. 4.504/1964 (Estatuto da Terra), e 18, parágrafo único, do Decreto n. 59.566/1966, é defeso ajustar como preço do arrendamento quantidade fixa de frutos ou produtos, ou o seu equivalente em dinheiro, sendo nula a cláusula contratual que encarta tal previsão" (STJ, AgInt no REsp 1.546.289/MT, 4ª Turma, Rel. Min. Luis Felipe Salomão, j. 08.08.2022).

[66] "(...) Com efeito, por imposição legal, é defeso ajustar como preço do arrendamento rural quantidade fixa de frutos ou produtos, ou seu equivalente em dinheiro. Por essa razão, o Superior Tribunal de Justiça orienta-se no sentido de ser nula cláusula de contrato de arrendamento rural que assim dispõe" (STJ, Agravo Interno no Recurso Especial 1.397.715/MT, Rel. Min. Ricardo Villas Bôas Cueva, j. 12.09.2017).

[67] "Arrendamento rural. Notificação premonitória com indicação do preço em produto: validade. Art. 18 do Decreto n. 59.566/1966. Precedentes da Corte. 1. Precedentes das Turmas que compõem a Seção de Direito Privado indicam que não tem validade a cláusula que fixa o preço do arrendamento rural em produto ou seu equivalente, a teor do art. 18 do Decreto n. 59.566/1966. 2. A notificação premonitória que indica valor da proposta recebida de terceiro em desacordo com o art. 18 do Decreto n. 59.566/1966 não tem validade, gerando dificuldade ao arrendatário para oferecer contraproposta, tornando inviável a ação de despejo. Recurso especial conhecido e provido" (STJ, REsp 334.394/RS, Rel. Min. Menezes Direito, j. 16.05.2002 Data de Publicação: 05.08.2002).

O posicionamento em comento ainda foi seguido no julgamento do REsp 1.266.975/MG (j. 10.03.2016), que reafirmou a jurisprudência da 3ª Turma do STJ acerca do polêmico tema da validade da cláusula do contrato de arrendamento fixada em produtos. No caso, a 3ª Turma destacou que 'é nula cláusula contratual que fixa o preço do arrendamento rural em frutos ou produtos ou seu equivalente em dinheiro, nos termos do art. 18, parágrafo único, do Decreto n. 54.566/1966.

Além das disposições concernentes aos percentuais de remuneração, a lei prescreve o prazo de duração do contrato de arrendamento, da seguinte forma:

Arrendamento Rural – Prazos mínimos (Decreto n. 59.566/1966, art. 13, II, *a*)	
Prazo	Atividade
3 anos	Exploração de lavoura temporária ou de pecuária de pequeno e médio porte
5 anos	Exploração de lavoura permanente e/ou pecuária de grande porte para cria, recria, engorda ou extração de matérias-primas de origem animal[68-69]
7 anos	Exploração de atividade florestal

Cabe acrescentar, caso não haja previsão expressa no contrato sobre o prazo de sua duração, o contrato terá prazo de três anos, conforme estipulado pelo art. 21 do

---

[68] No tocante aos prazos, importante observar jurisprudência do STJ acerca dos animais de grande porte que se consolida no seguinte sentido:

"Recurso especial. Ação de rescisão contratual e despejo. Arrendamento rural. Criação de gado bovino. Atividade pecuária de grande porte. Contrato. Vigência mínima. Cinco anos. Manutenção da sentença. Transcurso do prazo. Curso do processo. Fato novo posterior. Sucumbência. Autor. Princípio da causalidade. Recurso parcialmente provido. 1. Nos contratos de arrendamento rural, o tamanho do animal serve para classificar a atividade pecuária em pequena, média ou de grande porte, a fim de estabelecer o período mínimo de duração do contrato, conforme disciplina o art. 13, II, 'a', do Decreto n. 59.566/1966. 1.1. No caso da criação de gado bovino, a atividade pecuária deve ser considerada de grande porte, razão pela qual o prazo mínimo para duração do contrato de arrendamento mercantil é de 5 (cinco) anos. 1.2. Os prazos mínimos de vigência para os contratos agrários constituem norma cogente e de observância obrigatória, não podendo ser derrogado por convenção das partes contratantes. 2. O magistrado deve levar em consideração a ocorrência de fato constitutivo, modificativo ou extintivo do feito, posterior à propositura da ação, independentemente de provocação das partes, por força do previsto no art. 462 do CPC/2015. 2.1. É possível a manutenção da sentença, que julgou parcialmente procedentes os pedidos de rescisão do contrato de arrendamento rural, despejo e imissão definitiva da autora na posse do imóvel, tendo em vista o exaurimento do prazo legal de 5 (cinco) anos no curso do processo, em observância aos princípios da economia processual e da razoável duração do processo. 3. Ajuizada a ação antes do término do prazo legal de 5 (cinco) anos, a parte autora deve arcar com as custas processuais e a condenação ao pagamento de honorários advocatícios, com fundamento no princípio da causalidade.4. Recurso especial a que se dá parcial provimento, apenas para condenar a parte autora ao pagamento das custas processuais e dos honorários advocatícios" (STJ, REsp 1.980.953/RS, 4ª Turma, Rel. Antonio Carlos Ferreira, j. 12.12.2023, Data de Publicação: 18.12.2023).

[69] O posicionamento, como era de esperar, vem sendo seguido, também, por Tribunais inferiores:

"Nesse contexto, sendo um arrendamento rural para criação e engorda de gado bovino, estamos diante de uma pecuária de grande porte, devendo ser aplicado o prazo de cinco anos, estipulado no art. 13, II, 'a', do Decreto n. 59.566/1966, devendo ser reconhecida a nulidade da cláusula contratual que previa prazo diverso, ainda que livremente firmado entre as partes" (TJMS, Apelação Cível 0802102-26.2017.8.12.0011, Rel. Des. Marcos José de Brito Rodrigues, j. 12.02.2019).

Decreto n. 59.566/1966.[70] O respeito a esses prazos mínimos é previsto, também, no art. 95, X, do Estatuto da Terra. Ademais, o contrato de arrendamento pode ser renovado, automaticamente, ainda que não exista previsão legal no instrumento, estendendo-se por mais três anos. Findo o prazo, poderá o arrendatário solicitar negociação de renovação. Como previsto e apresentado anteriormente, também ao arrendador caberá notificar, nos seis meses anteriores ao fim do contrato, existência de ofertas, dando oportunidade ao arrendatário que as iguale. Aqui, também se aplicam as hipóteses de direito de retomada do bem.

No contrato de arrendamento, às partes são destacados certos direitos e obrigações, cabendo ao arrendatário: (i) devolver o imóvel, ao término do contrato, como o recebeu, bem como seus acessórios, excetuando-se as deteriorações naturais de seu uso regular; e (ii) responder por quaisquer prejuízos resultantes do uso predatório, tanto culposo como doloso, referente à área cultivada e, também, em relação às benfeitorias, equipamentos, máquinas e instrumentos de trabalho. Ao arrendador, de outro modo, caberá: (i) entregar o imóvel ao arrendatário com suas devidas pertenças e em condições de servir ao uso a que se destina; e (ii) garantir ao arrendatário o uso e o gozo do imóvel arrendado na duração do contrato. Cabe acrescentar, não poderá o arrendatário reter o imóvel, salvo quando não ressarcidas as benfeitorias, caso em que o arrendatário poderá permanecer no imóvel, pelo tempo suficiente a que essas sejam ressarcidas, com uso e gozo das vantagens oferecidas pelo local.[71] Ainda quanto às benfeitorias

---

[70] Sobre a necessidade de atendimento aos prazos mínimos, como normas de caráter cogente, é a consolidação de entendimento do STJ:

"Civil. Agravo interno no recurso especial. Contrato de arrendamento rural. Prazo mínimo legal. Norma cogente. Precedentes. Decisão mantida. 1. Segundo a jurisprudência mais recente desta Corte Superior, 'os prazos mínimos de vigência para os contratos agrários constituem norma cogente e de observância obrigatória, não podendo ser derrogado por convenção das partes contratantes' (REsp 1.455.709/SP, 3ª Turma, Rel. Min. Ricardo Villas Bôas Cueva, j. 05.05.2016, DJe 13.05.2016). (...)" (STJ, AgInt no REsp 1.568.933/MS, 4ª Turma, Rel. Min. Antonio Carlos Ferreira, j. 28.09.2020).

[71] O direito de retenção não se reveste de caráter absoluto, eximindo de contraprestação pelo uso do bem, aquele que realizar benfeitorias em imóvel alheio e exercer o direito de retenção durante período em que buscar correspondente indenização. Portanto e, embora refira-se a julgamento envolvendo compra e venda de imóvel, o entendimento adotado pela 3ª Turma do STJ no julgamento do REsp 1.854.120/PR é, também, aplicável aos contratos de arrendamento e parceria:

"Recurso especial. Ação resolutória. Contrato de compra e venda. Imóvel. Benfeitorias. Direito de retenção. Art. 1.029 do CC/2002. Limite. Valor da indenização devida. Enriquecimento ilícito. Vedação. Art. 884 CC/2002. Aluguéis. Taxa de ocupação. Utilização de imóvel alheio. Incidência. Período de ocupação do imóvel. Integralidade. Indenizações. Valores. Compensação. Provimento. (...) 5. Pelo princípio da gravitação jurídica, as benfeitorias, bens acessórios, acompanham o bem imóvel, bem principal, de forma que, em algumas hipóteses, esses melhoramentos introduzidos no imóvel pelo possuidor direto entram para o patrimônio do proprietário, possuidor indireto, quando o bem principal retorna à sua posse. 6. Na forma do art. 1.029 do CC/2002, o possuidor de boa-fé tem o direito de reter o imóvel alheio até que lhe seja paga a indenização

realizadas no imóvel arrendado, pode o arrendador cobrar aluguel por aquelas cedidas, como estábulos, galpões, casas, depósitos etc. Contudo, o pagamento dessas benfeitorias deve constar no arrendamento com o aluguel respectivo, vedado ultrapassar o teto de 15% ou 30% do valor que será cobrado, de acordo com o que já foi explanado. Novamente, aqui, vemos a existência de direito de preferência do arrendatário quanto à aquisição do imóvel rural.[72-73]

Vale observar outro caso sobre direito de preferência na aquisição de imóvel rural na alienação de parte ideal, disputa estabelecida entre o condômino e o arrendatário. O primeiro ponto a ser analisado é a disputa entre as partes (condômino e arrendatário). O REsp 9.934/SP, 4ª Turma, *DJe* 07.05.1993 compreendeu que o direito à preferência do condômino evita o "ingresso de estranho no condomínio, preservando-o de futuros litígios e inconvenientes". No entanto, o entendimento do STJ persiste em afirmar que a preferência estabelecida no art. 92, § 3º, da Lei n. 4.504/1964 em prol do arrendatário rural, "busca concretizar a função social da propriedade, bem como incentivar a justiça social, redistribuindo e facilitando a ascensão e o progresso ao homem do campo". Logo, mesmo diante da busca pela estabilidade da propriedade em comum, merece prevalecer a prelação criada em prol da justiça social e função social da propriedade com a manutenção do arrendatário. Segundo ponto a ser observado na mesma

---

pelas benfeitorias necessárias e úteis por ele introduzidas no bem. 7. A utilização do imóvel objeto do contrato de compra e venda enseja o pagamento de aluguéis ou de taxa de ocupação pela integralidade do tempo de permanência, independentemente de quem tenha sido o causador do desfazimento do negócio e da boa ou má-fé da posse exercida pelo adquirente, pois se trata de meio de evitar o enriquecimento ilícito do possuidor pelo uso de propriedade alheia. Precedentes. (...) 9. O direito de retenção não é absoluto e deve ser exercido nos limites dos valores da correspondente indenização pelas benfeitorias, que devem ser compensados com o montante devido pela ocupação do imóvel alheio – aluguéis ou taxa de ocupação. 10. Na hipótese dos autos, o acórdão recorrido isentou o recorrido (adquirente) do pagamento de aluguéis ou de taxa de ocupação no período em que estivesse exercendo o direito de retenção pelas benfeitorias por ele inseridas no citado bem, desviando-se, assim, da jurisprudência desta Corte sobre o tema" (STJ, REsp 1.854.120/PR, 3ª Turma, Rel. Min. Nancy Andrighi, j. 09.02.2021)

[77] "(...) O Estatuto da Terra, em seu artigo 92, estabelece o direito de preferência do arrendatário no caso de alienação do imóvel arrendado, determinando a sua notificação ou, caso não seja notificado, possibilitando a sua adjudicação compulsória, mediante o depósito do preço. 3. Nos termos do entendimento deste Superior Tribunal de Justiça, o preço a ser depositado pelo arrendatário é aquele consignado na escritura pública de compra e venda registrada em cartório, inclusive por força do marco temporal para exercício do direito de preferência estabelecido no § 4º, do mencionado artigo, o qual passa a 'contar da transcrição do ato de alienação no Registro de Imóveis'. 4. Agravo interno a que se nega provimento" (STJ, Agravo Interno no Recurso Especial 1.319.234/MG, Rel. Min. Maria Isabel Gallotti, j. 14.03.2017).

[73] "O direito de preferência, legal e real, outorgado ao arrendatário como garantia do uso econômico da terra explorada por ele, direito que é exclusivo do preferente em adquirir o imóvel arrendado, em igualdade de condições, sendo uma forma de restrição ao direito de propriedade do arrendante" (REsp 1.175.438/PR, Rel. Min. Luis Felipe Salomão, j. 25.03.2014).

situação é a indivisibilidade do imóvel com menos de um módulo rural. O Superior Tribunal de Justiça entende que a indivisibilidade física do imóvel rural (art. 87 do CC) também corresponde à indivisibilidade jurídica, não permitindo que o módulo rural sofresse alteração a ser julgado, pois é "contra e lei dividir aquilo que era indivisível" (REsp 4638/MG, 3ª Turma, *DJe* 03.12.1990).[74]

Em adição, no tocante ao subarrendamento, há clara equiparação ao contrato de sublocação, decorrendo da cessão dos direitos e obrigações oriundos do contrato de arrendamento, pelo arrendatário, a outra pessoa. Nessas situações, afiguram-se o subarrendador, arrendatário que transfere o imóvel arrendado, e o subarrendatário, que subloca o imóvel arrendado. Tem-se, em verdade, um novo contrato entre essas partes, com transferência, total ou parcial, dos direitos e obrigações do contrato original, podendo ser estipuladas condições diferentes das constantes no contrato de

---

[74] "Civil. Recurso especial. Alienação de fração ideal de imóvel rural por coproprietário. Direito de preferência. Arrendatário. Art. 92, § 3º, da Lei n. 4.504/1964. Arrendamento de apenas parcela do imóvel inferior ao módulo rural. Indivisibilidade. Art. 65 do Estatuto da Terra. Vedação à criação de minifúndios. Microssistema do direito agrário. Art. 46, § 1º, do Decreto n. 59.566/1966. Preferência do coproprietário em imóvel indivisível que se sobrepõe. Valor do pagamento. Tanto por tanto. Manutenção do acórdão. 1. Ação de preferência, ajuizada em 27.03.2018, da qual foi extraído o presente recurso especial, interposto em 07.10.2019 e concluso ao gabinete em 11.09.2022. 2. O propósito recursal consiste em definir se (i) o imóvel inferior ao módulo rural (juridicamente indivisível), quando suscetível de divisão física, permanece indivisível, e, sendo considerado indiviso, (ii) o direito de preferência na alienação de parte ideal deve ser concedido ao condômino ou ao arrendatário. 3. Estabelece o art. 65 do Estatuto da Terra (Lei n. 4.504/1964) que 'o imóvel rural não é divisível em áreas de dimensão inferior à constitutiva do módulo de propriedade rural'. Por meio dessa vedação, evita-se a criação de minifúndios improdutivos e insuficientes para a promoção da ascensão econômica-social do homem do campo e de sua família. 4. O imóvel rural inferior ao módulo rural, ainda que se encontre em estado de divisão física, será considerado indiviso. Precedentes desta corte. 5. Em se tratando de imóvel indivisível, o arrendatário não detém preferência em relação ao coproprietário na aquisição de fração ideal do imóvel, uma vez que o direito de preferência previsto no microssistema agrário abrange todo o imóvel – e não apenas parcelas dele – quando pertencer a mais de um proprietário. 6. Nos imóveis *pro indiviso*, caso permitida a 'superpreferência' do arrendatário em adquirir a porção de terra arrendada, se inferior ao módulo rural, ter-se-ia a criação de um minifúndio, o que é expressamente vedado pelo art. 65 do Estatuto da Terra. 7. Nos termos do art. 515 do Código Civil, o valor da aquisição deve corresponder ao preço encontrado ou ajustado, em idênticas condições. Se o montante depositado em juízo pelos coproprietários para o ingresso com ação de preferência corresponde àquele anteriormente quitado pelo arrendatário/adquirente, é de ser reconhecida não só a resolução do negócio jurídico prévio, mas também a preferência na aquisição de parte ideal do imóvel objeto da controvérsia. 8. Hipótese em que foi realizada a venda de parte ideal de imóvel rural insuscetível de divisão jurídica ao arrendatário, sem que houvesse sido respeitado o direito de preferência dos coproprietários. Proposta ação de preferência, o acórdão estadual declarou a ineficácia do negócio jurídico celebrado e reconheceu o direito de preferência dos coproprietários. Necessidade de manutenção da decisão. 9. Recurso especial parcialmente conhecido e, nessa extensão, desprovido" (STJ, REsp 2.025.344/SP, 3ª Turma, Rel. Nancy Andrighi, j. 07.03.2023, Data de Publicação: 10.03.2023).

arrendamento originário (art. 3º, § 3º, do Decreto n. 59.566/1966). O consentimento expresso do arrendador é necessário nos termos do art. 95, VI, do Estatuto da Terra, quer se trate de prazo fixo, quer de prazo indeterminado.[75] Apesar disso, os direitos e vantagens do arrendatário não se estendem ao subarrendador, que não terá direito à preferência na aquisição do imóvel.

Insta salientar, entre as cláusulas obrigatórias do contrato de arrendamento, além de (i) limites de prazo e (ii) fixação de aluguel, encontramos (iii) bases para renovação, (iv) formas de extinção ou rescisão e (v) direitos e formas de indenização combinadas quanto às benfeitorias realizadas.[76] Dessa forma, são situações que levam à extinção do arrendamento: (i) término do prazo; (ii) retomada; (iii) aquisição de gleba pelo arrendatário; (iv) distrato ou rescisão; (v) resolução; (vi) força maior que impossibilite a execução; (vii) sentença judicial irrecorrível; (viii) perda do imóvel; (ix) desapropriação; (x) e demais causas arroladas no art. 26 do Decreto n. 59.566/1966. Cumpre dizer, sendo o arrendatário um conjunto familiar, o falecimento do chefe da família não implica término do acordo.[77]

O inadimplemento de qualquer uma das obrigações assumidas, assim como nos demais contratos bilaterais, poderá dar ensejo à rescisão do contrato. O despejo, por seu turno, apenas será concedido em casos de (i) término do prazo contratual; (ii) situação de subarrendamento, cessão ou empréstimo do imóvel sem prévia autorização; (iii) não pagamento do aluguel ou renda em prazo avençado; (iv) dano causado à gleba ou às colheitas com comprovada culpa ou dolo; (v) mudança de destinação do imóvel; (vi) abandono total ou parcial do cultivo; (vii) inobservância de normas cogentes; (viii) pedido de retomada; e (ix) infringência de obrigação legal.

Há questão relevante relativa ao arrendamento rural (igualmente aplicável aos contratos de parceria) suscitada no julgamento do Recurso Especial 1.447.082/TO, de

---

[75] OPTIZ, Oswaldo. *Tratado de direito agrário brasileiro*. São Paulo: Saraiva, 1983. p. 58.

[76] Aqui, cabe notar, o Tribunal de Justiça do Estado de São Paulo já trouxe posicionamento quanto à classificação de produtos agrícolas obtidos pelas atividades exercidas, como benfeitorias. É o caso de socas de cana-de-açúcar, produto analisado no processo em comento: "Parceria agrícola. Rescisão contratual. Reintegração de posse. Cobrança. Tutela de urgência. Procedente. Plantio de cana-de-açúcar. Inadimplência confessa, a assegurar a rescisão contratual e a desocupação da área. Ônus da prova competia à ré. Inteligência do art. 92, § 6º, do Estatuto da Terra. Pedido de retenção e indenização por benfeitorias (socas e cana-de-açúcar) ou acessões, afastada. Falta de prova do alegado. Sentença mantida. Recurso desprovido, nos termos do acórdão.

(...) No tocante ao alegado direito à retenção/indenização em favor da apelante em decorrência de benfeitorias úteis e necessárias (socas ou mesmo a cana-de-açúcar) ou acessões, não prospera. O Superior Tribunal de Justiça já se posicionou ao dizer que socas ou a cana-de-açúcar não são enquadradas como benfeitorias, mas sim acessões" (TJSP, Apelação Cível 1002534-83.2016.8.26.0568, Rel. Des. Claudio Hamilton, j. 30.01.2020).

[77] BURANELLO, Renato M. *Sistema privado de financiamento do agronegócio*: regime jurídico. 2. ed. São Paulo: Quartier Latin, 2011. p. 229.

relatoria do Ministro Paulo de Tarso Sanseverino, que apreciou a aplicabilidade do Estatuto da Terra às pessoas jurídicas de grande porte dedicadas à atividade rural. No julgamento tomado no âmbito do Superior Tribunal de Justiça, datado de 10 de maio de 2016, decidiu-se pela inaplicabilidade das normas protetivas do Estatuto da Terra à grande empresa rural, de modo a afastar o dirigismo estatal das normas que, em regra, devem ser obrigatoriamente observadas.[78]

A partir do entendimento firmado pelo STJ, deve ser privilegiada a autonomia da vontade que rege as relações contratuais privadas, uma vez que a empresa de grande porte dedicada à atividade rural teria todos os instrumentos à sua disposição para mitigar o elemento de hipossuficiência que pauta as relações regradas pelo Estatuto da Terra. Nesse sentido, a decisão do STJ ressalta que, "ao se afastar a aplicabilidade do Estatuto da Terra, prestigia-se o princípio da autonomia privada, que, embora mitigado pela expansão do dirigismo contratual, ainda é o princípio basilar do direito privado, não podendo ser desconsiderado pelo intérprete".[79] O entendimento vem sendo seguido, ao longo dos últimos anos, por tribunais regionais, como é possível observar no Tribunal de Justiça de São Paulo.[80]

Por fim e também ensejadora de controvérsias, a temática concernente à necessidade de outorga uxória, ou seja, o consentimento do cônjuge para validação de contrato de arrendamento rural com prazo igual ou superior a dez anos, suscitou manifestações do STJ, sendo a mais recente percebida por essa Corte no sentido de sua

---

[78] "Nessa ordem de ideias, o direito de preferência previsto no Estatuto da Terra atende ao princípio da justiça social quando o arrendatário é um homem do campo, pois possibilita que este permaneça na terra, passando à condição de proprietário. Porém, quando o arrendatário é uma grande empresa, desenvolvendo o chamado agronegócio, o princípio da justiça social deixa de ter aplicabilidade, pois ausente a vulnerabilidade social que lhe é pressuposto. (...) Sob outro ângulo, ao se afastar a aplicabilidade do Estatuto da Terra, prestigia-se o princípio da autonomia privada, que, embora mitigado pela expansão do dirigismo contratual, ainda é o princípio basilar do direito privado, não podendo ser desconsiderado pelo intérprete" (STJ, Recurso Especial 1.447.082/TO, Rel. Min. Paulo de Tarso Sanseverino, j. 10.05.2016).

[79] STJ, Recurso Especial 1.447.082/TO, Rel. Min. Paulo de Tarso Sanseverino, j. 10.05.2016.

[80] "Ademais, se tais argumentos já não bastassem para refutar a pretensão inicial, vale mencionar o recente precedente do Eg. Superior Tribunal de Justiça no sentido de que as normas protetivas do Estatuto da Terra (Lei n. 4.505/1964), em especial o direito de preferência, são aplicáveis apenas aos pequenos homens do campo (que explorem a terra pessoal e diretamente) e não a empresários do setor agrícola e sucroalcooleiro, como são os recorrentes" (TJSP, Apelação 1001727-40.2017.8.26.0047, Rel. Des. Paulo Alcides, j. 08.11.2018).

"Estatuto da Terra que somente protege o trabalhador rural em atuação direta e pessoal. Inteligência dos arts. 13, V, da Lei 4.947/1966 e 8º do Dec. 59.566/1966. As normas do Estatuto da Terra destinam-se a amparar o homem do campo, a quem não se pode assemelhar a pessoa jurídica de cunho empresarial. Contratos agrários realizados entre o proprietário do imóvel e pessoas jurídicas, como usinas de açúcar e entidades de crédito, de forte estrutura financeira e administrativa, não se encontram sob a proteção das normas do Estatuto da Terra" (TJSP, Ap. Sum. 256/795-9, RT 654/138).

desnecessidade, nos termos do julgamento em Recurso Especial 1.764.873/PR, de 14 de maio de 2019, que aponta: "1. Controvérsia em torno da necessidade de outorga uxória para validade e eficácia de contrato de arrendamento rural celebrado com prazo igual ou superior a dez anos (...) Apesar da forte intervenção estatal (dirigismo contratual) a limitar o poder negocial das partes nos negócios jurídicos agrários, como as disposições do art. 95 do Estatuto da Terra, não se estabeleceu a exigência de forma especial mesmo nos contratos celebrados com prazo igual ou superior a dez anos. 7. Enquadramento entre os atos de administração que podem ser praticados por um dos cônjuges sem autorização do outro".[81]

4.5. CONTRATO DE INTEGRAÇÃO VERTICAL

Novo instrumento negocial a ser estudado entre as formas de exploração da atividade diz respeito à agroindustrialização integrada, espécie de contrato agroindustrial positivado pela Lei n. 13.288/2016. As integrações correspondem à união das atividades de produção e industrialização de produtos agrícolas, praticadas com a consequente comercialização dos itens processados. Diferentemente dos contratos tipicamente agrários (contrato de parceria e arrendamento rural), que tratavam em sua essência sobre a cessão de uso do imóvel rural, o contrato de integração agroindustrial surgiu com o objetivo de fortalecer a atividade empresarial agrária mediante a minimização de riscos, sobretudo em relação às oscilações agrícolas, no intuito de suprir a carência e remediar as imperfeições da indústria e do comércio. Além disso, os contratos de integração realizam o importante papel de instrumento de modernização da agricultura, por meio da cooperação entre os setores produtivo, transformador e comercializador.

O contrato de integração indica certo tipo de interação econômica entre duas partes que realizam uma das operações do ciclo produtivo referentes à produção, transformação e venda de determinado produto. Existe um centro de decisões que se concentram na parte que empenha ao menos duas operações que, normalmente, seriam desenvolvidas por diferentes núcleos operativos. São possíveis formas de integração em diferentes níveis, como exemplo, no setor distributivo para ligar o produtor ao varejista. Se o processamento é realizado em um único estabelecimento ou as etapas de produção e industrialização são realizadas por uma só empresa, agregando valor ao produto, dá-se o nome de integração vertical.

Esse tipo contratual não regula relações que têm como objeto central a cessão de imóvel rural, e sim os produtos, subprodutos e resíduos de valor econômico relativos a alimentos, fibras e bioenergia. Quando as etapas de produção se relacionam entre si, sem a intervenção industrial centralizada, mas na correlação de etapas, de forma a racionalizar a produção e maximizar a utilização de recursos disponíveis, estamos diante de um contrato de integração horizontal. Já o contrato de integração circular é

---

[81] STJ, REsp 1.764.873/PR, 3ª Turma, Rel. Min. Paulo de Tarso Sanseverino, j. 14.05.2019.

aquele que abrange o contrato de integração vertical e o horizontal. As integrações agroindustriais mais comuns são as coordenadas por uma só empresa, caracterizando a verticalidade das atividades de produção, agroindustrialização e comercialização de forma combinada.

O contrato agroindustrial de integração representa um processo de modernização da agricultura brasileira ao se inserir completamente no mercado, superado um viés de subsistência. Desse modo, surgiu em razão de necessidades socioeconômicas dos agentes envolvidos na cadeia produtiva de frango, tendo a finalidade de coordenar o suprimento de insumos e minimizar os riscos existentes do desenvolvimento da atividade agropecuária e das oscilações do mercado. Após a expansão para outros setores e o reconhecimento de sua importância social e econômica, foi tipificado pela Lei n. 13.288/2016.[82]

Antes da edição legal, os sistemas agroindustriais de suínos, aves e leite eram formados por instrumento atípico, não lhes sendo permitida a aplicação do Estatuto da Terra ou das normas de compra e venda simples. A Lei n. 13.288/2016, porém, veio mudar esse panorama, tipificando os contratos de integração vertical nas atividades agrossilvipastoris, estabelecendo obrigações e responsabilidades gerais para os produtores integrados e integradores, criando mecanismos de transparência na relação contratual, bem como fóruns nacionais de integração e comissões diversas, com marcante característica de colaboração, objetivando relações de longo prazo. Seu princípio orientador é a conjugação de recursos e esforços pela distribuição dos resultados (art. 3º da Lei n. 13.288/2016).

A Lei de Integração define a integração vertical – ou simplesmente integração – em seu art. 2º, I, como a "relação contratual entre produtores integrados e integradores que visa a planejar e a realizar a produção e a industrialização ou comercialização de matéria-prima, bens intermediários ou bens de consumo final, com responsabilidades e obrigações recíprocas estabelecidas em contratos de integração". De outra forma, o contrato de integração pode ser explicado como "contrato firmado entre o produtor integrado e o integrador, que estabelece a sua finalidade, as respectivas atribuições no processo produtivo, os compromissos financeiros, os deveres sociais, os requisitos sanitários, as responsabilidades ambientais, entre outros que regulem o relacionamento entre os sujeitos do contrato" (art. 2º, IV). Admitem-se como objetos desses contratos matéria-prima, bens intermediários ou bens de consumo final agrossilvipastoril (art. 2º, V). Cabe acrescentar, não configura contrato de integração a simples obrigação do pagamento do preço estipulado contra a entrega de produtos à agroindústria ou ao comércio (art. 2º, § 2º).

---

[82] TRENTINI, Flavia. Contrato agroindustrial de integração. *Revista de Direito Civil Contemporâneo*, v. 24, p. 2, jul./set. 2020.

Importante dizer, a própria lei exclui sua aplicação das relações entre cooperativas e seus associados (art. 1º, parágrafo único), situação que é regulada por legislação específica aplicável às sociedades cooperativas, uma vez que, como apresentado anteriormente neste livro, atos praticados entre cooperativas e seus associados e entre cooperativas são caracterizados como atos cooperativos e, portanto, demandam a aplicação do art. 79 da Lei n. 5.764/1971.[83]

No contexto de mudanças da legislação trabalhista, em que a Lei n. 13.429/2017 admitiu terceirização de atividades-meio e atividades-fim, importante salientar que a integração, relação civil definida nos termos da Lei n. 13.288/2016, não configura prestação de serviço ou relação de emprego entre integrador e integrado, seus prepostos ou empregados (art. 2º, § 3º). Isso denota sua funcionalidade: há integração de cadeias, por instrumento contratual, não societário.

Normalmente, as partes signatárias de um contrato de integração vertical são os sujeitos econômicos da operação de integração, ou seja, de um lado, o empresário industrial ou o empresário comerciante (art. 2º, § 1º); de outro, o produtor rural – produtor pessoa física ou jurídica, nos termos do art. 2º, II. Interessante observar que, pelo contrato de integração vertical, o produtor tem aumentado a possibilidade de buscar linhas de crédito bancário, com a garantia da compra de sua produção, que é dada pela agroindústria à instituição financeira. De outra forma, a agroindústria, ao fornecer os insumos no início do ciclo de produção e resgatando seu valor ao final, no abatimento do produto agrícola entregue, também realiza uma forma de financiamento, em alguns casos mais vantajosa para o produtor que, muitas vezes, não tem capital de giro suficiente e tem de buscar financiamentos bancários, cujos juros acabam por minar seu lucro final. Importante, nesse caso, para maior transparência da relação contratual e garantia das partes, que os preços dos insumos e do produto sejam previamente estabelecidos no contrato.

Assim, é possível dizermos que as partes da relação contratual são designadas por produtor integrado e integrador. O produtor integrado é conceituado como pessoa física ou jurídica, que, individualmente ou de forma associativa, com ou sem a cooperação laboral de empregados, vincula-se ao integrador por meio de contrato de integração vertical, recebendo bens ou serviços para a produção e para o fornecimento de matéria-prima, bens intermediários ou bens de consumo final. Kassia Watanabe *et al.*[84] ressaltam que a legislação brasileira somente fez menção a produtos primários, ligados à exploração dos recursos naturais, e questionam se estariam incluídos também os bens intermediários. Já o integrador é definido como pessoa física ou jurídica que se vincula ao produtor integrado por meio de contrato de integração vertical, fornecendo bens,

---

[83] TRENTINI, Flavia. Contrato de integração, o novo contrato típico agrário. *Conjur*, 10 nov. 2017.
[84] WATANABE, Kassia *et al. Contract farming in Brazil – an approach to Law and Economics*. Revista Direito GV. São Paulo, v. 13, n. 1, jan.-abr., 2017, p. 110.

insumos e serviços e recebendo matéria-prima, bens intermediários ou bens de consumo final utilizados no processo industrial ou comercial, possibilitando, dessa forma, a participação de cooperativas como parte do contrato – o que está excluída é a relação de integração vertical entre os membros da cooperativa e cooperativa.[85] Estamos, portanto, diante de um contrato agroindustrial, representado em obrigações de dar e fazer, que possui caracterização como agrário, uma vez que se origina do ciclo biológico de criação de animais ou cultivo de vegetais (teoria da agrariedade).

Em relação aos contratos de integração vertical agroindustrial, são três suas características principais. A primeira diz respeito à repartição dos riscos e até mesmo à redução ou anulação de alguns destes, seja para o produtor, quanto à colocação dos seus produtos no mercado, seja para a indústria, quanto ao fornecimento regular de matéria-prima de qualidade. A segunda característica é concernente à multiplicidade e à particularidade das formas de remuneração acordadas pelas partes. A terceira característica desses contratos é representada pela renúncia por parte do produtor agrícola (por via de regra, é sobre a indústria que recai a maior parte do poder de decisão) de parcela dos seus poderes de autodeterminação em favor do integrador, por meio da assunção de obrigações, entre as quais a mais comum é a de submeter-se às regras técnicas, ao controle, à produção exclusiva de determinados bens consoante apresentado pela indústria. Cabe destacar, ambas as partes gozarão de liberdade contratual na multiplicidade e particularidade das formas de remuneração negociadas.

Embora exista certa diminuição da autonomia/independência econômica[86] do integrado, além da grande ingerência da indústria no processo produtivo utilizado pelo produtor e a superioridade do poder contratual do integrador sobre o integrado, o integrado mantém sua independência jurídica e pode aumentar seu poder contratual por meio de formas associativas, uma vez que o que se coloca à disposição é a organização dos fatores produtivos.[87] Menciona-se que a Lei em análise não pretendeu proteger o

---

[85] TRENTINI, Flavia. Contrato de integração, o novo contrato típico agrário. *Conjur*, 10 nov. 2017.

[86] Para casos em que confirmado o abuso da dependência econômica, é permitida a resilição unilateral do contrato, nos termos do art. 473 do Código Civil de 2002:

"Art. 473. A resilição unilateral, nos casos em que a lei expressa ou implicitamente o permita, opera mediante denúncia notificada à outra parte.

Parágrafo único. Se, porém, dada a natureza do contrato, uma das partes houver feito investimentos consideráveis para a sua execução, a denúncia unilateral só produzirá efeito depois de transcorrido prazo compatível com a natureza e o vulto dos investimentos".

[87] Para Flávia Trentini, há diferenciação baseada em integração vertical ou quase integração, que se baseia na manutenção da independência jurídica entre as partes, mesmo que, do ponto de vista econômico, a independência econômica seja mitigada pelo contrato. Na quase integração, também denominada de integração contratual, há manutenção da independência jurídica das partes. Na integração vertical, de outro lado, não há independência econômica e jurídica das partes, já que os processos estão agrupados dentro da mesma estrutura, sob o mesmo comando decisório.

hipossuficiente, impondo à parte dominante do contrato maiores obrigações, mas impedir que a assimetria de informação normalmente existente entre integrador e integrado possa levar o produtor a subestimar os custos e os riscos envolvidos no contrato. Assim, a lei não interfere no equilíbrio econômico que se estabelece livremente por acordo das vontades, mas impõe uma obrigação de transparência na contratação, o que implica em sua forma necessariamente escrita.

Nesse sentido, os contratos de integração geram benefícios e custos tanto para o empresário rural como para a agroindústria. Para o empresário rural, podemos destacar como benefícios o mercado certo para o produto, a assistência técnica especializada, a incorporação de produtos de maior valor comercial, o maior aproveitamento da mão de obra familiar, a maior estabilidade de renda e a menor necessidade de capital operacional. Entretanto, os empresários rurais terão custos, tais como a indução de monocultura, o estabelecimento no contrato de preços constantes ou até decrescentes, a restrição na expansão de suas atividades e, por fim, a manipulação dos padrões de qualidade para regular preços por parte da empresa integradora. Por outro lado, a agroindústria terá como benefícios a redução dos custos em razão do suprimento contínuo para manter a economia de escala e a garantia de qualidade, homogeneidade e quantidade requerida pela demanda. Contudo, incorrerão pontos negativos como a incorporação de novos custos, risco de ficar sem matéria-prima (em caso de desrespeito ao contrato) e a impossibilidade de explorar mercados atraentes (em virtude da necessidade de cumprimento do contrato).

A título de formalização dos contratos de integração vertical, sob pena de sua nulidade (art. 4º), é necessário que se observem: as características do sistema de integração; as responsabilidades e as obrigações das partes, inclusive tributárias, ambientais, sanitárias; os padrões de qualidade dos insumos e produtos fornecidos; os parâmetros técnicos/econômicos baseados no estudo de viabilidade econômica e financeira do projeto; as fórmulas do cálculo da eficiência da produção; as formas e os prazos de distribuição dos resultados; os custos financeiros dos insumos fornecidos em adiantamento pelo integrador; os custos do seguro de produção e do empreendimento (casos de obrigatoriedade); o prazo de aviso prévio, no caso de rescisão unilateral e antecipada do contrato de integração; a instituição de Comissão de Acompanhamento, Desenvolvimento e Conciliação da Integração (Cadec);[88] e as sanções nos casos de inadimplemento e rescisão unilateral do contrato. A ausência de quaisquer das disposições previstas nos incisos do art. 4º da Lei n. 13.288/2016 resulta na nulidade do contrato, por expressa previsão legal.

---

[88] É atribuição das Cadecs avaliar as relações de integração agroindustrial em específico; solucionar controvérsias; formular estudos e planos de modernização tecnológica; e acompanhar o cumprimento do contrato.

Cada setor produtivo ou cadeia produtiva criará um Fórum Nacional de Integração (Foniagro), responsável pela definição de diretrizes, acompanhamento e desenvolvimento do sistema de integração, conforme determina o art. 5º da Lei n. 13.288/2016.[89] Similarmente, cada unidade da integradora e os produtores a ela integrados devem instituir uma Cadec, com função de elaborar estudos e análises, acompanhar e avaliar os padrões, estabelecer sistema de avaliação e desenvolvimento e solucionar conflitos (art. 6º).[90]

No início da relação contratual, ao produtor interessado será apresentado pelo integrador o Documento de Informação Pré-Contratual (DIPC) contendo obrigatoriamente o discriminado pela Lei n. 13.288/2016 em seu art. 9º. O DIPC deverá ser atualizado trimestralmente para os setores de produção animal e anualmente para os setores de produção e extração vegetal. Durante a relação contratual, segundo o art. 7º, o integrador deverá elaborar Relatório de Informações da Produção Integrada (Ripi) referente a cada ciclo produtivo do produtor integrado, o qual conterá informações sobre os insumos fornecidos; indicadores técnicos da produção; quantidades produzidas e índices de produtividade; os preços praticados e os valores pagos aos produtores integrados relativos ao contrato de integração e outros a serem definidos pela Cadec.

Apesar do papel de desenvolvimento desempenhado pelo contrato de integração, importante observar a utilização desses contratos como forma de simular uma relação trabalhista por meio da celebração de um contrato de integração cujo produtor possui baixíssima autonomia, igualando-se à subordinação. Os contratos de integração não podem se submeter a tal situação, mas tão somente a uma relação interempresarial, mantendo a independência jurídica, do contrário, estamos diante de deturpação do tipo contratual com intuito de fraudar a legislação mais benéfica ao trabalhador.[91]

---

[89] Competem ao Foniagro a definição de diretrizes para o acompanhamento e desenvolvimento do sistema de integração; o fortalecimento das relações entre o produtor integrado e o integrador; e o estabelecimento da metodologia para o cálculo do valor de referência para a remuneração do produtor integrado.

[90] A proteção legal de 2016 incide sobre as cláusulas contratuais pactuadas pelas partes. Desse modo, os contratos celebrados antes da vigência da Lei n. 13.288/2016 não estão obrigados a observar as cláusulas obrigatórias, por exemplo, restando esse fato apenas aos contratos celebrados após a sua publicação. Entretanto, as obrigações extracontratuais são de cumprimento obrigatório, como a instituição de Cadec e Foniagro, bem como a disponibilização do Ripi. O DIPC, por sua vez, é exigido nos contratos celebrados a partir de 16 de maio de 2016.

[91] "Contrato de integração vertical nas atividades agrossilvipastoris (Lei n. 13.288/2016). Inexistência de vínculo empregatício. Quando os fatos revelados pelo conjunto probatório indicam a existência de trabalho não subordinado na engorda de aves, mesmo quando sob supervisão no aspecto técnico e no manejo sanitário, há de se reconhecer a vigência do contrato de integração nos moldes previstos no art. 2º, § 3º, da Lei n. 13.288/2016 (Contrato de Integração)" (TRT-12, Recurso Ordinário 0000263-47.2014.5.12.0013/SC 0000263-47.2014.5.12.0013, 3ª Turma, Rel. Ligia Maria Teixeira Gouvea, Data de Publicação: 30.03.2017).

4.6. CONTRATO DE DEPÓSITO DE PRODUTOS AGROPECUÁRIOS

Até a edição de lei própria a regulamentar os armazéns de produtos agropecuários, aplicava-se a disposição do Decreto-lei n. 1.102, de 1903, referente aos armazéns gerais. Armazéns gerais são empresas que têm por objeto a guarda e a conservação de mercadorias e a emissão de títulos próprios que as representem, como o conhecimento de depósito e o *warrant*, aplicando-se o mesmo regime a todo e qualquer bem depositado em um único sistema e sobre igual regulamentação. A legislação generalista e o desenvolvimento do agronegócio, vinculados à dependência do setor agroindustrial em relação ao armazenamento de seus produtos, agravada pela insuficiente capacidade de armazenagem nas propriedades rurais brasileiras, estimularam a necessária criação e a consolidação de um setor de armazenagem profissional e instrumental ao crédito privado.

O início dos anos 2000 trouxe novo regime jurídico aos armazéns destinados ao depósito de produtos agropecuários, com a edição das Leis n. 9.973/2000[92] e n. 11.076/2004. Assim, foi criado um regime jurídico próprio a ser aplicado à atividade de armazenagem[93] de produtos, subprodutos e resíduos de valor econômico de origem agropecuária e, em especial, quanto ao financiamento da atividade, criou-se particular ambiente de financiamento com o desenvolvimento e a autorização da emissão dos CDA e do WA no conjunto de regras que regulam o Sistema de Armazenagem de Produtos Agropecuários (Sapa).

Por meio da criação do Sapa, pela Lei n. 9.973/2000 – posteriormente regulamentada pelo Decreto n. 3.855/2001 –, e com o advento da Lei n. 11.076/2004, armazéns gerais cuja estocagem fosse, exclusivamente, de produtos agrícolas deveriam se adaptar à nova regulamentação para armazenamento desses produtos. Cabe dizer, o sistema de armazenagem será reconhecido como o conjunto das unidades armazenadoras destinadas à guarda e à conservação dos produtos agropecuários, seus derivados, subprodutos e resíduos de valor econômico. Em conceituação mais ampla, baseada na interpretação dos dispositivos da legislação sobre armazenagem, concluímos que o Sapa tem por finalidade guardar e conservar produtos agrícolas, seus derivados,

---

[92] Responsável por criar o Sapa e regular o contrato de depósito.
[93] Conforme art. 46 da Lei n. 11.076/2004, fica vedada a emissão do conhecimento de depósito e do *warrant* previstos no Decreto-lei n. 1.102, de 21 de dezembro de 1903, para produtos agropecuários, seus derivados, subprodutos e resíduos de valor econômico. Combina-se com o novo sistema legal o disposto no art. 1º da Lei n. 9.973, quando dispõe que "as atividades de armazenagem de produtos agropecuários, seus derivados, subprodutos e resíduos de valor econômico ficam sujeitas às disposições desta Lei"; bem como o art. 2º: "O Ministério da Agricultura e do Abastecimento criará sistema de certificação, estabelecendo condições técnicas e operacionais, assim como a documentação pertinente, para qualificação dos armazéns destinados à atividade de guarda e conservação de produtos agropecuários". Lembramos que a Lei n. 8.171 também traz em seu art. 42: "é estabelecido, em caráter obrigatório, o cadastro nacional de unidades armazenadoras de produtos agrícolas".

subprodutos e resíduos de valor econômico, próprios ou de terceiros, por empresas, cooperativas ou, ainda, pessoa jurídica de direito público, utilizando estrutura própria para essa finalidade (art. 1º do Decreto-lei n. 3.855 c/c o art. 4º, I, da Lei n. 11.076/2004). A unidade armazenadora, por sua vez, será representada pelas edificações, instalações e equipamentos organizados funcionalmente para a guarda e conservação dos produtos agropecuários.

De forma direta, envolvem-se na atividade de depósito e guarda dos bens as figuras do depositário e do depositante. Enquanto o depositário é pessoa jurídica apta a exercer as atividades de guarda e conservação de produtos de terceiros, o depositante é pessoa física ou jurídica responsável legal pelos produtos entregues a um depositário para guarda e conservação. Não poderão ser responsáveis pela prestação de serviços de armazenagem (depositários) pessoas que sofreram condenação por crimes de falência culposa ou fraudulenta, estelionato, falsidade ideológica e crimes contra o patrimônio no âmbito privado ou público.

Ainda, toda essa relação será norteada por disposição de caráter contratual, ou seja, por meio de contrato de depósito, que acautela o conjunto de direitos e obrigações que regulam a prestação de serviços pelo depositário ao depositante. Também vinculados a essa atividade, temos a figura do fiel, pessoa física, idônea, formalmente indicada pelo depositário como responsável pela guarda e conservação dos produtos agropecuários. A atividade de depósito e armazenagem estará sujeita ao cumprimento do disposto pelo regulamento interno, conjunto de normas, regras e procedimentos operacionais estabelecidos pelo depositário, visando assegurar o funcionamento e a qualidade dos serviços por ele oferecidos.

A regulação do registro dos armazéns de produtos agropecuários também prevê o necessário certificado do espaço de armazenamento pelo Mapa. Para tanto, o Decreto n. 3.855/2001 prevê o Sistema Nacional de Certificação de Unidades Armazenadoras, a ser desenvolvido de acordo com as regras e os procedimentos do Sistema Brasileiro de Certificação (instituído pelo Conmetro), com a participação dos segmentos representativos da atividade e que deverá dispor sobre as condições e a documentação exigíveis dos interessados. A certificação das unidades que prestam serviços remunerados de armazenagem de produtos a terceiros, inclusive dos estoques públicos, é obrigatória. Unidades não certificadas não poderão ser utilizadas para guarda e conservação de produtos agropecuários, objetos de financiamento à estocagem com recursos do Tesouro Nacional, nem poderão praticar o comércio de produtos similares aos recebidos em depósito.

A certificação do armazém, como agropecuário, é um reconhecimento formal, concedido por órgão autorizado, de que uma entidade tem competência técnica para realizar serviços específicos. Esta funciona como um indicador aos usuários de que as atividades desenvolvidas por um prestador de serviços atendem a um padrão de qualidade e de que este possui os requisitos técnicos mínimos estabelecidos para o seu devido cumprimento. Entre as vantagens da certificação está o aprimoramento técnico das unidades, pela qualificação dos serviços e avaliação dos depositários.

A relação estabelecida por meio de contrato de depósito, entre depositário e depositante, poderá ter cláusulas fixadas por livre acordo entre as partes e conterá, obrigatoriamente, o objeto, o prazo de armazenagem, o preço e a forma de remuneração pelos serviços prestados, os direitos e as obrigações de ambas as partes, a capacidade de expedição e as condições de compensação financeira por diferença de qualidade e quantidade do produto objeto do depósito. O depositário e o depositante poderão definir, de comum acordo, a constituição de garantias, que deverão estar registradas no contrato de depósito ou no CDA, não se aplicando tal disposição na relação entre a cooperativa e seus associados de que trata o art. 83 da Lei n. 5.764, de 16 de dezembro de 1971. No entanto, o depositário não é obrigado a se considerar responsável pela natureza, tipo, qualidade e estado de conservação dos produtos contidos em invólucros que impossibilitem sua inspeção, ficando sob inteira responsabilidade do depositante a autenticidade das especificações indicadas.

As responsabilidades do depositário são previstas por normas de caráter impositivo de modo a serem nulas as cláusulas contratuais que restrinjam as responsabilidades; ao depositário cumpre a responsabilidade pela guarda, conservação da qualidade e da quantidade, e pela pronta e fiel entrega dos produtos que tiver recebido em depósito, na forma prevista no contrato, inclusive em caso de avaria, de vícios provenientes da natureza e do acondicionamento dos produtos. O depositário responderá pela perda dos produtos, quando eles estiverem sob sua guarda, de maneira que o presidente, diretor e sócio-gerente da empresa privada, ou o equivalente – em caso de cooperativas, assim como o titular de firma individual – assumem solidariamente, com o fiel depositário, responsabilidade integral pelas mercadorias recebidas em depósito. Eventuais indenizações seguirão previsão contratual, sendo de responsabilidade do depositário, independentemente das sanções cabíveis, indenizar o depositante do valor integral dos ganhos obtidos com a venda e reposição não autorizada dos produtos sob sua guarda. De suma importância, especialmente diante de movimentos mais recentes observados em 2023,[94] o depositário fica obrigado a celebrar contrato de seguro com intuito de garantir, a favor do depositante, os produtos armazenados contra incêndio, inundação e quaisquer intempéries que os destruam ou deteriorem.

Ainda, os critérios de preferência para a admissão e expedição de produtos e para a prestação de outros serviços nas unidades armazenadoras deverão constar do regulamento interno do armazém e, quando necessário, do instrumento contratual. Poderão ser recebidos em depósito e guardados a granel, no mesmo silo ou célula, produtos de diferentes depositantes, desde que estes tenham mesma espécie, classe comercial e qualidade – nessas hipóteses, poderá o depositário restituir o produto

---

[94] Em julho de 2023, acidente envolvendo explosão e incêndio em silo no Paraná reacendeu o debate acerca do acondicionamento de produtos agropecuários. Em agosto, outro incêndio atingiu, dessa vez, silo em Ponta Grossa/MT.

depositado ou outro, uma vez respeitadas as especificações (art. 5º, parágrafo único, Decreto n. 3.855/2001).

Às unidades armazenadoras cumprirá emitir comprovante de depósito com numeração sequencial em que constem, no mínimo, os seguintes dados: identificação do depositante e do depositário, especificação do produto, peso líquido e bruto, qualidade, forma de acondicionamento, número de volume ou fardos, endereço em que se encontram depositados, valor dos serviços de armazenagem e periodicidade de sua cobrança. O comprovante deverá ser restituído ao depositário por ocasião da entrega da mercadoria ou quando de sua substituição por outros títulos que venham a ser emitidos.

A comercialização do produto recebido em depósito requer a prévia concordância formal do depositante, devendo o documento de formalização ser mantido arquivado até o vencimento do contrato. Cabe acrescer, o depositário tem o direito de retenção dos produtos depositados, até o limite dos valores correspondentes, para a garantia do pagamento de armazenagem e demais despesas tarifárias, andamentos feitos com fretes, seguros e demais despesas e serviços, desde que devidamente autorizados, por escrito, pelo depositante e comissões, custos de cobrança e outros encargos, relativos à operação com mercadorias depositadas. Esse direito de retenção poderá ser oposto à massa falida do devedor, mas não poderá ser exercido quando houver débito perante o depositante, decorrente de contrato de depósito, em montante igual ou superior ao dos créditos relativos aos serviços prestados.

O descumprimento das previsões legais e contratuais pode levar a penalidades ao depositário, sob pena de, além de responsabilização civil, fiscal e penal, sofrer suspensão[95] temporária da certificação e exclusão[96] do sistema de certificação.

---

[95] Art. 23 (Decreto n. 3.855/2001). "A suspensão do sistema de certificação impede o depositário de operar nas circunstâncias em que esta é exigida e será aplicada nos seguintes casos:

I – descumprimento das exigências estabelecidas em ato de verificação;

II – utilizar instalações ou procedimentos operacionais inadequados e equipamentos não compatíveis com a atividade, insuficientes ou sem a devida manutenção, nos termos definidos pelo sistema de certificação; e

III – registro de certificação vencido.

Parágrafo único. No ato da suspensão da certificação, deverão ser estabelecidas as exigências e o prazo para o seu cumprimento."

[96] Art. 24 (Decreto n. 3.855/2001). "A exclusão do sistema de certificação implica cancelamento da certificação recebida, o que impede o depositário de operar nas condições em que ela é exigida, sendo aplicada nos seguintes casos:

I – quando houver reincidência de infração já punida com suspensão do sistema de certificação;

II – quando ficar comprovado dolo, inidoneidade ou má fé; e

III – quando não forem cumpridas ou sanadas as exigências relativas às irregularidades comprovadas e notificadas no momento da suspensão da certificação.

Parágrafo único. Fica estabelecido o prazo mínimo de um e máximo de cinco anos para a pena de exclusão prevista no *caput* deste artigo."

A aplicação das penalidades apontadas, porém, não exime o depositário de suas responsabilidades sobre os estoques de terceiros em seus armazéns, até a sua retirada pelos respectivos depositantes.

Por fim, o depositário é obrigado a prestar informações, quando autorizado pelo depositante, sobre a emissão de títulos representativos do produto em fase de venda e sobre a existência de débitos que possam onerar o produto, bem como a encaminhar tais informações ao Mapa na forma e periodicidade que este regulamentar. Ainda, o Ministério, por intermédio dos seus conveniados, terá livre acesso aos armazéns para verificação da existência do produto e de suas condições de armazenagem. Durante o prazo de vigência de contrato com o Poder Público para fins da política de estoques, bem como nos casos de contratos para a guarda de produtos decorrentes de operações de comercialização que envolvam gastos do Tesouro Nacional, a título de subvenções de preços, o Mapa manterá disponível, na internet, extratos dos contratos correspondentes.

Como apontado, a temática é de tamanha relevância ao setor que se convencionou criar sistema jurídico próprio a regular os armazéns agropecuários. Apesar disso, porém, ainda hoje nos deparamos com déficit significativo no sistema de armazenagem. O País tem observado, nos últimos anos, significativas safras recordes que, porém, não são acompanhadas de igual desenvolvimento da capacidade de guarda dos bens. A Companhia Nacional de Abastecimento (Conab) estima que, para a safra de grãos 2024/2025, a produção deva atingir o nível de 322,53 milhões de toneladas, correspondendo ao aumento de 8,2% comparado ao ciclo anterior.[97] A supersafra, apesar de transparecer o avanço do mercado, gera preocupações em relação a armazenagem, tendo em vista que a capacidade estática é de apenas 210,1 milhões de toneladas, gerando, portanto, uma diferença de 112,2 milhões de toneladas entre o que será colhido e o que pode vir a ser estocado.[98] O exposto tem gerado preocupação do setor no País, uma vez que o maior percurso até a guarda do bem e, até mesmo, a ausência de local adequado para sua armazenagem não apenas diminuem as margens do produtor, como podem levar a uma perda da produção.

Por essa razão, em 2013, foi criado o Programa para Construção e Ampliação de Armazéns (PCA), contemplado pelas linhas de crédito do Plano Safra. Como mencionamos anteriormente neste livro, os recursos destinados pelo governo não são, todavia, suficientes para reduzir na expressão necessária o problema estrutural verificado no País; ainda, a manutenção dos limites de financiamento e das taxas de juros, em

---

[97] CONAB. Nova estimativa da Conab para safra de grãos 2024/25 é de 322,53 milhões de toneladas. Disponível em: https://www.conab.gov.br/ultimas-noticias/5821-nova-estimativa-da-conab-para-safra-de-graos-2024-25-e-de-322-53-milhoes-de-toneladas. Acesso em: 9 mar. 2025.

[98] FORBES. Forbes Mulher Agro: Supersafra de grãos pode levar Brasil a recorde de déficit de armazenagem em 2025. fev. 2025. Disponível em: https://forbes.com.br/forbesagro/2025/02/forbes-mulher-agro-supersafra-de-graos-pode-levar-brasil-a-recorde-de-deficit-de-armazenagem-em-2025/a. Acesso em: 9 mar. 2025.

horizonte mais recente, ou seja, no Plano 2024/2025, mereceu destaque em comentários negativos do setor, que reclama o desenvolvimento de infraestrutura básica capaz de acompanhar, em similar medida, os avanços do agro brasileiro.

4.7. MONITORAMENTO AGRÍCOLA E ADMINISTRAÇÃO COLATERAL DE ESTOQUES

Ainda que tenhamos variadas modalidades de financiamento utilizadas no agronegócio, é possível afirmar que estas, normalmente, são garantidas pelo próprio produto agrícola que se encontra em formação, normalmente (penhor rural), ou em armazenamento (penhor mercantil ou alienação fiduciária). Apesar disso, hoje, temos uma variedade significativa de garantias que podem ser aplicadas nas operações de financiamento, das quais se destacam as garantias reais consistentes, sobremaneira no penhor rural sobre a produção financiada e a alienação fiduciária – essas modalidades de garantias comuns serão, porém, detalhadas em item mais à frente.

A constituição de uma garantia real sobre o produto financiado, seja esta o penhor rural ou outra modalidade, variará conforme a espécie desse produto, bem como de acordo com o estágio em que este se encontra em seu ciclo produtivo. Nesse contexto, passa a ser fundamental para o integral cumprimento das obrigações do produtor, os serviços genericamente denominados *collateral management*, prestados por empresa especializada.

Brevemente, cabe dizer que o *collateral management* ou gestão/administração de garantias ou de estoque, é método de concessão, verificação e gestão de transações, com intuito de reduzir o risco de crédito naquelas transações financeiras não garantidas. Este se encontra associado ao processo em que duas partes trocam ativos para reduzir o risco de crédito vinculado a quaisquer transações financeiras não garantidas entre eles, e sua ideia fundamental está na transferência de dinheiro, títulos ou outros instrumentos de uma contraparte para outra como garantia de uma exposição de crédito.

A gestão de garantias é uma parte essencial e integrante da estrutura de risco e conformidade de qualquer instituição financeira, com o objetivo de fornecer segurança contra a possibilidade de inadimplência no pagamento da parte contrária em uma transação. Tradicionalmente, as instituições financeiras, porém, viam a gestão de garantias não como uma necessidade, mas, sim, como algo a ser realizado sem maior cautela, uma função reativa posicionada no ápice de um ciclo de negociação que não exigia muita atenção ou reflexão.

Durante muitos anos, essa função era conhecida, pelo menos conceitualmente, nos mercados financeiros, embora fosse um processo não prioritário para as empresas de forma geral, antes do final dos anos 2000. A crise financeira iniciada em 2008 e que se alongou pelos anos seguintes teve impacto drástico na percepção dessas garantias e sua importância nas operações financeiras. Ainda que movimento tenha iniciado com maior força e adesão nos Estados Unidos, vemos que seus reflexos, em alguma medida, puderam se fazer sentir no Brasil e, no que nos atine, em relação à comercialização de produção (*commodities*, em especial) agrícola.

No gerenciamento do risco agrícola, especialmente no âmbito do acompanhamento da constituição e manutenção da garantia real sobre a produção agropecuária (seja de uma lavoura ou um rebanho), o serviço de *collateral management* é essencial para a gestão dos riscos da operação de financiamento privado, sobretudo daqueles ligados ao inadimplemento das obrigações assumidas pelo produtor. Nesse contexto, vale destacar que o serviço de *collateral management*, em geral, apresenta duas formas principais.

O monitoramento dos produtos agrícolas abrange os serviços de constatação *in loco* do desenvolvimento e evolução do produto agropecuário (*levantamento inicial*), sendo, inclusive, realizado o acompanhamento desde a data da contratação do financiamento até que seja estocado ou diretamente entregue (*relatórios periódicos*) ao estado de desenvolvimento e custódia dos produtos agrícolas. Ainda, o depósito dos produtos agrícolas ou administração colateral de estoques e serviço técnico prestado por empresa especializada, configurando um contrato de depósito, objetivando a guarda e a custódia do produto agropecuário para posterior entrega, de forma a garantir seu bom desenvolvimento e integridade física.

Considerando a prévia análise de crédito realizada pelo financiador e consequente avaliação do grau de risco apresentado pelo produtor ou agroindústria na operação de financiamento, o serviço de *collateral management* poderá ser contratado apenas para a realização do monitoramento dos produtos agrícolas (*soft collateral management*) ou com dupla finalidade, isto é, monitoramento e depósito dos produtos agrícolas (*hard collateral management*).

Independentemente do objeto do contrato de serviço de *collateral management*, o que se busca em qualquer uma dessas modalidades é o gerenciamento de riscos e consequente minimização das possibilidades de inadimplemento das obrigações assumidas pelo produtor e pela agroindústria, de forma a manter o fluxo produtivo e operacional mais eficiente, dando maior segurança ao repagamento do financiamento.

Ao dizermos sobre a administração de estoques ou garantias, partimos de sua indissociável vinculação ao monitoramento agrícola. Informações confiáveis sobre os tipos de culturas instaladas, área plantada e distribuição espacial dentro de determinada região são fundamentais na tomada de decisões para o planejamento, definição de prioridades e liberações de financiamentos agrícolas.[99]

O monitoramento agrícola é uma atividade que permite obter informações sobre a produtividade das culturas, sua área plantada e inferir sobre mudanças no uso da

---

[99] ORIOLI, Álvaro Luiz; YOSHII, Kazuhiro. Monitoramento do uso e ocupação do solo. *In*: YOSHII, Kazuhiro; CAMARGO, Amabílio J. A. de; ORIOLI, Álvaro Luiz (org.). *Monitoramento ambiental nos projetos agrícolas do Proceder*. Planaltina: Embrapa, 2000. p. 41.

terra em determinada região.[100] Em outras palavras, podemos apresentar o monitoramento agrícola como um estudo dinâmico e multitemporal de área rural ou urbana, com o objetivo de acompanhar a evolução quanto ao uso destinado à terra em espaço pré-delimitado. Para tanto, podem ser utilizados dados orbitais históricos, como índices de vegetação, bem como técnicas de aprendizado de máquina.

De forma prática, esse monitoramento implica ao produtor estudar e acompanhar todos os aspectos relacionados à sua atividade produtiva, desde o plantio e o desenvolvimento da lavoura, até o processo de sua colheita e o preparo para a próxima safra. Além disso, o monitoramento agrícola também tem elevada importância no que tange ao acompanhamento do respeito à proteção ambiental e aos condões de sustentabilidade vinculados à produção.

Sendo a atividade agrícola de elevados riscos associados (clima, características químicas, físicas e biológicas do solo, pragas, doenças, intempéries climáticas etc.), investir em mecanismos adequados de monitoramento permite melhor conhecimento e avaliação das concretas condições da propriedade, bem como a mensuração de potenciais perigos. Tecnologias mais recentemente desenvolvidas permitem o uso de drones e satélites para sensoriamento remoto e promovem a agrimensura sobre as condições da lavoura, guiando, assim, ações pontuais e objetivas no campo. A análise completa e conjuntural da produção é um grande benefício que esse monitoramento proporciona.

O desenvolvimento e o crescimento da produção agrícola, bem como da demanda mundial, implicam maior exigência por produtos sustentáveis, que carreguem informações sobre sua origem, de forma comprovada, aos envolvidos na cadeia produtiva alimentar (rastreabilidade). Saber tardiamente que uma área de garantia tem um problema de *compliance* socioambiental, por exemplo, pode ocasionar questões legais e, inclusive, impossibilitar comercialização do produto.

Hoje, temos diversas tecnologias associadas ao monitoramento agrícola. Antes, as visitas técnicas eram feitas ao campo por meio de agrônomos, que tinham sua percepção sobre as condições da lavoura, por vezes, restrita pelo próprio limite físico do campo de visão que conseguiam cobrir – plantações, além de muitas vezes enormes, são de difícil visitação e acesso. O GPS, por exemplo, apoia o uso de maquinários agrícolas, tornando seu trabalho mais prático e rápido, permitindo um mapeamento completo de áreas plantadas, controle e navegação remotos das máquinas durante as aplicações, amostras virtuais do solo e das plantações, coleta e análise de dados, uso de máquinas autônomas (sem motoristas), além de inserção de mapas gerados por outras soluções que levam, entre outros, à pulverização tecnológica.

---

[100] SHIBUYA, Daniel Hideki *et al*. *Monitoramento agrícola para análise de mudança do uso da terra em Alto Taquari-MT*. Campinas: Embrapa, 2023.

Além do GPS, os sensores podem ser posicionados em pontos estratégicos da lavoura, criando uma rede de monitoramento que gera os mais diversos tipos de informações. Podemos apresentar, de forma simplificada, a existência de quatro tipos de sensores: (i) de localização – fazem uso de satélites GPS para determinar latitude, longitude e altitude de terreno e criam mapas topográficos que permitem compreender a melhor forma de se plantar; (ii) ópticos – medem as propriedades do solo e, a partir destas, entendem quais correções são necessárias; (iii) mecânicos – que penetram o solo em busca de informações sobre raízes, quantidades de água e ajustes necessários à irrigação; e (iv) capacitivos – possuem impulsos elétricos que permitem informar a umidade do solo. Dessa forma, observa-se que as geotecnologias têm sido empregadas nas estimativas de safras com o objetivo de diminuir o nível de subjetividade dos métodos tradicionais. As imagens de sensoriamento remoto proporcionam uma visão sinóptica e repetitiva de grandes áreas a baixos custos, apresentando potencial para o monitoramento agrícola dinâmico em áreas de grande extensão.[101]

Os já mencionados drones, de outro lado, são capazes de entregar importante monitoramento aéreo, que permitiu aos produtores deixar de utilizar apenas os satélites, agregando, assim, uma nova forma de observar a produção. Drones ou Veículos Aéreos Não Tripulados (VANTs) permitem a realização de atividades que vão desde a demarcação de áreas de plantio à identificação do número de plantas em determinada área, ao acompanhamento da irrigação, à gestão de áreas de difícil acesso, ao monitoramento de pragas e doenças. É significativa a variedade do uso que essas pequenas aeronaves podem adquirir.

Por fim, destacamos o monitoramento do tempo, por meio de estações meteorológicas, no qual, pelo uso da tecnologia, é possível procedermos ao monitoramento do clima dentro da propriedade. O monitoramento meteorológico-espectral de culturas agrícolas tem sido ferramental importante como um método adicional dos sistemas de previsão de safras. A alta repetitividade dos dados de sensoriamento remoto tem permitido a aquisição mais frequente de informações das áreas agrícolas em escala regional.[102] Com isso, garantimos a entrega de informações mais precisas, que permitem a antecipação de intercorrências climáticas para tomada de decisões mais inteligentes. Aliados aos sensores de umidade no solo, tornam os processos de irrigação e tratamento do solo muito mais práticos, entregando dados próprios, que colaboram para a maior produtividade da lavoura.

---

[101] ESQUERDO, J. C. D. M.; ANTUNES, J. F. G. *Geotecnologias aplicadas no monitoramento agrícola*. Campinas: Embrapa, 2008.
[102] ESQUERDO, J. C. D. M.; ANTUNES, J. F. G. Monitoramento meteorológico-espectral de culturas agrícolas por meio de perfis temporais. *Embrapa Agricultura Digital*, 2009.

A recepção de dados informativos e comprobatórios para produtores e financiadores, alinhados ao melhor mapeamento da região, apoiam não apenas aqueles que procedem a vistorias *in loco*, mas também podem contribuir para a diminuição de custos da produção, especialmente afetos a perdas de safras. Além disso, podem colaborar para embaratecer o crédito, na medida em que permitem ao financiador melhor gerir os riscos do empreendimento financiado.

CAPÍTULO 5

FUNDAMENTOS DO FINANCIAMENTO DO AGRONEGÓCIO

5.1. FUNÇÕES DO MERCADO FINANCEIRO E DE CAPITAIS

O Sistema Financeiro Nacional (SFN) é uma rede de instituições públicas e privadas que possibilita a intermediação financeira[1] entre agentes econômicos superavitários e deficitários;[2] na organização do mercado financeiro e de capitais, o SFN se estrutura de forma a promover o desenvolvimento equilibrado do País. Contém uma série de instrumentos financeiros que possibilitam a transferência eficaz de recursos na aplicação da poupança pública, criando condições para que títulos e valores mobiliários sejam transacionados e tenham liquidez no mercado.

Organizado por entidades normativas, supervisoras e operacionais, o SFN é o principal sistema nacional pelo qual pessoas, empresas e governo circulam ativos, pagam dívidas e realizam investimentos. As entidades normativas determinam políticas e diretrizes para o funcionamento sustentável do sistema, sem função executiva. De modo geral, são entidades colegiadas com atribuições específicas, que utilizam estruturas de apoio para a tomada de decisões. Atualmente, operam dessa forma:

---

[1] Intermediação financeira é um elemento essencial no funcionamento da economia, no qual as instituições financeiras desempenham o papel de mediadoras entre os agentes que possuem recursos financeiros excedentes e aqueles que necessitam de capital para investimentos ou financiamento. É um processo fundamental no sistema econômico, em que instituições financeiras atuam como intermediárias entre os agentes superavitários, que possuem recursos financeiros disponíveis, e os agentes deficitários, que necessitam de capital para financiar.

[2] A presença da atividade de intermediação financeira fundamenta-se no desequilíbrio entre nível de poupança e investimento de uma economia. O intermediário financeiro constitui-se em um especialista nas negociações com títulos, o que permite oferecer operações financeiras mais sofisticadas a todos os agentes do mercado (ASSAF NETO, Alexandre. *Mercado financeiro*. São Paulo: Atlas, 2019. p. 8).

o Conselho Monetário Nacional (CMN),[3] o Conselho Nacional de Seguros Privados (CNPS)[4] e o Conselho Nacional de Previdência Complementar (CNCP).[5]

As entidades supervisoras assumem funções executivas, fiscalizando as instituições que estão sob sua responsabilidade, e normativas, regulamentando decisões originadas pelas entidades normativas ou atribuições outorgadas a elas diretamente pela Lei. Atuam como entidades supervisoras: o Banco Central do Brasil (BC ou Bacen),[6] a Comissão de Valores Mobiliários (CVM),[7] a Superintendência de Seguros Privados (Susep) e a Superintendência Nacional de Previdência Complementar (Previc).[8] As entidades operadoras, por sua vez, são as demais instituições financeiras, monetárias ou não, oficiais ou não. Aqui, também se compreendem as demais instituições auxiliares, responsáveis pela intermediação de recursos entre poupadores e tomadores ou pela prestação de serviços. Como um conjunto de normas jurídicas, o direito do mercado financeiro e o de capitais formam um sistema. Como um sistema, traduz-se em uma comunhão de regras ordenadas em razão de princípios norteadores e reciprocamente harmônicos.[9]

Responsáveis pela captação de recursos e concessão de crédito na sociedade, as instituições financeiras, consoante disposições legais (Leis n. 4.595/1964 e n. 7.492/1986, respectivamente nos arts. 17 e 1º), são pessoas jurídicas públicas ou privadas, cuja atividade principal ou acessória seja a captação, intermediação ou aplicação de recursos financeiros de terceiros. Por meio de interpretação sistemática e teleológica, buscando compreender a finalidade da regra, temos a instituição financeira como instrumento de política econômica que tem como características: (i) capacidade de captação de recursos de terceiros em nome próprio; (ii) repassar os recursos na forma de mútuo, ou seja, emprestá-los também em nome próprio; (iii) possuir intuito de lucro, na forma de *spread*; e (iv) ter habitualidade no exercício da atividade. As instituições financeiras

---

[3] O Conselho Monetário Nacional é o órgão superior do Sistema Financeiro Nacional e tem como função a formulação da política da moeda e do crédito, visando sua estabilidade e o desenvolvimento econômico e social do País.

[4] Responsável pela fixação de diretrizes e normas da política de seguros privados.

[5] Órgão colegiado partícipe do Ministério da Previdência Social que regula o regime de previdência complementar.

[6] O Banco Central do Brasil se trata da instituição bancária responsável por executar, coordenar e fiscalizar a política monetária financeira. Assim, tem como principal função a viabilização de execução das decisões proferidas pelo Conselho Monetário Nacional.

[7] Também uma autarquia vinculada ao Ministério da Fazenda, a Comissão de Valores Mobiliários regulamenta, desenvolve, controla e fiscaliza o mercado de valores mobiliários do País. Atua de maneira coordenada com demais instituições públicas e privadas, objetivando maior eficiência das atividades de regulação, registro e supervisão.

[8] BRASIL. BRASIL. Governo Federal. Portal do Investidor. *O Sistema Financeiro Nacional*. 2022.

[9] MOSQUEIRA, Roberto Quiroga. *Tributação no mercado financeiros e de capitais*. São Paulo: Dialética, 1999. p. 26.

assumem dois papéis decisivos: de um lado, atuam como centralizadoras de riscos, reduzindo a exposição direta dos investidores a perdas e otimizando a análise de crédito; de outro, funcionam como um elo entre agentes, com expectativas distintas em relação a volume e prazo dos recursos e aplicações.[10]

O SFN, dessa forma, pode ser tido como ferramenta de controle da economia financeira e popular. Uma vez que envolve instituições e instrumentos que viabilizam o fluxo financeiro entre os agentes econômicos, é estrutura nacional de coordenação dos mercados e da economia, garantindo a proteção da poupança popular e a atuação coordenada das instituições de crédito e financeiras nacionais, além da mobilização de recursos de natureza privada, a investidores interessados. A movimentação de recursos do SFN origina o mercado financeiro, pelo qual os agentes superavitários podem disponibilizar seu dinheiro recebendo remuneração, enquanto os agentes deficitários emprestam-no para novos empreendimentos e operações. De maneira geral, pode-se segmentar esse mercado em quatro grandes desdobramentos: (i) mercado monetário;[11] (ii) mercado de crédito; (iii) mercado de câmbio;[12] e (iv) mercado de capitais.

O mercado de crédito é fiscalizado pelo Banco Central. É o segmento do mercado financeiro em que instituições financeiras captam recursos de agentes superavitários e os emprestam, obtendo remuneração a partir da diferença entre seu custo de captação e o que é cobrado de tomadores, conhecido como *spread*. Nesse mercado, o risco das operações é centralizado nos bancos, e seus empréstimos podem ser de curto, médio e longo prazo. No entanto, nos investimentos produtivos de longa duração ou de ciclos repetitivos, que envolvem maior número de externalidades ou riscos complexos, é necessário maior fluxo financeiro em volume, prazos e sistemas de garantias. É esse o caso dos Sistemas Agroindustriais (sobre crédito rural, ver item 6.1).

Por esse motivo, necessária maior aproximação do setor ao mercado de capitais, que pode ser explicado como o ambiente em que são negociados instrumentos financeiros ou em que se estabelecem relações estruturadas, objetivando a repartição do risco e o financiamento de atividades econômicas.[13] Nesse mercado, são realizadas operações de maior prazo ou de prazo indeterminado, destinadas ao financiamento de

---

[10] Os bancos tradicionais, por seu turno, podem ser explicados como instituições financeiras especializadas na intermediação do dinheiro entre poupadores e tomadores, além de efetuarem a custódia (guarda) desse dinheiro. Aos seus clientes providenciam serviços financeiros como saques, empréstimos e investimentos. Supervisionados pelo Banco Central, sua eficiência e seu devido cumprimento de regras mantêm a estabilidade e a solidez do Sistema Financeiro Nacional, o que irradia a situação econômica geral do País. É, assim, o principal exemplo de instituição financeira, ainda que não o único.

[11] O mercado monetário corresponde às operações de curtíssimo prazo com títulos públicos. Traz liquidez à economia, facilitando operações de compra e venda de títulos.

[12] O mercado de câmbio está associado às transações de compra e venda de moeda estrangeira.

[13] YAZBEK, Otavio. Estruturas de negociação e agentes de mercado. *In*: YAZBEK, Otavio. *Regulação do mercado financeiro e de capitais*. 2. ed. ampl. Rio de Janeiro: Elsevier, 2009.

ciclos agrícolas, como securitização. Surge como alternativa às aplicações tradicionais, e, no mercado de capitais, poupadores podem participar de empreendimentos de seu interesse, desde que dispostos a assumir os riscos deles decorrentes.

Consoante apresentamos, em sentido amplo, vemos que o mercado financeiro e de capitais atuam permitindo acesso ao excedente econômico, caracterizado pela poupança popular, fazendo com que esse trânsito seja uma atividade sistemática e regulamentada. No mercado financeiro, em sentido estrito, a instituição financeira intervém entre o cedente (aquele que transfere o crédito) e o cessionário (o que recebe o crédito), possibilitando mobilização na economia da poupança nacional. Ao captar valores do público, a instituição financeira assume posição de devedora perante o doador de recursos; no momento em que repassa os valores captados aos tomadores de crédito, passa a integrar o polo credor da relação de crédito. Dessa conceituação, notamos característica importante do mercado financeiro: a intermediação financeira.

Ao realizar a captação dos recursos do público, o banco participa do lado passivo da relação comercial, sendo o devedor; em um segundo momento, quando concede o crédito, passa a participar do lado ativo. É justamente desse ponto que emergem as denominações operação passiva e operação ativa das instituições financeiras. Nas operações passivas,[14] as instituições formam o *funding* para a consecução das operações ativas,[15] e, assim, a produção e o consumo são financiados, garantindo harmonia entre a aplicação e tomada de recursos financeiros.[16]

Ao posicionar as instituições financeiras como agentes obrigatórios no processo de mobilização da poupança nacional, o direito não pode deixar de dar-lhes de proteção. Dessa maneira, são instituídas regras que devem proteger a solvência do mercado, aquelas que tratam: (i) da autorização para funcionamento das entidades financeiras; (ii) da habilitação para exercer função gerencial no mercado financeiro e de capitais; (iii) de estipular capitais mínimos para o exercício de determinadas atividades financeiras; (iv) de estabelecer patamares máximos de exposição de risco ante clientes e operações; (v) do objeto social de diferentes espécies de instituição financeira; (vi) dos procedimentos contábeis; (vii) dos processos administrativos para apurar práticas irregulares; e (viii) do processo de intervenção e liquidação extrajudicial das instituições financeiras e assemelhadas.

---

[14] Nas operações passivas, as instituições financeiras captam recursos dos agentes econômicos superavitários, os doadores de recursos. São chamadas de operações passivas, pois representam passivos da instituição, uma obrigação.

[15] Operações ativas são aquelas em que as instituições financeiras emprestam recursos aos agentes econômicos deficitários, os tomadores de recursos. São chamadas de operações ativas, pois representam ativos da instituição, um crédito a receber.

[16] CALDAS, Pedro Frederico. As instituições financeiras e a taxa de juros. *Revista de Direito Mercantil*, São Paulo, ano XXXV, nova série, n. 101, p. 7696, jan./mar. 1996.

No mercado de capitais, também denominado mercado de valores mobiliários, por sua vez, a mobilização da poupança é realizada diretamente, por via de regra. Isso significa que o detentor e o tomador de recursos possuem relação direta, sem instituições mediadoras. Nesse modelo de mercado, a instituição financeira não configura como parte em nenhuma espécie de relação creditícia e, por isso, é conhecido como mercado de desintermediação bancária.[17] Essas relações entre detentor e tomador de recursos são representadas por títulos, comumente denominados valores mobiliários (sobre valores mobiliários ver item 7.1.4).[18]

A desintermediação financeira consiste na substituição da atividade intermediadora tradicional das instituições financeiras, pelo financiamento direto dos tomadores. Pela emissão de títulos, é possível a captação de recursos de novos investidores, que baseiam sua atividade na aquisição de ativos por meio de investidores, empresas, *Family Offices,* fundos de investimentos e fundos internacionais. O desenvolvimento de canais alternativos ao sistema bancário é um meio eficaz para mudança na natureza da competição entre instituições financeiras, exemplo tomado dos norte-americanos pela promoção de formas de desintermediação de financiamento e desenvolvimento do mercado de títulos.

Nesse mercado, ao contrário das operações bancárias típicas, são realizadas operações que, *a priori*, não detêm natureza de negócios creditícios. Aqui, são efetuados negócios que visam canalizar recursos para empresas por meio do capital de risco, mediante a emissão e distribuição pública de valores mobiliários.[19] No mercado de capitais, dois submercados são identificáveis: o mercado primário e o mercado secundário. No primário, são realizadas as operações típicas do mercado de capitais, em que o tomador de recursos se dirige ao mercado, mediante a colocação de valores mobiliários, objetivando captá-los, e faz-se a mobilização de poupança por excelência, com

---

[17] Para a compreensão do desenvolvimento desse segmento, ver: BERNSTEIN, Peter. *A história do mercado de capitais:* o impacto da ciência e da tecnologia nos investimentos. Rio de Janeiro: Elsevier, 2008.

[18] Nos termos da Lei n. 6.385/1976, temos a definição de valores mobiliários que, como explorado mais à frente, nos aponta a certa limitação. Os valores mobiliários são títulos passíveis de transferência e investimento no mercado de capitais, de acordo com o art. 2º da Lei n. 6.385/1976, com a alteração legislativa: (i) ações, debêntures e bônus de subscrição; (ii) cupons, direitos, recibos de subscrição e certificados de desdobramento relativos aos valores mobiliários; (iii) certificados de depósito de valores mobiliários; (iv) cédulas de debêntures; (v) cotas de fundos de investimento em valores mobiliários ou clubes de investimento em qualquer ativo; (vi) as notas comerciais; (vii) contratos futuros, de opções e outros derivativos, cujos ativos subjacentes sejam valores mobiliários; (viii) outros contratos derivativos, independentemente dos ativos subjacentes; e (ix) quando ofertados publicamente, qualquer outro título ou contrato de investimento coletivo que origine direito de participação, parceria ou remuneração – inclusive resultante de prestação de serviço, cujos rendimentos advêm do esforço do empreendedor ou de terceiros.

[19] EIZIRIK, Nelson. *Reforma das sociedades anônimas e do mercado de capitais*. 2. ed. rev. e aum. Rio de Janeiro: Renovar, 1998. p. 162.

canalização de capital novo para aquele que necessita desse capital. O mercado secundário, por sua vez, cumpre a função de negociação com terceiros dos valores mobiliários subscritos, sendo o local no qual investidores negociam e transferem entre si os títulos emitidos pelas companhias, ou seja, oferece liquidez aos títulos emitidos no mercado primário.[20]

O mercado de valores mobiliários é o mecanismo pelo qual são investidos os recursos de toda a sociedade. Sendo operado de maneira eficiente, criam-se benefícios gerais. As empresas ganham com maior disponibilidade de recursos para investimentos em novos projetos, enquanto os investidores financiam títulos e valores mobiliários que atendem às suas necessidades de rentabilidade, segurança e diversificação. Os impactos socioeconômicos se estendem a toda a sociedade: maior taxa de poupança, geração de empregos e crescimento econômico, diretamente supervisionada pela CVM. Criada em 1976, por meio da Lei n. 6.385, a CVM marca a racionalização do mercado de capitais. Vinculada ao Ministério da Fazenda, exerce suas funções sendo orientada pelo CMN e objetiva o estabelecimento de normas e controle do mercado de capitais. Assim, estabelece medidas que visam canalizar poupanças, estimulando o funcionamento das bolsas de valores e instituições operadoras do mercado de ações. Seu propósito é definido como o de zelar pelo funcionamento eficiente, pela integridade e desenvolvimento do mercado de capitais, garantindo equilíbrio entre a iniciativa dos agentes e a proteção dos investidores.[21]

A norma de 1976 passou por alterações substanciais oriundas da edição da Lei n. 10.303/2001, que dispõe como atividades disciplinadas e fiscalizadas pela autarquia: (i) emissão e distribuição de valores mobiliários no mercado; (ii) negociação e intermediação no mercado de valores mobiliários; (iii) negociação e intermediação no mercado de derivativos; (iv) organização, funcionamento e operações das Bolsas de Valores; (v) organização, funcionamento e operações das Bolsas de Mercadorias e Futuros; (vi) administração de carteiras e custódia de valores mobiliários; (vii) auditoria das companhias abertas; e (viii) serviços de consultor e analista de valores mobiliários.

A ampliação do acesso ao mercado de capitais e a promoção de liquidez do mercado secundário são condições para o aumento de oferta de recursos de longo prazo. Em um sistema dual de crédito rural, o mercado de capitais surge como alternativa às aplicações tradicionais em produtos oferecidos pelos bancos ou pelo governo. Nesse sentido, foram criados instrumentos financeiros, em regra, com garantias cedulares e/ou lastros (recebíveis), passíveis de circulação no âmbito no mercado de capitais (Lei n. 8.929/1994 – CPR, Lei n. 11.076/2004 – CDCA, LCA, CRA e CPR financeira, Lei n.

---

[20] BRASIL. Governo Federal. Portal do Investidor. *Mercado Primário x Mercado Secundário.* 2022. Disponível em: https://www.gov.br/investidor/pt-br/investir/como-investir/como-funciona-a--bolsa/mercado-primario-x-mercado-secundario. Acesso em: fev. 2025.

[21] COMISSÃO DE VALORES MOBILIÁRIOS. *Missão, valores e objetivos estratégicos.*

13.986/2020 – Agro I, Lei n. 14.130/2021 – Agro II e Fiagro). Entre os principais destacam-se a Cédula de Produto Rural (CPR), o Certificado de Depósito Agropecuário (CDA) e *Warrant* Agropecuário (WA), os Certificados de Direitos Creditórios do Agronegócio (CDCA), os Certificados de Recebíveis do Agronegócio (CRA) e as Letras de Crédito do Agronegócio (LCA).[22]

Nesse mercado, os poupadores têm a oportunidade de investir em títulos e valores mobiliários, que considerem interessantes, com análise e assunção de risco, volumes e prazos diferenciados, mediante a emissão de valores mobiliários. A democratização do capital também é resultado do maior desenvolvimento do mercado de capitais, permitindo ao pequeno investidor participar de empreendimentos estratégicos e de efeitos econômico-sociais às atividades e regiões destinatárias do investimento.

A demanda para ampliação de recursos e expansão de crédito ao agronegócio alinha-se com o maior desenvolvimento de crédito privado no âmbito do mercado financeiro e de capitais.[23-24] Após o período de contração que se estendeu até 2004,

---

[22] Quanto aos títulos representativos de produtos, subprodutos ou resíduos de valor econômico, o Certificado de Depósito Agropecuário (CDA) e *Warrant* Agropecuário (WA), nos termos exarados pelo art. 1º, § 2º, da Lei n. 11.076/2004, verificamos que o WA confere direito de penhor sobre o CDA correspondente, assim como sobre o produto nele descrito. Ainda, consoante previsão do art. 17, § 2º, de igual norma, se, na data de vencimento do WA, o CDA e o WA não estiverem em nome do mesmo credor e o credor do CDA não houver consignado o valor da dívida, o titular do WA poderá, a seu critério, promover a execução do penhor sobre: (i) o produto, mediante sua venda em leilão a ser realizado em bolsa de mercadorias; ou (ii) o CDA correspondente, mediante a venda do título, com o WA, em bolsa de mercadorias ou de futuros, ou em mercado de balcão organizado – nessas hipóteses, o produto da venda da mercadoria ou dos títulos, conforme o caso, será utilizado para pagamento imediato do crédito representado pelo WA ao seu respectivo titular na data do vencimento, devendo o saldo remanescente ser entregue ao titular do CDA, depois de debitadas as despesas comprovadamente incorridas com a realização do leilão da mercadoria ou dos títulos.

Quanto ao Certificado de Direitos Creditórios do Agronegócio (CDCA) e Letra de Crédito do Agronegócio (LCA), a Lei de 2004 (Lei n. 11.076) confere-os, em seu art. 32, direito de penhor sobre os direitos creditórios a eles vinculados, independentemente de convenção. A substituição dos direitos creditórios vinculados ao CDCA e à LCA, mediante acordo entre o emitente e o titular, importará na extinção do penhor sobre os direitos substituídos, constituindo-se automaticamente novo penhor sobre os direitos creditórios dados em substituição. A Lei ainda prevê que, além do penhor, o CDCA e a LCA poderão contar com quaisquer garantias adicionais previstas na legislação e livremente pactuadas entre as partes, podendo ser constituídas no próprio título ou em documento à parte.

[23] CAFFAGNI, Luiz Cláudio. Desidratação das principais fontes controladas do crédito rural. *Agroanalysis*, v. 44, n. 5, p. 22-25, maio 2024.

[24] No contexto do equilíbrio fiscal necessário ao ajuste das contas públicas, a única rubrica orçamentária dos instrumentos de política agrícola que ainda não é despesa obrigatória (ou seja, é despesa discricionária, sujeita a cortes, bloqueios e contingenciamentos) é o Programa de Subvenção ao Prêmio do Seguro Rural (PSR). As despesas com equalização de juros e apoio à comercialização (que compõem o Plano-Safra) já fazem parte das operações oficiais de crédito (rubrica do orçamento do Ministério da Fazenda classificada como despesas obrigatórias). Assim

o mercado de capitais brasileiro tem expressado forte expansão nos recursos captados via financiamento direto, como com debêntures,[25] ações[26] e fundos de investimento, CRIs e CRAs. Em 2024, as emissões no mercado de capitais levantaram R$ 783,4 bilhões.[27] Os Certificados de Recebíveis do Agronegócio (CRA), os Certificados de Recebíveis Imobiliários (CRI) e o Fundo de Investimento em Direitos Creditórios (FIDC) destacaram-se. Foram registrados R$ 41,3 bilhões, R$ 58,9 bilhões e R$ 81,4 bilhões em emissões, respectivamente, ultrapassando, aproximadamente, cerca de 50% o volume do mesmo período do ano anterior.[28] Segundo dados da CVM, o CRA teve um aumento de 60% de 2022 até 2024, passando de R$ 95,6 bilhões arrecadados para R$ 153,5 bilhões.[29] Sobre CRAs, ver item 7.6.

A busca por maior desenvolvimento do mercado de capitais para operações no agronegócio levou à criação de Fundo de Investimento[30] vocacionado ao setor: os Fundos de Investimento nas Cadeias Produtivas Agroindustriais (Fiagro), instituído pela Lei n. 14.130/2021, posteriormente alterada pela Lei n. 14.421/2022. O Fiagro recebeu regulamentação específica, Resolução CVM n. 214, de 30 de setembro de 2024, a qual acrescenta à Resolução CVM n. 175, de 2022, o Anexo Normativo VI e os Suplementos

---

também acontece com as despesas com o Proagro (Programa de Garantia da Atividade Agropecuária, que é um seguro agrícola governamental) e com o Programa Garantia-Safra, destinado a garantir um piso de renda para agricultores familiares da área de atuação da Sudene que tenham sido prejudicados por seca ou excesso de chuvas.

[25] As debêntures são títulos de dívidas emitidos por empresas de capital aberto na bolsa de valores para execução de projetos específicos. Elas são um investimento de renda fixa que oferecem juros futuros, com base na data de vencimento, quando o investidor recebe o valor aplicado somado ao rendimento informado. Sua diferença aos títulos públicos ou privados está na necessária destinação específica. Ao adquirir a debênture, o investidor se torna credor da empresa até que ela seja quitada na data prevista.

[26] Ações são títulos que representam uma fração do capital de uma empresa. Ao comprar uma ação, o investidor torna-se sócio da companhia e pode receber dividendos e lucros.

[27] ANBIMA. Mercado de capitais encerra 2024 com emissão de R$ 783,4 bilhões. *Boletim de Mercado de Capitais*, 2025.

[28] ANBIMA. Mercado de capitais encerra 2024 com emissão de R$ 783,4 bilhões. *Boletim de Mercado de Capitais*, 2025.

[29] COMISSÃO DE VALORES MOBILIÁRIOS. *Boletim CVM Agronegócio*, ed. 9, dez. 2024.

[30] Os fundos de investimento são definidos pelo Código Civil e pela Resolução n. 175 da CVM como comunhão de recursos, constituídos na forma de condomínio especial e voltados à aplicação em ativos financeiros, bens e direitos. Podem ser compreendidos, portanto, como agrupamento de recursos de diferentes investidores, que se reúnem e delegam a gestor profissional a decisão sobre a aplicação desses recursos, dividindo despesas e aumentando a segurança no cuidado do patrimônio. Diferentemente da noção comum de propriedade de bens, os investidores donos de cotas de Fundos de Investimento possuem fração do condomínio de recursos. Essas frações são consideradas valores mobiliários, títulos de investimento no mercado de capitais (BREDA, Bárbara; RIBEIRO JR., José Alves. *Fundos de investimento nas cadeias produtivas do agronegócio*. Instituto Brasileiro de Direito do Agronegócio (IBDA), 2023).

O, P, e Q, os quais tratam de regras específicas dos Fiagros. Em apenas dois anos (2022-2024), o Fiagro teve expansão significativa de 315%, alcançando um patrimônio de R$ 43,7 bilhões, segundo a CVM.[31] Os Fiagros serão mais detidamente explorados no presente livro no item 7.7.

Na Análise do Período/Fiagro pelo Boletim CVM Agronegócio,[32] o número de Fiagros Operacionais era de 133 fundos em dezembro de 2024, aumento de 5% em relação a setembro do mesmo ano, e 39% em relação a dezembro de 2023. O produto mais comercializado foi o Fiagro-FIDC, correspondendo a 47% do total. Esses dados apresentados dizem respeito a R$ 317 bilhões em patrimônio líquido, cujo principal ativo investido nas carteiras são o CRI e o CRA (R$12,4 bilhões – 48% do total). O crescimento do agronegócio no mercado de capitais, que alcançou 36% entre 2022 e 2024, reflete uma tendência de amadurecimento e diversificação do setor. O agronegócio, que sempre teve uma presença significativa na economia brasileira, passou a se integrar de maneira mais intensa aos mercados financeiros, proporcionando mais alternativas de financiamento e investimento. Esse aumento no valor atingido no mercado de capitais, com destaque para os R$ 540 bilhões em 2024, demonstra a competitividade do setor. Diversas empresas do agronegócio têm se voltado para o mercado de ações e debêntures para captar recursos, o que ajuda a financiar suas operações, ampliar a produção e expandir suas atividades.

O papel do mercado de capitais é crucial para o maior desenvolvimento do agronegócio, pois permite maior acesso a recursos financeiros, além de proporcionar uma fonte de capital mais diversificada e de longo prazo, em comparação com o tradicional financiamento bancário. Por meio de ofertas públicas, de valores mobiliários e ofertas de ações, e outras modalidades, as empresas agroindustriais podem levantar dinheiro para expandir seus negócios, inovar em tecnologias e melhorar a infraestrutura de produção. Além disso, o agronegócio tem sido um atrativo para investidores, especialmente em um cenário de crescimento global da demanda por alimentos e *commodities* agrícolas. Com a valorização de ativos relacionados ao setor, muitos investidores têm procurado participar desse movimento de expansão, buscando rentabilidade, escala e estabilidade, características importantes para quem investe em mercados de valores mobiliários.

5.2. GARANTIAS FIDEJUSSÓRIAS, CARACTERÍSTICAS GERAIS E CONSTITUIÇÃO

Ligada à ideia de patrimônio – que constitui o conjunto de bens e direitos de uma pessoa, que responde por suas obrigações – está a noção de garantia. A execução sobre os bens do devedor é uma garantia geral para o credor. Diz-se que é a garantia geral a que se efetiva por meios técnicos pelos quais, em face da inexecução da

---

[31] COMISSÃO DE VALORES MOBILIÁRIOS. *Boletim CVM Agronegócio*, ed. 9, dez. 2024.
[32] COMISSÃO DE VALORES MOBILIÁRIOS. *Boletim CVM Agronegócio*, ed. 9, dez. 2024.

obrigação, subtrai-se um bem do devedor e, com o preço desse, procede-se à satisfação da obrigação inadimplida. Atendendo à natureza especial de certas obrigações, a Lei confere privilégio ao credor, com a faculdade de receber prioritariamente.[33] Em outras palavras, podemos dizer que a garantia é instituto de direito privado que assegura ao credor alternativas de adimplemento da obrigação para a hipótese de inadimplemento do devedor.

Assim, a garantia especial, que consiste em reforço objetivo da garantia patrimonial geral,[34] assegurando o cumprimento das obrigações de modo particular e cuja existência se dá somente nos casos em que houver acordo expresso entre as partes ou por determinação legal, pode ter duas espécies. A (i) pessoal (fidejussória), é caracterizada pela existência de pessoa estranha à relação obrigatória principal, que passará a se responsabilizar pela solução da dívida, caso o devedor deixe de cumprir a obrigação – dessa são a fiança e o aval, espécies de garantias distintas, uma vez que, na fiança, há contrato e no aval, uma declaração unilateral.[35] Portanto, acresce-se, ao lado do patrimônio do devedor originário, outro patrimônio que se responsabilizará pela satisfação de seu crédito. Já na garantia (ii) real se vincula ao pagamento determinado bem do devedor, o que se concretiza com a afetação de um ou de vários bens ao seu pagamento. É, dessa forma, situação em que são afetados determinados bens (ou bem) no patrimônio do devedor, respondendo estes, preferencialmente, pela satisfação do crédito. Com a outorga, a coisa dada em garantia fica sujeita, por vínculo real, ao cumprimento da obrigação.[36] As garantias reais, em específico, serão tratadas na sequência desta obra, no item 5.3.

O aval representa uma declaração cambial, pela qual um avalista torna-se responsável pelo pagamento de um título de crédito nas exatas condições de seu avalizado. O avalista passa a ser coobrigado com a obrigação, não podendo alegar exceções pessoais que teria contra o avalizado, perante terceiros de boa-fé. Em outras palavras, podemos dizer que é uma garantia pessoal de natureza cambial prestada pelo avalista, sendo um terceiro, pessoa capaz (física ou jurídica), que se obriga pelo avalizado (devedor), assumindo, em caráter solidário, obrigação pecuniária contraída com base em título de crédito.

Obrigação autônoma e pessoal, o aval é uma forma de garantia do pagamento da obrigação cambial e não tem sua validade afetada por nenhuma outra obrigação

---

[33] PEREIRA, Caio Mário da Silva. *Instituições de direito civil*. 25. ed. Rio de Janeiro: Forense, 2017. v. 4, p. 281.

[34] LEITÃO, Luís Manuel Teles de Menezes. *Garantias das obrigações*. 2. ed. Coimbra: Almedina, 2008. p. 14.

[35] SZTAJN, Rachel; VERÇOSA, Haroldo Malheiros Duclerc. A disciplina do aval no novo Código Civil. *Revista de Direito Mercantil, Industrial, Econômico e Financeiro*, v. 41, n. 128, p. 36, out./dez. 2002.

[36] BARROS MONTEIRO, Washington de. *Curso de direito civil*. 34. ed. São Paulo: Saraiva, 1998. v. 3, p. 323.

cambiária – nem aquela à qual é equiparada. Dessa maneira, o pagamento de título de crédito, que contenha obrigação de pagar ilustrada em soma determinada, pode ser garantido por aval[37] que, consoante determinação do parágrafo único do art. 897 do Código Civil, não poderá ser constituído de forma parcial, portanto, uma vez avalizada, toda a dívida estará garantida.

Deverá o aval ser dado no verso ou no anverso do próprio título originário da obrigação (art. 898, *caput*, do Código Civil). A simples assinatura do avalista é suficiente para garantir a validade daquele dado no anverso do título. Aposto no verso, carece ainda do emprego da locução "bom para aval" ou os equivalentes "avalista" ou "por aval", com a subscrição do garantidor. O avalista é equiparado ao devedor principal pela solidariedade e, na potencial inadimplência do devedor, deverá cumprir com a obrigação de forma autônoma (art. 899, *caput*, do Código Civil). Portanto, a obrigação do avalista subsistirá ainda que nula a obrigação daquele a quem se equipara, a menos que a nulidade decorra de vício formal (art. 899, § 2º). Ressalta-se que, no caso de o avalista efetuar o pagamento do título, sub-roga-se nos direitos dele emergentes contra a pessoa do avalizado, assim como em relação aos obrigados para com ele por virtude da cártula. O tempo do aval não afetará sua responsabilidade, de forma que prevê o art. 900 do Código Civil que mesmo o aval posterior ao vencimento produzirá iguais efeitos ao anteriormente dado.

Aqui, cabe acrescer sobre a autonomia da execução dos avais em relação à recuperação judicial (objeto de análise nos itens 5.5 e 5.6). Em inferência ao art. 1.036 do Código de Processo Civil e aos arts. 6º, 49, § 1º, 52, III, e 59 da Lei n. 11.101/2005, uma vez instado a se manifestar por sucessivas ocasiões,[38] o Superior Tribunal de Justiça (STJ) optou por sumular o tema. Assim, é o que diz a Súmula n. 581 do STJ: "A recuperação judicial do devedor principal não impede o prosseguimento das ações e execuções ajuizadas contra terceiros devedores solidários ou coobrigados em geral, por garantia cambial, real ou fidejussória".

A fiança, por seu turno, trata-se de estipulação em contrato, pela qual um indivíduo garante que cumprirá uma obrigação assumida pelo devedor, no caso de este não a cumprir (art. 818 do Código Civil). Esta se dará por escrito, não admitindo

---

[37] "Art. 897. O pagamento de título de crédito, que contenha obrigação de pagar soma determinada, pode ser garantido por aval."

[38] AgRg no AgRg no AREsp 641.967/RS 2014/0341541-5; CC 142.726/GO 2015/0207184-8; AgRg no AREsp 579.915/SP 2014/0211970-4; AgRg no AREsp 353.436/SP 2013/0163094-7; REsp 1.333.349/SP 2012/0142268-4; AgRg no REsp 1.334.284/MT 2012/0145873-7; REsp 1.326.888/RS 2012/0116271-2; AgRg no AREsp 276.695/SP 2012/0272815-8; AgRg nos EDcl no REsp 1.280.036/SP 2011/0177296-5; AgRg no AREsp 96.501/RS 2011/0246645-0; AgRg na MC 20.907/MS 2013/0119182-2; AgRg no REsp 1.191.297/RJ 2010/0078074-1; AgRg no AREsp 305.907/RS 2013/0056522-8; AgRg no AREsp 133.109/SP 2011/0300801-2; REsp 1.269.703/MG 2011/0125550-9; EAg 1.179.654/SP 2011/0034134-5.

interpretação extensiva, e pode ser estipulada, ainda que sem consentimento do devedor ou mesmo contra a sua vontade (arts. 819 e 820).

As dívidas futuras, nos termos do art. 821 do diploma civilista, podem ser objeto de fiança, todavia o fiador, nesse caso, não será demandado, senão depois que se fizer líquida e certa a obrigação do devedor principal. Não sendo limitada, a fiança compreenderá todos os acessórios da dívida principal, inclusive as despesas judiciais, desde a citação do fiador (art. 822). É admitida fiança de valor inferior ou superior ao da obrigação principal e contraída em condições menos ou mais onerosas, no caso de superar o valor da dívida ou ser a ele mais onerosa, não valerá a fiança senão até o limite da obrigação afiançada (art. 823).

O fiador, uma vez demandado ao pagamento da dívida, tem direito de exigir, até a contestação da lide, que lhe sejam primeiro executados os bens do devedor, caso em que deverá nomear bens do devedor, sito nesse mesmo município, livres e desembargados, quantos bastem para solver o débito (art. 827 do Código); o benefício de ordem não será aproveitável pelo fiador caso esse: (i) tenha o renunciado expressamente; (ii) se tiver se obrigado como principal pagador ou devedor solidário; e (iii) se o devedor for insolvente ou falido.

A fiança prestada em conjunto a um só débito e por meio de uma pessoa importa o compromisso de solidariedade entre elas, se declaradamente não se reservarem ao benefício de divisão – estipulado o benefício, cada fiador responderá apenas pela parte que, em proporção, lhe couber no pagamento (art. 829). Ainda, cada fiador poderá fixar no contrato a parte da dívida que toma sob sua responsabilidade, caso em que não será por mais obrigado (art. 830). O fiador que pagar integralmente a dívida ficará sub-rogado nos direitos do credor, mas só poderá demandar a cada um dos outros fiadores sua respectiva quota, salvo a parte do fiador insolvente, que será distribuída entre os demais (art. 831 do Código Civil).

O devedor responderá perante o fiador por todas as perdas e danos que este pagar e por aqueles que sofrer em razão da fiança, de forma a ter o fiador o direito aos juros do desembolso pela taxa estipulada na obrigação principal e, não havendo taxa convencionada, aos juros legais da mora. Cabe acrescer, quando o credor, sem justa causa, demorar a execução iniciada contra o devedor, poderá o fiador promover-lhe o andamento (art. 834 do diploma de 2002). O fiador, ainda, poderá exonerar-se da fiança que tiver assinado sem limitação de tempo, sempre que lhe convier, ficando obrigado por todos os efeitos da fiança, durante 60 dias após a notificação do credor. A obrigação do fiador será transmissível aos herdeiros, mas a responsabilidade da fiança se limita ao tempo decorrido até a morte do fiador, não podendo ultrapassar as forças da herança (art. 836).

Ao fiador é permitido opor ao credor as exceções que lhe forem pessoais e as extintivas da obrigação que competem ao devedor principal, se não provierem simplesmente de incapacidade pessoal, salvo caso do mútuo feito a pessoa menor. O fiador, ainda que solidário, fica desobrigado: (i) se, sem consentimento seu, o credor conceder moratória ao devedor; (ii) se, por fato do credor, for impossível a sub-rogação nos seus direitos e preferências; e (iii) se o credor, em pagamento da dívida, aceitar amigavelmente do devedor objeto diverso do que este era obrigado a lhe dar, ainda que depois venha o perder por evicção (art. 838 do Código Civil). Por fim, sendo invocado o benefício da excussão e o devedor, retardando-se a execução, cair em insolvência, ficará exonerado o fiador que o invocou, se provar que os bens por ele indicados eram, ao tempo da penhora, suficientes para a solução da dívida afiançada (art. 839 do Código Civil). Ao exposto acresce-se previsão do Código Civil que impede um cônjuge, sem autorização do outro, de prestar fiança ou aval – exceto nos casos de regime de separação absoluta de bens. Diferentemente do aval, a fiança admite a forma parcial (art. 1.647, III).

5.3. GARANTIAS REAIS: PENHOR, HIPOTECA E ALIENAÇÃO FIDUCIÁRIA

A garantia real tem lugar ao vincular um bem ao pagamento de uma obrigação, implicando poder direto e imediato do credor sobre a coisa, independentemente do devedor ou do dono dela. O Código Civil não utiliza mais a expressão "direitos reais de garantia" em seu texto. As espécies aqui elencadas são tuteladas pelo Código Civil, o que as coloca, assim, ao lado das demais – propriedade, superfície, servidões, usufruto, uso, habitação, direito do promitente comprador, penhor, hipoteca, anticrese, concessão de uso especial para fins de moradia, concessão de direito real de uso, laje e os direitos oriundos da imissão provisória na posse (art. 1.225, Código Civil).

Por ser subordinada a um direito principal, a garantia se trata de direito acessório; assim, no caso de extinção do principal, o direito real de garantia também será extinto. Logo, caso a dívida hipotecária ou pignoratícia seja adimplida, as garantias vinculadas a estas serão extintas. Por ser direito acessório, a garantia não pode ser transmitida isoladamente, já que não resguarda autonomia para ser repassada sem o direito principal. Entende-se, por isso, que, no caso hipotético de transmissão de crédito hipotecário, pode-se transmitir a hipoteca que o garante, mas não é possível transmiti-la de forma apartada do crédito.

Outra característica associada ao direito real de garantia é sua indivisibilidade. Isso significa que, mesmo no caso de uma obrigação ser dividida (por efeito de sucessão) ou ser extinta parcialmente, a garantia conserva-se na íntegra, ou, se uma dívida garantida é reduzida em consequência de pagamentos parciais, o saldo devedor permanece com a garantia primitiva, sem reduções – salvo convenção em contrário. Sua indivisibilidade também abrange o entendimento de que a divisão do bem dado em garantia não repercute na garantia em si, ou seja, sua indivisibilidade está relacionada tanto ao crédito quanto ao próprio bem – entretanto, essa regra de indivisibilidade não é de ordem pública, e sim estabelecida no interesse das partes, que podem derrogá-la, convencionando a divisibilidade.

Para empenhar bens, hipotecar e conferir prestação de garantia fiduciária, para além da capacidade genérica para os atos da vida civil, a lei exige a legitimidade para alienação como requisito subjetivo para a constituição do ônus real. A capacidade para alienar, assim, é uma condição de validade dos direitos reais de garantia, razão pela qual os incapazes não podem dar bens em garantia de dívidas (sejam suas ou de terceiros), já que não possuem essa condição: capacidade para alienar.

Entre os requisitos constantes no direito real de garantia dois se destacam: a publicidade e a especialização. O primeiro é feito para tornar o direito oponível a terceiros e pode dar-se de várias maneiras, sendo a principal delas o registro no Cartório de Registro de Imóveis, seguindo o art. 1.227 do Código Civil: "os direitos reais sobre imóveis constituídos, ou transmitidos por atos entre vivos, só se adquirem com o registro no Cartório de Registro de Imóveis dos referidos títulos, salvo os casos expressos neste Código". Permite, assim, que terceiros conhecedores da afetação do bem a certa dívida não contem com ele. O segundo princípio, da especialização, refere-se à individualização do bem nos contratos de garantia real e na expressa menção ao valor do crédito, sua estimação ou valor máximo, no prazo fixado para pagamento e na taxa dos juros, se houver. Dado esse caráter acessório da garantia e principal da relação creditória, todos os elementos da obrigação principal deverão estar perfeitamente especificados. Também é especializado o bem afetado, de modo inequívoco, para que se distinga de qualquer outro. Essa individualização pode variar conforme as particularidades de cada bem dado em garantia.

Por fim, quanto às características gerais que permeiam as garantias reais, estabelece-se que o direito de sequela está alicerçado no direito de preferência, justamente visando sua garantia. Seu objetivo é efetivar a preferência, autorizando, assim, a perseguição da coisa, que poderá ser apanhada em qualquer posição que se encontrar. O bem dado em garantia estará sempre onerado, mesmo que se desloque no plano. Essa qualidade e característica são inerentes ao direito real de garantia. O direito de sequela, assim, está sempre em estado potencial, até o momento em que a dívida se torna exigível – já que, antes desse momento, o credor não resguarda interesse em impedir relações referentes à coisa.

Definido pelo Código Civil de 2002 como a "transferência efetiva da posse que, em garantia do débito ao credor ou a quem o represente, faz o devedor, ou alguém por ele, de uma coisa móvel, suscetível de alienação" (art. 1.431, *caput*), o penhor se trata de direito real sobre coisa móvel como forma de garantia. Como primeiro direito real de garantia sobre coisa alheia, no penhor, há a transferência efetiva da posse de um bem móvel do devedor ao credor, por via de regra.[39]

Entre os penhores há penhores especiais em razão de regras especiais, sendo estes: os penhores rural e industrial. O que há de diferente nessa modalidade são o objeto e o prazo do penhor, como dispõe e escreve o professor Marlon Tomazette:[40]

---

[39] TARTUCE, Flávio. *Direito civil*: direito das coisas. Rio de Janeiro: Forense, 2014. v. 4.

[40] TOMAZETTE, Marlon. *Contratos empresariais*. 3. ed. rev., atual. e ampl. São Paulo: JusPodivm, 2024.

No penhor rural, a garantia incide sobre bens móveis da agricultura (penhor agrícola) ou pecuária (penhor pecuário). O penhor rural tem prazo máximo de 3 (três) anos, se for agrícola, e de 4 (quatro) anos, se for pecuário. No penhor industrial, a garantia incide sobre bens da indústria. No penhor mercantil, o penhor incide sobre bens voltados para o exercício de atividades de comércio e prestação de serviços.

Entre os penhores especiais, comporta exceções caracterizadas no penhor rural, industrial, mercantil e veicular. Isso porque, nessas modalidades, as coisas empenhadas continuam sob o poder do devedor, que possui o encargo de guardá-las e conservá-las, de acordo com o parágrafo único do art. 1.431 do Código Civil. Além disso, ainda que costumeiramente sejam objetos de penhor todas as coisas móveis, fungíveis ou não, consumíveis ou não, no chamado penhor rural (regido pela Lei n. 492/1937), recaindo sobre lavouras ou animais em cria ou recria, altera-se o conceito tradicional de penhor.[41]

O Código Civil, de maneira geral, importou as imposições trazidas pela Lei n. 492, de 30 de agosto de 1937 – Lei que cria, originalmente, o penhor rural. Em 1955, o penhor agrícola passa a ser regulado, de maneira mais detida, pela Lei n. 2.666. Ambos os códigos, entendemos, permanecem em vigor até os dias atuais, já que abordam a matéria de maneira mais específica. Estão revogados, contudo, os artigos das referidas leis incompatíveis com as disposições dos artigos do Código Civil, bem como aqueles artigos que regulam matérias idênticas às reguladas pelo Código.

O art. 1º da Lei n. 492/1937 define o penhor rural pelo vínculo real resultante do registro, por meio do qual agricultores ou criadores sujeitam suas culturas ou animais ao cumprimento das obrigações, ficando como depositários daqueles ou destes. No parágrafo único do aludido artigo, tem-se apontamento que indica compreender o penhor rural tanto o agrícola quanto o pecuário, conforme a natureza da coisa dada em garantia.

O Código Civil de 2002, visando dar mais contornos aos penhores agrícola e pecuário, traz em seu texto objetos passíveis de conformação a esses institutos. É assim que prevê o art. 1.442 do Código Civil quanto à caracterização dos objetos do penhor agrícola: (i) máquinas e instrumentos de agricultura; (ii) colheitas pendentes ou em via de formação; (iii) frutos acondicionados ou armazenados; (iv) lenha cortada e carvão vegetal; e (v) animais do serviço ordinário de estabelecimento agrícola. O penhor dos frutos agrícolas, todavia, nem sempre pode ser feito na espécie originada, logo socorre-se o agricultor da transformação, dando aparecimento a outros, economicamente mais recomendados e úteis. Em regra, o beneficiamento do produto agrícola muda sua espécie para o penhor mercantil, substituindo o penhor sobre a coisa beneficiada. O penhor, nessa hipótese, terá de envolver a lavoura ou safra em curso, e o direito, em tais casos, não pode se afastar da expressão real e econômica das utilidades de fruição.

---

[41] RODRIGUES, Silvio. *Direito civil*: direito das coisas. São Paulo: Saraiva, 1993. v. 5, p. 355.

Cabe dizer, o penhor agrícola que recai sobre a colheita pendente, ou em via de formação, abrange a imediatamente seguinte, no caso de se frustrar ou ser insuficiente aquela que lhe deu garantia (art. 1.443, *caput*, do Código Civil). Caso o credor não venha a financiar a nova safra, poderá o devedor constituir com outrem um novo penhor, em quantia máxima equivalente à do primeiro; o segundo penhor terá preferência sobre o primeiro, abrangendo este apenas o excesso apurado na colheita seguinte (art. 1.443, parágrafo único, do Código Civil). Ademais, pode-se estipular que os frutos sejam remetidos pelo devedor ao credor, ou para que se torne simples depositário desses, ou para que os venda por conta e segundo as instruções do devedor e dos usos e costumes da praça (art. 8º da Lei n. 492/1937). Ainda, não será válido o contrato de penhor agrícola celebrado pelo locatário, arrendatário, colono ou qualquer prestador de serviço, sem o consentimento expresso do proprietário agrícola, dado previamente ou no ato da constituição do penhor (art. 9º da Lei n. 492/1937).

No caso do penhor rural, será conferido ao credor o direito de verificar o estado das coisas empenhadas, inspecionando-as, onde se encontrarem, por si ou por pessoa que credenciar (art. 1.441 do Código Civil) mediante procuração ou mera autorização, inclusive com o monitoramento agrícola ou pecuário ou a administração colateral de estoques. O Código simplifica a vistoria, não prevendo a solicitação de informações por escrito; justifica-se, assim, o direito à inspeção das coisas empenhadas para o credor ter ciência de seu estado, pois, em caso de deterioração ou depreciação, também faculta a lei ao credor o direito de pedir o reforço ou a substituição da garantia. É imprescindível, no penhor, a entrega do objeto gravado ao credor, sem o que não se constitui o ônus real.

Dispensa-se o requisito da tradição no penhor rural (art. 1.431, parágrafo único, Código Civil), pois os bens empenhados continuarão em poder de seus proprietários devedores. O credor recebe a posse indireta, enquanto o devedor conserva a posse direta, na qualidade de depositário da cultura ou dos animais que deu como garantia ao pagamento de seu débito. Se o devedor é mero depositário, deverá entregar o bem onerado, assim que a excussão se iniciar.

> Em todas essas modalidades especiais, os bens dados em garantia são vinculados a uma atividade econômica e, por isso, excepciona-se a regra geral de necessidade de transmissão da posse para constituição do penhor. Além disso, para fins de publicidade, deve-se realizar o registro do instrumento público ou particular de constituição do penhor no Cartório de Registro de Imóveis da circunscrição em que estiverem situadas as coisas empenhadas.[42-43]

---

[42] TOMAZETTE, Marlon. *Contratos empresariais*. 3. ed. rev., atual. e ampl. São Paulo: JusPodivm, 2024. p. 771.

[43] A prisão civil de depositário infiel é, todavia, ilícita, nos termos da Súmula Vinculante n. 25 do STF.

Como já mencionado, o penhor rural constituído por instrumento público ou particular deverá ser registrado, para ter eficácia contra terceiros, no Cartório de Registro de Imóveis da circunscrição em que estiverem situados os bens ou animais empenhados, nos termos do art. 1.438, *caput*, do Código Civil, do art. 167, I, n. 15, da Lei n. 6.015/1973 e dos arts. 1º e 2º da Lei n. 492/1937. Cabe ao Decreto-lei n. 2.612/1940 a determinação do *quantum* das custas devidas ao processo de registro.

No título constitutivo desse ônus real deverão constar: o montante da dívida; o prazo para o pagamento, a taxa de juros e todos os dados que possibilitem a individualização das coisas empenhadas; a designação dos animais, indicando o lugar em que se encontram, o destino que têm, informando a raça, grau de mestiçagem, marca, sinal, nome, se tiver; enfim, todos os seus elementos (incisos do art. 1.424 do Código Civil). Frise-se que não vale, com relação a terceiros, penhor sem essa individualização.[44]

O Código Civil inova ao apresentar um rol de direitos do credor pignoratício, havendo assim receio fundado de perecimento da coisa empenhada ou de sua deterioração, antes que ocorra o desfalque da garantia, cabendo ao credor promover a venda antecipada do bem, mediante prévia autorização judicial (art. 1.433 do Código Civil).[45] A quantia obtida com a venda deverá ficar depositada para garantia da dívida. O dono da coisa empenhada, seja o devedor ou terceiro, pode impedir a venda antecipada, substituindo-a, ou oferecendo outra garantia real idônea, a juízo, naturalmente, da autoridade judiciária competente, se antes do pedido apresentado pelo credor não chegarem as partes a um acordo.

Quanto ao penhor agrícola na colheita frustrada ou insuficiente, notamos que a Lei n. 492/1937 já dispunha sobre a extensão do penhor à colheita imediatamente

---

[44] "Art. 1.424. Os contratos de penhor, anticrese ou hipoteca declararão, sob pena de não terem eficácia:
I – o valor do crédito, sua estimação, ou valor máximo;
II – o prazo fixado para pagamento;
III – a taxa dos juros, se houver;
IV – o bem dado em garantia com as suas especificações."

[45] "Art. 1.433. O credor pignoratício tem direito:
I – à posse da coisa empenhada;
II – à retenção dela, até que o indenizem das despesas devidamente justificadas, que tiver feito, não sendo ocasionadas por culpa sua;
III – ao ressarcimento do prejuízo que houver sofrido por vício da coisa empenhada;
IV – a promover a execução judicial, ou a venda amigável, se lhe permitir expressamente o contrato, ou lhe autorizar o devedor mediante procuração;
V – a apropriar-se dos frutos da coisa empenhada que se encontra em seu poder;
VI – a promover a venda antecipada, mediante prévia autorização judicial, sempre que haja receio fundado de que a coisa empenhada se perca ou deteriore, devendo o preço ser depositado. O dono da coisa empenhada pode impedir a venda antecipada, substituindo-a, ou oferecendo outra garantia real idônea."

seguinte em caso de frustração ou insuficiência da colheita pendente ou em via de formação, dada em garantia. Sabemos que o contrato de penhor agrícola de colheita pendente ou em vias de formação contém certo risco, razão pela qual a lei traz, de pronto, uma solução para a frustração ou insuficiência de garantia. Nessa hipótese, poderia o credor pedir o reforço ou a substituição da garantia e, caso não atendido, considerar vencida a dívida, situação pior do que o gravame sobre a colheita futura imediata. Caso o credor não quisesse ou não pudesse financiar a nova safra, na Lei n. 492/1937 estava estatuído que o devedor ficaria com o direito de estabelecer, com o terceiro, novo penhor, em quantia máxima equivalente ao primitivo contrato, considerando-se qualquer excesso apurado na colheita, apenhado à liquidação da dívida anterior, mas o Código Civil de 2002 foi nesse ponto mais incisivo. Desse modo, se o credor não financiar a nova safra, o devedor poderá constituir com outro novo penhor. O segundo penhor terá preferência sobre o primeiro, cabendo a este apenas o excesso apurado na nova colheita para o pagamento ou amortização da dívida primitiva.

O penhor pecuário, por seu turno, tem por objeto os animais que se criam pascendo, para a indústria pastoril, agrícola ou de laticínios, em qualquer de suas modalidades, e ainda em conformidade com o art. 1.444 do Código Civil e do art. 10, *caput*, da Lei n. 492/1937. Assim, podem ser objeto do penhor pecuário o *gado*: vacum, cavalar, muar, ovídeo e caprídeo, bem como animais para fornecimento de matéria-prima da indústria de laticínios ou para corte ou consumo, cavalos criados para a prática de esportes ou de transporte, carneiros e ovelhas para fornecimento de lã para a indústria ou de outros bens de consumo.

O contrato de penhor deve declarar onde se encontram os animais empenhados e, ainda, mencionar a espécie, a denominação comum ou científica, raça, grau de mestiçagem, marca, sinal e outros elementos de identificação. Não vale, com relação a terceiros, contrato de penhor efetuado sem a necessária individualização dos semoventes. Outrossim, qualquer substituição de animais, no penhor pecuário, exige aditivo no contrato, sob pena de não valer contra terceiro. Além disso, os animais que não integram a atividade de exploração econômica de natureza pecuária podem ser dados em penhor rural.

A lei somente contempla como objeto desse penhor os animais, o que exclui outros bens utilizados na atividade pecuária, tais como as ordenhadeiras, que poderiam estar incluídas entre os bens empenhados em outra modalidade. Os animais da mesma espécie, comprados para substituir os mortos, ficam sub-rogados no penhor (art. 1.446, *caput*, do Código Civil). Essa presunção, contudo, pode ser afastada por convenção entre as partes; portanto, cuida-se de direito disponível. Para eficácia perante terceiros da sub-rogação, é indispensável a averbação do registro de imóveis da menção adicional ao contrato (art. 1.438, *caput*, do Código Civil).[46]

---

[46] Ver, ainda, Código Civil, art. 1.432. "O instrumento do penhor deverá ser levado a registro, por qualquer dos contratantes; o do penhor comum será registrado no Cartório de Títulos e Documentos."

Quanto ao limite temporal, a partir da Lei n. 12.873/2013, que alterou a redação do art. 1.439 do Código Civil de 2002, passou-se a permitir a constituição do penhor agrícola e do penhor pecuário pelo mesmo prazo das obrigações garantidas – prazo este que antes da alteração legislativa correspondia a três e quatro anos, respectivamente, para o penhor agrícola e para o penhor pecuário, prorrogáveis uma vez pelo mesmo período. Como se vê, a Lei também permite a constituição de penhor de colheitas ainda não existentes ou em formação, que até então não adquiriram individualidade própria. Trata-se, sem dúvida, de outra particularidade inerente ao penhor agrícola.[47]

Com relação ao penhor mercantil, atualmente não há qualquer diferença entre este e o penhor civil, de modo que trataremos daquele como uma obrigação comercial (arts. 1.447 e 1.450 do Código Civil), decorrente do exercício de atividade econômica organizada para a produção e circulação de bens ou serviços. Essa espécie de penhor é muito aplicada na agroindústria e comércio, principalmente relacionado aos contratos bancários. Aplica-se aqui, sobretudo, em relação ao penhor de mercadorias agrícolas depositadas em armazéns, silos ou tanques.

O penhor mercantil recai sobre coisa móvel (art. 1.447 do Código Civil), que ficará sujeita ao pagamento do débito;[48] logo, não pode incidir sobre estabelecimentos comerciais, que são imóveis, e marcas de fábrica, que são impenhoráveis. Assim, comportam esse ônus real mercadorias, produtos, máquina etc., não requerendo a tradição da coisa empenhada ao credor, novamente pela especialidade desse penhor constituída no parágrafo único do art. 1.431 do Código Civil. A formalização da garantia decorre de instrumento público ou particular (art. 1.448, *caput*, do Código Civil), registrado no Cartório de Registro de Imóveis da circunscrição onde estiverem situadas as coisas empenhadas, que deve conter, para valer contra terceiros, os seguintes requisitos (art. 1.424 do Código Civil): a dívida que se pretende garantir, com a indicação do *quantum* ou sua estimação; a taxa de juros, se houver; o prazo fixado para o pagamento e a coisa onerada com todas as suas especificações (natureza, espécie, qualidade, quantidade, peso e medida).

Como já demonstrado, também quanto ao penhor rural e suas modalidades, o penhor mercantil exige consentimento escrito do credor para alteração do bem empenhado, para mudança de sua situação e para sua alienação, visto que nesta última hipótese o devedor deverá substituí-lo por outro da mesma natureza, que se sub-rogará

---

[47] PEREIRA, Caio Mário da Silva. *Instituições de direito civil*: direitos reais. 20. ed. Rio de Janeiro: Forense, 2009. v. 4, p. 301 e ss.

[48] "Art. 1.447. Podem ser objeto de penhor máquinas, aparelhos, materiais, instrumentos, instalados e em funcionamento, com os acessórios ou sem eles; animais, utilizados na indústria; sal e bens destinados à exploração das salinas; produtos de suinocultura, animais destinados à industrialização de carnes e derivados; matérias-primas e produtos industrializados.

Parágrafo único. Regula-se pelas disposições relativas aos armazéns gerais o penhor das mercadorias neles depositadas."

no penhor (art. 1.449 do Código Civil). Por fim, com intuito de garantir a efetividade de seu direito, é conferido ao credor o direito de verificar o estado da coisa onerada, fiscalizando seu uso, por exemplo, inspecionando-a onde estiver, pessoalmente ou por pessoa que credenciar por procuração (mandatário) ou mera autorização (art. 1.450).

Outro tipo especial de penhor é o penhor de direitos, desde que suscetíveis de cessão, como os recebíveis. O penhor de direitos e títulos de crédito já recebia no Código Civil de 1916 o nome de "caução", que as práticas mercantis e bancárias conservam. A denominação adotada no Código Civil de 2002, para manter a harmonia com a designação genérica (penhor), não impede a sinonímia. O penhor de recebíveis leva a grande interesse para o tráfico jurídico e sua utilização constante na vida negocial atrai a atenção do legislador, fazendo dele uma atividade comercial e bancária frequente, que dinamiza a vida mercantil em todas as praças.[49] O Código Civil de 2002, em seu art. 1.451, dispõe que são objeto de penhor os direitos, suscetíveis de cessão, incidentes sobre coisas móveis. O art. 1.452, como os seguintes, faz referência ao penhor de créditos, não representados por títulos de crédito, celebrados por instrumento público ou particular, mas, em qualquer dos casos, completa-se com a inscrição no Registro de Títulos e Documentos, que lhe perpetua a data e assegura a oponibilidade a terceiros.

O Código Civil de 2002 transpõe para o penhor de créditos os princípios relativos à cessão deles, tendo em vista que o penhor, por si só, já representa um começo de disposição. Assim, para assegurar o seu direito, o credor pignoratício fará intimar o devedor para que não pague ao credor primitivo, ainda que registrado esteja o penhor. Equivalerá, todavia, à notificação a prova de que o devedor está ciente da existência do penhor, qualquer que seja a modalidade do documento e qualquer que tenha sido a finalidade de sua emissão ou seu destinatário.

A caução de crédito investe o credor pignoratício de uma condição de representante do credor empenhante, autorizando-o a usar das ações, recursos e exceções assecuratórias de seu direito, bem como da faculdade para receber os juros e demais acessórios, e mais prestações compreendidas na garantia. Recebendo o objeto concretizado no título caucionado, no respectivo vencimento, o credor o depositará, de acordo com o devedor, na forma do que tiver sido convencionado, ou onde o juiz determinar, até o vencimento da obrigação garantida. Vencida esta, o credor imputará, no seu pagamento, o que receber, restituindo o restante ao devedor.

O penhor de créditos constitui-se mediante instrumento público ou particular. O endosso pignoratício, ou endosso-caução, é modalidade usual de constituição de penhor sobre títulos transferíveis por endosso. Opera-se com a tradição, ficando o credor pignoratício com a faculdade de receber o crédito cedido. O contrato de financiamento ou de mútuo, garantido por caução de títulos, é modalidade corrente no comércio

---

[49] PEREIRA, Caio Mário da Silva. *Instituições de direito civil*. 25. ed. Rio de Janeiro: Forense, 2017. v. 4, p. 301-306.

bancário, adquirindo o estabelecimento direito ao recebimento dele. À medida que se vai liquidando, o banco leva o valor recebido a crédito do caucionante, com entrega dos instrumentos aos respectivos obrigados, até o final do pagamento do débito garantido.

Quanto ao penhor aplicado à CPR, verificamos que o art. 7º da Lei n. 8.929/1994 prevê poderem ser objetos de penhor cedular os bens suscetíveis de penhor rural e de penhor mercantil, bem como os bens suscetíveis de penhor cedular. Ainda, em seu § 1º, impõe que, salvo em casos de títulos de crédito, os bens empenhados continuam na posse imediata do emitente ou do terceiro prestador da garantia, que responde por sua guarda e conservação como fiel depositário. De outro lado, cuidando-se de penhor constituído por terceiro, o emitente da cédula responderá solidariamente com o empenhador pela guarda e conservação dos bens. Na ausência de identificação dos bens objeto de alienação fiduciária, não retira a eficácia da garantia, que poderá incidir sobre outros do mesmo gênero, qualidade e quantidade, de propriedade do garante (art. 8º, Lei n. 8.929/1994). Ao que se acresce: "a alienação fiduciária de produtos agropecuários e de seus subprodutos poderá recair sobre bens presentes ou futuros, fungíveis ou infungíveis, consumíveis ou não, cuja titularidade pertença ao fiduciante, devedor ou terceiro garantidor, e sujeita-se às disposições previstas na Lei n. 10.406, de 10 de janeiro de 2002 (Código Civil), e na legislação especial a respeito do penhor, do penhor rural e do penhor agrícola e mercantil e às disposições sobre a alienação fiduciária de bens infungíveis, em tudo o que não for contrário ao disposto nesta Lei".

Também quanto à CPR, observa-se que, no caso de hipoteca, penhor rural, alienação fiduciária e patrimônio rural em afetação – PRA(mais detidamente analisado no item 5.4.) sobre bem imóvel garantidores da CPR, deverá ser procedido registro no cartório de registro de imóveis em que estiverem localizados os bens dados em garantia. Ademais, quanto ao título, vê-se que os bens vinculados à CPR não serão penhorados ou sequestrados por outras dívidas do emitente ou do terceiro prestador da garantia real, cumprindo a qualquer deles denunciar a existência da cédula às autoridades incumbidas da diligência, ou a quem a determinou, sob pena de responderem pelos prejuízos resultantes de sua omissão (art. 18 da Lei n. 8.929/1994).

O PRA (item 5.4) é vinculado a uma Cédula Imobiliária Rural (CIR), título de crédito representativo de promessa de pagamento em dinheiro, decorrente de operação de crédito de qualquer modalidade e de obrigação de entregar, em favor do credor, bem imóvel rural ou fração deste. Vale dizer, a legitimação à emissão da CIR é de proprietário de imóvel rural que houver constituído PRA (art. 18 da Lei n. 13.986/2020), portanto é título que sempre será acompanhado dessa modalidade de garantia que atua como requisito de validade à sua constituição. Até a efetiva liquidação da obrigação garantida pela CIR, o emitente da cédula usará, às suas expensas e riscos, o imóvel rural, objeto do patrimônio rural em afetação, conforme a sua destinação (art. 24 da Lei de 2020). Uma vez vencida a CIR e não liquidado o crédito por ela representado, o credor poderá exercer de imediato o direito à transferência, para sua titularidade, do registro da propriedade da área rural que constitui o PRA (art. 28).

Passamos, agora, à análise da hipoteca, modalidade de garantia que assume capítulo próprio dentro do Código Civil de 2002, sendo prevista a partir do art. 1.473. A hipoteca é consubstanciada em direito real de garantia sobre bens imóveis, assegurando, preferencialmente, o pagamento de uma dívida.[50] O sujeito ativo da obrigação garantida por hipoteca chama-se credor hipotecário, e o sujeito passivo é denominado devedor hipotecante. Acrescentamos, ainda, a figura do terceiro hipotecante, que pode prestar a garantia por dívida alheia. A lei confere ao proprietário o direito à constituição de múltiplas e sucessivas hipotecas sobre o mesmo bem, concretizando, assim, o que a doutrina chama de sub-hipoteca, porém preferencialmente denominada por nós como segunda e terceira hipotecas ou hipotecas de 1º, 2º e 3º graus, e assim por diante.[51]

São considerados bens imóveis o solo e tudo quanto for a ele incorporado natural ou artificialmente, conforme o art. 79 do Código Civil. São acessórios naturais do solo tudo quanto a ele se integrar por força da natureza. Artificialmente, muitos outros acessórios podem ser agregados ao solo, tais como os edifícios, pisos, muros e cercas. Também se consideram imóveis, para os efeitos legais, os direitos reais sobre imóveis e as ações que os asseguram, bem como o direito à sucessão aberta (art. 80 do Código Civil). Igualmente, mantém o caráter de imóveis as edificações que, sem perderem sua unidade, forem removidas para outro local, e os materiais provisoriamente destacados de um prédio para nele se reempregarem (art. 81 do Código Civil).

A esses imóveis devemos acrescer aqueles bens por acessão. Bem imóvel por acessão física artificial é tudo quanto o homem incorpora permanentemente ao solo, como a semente lançada à terra, os edifícios e construções, de modo que não possa se retirar do solo sem sua destruição, modificação, fratura ou dano. Forma de aquisição da propriedade imóvel, a acessão pode se dar por plantações ou construções (art. 1.248, V, do Código Civil), de maneira que tudo quanto semeado, plantado ou edificado em terreno próprio adquire a propriedade da plantação ou da construção resultante (art. 1.253 do Código Civil). Como regime específico, a Lei n. 13.986/2020, em seu art. 7º, § 1º, ao tratar sobre a submissão do imóvel rural ao regime de afetação, impõe: "§ 1º No regime de afetação de que trata o *caput* deste artigo, o terreno, as acessões e as benfeitorias nele fixadas, exceto as lavouras, os bens móveis e os semoventes, constituirão patrimônio rural em afetação (...)".

Ainda, destacamos a existência dos imóveis por acessão intelectual, considerados aqueles bens que o proprietário mantiver intencionalmente empregados em sua exploração industrial, aformoseamento ou comodidade. Assim sendo, a qualquer tempo, esses bens poderão ser mobilizados, dependendo sempre da mudança de destinação na sua exploração. São exemplos de móveis imobilizados intencionalmente no prédio

---

[50] COSTA, Mário Júlio de Almeida. *Direito das obrigações*. 10. ed. Coimbra: Almedina, 2006. p. 936.
[51] "Art. 1.476 do Código Civil. O dono do imóvel hipotecado pode constituir outra hipoteca sobre ele, mediante novo título, em favor do mesmo ou de outro credor."

pelo proprietário – bens imóveis por acessão intelectual – as máquinas, quando a exploração é industrial; o gado de uma fazenda, quando é atividade econômica organizada (art. 93 do Código Civil).

Existindo variados graus dessa garantia, verificamos que o credor da segunda hipoteca é obrigado a respeitar a prioridade do primitivo credor hipotecário. Assim, o credor hipotecário sucessivo somente poderá executar a dívida, com a penhora do bem hipotecado, se a hipoteca em favor do primeiro estiver vencida. Já observamos que, quando o texto refere-se à primeira hipoteca, quer identificar a primeira na ordem das preferências regulada pela prioridade.[52] O credor hipotecário imediato que pagar a dívida garantida pela hipoteca anterior (primeira, no momento do nascimento da faculdade de pagamento) ficará, por vontade da lei, independentemente de qualquer ação das partes, sub-rogado nos direitos desta, consoante está previsto no art. 346 do Código Civil. Cumpre salientar que a falta de pagamento das obrigações garantidas por hipotecas posteriores à primeira não conceitua o devedor como insolvente, e o não cumprimento da obrigação garantida por hipoteca permite ao credor considerar vencidas as outras dívidas, também garantidas pelo mesmo imóvel, das quais ele seja titular (§§ 1º e 2º do art. 1.477 do Código Civil, incluídos pela Lei n. 14.711/2023).

A hipoteca deverá ser registrada no Cartório de Registro de Imóveis da situação do imóvel ou dos imóveis, e, se o título referir-se a mais de um imóvel, as hipotecas deverão ser registradas nos cartórios dos lugares em que se situam cada um deles. Cabe lembrar que todo imóvel objeto de título a ser registrado deve estar matriculado no Registro de Imóveis, em conformidade com a Lei dos Registros Públicos (Lei n. 6.015/1973). Uma vez apresentado o pedido de registro da hipoteca no Cartório, será emitido protocolo que assinala a data da apresentação do título para a inscrição; o número de ordem, que então é dado ao título, firma a sua prioridade; a prioridade, por sua vez, assegura a preferência entre os direitos reais. Como consequência, a primeira hipoteca exclui as seguintes, que não poderão ser pagas pelo imóvel conjuntamente gravado, senão depois de desinteressada a primeira. Não há que distinguir entre hipotecas voluntárias, legais ou judiciais.

Todos os títulos tomarão, no protocolo, o número de ordem que lhes competir em razão da sequência rigorosa de sua apresentação, como prescreve o art. 182 da Lei dos Registros Públicos. Extingue-se ainda a hipoteca com a averbação, no Registro de Imóveis, do cancelamento do registro, à vista da respectiva prova, bem como pelas demais hipóteses previstas no art. 1.499 do Código Civil, quais sejam: (i) pela extinção da

---

[52] Art. 1.477 do Código Civil. "Salvo o caso de insolvência do devedor, o credor da segunda hipoteca, embora vencida, não poderá executar o imóvel antes de vencida a primeira.

Parágrafo único. Não se considera insolvente o devedor por faltar ao pagamento das obrigações garantidas por hipotecas posteriores à primeira."

obrigação principal; (ii) pelo perecimento da coisa; (iii) pela resolução da propriedade; (iv) pela renúncia do credor; (v) pela remição; e (vi) pela arrematação ou adjudicação.

Com relação à recuperação de crédito e assim pontualmente já descrito com relação às garantias reais, quando a dívida vence e não é paga, entra em funcionamento o direito de sequela, permitindo sua apreensão judicial para, com o produto da alienação, realizar-se o pagamento preferencial. Opera-se, assim, o direito de sequela em proveito de preferência. O fato de encontrar-se hipotecada não impede a penhora da coisa, em ação movida por outro credor, resguardado, todavia, o direito de preferência do credor hipotecário. Uma vez efetuada a venda da coisa, objeto de hipoteca, opera-se o direito de preferência, se necessário. Aparecendo outros credores, o titular da garantia não ficará submetido à lei do concurso. Receberá, preferencialmente. Se o credor garantido, vendida a coisa, não tiver seu crédito inteiramente satisfeito, poderá, então, concorrer com os demais credores, submetendo-se pelo saldo à lei do concurso, em relação a outros bens do devedor.

A excussão da hipoteca opera-se por meio da ação de execução própria, prevista nas leis processuais, ou de venda extrajudicial, conforme legislação especial. O art. 784, V, do Código de Processo Civil (Lei n. 13.105/2015) prescreve ser o contrato garantido por hipoteca, penhor, anticrese ou outro direito real de garantia e aquele garantido por caução, título executivo extrajudicial. A penhora decorrente da ação de execução deve recair necessária ou prioritariamente sobre o bem objeto da garantia, conforme dispõe o art. 835, § 3º, do Código de Processo Civil de 2015. Proposta a ação de execução com base nos títulos mencionados, se o produto da venda da garantia não for suficiente para quitar a dívida, permanecerá o saldo de crédito, com a natureza de quirografário, garantido pelo patrimônio geral do devedor.

O procedimento para a excussão extrajudicial só poderá ser iniciado depois de decorrido o prazo de carência que tiver sido estabelecido no contrato principal, se houver. Após esse período, o credor fiduciário poderá requerer ao Oficial de Registro de Imóveis a intimação do devedor fiduciante para que este purgue a mora no prazo de 15 dias (art. 26, § 1º, da Lei n. 9.514/1997). Decorrido o prazo da interpelação sem que o fiduciante tenha purgado a mora, o Oficial do Registro de Imóveis deverá certificar o fato e, uma vez apresentado o comprovante de pagamento do imposto de transmissão aplicável, consolidará o imóvel em nome do credor fiduciário.

Sobre a prioridade no registro, dispõe a lei que o registro ou, mais precisamente, a prenotação do contrato fixa qual o credor hipotecário tem a preferência para o pagamento em primeiro lugar, qual em segundo e assim sucessivamente. A prenotação constitui o ato de memoriar no protocolo do Registro de Imóveis a apresentação do contrato de constituição da garantia ao oficial competente, a partir da qual é o registro eficaz, se concluído validamente.

As dívidas em dinheiro deverão ser pagas no vencimento, em moeda corrente e pelo valor nominal (art. 315 do Código Civil), mas ao credor assiste o direito de cobrar a dívida antes do vencimento diante de determinadas situações descritas em lei, conforme disposição do art. 333 do mesmo diploma, desde que ocorram as seguintes circunstâncias: no caso de falência do devedor ou de concurso de credores; se os bens, hipotecados ou empenhados, forem penhorados em execução por outro credor; se cessarem, ou se tornarem insuficientes, as garantias do débito, fidejussórias ou reais, e o devedor, intimado, se negar a reforçá-las.

O vencimento de que se cogita aqui é o vencimento antecipado, antes de findo o prazo fixado para pagamento, e o contrato de garantia como acessório segue o vencimento da obrigação principal. Em decorrência de ato voluntário do devedor ou por fato alheio à sua vontade, o bem dado em garantia, quer esteja seguro, quer não, pode apresentar uma deterioração ou uma depreciação. Acontecendo um desses fenômenos e não estando seguro o bem em valor correspondente, há um consequente desfalque na garantia, o que justifica o pedido do credor de reforço da garantia ou sua substituição, e, não atendida a intimação, vencida fica a dívida (art. 1.425, I, do Código Civil).

A alienação fiduciária de bens imóveis é o instituto por meio do qual o devedor (fiduciante) transfere ao credor (fiduciário) a propriedade resolúvel de bem imóvel. Uma vez quitada a dívida, o bem retorna à esfera de patrimônio do fiduciante e, por outro lado, em caso de inadimplemento da dívida, consolida-se a propriedade plena em nome do credor fiduciário. Conforme disciplina a Lei n. 9.514/1997, essa modalidade de garantia pode ser dada em qualquer operação de crédito, e não só operações de financiamento imobiliário. Ainda, nos termos da Lei n. 9.514/1997, a propriedade fiduciária constitui-se mediante o registro no Cartório de Registro de Imóveis da localização do bem (art. 23, *caput*, da Lei n. 9.514/1997). Podem ser objeto dessa garantia bens imóveis, o domínio útil de bens imóveis, o direito de superfície e o direito de uso até o limite temporal que seja estabelecido.

Como inerente às garantias dessa natureza, os bens imóveis alienados fiduciariamente não integram a massa falida em caso de insolvência do garantidor fiduciante, uma vez que, após a devida formalização do respectivo instrumento, são incorporados ao patrimônio do credor. A excussão dessa garantia pode ser feita extrajudicialmente, o que lhe garante maior agilidade. A Lei n. 14.620, de 13 de julho de 2023, incluiu dois novos parágrafos no art. 23 da Lei n. 9.514/1997, dispondo sobre a constituição da propriedade fiduciária caracterizada pelo desdobramento da posse e conceituando fiduciante como possuidor direto da coisa imóvel, e o fiduciário como possuidor indireto (art. 23, § 1º, da Lei n. 9.514/1997). É imposto ao fiduciante a obrigação de assumir o custo do pagamento do Imposto sobre a Propriedade Predial e Territorial Urbana (IPTU) e as taxas condominiais (art. 23, § 2º, da Lei n. 9.514/1997).

Consolidada a propriedade, o fiduciário deverá, nos sessenta dias que se seguirem, ofertar o imóvel para a venda, por meio de dois leilões. No primeiro leilão, o imóvel será ofertado pelo preço que as partes tiverem estabelecido no instrumento de alienação fiduciária. No segundo leilão, o aceite do maior lance fica condicionado a igualar ou tornar superior o valor do lance com o valor integral da dívida garantida pela alienação, somado às despesas, aos emolumentos cartorários, aos prêmios de seguro, aos encargos legais (tributos) e às contribuições condominiais. No caso de não haver lance que atinja o valor supracitado, o credor pode aceitar o lance que corresponda, pelo menos, à metade do valor do bem (art. 27, § 2º, da Lei n. 9.514/1997).

Importante alteração nessa sistemática de quitação mútua e recíproca da dívida, em caso de ausência de lance mínimo no segundo leilão, foi introduzida em nosso ordenamento pela Lei n. 13.476, de 29 de agosto de 2017, por meio da qual foi permitida expressamente a cobrança do eventual saldo remanescente da dívida caso o débito advenha de contrato de abertura de linha de crédito, nos termos do art. 9º. A Lei n. 14.711, de 30 de outubro de 2023, institui novos artigos na Lei n. 13.476/2017, sendo eles os arts. 9º-A até 9º-D, que tratam, respectivamente de: (i) extensão da alienação fiduciária de coisa imóvel, em situação de propriedade fiduciária já constituída, utilizada como garantia de operações de crédito;[53] (ii) requisitos para averbação da extensão da alienação fiduciária de coisa móvel;[54] (iii) liquidação antecipada das operações de

---

[53] "Art. 9º-A. Fica permitida a extensão da alienação fiduciária de coisa imóvel, pela qual a propriedade fiduciária já constituída possa ser utilizada como garantia de operações de crédito novas e autônomas de qualquer natureza, desde que: (Incluído pela Lei n. 14.711, de 2023.)

I – sejam contratadas as operações com o credor titular da propriedade fiduciária; e

II – inexista obrigação contratada com credor diverso garantida pelo mesmo imóvel, inclusive na forma prevista no § 3º do art. 22 da Lei n. 9.514, de 20 de novembro de 1997.

§ 1º A extensão da alienação fiduciária de que trata o *caput* deste artigo somente poderá ser contratada, por pessoa física ou jurídica, no âmbito do Sistema Financeiro Nacional e nas operações com Empresas Simples de Crédito.

§ 2º As operações de crédito garantidas pela mesma alienação fiduciária, na forma prevista no *caput* deste artigo, apenas poderão ser transferidas conjuntamente, a qualquer título, preservada a unicidade do credor.

§ 3º Ficam permitidas a extensão da alienação fiduciária e a transferência da operação ou do título de crédito para instituição financeira diversa, desde que a instituição credora da alienação fiduciária estendida ou adquirente do crédito, conforme o caso, seja:

I – integrante do mesmo sistema de crédito cooperativo da instituição financeira credora da operação original; e

II – garantidora fidejussória da operação de crédito original.

§ 4º A participação no mesmo sistema de crédito cooperativo e a existência da garantia fidejussória previstas no § 3º deste artigo serão atestadas por meio de declaração no título de extensão da alienação fiduciária."

[54] "Art. 9º-B. A extensão da alienação fiduciária de coisa imóvel deverá ser averbada no cartório de registro de imóveis competente, por meio da apresentação do título correspondente, ordenada em prioridade das obrigações garantidas, após a primeira, pelo tempo da averbação.

§ 1º O título de extensão da alienação fiduciária deverá conter:

I – o valor principal da nova operação de crédito;

II – a taxa de juros e os encargos incidentes;

III – o prazo e as condições de reposição do empréstimo ou do crédito do credor fiduciário;

IV – a cláusula com a previsão de que o inadimplemento e a ausência de purgação da mora de

crédito vinculadas à garantia;[55] e (iv) extensão da alienação no caso de inadimplemento e de ausência de purgação de mora.[56] Para além da alienação fiduciária de bem imóvel, o Código Civil de 2002 conceitua como "fiduciária a propriedade resolúvel de coisa móvel infungível que o devedor, com escopo de garantia, transfere ao credor" (art. 1.361, *caput*, do Código Civil). Em 2004, a promulgação da Lei n. 10.931 alterou o art. 66 da Lei n. 4.728/1965 (conhecida como a Lei de Mercado Financeiro e de Capitais),

---

[55] que tratam os arts. 26 e 26-A da Lei n. 9.514, de 20 de novembro de 1997, em relação a quaisquer das operações de crédito, faculta ao credor fiduciário considerar vencidas antecipadamente as demais operações de crédito garantidas pela mesma alienação fiduciária, hipótese em que será exigível a totalidade da dívida para todos os efeitos legais; e

V – os demais requisitos previstos no art. 24 da Lei n. 9.514, de 20 de novembro de 1997.

§ 2º A extensão da alienação fiduciária poderá ser formalizada por instrumento público ou particular, admitida a apresentação em formato eletrônico.

§ 3º Fica dispensado o reconhecimento de firma no título de extensão da alienação fiduciária.

§ 4º A extensão da alienação fiduciária não poderá exceder ao prazo final de pagamento e ao valor garantido constantes do título da garantia original."

"Art. 9º-C. Celebrada a extensão da alienação fiduciária sobre coisa imóvel, a liquidação antecipada de quaisquer das operações de crédito não obriga o devedor a liquidar antecipadamente as demais operações vinculadas à mesma garantia, hipótese em que permanecerão vigentes as condições e os prazos nelas convencionados.

Parágrafo único. A liquidação de quaisquer das operações de crédito garantidas será averbada na matrícula do imóvel, à vista do termo de quitação específico emitido pelo credor."

[56] "Art. 9º-D. Na extensão da alienação fiduciária sobre coisa imóvel, no caso de inadimplemento e de ausência de purgação da mora de que tratam os arts. 26 e 26-A da Lei n. 9.514, de 20 de novembro de 1997, em relação a quaisquer das operações de crédito garantidas, independentemente de seu valor, o credor fiduciário poderá considerar vencidas antecipadamente as demais operações de crédito vinculadas à mesma garantia, hipótese em que será exigível a totalidade da dívida.

§ 1º Na hipótese prevista no *caput* deste artigo, após o vencimento antecipado de todas as operações de crédito, o credor fiduciário promoverá os demais procedimentos de consolidação da propriedade e de leilão de que tratam os arts. 26, 26-A, 27 e 27-A da Lei n. 9.514, de 20 de novembro de 1997.

§ 2º A informação sobre o exercício, pelo credor fiduciário, da faculdade de considerar vencidas todas as operações vinculadas à mesma garantia, nos termos do *caput* deste artigo, deverá constar da intimação de que trata o § 1º do art. 26 da Lei n. 9.514, de 20 de novembro de 1997.

§ 3º A dívida de que trata o inciso I do § 3º do art. 27 da Lei n. 9.514, de 20 de novembro de 1997, corresponde à soma dos saldos devedores de todas as operações de crédito vinculadas à mesma garantia.

§ 4º Na hipótese de quaisquer das operações de crédito vinculadas à mesma garantia qualificarem-se como financiamento para aquisição ou construção de imóvel residencial do devedor, aplica-se à excussão da garantia o disposto no art. 26-A da Lei n. 9.514, de 20 de novembro de 1997.

§ 5º O disposto no art. 54 da Lei n. 13.097, de 19 de janeiro de 2015, aplica-se aos negócios jurídicos de extensão de alienação fiduciária."

passando este a ser numerado como art. 66-B. Foi admitida a alienação fiduciária de coisas fungíveis, além de passar a prever a cessão fiduciária de direitos sobre coisas móveis, bem como de títulos de crédito (art. 66-B, § 3º, da Lei n. 4.728/1965).

Assim, essa garantia deve ser constituída por meio do contrato de alienação fiduciária, podendo ser ele celebrado por instrumento público ou particular, adquirindo efeitos contra terceiros com o registro do contrato no Cartório de Registro de Títulos e Documentos do domicílio das partes contratantes. Para que os bens agrícolas possam ser passíveis de alienação fiduciária, deverão estar já desenvolvidos, e não ainda em via de formação, já que não é admitida a constituição dessa modalidade de garantia sobre bens futuros. É entendimento da jurisprudência a inviabilidade da alienação dos bens consumíveis e fungíveis ao mesmo tempo.[57]

As garantias de alienação e cessão fiduciária são consideradas mais vantajosas, uma vez que o objeto dado em garantia passa a integrar o patrimônio do credor, até a liquidação da dívida garantida. Como consequência, na hipótese de insolvência do devedor, os bens dados em garantia fiduciária não estão sujeitos à massa falida ou ao processo de recuperação judicial. Esse assunto será mais bem abordado adiante.

A cessão fiduciária de recebíveis em garantia, na forma instituída pelo art. 66-B da Lei n. 4.728/1965, importa na transferência, pelo cedente fiduciante, de direitos creditórios ao credor fiduciário, até o cumprimento integral das obrigações garantidas. Desse modo, uma vez constituída a cessão fiduciária, considera-se o cedente fiduciante destituído da titularidade e da posse sobre os direitos ou créditos cedidos fiduciariamente. Tais recebíveis, no entanto, são ainda, costumeiramente, depositados em conta-corrente de titularidade do fiduciante, aberta especificamente para esse propósito e vinculada à operação garantida pela cessão fiduciária. Contudo, o Tribunal de Justiça do Estado de São Paulo tem formado jurisprudência no sentido de permitir a penhora de recebíveis cedidos fiduciariamente que estejam depositados em contas vinculadas, de modo a permitir o acesso a esses recursos por outros credores, estranhos ao negócio fiduciário praticado.[58]

---

[57] "Civil. Alienação fiduciária. Bens fungíveis e consumíveis. Os bens fungíveis e consumíveis não podem ser alienados fiduciariamente. Recurso especial conhecido e provido" (REsp 97.952/MS, 3ª Turma, Rel. Min. Ari Pargendler, j. 06.04.2000, DJ 08.05.2000, p. 89).
"Alienação fiduciária. Bens fungíveis e consumíveis. Inadmissibilidade da ação de depósito. Segundo assentou a 2ª Seção do Tribunal, é inadmissível a alienação fiduciária de bens fungíveis e consumíveis (comerciáveis) REsp n. 19.915-8/MG. Recurso especial não conhecido" (REsp 61.090/SC, 4ª Turma, Rel. Min. Barros Monteiro, j. 21.11.1995, DJ 18.03.1996, p. 7571).

[58] Sobre o tema, cabe citar as seguintes decisões: TJSP, 21ª Câmara de Direito Privado, Agravo de Instrumento 2.259.099-19.2019.8.26.0000, Rel. Des. Maia da Rocha, j. 12.06.2020; e TJSP, 3ª Câmara de Direito Privado, Apelação Cível 046172-13.2019.8.26.0100, Rel. Des. Viviani Nicolau, j. 09.09.2020.

5.4. PATRIMÔNIO RURAL EM AFETAÇÃO

Conforme destacado, o PRA foi instituído pela Lei n. 13.986/2020 (Lei do Agro I) e é ferramenta que permite ao produtor rural, pessoa física ou jurídica, submeter a totalidade de seu imóvel rural ou fração dele ao regime de afetação. Nos termos do § 1º do art. 7º da norma, com a redação dada pela Lei n. 14.421/2022, no regime de afetação, o terreno, as acessões e as benfeitorias nele fixadas, exceto as lavouras, os bens móveis e os semoventes, constituirão PRA, destinado a prestar garantias pelo produtor, por meio da emissão de CPR, ou em operações financeiras contratadas pelo proprietário por meio de CIR.[59]

Esse regime institui uma separação entre o patrimônio do produtor rural e o que é efetivamente destinado a garantir operações financeiras relacionadas à atividade rural. Ao instituir o PRA, a lei cria uma exceção importante a dois princípios fundamentais do direito patrimonial: o princípio da garantia geral dos credores e o princípio da livre utilização do patrimônio pelo seu titular, conforme é analisado por Melhim Namem Chalhub.[60]

Tratado anteriormente, cabe dizer, especificamente, que o conceito jurídico de "patrimônio" é disperso. Grande parte da doutrina alinha esse conceito com o aspecto econômico, logo patrimônio seria o complexo das relações jurídicas de uma pessoa, apreciáveis economicamente.[61] Por outro viés, também pode ser definido como a universalidade de direitos reais e obrigacionais, ativos e passivos, com expressão pecuniária, pertencente a pessoa natural ou jurídica.[62] Aqui, porém, temos uma predeterminação legal do que será compreendido como patrimônio, para fins da constituição do PRA.

Criado esse patrimônio especial para fomentar o financiamento privado no agronegócio mediante fracionamento do imóvel rural com a função de garantia,[63] o PRA tem natureza de direito real de garantia. Sobre o tema, vale dizer que até a elucidação de sua natureza, trazida pela Lei n. 14.421/2022, existia certa discussão acerca da temática. Denomina-se garantia real aquela que permite ao credor excutir uma coisa certa do patrimônio do devedor para o resgate de uma obrigação. Dessa maneira, as

---

[59] O PRA vinculado à CIR só pode ser constituído pelo proprietário rural devedor desse tipo de Cédula, e não por um terceiro garantidor. Contudo, para garantir CPR, não há qualquer objeção e/ou impedimento legal para um terceiro (BURANELLO, Renato; WINTER, Marcelo. Patrimônio Rural em Afetação. *Agroanalysis*, São Paulo, v. 40, n. 9, p. 24-25, set. 2020).

[60] CHALHUB, Melhim Namem. *Alienação fiduciária*: negócio fiduciário. 8. ed. Rio de Janeiro: Forense, 2023. p. 49.

[61] BEVILÁQUA, Clóvis. *Teoria geral do direito civil*. 5. ed. Rio de Janeiro: Francisco Alves, 1951.

[62] ROCHA, Mauro Antônio. O regime da afetação patrimonial na incorporação imobiliária. *Boletim do IRIB em Revista*, n. 326, p. 82-89, 2006.

[63] Consoante a própria exposição de motivos da MP n. 897/2019, convertida em Lei do Agro I: "simplificar e ampliar o acesso a recursos financeiros por parte dos proprietários de imóveis rurais, podendo, inclusive, melhorar as condições de negociação nos financiamentos rurais".

dívidas garantidas por penhor, anticrese ou hipoteca – ao que se insere também o PRA – apresentam-se com um caráter tal que permite ao credor valer-se do bem dado em garantia para a satisfação de seu crédito, pois tal bem fica sujeito, por vínculo real, ao cumprimento da obrigação. Por isso, o credor com garantia real se estabelece em situação especial de vantagem, com direito de prelação, quanto ao direito de excussão específica desse bem gravado de ônus real de garantia. O direito de prelação é a situação privilegiada do credor de obrigação com garantia real de, em caso de insolvência ou de falência do devedor, poder gozar do privilégio de ter acesso à coisa certa que lhe garanta o crédito.[64]

Ainda, ao dizermos sobre o PRA, estamos diante da criação de uma segregação patrimonial insculpida na Lei que permite, ao detentor do imóvel rural, otimizar sua propriedade como garantia. Dessa forma, o principal ativo garantidor das relações jurídicas e comerciais estabelecidas, justamente por ser admitido seu fracionamento (ou seja, o fracionamento do imóvel rural para constituição de diversos PRAs), passa a poder ser utilizado como garantia de mais de uma relação ao mesmo tempo, desde que fracionado e que cada fração corresponda a uma garantia distinta – em nenhuma hipótese, uma mesma fração ou um mesmo imóvel rural poderá ser constituidor de mais de um PRA, ao mesmo tempo.

Por via de regra, incide sobre o patrimônio a teoria da unicidade patrimonial que compreende ser cada sujeito de direito titular de um único patrimônio, composto pelos bens de sua titularidade, incluindo créditos, direitos e dívidas contraídas.[65] Essa ideia se relaciona com o princípio da garantia, que observa o patrimônio do devedor como único perante seus credores.[66] A teoria da afetação, contudo, preconiza a possibilidade de segregação patrimonial, admitindo a existência de múltiplas massas patrimoniais sob titularidade de um mesmo sujeito, objetivando proteger um bem socialmente relevante ou viabilizar sua exploração econômica,[67] do que deriva o patrimônio em afetação, compreendido como uma massa de bens que constitui, no bojo de um patrimônio geral, uma universalidade de direito, dotada de autonomia funcional.[68]

Há, aqui, a criação de um patrimônio separado, portanto patrimônio que tem dívidas próprias, no qual se localizam as obrigações e as responsabilidades a que dá origem e que não sofre os efeitos de outras obrigações do sujeito do patrimônio. Em mãos de um só titular, passam a repousar duas esferas jurídicas separadas: o

---

[64] NERY, Rosa Maria de Andrade; NERY JR., Nelson. *Instituições de direito civil*: direitos patrimoniais e reais. São Paulo: RT, 2016. 5 v.
[65] COELHO, Fábio Ulhoa. *Curso de direito comercial*. 3. ed. São Paulo: Thomson Reuters Brasil, 2018. v. 1.
[66] ROCHA, Mauro Antônio. O regime da afetação patrimonial na incorporação imobiliária. *Boletim do IRIB em Revista*, n. 326, p. 82-89, 2006.
[67] CHALHUB, Melhim Namem. *Da incorporação imobiliária*. Rio de Janeiro: Renovar, 2003.
[68] CHALHUB, Melhim Namem. *Da incorporação imobiliária*. Rio de Janeiro: Renovar, 2003.

patrimônio geral da pessoa e outro centro patrimonial, com obrigações e direitos próprios.[69] Dessa forma, não há um afastamento da teoria da unicidade. O patrimônio se mantém único, mas a parte em afetação não se comunicará com os demais bens, direitos e obrigações do patrimônio geral do proprietário ou de outros patrimônios rurais em afetação por ele constituídos.

Grosso modo, temos no PRA o destacamento de um bem do patrimônio geral do credor que, por força de lei e deliberação de vontade, assumirá uma função específica, ficando vinculado a determinada obrigação do titular, de modo a gerar segurança ao credor da garantia. Estamos diante de direito absoluto – *erga omnes*, que gera poder imediato sobre a coisa e recai sobre bem determinado, não podendo ser atingido por outras obrigações. Em caso de execução, nota-se a existência de intenção clara de afetar frações demarcadas previamente, em desdobramento condicional, portanto o imóvel rural segue uma mesma matrícula, sem quebra de titularidade. No PRA também incidem as regras relativas ao instituto de alienação fiduciária de imóvel de que trata a Lei n. 9.514/1997 e ao Código Civil (ao contrário da alienação fiduciária, todavia no PRA não há desdobramento da posse e transferência de propriedade resolúvel, logo destaca-se o bem do patrimônio geral, mas não é feita a transmissão de propriedade ao credor).

Uma vez apontados os bens que podem ser atingidos pelo regime de afetação da Lei do Agro, cumpre-nos observar a existência de vedações à sua constituição. Assim, não é permitida a constituição de PRA incidente sobre: (i) o imóvel já gravado por hipoteca, por alienação fiduciária de coisa imóvel ou por outro ônus real, ou, ainda, que tenha registrada ou averbada em sua matrícula qualquer uma das informações de que trata o art. 54 da Lei n. 13.097/2015;[70] (ii) a pequena propriedade rural de área até

---

[69] MARCONDES, Sylvio. *Problemas de direito mercantil*. São Paulo: Max Limonad, 1970. p. 17.

[70] Art. 54 da Lei n. 13.097/2015. "Os negócios jurídicos que tenham por fim constituir, transferir ou modificar direitos reais sobre imóveis são eficazes em relação a atos jurídicos precedentes, nas hipóteses em que não tenham sido registradas ou averbadas na matrícula do imóvel as seguintes informações: (Vigência)

I – registro de citação de ações reais ou pessoais reipersecutórias;

II – averbação, por solicitação do interessado, de constrição judicial, do ajuizamento de ação de execução ou de fase de cumprimento de sentença, procedendo-se nos termos previstos do art. 615-A da Lei n. 5.869, de 11 de janeiro de 1973 – Código de Processo Civil;

III – averbação de restrição administrativa ou convencional ao gozo de direitos registrados, de indisponibilidade ou de outros ônus quando previstos em lei; e

IV – averbação, mediante decisão judicial, da existência de outro tipo de ação cujos resultados ou responsabilidade patrimonial possam reduzir seu proprietário à insolvência, nos termos do inciso IV do *caput* do art. 792 da Lei n. 13.105, de 16 de março de 2015;

V – averbação, mediante decisão judicial, de qualquer tipo de constrição judicial incidente sobre o imóvel ou sobre o patrimônio do titular do imóvel, inclusive a proveniente de ação de improbidade administrativa ou a oriunda de hipoteca judiciária. (Incluído pela Lei n. 14.825, de 2024.)"

quatro módulos fiscais, respeitando a fração mínima de parcelamento; (iii) a área de tamanho inferior ao módulo rural ou à fração mínima de parcelamento, o que for menor, nos termos do art. 8º da Lei n. 5.868/1972;[71] ou (iv) o bem de família de que trata o Código Civil, exceto quando a residência familiar constituir-se em imóvel rural, a impenhorabilidade restringir-se-á à sede de moradia, com os respectivos bens móveis, e, nos casos do art. 5º, XXVI, da Constituição Federal,[72] à área limitada como pequena propriedade rural.

A constituição[73] do PRA é procedida por meio de requerimento do proprietário, mediante registro da afetação na matrícula do imóvel. A descrição do imóvel deve atender a Lei de Registros Públicos – a partir de memorial descritivo, contendo as coordenadas dos vértices definidores dos limites dos imóveis rurais, georreferenciadas e com precisão posicional a ser fixada pelo Incra. Mesmo quando atingir apenas parte do imóvel, serão registradas na respectiva matrícula as descrições da parcela objeto de afetação e da parcela remanescente.[74] Aqui, o bem não poderá ser alienado, objeto de garantia ou doado. Também, não será atingido pelos efeitos da decretação de falência, insolvência civil ou recuperação judicial do proprietário de imóvel rural, nem integrará a massa concursal.[75] Ademais, incumbe ao proprietário que constituir PRA promover os atos necessários à administração e à preservação do patrimônio rural em afetação, inclusive por meio da adoção de medidas judiciais, e se manter adimplente com as obrigações tributárias e os encargos fiscais, previdenciários e trabalhistas de sua responsabilidade, incluída a remuneração dos trabalhadores rurais.

---

[71] "Art. 8º Para fins de transmissão, a qualquer título, na forma do art. 65 da Lei n. 4.504/1964, nenhum imóvel rural poderá ser desmembrado ou dividido em área de tamanho inferior à do módulo calculado para o imóvel ou da fração mínima de parcelamento fixado no § 1º deste artigo, prevalecendo a de menor área."

[72] Art. 5º, XXVI, da Constituição Federal. "Todos são iguais perante a lei, sem distinção de qualquer natureza, garantindo-se aos brasileiros e aos estrangeiros residentes no País a inviolabilidade do direito à vida, à liberdade, à igualdade, à segurança e à propriedade, nos termos seguintes:
(...)
XXVI – a pequena propriedade rural, assim definida em lei, desde que trabalhada pela família, não será objeto de penhora para pagamento de débitos decorrentes de sua atividade produtiva, dispondo a lei sobre os meios de financiar o seu desenvolvimento."

[73] Para fins dessa constituição, o oficial deve certificar-se de que a descrição do imóvel matriculado atenda ao disposto no § 3º do art. 176 da Lei n. 6.015/1973. Quando for constituído por parcela determinada de uma área maior, serão registradas na respectiva matrícula as descrições da parcela objeto de afetação e da parcela remanescente.

[74] Na ocorrência de excussão de parcela determinada de imóvel objeto de PRA, o credor poderá requerer seu parcelamento definitivo previamente ao registro do título aquisitivo para fins de pagamento.

[75] O conteúdo aqui disposto não se aplica às obrigações trabalhistas, previdenciárias e fiscais do proprietário rural.

De acordo com o art. 119, IX, da Lei n. 11.101/2005, o patrimônio de afetação deve seguir o quanto disposto em sua respectiva legislação. Constituídos para cumprimento de destinação específica, permanecerão seus bens, direitos e obrigações separados dos do falido até o advento do respectivo termo ou até o cumprimento de sua finalidade, ocasião em que o administrador judicial arrecadará o saldo a favor da massa falida ou inscreverá na classe própria o crédito que contra ela remanescer. É o que Marcelo Sacramone[76] alude ao dizer que, uma vez afetado o patrimônio em razão da incorporação imobiliária, as relações jurídicas vinculadas ao empreendimento ficarão submetidas ao regime especial não compatível com o procedimento da recuperação judicial. A autonomia do incorporador, pressuposto da propositura da novação das obrigações, é restringida em virtude da afetação.

Na ocorrência de excussão de parcela determinada de imóvel objeto de PRA, o credor poderá requerer seu parcelamento definitivo previamente ao registro do título aquisitivo, para fins de pagamento. Nessa hipótese, uma vez vencida a CIR ou CPR a que vinculado o PRA, poderá o credor exercer o direito de transferência da área afetada perante o CRI, o que gerará, conforme rito aplicável, o desmembramento da área e abertura de matrícula própria. A aplicação do rito da alienação fiduciária levará ao vencimento da dívida e mora constituída por notificação via cartório e rito de leilões, aplicando os arts. 26 e 27 da Lei n. 9.514/1997. Até o ano de 2023, na situação de a dívida não ser paga ou estar vencida, era constituído em mora o fiduciante, e o imóvel era consolidado em nome do fiduciário. Com a Lei n. 14.711/2023, foi incluída a mora do terceiro fiduciante, além de adicionar parágrafos que discorrem sobre intimação com prazo de quinze dias para pagamento da prestação (§§ 1º e 1º-A); prazo de carência do contrato (§§ 2º e 2º-A); e requisitos e regras da intimação (§§ 3º, 3º-A e 3º-B). O art. 26-A do mesmo Diploma Legal, o qual também foi incluído pela Lei n. 14.711/2023, trata sobre a sujeição às normas especiais dos procedimentos de cobrança, purgação de mora, consolidação da propriedade fiduciária e leilão.

A autonomia no PRA permite que o credor persiga a diferença do valor caso o total arrematado em leilão não seja suficiente para quitar a dívida.[77] Aqui, não há de falar que a constituição do PRA, para ser efetiva ou exequível, demanda outra forma de garantia real imobiliária, como alienação fiduciária de bem imóvel ou hipoteca.

---

[76] SACRAMONE, Marcelo Barbosa. Os direitos do compromissário comprador diante da falência ou recuperação judicial do incorporador de imóveis. *Revista de Direito Bancário e do Mercado de Capitais*, São Paulo, ano 20, v. 76, p. 173-193, abr./jun. 2017.

[77] Se, no segundo leilão de que trata o art. 27 da Lei n. 9.514, de 20 de novembro de 1997, alterado pela redação da Lei n. 14.711/2023, o maior lance oferecido não for igual ou superior ao valor da dívida, somado ao das despesas, dos emolumentos cartorários, dos prêmios de seguro, dos encargos legais, e das contribuições condominiais, incluídos os tributos, o credor poderá cobrar do devedor, por via executiva, o valor remanescente de seu crédito, sem nenhum direito de retenção ou indenização sobre o imóvel alienado.

O PRA, por si só, já assegura o cumprimento das obrigações assumidas na CPR ou na CIR, sob o risco de execução da área afetada nos termos disciplinados na nova Lei do Agro.[78]

Por fim, o cancelamento do PRA se dará mediante averbação no Cartório de Registro de Imóveis, via solicitação do proprietário, desde que comprovada a inexistência de CIR ou de CPR sobre o patrimônio. No caso de CIR, a comprovação será realizada por meio de certidão emitida por entidade autorizada pelo Banco Central do Brasil e, no caso de CPR, por meio de certidão emitida pelo Cartório de Registro de Imóveis competente. Ao imóvel para o qual haja o requerimento de cancelamento não poderá ser emitida CIR ou CPR até a conclusão do pedido.

Atentos às necessidades modernas e aos novos paradigmas ambientais, no que se insere a demanda que recai sobre o setor, vemos que a legislação tem reforçado a responsabilidade que assume o produtor rural quanto ao respeito aos ditames de sustentabilidade produtiva. Nesse sentido, a Lei n. 14.421/2022 também trouxe inovação na regularidade ambiental, que foi objeto de nova previsão ao art. 12 da Lei do Agro I: "no caso de constituição de patrimônio rural em afetação sobre parte do imóvel rural, a fração não afetada deverá atender a todas as obrigações ambientais previstas em lei, inclusive em relação à área afetada".

5.5. EXECUÇÃO DE GARANTIAS E RECUPERAÇÃO JUDICIAL

A norma fundamental à matéria das garantias relaciona-se na obrigação assumida pelo devedor de efetuar a prestação devida de modo completo e no tempo e lugar determinados na obrigação, assistindo ao credor o direito de exigir que a obrigação se cumpra, tal como se convencionou,[79] assim, a visão da obrigação como processo do professor Clóvis Couto e Silva.[80] Além da estabilidade das instituições, a transparência das empresas e a confiança no cumprimento dos contratos repercutem fundamentalmente nas decisões econômicas dos agentes.

O desafio de desenvolvimento da oferta de crédito no Brasil possui íntima relação com segurança dos contratos e, portanto, com o papel do Poder Judiciário, cujo objetivo é afastar incertezas que envolvem os direitos do credor e suas garantias, de modo a contribuir com o fomento de segurança jurídica. Além da efetivação do direito material, a busca por um processo eficaz à capacidade concreta de tutela dos direitos do credor é igualmente indissociável de qualquer ordenamento jurídico ligado ao sistema de

---

[78] BURANELLO, Renato; WINTER, Marcelo. Patrimônio Rural em Afetação. *Agroanalysis*, São Paulo, v. 40, n. 9, p. 24-25, set. 2020.

[79] ALVIM, Agostinho. *Da inexecução das obrigações e suas consequências*. 5. ed. São Paulo: Saraiva, 1980. p. 5.

[80] SILVA, Clóvis do Couto e. *A obrigação como processo*. Rio de Janeiro: Editora FGV, 2006.

mercado. Essa equação de segurança jurídica e efetividade das garantias e cumprimento da obrigação principal são fundamentais ao desenvolvimento econômico.[81]

A capacidade concreta de tutela do crédito em uma economia de mercado é indicadora de credibilidade do próprio ordenamento.[82] Nesse âmbito, a execução forçada é um dos principais instrumentos processuais à referida tutela. Por sua vez, a execução civil representa sanção com aspectos peculiares em relação às sanções de direito material, visto que, como ensina Dinamarco, a sanção executiva "se resolve em atos práticos de invasão patrimonial ou de pressão sobre a vontade da pessoa, destinados a impor resultados efetivos referentes às relações entre dois ou mais sujeitos".[83] Sendo a execução civil medida necessária, a concretização do direito depende de um ato prático e coercitivo para se efetivar e, além de não encontrar óbices naturais ou políticos,[84] a via executiva deverá ser acionada para restaurar o direito violado ou impedir a sua violação.

O Código Civil de 2002 traz abertura do sistema com adoção, sobretudo no Direito das Obrigações, de princípios e cláusulas gerais. Para dar maior concreção aos valores e às diretrizes escolhidas, a opção do legislador foi a de positivar os princípios da boa-fé objetiva, função social e equilíbrio contratual no âmbito da autonomia privada, por meio de princípios e cláusulas gerais. Os princípios[85] atuam como alicerce ou garantia de certeza a um conjunto de juízos, ordenados em um sistema de conceitos relativos a uma porção da realidade. As cláusulas gerais[86] são normas orientadoras,

---

[81] A garantia do credor consiste em diversas providências, a que podemos chamar de formas de tutela jurídica do crédito: nessa tutela, abrangem-se todos os meios que estão à disposição do credor para fazer reconhecer judicialmente o seu direito e, ainda, os meios coercitivos indispensáveis para assegurar a realização da prestação. Aqui, a natureza instrumental do direito processual supõe que seus institutos sejam concebidos em conformidade com o direito material.

[82] PAJARDI, Piero. *Radici e ideologie del fallimento*. 2. ed. Milano: Giuffrè, 2002. p. 6.

[83] DINAMARCO, Cândido Rangel. *Instituições de direito processual civil*. 3. ed. São Paulo: Malheiros, 2009. v. IV, p. 32.

[84] SIQUEIRA, Thiago Ferreira. *A responsabilidade patrimonial no novo sistema processual civil*. São Paulo: RT, 2016. p. 56-57.

[85] No estudo da organização dos Sistemas Agroindustriais, três são os princípios que demandam mais detida análise: (i) da autonomia privada ou autonomia negocial, referente à liberdade de contratar, de optar por tipo contratual específico, pelo momento da contratação, pela escolha da outra parte da relação e pela escolha do conteúdo do contrato; (ii) da obrigatoriedade do contrato (*pacta sunt servanda*), ou seja, obrigatoriedade gerada pela livre manifestação das vontades, exarada no momento da celebração do contrato, desde que obedecidos os requisitos legais – o contrato se torna obrigatório entre as partes, que não podem se desligar, senão por outra avença; e (iii) do equilíbrio contratual, consubstanciado na busca pela preservação do equilíbrio real de direitos e deveres no contrato, para manter a proporcionalidade inicial dos direitos e obrigações, ou corrigir desequilíbrios supervenientes.

[86] As cláusulas gerais, por seu turno, exigem atuação especial do juiz, na medida em que atribuem mobilidade ao sistema. São o meio pelo qual o Estado atua como juiz no equilíbrio econômico das relações contratuais, permitindo-lhe conformar e contingenciar essa relação. Acentuam a

apresentadas sob a forma de diretrizes dirigidas ao juiz, vinculando-o ao mesmo tempo que lhe dão liberdade para decidir.

São formulações, contidas na lei, de caráter genérico e abstrato, com valores a serem preenchidos pelo juiz. Atuam como regras de conduta, como todas as demais normas componentes do ordenamento vigente em um país, e não guardam relação hierárquica perante as demais regras de Direito; a superioridade hierárquica existirá, apenas quando enunciado norma de categoria mais elevada à base analisada, possibilitando ao intérprete aplicar o Direito de maneira mais flexível. Tanto os princípios quanto as cláusulas gerais devem ser instrumentais na análise dos negócios jurídicos realizados, inclusive em seu processo executivo.

O atual Código de Processo Civil (CPC) (Lei n. 13.105/2015) introduz novidades e altera pontos relevantes sobre o tema. Em linhas gerais, a nova legislação não representa uma ruptura com a lei processual anterior, mas uma tentativa de manutenção de pontos positivos das leis anteriores e de aprimoramento das previsões, conforme se entendeu necessário, em especial diante da jurisprudência formada sobre questões processuais ao longo dos anos, como se denota dos motivos elencados no Projeto de Lei.[87]

Buscou-se ampliar o poder do juiz para adequar o procedimento às exigências peculiares do caso concreto, o que está levando o legislador brasileiro a aderir, cada vez mais, a sua aplicação. A jurisprudência atua como meio concretizador da aplicação das cláusulas gerais, capaz de contribuir dinamicamente para a formação e atualização do Direito. Algumas cláusulas gerais podem ser mencionadas, por exemplo, a função social do contrato como limite à autonomia privada (art. 421 do Código Civil), a contratação com observância obrigatória da boa-fé objetiva e da probidade (art. 422 do Código Civil) e o atendimento aos fins sociais e econômicos como objetivo final da realização de ato ou negócio jurídico (art. 187 do Código Civil).

---

função social do contrato, instrumento socialmente útil à percepção de que as relações econômicas devem se pautar por princípios éticos. Sua função, pode-se dizer, é instrumentalizadora, de forma que o magistrado se sirva de sua indicação abstrata para dizer, na situação concreta, o que efetivamente seria capaz de imprimir uma função social ao contrato (art. 421 do Código Civil). Possibilitam a criação de modelos jurídicos hermenêuticos, quer pelos advogados, quer pelos juízes, para atualização de preceitos legais.

[87] "1) estabelecer expressa e implicitamente verdadeira sintonia fina com a Constituição Federal; 2) criar condições para que o juiz possa proferir decisão de forma mais rente à realidade fática subjacente à causa; 3) simplificar, resolvendo problemas e reduzindo a complexidade de subsistemas, por exemplo, o recursal; 4) dar todo o rendimento possível a cada processo em si mesmo considerado, e, como última diretriz (...), imprimir maior grau de organicidade ao sistema, dando-lhe, assim, mais coesão" (WAMBIER, Luiz Rodrigues. Diretrizes fundamentais do novo CPC. *In*: WAMBIER, Luiz Rodrigues; WAMBIER, Teresa Arruda Alvim. *Temas essenciais do novo CPC*: análise das principais alterações do sistema processual civil brasileiro. São Paulo: RT, 2016. p. 42).

O atual CPC trouxe sistema híbrido ao ordenamento jurídico brasileiro. Nosso ordenamento é pautado pelo sistema de *civil law*, no qual a lei é a fonte primária do Direito e o precedente tem a função acessória de orientar a interpretação do dispositivo legal, sem que o julgador seja obrigado a respeitar, necessariamente, as decisões anteriores sobre o mesmo tema. No entanto, desde o diploma processual anterior, o legislador tem buscado certos mecanismos para valorizar o respeito aos precedentes, o que se intensificou com o advento do atual CPC, que aludiu à intenção de conferir um prestígio superlativo aos precedentes, estimulando a uniformização da jurisprudência. O objetivo é a maior segurança jurídica e isonomia pelo sistema, tornando as partes mais satisfeitas com a decisão judicial, que deverá ser proferida dentro de certa previsibilidade e, assim, diminuindo o número de demandas e os fundamentos recursais, além de adicionar celeridade ao processo civil como um todo.

No tocante ao processo de execução, o CPC atual abre o Livro II, "Do Processo de Execução", com as disposições gerais aplicáveis às execuções, em seu art. 771, regulando o procedimento de execução fundada em título executivo extrajudicial. Adentrando-se na execução propriamente dita, o legislador estabelece que esta deve ser realizada em prol dos interesses do credor (art. 797 do CPC), ressalvando a necessidade de observação dos impactos causados por medidas executórias ao executado. Nesse ponto, ainda que não vislumbremos grandes mudanças ao Código anterior, há previsões que autorizam o juiz a tomar medidas para assegurar o cumprimento das determinações judiciais, inclusive de natureza pecuniária (*e.g.*, arts. 139 e 773). Essas previsões abrem caminhos a pleitos criativos por parte dos advogados, inclusive com aplicação de multas a condutas atentatórias à justiça pelo executado, conforme preconiza o art. 774 do CPC.

A adequação da via executiva para a cobrança de crédito, cuja sistemática foi mantida pelo legislador do atual CPC, pressupõe a existência de um título de obrigação certa, líquida e exigível, caracterizado, em concreto, no que toca aos títulos executivos extrajudiciais, pelo rol previsto no art. 784 do CPC,[88] bem como nas

---

[88] Art. 784 do Código de Processo Civil. "São títulos executivos extrajudiciais:

I – a letra de câmbio, a nota promissória, a duplicata, a debênture e o cheque;

II – a escritura pública ou outro documento público assinado pelo devedor;

III – o documento particular assinado pelo devedor e por 2 (duas) testemunhas;

IV – o instrumento de transação referendado pelo Ministério Público, pela Defensoria Pública, pela Advocacia Pública, pelos advogados dos transatores ou por conciliador ou mediador credenciado por tribunal;

V – o contrato garantido por hipoteca, penhor, anticrese ou outro direito real de garantia e aquele garantido por caução;

VI – o contrato de seguro de vida em caso de morte;

VII – o crédito decorrente de foro e laudêmio;

VIII – o crédito, documentalmente comprovado, decorrente de aluguel de imóvel, bem como de encargos acessórios, tais como taxas e despesas de condomínio;

disposições expressas previstas em legislação específica, tal como se dá nas disposições do art. 4º da Lei n. 8.929/1994, para as CPRs, de forma a viabilizar a utilização do procedimento citado.

A CPR é um título executivo e, de acordo com o art. 4º da Lei n. 8.929/1994, exigível pela quantidade e qualidade ou pelo valor nela previsto, no caso da CPR financeira. Sobre essa modalidade, conforme o § 1º do mesmo artigo, a CPR com liquidação financeira "é título líquido e certo, exigível, na data de seu vencimento, pelo resultado da multiplicação do preço praticado para o produto, aplicados eventuais índices de preços ou de conversão de moedas apurados segundo os critérios previstos neste artigo, pela quantidade do produto especificado", cabendo ação de execução por quantia certa para sua cobrança.[89] A execução para entrega de coisa deverá seguir o rito previsto no art. 806 do CPC ("execução para entrega de coisa certa") ou o estabelecido no art. 811 do mesmo Código ("execução para entrega de coisa incerta"), conforme o produto agropecuário executado esteja, ou não, previamente individualizado. Tratando-se de uma CPR financeira ou de títulos executivos representativos de quantias fixas em dinheiro, faz-se possível o ajuizamento de execução por quantia certa, prevista no art. 824 do CPC, com o fito de expropriar bens dos devedores até o limite do valor devido.

As obrigações de entrega de coisa identificada apenas pelo gênero (por exemplo, soja, café, açúcar, álcool e algodão) e quantidade deverão, no início do processo executivo, individualizar a coisa devida. A contratação realizada entre credor e devedor deverá estipular a quem caberá a escolha do produto a ser entregue. Tanto a escolha do credor quanto a do devedor podem ser impugnadas pela parte contrária nas 48 horas seguintes à manifestação de vontade, oportunidade em que o juiz decidirá de plano.[90] Por essa razão, parece-nos que a melhor solução é a de que, no próprio Contrato ou CPR, seja desde o início identificado o produto contratado, de modo a evitar esse incidente de individualização.

IX – a certidão de dívida ativa da Fazenda Pública da União, dos Estados, do Distrito Federal e dos Municípios, correspondente aos créditos inscritos na forma da lei;

X – o crédito referente às contribuições ordinárias ou extraordinárias de condomínio edilício, previstas na respectiva convenção ou aprovadas em assembleia geral, desde que documentalmente comprovadas;

XI – a certidão expedida por serventia notarial ou de registro relativa a valores de emolumentos e demais despesas devidas pelos atos por ela praticados, fixados nas tabelas estabelecidas em lei;

XII – todos os demais títulos aos quais, por disposição expressa, a lei atribuir força executiva."

[89] "O objetivo específico da Execução para Entrega de Coisa é a obtenção do bem que se encontra no patrimônio do devedor ou de terceiro" (STJ, REsp 327.650/MS, 4ª Turma, Rel. Min. Sálvio de Figueiredo Teixeira, j. 26.08.2003).

[90] "Art. 218. Os atos processuais serão realizados nos prazos prescritos em lei. (...)

§ 2º Quando a lei ou o juiz não determinar prazo, as intimações somente obrigarão a comparecimento após decorridas 48 (quarenta e oito) horas."

O art. 15 da Lei n. 8.929/1994 determina que a cobrança de CPR deve seguir o rito da execução para entrega de coisa incerta, embora já existam decisões judiciais no sentido da utilização da ação de execução para entrega de coisa certa, desde que na própria CPR o produto esteja individualizado.[91] Ressalta-se que, "por representar uma promessa de entrega de determinado produto rural, o inadimplemento da obrigação inserta na CPR ensejava, originariamente (quando da edição da Lei n. 8.929/1991), o ajuizamento de execução para a entrega de coisa, tão somente".[92]

Ademais, o art. 809 do CPC determina que o credor possui o direito de receber o valor da coisa em caso de deterioração ou de não entrega. Isso, além da possibilidade de buscar ressarcimento por eventuais perdas e danos sofridos, inclusive em caso de atraso na entrega. Referida previsão também se aplica à execução para entrega de coisa incerta. Nesse ponto, relevante mencionar o entendimento da Terceira Turma do STJ no julgamento do Recurso Especial 1.507.339/MT, realizado em 24 de outubro de 2017. O STJ entendeu ser possível a conversão de ação de execução para entrega de coisa incerta em execução por quantia certa, o que tornou mais célere a busca do credor pelo ressarcimento de eventuais prejuízos, uma vez que permite, em caso de recebimento de produtos com atraso, por exemplo, o prosseguimento da demanda judicial para que o credor busque o ressarcimento dos aludidos danos causados pelo executado, desde que presentes os requisitos de certeza e liquidez do referido valor, o que, conforme decidiu o STJ, pode se dar por estimativa, via cálculo apresentado pelo credor. O apontado, apesar de não ter sido inovador na Justiça Estadual, representa precedente que ainda se mantém favorável ao fomento da segurança jurídica na recuperação de crédito.

Para garantir o resultado prático e útil da ação de execução para entrega de coisa, seja certa ou incerta, poderá o credor utilizar-se das tutelas de urgência de natureza

---

[91] "Agravo de instrumento. Cédula de Produto Rural. Execução. A minuciosa descrição, na cédula de produto rural, do arroz a ser entregue permite, desde logo, que a execução se processe na forma do art. 621 e seguintes do CPC, em que pese o disposto no art. 15 da Lei 8.929/94. Processamento como se tratasse de execução por quantia certa" (TJRS, Ag. Instrumento 70004910429, 6ª Câmara Cível, Rel. Des. Cacildo de Andrade Xavier, j. 13.12.2002).

[92] "Recurso especial. Ação monitória, lastrada em cédulas de produto rural, sem liquidação financeira (título de crédito representativo de promessa de entrega de produto rural), tendo por escopo a cobrança de valor certo. Extinção do processo, sem julgamento de mérito, pelas instâncias ordinárias. Insurgência do demandante. 1. Hipótese em que se promoveu ação monitória, lastrada em cédulas de produto rural, sem liquidação financeira (título de crédito representativo de obrigação de entrega de produto rural), tendo por objetivo a constituição de um título executivo judicial consistente na obrigação de pagar quantia certa. Extinção do processo sem julgamento de mérito, ante o reconhecimento, pelas instâncias ordinárias, de impossibilidade jurídica do pedido. Reconhecimento da carência da ação, por falta de interesse de agir, na modalidade inadequação da via eleita. Se a pretensão do autor cinge-se única e exclusivamente, no recebimento de determinada soma em dinheiro, em descompasso com a prova escrita apresentada, consistente em obrigação de entregar produto rural, a ação monitória, de fato, não se afigura a via processual correta para tal desiderato."

cautelar, previstas no art. 301 do CPC,[93] que trazem enumeração exemplificativa de medidas, considerando o poder geral de cautela do magistrado. Tais procedimentos visam garantir o sucesso dos processos executivos, na maior parte das vezes, evitando que o devedor desvie o produto devido que será exigido pela ação de execução.[94]

Nesse ponto, diferentemente do que se deu no regime do processo executivo, o atual CPC trouxe modificações importantes na seara da tutela cautelar, implicando diretamente o poder geral de cautela e realizando mudanças práticas na atuação do advogado na recuperação do crédito, em especial daquele oriundo de operações do agronegócio. Uma das principais alterações é a extinção do Livro III do CPC/1973, que era destinado exclusivamente ao processo cautelar, agora eliminado do Código. Diante dessa mudança, a disciplina da tutela cautelar foi alocada na parte geral da nova codificação, mais especificamente denominada "tutela de urgência e tutela da evidência", espécies da chamada "tutela provisória".

Com o atual CPC, passa-se, portanto, a adotar a sistemática das tutelas de urgência e de evidência. Na Exposição de Motivos do CPC, os juristas responsáveis indicam a adoção de regra no sentido de que basta à parte a demonstração do *fumus boni iuris* e do *periculum in mora* com a ineficácia da prestação jurisdicional, para que a providência pleiteada deva ser deferida. O art. 300 do CPC reflete o exposto *supra*, visto que fixa os pressupostos necessários à concessão da medida provisória, quais sejam a probabilidade do direito e o perigo de dano ou o risco ao resultado útil do processo.

Portanto, as tutelas provisórias dividem-se em duas espécies com alcances e requisitos particulares. A tutela de urgência tem como característica a situação de perigo, de modo que somente será deferida quando o provimento jurisdicional tiver em vista evitar a ocorrência de dano irreparável ou de difícil reparação ou que conduza o processo a um resultado inútil. Referida tutela de urgência subdivide-se em tutela de urgência cautelar e tutela de urgência antecipada. A tutela cautelar serve ao propósito de evitar a ineficácia do processo ou mesmo resultado futuro desfavorável. Não há fruição do bem da vida ou de algum de seus efeitos, mas tão somente a

---

[93] "Ação de execução por quantia certa, com pedido liminar de arresto de bois (São Paulo/SP) – Título: Cédula de Produto Rural Financeira (CPRF), no valor de R$ 8.493.656,00, com penhor de 32.918 cabeças de gado. Foi ajuizada ação e concedida liminar com expedição de carta precatória para arresto; foram arrestadas cerca de 15.000 cabeças de gado; parte do gado estava num confinamento, o que facilitou a efetivação da medida; e a execução ainda prossegue com a busca de outros bens passíveis de penhora."

[94] "Ação de execução por quantia certa, com pedido liminar de arresto de cana-de-açúcar (São Paulo/SP) – Título: Certificados de Direitos Creditórios do Agronegócio (CDCAs), no valor de R$ 27.637.110,21, com lastro em CPRs (penhor cedular de cana-de-açúcar). Foi ajuizada ação e concedida liminar de arresto de toda a cana-de-açúcar objeto de penhor nos CDCAs que dão lastro à presente execução, ficando à empresa autora autorizada, por si ou por empresa idônea, efetuar sua retirada; o produto do processamento e venda deverá ser depositado em juízo, em conta vinculada a estes autos, e deverá a autora prestar as contas devidas."

proteção para que a fruição seja possível em um momento ulterior. Nesse contexto, a tutela assume função conservativa. Para tanto, na atribuição do poder geral de cautela, o magistrado determinará uma medida cautelar inominada, que seja razoável e eficaz para o cumprimento da ordem judicial e satisfação do direito da parte. Já a tutela antecipada utiliza técnica distinta. Para a proteção de determinada situação, viabiliza-se, antecipadamente, a fruição do bem da vida buscado pelo processo. Nessa situação, a tutela é satisfativa.

Quanto à aplicação das tutelas provisórias em ações que visem recuperar o crédito do agronegócio, destaca-se a tutela de urgência cautelar, que também pode ser antecedente – apresentada antes do pedido principal. Isso, pois, em sua maioria, os produtos agrícolas, além de alta perecibilidade, são de fácil ocultação e comercialização, sendo evidente a possibilidade de os executados frustrarem a recuperação do crédito.[95] Nesse ponto, o art. 799, VIII, do CPC permite que o credor pleiteie medidas acautelatórias urgentes imprescindíveis à recuperação do crédito, entre elas destacam-se no âmbito do agronegócio as medidas de arresto e sequestro, espécies de tutela de urgência de natureza cautelar, previstas no art. 301 do CPC.[96-97]

---

[95] "Agravo de instrumento. Execução por título extrajudicial. Cédula de Produto Rural Financeira. Indeferimento da medida antecipatória objetivando arresto cautelar do milho dado em penhor. Prevalência do direito de sequela. Requisitos exigidos no artigo 300 e seguintes do CPC evidenciados para os fins da tutela emergencial postulada. Arresto deferido. Decisão reformada. Recurso provido" (TJSP, Agravo de Instrumento 2242900-77.2023.8.26.0000, 37ª Câmara de Direito Privado, Foro Regional II – Santo Amaro, 4ª Vara Cível, Rel. José Wagner de Oliveira Melatto Peixoto, j. 18.09.2023, data de registro 18.09.2023).

[96] "Recurso de agravo de instrumento. Pedido de tutela cautelar em caráter antecedente. Medida cautelar de arresto. Requisitos demonstrados. Apreensão de produtos agrícolas. Dívida inadimplida. Decisão mantida. Recurso não provido.

I – Infere-se do artigo 301 do Código de Processo Civil que o juiz poderá servir-se de medidas cautelares que busquem assegurar o direito pleiteado pela parte, mediante arresto, sequestro, arrolamento de bens, registro de protesto contra alienação fiduciária de bem ou qualquer outra medida idônea equivalente.

II – Para a concessão da tutela cautelar, a parte deverá comprovar o preenchimento dos requisitos do artigo 300 do CPC, quais sejam a probabilidade do direito invocado e o perigo de dano ou risco ao resultado útil do processo.

III – Acerca dos argumentos tecidos pela recorrente, importa registrar que, da leitura da CPR que ampara a pretensão da parte autora, não se verifica qualquer cláusula ou menção que atrele a validade da obrigação a negócio jurídico subjacente, notadamente ao pagamento das duplicatas relacionadas pelo agravante na petição inicial do agravo" (N.U 1006348-68.2022.8.11.0000, 4ª Câmara de Direito Privado, Câmaras Isoladas Cíveis de Direito Privado, Serly Marcondes Alves, j. 18.05.2022, *DJe* 20.05.2022).

[97] "Agravo de instrumento. Direito privado não especificado. Ação de execução. Tutela de urgência indeferida. Arresto de grãos. Decisão mantida. O artigo 301 do CPC traz a possibilidade de efetivação da tutela de urgência de natureza cautelar, como forma de preservar o direito pleiteado, dentre as quais se encontra o arresto de bens. Ausentes os requisitos do artigo 300 do CPC,

O arresto cautelar previsto no art. 301 também está condicionado à presença dos requisitos do art. 300 e pode ser concedido já no curso da execução, nos termos do art. 799, VIII, do CPC. Aqui, é medida que consiste na apreensão judicial de bens do devedor, para segurança de alguma pretensão de natureza monetária ou de alguma pretensão específica tornada impossível de execução *in natura*.[98] As alterações que nasceram com o atual Código objetivaram simplificar o processo civil, retirando uma grande quantidade de normas para disciplinar procedimentos similares quando, em verdade, as providências mais adequadas para salvaguardar bens jurídicos poderão, em caráter de urgência, ser concedidas pelo juiz.[99]

Os requisitos para a concessão de uma liminar de arresto ou de sequestro estão prescritos pelo art. 305 do CPC, sendo necessários: (i) a indicação da lide e de seu fundamento; (ii) a exposição sumária do direito que se objetiva assegurar; e (iii) o perigo de dano ou o risco ao resultado útil do processo. Enquanto os itens iniciais são mais facilmente atingíveis, o requisito realmente primordial ao convencimento do juiz é o referente ao risco de dano ou ao resultado útil do processo. Para tal, no âmbito de créditos do agronegócio, o operador do direito deve reunir um arcabouço documental que indique riscos de desvio ou comercialização da coisa buscada, alto índice de endividamento do executado e, caso os bens tenham sido outorgados como garantia ao credor, apresente relatório de monitoramento de tais bens por empresa especializada, cujo objeto é justamente fornecer ao juiz informações atualizadas sobre o estado dos produtos. Com esse documento, uma vez existentes elementos que corroborem o risco ao resultado útil do processo, aproxima-se do deferimento de uma medida acautelatória. A observação desses requisitos é de extrema necessidade para que não seja decretada fraude à execução, como é o caso do REsp 1.167.382/MT da 4ª Turma do Superior Tribunal Federal, a qual verificou que os contratos de financiamento

---

impõe-se o indeferimento da tutela de urgência. No caso dos autos, observa-se que os agravados sequer foram citados para contestar o feito. Além disso, em que pesem as alegações da autora/agravante, não há elementos nos autos a demonstrar que os recorridos estejam ocultando ou comercializado os grãos que teriam sido colhidos. Aliás, o próprio resultado da safra não resta esclarecido, considerando que a recorrente, consoante afirmado em suas razões recursais, apenas comercializou os insumos agrícolas. Não há qualquer comprovante de que a safra foi positiva e que os grãos foram realmente colhidos. Agravo de instrumento desprovido, em decisão monocrática" (TJRS, Agravo de Instrumento 50312184820238217000, 19ª Câmara Cível, Rel. Antônio Maria Rodrigues de Freitas Iserhard, j. 11.05.2023).

[98] SILVA, Ovídio A. Baptista da. *Curso de processo civil*. 3. ed. Rio de Janeiro: Forense, 2008. v. 1, t. 2, p. 161.

[99] "A tutela cautelar reclama certa fungibilidade para que o juiz possa conferir à situação fenomênica retratada uma solução sob medida, nada justificando a existência de figuras abundantes de medidas cautelares, verias com o mesmo pressuposto e objetivo, ostentando, apenas, *nomen iuris* diferentes" (FUX, Luiz. *O novo processo civil brasileiro*: direito em expectativa. Rio de Janeiro: Forense, 2011. p. 16).

agrícola se baseavam em garantias de produtos que jamais existiram, utilizados para amortização de dívidas da própria cooperativa agrícola. Foi identificada a má-fé, ao passo que a cooperativa, com o objetivo de, por via imprópria, reaver os valores financiados, prejudicou terceiros.[100]

Quanto às tutelas provisórias, não obstante a eliminação de procedimentos eficazes e conhecidos, como as cautelares de arresto e de sequestro, as alterações legislativas não prejudicam a recuperação do crédito e até facilitam a formulação de pedidos de medidas cautelares em determinados casos, dando certa fungibilidade às medidas em uma possível melhor e mais adequada decisão.

Ainda, quanto ao equilíbrio econômico-financeiro do contrato e eventual caracterização da onerosidade excessiva, uma vez instados a se manifestar, consolidou-se o entendimento, tanto nos tribunais estaduais quanto no STJ, de que os riscos inerentes à atividade agrícola, de que são exemplo intempéries climáticas, oscilações cambiais,

---

[100] "Embargos de terceiro. Embargante. Banco do Brasil. Alegação. Preferência de crédito. Cédulas de Crédito Rural. Agricultores. Grãos depositados nos armazéns da Cooperlucas. Venda. Amortização da dívida, por acordo. Liminar de arresto em favor do embargado. Recurso especial. Alegação de perda do objeto. Não acolhimento. Inexistência de omissão no julgado. Falta de prequestionamento. Súmula 282/STF. Reconhecimento da nulidade do negócio jurídico. Desvio de finalidade. Inexistência dos grãos em depósito. Desconstituição do acordo. Reconhecimento de fraude à execução. Improcedência dos embargos. Revisão. Óbice. Súmulas 5 e 7/STJ. Aplicação de multa por litigância de má-fé. Súmula 7/STJ. Honorários advocatícios. Valor. Razoabilidade. Dissídio jurisprudencial. Falta de cotejo analítico. 1. A medida cautelar não se concretizou em razão do acordo havido entre o Banco do Brasil e a Cooperlucas, o qual foi desconstituído pelo Juízo de origem, ante o reconhecimento de fraude à execução, motivo pelo qual não há falar em perda do objeto. Ademais, a decisão de primeira instância originou o presente recurso especial, proferida em sede de embargos de terceiro, confirmou a existência de fraude à execução, razão pela qual o acórdão suscitado não fez coisa julgada quanto ao ponto. 2. Inexiste violação ao art. 535 do CPC, pois o Tribunal *a quo* dirimiu as questões pertinentes ao litígio, afigurando-se dispensável que venha examinar uma a uma as alegações e fundamentos expendidos pelas partes. 3. A matéria pertinente a diversos dispositivos legais invocados no recurso especial não foi objeto de exame pelo Tribunal de origem, carecendo de prequestionamento, o que impede o seu conhecimento, em sede de recurso especial, consoante a Súmula 282/STF. 4. Ainda que assim não fosse, a conclusão a que chegou o Tribunal local – acerca da fraude na celebração do acordo, da nulidade do negócio jurídico e do reconhecimento da fraude à execução – decorreu da análise das provas, cuja revisão é vedada, em sede de recurso especial, em face do óbice da Súmula 7/STJ. 5. O afastamento da multa aplicada por litigância de má-fé também demandaria reexame de matéria fática. Incidência, novamente, da Súmula 7/STJ. 6. Honorários advocatícios, ainda que expressivos, mostram-se fixados em valor razoável, ante a complexidade da causa e os inúmeros incidentes criados pelo recorrente, de modo que não cabe a esta instância reduzi-lo. 7. O dissídio jurisprudencial não ficou demonstrado, à míngua do indispensável cotejo analítico. 8. Recurso parcialmente conhecido e, nessa extensão, não provido" (STJ, REsp 1.167.382/MT, 4ª Turma, Rel. Luis Felipe Salomão, j. 13.03.2012, Data de Publicação: 17.05.2012).

alterações de preço dos produtos no mercado internacional, não constituem ônus excessivo aos agentes do agronegócio.

> A jurisprudência desta Corte Superior possui entendimento no sentido de que, nos contratos agrícolas, o risco é inerente ao negócio, de forma que eventos como seca, pragas, ou estiagem, entre outros, não são considerados fatores imprevisíveis ou extraordinários, que autorizem a adoção da teoria da imprevisão. (...) a Corte estadual adotou compreensão convergente com o posicionamento do Superior Tribunal de Justiça segundo o qual o objeto do contrato, como qualquer outro produto agrícola, está submetido a várias intempéries, como pragas, adversidades climáticas, ou até mesmo flutuação de preço, o que, em si, não consubstancia fato imprevisível.[101]

A despeito do posicionamento consolidado pelo STJ, é possível identificar entendimentos divergentes, no sentido de admitir a resolução por onerosidade excessiva e aplicação da teoria da imprevisão aos contratos de compra e venda de grãos, a exemplo da apelação julgada pela 4ª Turma do Tribunal de Justiça do Distrito Federal em março de 2020, na qual foi determinada a resolução de contrato de compra e venda futura de soja por reconhecimento de onerosidade excessiva advinda de período de estiagem:[102]

> Comprovada a situação anormal ocasionada por severa estiagem que comprometeu a produção de soja (...) vislumbra-se, no caso concreto, motivo ensejador para resolução do contrato por onerosidade excessiva.

Ainda, diante da elevação da cotação das sacas de soja e do aumento no número de demandas judiciais buscando a resolução dos contratos de compra e venda futura, sob o pretexto de alteração das bases negociais pela alta do dólar, aumento nos custos de produção e o fenômeno da pandemia mundial da Covid-19, o entendimento dos Tribunais reiterou a inviabilidade da revisão nos contratos:[103]

> Contratos celebrados entre as partes, envolvendo a compra e venda de *commodities* para entrega futura, representando típico exemplo de negócio com forte carga aleatória. (...) E, como é de noção elementar, não cabe, em regra, a invocação da chamada teoria da imprevisão frente a negócios tais, uma vez que o risco aqui em discussão lhes é algo inerente. Precedentes. Irrelevante, portanto, a oscilação do preço do produto verificada desde a data da celebração dos contratos.

No contexto da insolvência e processo de execução coletiva, a decretação da falência ou o deferimento do processo na recuperação judicial, nos termos do art. 6º da Lei n. 11.101/2005, implica a suspensão do curso da prescrição das obrigações do

---

[101] STJ, 3ª Turma, AgInt no AREsp 2.169.148/GO, Rel. Min. Marco Aurélio Bellizze, j. 13.02.2023.
[102] TJDF, Apelação 0004211-17.2017.8.07.0001, 2020.
[103] TJSP, 19ª Câmara de Direito Privado, Apelação 1078580-86.2021.8.26.0100, Rel. Des. Ricardo Pessoa de Mello Belli, j. 27.02.2023.

devedor, que ficarão sujeitas à devida habilitação.[104-105] No contexto de tratamento ao crédito e sua recuperação nas operações do agronegócio, descrevemos os efeitos sobre títulos e contratos comuns ao agronegócio. O instituto da recuperação judicial do produtor rural será, com maior cautela, analisado no item 5.6 deste livro. Vale, aqui, tecermos breves comentários sobre o instituto da recuperação de empresas, hoje sob o regime da Lei n. 11.101, de 9 de fevereiro de 2005 (LRE), mais recentemente modificada pela Lei n. 14.112/2020.

A Exposição de Motivos da LRE esclarece a adoção do regime da "recuperação da empresa em substituição à concordata suspensiva, com a finalidade de proteger o interesse da economia nacional, e aos trabalhadores na manutenção dos seus empregos", além de "proteger credores e devedores, salvaguardando, também a empresa".[106] Observa-se, portanto, que a LRE pretendeu sopesar os interesses naturalmente colidentes entre a sociedade em crise econômico-financeiro-patrimonial e seus credores.

Para que seja deferido o processamento da recuperação judicial, é necessário demonstrar, mesmo que de forma preliminar, a viabilidade econômica da atividade

---

[104] Art. 7º, Lei n. 11.101/2005. "A verificação dos créditos será realizada pelo administrador judicial, com base nos livros contábeis e documentos comerciais e fiscais do devedor e nos documentos que lhe forem apresentados pelos credores, podendo contar com o auxílio de profissionais ou empresas especializadas.

§ 1º Publicado o edital previsto no art. 52, § 1º, ou no parágrafo único do art. 99 desta Lei, os credores terão o prazo de 15 (quinze) dias para apresentar ao administrador judicial suas habilitações ou suas divergências quanto aos créditos relacionados.

§ 2º O administrador judicial, com base nas informações e documentos colhidos na forma do *caput* e do § 1º deste artigo, fará publicar edital contendo a relação de credores no prazo de 45 (quarenta e cinco) dias, contado do fim do prazo do § 1º deste artigo, devendo indicar o local, o horário e o prazo comum em que as pessoas indicadas no art. 8º desta Lei terão acesso aos documentos que fundamentaram a elaboração dessa relação."

[105] Art. 9º, Lei n. 11.101/2005. "A habilitação de crédito realizada pelo credor nos termos do art. 7º, § 1º, desta Lei deverá conter:

I – o nome, o endereço do credor e o endereço em que receberá comunicação de qualquer ato do processo;

II – o valor do crédito, atualizado até a data da decretação da falência ou do pedido de recuperação judicial, sua origem e classificação;

III – os documentos comprobatórios do crédito e a indicação das demais provas a serem produzidas;

IV – a indicação da garantia prestada pelo devedor, se houver, e o respectivo instrumento;

V – a especificação do objeto da garantia que estiver na posse do credor.

Parágrafo único. Os títulos e documentos que legitimam os créditos deverão ser exibidos no original ou por cópias autenticadas se estiverem juntados em outro processo."

[106] Exposição de Motivos da Lei n. 11.101/2005. Disponível em: www2.camara.leg.br/legin/fed/lei/2005/lei-11101-9-fevereiro-2005-535663-exposicaodemotivos-150148-pl.html. Acesso em: abr. 2025.

organizada de produção. Essa viabilidade deve ser evidenciada pelo cumprimento dos requisitos processuais e dos documentos exigidos pela LRE. Nesse sentido, de acordo com o professor Fábio Ulhoa Coelho "o diagnóstico preciso do alcance do problema é indispensável para a definição das medidas de superação do estado verídico". E continua, "a crise financeira revela-se quando o empresário não tem caixa para honrar suas obrigações. A exteriorização jurídica da crise financeira é a impontualidade".[107]

Sem essa demonstração de viabilidade, não seria possível dar processamento ao pedido, ao passo que a empresa estaria mais próxima de um contexto de falência. Esse cuidado visa a evitar a banalização da recuperação judicial, que envolve sacrifícios para os credores e custos sociais. Caso o juiz identifique falhas nas justificativas ou documentos apresentados, ele deve determinar uma perícia para verificar a consistência das alegações da empresa.[108]

Nesse contexto, o instituto da recuperação oferece ao devedor que atenda aos requisitos previstos no art. 48 da LRE uma oportunidade de renegociação coletiva judicial de suas dívidas. Esse momento serve para que ele demonstre que tem condições

---

[107] COELHO, Fábio Ulhoa. *Curso de direito comercial*: direito de empresa: contratos, falência e recuperação de empresas. 20. ed. rev., atual. e ampl. São Paulo: Thomson Reuters Brasil, 2021. v. 3, p. 221.

[108] "Recurso especial. Direito empresarial. Recuperação judicial. Produtor rural. Fase postulatória. Cognição limitada. Indeferimento do pedido. Análise da viabilidade econômica. Impossibilidade. Atribuição da assembleia de credores. Prequestionamento. Ausência. Súmula 211/STJ. Fundamentação deficiente. Súmula 284/STF. 1. Ação ajuizada em 26.03.2019. Recurso especial interposto em 27.10.2021. Autos conclusos ao relator em 14.03.2022. 2. O propósito recursal consiste em definir: (i) se foram extrapolados os limites de cognição na decisão que indeferiu o processamento da recuperação judicial; (ii) se foram cumpridos os requisitos para o processamento da recuperação judicial; (iii) se deveria ter sido aberto prazo para emenda da inicial; (iv) se era necessária a nomeação de perito; e (v) se houve a prolação de decisão surpresa. 3. O STJ possui entendimento consolidado no sentido de que a irresignação não pode ser conhecida quanto às questões que não foram objeto de debate no acórdão recorrido. 4. A deficiência da fundamentação impede o conhecimento do recurso especial quanto ao ponto. 5. Na primeira fase do processo de recuperação judicial – que se inicia com o ajuizamento do pedido de soerguimento e se encerra com a prolação da decisão que defere ou indefere seu processamento – o juiz deve proceder a um exame preliminar do requerimento, não podendo adentrar na análise da viabilidade econômica da empresa porque se trata de atribuição exclusiva dos credores. 6. Hipótese concreta em que a Corte de origem indeferiu o pedido de processamento da recuperação judicial sob o fundamento de que, apesar de ter sido demonstrado o exercício de atividade rural por mais de dois anos no período anterior ao registro, não foi comprovada a capacidade econômica de soerguimento do empreendimento. 7. Considerando que, no particular, os limites de cognição relativos à primeira fase do processo recuperacional foram extrapolados – e que não incumbe ao STJ examinar fatos e provas –, os autos devem retornar ao juízo de primeiro grau de jurisdição para que, observados os limites de atuação traçados no presente julgamento, prossiga na análise do pedido de soerguimento formulado pelos recorrentes. 8. Recurso especial parcialmente conhecido e provido em parte" (STJ, REsp 2.103.320/MT, 3ª Turma, Rel. Nancy Andrighi, j. 12.12.2023, Data de Publicação: 25.01.2024).

para sair da crise em que se encontra e readquirir a capacidade de adimplir com suas obrigações.[109] Visando à prevenção da falência, o favor legal aparece em duas modalidades: recuperação extrajudicial e recuperação judicial.

Constituem meios de recuperação judicial, observada a legislação pertinente a cada caso, entre outros: (i) concessão de prazos e condições especiais para pagamento das obrigações vencidas ou vincendas; (ii) cisão, incorporação, fusão ou transformação de sociedade, constituição de subsidiária integral ou cessão de cotas ou ações, respeitados os direitos dos sócios, nos termos da legislação vigente; (iii) alteração do controle societário; (iv) substituição total ou parcial dos administradores do devedor ou modificação de seus órgãos administrativos; (v) concessão aos credores de direito de eleição em separado de administradores e de poder de veto em relação às matérias que o plano especificar; (vi) aumento de capital social; (vii) trespasse ou arrendamento de estabelecimento, inclusive à sociedade constituída pelos próprios empregados; (viii) redução salarial, compensação de horários e redução da jornada, mediante acordo ou convenção coletiva; (ix) dação em pagamento ou novação de dívidas do passivo, com ou sem constituição de garantia própria ou de terceiro; (x) constituição de sociedade de credores; (xi) venda parcial dos bens; (xii) equalização de encargos financeiros relativos a débitos de qualquer natureza, tendo como termo inicial a data da distribuição do pedido de recuperação judicial, aplicando-se inclusive aos contratos de crédito rural, sem prejuízo do disposto em legislação específica; (xiii) usufruto da empresa; (xiv) administração compartilhada; (xv) emissão de valores mobiliários; (xvi) constituição de sociedade de propósito específico para adjudicar, em pagamento dos créditos, os ativos do devedor; (xvii) conversão de dívida em capital social; e (xviii) venda integral da devedora, desde que garantidas aos credores não submetidos ou não aderentes condições, no mínimo, equivalentes àquelas que teriam na falência, hipótese em que será, para todos os fins, considerada unidade produtiva.

Torna-se necessário entender que o instituto da recuperação judicial é composto por créditos extraconcursais, que podemos chamar de gerais e os especiais. Neste item, veremos os créditos extraconcursais gerais e, quanto aos especiais, no próximo item, dado o âmbito de recuperação judicial do produtor rural. É possível notar, a partir da dissertação da obra de José Afonso Leirião Filho,[110] algumas ponderações acerca do tema de créditos não sujeitos, "que a doutrina compreende como aqueles credores cujos

---

[109] Fábio Ulhoa Coelho trata dos aspectos da crise da empresa da seguinte forma: "Por crise econômica, pode-se entender a retração considerável nos negócios desenvolvidos pela sociedade empresária. (...) A crise financeira revela-se quando a sociedade empresária não tem caixa para honrar seus compromissos. É a crise de liquidez. (...) Por fim, a crise patrimonial é a insolvência, isto é, a insuficiência de bens no ativo para atender à satisfação do passivo" (*Comentários à Lei de Falências e de Recuperação de Empresas*. 8. ed. São Paulo: Saraiva, 2011. p. 68).

[110] LEIRIÃO FILHO, J. A. *Recuperação judicial no agronegócio e as alterações pela Lei n. 14.112/2020 ao produtor rural em crise*. São Paulo: Quartier Latin, 2024. p. 90.

créditos não são afetados pela recuperação judicial", fato que autoriza os credores a permanecerem com o exercício de seus direitos reais e contratuais, em razão do devedor. "Os créditos não sujeitos, portanto, tampouco são impactados pela novação operada pela aprovação do plano de recuperação judicial."[111]

Em 10 de dezembro de 2024, na sessão do Grupo Reservado de Direito Empresarial, a Seção de Direito Privado do Tribunal de Justiça de São Paulo aprovou novos Enunciados (XXIV a XXVI). O intuito foi de consolidar um entendimento para os julgadores, a fim de dirimir controvérsias sobre questões empresariais e de falência. O primeiro, Enunciado XXIV, dita sobre a não sujeição dos recebíveis cedidos fiduciariamente em garantia à recuperação judicial, sejam eles recebíveis performados ou a performar. Já o segundo, Enunciado XXV, permeia o entendimento da impossibilidade de habilitação do crédito extraconcursal no concurso de credores, ou seja, embora haja concordância da recuperanda e dos credores extraconcursais, estes não estão obrigados a habilitar seus créditos na recuperação judicial. Devem, assim, buscar a satisfação de seus direitos pela via executiva, perante o juízo competente. Por fim, o Enunciado XXVI rege sobre a não aplicação da exigência de recolhimento das custas processuais para as impugnações de crédito retardatárias, de modo que, em decorrência do princípio da legalidade estrita (CF, art. 150, I, e CTN, art. 114), o disposto no art. 10, *caput* e § 3º, da Lei n. 11.101/2005, aplica-se apenas às habilitações tardias, ao passo que as impugnações tardias não estão sujeitas ao pagamento de custas processuais (LE n. 11.608/2003, art. 4º, § 8º).[112]

É possível analisar os créditos extraconcursais no art. 49 da Lei de Recuperação Judicial, n. 11.101/2005, devidamente atualizada pela Lei n. 14.112/2020. O § 3º do art. 49[113] cita o primeiro tipo de crédito não sujeito a Recuperação Judicial, sendo classificado neste livro como extraconcursais. Está descrito nele o credor proprietário fiduciário de bens móveis e imóveis, o credor titular da posição de arrendador mercantil, o credor titular proprietário ou promitente vendedor de imóvel cujos respectivos contratos possuam cláusula de irrevogabilidade ou irretratabilidade, e o credor proprietário

---

[111] LEIRIÃO FILHO, J. A. *Recuperação judicial no agronegócio e as alterações pela Lei n. 14.112/2020 ao produtor rural em crise*. São Paulo: Quartier Latin, 2024. p. 90.

[112] Grupo Reservado de Direito Empresarial do TJSP aprova três novos Enunciados em matéria de insolvência. Jurídico: 20 de janeiro de 2025.

[113] Art. 49, § 3º. "Tratando-se de credor titular da posição de proprietário fiduciário de bens móveis ou imóveis, de arrendador mercantil, de proprietário ou promitente vendedor de imóvel cujos respectivos contratos contenham cláusula de irrevogabilidade ou irretratabilidade, inclusive em incorporações imobiliárias, ou de proprietário em contrato de venda com reserva de domínio, seu crédito não se submeterá aos efeitos da recuperação judicial e prevalecerão os direitos de propriedade sobre a coisa e as condições contratuais, observada a legislação respectiva, não se permitindo, contudo, durante o prazo de suspensão a que se refere o § 4º do art. 6º desta Lei, a venda ou a retirada do estabelecimento do devedor dos bens de capital essenciais a sua atividade empresarial."

em contrato de venda com reserva de domínio. A grande importância desse dispositivo legal é que, enquanto o devedor está no processo de recuperação judicial, o credor pode manter seus direitos sobre os bens e não precisa esperar pela reestruturação das dívidas que ocorre nesse processo.

Vale esclarecer que, no final do § 3º, há uma exceção. Durante o período de suspensão a que se refere o § 4º do art. 6º da Lei de Recuperação Judicial, que é o momento em que o devedor tem a suspensão das ações e execuções contra ele, não será permitida a venda ou a retirada do estabelecimento do devedor dos bens de capital essenciais à sua atividade empresarial. No tocante à garantia de alienação ou cessão fiduciária, os bens objetos dessas garantias estarão excluídos dos efeitos da recuperação judicial, conforme reza o § 3º do art. 49 da Lei n. 11.101/2005, prevalecendo o direito do credor da obrigação, garantida por cessão ou alienação fiduciária de recebíveis, cedidos até o integral pagamento do seu crédito.

Em seguida, é citado, no § 4º[114] do mesmo artigo, o crédito extraconcursal de regime geral, advindo de Contrato de Adiantamento de Câmbio (ACCs) para exportação. O referido art. 86, II, faz referência a um valor pago ao devedor, relacionado ao adiantamento a contrato de câmbio para exportação, de acordo com a Lei n. 4.728/1965. Esse tipo de operação é uma transação financeira em que a empresa que está exportando paga adiantado ao devedor uma parte do valor acordado. Importante vislumbrar a exceção, a qual se aplica desde que o prazo total da operação de câmbio (inclusive prorrogações) não ultrapasse os limites estabelecidos pelas normas da autoridade competente. Caso a operação de câmbio esteja dentro dos prazos legais permitidos pela legislação cambial, o valor adiantado para a exportação será preservado e não será afetado pela recuperação judicial do devedor.

Ainda, em caráter geral, no sentido da extraconcursalidade dos créditos oriundos de CPR em garantia fiduciária, vem decidindo o Tribunal de Justiça do Estado de São Paulo:

> Preliminar. Alegação de nulidade do julgamento em razão da adoção de fundamentação *per relationem*. Nulidade inocorrente. Impugnação de crédito. Crédito com origem em Cédulas de Produto Rural garantidas por alienação fiduciária de safras futuras de cana-de-açúcar. Alienação fiduciária regularmente constituída, nos termos dos artigos 5º, 8º, § 1º, e 12 da Lei n. 8.929/1994. Crédito integralmente extraconcursal, conforme § 3º do art. 49 da Lei n. 11.101/2005. Alegação de esvaziamento da garantia fiduciária a essa altura, com pedido, lançado na origem e acolhido pelo Juízo da recuperação, de redução da constrição advinda de execução do mesmo crédito, inadmissível, por violar a boa-fé que se espera dos contratantes. Ausência, ademais, de prova nesse sentido. Improcedência da impugnação de crédito mantida. Recurso desprovido (TJSP, Agravo de Instrumento 2216048-21.2020.8.26.0000, 2ª Câmara Reservada de Direito Empresarial, Foro de Caconde – Vara Única, Rel. Araldo Telles, j. 06.05.2021, data de registro 06.05.2021).

---

[114] Art. 49, § 4º. "Não se sujeitará aos efeitos da recuperação judicial a importância a que se refere o inciso II do art. 86 desta Lei."

> Agravo de instrumento. Execução para entrega de coisa certa, com pedido liminar de arresto de soja. Indeferimento. Executados que deixaram de cumprir a obrigação assumida com a exequente. Produto dado em garantia pelos executados em Cédula de Produto Rural. Crédito extraconcursal. Execução que não visa o pagamento de crédito, mas sim a entrega dos produtos dos quais a agravante detém a propriedade fiduciária, por força da emissão da cédula que embasa a execução. Irresignação que merece ser acolhida para determinar o sequestro da soja, condicionada a prestação de caução real, ressalvando-se, contudo, ao juízo recuperacional exercer o controle desse ato, por referir-se a produtos que integram o patrimônio dos devedores que estão sob recuperação judicial. Recurso provido, com ressalva (TJSP, Agravo de Instrumento 2139471-65.2021.8.26.0000, 14ª Câmara de Direito Privado, Foro Central Cível – 18ª Vara Cível, Rel. Thiago de Siqueira, j. 29.09.2021, data de registro 29.09.2021).

Conforme dispõe a LRE, no § 5º de seu art. 49, tratando-se de crédito garantido por penhor sobre título de crédito, poderão ser substituídas ou renovadas as garantias liquidadas ou vencidas durante a recuperação judicial e, enquanto não renovadas ou substituídas, o valor eventualmente recebido em pagamento das garantias permanecerá em conta vinculada durante o período de suspensão de 180 dias. A última categoria de crédito extraconcursal do regime geral refere-se aos créditos oriundos de ato cooperativo conforme definição dada pelo art. 79 da Lei n. 5.764/1971. O art. 6º, § 13, da Lei n. 11.101/2005, com a alteração introduzida pela Lei n. 14.112/2020, trata de uma exceção importante no contexto da recuperação judicial e suas limitações.[115]

Com a ampla reforma promovida pela Lei n. 14.112/2020, o art. 6º da Lei n. 11.101/2005, diploma responsável por disciplinar e estruturar o sistema de insolvência brasileiro, recebeu o acréscimo de seu § 13 a seguir reproduzido:

> § 13. Não se sujeitam aos efeitos da recuperação judicial os contratos e obrigações decorrentes dos atos cooperativos praticados pelas sociedades cooperativas com seus cooperados, na forma do art. 79 da Lei n. 5.764, de 16 de dezembro de 1971, consequentemente, não se aplicando a vedação contida no inciso II do art. 2º quando a sociedade operadora de plano de assistência à saúde for cooperativa médica.

A mensagem trazida pelo dispositivo é clara: serão considerados extraconcursais os créditos surgidos dos atos cooperativos, definidos como aqueles "praticados entre as cooperativas e seus associados, entre estes e aquelas e pelas cooperativas entre si quando associados, para a consecução dos objetivos sociais", nos termos da Lei n. 5.764/1971.

---

[115] "Agravo de instrumento. Recuperação judicial. Operação de crédito de cooperativa. Natureza extraconcursal. Sentença que julgou improcedente impugnação de crédito em recuperação judicial, habilitando o crédito da impugnante na classe III quirografário. Irresignação da credora. Crédito de operações de crédito bancário, de operativa de crédito. Natureza extraconcursal (art. 6º, § 13, LREF; e art. 79, Lei 5.764/1971). Natureza de cooperativa de crédito que não desnatura o crédito como ato cooperativo. Precedentes. Inversão da condenação sucumbencial. Recurso provido."

A razão do tratamento diferenciado ao ato cooperativo nos processos recuperacionais advém das particularidades do regime jurídico das sociedades cooperativas: diferentemente do que ocorre com as sociedades empresárias, cuja finalidade precípua é gerar lucro e distribuí-lo a seus sócios/acionistas na proporção de suas participações, a Lei n. 5.764/1971 estabelece em seu art. 3º que "celebram contrato de sociedade cooperativa as pessoas que reciprocamente se obrigam a contribuir com bens ou serviços para o exercício de uma atividade econômica, de proveito comum, sem objetivo de lucro".

Assim, a extraconcursalidade do ato cooperativo está baseada na própria relevância social das cooperativas, tradicionalmente marcadas, além da ausência de persecução do lucro, pela ideia de cooperação entre aqueles que delas participam, de modo que sujeitar o crédito ao processo de recuperação judicial de um cooperado prejudicará, em última instância, seus pares, os demais cooperados, que deverão suportar em conjunto o prejuízo. É esta precisamente a lição da doutrina especializada:

> As características do ato cooperativo tornam razoável que seja ele excluído do concurso. O não pagamento dos valores devidos pelo associado à cooperativa gerará prejuízo que terá de ser rateado entre os demais cooperados, desincentivando o cooperativismo. De outra parte, não sendo as cooperativas legitimadas a requerer recuperação judicial por serem sociedades simples, muitas vezes são elas privadas de acesso a crédito bancário em volumes adequados, o que torna particularmente penoso superar o impacto do *stay* de um associado devedor que pedisse recuperação, comprometendo a liquidez da própria sociedade. Além de justo e conveniente, a não sujeição do ato cooperativo à RJ é coerente com os princípios não capitalistas desse tipo societário.[116]

Em voto proferido no âmbito do Recurso Especial 1141219/MG, o Ministro Luis Felipe Salomão também fornece importante lição sobre as peculiaridades do chamado cooperativismo:

> (...) O princípio que deve nortear o entendimento dos cooperados é o de que a especulação financeira não é o objetivo da cooperativa de crédito, mas a assistência financeira que lhe propicie desenvolver suas atividades econômicas com maior grau de probabilidade de êxitos. (...) O bom senso, no caso, indica o não sacrifício do associado, somado à preservação dos meios circulantes e solidez financeira da cooperativa de crédito, isto é, o financiamento de sua continuidade pelos próprios associados.

Como é comum a diversos temas relacionados à recuperação judicial, a clareza do dispositivo legal não impediu a formulação de questionamentos por devedores em dificuldade, os quais, natural e legitimamente, buscam sujeitar o maior número possível de créditos ao processo concursal.

---

[116] TOLEDO, Paulo Fernando Campos Salles de et al. *Comentários à Lei de Recuperação de Empresas*. 1. ed. em e-book baseada na 1. ed. impressa. São Paulo: Thomson Reuters Brasil, 2021. Comentários aos artigos 1º a 6º, page RB1.2. Disponível em: https://proview.thomsonreuters. Com / launchapp/title/rt/monografias /270028055/v1/page/RB-1.2. Acesso em: abr. 2025.

Nesse contexto, o pleito mais comum de devedores em recuperação judicial tem sido pela concursalidade de operações de financiamento contratadas com as cooperativas de crédito, sob o argumento principal de que não estaria configurada a ocorrência de ato cooperativo, mas de transação de cunho eminentemente comercial, semelhante a um empréstimo bancário tradicional.

A jurisprudência dos tribunais brasileiros, contudo, tem se mostrado predominantemente contrária aos pleitos dos devedores, com a adoção da interpretação mais fiel à literalidade do art. 6º, § 13, da Lei n. 11.101/2005, isto é, a favor do reconhecimento da extraconcursalidade dos atos cooperativos, inclusive daqueles celebrados sob a forma de operações financeiras de financiamento:

> Não obstante as cooperativas de crédito constituam instituições financeiras, por desempenharem atividade de coleta, intermediação ou aplicação de recursos financeiros próprios ou de terceiros (art. 17, Lei n. 4.595/1964), não se confundem com outras entidades do Sistema Financeiro Nacional, tais como os bancos, por diferirem em diversos aspectos, dentre os quais a participação dos associados na gestão, a ausência de finalidade lucrativa e a possibilidade de rateio de sobras e perdas. Destarte, a relação jurídica estabelecida entre a sociedade cooperativa e seus associados na realização de seu objeto social, como a que deu origem ao crédito discutido nos presentes autos, possui atributos próprios e não perde sua natureza de ato cooperativo apenas por se tratar de operação financeira ou bancária ou por existir oferta de bens ou serviços semelhante no mercado.[117]

> As operações de crédito devem ser consideradas atos cooperativos na hipótese dos autos, tendo em vista que, dentre os objetos sociais da agravante, insere-se a "prestação, por meio da mutualidade, de serviços financeiros a seus associados" (art. 2º, I, p. 10 de primeiro grau). Ao contrário do que alegam as agravadas e o administrador judicial, a natureza de cooperativa de crédito não desvirtua a configuração das operações de crédito como atos cooperativos, para sua caracterização como créditos extraconcursais. É irrelevante que as cooperativas de crédito integrem o sistema financeiro nacional e se submeta às regras do Banco Central (art. 103, Lei 5.764/1971): o objetivo social da cooperativa agravante é a concessão de crédito a seus cooperados, de forma que a operação de crédito configura ato cooperativo, para sua não submissão à recuperação judicial (art. 6º, § 13, LREF).[118]

Trata-se de posicionamento positivo, uma vez que, ao impedir a relativização de parâmetros de extraconcursalidade, prática infelizmente não tão rara assim em processos recuperacionais, mostra-se atento à relevância cada vez maior das cooperativas no mercado de crédito brasileiro,[119] garantindo segurança jurídica e previsibilidade à

---

[117] TJMT, Agravo de Instrumento 1003737-74.2024.8.11.0000, Rel. Des. Marilsen Andrade Addario, j. 03.07.2024.

[118] TJSP, Agravo de Instrumento 2261256-86.2024.8.26.0000, Rel. Des. Carlos Alberto de Salles, j. 12.02.2025.

[119] BRASIL. Ministério da Agricultura, Pecuária e Abastecimento. *Títulos do agronegócio*. Brasília: Mapa, 2021. Disponível em: https://www.gov.br/agricultura/pt-br/assuntos/politica-agricola/credito-rural/titulos-do-agronegocio. Acesso em: abr. 2025.

celebração de atos cooperativos, com a consequente redução dos custos atrelados às operações de crédito e de financiamento.

5.6. RECUPERAÇÃO JUDICIAL DO PRODUTOR RURAL E CRÉDITOS EXTRACONCURSAIS ESPECIAIS

Com a exposição dos créditos extraconcursais gerais, cabe esclarecer neste item os especiais. A Lei n. 14.112/2020 trouxe importante alteração do paradigma da recuperação judicial do produtor rural, atuando na busca por maior transparência aos agentes e segurança jurídica, como demonstrado pela demanda por um padrão contábil mínimo com o método de partidas dobradas (ativos e passivos), conforme lei comercial. O objetivo da alteração legal, como delineado na norma, foi viabilizar o acesso ao benefício legal àqueles que, mesmo enfrentando um período de baixa liquidez e margens reduzidas em razão dos riscos inerentes à atividade, demonstram a viabilidade de sua operação e buscam efetivamente sua continuidade. Não há, contudo, espaço para o oportunismo que tenha como único objetivo fazer-se imiscuir de uma obrigação reconhecidamente válida em uma vertente de planejamento patrimonial.

Especialmente quanto à segunda importante parte da alteração em relação à recuperação judicial do produtor rural, foram destacados créditos extraconcursais especiais, dados a necessária proteção e o regime específico de acordo com sua natureza e função. Assim, no regime de subvenção ao crédito (equalização de taxas de juros), no âmbito do SNCR, segurança do crédito nas relações aos créditos privados no fornecimento prioritário, por meio da CPR, objeto das operações de *barter* (palavra de origem inglesa que significa "permutar"), ou antecipação de preço para custeio de produção, imobilização de recursos na compra de imóveis rurais, principalmente.

Passou a prever que somente os créditos que decorrem exclusivamente da atividade rural e que, além disso, sejam previstos pelos documentos fiscais apresentados se sujeitarão ao regime recuperacional.[120] Objetivou dar mais segurança jurídica aos credores que poderão, em alguma medida, antever eventual necessidade de reanálise dos

---

[120] Art. 49, § 6º "Nas hipóteses de que tratam os §§ 2º e 3º do art. 48 desta Lei, somente estarão sujeitos à recuperação judicial os créditos que decorram exclusivamente da atividade rural e estejam discriminados nos documentos a que se referem os citados parágrafos, ainda que não vencidos.

§ 7º Não se sujeitarão aos efeitos da recuperação judicial os recursos controlados e abrangidos nos termos dos arts. 14 e 21 da Lei n. 4.829, de 5 de novembro de 1965.

§ 8º Estarão sujeitos à recuperação judicial os recursos de que trata o § 7º deste artigo que não tenham sido objeto de renegociação entre o devedor e a instituição financeira antes do pedido de recuperação judicial, na forma de ato do Poder Executivo.

§ 9º Não se enquadrará nos créditos referidos no *caput* deste artigo aquele relativo à dívida constituída nos 3 (três) últimos anos anteriores ao pedido de recuperação judicial, que tenha sido contraída com a finalidade de aquisição de propriedades rurais, bem como as respectivas garantias."

créditos e modificação da senda de pagamento, de forma a evitar que créditos de outra natureza sejam absorvidos pela massa creditícia.

Os primeiros são os créditos decorrentes de outras atividades que não a atividade rural e que não estejam previstos na documentação fiscal apresentada (art. 49, § 6º, da Lei n. 11.101/2005). O credor ou o devedor deve apresentar documentos específicos que discriminem esses créditos rurais, a natureza da dívida, o valor e o vínculo com a atividade rural. Há um ponto de atenção nesse dispositivo que fala "ainda que não vencidos", significando que, mesmo que esses créditos rurais ainda não tenham vencido, se eles são relacionados à atividade rural e estão corretamente discriminados, eles ainda poderão ser considerados no processo de recuperação judicial.

Como segunda categoria, apontam-se os créditos institucionalizados e renegociados (art. 49, §§ 7º e 8º, da Lei n. 11.101/2005). Os recursos controlados e abrangidos pelos arts. 14 e 21 da Lei n. 4.829/1965, citados no § 7º do art. 49, tratam de créditos rurais controlados pelo governo federal para garantir a assistência financeira ao produtor rural. Mais especificamente, o art. 14 trata dos créditos e recursos destinados ao financiamento da atividade agrícola e pecuária e o art. 21 detalha as garantias e condições dessas operações. Portanto, esses recursos financeiros, regulados por esses artigos, não são afetados pela recuperação judicial. Em seguida, o § 8º do art. 49 da Lei de RJ cria uma exceção para renegociação. Se os créditos ou recursos controlados pela Lei n. 4.829/1965 não foram renegociados entre o devedor (produtor rural) e a instituição financeira antes do pedido de recuperação judicial, esses recursos estarão sujeitos à recuperação judicial.

Essa categoria de créditos institucionalizados e renegociados, conforme disposto no art. 49, §§ 7º e 8º, da Lei de Recuperação Judicial (Lei n. 11.101/2005), distingue-se pela sua regulamentação específica, que envolve recursos públicos destinados ao financiamento das atividades rurais. A legislação, por meio dos arts. 14 e 21 da Lei n. 4.829/1965, estabelece uma distinção importante entre créditos que permanecem imunes à recuperação judicial e aqueles que, não tendo sido renegociados, podem ser incluídos no processo de reestruturação do produtor rural.[121] Assim, a renegociação prévia se configura como um requisito essencial para a exclusão desses créditos do alcance da recuperação judicial:

> A Lei n. 4.829/1965 institucionaliza o crédito rural, isto é, o concedido por instituições financeiras, públicas ou privadas, a produtores rurais com o objetivo de prover recursos destinados ao investimento na produção. O crédito rural institucionalizado é modalidade de crédito direcionado. Isso significa que, de um lado, os bancos são obrigados a destinar uma parcela de sua captação para determinadas operações de

---

[121] COELHO, Fábio Ulhoa. *Curso de direito comercial*: direito de empresa: contratos, falência e recuperação de empresas. 20. ed. rev., atual. e ampl. São Paulo: Thomson Reuters Brasil, 2021. v. 3, p. 424.

crédito e, de outro, não podem ultrapassar, na cobrança dos juros em tais operações, os limites específicos estabelecidos pelo Conselho Monetário Nacional.[122]

E ainda:

> Quando se tratar de crédito concedido ao produtor rural no contexto da institucionalização (direcionamento), ele não está sujeito à recuperação judicial (§ 7º do art. 49, LRF) se tiver sido objeto de renegociação (§ 8º). Portanto, estão sujeitos à recuperação judicial do produtor rural: (i) o crédito rural institucionalizado que nunca tiver sido renegociado; e (ii) o concedido na modalidade "livre" (ou "não direcionado" – obviamente, em qualquer caso, se o mesmo crédito não estiver excluído por força de outra regra excepcional (outorga de um direito real em garantia, por exemplo).[123]

Em terceiro momento, é elencado como crédito não sujeito à recuperação judicial do produtor aqueles oriundos de aquisição de imóvel rural e suas respectivas garantias, no prazo de três anos (art. 49, § 9º, da Lei n. 11.101/2005). O § 9º estabelece que dívidas contraídas nos três últimos anos antes do pedido de recuperação judicial, com o objetivo de aquisição de propriedades rurais, não serão incluídas no processo de recuperação judicial. Da mesma forma, as garantias associadas a essas dívidas também não serão afetadas pela recuperação judicial. Esse dispositivo visa evitar que o devedor use a recuperação judicial para reestruturar dívidas recentes relacionadas à compra de terras, que podem ser consideradas como parte de uma estratégia de expansão patrimonial, e não uma necessidade de reestruturação financeira.

> Estão excetuados os créditos tomados pelo produtor rural nos últimos 3 (três) anos em instituições financeiras e destinados à aquisição de imóvel rural. A medida visa a desestimular o parcelamento da aquisição no plano de recuperação (§ 9º).[124]

Nos últimos três anos, o cenário de elevada liquidez, especialmente no setor de grãos como soja e milho, proporcionou ao produtor rural a oportunidade de expandir suas operações. Com reservas e margens maiores alcançadas em razão de melhores resultados financeiros, muitos produtores investiram na aquisição de imóveis. Referem-se à liquidez o dinheiro em caixa, os estoques de produtos, as contas a receber do produtor rural.[125]

---

[122] COELHO, Fábio Ulhoa. *Curso de direito comercial*: direito de empresa: contratos, falência e recuperação de empresas. 20. ed. rev., atual. e ampl. São Paulo: Thomson Reuters Brasil, 2021. v. 3, p. 424.

[123] COELHO, Fábio Ulhoa. *Curso de direito comercial*: direito de empresa: contratos, falência e recuperação de empresas. 20. ed. rev., atual. e ampl. São Paulo: Thomson Reuters Brasil, 2021. v. 3, p. 424.

[124] OLIVEIRA, Anglizey Solivan de. O papel do administrador na recuperação judicial do produtor rural. *In*: SCALZILLI, João Pedro; BERNIER, Joice Ruiz (org.). *O administrador judicial e a reforma da Lei 11.101/2005*. São Paulo: Almedina, 2022. p. 421.

[125] Os valores financiados pelo Banco do Nordeste (BNB) para aquisição de imóvel rural cresceram 36% nos primeiros sete meses de 2024, na comparação com o mesmo período de 2023. Ao todo,

Esse movimento resultou em um endividamento e uma maior concentração patrimonial de ativos imobilizados rurais, levando a uma situação de baixa liquidez. Essa parte econômica revela um fundamento relevante: a histórica tendência de aquisição de propriedades, em vez de manutenção de caixa. As análises das concessões de crédito nos últimos anos mostram que, diante das facilidades de financiamento e das condições favoráveis de mercado, os produtores optaram por investir em imóveis, acreditando que esses ativos poderiam proporcionar segurança e valorização. No entanto, essa estratégia também gerou um desafio, pois a falta de liquidez pode dificultar a capacidade de enfrentar flutuações de mercado ou atender a necessidades financeiras imediatas. Essa dinâmica evidencia onde a liquidez (caixa) é essencial para a sustentabilidade das operações rurais.

> A alta disponibilidade de crédito, quando influenciada pela inflação do valor da terra, também deixa o agronegócio sensível a choques de fundamentos. Cabe especial cuidado onde há, ao mesmo tempo, maior disponibilidade de crédito e terra em rápida valorização. Nestes locais, os bancos e os produtores possuem potencial de perdas maiores com o default de empréstimos agrícolas. O período de suas recuperações é, geralmente, bem mais longo.[126]

Por fim, os créditos e garantias cedulares vinculados à CPR com liquidação física, nos casos em que houve antecipação parcial do preço ou nos casos de operação de *barter*, também são considerados extraconcursais (art. 11 da Lei n. 8.929/1994). Não inserido na Lei de Recuperação e Falências, mas com impacto direto nela, é o caso da alteração promovida no *caput* do art. 11 da Lei n. 8.929/1994 (Lei da CPR) com a seguinte previsão:

> Art. 11. Não se sujeitarão aos efeitos da recuperação judicial os créditos e as garantias cedulares vinculados à CPR com liquidação física, em caso de antecipação parcial ou integral do preço, ou, ainda, representativa de operação de troca por insumos (*barter*), subsistindo ao credor o direito à restituição de tais bens que se encontrarem em poder do emitente da cédula ou de qualquer terceiro, salvo motivo de caso fortuito ou força maior que comprovadamente impeça o cumprimento parcial ou total da entrega do produto.

No caso de CPR física, em caso de antecipação parcial ou integral do preço, ou, ainda, quando representativa de operação de *barter*. Importante acréscimo para as

---

foram contratados R$ 30 milhões no ano de 2024 em toda a área de atuação do Banco. As operações ocorreram no âmbito do Programa Nacional de Crédito Fundiário (PNCF), no qual o Banco atua como agente repassador dos recursos (Agência GOV, 2024).

[126] ORTIZ, Antonio Carlos; MELO, Fabiano. A alta disponibilidade de crédito, quando influenciada pela inflação do valor da terra, também deixa o agronegócio sensível a choques de fundamentos. *Agroanalysis*, Rio de Janeiro, v. 37, n. 3, p. 12-14, mar. 2017. Disponível em: https://periodicos.fgv.br/agroanalysis/issue/download/4184/2163. Acesso em: abr. 2025.

Cadeias Agroindustriais, também, é o afastamento do processo de recuperação judicial dos créditos decorrentes da CPR física com antecipação, parcial ou integral, de preço. Nesse caso, em tese, não haveria que dizer da impossibilidade do devedor de adimplir com sua obrigação, se não por sua iminente vontade em se imiscuir do adimplemento do compromisso assumido perante o credor, uma vez que já detinha este a base produtiva necessária.

Comprovadamente, não podendo o devedor adimplir com sua obrigação, em virtude de situação alheia à sua vontade, ou seja, nas hipóteses de caso fortuito e de força maior, mantém-se a extraconcursalidade desses créditos, de forma justificada, conforme o art. 11 da Lei n. 8.929/1994. Também, o tratamento especial não alcança os créditos oriundos de CPR com liquidação financeira, que estarão sujeitos ao concurso de credores e serão classificados como quirografários, em caso de inexistência de garantias extraconcursais. Portanto, são três principais requisitos a serem observados nesse caso: (i) a CPR precisa ser de liquidação física; (ii) o preço deve ser adiantado, totalmente ou em parte, pelo credor, ou tenha sido comprovadamente realizada a operação de *barter*; (iii) a obrigação não ter sido descumprida por caso fortuito ou força maior.[127]

> Dessa forma, embora seja possível alcançar a conclusão a respeito da extraconcursalidade desse tipo de crédito, certo é que tal classificação não se dá de forma automática, exigindo a manifestação do Juízo da recuperação a respeito, em especial com a exigência contida no art. 11 da Lei n. 8.929/1994.

O histórico do financiamento da produção rural brasileira demonstra-nos a importância da CPR para a atividade, uma vez que, desde sua instituição, tem-se movimento interessante no setor:[128] ainda que o crescimento da produção agrícola seja constante, importantes são as formas de financiamento privado do custeio.

Operação comum à atividade de fomento à produção rural, principalmente em cenários de elevada volatilidade, o *barter* representa maior segurança do crédito, diminuindo os riscos da operação. *Barter* é uma palavra de origem inglesa que significa "permutar". Importante e típica operação do setor que se caracteriza na aquisição de

---

[127] REsp 2.198.988/MT, Rel. Min. João Otávio de Noronha, autuação: 24.02.2025.

[128] "(...) Revela-se de todo descabido, para efeito de validade e subsistência dos atos executivos em comento, aferir a essencialidade dos bens arrestados, a pretexto de aplicação da parte final do § 3º do art. 49 da Lei n. 11.101/2005, como procedeu o Tribunal estadual. Os créditos em análise (representados por cédulas de produto rural garantidas por penhor rural) não se subsumem a nenhum daqueles descritos no § 3º do art. art. 49 da Lei n. 11.101/2005 (entre os quais, o de titularidade de credor titular da posição de proprietário fiduciário), reputados extraconcursais. Nos termos do art. 41, II, da LRF, os créditos com garantia real, como é o caso do penhor, submetem-se, indiscutivelmente, ao processo recuperacional" (REsp 1.867.694/MT, 3ª Turma, Rel. Min. Marco Aurélio Bellizze, j. 06.10.2020, *DJe* 15.10.2020).

insumos agrícolas pelo produtor rural para pagamento, no período da colheita, com os próprios produtos da safra. Cabe ressaltar, ao contrário do que muitas vezes apresentado, a apontada operação não pode ser reduzida a um simples escambo, função econômica específica, com a fixação do preço para compra de insumos com liquidação futura no momento da safra.

Considerando a relevância que o *barter* assume, especialmente em contextos de riscos de mercado, câmbio e produção, há evidente necessidade de tratamento diferenciado, buscando crescimento cada vez mais dessa fonte de financiamento privado direto do custeio à produção rural.

No que concerne à essencialidade dos bens, o ponto veio a ser apresentado em lei a partir da edição da Medida Provisória do Agro, agora convertida na Lei n. 13.986/2020, que acresceu o § 1º ao art. 5º da Lei n. 8.929/1994.[129] Esse regramento faz referência apenas aos bens dados em garantia real à CPR. Entretanto, de modo genérico, o conceito da essencialidade abrange todos os tipos de garantias reais prestadas em diferentes contratos. A essencialidade das atividades e/ou bens advém de caracteres objetivos, não decorrendo da simples vontade e convenção das partes, pois vinculadas à legalidade. Tratando-se do cenário de recuperação judicial do empresário rural, os credores fiduciários, apesar de não sujeitos ao concurso, não raramente encontram dificuldades na efetiva recuperação do crédito detido, uma vez que os bens objetos da garantia são considerados como bens de capital essenciais e sua venda/retirada do estabelecimento do devedor é proibida, ao menos durante a vigência do *stay period*. Em análise dos julgados dos mais diversos tribunais estaduais, nota-se uma tendência pela interpretação ampliativa do conceito de "bem de capital".[130-131-132] Para que o bem seja

---

[129] "Art. 5º A CPR admite a constituição de quaisquer dos tipos de garantia previstos na legislação, devendo ser observado o disposto nas normas que as disciplinam, salvo na hipótese de conflito, quando prevalecerá esta Lei. Parágrafo único. A informação eventualmente prestada pelo emitente sobre a essencialidade dos bens móveis e imóveis dados em garantia fiduciária a sua atividade empresarial deverá constar na cédula a partir do momento de sua emissão."

[130] "Na hipótese, o TJDFT reconheceu a essencialidade do bem para a recuperanda, notadamente por ser o referido imóvel a sede da própria sociedade empresária em processo de recuperação. Entender de forma diversa demandaria o revolvimento fático-probatório dos autos, o que encontra óbice na Súm. 7 do STJ. 3. Agravo interno não provido" (STJ, AgInt no REsp 1.861.934, 10.08.2020).

[131] "Conquanto o art. 49, § 3º, da Lei n. 11.101/2005 faça exceção de que o credor fiduciário não se submete à recuperação judicial, prevalecendo os direitos de propriedade, o mesmo parágrafo, na parte final, estabelece não ser permitida, no lapso temporal de suspensão do art. 6º, § 4º, a alienação ou a retirada do estabelecimento comercial dos bens essenciais à atividade empresarial. No caso, evidencia-se que os bens são essenciais para os objetivos empresariais do recuperando, e, por consequência, para o desempenho das suas atividades econômico-produtivas, mormente porque atuam no ramo de que atua no agronegócio e, obviamente, necessita dos mesmos para continuar a gerar receita" (TJMT, 10111487620218110000, 08.09.2021).

[132] "A retomada do fornecimento de produtos, sobretudo diante do risco potencial de interrupção

caracterizado como "bem de capital", ele deve ser um bem utilizado no processo produtivo da empresa, necessário ao exercício da atividade econômica, encontrando-se em posse da devedora, cuja utilização não signifique o seu esgotamento/esvaziamento, não podendo ser "de capital" um bem consumível. Adiciona-se que o bem de capital deve possuir natureza infungível. Cabe ainda observar o entendimento formado pelo STJ, no acórdão da Ministra Nancy Andrighi,[133] que traz a análise sobre a essencialidade do bem e aplicação da vedação contra a retirada exige o enquadramento no conceito de "bem de capital".

Ao gênero "insumos à produção" poderá estar atrelado um conjunto de bens, entre eles sementes, fertilizantes, defensivos, máquinas e equipamentos diretamente ligados à atividade. Essa universalidade, a nosso ver, merece tratamento peculiar e privilegiado, pois só a manutenção regular e constante a cada ciclo-safra desses insumos poderá, de fato, preservar a atividade de produção, consoante pretendido pelas alterações legais.[134]

A despeito da divergência quanto ao tema da essencialidade dos bens, o STJ já adotou a posição de que a proteção conferida pela Lei n. 11.101/2005 apenas se aplica diante da presença cumulativa de dois requisitos, ou seja, a caracterização do ativo como bem de capital e o seu enquadramento na categoria de essencial, tendo ainda exemplificado quais seriam os ativos que atendem a tais critérios: "prédios, máquinas, equipamentos, ferramentas e veículos, entre outros empregados, direta ou indiretamente, na cadeia produtiva da recuperanda".[135]

Ao analisar o TP 3.654/RS,[136] observa-se que a essencialidade, no contexto da decisão judicial, está vinculada ao princípio de que, para que a recuperação judicial

---

da cadeia produtiva da empresa agravada, da qual a agravante se posiciona como fornecedora estratégica, é essencial para o deslinde do processo recuperacional. O fornecimento dos produtos mediante pagamento à vista, além de assegurar a manutenção das atividades da recuperanda, ora agravada, não causará nenhum prejuízo à empresa agravante" (TJMT, 1020309-42.2023.8.11.0000, 1º.11.2023).

[133] "Se determinado bem não puder ser classificado como bem de capital, ao juízo da recuperação não é dado fazer nenhuma inferência quanto à sua essencialidade para fins de aplicação da ressalva contida na parte final do § 3º do art. 49 da Lei 11.101/2005" (STJ, REsp 1.991.989/MA, 03.05.2022).

[134] "De acordo com a linha seguida pelo STJ, a exceção somente é aplicada a casos que revelam peculiaridades que recomendem tratamento diferenciado visando à preservação da atividade empresarial, como por exemplo, no caso em que o bem dado em alienação fiduciária componha o estoque da sociedade, ou no caso de o bem alienado ser o imóvel no qual se situa a sede da empresa" (STJ, Conflito de Competência 131.656/PE, Rel. Min. Maria Isabel Gallotti, j. 08.10.2014).

[135] STJ, REsp 1.758.746/GO, Rel. Min. Marco Aurélio Bellizze, j. 25.09.2018.

[136] "Agravo interno. Tutela provisória no recurso especial. Contracautela. Recuperação judicial. Ilegitimidade ativa das associações civis sem fins lucrativos. Fumaça do bom direito reconhecida. *Periculum in mora* caracterizado. Processamento da recuperação judicial autorizado. Cessão de crédito. Travas bancárias. Crédito não sujeito aos efeitos da recuperação judicial. Ausência de

tenha efeito sobre determinados bens ou créditos, é imprescindível que esses bens sejam essenciais para a continuidade das atividades da empresa ou associação. No caso em questão, o tribunal não reconheceu a essencialidade dos créditos a receber (recebíveis), e, por não serem considerados essenciais, os créditos utilizados pelos bancos não precisavam ser abrangidos pelos efeitos da recuperação judicial.

Quanto às travas bancárias mencionadas na jurisprudência, elas se referem às medidas de segurança adotadas pelos bancos para assegurar o cumprimento de uma dívida, como o bloqueio de contas, a constituição de garantias reais ou a utilização de créditos existentes da empresa para quitar a obrigação pendente. No cenário apresentado, as travas bancárias foram objeto de questionamento, visto que a empresa em recuperação judicial solicitava a suspensão dessas medidas. Contudo, o tribunal não reconheceu a necessidade de suspensão das travas bancárias, uma vez que os créditos nelas utilizados não foram considerados essenciais para a continuidade das atividades da empresa, conforme a interpretação do STJ. Dado que esses créditos estavam sendo utilizados para garantir dívidas específicas, o STJ entendeu que eles não se enquadravam no âmbito da recuperação judicial e, portanto, não estavam sujeitos às restrições desta, como a suspensão das travas bancárias.

No que toca à divergência apresentada, o STJ já adotou a posição de que a proteção conferida pela Lei n. 11.101/2005 apenas se aplica diante da presença cumulativa de dois requisitos, ou seja, a caracterização do ativo como bem de capital e o seu enquadramento na categoria de essencial, tendo ainda exemplificado, no Recurso Especial 1.758.746/GO, quais seriam os ativos que atendem a tais critérios: "prédios, máquinas, equipamentos, ferramentas e veículos, entre outros empregados, direta ou indiretamente, na cadeia produtiva da recuperanda".[137]

---

reconhecimento da essencialidade. Não enquadramento dos recebíveis como bem de capital. Prosseguimento das execuções. Caso concreto. 1. Para a concessão de liminar conferindo efeito suspensivo a recurso especial, é necessária a demonstração do periculum in mora – que se traduz na urgência da prestação jurisdicional no sentido de evitar que, quando do provimento final, não tenha mais eficácia o pleito deduzido em juízo –, assim como a caracterização do fumus boni iuris – ou seja, que haja a plausibilidade do direito alegado, a probabilidade de provimento do recurso. 2. No âmbito de tutela provisória e, portanto, ainda em juízo precário, reconhece-se que há plausibilidade do direito alegado: legitimidade ativa para apresentar pedido de recuperação judicial das associações civis sem fins lucrativos que tenham finalidade e exerçam atividade econômica. 3. Na espécie, o risco de lesão grave e de difícil reparação também se encontra patente, conforme a descrição da situação emergencial efetivada pelo Administrador Judicial. 4. No entanto, a pretensão recursal não se mostrou plausível em relação à necessidade de suspensão das travas bancárias, já que, nos termos da atual jurisprudência do STJ, os direitos creditórios (chamados de 'recebíveis') utilizados pela instituição financeira para amortização e/ou liquidação do saldo devedor da 'operação garantida' não se submetem à recuperação judicial. 5. Agravo interno parcialmente provido" (STJ, Agravo Interno no Pedido de Tutela Provisória AgInt no TP 3654/RS, 4ª Turma, Rel. Raul Araújo, j. 15.03.2022, Data de Publicação: 08.04.2022).

[137] STJ, Recurso Especial 1.758.746/GO, Rel. Min. Marco Aurélio Bellizze, j. 25.09.2018.

A Lei n. 14.112/2020 também traz novas disposições que envolvem o tema. Ainda que não disponha sobre o conceito de bens de capital essencial, a Lei n. 14.112/2020 incluiu dois novos dispositivos, ao dispor sobre os efeitos do *stay period*, os §§ 7º-A e 7º-B do art. 6º da Lei n. 11.101/2005. A nova inclusão prevê a competência do juiz da recuperação judicial para determinar a suspensão dos atos de constrição que recaiam sobre bens de capital essencial durante o *stay period*, para os créditos dos §§ 3º e 4º do art. 49 da Lei de LRE; e para determinar a substituição dos atos de constrição que recaiam sobre esses bens, no caso das execuções fiscais.

Ainda, no julgamento do REsp 1.991.989, a Terceira Turma do STJ determinou que produtos agrícolas, como soja e milho, não podem ser enquadrados como bens de capitais essenciais. Assim, mesmo durante a vigência do *stay period*, não há qualquer restrição que vede a venda ou a retirada do estabelecimento do devedor de produtos agrícolas. Na decisão, o STJ determinou que, uma vez que os produtos agrícolas não podem ser considerados bens de capital, e sim bens de consumo, não cabe ao juízo da recuperação fazer inferências quanto à sua essencialidade.[138-139]

---

[138] "Recurso especial. Recuperação judicial. Produtores rurais. Violação do art. 1.022 do CPC/2015. Súmula 284/STF. Negativa de prestação jurisdicional. Não ocorrência. Ausência de prequestionamento. Bem de capital. Classificação que não abrange o produto final da atividade empresária. Restrição da parte final do art. 49, § 3º, da Lei 11.101/2005. Inaplicabilidade à hipótese dos autos. 1. Ação ajuizada em 17.02.2020. Recurso especial interposto em 18.12.2020. Autos conclusos ao Gabinete em 26.01.2022. 2. O propósito recursal consiste em definir se produtos agrícolas (soja e milho) podem ser classificados como bens de capital essenciais à atividade empresarial – circunstância apta a atrair a aplicação da norma contida na parte final do § 3º do art. 49 da Lei 11.101/2005 – e se é possível ao juízo da recuperação judicial autorizar o descumprimento de contratos firmados pelos devedores. 3. A ausência de expressa indicação de obscuridade, omissão ou contradição nas razões recursais enseja o não conhecimento do recurso quanto ao ponto. Incidência da Súmula 284/STF. 4. Cumpre registrar, outrossim, que não há ofensa ao art. 1.022 do CPC/2015 quando o Tribunal de origem, aplicando o direito que entende cabível à hipótese, soluciona integralmente a controvérsia submetida à sua apreciação, ainda que de forma diversa daquela pretendida pela parte. 5. Não houve manifestação, no acórdão recorrido, acerca da alegada Documento: 2167471 – Inteiro Teor do Acórdão – Site certificado – *DJe* 05.05.2022, p. 1 de 5 – autorização para descumprimento dos contratos celebrados entre o recorrente e os recorridos. A ausência de prequestionamento impede o exame da insurgência. 6. Mesmo que se pudesse ultrapassar referido óbice, a questão a ser analisada exigiria que esta Corte se debruçasse sobre fatos, provas e cláusulas contratuais, circunstância vedada em sede de recurso especial. Incidência das Súmulas 5 e 7 do STJ. 7. Bem de capital é aquele utilizado no processo de produção (veículos, silos, geradores, prensas, colheitadeiras, tratores etc.), não se enquadrando em seu conceito o objeto comercializado pelo empresário. Doutrina. 8. Se determinado bem não puder ser classificado como bem de capital, ao juízo da recuperação não é dado fazer nenhuma inferência quanto à sua essencialidade para fins de aplicação da ressalva contida na parte final do § 3º do art. 49 da Lei 11.101/2005. Precedente. Recurso especial parcialmente conhecido e provido."

[139] "Processo civil. Agravo interno nos embargos de declaração no conflito de competência. Recuperação judicial e execução cível. Cédula de produto rural. Alienação fiduciária. Produto agrícola. Grãos de soja. Inaplicabilidade da parte final do art. 49, § 3º, da Lei 11.101/2005.

A Lei n. 14.112/2020 entrou em vigor com o objetivo de modernizar a Lei de Recuperação Judicial e Falência, Lei n. 11.101/2005 (LRE), e, com o trabalho da Frente Parlamentar da Agropecuária (FPA) e instituições associadas do Instituto Pensar Agro (IPA), representado por associações de produtores, *tradings*, cooperativas e instituições financeiras, foi levada emenda do Projeto de Lei principal que se converte na Lei n. 14.112/2020. Basicamente, tratava-se aqui de confirmação da legitimidade do produtor rural para o pedido da recuperação judicial, já reportado nos precedentes do STJ, como também trazer e reforçar requisitos mínimos contábeis fiscais,[140] para a interpretação do endividamento e dar projeção a atos creditícios de acordo com sua natureza (créditos extraconcursais especiais).

O instituto da recuperação judicial para os produtores rurais vem crescendo exponencialmente, ano pós ano. Apenas o setor do agro foi responsável por 1.272 registros de pedidos de recuperação judicial em 2024, incluindo pessoas físicas e jurídicas. Esse número corresponde a quase o triplo de 2023, quando o número de pedidos foi de 534. Dividindo esse número entre produtores de pessoas jurídicas e pessoas físicas, as primeiras registraram 409 solicitações e as segundas, 566 pedidos, e as empresas do ramo do agronegócio, representaram um número de 297 pedidos de recuperação judicial.[141] Também houve o aumento do custo de tais pedidos e, por fim, menor taxa de fixação do preço (*hedge*) pelos produtores.

Vale ressaltar que a categoria de empresas que pediram a recuperação judicial não é constituída apenas por produtores. As agroindústrias, comércio atacadista, serviços, revendedores de insumos, indústrias de produção de insumos, revendedores de

---

Competência do juízo da execução cível para prosseguir com a demanda ajuizada em face do produtor rural. 1. Os arts. 6º, § 7º-A, combinados com o art. 49, § 3º, parte final, da Lei 11.101/2005, estabelecem, em relação ao credor titular da posição de proprietário fiduciário de bens, a competência do juízo da recuperação judicial para determinar a suspensão dos atos de constrição que recaiam sobre bens de capital essenciais à manutenção da atividade empresarial durante o prazo de blindagem. Isso porque é vedada a venda ou retirada do estabelecimento do devedor os bens de capital ao longo da suspensão das ações e execuções prevista no art. 6º, § 4º, da LFRE. 2. Consoante a jurisprudência do STJ, se determinado bem não puder ser classificado como bem de capital, ao juízo da recuperação não é dado fazer nenhuma inferência quanto à sua essencialidade para fins de aplicação da ressalva contida na parte final do § 3º do art. 49 da Lei 11.101/2005. Os grãos cultivados e comercializados (soja) pelo produtor rural – como na hipótese – são o produto final da atividade empresarial por ele desempenhada e, por isso, não atraem a incidência da ressalva prevista na parte final do § 3º do art. 49 da Lei 11.101/2005. 3. Agravo interno não provido."

[140] ORTIZ, Antonio Carlos *et al*. Propensity for premature filing for judicial financial recovery in large-scale agriculture in Brazil. *Internacional Food and Agribusiness Management Review*, v. 24, Issue 4, 2021.

[141] LENNON, Seane. Recuperações judiciais no agro quase triplicam em 2024. *Agrolink*, 1º abr. 2025. Disponível em: https://www.agrolink.com.br/noticias/recuperacoes-judiciais-no-agro-quase-triplicam-em-2024_500735.html. Acesso em: abr. 2025.

máquinas agrícolas e indústria de máquinas agrícolas também estão englobados no rol de companhias que sofreram com a instabilidade do setor e buscaram a solução por meio da recuperação judicial. Foram 321 empresas não produtoras que ingressaram com o pedido em 2024.[142] A situação indica que, neste ano de 2025, o cenário desafiador demandará ainda mais resiliência dos agentes econômicos na relação com o mercado, em especial *tradings*, cerealistas, revendas e distribuidores e fundos de investimentos especializados, projetando a continuidade do crescimento de pedidos de recuperação judicial.

Não só os produtores rurais de pessoas jurídicas recorreram a essa solução, mas também as pessoas físicas. O número de pessoas físicas que entraram com pedido de recuperação judicial em 2023 inteiro foi de 127, e somente no primeiro trimestre de 2024 o número foi de 106 pedidos. O Estado de Mato Grosso é o que apresenta maior incidência desses pedidos, seguido por Goiás, Minas Gerais, Paraná e Mato Grosso do Sul. A produção de soja foi a mais afetada, obtendo destaque no número de pedidos por pessoas físicas produtoras, vindo em seguida a pastagem e o café. Em matéria de pessoas jurídicas, os Estados de São Paulo, Mato Grosso, Minas Gerais, Paraná e Goiás se destacaram, por meio dos produtores de soja, bovinos, cana-de-açúcar, cereais e café.[143]

A Lei n. 14.112/2020, além de diversas mudanças promovidas no ambiente recuperacional, confirmou a legitimação do produtor rural a ajuizar pedido de recuperação judicial, conforme os §§ 2º e 3º do art. 48 da LRF. Foi ratificado pelo Tema Repetitivo 1.145/STJ[144] o entendimento de que o produtor rural que exerce sua atividade de forma empresarial por mais de dois anos pode requerer a recuperação judicial, desde que esteja inscrito na Junta Comercial no momento da formalização do pedido, independentemente do tempo de registro dessa inscrição. O tempo de exercício da atividade empresarial, e não o tempo de registro na Junta Comercial, é o fator determinante para o direito de acesso à recuperação judicial.[145]

Além da comprovação da prática de atividade rural em caráter empresarial pelo período mínimo de dois anos por meio dos documentos elencados nos §§ 3º, 4º e 5º do art. 48, o produtor rural precisa comprovar na petição inicial a sua crise de insolvência,[146] conforme disposto no § 6º do art. 51 da Lei:

---

[142] LENNON, Seane. Recuperações judiciais no agro quase triplicam em 2024. *Agrolink*, 1º abr. 2025. Disponível em: https://www.agrolink.com.br/noticias/recuperacoes-judiciais-no-agro-quase-triplicam-em-2024_500735.html. Acesso em: abr. 2025.

[143] SERASA EXPERIAN. *Recuperações judiciais no agronegócio*. 28 jun. 2024.

[144] Tese jurídica do Tema Repetitivo 1145/STJ: "Ao produtor rural que exerça sua atividade de forma empresarial há mais de dois anos é facultado requerer a recuperação judicial, desde que esteja inscrito na Junta Comercial no momento em que formalizar o pedido recuperacional, independentemente do tempo de seu registro".

[145] WAISBERG, Ivo. A viabilidade da recuperação judicial do produtor rural. *Revista do Advogado*, v. 36, n. 131, p. 83, out. 2016.

[146] Crise de insolvência definida na LRF: insuficiência de recursos financeiros ou patrimoniais com liquidez suficiente para saldar as dívidas contraídas.

Art. 48, § 3º Para a comprovação do prazo estabelecido no *caput* deste artigo, o cálculo do período de exercício de atividade rural por pessoa física é feito com base no Livro Caixa Digital do Produtor Rural (LCDPR), ou por meio de obrigação legal de registros contábeis que venha a substituir o LCDPR, e pela Declaração do Imposto sobre a Renda da Pessoa Física (DIRPF) e balanço patrimonial, todos entregues tempestivamente.

§ 4º Para efeito do disposto no § 3º deste artigo, no que diz respeito ao período em que não for exigível a entrega do LCDPR, admitir-se-á a entrega do livro-caixa utilizado para a elaboração da DIRPF.

§ 5º Para os fins de atendimento ao disposto nos §§ 2º e 3º deste artigo, as informações contábeis relativas a receitas, a bens, a despesas, a custos e a dívidas deverão estar organizadas de acordo com a legislação e com o padrão contábil da legislação correlata vigente, bem como guardar obediência ao regime de competência e de elaboração de balanço patrimonial por contador habilitado.

Há precedentes judiciais com decisão cassada, a qual concedeu recuperação judicial à empresa, que possuía dívidas da companhia não prescritas nos documentos societários e fiscais.

Recurso de agravo de instrumento. Ação de recuperação judicial. Decisão que concedeu a recuperação judicial. Utilização de dívida oriunda de atividade que não está prescrita nos documentos societários. Laudo de constatação prévia ineficaz. Decisão cassada. Recurso provido. 1. É incontroverso que a parte recorrida argumentou na inicial da ação de recuperação que passou a ter prejuízos decorrentes da compra e venda de imóveis rurais, atividade que não é prevista como sendo uma das atividades da parte recorrida. 2. No caso concreto, não se olvida acerca da possibilidade de a parte agravada ter tido prejuízo também no setor da pecuária, porém, a questão que leva a tornar ineficaz o laudo reside no fato de a parte agravada ter fundamentado o pedido de recuperação judicial também em atividade que não se consta dos documentos societários, o que foi atestado pelo próprio perito. 3. Decisão cassada. 4. Recurso provido (1008537-48.2024.8.11.0000, 1ª Câmara de Direito Privado, Câmaras Isoladas Cíveis de Direito Privado, Sebastião Barbosa Farias, j. 16.07.2024, *DJe* 22.07.2024).

Apesar da estipulação clara em Lei da documentação necessária para ajuizamento de pedido de recuperação judicial por produtores rurais, os tribunais estaduais têm flexibilizado os requisitos legais e deferido o processamento da recuperação judicial de produtores mesmo nos casos em que não é apresentada a documentação completa. É exemplo o Tribunal de Justiça de Minas Gerais que, em julgamento do Agravo de Instrumento 2370167-63.2021.8.13.0000, determinou que "não constituiu óbice ao deferimento do processamento da recuperação judicial a carência da documentação exigida pela Lei 11.101/2005, a ser posteriormente apresentada pelo recuperando, sobretudo quando existe parecer técnico atestando que os requisitos legais foram cumpridos".[147]

---

[147] O Tribunal de Justiça de Rondônia, em decisão que negou o efeito suspensivo ao Agravo de Instrumento 0803163-63.2023.8.22.0000, no mesmo sentido, determinou que, "em que pese as alegações do agravante em apontar a ausência de documentos necessários para o ingresso do

Em contrapartida à flexibilização dos requisitos, também é possível identificar posicionamentos reafirmando a taxatividade do rol de documentos obrigatórios para processamento da recuperação judicial. Em julgado do Tribunal do Mato Grosso do Sul,[148] indeferiu-se o processamento da recuperação judicial e reiterou-se a obrigatoriedade de comprovação do exercício regular da atividade rural, mediante apresentação de todos os documentos introduzidos pela Lei n. 14.112/2020, reiterando-se que "não basta exercer a atividade por dois anos, mas é necessário que essa atividade seja regular. Por isso a exigência de registros contábeis e que esses documentos tenham sido apresentados tempestivamente".

Também, em acórdão do Tribunal de São Paulo, a 2ª Câmara Reservada de Direito Empresarial[149] reafirmou que documentos diversos daqueles previstos legalmente, tais como contratos de arrendamento, não são suficientes para comprovar o exercício da atividade rural regular pelo biênio legal, e conclui: "A qualidade de arrendatários de terras ou de corresponsáveis em contratos de financiamento ou, ainda, a compra eventual de mudas para plantio não os qualifica como produtos rurais ou como empresários", de modo que a comprovação desse exercício se faz na forma prevista nos mencionados §§ 3º, 4º e 5º do art. 48 da LRF.

Com a decisão proferida pela Quarta Turma do STJ, no paradigmático caso do Grupo JPupin, foi reconhecido que o produtor rural, pessoa natural ou jurídica, na ocasião do pedido de recuperação judicial, não precisaria estar inscrita há mais de dois anos no Registro Público de Empresas Mercantis,[150] de forma a tal favor legal sujeitar todos os créditos existentes na data do pedido, inclusive os anteriores à data da inscrição.

> O produtor rural, por não ser empresário sujeito a registro, está em situação regular, mesmo ao exercer atividade econômica agrícola antes de sua inscrição, por ser esta para ele facultativa. 2. Conforme os arts. 966, 967, 968, 970 e 971 do Código Civil, com a inscrição, fica o produtor rural equiparado ao empresário comum, mas com direito a "tratamento favorecido, diferenciado e simplificado (...), quanto à inscrição e aos efeitos daí decorrentes". 3. Assim, os efeitos decorrentes da inscrição são distintos para as duas espécies de empresário: o sujeito a registro e o não sujeito a registro. Para o empreendedor rural, o registro, por ser facultativo, apenas o transfere do regime do Código Civil para o regime empresarial, com o efeito constitutivo de "equipará-lo, para todos os efeitos, ao empresário sujeito a registro", sendo tal efeito constitutivo

---

pedido de recuperação judicial pelos agravados, o laudo de constatação prévia considerou os documentos necessários de acordo com a pontuação e percentual de conformidade".

[148] TJMS, Agravo de Instrumento 1400474-10.2022.8.12.0000, 3ª Câmara Cível, Rel. Des. Dorival Renato Pavan, j. 12.05.2022)

[149] TJSP, Agravo de Instrumento 2056458-71.2021.8.26.0000, 2ª Câmara Reservada de Direito Empresarial, Rel. Des. Ricardo Negrão, j. 19.10.2021.

[150] Há, aqui, dissonância com a disposição civilista que, em seu art. 967, prevê: "É obrigatória a inscrição do empresário no Registro Público de Empresas Mercantis da respectiva sede, antes do início de sua atividade".

apto a retroagir (*ex tunc*), pois a condição regular de empresário já existia antes mesmo do registro. Já para o empresário comum, o registro, por ser obrigatório, somente pode operar efeitos prospectivos, *ex nunc*, pois apenas com o registro é que ingressa na regularidade e se constitui efetivamente, validamente, empresário. 4. Ficou decidido no julgamento do REsp n. 1.800.032/MT, que após obter o registro e passar ao regime empresarial, fazendo jus a tratamento diferenciado, simplificado e favorecido quanto à inscrição e aos efeitos desta decorrentes (CC, arts. 970 e 971), adquire o produtor rural a condição de procedibilidade para requerer recuperação judicial, com base no art. 48 da Lei 11.101/2005 (LRF), bastando que comprove, no momento do pedido, que explora regularmente a atividade rural há mais de 2 (dois) anos. Pode, portanto, para perfazer o tempo exigido por lei, computar aquele período anterior ao registro, pois tratava-se, mesmo então, de exercício regular da atividade empresarial. 5. Pelas mesmas razões, não se pode distinguir o regime jurídico aplicável às obrigações anteriores ou posteriores à inscrição do empresário rural que vem a pedir recuperação judicial, ficando também abrangidas na recuperação aquelas obrigações e dívidas anteriormente contraídas e ainda não adimplidas. 6. Agravo interno não provido (STJ, AgInt no REsp 1.834.452/MT, 4ª Turma, Rel. Min. Luis Felipe Salomão, j. 23.02.2021, *DJe* 02.03.2021).

Dados o precedente citado e a necessária regulamentação, ainda que pontual, justificaram-se as mudanças legais promovidas pela Lei n. 14.112/2020, como citado anteriormente, visando assim melhor ambiente de negócios, já que tocam em requisitos mínimos subjetivos para legitimação e objetivos quanto aos credores extraconcursais.

Com a modificação operada no § 2º e a inclusão do § 3º no art. 48 da Lei n. 11.101/2005, passou a ser possível a comprovação do exercício da atividade empresarial por dois anos, mediante a apresentação de Escrituração Contábil Fiscal (ECF) ou por meio de obrigação legal de registros contábeis. Admitiu-se que o cálculo do exercício de atividade rural por pessoa física fosse feito com base em Livro-Caixa Digital do Produtor Rural (LCDPR),[151] ou substituto, e pela Declaração de Imposto de Renda Pessoa Física (DIRPF), bem como balanço patrimonial. Com a ausência da comprovação da atividade empresarial rural por meio desses documentos, o pedido de recuperação judicial deve ser negado por falta de legitimidade.[152] No entanto, já foi discutida, em caráter judicial, a relativização do rol taxativo, permitindo o processamento da

---

[151] "Após oportunizada a juntada dos documentos que comprovam os requisitos faltantes, ausentes o Livro-Caixa Digital (LCDPR) em exercício financeiro em que era obrigatório com relação a um dos requerentes e os Livros-Caixas de ambos os exercícios com relação ao outro, o balanço patrimonial de ambos os requerentes e a prova da situação de crise, deve ser indeferido o pedido de processamento da recuperação judicial" (TJMS, Agravo de Instrumento 1417215-62.2021.8.12.0000, 09.03.2022).

[152] "Decisão que afastou a legitimidade dos agravantes ao pedido recuperatório em consolidação por ausência de demonstração do requisito de exercício da atividade há mais de dois anos. Pretensão à reforma sob o argumento de se encontrarem nos autos documentos que comprovam essa qualidade. Comprovação inexistente. Exegese do disposto nos parágrafos 3º, 4º e 5º do art. 48 da LREF" (TJSP, Agravo de Instrumento 2056458-71.2021.8.26.0000, 19.10.2021).

recuperação, mesmo sem a apresentação dos documentos necessários e comprobatórios.[153] A disposição, dessa forma, tem como objetivo o afastamento da obscuridade incidente nos pedidos de recuperação judicial e gerar parâmetros concretos para a concessão da recuperação judicial, afastando qualquer dúvida sobre a situação patrimonial do devedor.

Com o objetivo de permitir que o pequeno produtor rural, cumprindo os requisitos legais, acesse a recuperação judicial, foi acrescido o art. 70-A à Lei n. 11.101/2005 com a seguinte redação: "O produtor rural de que trata o § 3º do art. 48 desta Lei poderá apresentar plano especial de recuperação judicial, nos termos desta Seção, desde que o valor da causa não exceda R$ 4.800.000,00 (quatro milhões e oitocentos mil reais)".[154] Com base no procedimento existente para recuperação das pequenas e microempresas (arts. 70 a 72 da LRE), há um ponto importante que concede ao pequeno e o médio produtor rural a possibilidade de acessar o instituto da recuperação judicial – desde que devidamente fundamentado seu pedido –, conferindo-lhe potencial de efetivamente recuperar-se com menores custos e simplificação de procedimentos na tramitação desse novo regime.

O plano especial passa a dever ser apresentado no prazo de 60 dias, a contar da decisão de processamento da recuperação judicial, limitando-se a abranger todos os créditos existentes no momento do pedido, ainda que não vencidos, porém excetuados os decorrentes de repasse de recursos oficiais, os fiscais e os previstos nos §§ 3º e 4º do art. 49 da LRE. Ainda, esse plano terá prazo máximo de 36 parcelas mensais, devendo ser o pagamento da primeira parcela efetuado em até 180 dias a contar da distribuição do pedido de recuperação judicial, porém o pedido de recuperação não é capaz de suspender a prescrição das dívidas às ações e execuções de créditos que não são abrangidos pelo plano.

Nos casos em que se opta pelo plano especial de recuperação, a convocação de assembleia geral de credores para discussão do apresentado é afastada, cabendo ao magistrado da causa decidir sobre a concessão ou não do pleito. Uma vez atendidas às exigências legais, é possível que o juiz julgue improcedente o pedido de recuperação judicial, decretando a falência do devedor caso existam objeções (art. 55 da LRE) de

---

[153] "Agravo de instrumento. Recuperação judicial. Documentos faltantes. Ausência de inviabilidade do processamento. A ausência de documento exigido pela Lei n. 11.101/2005 não inviabiliza o processamento da recuperação judicial quando outros presentes atestam que os requisitos legais foram cumpridos. Poderão ser juntados posteriormente a inicial os documentos que se fizerem necessários para complementar os autos e atendem as exigências da norma recuperanda."

[154] Sobre os valores, inicialmente pretendia-se que o plano atendesse ao pequeno e médio produtor, sendo abrangidas por plano especial dívidas que totalizassem até R$ 10.000.000,00. No entanto, em razão das especificidades do caso e, principalmente, da inexistência da assembleia geral de credores, importante a limitação. Também, como a lei não prevê nenhuma especialidade no modelo de recuperação judicial de pequeno produtor rural, seguimos pela aplicação da legislação geral, com inexistência de disposições acerca de audiência conciliatória prévia.

credores titulares de mais da metade de qualquer uma das classes, consoante disposição do art. 45 da LRE.

Ainda, foi promovida alteração no § 5º do art. 24 da Lei n. 11.101/2005, que passa a vigorar com a seguinte redação: "A remuneração do administrador judicial fica reduzida ao limite de 2% (dois por cento), no caso de microempresas e de empresas de pequeno porte, bem como na hipótese de que trata o art. 70-A desta Lei". A alteração insurge com o objetivo de convolar o benefício do limite percentual à remuneração do administrador judicial e também aos casos de recuperação judicial de produtor rural inserido em plano especial. O objetivo é diminuir os custos que circundam a recuperação judicial, permitindo que esta seja acessível a um maior número de indivíduos.

CAPÍTULO 6

SISTEMA PÚBLICO E CRÉDITO RURAL

6.1. CRÉDITO RURAL, CARACTERÍSTICAS E OPERACIONALIZAÇÃO

O crédito rural foi institucionalizado pela Lei n. 4.829, de 5 de novembro de 1965.[1] O Conselho Monetário Nacional (CMN) ficou responsável por ele, implementando o Sistema Nacional de Crédito Rural (SNCR). A Constituição Federal, em seu art. 187, I, determina que a política agrícola deve ser planejada e executada de acordo, também, com os instrumentos creditícios e fiscais. Além disso, a Lei de Política Agrícola (Lei n. 8.171/1991), em seu art. 4º, elenca o crédito rural e a tributação e incentivos fiscais como ações e instrumentos de política agrícola. Até esse momento, sua execução estava sob a responsabilidade do Banco do Brasil, por meio da Carteira de Crédito Agrícola e Industrial,[2] criada em 1935. De forma geral, o crédito rural pode ser apresentado como o suprimento de recursos financeiros originados de instituições financeiras públicas e privadas, como Banco Nacional de Desenvolvimento Econômico e Social (BNDES),[3] bancos privados, agências de fomento, Caixa Econômica Federal, entre outros. Conforme a Lei n. 4.829/1965, art. 2º, considera-se crédito rural o suprimento de recursos financeiros, por entidades públicas e estabelecimentos de créditos particulares, a produtores rurais ou a suas cooperativas, para aplicação exclusiva em atividades que se enquadrem nos objetivos legais pretendidos.

Em outras palavras, o crédito rural, organizado pelo SNCR, representa empréstimo qualificado destinado a produtores rurais e suas cooperativas, para aplicação exclusiva

---

[1] Art. 1º, Lei n. 4.829/1965. "O crédito rural, sistematizado nos têrmos desta Lei, será distribuído e aplicado de acôrdo com a política de desenvolvimento da produção rural do País e tendo em vista o bem-estar do povo."

[2] Instituída pela Lei n. 454/1937, a Carteira de Crédito Agrícola e Industrial autorizava o Tesouro Nacional a subscrever novas ações do Banco do Brasil, até a importância de 100 mil réis, e a emitir "bônus" para financiamento da agricultura e outras indústrias.

[3] Empresa pública federal vinculada ao Ministério do Desenvolvimento, Indústria, Comércio e Serviços, o BNDES é o principal instrumento do governo para financiamento de longo prazo e investimento nos segmentos da economia. Sendo um dos maiores bancos de investimento do mundo, o BNDES é destinado à promoção economia e social de um governo.

que respeite as condições e as finalidades estabelecidas pelo Manual de Crédito Rural (MCR): custeio, investimento, comercialização e industrialização.[4] Os tomadores aqui são produtores rurais (pessoa física ou jurídica) e suas associações, cooperativas de produtores rurais e pessoa física ou jurídica que se dedique a atividades correlatas às atividades agrárias. Já no art. 3º da Lei n. 4.829/1965 estão destacados os objetivos do crédito rural que são: (i) estimular o incremento ordenado dos investimentos rurais, inclusive para armazenamento, beneficiamento e industrialização dos produtos agropecuários, quando efetuados por cooperativas ou pelo produtor na sua propriedade rural; (ii) favorecer o custeio oportuno e adequado da produção e a comercialização dos produtos agropecuários; (iii) possibilitar o fortalecimento econômico dos produtores, notadamente considerados ou classificados como pequenos e médios; e (iv) incentivar a introdução de métodos racionais de produção, visando o aumento da produtividade e a melhoria do padrão de vida das populações rurais e a adequada defesa do solo.

Ao CMN compete formular a política creditícia a ser aplicada no SNCR em consonância com as diretrizes governamentais de desenvolvimento agropecuário, estabelecendo com exclusividade normas operativas traduzidas em avaliação, origem e dotação dos recursos a serem aplicados no crédito rural; diretrizes e instruções relacionadas com a aplicação e controle do crédito rural; critérios seletivos e de prioridade para a distribuição do crédito rural; e fixação e ampliação dos programas de crédito rural, abrangendo todas as formas de suplementação de recursos, inclusive refinanciamento (art. 4º, Lei n. 4.829/1965). As decisões desse Conselho são divulgadas por meio de resoluções do Bacen e operacionalizadas pelas instituições financeiras integrantes do sistema. Atuando como instrumento de planejamento da produção, o SNCR visa evitar gargalos no fornecimento de bens primários aos setores correlatos, inclusive a oferta de divisas para a importação de bens de capital e se organiza em órgãos básicos, vinculados e articulados.[5]

As finalidades e os direcionamentos do crédito rural se dividem em quatro principais blocos (art. 9º da Lei n. 4.829/1965), sendo:

(1) Crédito de custeio: destinado a cobrir despesas normais de um ou mais períodos de produção agrícola ou pecuária (art. 9º, I, da Lei n. 4.829/1965), ainda,

---

[4] O MCR prevê que o crédito rural tenha as seguintes finalidades: (i) crédito de custeio, que se destina a cobrir despesas comuns de ciclos produtivos; (ii) crédito de investimento, destinado à aplicação em bens e serviços, os quais serão desfrutados por vários períodos de produção; e (iii) comercialização e industrialização, responsável por converter em espécie os títulos oriundos de sua venda ou cobrir despesas próprias da fase posterior à colheita, respectivamente.

[5] (i) Órgãos básicos: Bacen, Banco do Brasil, Banco da Amazônia e Banco do Nordeste; (ii) órgãos vinculados: BNDES, Caixa Econômica Federal, bancos estaduais e privados, agências de fomento, cooperativas autorizadas e sociedades de crédito; e (iii) órgãos articulados: entidades de prestação de assistência técnica, cujos serviços as instituições financeiras (IF) venham a utilizar em conjugação com o crédito, mediante convênio.

nos termos do MCR, poderão ser destinados ao atendimento das despesas normais do ciclo produtivo de lavouras periódicas, da entressafra de lavouras permanentes ou da extração de produtos vegetais espontâneos ou cultivados e de exploração pecuária (MCR 3-2 item 2).[6]

(2) Crédito de comercialização: destinados, isoladamente, ou como extensão do custeio, a cobrir despesas próprias da fase sucessiva à coleta da produção, sua estocagem, transporte ou à monetização de títulos oriundos da venda pelos produtores (art. 9º, III, Lei n. 4.829/1965). Esses têm por objetivo viabilizar ao produtor rural ou às suas cooperativas agropecuárias os recursos necessários à comercialização de seus produtos no mercado (MCR 3-4 item 1).[7]

(3) Crédito de investimento: destinados a inversões em bens e serviços cujos desfrutes se realizem no curso de vários períodos. Classifica-se como crédito de investimento rural o financiamento com predominância de verbas para inversões fixas e semifixas em bens e serviços relacionados com a atividade agropecuária, ainda que o orçamento consigne recursos para custeio (MCR 3-3 item 1).[8]

(4) Crédito de industrialização: destinados a produtor rural para a industrialização de produtos agropecuários em sua propriedade rural, desde que, no mínimo, 50% da produção a ser beneficiada ou processada seja de produção

---

[6] "Admite-se financiar como itens de custeio: a) agrícola: I – despesas de soca e ressoca de cana-de-açúcar, abrangendo os tratos culturais, a colheita e os replantios parciais; II – a aquisição antecipada de insumos; III – aquisição de silos (*bags*), limitada a 5% (cinco por cento) do valor do custeio;

b) pecuário: I – aquisição de animais para recria e engorda, quando se tratar de empreendimento conduzido por produtor rural independente; II – aquisição de insumos, em qualquer época do ano; III – despesas para colocação de brincos numerados e cápsulas de microchip nos animais;

c) agrícola e pecuário: I – despesas com aquisição de insumos para restauração e recuperação das áreas de reserva legal e das áreas de preservação permanente, inclusive controle de pragas e espécies invasoras, manutenção e condução de regeneração natural de espécies nativas e prevenção de incêndios; II – aquisição de bioinsumos definidos no âmbito do Programa Nacional de Bioinsumos, inclusive de inoculantes para a fixação biológica de nitrogênio; III – despesas para manutenção de infraestrutura de rede, de plataformas e de soluções digitais de gestão de dados e conectividade, quando relacionadas à atividade financiada.

4 – Para efeito de crédito de custeio, a apicultura, a avicultura, a piscicultura, a sericicultura, a aquicultura e a pesca comercial são consideradas exploração pecuária.

[7] 3 – O crédito de pré-comercialização: a) consiste no suprimento de recursos a produtores rurais ou a suas cooperativas para atender as despesas inerentes à fase imediata à colheita da produção própria ou de cooperados; b) visa a permitir a venda da produção sem precipitações nocivas aos interesses do produtor, nos melhores mercados, mas não pode ser utilizado para favorecer a retenção especulativa de bens, notadamente em caso de escassez de produtos alimentícios para o abastecimento interno; c) pode ser concedido isoladamente ou como extensão do custeio; d) tem prazo máximo de 240 (duzentos e quarenta) dias."

[8] Para conhecer os investimentos financiáveis, checar itens 2 e 3 do MCR, Capítulo 3, Seção 3.

própria, ou, em caso de cooperativas, com a condição de que, no mínimo, 50% da produção a ser beneficiada ou processada seja de produção própria ou de associados (MCR 3-5 item 1).[9]

Apenas os bancos comerciais e múltiplos com carteira comercial, compulsoriamente, operam nesse segmento com recursos próprios, com referencial dos volumes médios dos depósitos à vista e outros recursos de terceiros, conforme a exigibilidade periodicamente apurada. Os bancos, caso não queiram aplicar em crédito rural, podem optar por ter os recursos dessa exigibilidade depositados no Banco Central sem qualquer remuneração.

A origem dos recursos segue disposição apresentada no MCR, que os segmenta em recursos direcionados e livres. Os recursos direcionados são, portanto, divididos em controlados e não controlados. Os controlados possuem taxas de juros fixadas pelo CMN e podem, ainda, ser divididos em (i) obrigatórios e (ii) não obrigatórios. Os recursos obrigatórios são aqueles destinados a operações de crédito rural, provenientes do Valor Sujeito a Recolhimento (VSR) relativo aos de depósito à vista, apurados na forma da regulamentação aplicável[10] – detêm a obrigatoriedade de aplicação pelas instituições financeiras. Os recursos não obrigatórios, por sua vez, podem ser exemplificados pelos Fundos Constitucionais e pelos recursos equalizados pelo governo federal – inclusive os administrados pelo BNDES.[11]

Os recursos não controlados financiam operações com taxas livremente pactuadas pelo mercado (taxas livres). Cabe ao CMN apenas a determinação do percentual de direcionamento dos recursos captados pelas instituições financeiras (IFs), sem a fixação de juros, prazo ou limite. Os recursos livres, por sua vez, estão previstos na Seção 3, do Capítulo 6, do MCR[12] e correspondem a uma liberalidade das instituições financeiras,

---

[9] "2 – Admite-se financiar como itens de industrialização: a) beneficiamento, a exemplo das ações de limpeza, secagem, pasteurização, refrigeração, descascamento e padronização dos produtos, entre outras; b) aquisição de insumos, a exemplo de embalagens, rótulos, condimentos, conservantes, adoçantes, entre outros; c) despesas com mão de obra, manutenção e conservação de equipamentos e aquisição de materiais secundários indispensáveis ao processamento industrial; e d) seguro e impostos referentes ao processo de industrialização."

[10] Seção 2, Capítulo 6, do Manual de Crédito Rural, 1 – Para os efeitos do art. 21 da Lei n. 4.829, de 5 de novembro de 1965, recursos obrigatórios são aqueles destinados a operações de crédito rural, provenientes do Valor Sujeito a Recolhimento (VSR) relativo aos recursos à vista, apurado na forma da regulamentação aplicável.

[11] CONFEDERAÇÃO DA AGRICULTURA E PECUÁRIA DO BRASIL. *Guia de Crédito Rural*. Safra 2017/2018.

[12] Seção 3, Capítulo 6, do Manual de Crédito Rural: "1 – Constituem o objeto desta Seção as operações de crédito rural realizadas com a utilização de recursos livres das instituições financeiras, contratadas a taxas livremente pactuadas, não amparadas por subvenção econômica da União na forma de equalização de taxas de juros e outros encargos financeiros.

2 – Podem ser aplicados em operações de crédito rural, nas condições previstas nesta Seção, os recursos próprios ou captados pela instituição financeira, inclusive no exterior ao amparo da

sendo contratados a taxas livres, desassociados da subvenção econômica da União na forma de equalização de taxas de juros. É modelo em ascensão. No entanto, ainda que se originem de uma liberalidade, só podem ser aplicados por instituições que deem cumprimento à previsão do item 5 do MCR 6-3,[13] em especial que (i) possuam autorização para operar em crédito rural; (ii) observem a legislação e a regulamentação relativas ao cumprimento de exigências socioambientais e de regularidade cadastral do tomador de recursos; (iii) atenham-se aos princípios da economicidade e do caráter produtivo da aplicação dos recursos; (iv) que exijam a apresentação de orçamento de aplicação nas atividades específicas, entre outros requisitos. Há, aqui, modelo de

---

Resolução n. 3.844, de 23 de março de 2010, não enquadrados entre os recursos controlados do crédito rural.

3 – Os créditos concedidos com recursos livres podem ter por objeto operações de custeio, de investimento, de comercialização ou de industrialização, envolvendo quaisquer produtos de origem vegetal ou animal, inclusive os obtidos em atividades extrativistas.

4 – Os créditos concedidos com recursos livres podem ser destinados também ao financiamento de: a) construção e reforma de imóveis destinados a moradia e alojamento do produtor e dos trabalhadores empregados nas propriedades rurais; b) atividades produtivas diversas no imóvel rural, classificados como de custeio, de investimento, de industrialização ou de comercialização segundo a predominância de sua destinação".

[13] Seção 3, Capítulo 6, do Manual de Crédito Rural: "5 – Para a realização de operação de crédito rural objeto desta Seção, a instituição financeira deve observar as seguintes condições e procedimentos:

a) possuir autorização para operar em crédito rural;

b) observar a legislação e a regulamentação relativas ao cumprimento de exigências socioambientais e de regularidade cadastral incidentes sobre o beneficiário ou o imóvel de localização do empreendimento, conforme disposto no MCR 2-9;

c) ater-se aos princípios da economicidade e do caráter produtivo da aplicação dos recursos;

d) exigir a apresentação de orçamento de aplicação nas atividades específicas;

e) proceder à contabilização e ao controle das operações, bem como ao seu monitoramento e à sua fiscalização, observadas as disposições do MCR 2-7 e do MCR 2-8;

f) proceder à abertura de conta vinculada a cada crédito concedido, exceto no caso de desconto;

g) emitir os instrumentos financeiros previstos pela regulamentação para a formalização de operações de crédito rural, admitida a inclusão, no mesmo instrumento ou separadamente, de créditos para finalidades diversas;

h) incluir, no respectivo instrumento contratual, cláusulas estabelecendo para o beneficiário as seguintes obrigações: I – aplicar os recursos somente em itens compatíveis com as finalidades da operação, entre as elencadas nos itens 3 e 4; II – conservar, à disposição da instituição financeira, os comprovantes das aquisições e despesas referentes ao empreendimento financiado, no mínimo até 1 (um) ano após a quitação da dívida;

i) registrar as coordenadas geodésicas (CG) do empreendimento; (Res CMN n. 4.901 art. 1º.)

j) apurar os saldos diários das operações de crédito rural com recursos livres conforme o disposto no MCR 2-3-4 e MCR 2-3-5".

empréstimo qualificado em razão exigência de que o mutuário seja um produtor rural e que o valor emprestado seja destinado especificamente à agricultura.

As taxas efetivas de juros praticadas no crédito rural[14] com os recursos obrigatórios e controlados giram em torno de 6,75% ao ano no caso dos programas de custeio e comercialização, de acordo com a Resolução n. 3.475, de 4 de julho de 2007, do Banco Central do Brasil. As taxas efetivas de juros dos recursos não controlados são livremente pactuadas entre as partes. As Resoluções do Banco Central do Brasil n. 3.137, de 31 de outubro de 2003, e n. 3.208, de 24 de junho de 2004, e alterações posteriores estabeleceram as condições e os limites para o direcionamento dos recursos controlados do crédito rural, além de instituir uma nova Linha Especial de Crédito (LEC) para os produtos beneficiários da Política de Garantia de Preços Mínimos (PGPM)[15] ao

---

[14] O percentual de taxas de juros é definido a cada plano safra, assim conforme a Taxa Selic e percentual de equalização de acordo com linha do Tesouro Nacional dentro do orçamento público.

[15] O Programa de Garantia de Preços Mínimos (PGPM) visa oferecer ao produtor uma proteção para os preços recebidos pelos produtos agrícolas. O preço para cada produto coberto pela política é anunciado antes do início do plantio e, teoricamente, define um piso para os preços recebidos pelos produtores: o "preço mínimo". A política de preços mínimos é operacionalizada por meio dos Empréstimos do Governo Federal (EGF) e das Aquisições do Governo Federal (AGF). A partir dos anos 1990, como será visto adiante, novos instrumentos foram criados para promover a sustentação de preços mínimos de garantia aos produtores.

As chamadas Aquisições do Governo Federal (AGF) são o instrumento de garantia do preço mínimo, pois por meio dessa operação o poder público adquire, ao preço mínimo, a produção. Em outras palavras, se os preços de mercado ficarem abaixo do mínimo, o governo deve pagar aos produtores o preço mínimo, adquirindo a produção e mantendo-a em estoque estratégico. Assumindo que o preço mínimo reflita o preço de equilíbrio de longo prazo do mercado, o preço de mercado não ficaria abaixo do mínimo, em razão de desequilíbrios sazonais entre oferta e demanda, mas em decorrência de um excesso estratégico, que pode ser uma produção excedente em relação à demanda anual e às necessidades de manutenção de nível normal dos estoques. Nesse caso, esse excedente seria retirado de circulação por meio das aquisições governamentais (AGF) e transformado em estoque estratégico que só voltaria ao mercado quando o oposto ocorrer, ou seja, a oferta ficar abaixo da demanda em razão de quebras de safra, choque de consumo etc. A aquisição pode ser direta (quando o produtor decide entregar a produção diretamente ao governo, em geral, no período da colheita) ou indireta, quando um Empréstimo do Governo Federal com Opção de Venda (EGF-cov, como veremos a seguir) é liquidado por meio da entrega da produção estocada.

O Empréstimo do Governo Federal (EGF) faz parte do PGPM e é um crédito para a comercialização da safra cuja finalidade é permitir que os produtores retenham parte de sua produção para vender nos meses de entressafra, quando se espera que os preços já tenham se recuperado da queda normal que ocorre durante a colheita, o que reduz a oferta sazonal e a pressão baixista sobre os preços de mercado em benefício do conjunto dos produtores. O governo brasileiro tem utilizado duas modalidades de EGF: EGF-cov (com opção de venda) e EGF-sov (sem opção de venda). Caso os preços não se recuperem, os produtores têm a alternativa de transformar um EGF-cov em AGF, entregando ao governo definitivamente a parte mantida em estoque de sua produção e liquidando assim o empréstimo de comercialização. O EGF-sov tem se destinado a um público mais amplo, envolvendo produtores, cooperativas, beneficiadores e indústrias. A opção de transformar um EGF-sov em uma AGF não está automaticamente disponível.

amparo dos recursos obrigatórios; mais recentemente, porém, ambas as Resoluções foram revogadas pela Resolução CMN n. 4.903/2021. Os subsídios sobre a taxa de juros de mercado têm o sentido de comando sobre os incentivos e mecanismos de racionamento entre os tomadores, para reduzir os elementos de risco ao fomento que inibiriam o volume de produção destinado aos mercados e os investimentos transformadores do sistema de produção agroindustrial.

O mecanismo alternativo de racionamento utilizado no SNCR foi o de controle sobre a operação individual de crédito, introduzindo limites de desembolso por unidade de área financiada (nas operações de custeio e comercialização) ou pelo valor do bem de capital financiado nas operações de investimento. O agente de crédito, a instituição bancária e o gerente operador da carteira vão desenvolver métodos alternativos de captação de parte do benefício transferido para o tomador do crédito: o produtor. A partir da vigência da Lei n. 4.829/1965, o crédito rural passou a ser concedido em sintonia com a Política Nacional de Desenvolvimento da Produção Agropecuária. A concessão do crédito rural é efetuada sob controle técnico, jurídico e funcional, sendo atendido por equipes nas instituições financeiras especialmente formadas e que não podem se descuidar da observância rigorosa das condições, requisitos e finalidades de sua estrutura funcional. O crédito rural é o suprimento de recursos financeiros para aplicação nas finalidades e condições estabelecidas no Manual do Crédito Rural.

Vale ressaltar ainda que o crédito rural não pode ser concedido a estrangeiros residentes no exterior, a sindicato, mesmo sendo rural, ou a parceiro, quando o contrato de parceria proibir o acesso de qualquer uma das partes ao financiamento. Se o crédito foi distribuído por bancos oficiais e para investimento fixo, não pode ser beneficiária a filial de empresa sediada no exterior ou a empresa cuja maioria do capital com direito a voto pertença a pessoas físicas ou jurídicas residentes, domiciliadas ou com sede no exterior, salvo se retirado de recursos colocados à disposição da instituição financeira por governos estrangeiros, suas agências ou órgãos internacionais, para repasse, previamente indicados. No sentido de vedação à caracterização como beneficiário do crédito rural, além do estrangeiro residente no exterior, temos, nos termos do MCR 1-2-2, o sindicato rural, o parceiro (se o contrato de parceria restringir o acesso de qualquer das partes ao financiamento) e a pessoa estranha aos grupos tribais ou comunidades indígenas que exerçam atividade agropecuária ou extrativa em áreas indígenas.

A política de crédito no País efetua-se conforme escalonamento de valores determinados pelo Poder Executivo Federal, em cujo organograma o CMN assume a liderança das decisões a serem executadas pelo Bacen, com intermediação do Sistema Financeiro Nacional. O principal mecanismo de planejamento é o Plano Anual de Safra, ou Plano Agrícola, que consolida em um único documento as principais medidas de política aprovadas pelo governo para o próximo ano agrícola. Esse instrumento, de escopo anual, publicado, em geral, às vésperas do início do calendário agrícola define a microeconomia financeira do setor dentro da política agrícola.

Parte dos recursos disponibilizados ao setor nas últimas décadas, todavia, proveio de sistema de equalização de taxas de juros, que implica um pagamento do diferencial entre as taxas de juros cobradas no mercado financeiro e as taxas pagas. Ao fazer isso, é disponibilizado volume de recursos maior que o valor gasto com as equalizações; apenas os recursos disponibilizados serão efetivamente aplicados. É a alteração no art. 4º, *caput*, da Lei n. 8.427/1992[16] que prevê: "A subvenção, sob a forma de equalização de taxas de juros, ficará limitada ao diferencial de taxas entre o custo de captação de recursos, acrescido dos custos administrativos e tributários a que estão sujeitas as instituições financeiras autorizadas a operar crédito rural nas suas operações ativas, e os encargos cobrados do tomador final do crédito rural". O Plano Safra para o ciclo 2024/2025[17] apresentou um total de R$ 508,59 bilhões empenhados pelo governo para equalização dos juros. A subvenção para a agricultura empresarial é de R$ 400,59 bilhões, sendo dividida em R$ 292,29 bilhões para custeio e comercialização e R$ 107,3 bilhões para investimentos. Além disso, foram liberados recursos de Letras de Crédito do Agronegócio (LCA) para emissões de Cédulas do Produto Rural (CPR), totalizando um valor de R$ 108 bilhões. Por fim, ainda sobre o atual Plano Safra, R$ 189,09 bilhões foram para recursos com taxas controladas e direcionadas para o Programa Nacional de Apoio ao Médio Produtor Rural (Pronamp) e demais produtores e cooperativas, e R$ 211,5 bilhões foram destinados a taxas livres.[18] Apenas nos primeiros seis meses do ciclo do Plano 2024/2025, 43,6% do valor total já havia sido desembolsado pelo governo, ou seja, até dezembro de 2024, foram utilizados R$ 207,6 bilhões. Desse valor, R$ 37,2 bilhões foram para o Pronaf (17,9%), R$ 41,7 bilhões para Pronamp (20,1%) e R$128,7 bilhões para agricultura empresarial (62%).[19]

Apesar de ano após ano ocorrer a apresentação de planos com significativo aumento de capital, o valor ainda não é suficiente para proceder o acompanhamento das atividades. O Plano 2024/2025, voltado para o setor agrícola e outras áreas da economia,

---

[16] Redação original: "Art. 4º A subvenção de equalização de taxas de juros ficará limitada ao diferencial de taxas entre o custo de captação de recursos, acrescido dos custos administrativos e tributários a que estão sujeitas as instituições financeiras oficiais, nas suas operações ativas, e os encargos cobrados do tomador final do crédito rural".

[17] O Plano Safra tem posicionamento de principal política pública direcionada ao agronegócio brasileiro. Trata-se de um programa do Governo Federal instituído em 2003 para fornecimento de recursos para o financiamento da atividade agrícola nacional. Com o objetivo de aumentar a produtividade agropecuária e fortalecer a economia, o Plano Safra é lançado, anualmente, com ações pensadas de maneira estratégica pelo calendário da safra brasileira. Atuando como um mecanismo de planejamento, o Plano Safra é o responsável por promover a alocação dos recursos públicos, destinado a ciclo que compreende o mês de julho de um ano, até o mês de junho do subsequente. Oferece linhas de crédito, incentivo e políticas agrícolas para produtores rurais, desde agricultores familiares até a agricultura empresarial.

[18] BRASIL. Governo Federal. Ministério da Agricultura e Pecuária. Governo Federal lança Plano Safra 24/25 com R$ 400,59 bilhões para agricultura empresarial. 3 jul. 2024.

[19] BCB. *Matriz de Dados do Crédito Rural*. FAESP/Departamento Econômico, JAN. 2025.

foi marcado por desafios significativos. Um dos principais pontos negativos foi a disponibilização de recursos abaixo das expectativas, o que restringiu a capacidade de investimento dos produtores. Além disso, a taxa de juros foi estabelecida acima do esperado, o que representa um custo financeiro considerável.

A importância do SNCR ao agronegócio é inegável. Foi com base no desenvolvimento dessa infraestrutura de crédito que o setor saiu da posição de importador de alimentos a um dos maiores exportadores do mundo. Não há que negar, de outro lado, que o desenvolvimento tecnológico e a larga escala produtiva passam a demandar novas e diversificadas fontes de recursos, iniciando-se, com isso, a caminhada da criação do ambiente privado de financiamento do campo, a partir dos anos 1990.

6.2. CÉDULAS DE CRÉDITO RURAL

No item anterior (item 6.1), falamos sobre o crédito rural. Faz-se, agora, necessária uma análise das denominadas Cédulas de Crédito Rural (CCR), responsáveis pela operacionalização do SNCR, de acordo com o Decreto-lei n. 167, de 14 de fevereiro de 1967, encarregado de racionalizar a emissão e a circulação desses títulos de crédito. Essa norma disciplinou, entre os títulos de financiamento rural, a Cédula Rural Pignoratícia, a Cédula Rural Hipotecária, a Cédula Rural Pignoratícia e Hipotecária e a Nota de Crédito Rural. Existem, ainda, mais duas espécies de títulos disciplinadas pelo mesmo Decreto, a saber: a Nota Promissória Rural e a Duplicata Rural. Enquanto os quatro primeiros títulos referidos prestam-se exclusivamente para fins de financiamento por meio de instituições financeiras públicas ou privadas, os dois últimos fundam-se em contratos de venda a prazo de bens de natureza rural, de circulação irrestrita entre demais agentes do sistema agroindustrial.[20]

O próprio art. 1º do Decreto-lei n. 167/1967 dispõe, de forma literal, que o financiamento rural concedido pelos órgãos integrantes do SNCR, à pessoa física ou jurídica, poderá ser efetivado pelas CCRs, sendo, ainda, facultada sua utilização para os financiamentos de mesma natureza concedidos pelas cooperativas rurais a seus associados ou filiadas. Hoje, genericamente, dizemos que os órgãos integrantes do SNCR são, também, as instituições financeiras que fazem parte do Sistema Financeiro Nacional, em consonância com a Carta Circular n. 3.203/2005 do Banco Central, que versa sobre a formalização de operações de crédito rural, a qual, tendo em vista o disposto na Lei n. 10.931, de 2 de agosto de 2004, esclarece que a Cédula de Crédito Bancário (CCB)[21] pode ser utilizada na formalização de operações de crédito rural de que trata

---

[20] REQUIÃO, Rubens. *Curso de direito comercial*. 25. ed. rev. e atual. São Paulo: Saraiva, 2008. v. 2, p. 616.
[21] Art. 42-B, Lei n. 10.931/2004 (Redação dada pela Lei n. 13.986/2020.) "Para fins da cobrança de emolumentos e custas cartorárias relacionadas ao registro da garantia, fica a Cédula de Crédito Bancário, quando utilizada para a formalização de operações de crédito rural, equiparada à Cédula de Crédito Rural de que trata o Decreto-lei n. 167, de 14 de fevereiro de 1967."

o MCR. Entendemos que outros títulos de crédito poderão ser usados na concessão de crédito regulado conforme o SNCR, desde que atendam aos requisitos de concessão dispostos na lei específica.[22]

O MCR prevê em seu Capítulo 3 (Operações), Seção 1 (Formalização), como instrumentos aptos à formalização do crédito rural os anteriormente mencionados: (i) Cédula Rural Pignoratícia (CRP); (ii) Cédula Rural Hipotecária (CRH); (iii) Cédula Rural Pignoratícia e Hipotecária (CRPH); (iv) Nota de Crédito Rural (NCR); (v) Cédula de Crédito Bancário (CCB). É possível compreender, todavia, como instrumentos aptos à formalização do Crédito Rural, a existência de títulos de crédito assemelhados, visto que, embora não expressamente previstos no Decreto-lei n. 167/1967, trazem a vinculação aos fins contratados para o crédito rural no estímulo ao incremento ordenado aos investimentos rurais. Contudo, conforme ocorreu com o esclarecimento fornecido pela Carta Circular n. 3.203, denota-se a necessidade de manifestação expressa do Bacen para utilização de outros títulos, que não os originalmente previstos na legislação específica do crédito rural. Ainda, destacamos que a formalização das operações de Crédito Rural pode ocorrer por meio de contrato, no cumprimento dos requisitos formais, mas apenas nas hipóteses em que as características da operação pretendida tornarem inviáveis a sua formalização mediante os títulos previstos na legislação aplicável.

As cédulas e notas de crédito são títulos representativos de operações de financiamento, direto ou indireto; além das características gerais dos títulos de crédito, que permitem a sua circulação e cobrança eficazes, normalmente possibilitam a vinculação de uma garantia real cedularmente constituída. A cédula é emitida em um único exemplar,[23] não se admitindo a pluralidade de vias, evitando, assim, a negociação plural de

---

[22] Acerca da mencionada exigibilidade de recursos, temos, hoje, inserido no Manual de Crédito Rural, Capítulo 6 (que trata de Recursos), a Seção 4 (Poupança Rural), entre outros, o item 2 que prevê: "exigibilidade de direcionamento dos recursos da poupança rural é a obrigação que tem a instituição financeira de manter aplicado em operações de crédito rural valor correspondente a 65% da média aritmética do Valor Sujeito a Recolhimento (VSR) relativo aos depósitos da poupança rural, apurado no período de cálculo, considerando para cumprimento dessa exigência os saldos médios diários das operações relativos aos dias úteis", redação conforme a Resolução do CMN n. 5.087/2023.

Ainda, o MCR 4-6, em seu item 4, aponta os sujeitos ao cumprimento da exigibilidade da poupança rural, em respeito à Resolução CMN n. 4.901/2021, são eles o Banco da Amazônia S.A., o Banco do Brasil S.A., o Banco do Nordeste do Brasil S.A., os bancos cooperativos, as instituições integrantes do SBPE, quando operarem em crédito rural, as confederações de crédito, as cooperativas centrais de crédito e as cooperativas singulares de crédito enquadradas nos limites impostos pelo MCR. No que tange às CPRs, verifica-se que, a título de faculdade, até 5% dos recursos da exigibilidade da poupança rural poderão lhes ser aplicadas, desde que sejam emitidas por produtores rurais ou suas cooperativas de produção.

[23] BARRETO, Lauro Muniz. *Financiamento agrícola e títulos de crédito rural*. São Paulo: Max Limonad, 1967. v. 1, p. 52.

um mesmo crédito. Os títulos de crédito representam um direito contra o emitente e comportam a garantia pessoal de terceiros mediante o aval ali oposto. Com a possibilidade de constituição das garantias reais por meio de regras específicas, tais garantias aderem e incorporam-se à cédula e, com o título, circulam fácil e livremente, independentemente de qualquer outro documento.

Como já apontado, as CCRs[24] se dividem em quatro tipos diferentes (art. 9º, Decreto n. 167), cuja principal distinção, como se depreende da própria nomenclatura, é quanto às garantias reais constituídas cedularmente (penhor, hipoteca ou ambas); já a nota de crédito rural não possui garantia real no próprio título. Em qualquer de suas modalidades, as CCRs serão caracterizadas como promessa de pagamento em dinheiro (art. 9º, *caput*) e devem se destinar à concessão de financiamento rural, por órgãos integrantes do SNCR, a pessoas físicas ou jurídicas, incluindo cooperativas rurais, seus associados e filiados (art. 1º). Verifica-se que tais cédulas, como concebidas no Decreto-lei n. 167/1967, são títulos que possuem finalidade específica, ou seja, promover o financiamento da atividade rural (art. 2º, *caput*).

Estamos, aqui, diante de títulos líquidos, certos, constitutivos de promessa de pagamento em dinheiro, exigíveis pela soma dela constante, além dos juros da comissão de fiscalização (se houver), multa, correção monetária e as despesas que o credor tiver despendido.[25] Com a edição da Lei do Agro I (Lei n. 13.986/2020), as CCRs passaram a ter emissão admitida por meio escritural, em sistema eletrônico de escrituração (art. 10-A, *caput*, do Decreto-lei n. 167/1967), de forma que o sistema eletrônico de escrituração[26] competente será mantido por entidade autorizada pelo Banco Central a exercer referida atividade. Cumprirá à entidade escrituradora expedir, mediante

---

[24] Art. 10, Decreto-lei n. 167/1967. "A cédula de crédito rural é título civil, líquido e certo, transferível e de livre negociação, exigível pelo seu valor ou pelo valor de seu endosso, além dos juros, da comissão de fiscalização, se houver, e das demais despesas feitas pelo credor para a segurança, a regularidade e a realização de seu direito creditório."

[25] REQUIÃO, Rubens. *Curso de direito comercial*. 25. ed. rev. e atual. São Paulo: Saraiva, 2008. v. 2, p. 616. Acórdão STJ, REsp 174.959/RS.

[26] Art. 10-D, Decreto-lei n. 167/1967. "O sistema eletrônico de escrituração de que trata o *caput* do art. 10-A deste Decreto-lei fará constar:

I – os requisitos essenciais do título;

II – o endosso e a respectiva cadeia de endossos, se houver;

III – a forma de pagamento ajustada no título;

IV – os aditamentos, as ratificações e as retificações de que trata o art. 12 deste Decreto-lei;

V – a inclusão de notificações, de cláusulas contratuais, de informações ou de outras declarações referentes à cédula de crédito rural; e

VI – as ocorrências de pagamento, se houver.

Parágrafo único. Na hipótese de serem constituídos garantias e quaisquer outros gravames e ônus, tais ocorrências serão informadas no sistema de que trata o art. 10-A deste Decreto-lei."

solicitação, certidão de inteiro teor do título (que poderá ser emitida na forma eletrônica, desde que respeitados os requisitos de segurança que garantam sua autenticidade e a integridade do documento), inclusive para fins de protesto e de execução judicial (art. 10-B do Decreto-lei n. 167/1967). Uma vez entendidas como títulos negociáveis, as CCRs poderão ser endossadas, pelo credor, a outrem (sobre endosso, ver item 7.1 da obra). São passíveis de aditamento, ratificação e retificação por termos aditivos, a serem efetivados em sistema eletrônico de escrituração (art. 10-D); ainda, deverão esses termos ser datados e assinados pelo emitente e pelo credor, nos termos do art. 12, *caput*, da norma.

Os arts. 2º a 8º do citado Decreto-lei n. 167/1967 disciplinam minuciosamente a aplicação dos recursos obtidos mediante financiamento por emissão de CCR, que devem obedecer aos ditames preestabelecidos entre a instituição financiadora e o financiado.[27] Outras regras do diploma legal buscam reforçar a segurança no procedimento de cobrança desses títulos, seja mediante a atribuição de rito executivo especial (art. 41 do Decreto-lei n. 167/1967), seja pela simplificação na constituição das garantias reais e pelas preferências conferidas ao crédito cedular em hipótese de concurso de credores (art. 64 do Decreto-lei n. 167/1967). Em resumo, o emitente toma dinheiro emprestado contra a promessa de pagamento, dadas as garantias constantes do título, e há compromisso de utilização dos recursos na forma e para os fins pactuados, tratando-se, pois, de um crédito vinculado ou afetado a determinada finalidade. Cabe ao produtor decidir pela necessidade de assistência técnica para elaboração de projeto e orientação, salvo quando considerada indispensável pelo financiador ou quando exigida em operações com recursos oficiais. Do conceito legal evidencia-se que crédito rural é uma destinação específica de recursos financeiros, especialmente vinculada, mantendo assim estreita regulação no cumprimento da finalidade a que se destina.[28]

A Cédula Rural Pignoratícia é título de crédito referenciado à garantia pignoratícia do penhor rural ou mercantil, conforme o art. 14 do Decreto-lei n. 167/1967, de um objeto móvel, susceptível de alienação. Os arts. 1.442 e 1.444 do Código Civil indicam os bens que podem ser objeto do penhor agrícola e pecuário (tratados no item 5.3). Já o penhor mercantil tem referência a partir do art. 1.447 do mesmo Código. O emitente, ou terceiro garantidor, fica como fiel depositário dos bens apenhados, responsáveis pela sua guarda e conservação até a sua liquidação, só podendo ser removidos da propriedade se mencionado com prévio consentimento expresso e formal do credor (arts. 15 e 17 do Decreto-lei n. 167/1967).[29]

---

[27] MAMEDE, Gladston. *Direito empresarial brasileiro*: títulos de crédito. 5. ed. São Paulo: Atlas, 2009. v. 3, p. 349. Ver também Acórdão STJ, REsp 162.032/RS.
[28] BARROS, Wellington Pacheco. *O contrato e os títulos de crédito rural*. Porto Alegre: Livraria do Advogado, 2000. p. 67 e 136.
[29] Art. 19, Decreto-lei n. 167/1967. "Aplicam-se ao penhor constituído pela cédula rural pignoratícia as Leis 492, de 30 de agosto de 1937, 2.666, de 6 de dezembro de 1955, e 2.931, de 27 de outubro

Ainda, o art. 14[30] do Decreto-lei cuida dos requisitos formais do título, que devem ser observados sob pena de nulidade da cédula, devendo seguir o cumprimento dos elementos do citado diploma legal que determina o que a Cédula Rural Pignoratícia deve conter. Para o registro, é necessário verificar o local dos bens dados em garantia;

---

de 1956, bem como os preceitos legais vigentes relativos a penhor rural e mercantil no que não colidirem com o presente Decreto-lei."

[30] Art. 14, Decreto-lei n. 167/1967. "A cédula rural pignoratícia conterá os seguintes requisitos, lançados no contexto:

I – Denominação 'Cédula Rural Pignoratícia'.

II – Data e condições de pagamento; havendo prestações periódicas ou prorrogações de vencimento, acrescentar: 'nos termos da cláusula Forma de Pagamento abaixo' ou 'nos termos da cláusula Ajuste de Prorrogação abaixo'.

III – Nome do credor e a cláusula à ordem.

IV – Valor do crédito deferido, lançado em algarismos e por extenso, com indicação da finalidade ruralista a que se destina o financiamento concedido e a forma de sua utilização.

V – Descrição dos bens vinculados em penhor, que se indicarão pela espécie, qualidade, quantidade, marca ou período de produção, se for o caso, além do local ou depósito em que os mesmos bens se encontrarem.

VI – Taxa dos juros a pagar, e da comissão de fiscalização, se houver, e o tempo de seu pagamento.

VII – Praça do pagamento.

VIII – Data e lugar da emissão.

IX – Assinatura do emitente ou de representante com poderes especiais, admitida a assinatura sob a forma eletrônica, desde que garantida a identificação inequívoca de seu signatário.

§ 1º As cláusulas 'Forma de Pagamento' ou 'Ajuste de Prorrogação', quando cabíveis, serão incluídas logo após a descrição da garantia, estabelecendo-se, na primeira, os valôres e datas das prestações e na segunda, as prorrogações previstas e as condições a que está sujeita sua efetivação.

§ 2º A descrição dos bens vinculados à garantia poderá ser feita em documento à parte, em duas vias, assinadas pelo emitente e autenticadas pelo credor, fazendo-se, na cédula, menção a essa circunstância, logo após a indicação do grau do penhor e de seu valor global.

§ 3º Além dos requisitos previstos neste artigo, é vedado ao registrador exigir qualquer outro documento complementar, como avaliação do bem ofertado em garantia, anotação de responsabilidade técnica, reconhecimento de firma ou sinal público.

§ 4º É inexigível, para o registro de operações financeiras, a apresentação de Certidão Negativa de Débito (CND) para comprovação da quitação de créditos tributários, de contribuições federais e de outras imposições pecuniárias compulsórias.

§ 5º É vedado negar o registro do título na hipótese em que o valor da garantia seja inferior ao crédito liberado.

§ 6º As disposições dos §§ 3º, 4º e 5º deste artigo aplicam-se às demais cédulas e instrumentos vinculados a financiamentos rurais."

apresentar o número de matrícula do respectivo imóvel; verificar se os bens encontram-se em nome do emitente da cédula – como apontado anteriormente, desde a edição da Lei do Agro I, para esses títulos passam a valer as normas referentes aos registros eletrônicos. Se for o contexto de arrendamento, impõe-se a necessidade da apresentação do respectivo contrato, caso pretenda fazer valer o direito de preferência que lhe é dado pelo § 3º do art. 92 da Lei n. 4.504/1964.[31]

A Cédula Rural Hipotecária é, como a pignoratícia, um título de crédito, líquido e certo, que traz como garantia uma hipoteca. A hipoteca está disciplinada pelos arts. 1.473 a 1.505 do Código Civil e deve atender, em referência a seu aspecto procedimental, a Lei de Registros Públicos (Lei n. 6.015/1973). Nesta obra, também tratamos da hipoteca em item próprio (5.3). Tratando de uma garantia de imóvel, que pode ser rural ou urbano, é certo que todas as acessões nele introduzidas integram também a hipoteca: construções, benfeitorias, máquinas e instalações, conforme o art. 22 do Decreto.[32] Dessa forma, uma vez hipotecada certa fazenda, as máquinas agrícolas nelas existentes sofrem a mesma constrição, por exemplo, benfeitorias, construções, máquinas adquiridas, assim como melhorias acrescidas ao imóvel na vigência da cédula, aplicando-se à hipoteca cedular os princípios da legislação ordinária sobre hipoteca no que não colidirem com o Decreto-lei n. 167/1967. A descrição do imóvel pode ocorrer em documento à parte, no qual deverão constar as indicações do item V do art. 20 ou podem ser substituídas pelo anexo dos títulos respectivos de propriedade à cédula. O registro deve ser feito na comarca em que se encontra localizado o imóvel dado em garantia.

---

[31] Art. 92, Lei n. 4.504/1964. "A posse ou uso temporário da terra serão exercidos em virtude de contrato expresso ou tácito, estabelecido entre o proprietário e os que nela exercem atividade agrícola ou pecuária, sob forma de arrendamento rural, de parceria agrícola, pecuária, agro-industrial e extrativa, nos termos desta Lei.

(...)

§ 3º No caso de alienação do imóvel arrendado, o arrendatário terá preferência para adquiri-lo em igualdade de condições, devendo o proprietário dar-lhe conhecimento da venda, a fim de que possa exercitar o direito de perempção dentro de trinta dias, a contar da notificação judicial ou comprovadamente efetuada, mediante recibo."

[32] Art. 22, Decreto-lei n. 167/1967. "Incorporam-se na hipoteca constituída as máquinas, aparelhos, instalações e construções, adquiridos ou executados com o crédito, assim como quaisquer outras benfeitorias acrescidas aos imóveis na vigência da cédula, as quais, uma vez realizadas, não poderão ser retiradas, alteradas ou destruídas, sem o consentimento do credor, por escrito.

Parágrafo único. Faculta-se ao credor exigir que o emitente faça averbar, à margem da inscrição principal, a constituição de direito real sôbre os bens e benfeitorias referidos neste artigo."

A Cédula Rural Pignoratícia e Hipotecária é a união dos dois títulos antecedentes;[33] dessa forma, ela tem garantia conjunta: um penhor e uma hipoteca.[34] As mesmas regras da Cédula Rural Pignoratícia e da Cédula Rural Hipotecária valem para a Cédula Rural Pignoratícia e Hipotecária. Para o registro, é competente um único cartório onde os bens dados em penhor estejam localizados. Deve ocorrer na mesma comarca em que for oferecido em hipoteca, fazendo referência recíproca nos registros realizados em cada um deles. O oficial de localização do imóvel dado em hipoteca procederá ao registro da cédula, fazendo a observação do registro do penhor de outro oficial imobiliário.

A Nota de Crédito Rural constitui também um título de financiamento rural, destituído de garantia real, com a indicação dos requisitos legais do art. 27 do Decreto-lei n. 167/1967, e seu crédito goza de privilégio especial sobre outros bens. A contraprestação do crédito pode ser parcelada, com sua amortização periódica, e tem a peculiaridade de não estar garantida por nenhum bem, ou seja, não há direito real, mas apenas direito pessoal. É de índole cambial, subordinando-se também, por isso, aos preceitos de natureza cambiária. O privilégio especial só compreende os bens sujeitos,

---

[33] Art. 25, Decreto-lei n. 167/1967. "A cédula rural pignoratícia e hipotecária conterá os seguintes requisitos, lançados no contexto:

I – Denominação 'Cédula Rural Pignoratícia e Hipotecária'.

II – Data e condições de pagamento havendo prestações periódicas ou prorrogações de vencimento, acrescentar: 'nos têrmos da cláusula Forma de Pagamento abaixo' ou 'nos têrmos da cláusula Ajuste de Prorrogação abaixo'.

III – Nome do credor e a cláusula à ordem.

IV – Valor do crédito deferido, lançado em algarismos e por extenso, com indicação da finalidade ruralista a que se destina o financiamento concedido e a forma de sua utilização.

V – Descrição dos bens vinculados em penhor, os quais se indicarão pela espécie, qualidade, quantidade, marca ou período de produção se fôr o caso, além do local ou depósito dos mesmos bens.

VI – Descrição do imóvel hipotecado com indicação do nome, se houver, dimensões, confrontações, benfeitorias, título e data de aquisição e anotações (número, livro e fôlha) do registro imobiliário.

VII – Taxa dos juros a pagar e da comissão de fiscalização, se houver, e tempo de seu pagamento.

VIII – Praça do pagamento.

IX – Data e lugar da emissão.

X – assinatura do emitente ou de representante com poderes especiais, admitida a assinatura sob a forma eletrônica, desde que garantida a identificação inequívoca de seu signatário."

[34] Art. 26, Decreto-lei n. 167/1967. "Aplica-se à hipoteca e ao penhor constituídos pela cédula rural pignoratícia e hipotecária o disposto nas Seções II e III do Capítulo II dêste Decreto-lei."

por expressa disposição de lei, ao pagamento do crédito que ele favorece; em geral, todos os bens não são sujeitos a crédito real nem a privilégio especial.[35]

Entre os títulos de crédito rural assemelhados, a Nota Promissória Rural (NPR) é título de crédito utilizado nas vendas a prazo de bens de natureza agrícola, extrativa ou pastoril, quando efetuadas diretamente por produtores rurais ou por suas cooperativas; nos recebimentos, pelas cooperativas, de produtos da mesma natureza entregues pelos seus cooperados; e nas entregas de bens de produção ou de consumo, feitas pelas cooperativas aos seus associados. É um título de crédito rural e causal que consiste na promessa de pagamento a prazo do valor da compra ou entrega de bens de natureza agrícola, pastoril ou extrativa, emitido pelo comprador ou cooperativa e regulamentado pelos arts. 42 a 45 do Decreto-lei n. 167/1967. Essa nota pode ser usada como documento creditício, nos recebimentos pelas cooperativas de produtos entregues por seus associados, bem como nas entregas de bens de produção ou consumo feitas por elas aos cooperados. Esse título não fica sujeito à inscrição no registro de imóveis. Constitui-se em promessa de pagamento representativa de venda a prazo de determinado produto objeto da comercialização, por isso tem sido objeto de operações de desconto por parte dos agentes financeiros, de modo a antecipar para o produtor ou a cooperativa o valor de sua venda a prazo (§ 1º do art. 42 do Decreto-lei n. 167/1967, redação dada pela Lei n. 13.986/2020). A NPR goza de privilégio especial sobre determinados bens, de acordo com o Código Civil (art. 45 do Decreto-lei n. 167/1967). Como os demais títulos aqui referidos, a NPR mencionada no § 2º do artigo supracitado poderá ser emitida sob a forma escritural, mediante lançamento em sistema eletrônico de escrituração.

A Duplicata Rural trata-se de título de crédito que tem sua disciplina nos arts. 46 a 54 do Decreto-lei n. 167/1967. Ela deve ser emitida necessariamente em consequência de uma venda a prazo, de bens e produtos rurais de natureza agrícola, extrativa ou pastoril; quando efetuada diretamente por produtores rurais ou por suas cooperativas. Emitida a Duplicata Rural pelo vendedor, este ficará obrigado a entregá-la ou a remetê-la ao comprador, que a devolverá depois de assiná-la (art. 47). O devedor é, geralmente, pessoa jurídica. O art. 48 enumera e determina suas condições e requisitos. Essa apresentação é regra comum a todos os títulos cambiários, que dependam de aceite. Atualmente, pela redação dada ao inciso XI do art. 48, temos admitida a assinatura sob a forma eletrônica, desde que garantida a identificação inequívoca de seu signatário. É também título de resgate; por isso, quem a paga deve exigir que se lhe entreguem o título como prova de quitação.

O comprador tem o prazo de dez dias para devolver a Duplicata Rural ao vendedor, sob pena de sofrer protesto por falta de aceite (art. 51). O credor de posse de qualquer

---

[35] Art. 28, Decreto-lei n. 167/1967. "O crédito pela nota de crédito rural tem privilégio especial sobre os bens discriminados no artigo 1.563 do Código Civil."

desses títulos poderá ajuizar ação executiva contra o devedor de acordo com os preceitos da lei cambial e do direito processual comum (art. 41, § 1º). A Duplicata Rural goza de privilégio especial sobre determinados bens, conforme o art. 53 do Decreto-lei n. 167/1967, com relação: aos bens imóveis do devedor, não sujeitos a direito real de outrem; aos imóveis não hipotecados; ao saldo do preço dos bens sujeitos a penhor ou hipoteca, depois de pagos os respectivos credores; ao valor do seguro e da desapropriação. A Duplicata Rural, vale dizer, não representa a mercadoria, objeto da compra e venda, pois sua emissão não atribui ao portador ou ao emitente qualquer direito sobre a mercadoria, mas apenas sobre o seu preço determinado; desse modo, o seu endosso não transmite a propriedade de bens, e sim o título.

De acordo com a Lei n. 6.754, de 17 de dezembro de 1979, que alterou o art. 60 do referido Decreto sobre os títulos de crédito rural, endossatário ou portador de NPR ou Duplicata Rural não tem direito de regresso contra o primeiro endossante e seus analistas. Ainda, é nulo o aval ou outras garantias dadas em NPR ou Duplicata Rural, salvo quando conferido pelas pessoas físicas participantes da empresa emitente ou por outras pessoas jurídicas. Contudo, não se aplicam tais disposições nas transações realizadas entre produtores rurais e entre estes e suas cooperativas (art. 60, § 4º, do Decreto-lei n. 167/1967).

Em 2024, o Estado do Rio Grande do Sul foi fortemente impactado por fenômenos climáticos extremos, que causaram significativas perdas para os produtores rurais do Estado. Ao contrário da seca que afligiu outras regiões, o Estado enfrentou uma série de chuvas intensas e tempestades violentas, que resultaram em destruição generalizada das lavouras e infraestrutura agrícola. As chuvas torrenciais e os alagamentos comprometeram a colheita de diversas culturas, como soja, milho e arroz, causando danos irreparáveis às plantações e prejudicando a produtividade das lavouras. Além disso, as tempestades e os ventos fortes destruíram parte da infraestrutura rural, como armazéns, silos e equipamentos agrícolas, intensificando ainda mais o impacto econômico nas propriedades. O efeito dessas condições climáticas adversas sobre os produtores rurais foi devastador. Muitos agricultores perderam suas safras inteiras, o que gerou um cenário de grandes prejuízos financeiros. Para aqueles que dependem das safras para garantir sua subsistência e a continuidade de suas operações, as perdas foram ainda mais severas, já que a recuperação das lavouras destruídas exigiria um tempo significativo e um alto investimento financeiro, algo dificultado pelas condições econômicas do País.

Nesse contexto, a renegociação das operações de crédito rural se tornou uma medida crucial. Com a impossibilidade de honrarem compromissos financeiros em razão das perdas causadas pelas chuvas e destruição das lavouras, os produtores precisaram de alternativas para reestruturarem suas dívidas. A renegociação de crédito permite que os agricultores ajustem prazos, taxas e condições dos empréstimos, oferecendo um alívio temporário enquanto enfrentam a recuperação de suas atividades. Foi a partir desse cenário que o Banco Central publicou a Resolução CMN n. 5.186, de 26 de novembro de 2024, a qual altera a Seção 7 (Normas Transitórias) do Capítulo 3 (Operações) do MCR, autorizando justamente a renegociação das operações de crédito nos municípios afetados pelas enchentes, alagamentos, chuvas intensas, enxurradas, vendaval, deslizamentos ou inundações. O Item 17 do referido Diploma Legal passou a vigorar com a possibilidade de as instituições financeiras prorrogarem de forma automática o vencimento das parcelas de principal e juros para a data de 16 de dezembro de 2024, que foram contratadas com recursos controlados, vencidos ou vincendos entre 1º maio e 13 de dezembro do mesmo ano.[36] Adiciona-se, caso o pedido de desconto das operações seja rejeitado pela Comissão Especial de Análise de Operações de Crédito Rural do Rio Grande do Sul, que os mutuários dessas operações poderão optar pela renegociação, condicionados ao pedido de prorrogação à instituição financeira.[37]

6.3. LINHAS ESPECÍFICAS BNDES

O Banco Nacional de Desenvolvimento Econômico e Social (BNDES) possui linhas específicas destinadas ao agronegócio. Entre as linhas de financiamento direcionadas ao setor, convém-nos, em um primeiro momento, citar o Programa de Modernização da Agricultura e Conservação de Recursos Naturais (Moderagro), que visa financiar os projetos de modernização e aumento da produtividade agropecuária – englobando, ainda, ações voltadas à recuperação do solo e defesa animal.

Em 10 de julho de 2023, entrou em vigor a Circular SUP/ADIG n. 34/2023, nova norma aplicável ao Programa, que estabeleceu como objetivos do Moderagro, em seu

---

[36] "17 – Ficam as instituições financeiras, a seu critério, autorizadas a prorrogar de forma automática, para 16 de dezembro de 2024, o vencimento das parcelas de principal e juros das operações de crédito rural de custeio, investimento e industrialização, contratadas com recursos controlados, vencidas ou vincendas entre 1º de maio e 13 de dezembro de 2024, observadas as seguintes condições, cumulativamente:

a) as operações devem se enquadrar nos critérios para obtenção dos descontos de que trata o art. 4º do Decreto n. 12.138, de 12 de agosto de 2024, e, ainda:

I – o mutuário deve ter formalizado o pedido de desconto até 30 de setembro de 2024, nos termos do Decreto n. 12.138, de 12 de agosto de 2024, devendo o pedido ter sido encaminhado à Comissão Especial de Análise de Operações de Crédito Rural do Rio Grande do Sul; e

II – as instituições financeiras não tenham recebido, até 25 de novembro de 2024, a resposta sobre a aplicabilidade do desconto da respectiva operação sob análise da comissão;

b) as operações devem ser corrigidas pelos encargos contratuais de normalidade, podendo ser mantida a fonte de recurso, dispensada a formalização de aditivo; e

c) as operações com recursos controlados devem estar em situação de adimplência em 30 de abril de 2024. (NR)"

[37] "18 – Caso o pedido de desconto para as operações de que trata o item 17 seja rejeitado pela Comissão Especial de Análise de Operações de Crédito Rural do Rio Grande do Sul, os mutuários dessas operações poderão optar pela renegociação de que trata o item 13, desde que solicitem a prorrogação à instituição financeira até 13 de dezembro de 2024. (NR)"

item 1.1, apoio e fomento dos setores da produção, beneficiamento, industrialização, acondicionamento e armazenamento de produtos da apicultura, aquicultura, avicultura, chinchilicultura, cunicultura, floricultura, fruticultura, olivicultura, horticultura, ovinocaprinocultura, ranicultura, sericicultura, suinocultura, pecuária leiteira, e de palmáceas, erva-mate, lúpulo, nozes, pesca e cana-de-açúcar para produção de cachaça. Também constam nos objetivos o fomento de ações relacionadas à defesa animal, particularmente o Programa Nacional de Controle e Erradicação da Brucelose e Tuberculose (PNCEBT) e a implementação de sistema de rastreabilidade animal para alimentação humana, o apoio à construção e ampliação das instalações destinadas à guarda de máquinas e implementos agrícolas e estocagem de insumos agropecuários e, por fim, o apoio à recuperação de solos, por meio do financiamento para aquisição, transporte, aplicação e incorporação de corretivos agrícolas (itens 1.2, 1.3 e 1.4). O Programa abrange todo o território nacional (item 2) e os beneficiários podem ser os produtores rurais e suas cooperativas (item 3). Em 12 de julho de 2024, essa Circular foi substituída pela Circular SUP/ADIG n. 57/2024, a qual realizou poucas alterações, que serão citadas no decorrer deste capítulo.

De acordo com o item 4 da referida circular, bem como nos termos apontados pelo item 1, "c", do MCR 11-4, desde que estejam vinculados aos objetivos do Programa, poderão ser financiados projetos de investimento (individuais e coletivos), além de: (i) construção, instalação e modernização de benfeitorias, aquisição de equipamentos de uso geral – inclusive os para manejo e contenção dos animais –, outros investimentos necessários ao suprimento de água, alimentação e tratamento de dejetos relacionados às atividades de criação animal ao amparo do Programa, e construção e ampliação das instalações destinadas à guarda de máquinas e implementos agrícolas e à estocagem de insumos agropecuários; (ii) implantação de frigoríficos e unidades de beneficiamento, industrialização, acondicionamento e armazenagem de pescados e produtos da aquicultura, aquisição de máquinas, motores, equipamentos e demais materiais utilizados na pesca e produção aquícola, inclusive embarcações, equipamentos de navegação, comunicação e ecossondas, e demais itens necessários ao empreendimento pesqueiro e aquícola; (iii) aquisição de matrizes e de reprodutores ovinos, caprinos e bovinos de leite; (iv) reposição de matrizes bovinas ou bubalinas, por produtores rurais que tenham tido animais sacrificados em virtude de reação positiva a testes detectores de brucelose ou tuberculose, desde que realizem pelo menos um teste para a doença identificada, em todo o rebanho, conforme Cadastro no Órgão Estadual de Defesa Sanitária Animal ou cujas propriedades estejam participando de inquérito epidemiológico oficial em relação às doenças citadas, e atendam a todos os requisitos referentes à Instrução Normativa n. 10, de 3 de março de 2017, da Secretaria de Defesa Agropecuária do Ministério da Agricultura e Pecuária (Mapa), e outros normativos correlatos; (v) decorrentes da execução de projeto de adequação sanitária e/ou ambiental relacionado às atividades constantes do objetivo do Programa; (vi) financiamento da construção e modernização de infraestrutura, aquisição de máquinas, equipamentos e demais materiais para produção de cachaça; e (vii) aquisição, transporte, aplicação e incorporação de corretivos agrícolas e de remineralizadores com registro no Mapa.

Os financiamentos concedidos no Programa Moderagro, de acordo com a Circular citada, seguem condições, como a taxa efetiva de juros prefixada de até 10,5% ao ano (a.a.), incluída a Remuneração da Instituição Financeira Credenciada de até 2,38% a.a. Quanto aos prazos de reembolso, também previstos em sede de MCR, estes dividem-se em: (i) até dez anos, incluídos dois anos de carência; e (ii) até cinco anos, nos casos que tratam de financiamento para aquisição de matrizes e reprodutores bovinos ou bubalinos para a pecuária leiteira. O Programa tem esquema de amortização, o qual dispõe que a periodicidade do pagamento do principal poderá ser semestral ou anual (definida pela Instituição Financeira Credenciada, conforme o fluxo de receitas do empreendimento financiado). Nos casos de financiamento à pecuária leiteira, pode haver amortizações mensais.

Os limites de valor foram alterados em 2024, pela Circular /SUP/ADIG n. 57/2024 (item 6 da Circular), que deverão seguir os requisitos anteriormente citados, serão de: R$ 2.000.000,00 por Beneficiária Final e por Ano Agrícola para empreendimento individual, R$ 400.000,00, por Beneficiária Final, para empreendimento individual para aquisição de animais (permaneceu o mesmo valor) e R$ 6.000.000,00 para empreendimento coletivo, respeitando o limite individual por participante. Por fim, a Circular n. 57/2024 estabelece, no item 7, as garantias. Dispõe que a escolha das garantias é de livre convenção entre a Beneficiária Final e a Instituição Financeira Credenciada, que deverão ajustá-las conforme a natureza e prazo do crédito em questão – sempre observadas as normas do CMN, bem como a legislação própria de cada tipo de garantia.

Ao exposto acresce-se previsão do MCR 11-4-1-"d", admitindo-se o financiamento de custeio associado ao projeto de investimento quando relacionado com gastos de manutenção até a obtenção da primeira colheita ou produção, ou quando relacionado à aquisição de matrizes e de reprodutores bovinos e bubalinos para a pecuária leiteira, limitado a 35% do valor do investimento. Ainda, o MCR 11-4-2 prevê que fica vedado o financiamento para construção, instalação e modernização de benfeitorias destinadas aos segmentos de aquicultura, avicultura, carcinicultura, suinocultura, ovinocaprinocultura, piscicultura e pecuária de leite, quando se tratar de itens enquadráveis no Programa de Incentivo à Inovação Tecnológica na Produção Agropecuária (Inovagro).

Também direcionado pelo BNDES ao agronegócio, o Programa de Modernização da Frota de Tratores Agrícolas e Implementos Associados e Colheitadeiras (Moderfrota), que, conforme disposições da Circular SUP/ADIG n. 35/2023, atualizada pela Circular SUP/ADIG n. 58/2024, possui o objetivo de financiar a aquisição de tratores e implementos para a atividade agropecuária. O Programa abrange todo o território nacional e possui como beneficiários os produtores rurais e suas cooperativas – cuja receita operacional bruta anual (ou do grupo econômico ao qual pertença) não ultrapasse R$ 45.000.000,00, nos termos do item 3 da Circular e do MCR 11-5-1-b.

Podem ser financiados pelo Moderfrota itens novos como: (i) tratores e implementos associados; (ii) colheitadeiras e suas plataformas de corte; (iii) equipamentos para preparo, secagem e beneficiamento de café; e (iv) máquinas agrícolas autopropelidas para pulverização e adubação, e itens usados fabricados no Brasil, que constem da relação de CFI do Sistema BNDES ou possuam Código de Situação Tributária (CST) ou Código de Situação da Operação no Simples Nacional (CSOSN) – relativo à origem da mercadoria – igual a zero, três, quatro ou cinco, revisados e com certificado de garantia emitido por concessionário autorizado, podendo ser: (i) tratores e colheitadeiras de no máximo e respectivamente, oito e dez anos; e (ii) máquinas agrícolas autopropelidas para pulverização e adubação, plantadeiras e semeadoras com, no máximo, cinco anos.

No que se refere à taxa de juros, para produtores rurais enquadrados no Pronamp, há taxa efetiva de juros prefixada de até 10,5% a.a. Para produtores rurais e suas cooperativas, cuja renda anual seja de até R$ 45.000.000,00, a taxa efetiva de juros prefixada será de até 11,5% a.a. (na Circular publicada em 2023, os juros prefixados eram de 12,5% a.a.). Ambas as taxas incluem a remuneração da instituição financeira credenciada de até 1,78% a.a. Os prazos de reembolso (MCR 11-5-1-"d" e Circular itens 5.2.1 e 5.2.2), por sua vez, serão de até sete anos para itens novos e até quatro anos para itens usados, devendo o pagamento da primeira prestação ocorrer em até quatorze meses após a contratação para ambos os casos. Diferentemente do Moderagro, o Moderfrota não possui limite de financiamento previsto (item 6.1 da Circular n. 35). Quanto às garantias, sua escolha é de livre convenção entre o beneficiário e a instituição financeira credenciada, devendo ajustá-las conforme a natureza e prazo do crédito (item 7 da Circular).

O Programa de Incentivo à Agricultura Irrigada e ao Cultivo Protegido (Proirriga) possui suas disposições contidas na Circular SUP/ADIG n. 33/2023 do BNDES, também atualizada em 12 de julho de 2024 pela Circular SUP/ADIG n. 56/2024, a qual objetiva o apoio ao desenvolvimento da agropecuária irrigada sustentável (econômica e ambientalmente), minimizando riscos na produção e aumentando a oferta de produtos agropecuários. Ainda, fomenta o uso de estruturas para a produção em ambientes protegidos, visando aumentar a produtividade e a qualidade das culturas, além de proteger a fruticultura em regiões de clima temperado contra a incidência de granizo. Abrange todo o território nacional e beneficia produtores rurais e suas cooperativas de produção agropecuária (itens 1 e 2 da Circular).

São financiáveis pelo Proirriga: (i) investimentos relacionados a todos os itens do sistema de irrigação – inclusive infraestrutura elétrica, reserva de água e equipamento para monitoramento de umidade no solo; (ii) aquisição, implantação e recuperação de equipamentos e instalações para proteção de cultivos inerentes a olericultura, fruticultura, floricultura, cafeicultura e produção de mudas de espécies florestais; e (iii) estações meteorológicas e *softwares* necessários à operação, condicionados à autorização prévia da beneficiária final do financiamento, para compartilhar gratuitamente os dados produzidos pelos equipamentos com instituições públicas (MCR 11-3-1-c e Circular n. 33, item 4).

No que se refere às condições de financiamento, a Circular dispõe que a taxa efetiva de juros prefixada será de até 10,5% a.a., incluída a remuneração da instituição financeira credenciada de até 2,38% a.a. O prazo total para reembolso será de oito anos, e até um ano para carência (MCR 11-3-1-d). Possui limite de financiamento de R$ 3.500.000,00 por beneficiária final e por ano agrícola para empreendimento individual e R$ 10.500.000,00 para empreendimento coletivo. As garantias seguem as mesmas regras dos Programas anteriores, sendo de livre convenção entre beneficiário e instituição financeira credenciada (item 7 da Circular).

Outra linha específica do BNDES ao agronegócio, o Programa de Capitalização de Cooperativas Agropecuárias (Procap-Agro), que, de acordo com a Circular SUP/ADIG n. 37/2023 (responsável por instituir a regulação do Procap-Agro Giro), além do Manual de Crédito Rural, tem o objetivo de disponibilizar recursos para integralização de cotas-partes do capital social de cooperativas e garantir-lhes capital de giro, visando atender as necessidades imediatas operacionais das cooperativas (MCR 11-2-1). Essa linha obteve atualizações pelo texto publicado na Circular SUP/ADIG n. 60/2024.

Aqui, nos termos do MCR, o financiamento para integralização de cotas-partes do capital social de cooperativas deve observar as seguintes condições específicas: (i) objetivo do crédito: promover a recuperação ou a reestruturação patrimonial das cooperativas de produção agropecuária, agroindustrial, aquícola ou pesqueira; (ii) beneficiários: produtores rurais pessoas físicas ou jurídicas e suas cooperativas de produção agropecuária; (iii) itens financiáveis: integralização de cotas-partes do capital social por produtores rurais em cooperativas singulares de produção agropecuária, agroindustrial, aquícola ou pesqueira e integralização de cotas-partes do capital social por cooperativas singulares em cooperativas centrais exclusivamente de produção agropecuária, agroindustrial, aquícola ou pesqueira.

O prazo para liberação do crédito no que tange à integralização de cotas deverá seguir cronograma do projeto, de forma que o reembolso será procedido no prazo de até seis anos, incluídos dois anos de carência – a periodicidade do reembolso seguirá a ideia de: principal, em parcelas semestrais ou anuais, de acordo com o fluxo de receitas do associado; juros, com as parcelas de amortização, exceto durante a fase de carência, quando são exigíveis semestralmente ou anualmente, conforme o cronograma de reembolso do principal. Vale dizer, os recursos recebidos pela cooperativa devem ser utilizados conforme plano de capitalização e recomposição do capital social aprovado. Foi incluído pela Circular SUP/ADIG n. 02/2024, de 23 de janeiro de 2024, o Item 4.5, que diz sobre o financiamento de capital de giro com condições específicas para as cooperativas agropecuárias do setor leiteiro. Até o dia 30 de junho de 2024, foi admitido o financiamento de capital de giro ao amparo do Programa Procap-Agro, no caso de observadas as condições impostas nos Itens 4.5.1 a 4.5.7. No caso de integralização de cotas-partes, estas deverão permanecer integralizadas ao capital da cooperativa emissora, no mínimo, até a quitação da respectiva operação de crédito pelos associados produtores rurais. Ainda, admite-se, respeitados os demais requisitos, a concessão de mais de uma operação de crédito de que trata esse item ao mesmo produtor ou cooperativa.

No que tange ao financiamento do Procap-Agro direcionado a capital de giro das cooperativas, deve-se observar, como prazo de reembolso: até 24 meses, incluídos até seis meses de carência, que adquirirá periodicidade mensal, trimestral ou semestral, de acordo com o fluxo de receita da cooperativa. Em suas condições de pagamento, possui taxa efetiva de juros prefixada em até 11,5% a.a., incluída a remuneração da instituição financeira credenciada de até 2,28% a.a. O limite de financiamento é de R$ 65.000.000,00, admitindo-se a concessão de mais de uma operação de crédito a uma mesma beneficiária, observado que o somatório dos saldos devedores não deve ultrapassar esse limite, ainda que a contratação seja realizada em anos agrícolas distintos. A periodicidade dos pagamentos será mensal, trimestral ou semestral, a depender do fluxo de receita da cooperativa. Durante a carência, os juros poderão ser pagos com a mesma periodicidade descrita, também seguindo o fluxo de receita da cooperativa. As regras de garantia se consolidam como as mesmas anteriormente citadas.

Em vigor desde 10 de julho de 2023, a Circular SUP/ADIG n. 36/2023 foi retificada pela Circular SUP/ADIG n. 59/2024, e dispõe sobre o Programa de Desenvolvimento Cooperativo para Agregação de Valor à Produção Agropecuária (Prodecoop). O Programa intenciona o aumento da competitividade do complexo agroindustrial das cooperativas brasileiras, por meio da modernização dos sistemas produtivos e de comercialização. Abrange todo o território nacional, e entre suas finalidades estão: (i) industrialização de produtos agropecuários e seus derivados; (ii) instalação, ampliação, realocação e modernização de unidades industriais, de armazenamento, processamento e beneficiamento; (iii) implantação de sistemas para geração e cogeração de energia e linhas de ligação; (iv) implantação, expansão e modernização de fábrica de rações e fertilizantes; (v) instalação, ampliação e modernização de unidades industriais para a produção de biocombustíveis e açúcar; e (vi) aquisição de equipamentos, soluções e serviços de agricultura de precisão, inclusive os destinados à conectividade e armazenamento e processamento de dados.

As beneficiárias finais do Programa são cooperativas singulares de produção agropecuária, agroindustrial, aquícola ou pesqueira, ou cooperativas centrais formadas exclusivamente pelas mesmas modalidades. Os itens passíveis de financiamento pelo Prodecoop são: (i) estudos, projetos e tecnologia; (ii) obras civis, instalações e outros; (iii) aquisição de máquinas e equipamentos novos, de fabricação nacional, com Credenciamento Finame (CFI) do Sistema BNDES e inerentes à produção e beneficiamento da cooperativa; (iv) despesas de importação, em moeda nacional, vinculadas à importação de equipamentos; (v) capital de giro associado ao projeto de investimento – limitado a 30% do valor financiado; (vi) integralização de cotas-partes vinculadas ao projeto a ser financiado; e (vii) projetos de industrialização de produtos prontos para o consumo humano, processados e embalados.

A taxa efetiva de juros prefixada, conforme a referida Circular, será de até 11,5% a.a., incluída a remuneração da instituição financeira credenciada de até 2,23% a.a. O prazo para reembolso, por sua vez, será de até dez anos, com até dois anos de carência – sendo admitida, também, a concessão de igual carência para o pagamento dos juros, caso seja demonstrada a necessidade (MCR 11-6-1-e). A garantia segue os mesmos padrões e o limite de financiamento será de até R$ 150.000.000,00 por cooperativa, em uma ou mais operações. Admite-se, ainda, a concessão de mais de um financiamento por ano agrícola à mesma beneficiária, desde que respeitados os limites e condições estabelecidos.

Um dos Programas mais conhecidos do BNDES, o Programa Nacional de Fortalecimento da Agricultura Familiar (Pronaf), possui todo um capítulo dentro do MCR (Capítulo 10) e subdivide-se em dois principais: Pronaf Investimento e Pronaf Custeio. Aqui, trataremos deles separadamente para melhor elucidação.

O Pronaf Investimento, disposto na Circular SUP/ADIG n. 48/2024 do BNDES, possui o objetivo de financiar atividades e serviços rurais agropecuários e não agropecuários, desenvolvidos em estabelecimento rural ou em áreas comunitárias próximas, destinando-se ao estímulo de geração de renda e à melhora da utilização da mão de obra familiar. Abrange todo o território nacional e possui como beneficiários os agricultores e produtores rurais que compuserem unidades familiares de produção rural e que, comprovadamente, demonstrem seu enquadramento. Além disso, devem: (i) explorar parcela de terra na condição de proprietário, posseiro, arrendatário, comodatário, parceiro ou concessionário do Programa Nacional de Reforma Agrária, ou permissionário de áreas públicas; (ii) residir na propriedade em questão, ou em local próximo; (iii) não deter área superior a quatro módulos fiscais, contíguos ou não; (iv) ter, no mínimo, 50% da renda bruta familiar originada a partir de exploração agropecuária e não agropecuária do estabelecimento; (v) ter o trabalho familiar como predominante na exploração do estabelecimento, utilizando mão de obra de terceiros de acordo com as exigências sazonais da atividade agropecuária, podendo manter empregados permanentes em número menor ou igual ao número de pessoas da família; e (vi) ter renda bruta anual familiar nos últimos doze meses de até R$ 500.000,00.

Também são beneficiários do Pronaf Investimento, desde que apresentem as devidas comprovações: (i) pescadores artesanais que se dediquem à pesca artesanal, com fins comerciais, explorando a atividade como autônomos, com meios de produção próprios ou em regime de parceria com outros pescadores (também artesanais); (ii) aquicultores dedicados ao cultivo de organismos que tenham na água seu normal meio de vida e que explorem área não superior a dois hectares de lâmina d'água ou, em caso de tanque-rede, ocupem até 500 m³ de água; (iii) silvicultores que cultivem florestas nativas ou exóticas e que promovam o manejo sustentável daqueles ambientes; (iv) extrativistas que exerçam o extrativismo artesanalmente no meio rural – excluídos garimpeiros e faiscadores; (v) integrantes de comunidades quilombolas rurais; (vi) povos indígenas; e (vii) demais povos e comunidades tradicionais.

O crédito, no Pronaf Investimento, pode ser concedido de forma individual (quando formalizado por um produtor para finalidade individual) ou coletiva (quando formalizado por grupo de produtores, para finalidades coletivas). Possui algumas restrições[38] para a concessão de crédito e divide-se em algumas linhas de financiamento, quais sejam: (i) Pronaf Mais Alimentos, concedido a investimentos que se destinam a promover o aumento da produção e da produtividade e a redução dos custos de produção, fazendo com que seja elevada a renda da família produtora rural, financiando itens relacionados a implantação, ampliação e modernização da estrutura das atividades de produção, armazenagem, transporte ou serviços; (ii) Pronaf Agroindústria, que visa a implantação de pequenas e médias agroindústrias, além da ampliação, recuperação ou modernização de unidades agroindustriais de beneficiários do Pronaf já instaladas e em funcionamento, e o investimento em tecnologias de energia renovável; (iii) Pronaf Mulher, destinado ao atendimento de propostas de crédito de mulher agricultora, conforme projeto técnico ou proposta simplificada; (iv) Pronaf Agroecologia (antigo Pronaf ABC+ Agroecologia), que financia os sistemas de base agroecológica ou orgânicos, inclusive os custos de implantação e manutenção do empreendimento; (v) Pronaf Bioeconomia (antigo Pronaf ABC+ Bioeconomia), que visa implantar, utilizar e recuperar sistemas produtivos de exploração extrativista, tecnologias ambientais, pequenos

---

[38] Circular SUP/ADIG n. 48/2024. Item 3.5 e seguintes. "3.5.1. É vedada a concessão de crédito ao amparo do PRONAF Investimento relacionado com a produção de fumo desenvolvida em regime de parceria ou integração com indústrias fumageiras, ressalvado o disposto no item 3.5.2." "3.5.2. Admite-se a concessão de financiamento ao amparo do PRONAF Investimento a produtores de fumo, desde que o crédito se destine a outras culturas que não o fumo, de modo a fomentar a diversificação das atividades geradoras de renda da unidade familiar, vedado o financiamento para construção, reforma e manutenção das estufas para secagem do fumo ou de uso misto, para a secagem do fumo e de outros produtos." "3.5.3. A Instituição Financeira Credenciada pode conceder às Beneficiárias Finais do PRONAF Investimento créditos ao amparo de recursos controlados sujeitos aos encargos financeiros vigentes para a respectiva linha de crédito, para as seguintes finalidades, sem prejuízo de a Beneficiária Final continuar sendo Beneficiária Final do PRONAF Investimento: a) comercialização, nas modalidades previstas na Seção Créditos de Comercialização, do Capítulo Operações, do MCR; b) custeio ou investimento para a cultura de fumo desenvolvida em regime de parceria ou integração com indústrias fumageiras; c) as de que tratam os seguintes Programas, nos financiamentos para cooperativas: Programa de Capitalização de Cooperativas Agropecuárias (Procap-Agro), Programa de Desenvolvimento Cooperativo para Agregação de Valor à Produção Agropecuária (Prodecoop) e Programa para Construção e Ampliação de Armazéns (PCA); d) as de que trata a Seção Crédito para Recuperação de Cafezais Danificados, do Capítulo Fundo de Defesa da Economia Cafeeira (Funcafé), do MCR." "3.6. A DAP ativa ou CAF-Pronaf válido, nos termos estabelecidos pelo Ministério do Desenvolvimento Agrário e Agricultura Familiar (MDA), é exigida para concessão de financiamento no âmbito do PRONAF Investimento, observado ainda que: a) deve ser emitida por agentes credenciados pelo MDA; b) deve ser elaborada para a unidade familiar de produção, prevalecendo para todos os membros da família que compõem o estabelecimento rural e explorem as mesmas áreas de terra; e c) pode ser diferenciada para atender a características específicas das Beneficiárias Finais do PRONAF Investimento."

aproveitamentos hidroenergéticos e tecnologias de energia renovável, sistemas agroflorestais e sistemas de integração; (vi) Pronaf Jovem, crédito de investimento para os itens do MCR 10-10-1[39]; (vii) Pronaf Microcrédito, com finalidade de financiar investimentos em atividades como implantação, ampliação ou modernização da infraestrutura da produção e prestação de serviços; e (viii) Pronaf Cotas-Partes, que financia a integralização de cotas-partes por beneficiárias finais do Pronaf e aplicação, pela cooperativa, em capital de giro, custeio, investimento ou saneamento financeiro.

Importante frisar que a atualização entre a Circular SUP/ADIG n. 27/2023 para a Circular SUP/ADIG n. 48/2024, em relação à linha de financiamento Pronaf Mais Alimentos, diz respeito à retirada de dois Itens (4.1.2.5 e 4.1.2.6) que tratam sobre créditos para investimentos de inovação tecnológica e o financiamento do custo com assistência técnica, respectivamente. Já referente ao Pronaf Agroecologia, além da alteração do nome retirando o "ABC+", as finalidades da linha de crédito passam a ser o financiamento dos sistemas de base ecológica ou orgânicos, cumulado com a implantação de unidades de produção e armazenagem de bioinsumos, e a estruturação e implantação de campo de produção e armazenagem de sementes e mudas de cultivares (Item 4.4.2). Outra linha de crédito que teve alteração foi o Pronaf Jovem, que passou a ter como beneficiário final a pessoa física produtora familiar rural, que tenha obtido renda bruta familiar no último ano (12 meses) de até R$ 50.000,00 (e não mais de R$ 40.000,00).

---

[39] "Os financiamentos ao amparo da Linha de Crédito de Investimento para Jovens (Pronaf Jovem) sujeitam-se às seguintes condições especiais: (Res CMN 4.889, art. 1º; Res CMN 5.024, art. 12; Res CMN 5.080, art. 8º)

a) beneficiários: jovens maiores de 16 (dezesseis) anos e com até 29 (vinte e nove) anos, integrantes de unidades familiares enquadradas na Seção Beneficiários deste Capítulo, que atendam a uma ou mais das seguintes condições, além da apresentação de Declaração de Aptidão ao Pronaf (DAP) ativa ou de Cadastro Nacional da Agricultura Familiar do Programa Nacional de Fortalecimento da Agricultura Familiar (CAF-Pronaf): (Res CMN 4.889, art. 1º; Res CMN 5.024, art. 12; Res CMN 5.080, art. 8º)

I – tenham concluído ou estejam cursando o último ano em centros familiares rurais de formação por alternância, que atendam à legislação em vigor para instituições de ensino; (Res CMN 4.889, art. 1º)

II – tenham concluído ou estejam cursando o último ano em escolas técnicas agrícolas de nível médio ou, ainda, há mais de 1 (um) ano, curso de ciências agrárias ou veterinária em instituição de ensino superior, que atendam à legislação em vigor para instituições de ensino; (Res CMN 4.889, art. 1º)

III – tenham orientação e acompanhamento de empresa de assistência técnica e extensão rural reconhecida pelo Ministério do Desenvolvimento Agrário e Agricultura Familiar (MDA) e pela instituição financeira; (Res CMN 5.080, art. 8º) (*)

IV – tenham participado de cursos de formação do Programa Nacional de Acesso ao Ensino Técnico e Emprego (Pronatec) ou do Programa Nacional de Educação no Campo (Pronacampo); (Res CMN 4.889, art. 1º)."

Os itens financiáveis pelo Pronaf Investimento são aqueles diretamente relacionados à implantação, ampliação ou modernização da estrutura das atividades de produção, armazenagem, transporte ou serviços rurais, como: (i) construção, reforma ou ampliação de benfeitorias; (ii) obras de irrigação e drenagem; (iii) florestamento e reflorestamento; (iv) formação de lavouras permanentes; (v) formação ou recuperação de pastagens; (vi) recuperação ou reforma de máquinas e equipamentos; (vii) aquisição de tratores, colheitadeiras, implementos e embarcações; e (viii) telefonia rural. As condições de financiamento dividem-se de acordo com as linhas específicas, enquanto as regras de garantia são as mesmas dispostas anteriormente.

Por fim, a Circular SUP/ADIG n. 47/2024 (sucede a Circular SUP/ADIG n. 26/2023) refere-se ao Pronaf Custeio, Programa que possui o intuito de estimular geração de renda e melhorar o uso da mão de obra familiar, mediante apoio indireto automático, exclusivamente por meio de cooperativas centrais de crédito credenciadas. Seus beneficiários serão os agricultores e produtores que compõem unidades familiares de produção rural e (i) explorem parcela de terra na condição de proprietário, posseiro, arrendatário, comodatário, parceiro ou concessionário do Programa Nacional de Reforma Agrária; (ii) residam na propriedade ou local próximo; (iii) não detenham área superior a quatro módulos fiscais, contíguos ou não; (iv) com pelo menos 50% da renda bruta familiar originada da exploração agropecuária e não agropecuária; (v) tenham o trabalho familiar como predominante na exploração do estabelecimento; ou (vi) tenham obtido renda bruta anual familiar, nos últimos doze meses, de até R$ 500.000,00. A mais nova Circular, do ano de 2024, incluiu no Item 5.1.6 o caso de atividade leiteira como exceção, pois o percentual do Valor Bruto de Produção (VBP) é de 70%, e não de 100%, como nas outras produções.

Possui duas linhas de financiamento, sendo a de custeio agrícola (destinada a atender despesas normais do ciclo produtivo de lavouras periódicas, entressafras de lavouras permanentes ou extração de produtos vegetais espontâneos ou cultivados) e custeio pecuário (atendimento de despesas normais de exploração pecuária). Os itens financiáveis na primeira linha podem ser itens de custeio diretamente relacionados com a atividade agrícola, aquisição antecipada de insumos, aquisição de silos, despesas de transporte e despesas para manutenção de infraestrutura. Na linha de custeio pecuário, por sua vez, podem ser financiáveis itens como aquisição de animais para recria ou engorda, obtenção de insumos, medicamentos e vacinas, despesas de transporte e despesas para manutenção da infraestrutura.

A taxa de juros divide-se em 2% a.a. para operações destinadas ao cultivo de produtos de sociobiodiversidade,[40] produtos inseridos em sistema de produção de base

---

[40] Circular n. 47/2024. Item 8.1.1. "abiu, amora-preta, andiroba, araticum, araçá, araçá-boi, araçá-pera, aroeira-pimenteira, ariá, arumbeva, açaí extrativo, babaçu, bacaba, bacupari, bacuri, baru, batata crem, beldroega, biribá, borracha extrativa, buriti, butiá, cacau extrativo, cagaita, cajá, caju,

agroecológica (ou em transição para tal) e sistemas orgânicos de produção; 3% a.a. para operações destinadas ao cultivo de determinadas culturas, cultivo de milho cujas operações somadas atinjam o valor de até R$ 20.000,00 por beneficiária final em cada ano agrícola, custeio pecuário e exploração extrativista ecologicamente sustentável; 6% a.a. para aquisição de animais destinados à recria e engorda, para operações voltadas ao cultivo de milho que ultrapassem o valor de R$ 20.000,00 por beneficiária fiscal em cada ano agrícola, e demais culturas não enquadradas nas finalidades anteriores.

O limite de financiamento é de R$ 250.000,00 por beneficiária final e ano agrícola. As garantias, no Pronaf Custeio, operam de modo similar, sendo de livre convenção, mas o penhor do financiamento de custeio deve vincular somente à produção prevista para a área financiada, permitindo obtenção de crédito de comercialização para a produção da mesma safra colhida em área não financiada. Ainda, caso a comercialização do produto vinculado em garantia do financiamento ocorra antes da data de vencimento estabelecida, o saldo devedor do financiamento de custeio deverá ser amortizado ou liquidado pelo beneficiário, de maneira proporcional ao volume do produto comercializado.

Ainda inseridos nas Linhas Específicas do BNDES temos o Programa de Financiamento a Sistemas de Produção Agropecuária Sustentáveis (RenovAgro), cujo objetivo reside em reduzir as emissões de gases de efeito estufa oriundas das atividades agropecuárias, diminuir o desmatamento, aumentar a produção agropecuária em bases sustentáveis, adequar as propriedades rurais à legislação ambiental, ampliar a área de florestas cultivadas e estimular a recuperação de áreas degradadas (MCR 11-7-1-a). Nesse Programa, temos como beneficiários os produtores rurais e suas cooperativas, inclusive para repasse a associados.

O Programa receberá nomenclatura distinta de acordo com a sua finalidade e seu objeto; é, assim, o RenovAgro direcionado à recuperação de pastagens degradadas (RenovAgro Recuperação e Conversão); implantação e melhoramento de sistemas orgânicos de produção agropecuária (RenovAgro Orgânico); implantação e melhoramento de sistemas de plantio direto "na palha" de grãos, cana-de-açúcar e hortaliças (RenovAgro Sistema Plantio Direto); implantação e melhoramento de sistemas de integração lavoura-pecuária, lavoura-floresta, pecuária-floresta ou lavoura-pecuária-floresta e de sistemas agroflorestais (RenovAgro Integração); implantação,

---

caju-do-cerrado, cambuci, cambuí, camu-camu, cará amazônico, cará-de-espinho, castanha-do-pará/castanha-do-brasil, castanha-de-cutia, castanha-de-galinha, cerejado-rio-grande, chichá, chicória-de-caboclo, coquinho-azedo, copaíba, croá, cubiu, cupuaçu, erva-mate, fisalis, goiaba-serrana, guabiroba, guaraná, grumixama, gueroba, jaborandi, jabuticaba, jaracatiá, jambu, jatobá, jenipapo, juçara, licuri, macaúba, major-gomes, mandacaru, mangaba, mapati, mini-pepininho, murici, murumuru, ora-pro-nóbis, ostra-de-mangue, pataúá, pajurá, pequi, peperômia, pera-do-cerrado, piaçava, pinhão, pirarucu de manejo, pitanga, pupunha, puxuri, sapota, sete-capotes, sorva, taioba, taperebá, tucumã, umari, umbu, urucum, uvaia, uxi e meliponicultora."

manutenção e melhoramento do manejo de florestas comerciais, inclusive aquelas destinadas ao uso industrial ou à produção de carvão vegetal (RenovAgro Florestas); adequação ou regularização das propriedades rurais perante a legislação ambiental, inclusive recuperação da reserva legal (RL), áreas de preservação permanente (APP) e área de uso restrito, recuperação de áreas degradadas e implantação e melhoramento de planos de manejo florestal sustentável (RenovAgro Ambiental); implantação, melhoramento e manutenção de sistemas de manejo de resíduos oriundos da produção animal para a geração de energia e compostagem (RenovAgro Manejo de Resíduos); implantação, melhoramento e manutenção de florestas de palmáceas para uso energético, prioritariamente em áreas produtivas degradadas (RenovAgro Palmáceas); estímulo ao uso de bioinsumos, bem como à produção para uso próprio, nas propriedades rurais, incluindo a implantação ou a ampliação de unidades de produção (RenovAgro Bioinsumos); e adoção de práticas conservacionistas de uso, manejo e proteção dos recursos naturais, incluindo correção da acidez e da fertilidade do solo (RenovAgro Manejo dos Solos). A Circular SUP/ADIG n. 30/2023 previa o investimento destinado a implantação, melhoramento e manutenção de florestas de dendezeiro, prioritariamente em áreas produtivas degradadas (RenovAgro Dendê), porém foi retirado na Circular SUP/ADIG n. 53/2024.

Os itens financiáveis ficarão adstritos à modalidade do RenovAgro escolhida e dependerão do cumprimento das previsões do MCR 11-7-1-d. Poderá ser financiado custeio associado ao investimento, limitado a 30% do valor financiado, admitida sua elevação para: (i) até 35% do valor financiado, quando destinado à implantação e à manutenção de florestas comerciais ou recomposição de áreas de preservação permanente ou de reserva legal; e (ii) até 40% do valor financiado, quando o projeto incluir a aquisição de bovinos, bubalinos, ovinos e caprinos, para reprodução, recria e terminação, e sêmen dessas espécies.

A liberação do crédito no RenovAgro ocorrerá em parcelas, consoante o cronograma do Projeto. Ainda, o reembolso, nos termos do MCR 11-7-1-g, será procedido em parcelas semestrais ou anuais, definido de acordo com o projeto técnico e com o fluxo de receitas da propriedade beneficiada, em: até doze anos, com carência de até oito anos, não podendo ultrapassar seis meses da data do primeiro corte ou colheita, quando se tratar de projetos para implantação e manutenção de florestas comerciais e para produção de carvão vegetal, projetos para implantação e manutenção de florestas de dendezeiro, açaí, cacau, oliveiras e nogueiras, e projetos para recomposição e manutenção de áreas de preservação permanente ou de reserva legal; até cinco anos, devendo o pagamento da primeira prestação ocorrer em até doze meses após a contratação, no financiamento de que trata o inciso XIII da alínea "d", exceto no caso de aquisição de animais para recria e terminação, cujos prazos de reembolso devem ser os mesmos previstos no MCR 3-2-13-"b"; e até dez anos, com carência de até cinco anos, de acordo com o projeto, para as demais finalidades.

No que tange ao Programa de Incentivo à Inovação Tecnológica na Produção Agropecuária (Inovagro), temos Programa cujo objetivo é apoiar investimentos necessários à incorporação de inovação tecnológica nas propriedades rurais, visando ao aumento da produtividade, à adoção de boas práticas agropecuárias e de gestão da propriedade rural, e à inserção competitiva dos produtores rurais nos diferentes mercados consumidores. Seus beneficiários serão produtores rurais e suas cooperativas de produção.

Desde que vinculados aos objetivos do Programa, poderão ser financiados (MCR 11-8-1-c): (i) implantação de sistemas para geração e distribuição de energia alternativa à eletricidade convencional, para consumo próprio, como a energia eólica, solar e de biomassa, observando-se que o projeto deve ser compatível com a necessidade de demanda energética da atividade produtiva instalada na propriedade rural; (ii) equipamentos e serviços de pecuária e agricultura de precisão, desde o planejamento inicial da amostragem do solo à geração dos mapas de aplicação de fertilizantes e corretivos, bem como sistemas de conectividade no gerenciamento remoto das atividades agropecuárias; (iii) automação, adequação e construção de instalações para os segmentos de aquicultura, avicultura, carcinicultura, suinocultura, ovinocaprinocultura, piscicultura, pecuária de corte e de leite, inclusive a aquisição integrada ou isolada de máquinas e equipamentos para essa finalidade; (iv) programas de computadores para gestão, monitoramento ou automação; (v) consultorias para a formação e capacitação técnica e gerencial das atividades produtivas implementadas na propriedade rural; (vi) aquisição de material genético (sêmen, embriões e oócitos), proveniente de doadores com certificado de registro e avaliação de desempenho ou, alternativamente, para pecuária de corte, o Certificado Especial de Identificação e Produção (CEIP); (vii) itens constantes do Anexo B dessa Seção que estejam em conformidade com os programas de qualificação da produção agropecuária constantes do Anexo A, ambos os anexos previstos, em específico, dentro da Seção do Inovagro do MCR, observadas as condições específicas de cada item; (viii) itens ou produtos desenvolvidos no âmbito do Programa de Inovação Tecnológica (Inova-Empresa); (ix) assistência técnica necessária para a elaboração, implantação, acompanhamento e execução do projeto, limitada a 4% do valor do financiamento; (x) custeio associado ao projeto de investimento e aquisição de matrizes e reprodutores, com certificado de registro genealógico, emitido por instituições habilitadas para tal propósito, limitado a 50% do valor do financiamento.

No caso do Inovagro, a liberação do crédito ocorrerá consoante a execução do cronograma do projeto e o reembolso será procedido em até dez anos, incluídos dois anos de carência, e, quando se tratar de financiamento para aquisição de matrizes e reprodutores na forma do inciso X da alínea "c", o reembolso para esses itens deverá ocorrer em até cinco anos, devendo o pagamento da primeira prestação se dar em até doze meses após a contratação.

Sobre o limite de financiamento do Inovagro, na Circular SUP/ADIG n. 32/2023, foi declarado de R$ 1.300.000,00 por beneficiária final de empreendimento individual, e R$ 3.900.000,00 para empreendimentos coletivos. Já a Circular SUP ADIG n. 55/2024 elevou os valores para R$ 2.000.000,00 por beneficiária final e por ano agrícola para o empreendimento individual e R$ 6.000.000,00 para os coletivos.

Outro Programa que possui linhas específicas do BNDES e que merece nossa atenção é o Programa para Construção e Ampliação de Armazéns (PCA), que visa apoiar investimentos necessários a ampliação, modernização, reforma e construção de armazéns. Novamente beneficiando produtores rurais e suas cooperativas de produção, o Programa tem como itens financiáveis investimentos individuais ou coletivos vinculados ao objetivo desse Programa (MCR 11-9-1). O prazo de reembolso do Programa em comento será de até dez anos, incluídos até dois anos de carência.

O financiamento ao amparo do PCA ficará, porém, condicionado à apresentação de projeto técnico específico, elaborado por profissional habilitado, além dos demais documentos exigidos nas operações de crédito rural, e abrangerá apenas projetos para ampliação, modernização, reforma e construção de armazéns destinados à guarda de grãos, frutas, tubérculos, bulbos, hortaliças, fibras e açúcar. Os limites impostos na Circular SUP/ADIG n. 54/2024 estabelecem R$ 50.000.000,00 para investimentos de armazenagem de grãos por produtores rurais, R$ 200.000.000,00 para armazenagem de grãos por cooperativas e R$ 25.000.000,00 para os demais itens. Originado em 10 de julho de 2023 pela Circular SUP/ADIG n. 25/2023, e devidamente atualizado pela Circular SUP/ADIG n. 51/2024, o Programa Crédito Agropecuário Empresarial de Custeio tem o objetivo de servir os produtores rurais e suas cooperativas de produção agropecuária, tendo como itens financiáveis o custeio agrícola e o pecuário. Sobre as condições de financiamento, obtém como taxa de juros prefixada em até 12% a.a., incluída na remuneração do agente financeiro credenciado de até 3,65% a.a.

O limite de crédito corresponde a R$ 3.000.000,00 por beneficiário final, em cada ano agrícola, e o prazo total foi distribuído em duas frentes: o custeio agrícola e o pecuário. O primeiro deles possui quatro diferentes prazos, que se diferenciam pelas produções: até três anos para produções de açafrão e palmito; até dois anos para culturas bienais e manejo de florestas sustentáveis; até quatorze meses para culturas permanentes; e até doze meses para as demais culturas. Já o custeio pecuário é dividido em financiamento para compra de bovinos e bubalinos para engorda em regime de confinamento (até seis meses), aquisição de bovinos e bubalinos para recria e engorda em regime extensivo (até dois anos), e demais financiamentos (um ano). As garantias são de livre escolha, desde que seja convencionado pela beneficiária final e o agente financeiro credenciado.

6.4. PROGRAMAS E INSTRUMENTOS DE SERVIÇOS ECOSSISTÊMICOS

A natureza é composta por ecossistemas que abrigam uma grande diversidade. A biodiversidade, assim, pode ser explicada como a variabilidade de organismos vivos de todas as origens, compreendendo os ecossistemas terrestres, marinhos e aquáticos, além dos complexos ecológicos dos quais fazem parte. Inclui, ainda, a diversidade dentro de espécies, entre espécies e de ecossistemas.

As interações entre os elementos de um ecossistema são chamadas de funções ecossistêmicas. Essas funções geram serviços ecossistêmicos quando os processos naturais subjacentes a suas interações desencadeiam uma série de benefícios direta ou indiretamente apropriáveis pelo ser humano. Um único serviço ecossistêmico pode ser o produto de duas ou mais funções, ou uma única função pode gerar mais do que um serviço ecossistêmico.

Mais recentemente, a edição da Lei n. 14.119/2021 nos trouxe uma definição para ecossistemas e serviços ecossistêmicos. Assim, o ecossistema é compreendido como complexo dinâmico de comunidades vegetais, animais e de microrganismos e o seu meio inorgânico que interagem como uma unidade funcional. Os serviços ecossistêmicos, por sua vez, são benefícios relevantes para a sociedade gerados pelos ecossistemas, em matéria de manutenção, recuperação ou melhoria das condições ambientais, nas seguintes modalidades:

(1) Serviços de provisão: os que fornecem bens ou produtos ambientais utilizados pelo ser humano para consumo ou comercialização, tais como água, alimentos, madeira, fibras e extratos, entre outros.

(2) Serviços de suporte: os que mantêm a perenidade da vida na Terra, tais como a ciclagem de nutrientes, a decomposição de resíduos, a produção, a manutenção ou a renovação da fertilidade do solo, a polinização, a dispersão de sementes, o controle de populações de potenciais pragas e de vetores potenciais de doenças humanas, a proteção contra a radiação solar ultravioleta e a manutenção da biodiversidade e do patrimônio genético.

(3) Serviços de regulação: os que concorrem para a manutenção da estabilidade dos processos ecossistêmicos, tais como o sequestro de carbono, a purificação do ar, a moderação de eventos climáticos extremos, a manutenção do equilíbrio do ciclo hidrológico, a minimização de enchentes e secas e o controle dos processos críticos de erosão e de deslizamento de encostas.

(4) Serviços culturais: os que constituem benefícios não materiais providos pelos ecossistemas, por meio da recreação, do turismo, da identidade cultural, de experiências espirituais e estéticas e do desenvolvimento intelectual, entre outros.

O crescimento populacional mundial carrega consigo o aumento da necessidade alimentar e de consumo, ao mesmo passo em que os setores produtivos passam a demandar mais recursos. Surge a obrigação do desenvolvimento de bases biológicas e renováveis que permitam o não esgotamento das fontes e dos recursos naturais. A capacidade de bioenergia, agricultura e biotecnologia faz do Brasil um dos protagonistas no cenário da bioeconomia mundial (objeto de análise no item 10.6

desta obra).[41] O agronegócio tem se alinhado em parâmetros de sustentabilidade, buscando e aplicando novas tecnologias e meios de produção renováveis e menos nocivos ao meio ambiente. Caminha a passos largos para o cumprimento de demandas e pressões mundiais, por meio da aplicação de métodos que analisam o impacto das atividades agrícolas realizadas em determinadas regiões e como a empresa/produtor rural investe em ações sustentáveis, qual seja, o meio-termo entre produtividade objetivada e proteção ambiental, em respeito a parâmetros aceitáveis.

A ação positiva dos produtores rurais e das indústrias agrícolas está sendo cada vez mais cobrada, não bastante apenas o não comprometimento do meio ambiente, mas carecendo de demonstração ativa de que atuam em seu restabelecimento ou melhora. A produção ecoeficiente se torna pauta necessária, demandando maior preocupação e cautela com critérios ambientais. Essa demanda já chega ao agro brasileiro, que presta seus próprios serviços ecossistêmicos.

É o caso do instrumento criado pela Lei n. 14.119/2021, os Pagamentos por Serviços Ambientais (PSA), que atuam como um mecanismo de incentivo à conservação ambiental e desenvolvimento sustentável por meio do benefício financeiro. Aqui, os serviços ambientais podem ser compreendidos como toda atividade que auxilia na manutenção, recuperação ou melhoria dos benefícios ofertados pela natureza (art. 2º, III, da Lei n. 14.119/2021). Os PSAs, por sua vez, são expressos em transação de natureza voluntária, mediante a qual um pagador de serviços ambientais[42] transfere a um provedor desses serviços[43] recursos financeiros ou outra forma de remuneração, nas condições acertadas, respeitadas as disposições legais e regulamentares pertinentes.[44]

De acordo com o art. 3º da Lei n. 14.119/2021, são modalidades de pagamento por serviços ambientais, entre outras:[45] (i) pagamento direto, monetário ou não monetário; (ii) prestação de melhorias sociais a comunidades rurais e urbanas; (iii) compensação vinculada a certificado de redução de emissões por desmatamento e degradação; (iv) títulos verdes; (v) comodato; e (vi) Cota de Reserva Ambiental (CRA). Além das modalidades expressamente apontadas, outras poderão ser estabelecidas por atos normativos do órgão gestor da Política Nacional de Pagamentos por Serviços Ambientais

---

[41] EMBRAPA. *Bioeconomia:* a ciência do futuro no presente. Disponível em: https://www.embrapa.br/tema-bioeconomia. Acesso em: 25 set. 2023.

[42] Art. 2º, Lei n. 14.119/2021: "V – pagador de serviços ambientais: poder público, organização da sociedade civil ou agente privado, pessoa física ou jurídica, de âmbito nacional ou internacional, que prové o pagamento dos serviços ambientais nos termos do inciso IV deste *caput*;".

[43] Art. 2º, Lei n. 14.119/2021: "VI – provedor de serviços ambientais: pessoa física ou jurídica, de direito público ou privado, ou grupo familiar ou comunitário que, preenchidos os critérios de elegibilidade, mantém, recupera ou melhora as condições ambientais dos ecossistemas".

[44] Art. 2º, IV, da Lei n. 14.119/2021.

[45] Outras modalidades de pagamento por serviços ambientais poderão ser estabelecidas por atos normativos do órgão gestor da Política Nacional de Pagamento por Serviços Ambientais.

(PNPSA), que deverão ser previamente pactuadas entre pagadores e provedores de serviços ambientais.

Dessa forma, além de apontar a caracterização dos PSAs, a Lei n. 14.119/2021 também cuida de instituir a PNPSA, gerida por órgão central do Sistema Nacional do Meio Ambiente (Sisnama), que visa atuar orientando a atuação do poder público e da sociedade, estimulando a conservação dos ecossistemas e valorizando serviços que tenham adicionalidade ambiental, além de promover incentivo a que se desenvolvam novos produtos e atividades ambientalmente sustentáveis, na busca pelo fomento de um desenvolvimento mais sustentável ao País.[46]

Além do PNPSA, a norma, em seu art. 6º, cria o Programa Federal de Pagamento por Serviços Ambientais (PFPSA) que, no âmbito do órgão central do Sisnama, tem como objetivo efetivar a PNPSA relativamente ao pagamento desses serviços pela União, nas ações de manutenção, de recuperação ou de melhoria da cobertura vegetal nas áreas prioritárias para a conservação, de combate à fragmentação de *habitats*, de formação de corredores de biodiversidade e de conservação dos recursos hídricos.

É possível dizer que estes têm como objetivo estimular a adoção de certas práticas que não apenas reduzem a poluição, mas também preservam o meio ambiente, fazendo com que exista um espaço de escolha de meios alternativos que permitam a consecução de objetivos econômicos de forma menos prejudicial ao ecossistema em que inseridos. Para participação no PFPSA, nos termos do § 4º do art. 6º da Lei n. 14.119/2021, é necessário: (i) enquadramento em uma das ações definidas para o Programa; (ii) nos imóveis privados, comprovação de uso ou ocupação regular do imóvel, por meio de inscrição no Cadastro Ambiental Rural (CAR);[47] (iii) formalização de contrato específico, que pode ser de adesão; e (iv) observância a demais normas estabelecidas em regulamento específico. Em suma, aqui, o pagamento por serviços ambientais depende de verificação e comprovação das ações de manutenção, de recuperação ou de melhoria da área objeto de contratação, conforme regulamento.

Cumpre ao PFPSA[48] promover ações de: (i) conservação e recuperação da vegetação nativa, da vida silvestre e do ambiente natural em áreas rurais, notadamente

---

[46] Sobre os objetivos do PNPSA, ver art. 4º da Lei n. 14.119/2021.

[47] "Art. 9º Em relação aos imóveis privados, são elegíveis para provimento de serviços ambientais:
I – os situados em zona rural inscritos no CAR, previsto na Lei n. 12.651, de 25 de maio de 2012, dispensada essa exigência para aqueles a que se refere o inciso IV do *caput* do art. 8º desta Lei
II – os situados em zona urbana que estejam em conformidade com o plano diretor, de que trata o § 1º do art. 182 da Constituição Federal, e com a legislação dele decorrente;
III – as Reservas Particulares do Patrimônio Natural (RPPNs) e as áreas das zonas de amortecimento e dos corredores ecológicos cobertas por vegetação nativa, nos termos da Lei n. 9.985, de 18 de julho de 2000."

[48] "Art. 8º Podem ser objeto do PFPSA:
I – áreas cobertas com vegetação nativa;

naquelas de elevada diversidade biológica, de importância para a formação de corredores de biodiversidade ou reconhecidas como prioritárias para a conservação da biodiversidade, assim definidas pelos órgãos do Sisnama; (ii) conservação de remanescentes vegetais em áreas urbanas e periurbanas, instituída pela Lei n. 14.935/2024, de importância para a manutenção e a melhoria da qualidade do ar, dos recursos hídricos e do bem-estar da população e para a formação de corredores ecológicos; (iii) conservação e melhoria da quantidade e da qualidade da água, especialmente em bacias hidrográficas com cobertura vegetal crítica importantes para o abastecimento humano e para a dessedentação animal ou em áreas sujeitas a risco de desastre; (iv) conservação de paisagens de grande beleza cênica; (v) recuperação e recomposição da cobertura vegetal nativa de áreas degradadas, por meio do plantio de espécies nativas ou por sistema agroflorestal; (vi) manejo sustentável de sistemas agrícolas, agroflorestais e agrossilvopastoris que contribuam para captura e retenção de carbono e conservação do solo, da água e da biodiversidade; e (vii) manutenção das áreas cobertas por vegetação nativa que seriam passíveis de autorização de supressão para uso alternativo do solo.

II – áreas sujeitas a restauração ecossistêmica, a recuperação da cobertura vegetal nativa ou a plantio agroflorestal;

III – unidades de conservação de proteção integral, reservas extrativistas e reservas de desenvolvimento sustentável, nos termos da Lei n. 9.985, de 18 de julho de 2000;

IV – terras indígenas, territórios quilombolas e outras áreas legitimamente ocupadas por populações tradicionais, mediante consulta prévia, nos termos da Convenção 169 da Organização Internacional do Trabalho (OIT) sobre Povos Indígenas e Tribais;

V – paisagens de grande beleza cênica, prioritariamente em áreas especiais de interesse turístico;

VI – áreas de exclusão de pesca, assim consideradas aquelas interditadas ou de reservas, onde o exercício da atividade pesqueira seja proibido transitória, periódica ou permanentemente, por ato do poder público;

VII – áreas prioritárias para a conservação da biodiversidade, assim definidas por ato do poder público.

§ 1º Os recursos decorrentes do pagamento por serviços ambientais pela conservação de vegetação nativa em unidades de conservação serão aplicados pelo órgão ambiental competente em atividades de regularização fundiária, elaboração, atualização e implantação do plano de manejo, fiscalização e monitoramento, manejo sustentável da biodiversidade e outras vinculadas à própria unidade, consultado, no caso das unidades de conservação de uso sustentável, o seu conselho deliberativo, o qual decidirá sobre a destinação desses recursos.

§ 2º Os recursos decorrentes do pagamento por serviços ambientais pela conservação de vegetação nativa em terras indígenas serão aplicados em conformidade com os planos de gestão territorial e ambiental de terras indígenas, ou documentos equivalentes, elaborados pelos povos indígenas que vivem em cada terra.

§ 3º Na contratação de pagamento por serviços ambientais em áreas de exclusão de pesca, podem ser recebedores os membros de comunidades tradicionais e os pescadores profissionais que, historicamente, desempenhavam suas atividades no perímetro protegido e suas adjacências, desde que atuem em conjunto com o órgão ambiental competente na fiscalização da área."

Ainda, na análise específica da norma de 2021, notamos em seu art. 16 a instituição de Cadastro Nacional de Pagamento por Serviços Ambientais (CNPSA), mantido pelo órgão gestor do PFPSA, que conterá, no mínimo, os contratos de pagamento por serviços ambientais realizados que envolvam agentes públicos e privados, as áreas potenciais e os respectivos serviços ambientais prestados e as metodologias e os dados que fundamentaram a valoração dos ativos ambientais, bem como as informações sobre os planos, programas e projetos que integram o PFPSA. O CNPSA unificará, em banco de dados, as informações encaminhadas pelos órgãos federais, estaduais e municipais competentes, pelos agentes privados, pelas Oscip e por outras organizações não governamentais que atuarem em projetos de pagamento por serviços ambientais, e deverá ser acessível ao público e integrado ao Sistema Nacional de Informações sobre Meio Ambiente (Sinima), ao Sistema de Informação sobre a Biodiversidade Brasileira (SiBBr) e ao Sistema de Cadastro Ambiental Rural (Sicar).[49]

Apesar do regulamento atual, o tema já foi pré-desenhado e previsto no Código Florestal brasileiro (Lei n. 12.651/2012), que dispõe em seu art. 41: "É o Poder Executivo federal autorizado a instituir, sem prejuízo do cumprimento da legislação ambiental, programa de apoio e incentivo à conservação do meio ambiente, bem como para adoção de tecnologias e boas práticas que conciliem a produtividade agropecuária e florestal, com redução dos impactos ambientais, como forma de promoção do desenvolvimento ecologicamente sustentável, observados sempre os critérios de progressividade, abrangendo as seguintes categorias e linhas de ação: I – pagamento ou incentivo a serviços ambientais como retribuição, monetária ou não, às atividades de conservação e melhoria dos ecossistemas e que gerem serviços ambientais, tais como, isolada ou cumulativamente".

O pagamento, podendo ser direto, monetário ou não, ou indireto, como na prestação de melhorias sociais às comunidades rurais e urbanas ou, ainda, na compensação vinculada a certificado de redução de emissões por desmatamento e degradação, é instrumento econômico que melhora a rentabilidade de todas as atividades de proteção ambiental e de utilização dos recursos naturais, visto gerar um incentivo ainda maior para a conservação da mata nativa, visando os recursos hídricos, florestais e toda a biodiversidade do território. Assim, a Lei n. 14.119/2021 atua como parte do

---

[49] Apesar do regulamento atual, o tema já foi pré-desenhado e previsto no Código Florestal brasileiro (Lei n. 12.651/2012), que dispõe em seu art. 41: "É o Poder Executivo federal autorizado a instituir, sem prejuízo do cumprimento da legislação ambiental, programa de apoio e incentivo à conservação do meio ambiente, bem como para adoção de tecnologias e boas práticas que conciliem a produtividade agropecuária e florestal, com redução dos impactos ambientais, como forma de promoção do desenvolvimento ecologicamente sustentável, observados sempre os critérios de progressividade, abrangendo as seguintes categorias e linhas de ação: I – pagamento ou incentivo a serviços ambientais como retribuição, monetária ou não, às atividades de conservação e melhoria dos ecossistemas e que gerem serviços ambientais, tais como, isolada ou cumulativamente".

desenvolvimento da política ambiental brasileira, instituindo o Programa Nacional de Pagamento por Serviços Ambientais (PNPSA) e regularizando a implementação de tais pagamentos.

O Plano ABC, criado no Plano Agrícola e Pecuário de 2010/2011, é uma política pública composta de um conjunto de ações que visam promover a ampliação de adoção de algumas tecnologias agropecuárias sustentáveis com alto potencial de mitigação das emissões de gases de efeito estufa e combate ao aquecimento global. Quando de sua criação, foi estruturado em sete programas: (i) Recuperação de Pastagens Degradadas; (ii) Integração Lavoura-Pecuária-Floresta (ILPF) e Sistemas Agroflorestais (SAFs); (iii) Sistema Plantio Direto (SPD); (iv) Fixação Biológica do Nitrogênio (FBN); (v) Florestas Plantadas; (vi) Tratamento de Dejetos Animais; e (vii) Adaptação a Mudanças Climáticas. Em cada um dos programas foram instituídas variadas ações que, com o passar do tempo e diante da importância e dimensão tomada pelo Plano ABC, culminou em alteração na Lei n. 12.187/2009 (Política Nacional sobre Mudanças do Clima).[50]

O Programa ABC, portanto, surgiu como linha de crédito instituída pelo Mapa, que foi aprovada pela Resolução n. 3.896/2010 do Banco Central (revogada) e que, à época, destinou R$ 2 bilhões para financiar práticas adequadas, tecnologias adaptadas e sistemas produtivos eficientes que contribuam para a mitigação da emissão dos gases de efeito estufa (GEE). Com juros de 5,5% a.a., o Programa financiava a implantação e a ampliação de sistemas de integração de agricultura com pecuária e de ILPF, além de correção, adubação e implantação de práticas conservacionistas de solos, implantação e manutenção de florestas comerciais, recomposição de áreas de preservação ou de reservas florestais e outras práticas que envolvem uma produção sustentável e direcionada para uma baixa emissão de GEE.

Realizado entre os anos de 2010 e 2020, o Programa encontrou um novo capítulo com a criação do Plano ABC+. Com tecnologias de produção sustentável, o Plano Setorial de Adaptação e Baixa Emissão de Carbono na Agropecuária foi desenvolvido objetivando a redução de emissão de carbono equivalente a 1,1 bilhão de toneladas no setor agropecuário até 2030 – valor sete vezes superior ao definido pelo plano na primeira etapa.

Pautada por créditos públicos, a primeira etapa do plano trouxe resultados extremamente positivos: mitigou cerca de 170 milhões de toneladas de gás carbônico equivalente à área de 52 milhões de hectares, superando, assim, em 46,5% a meta estabelecida. Ainda, destacam-se a recuperação de uma área de 15 milhões de hectares de pastagens degradadas, por meio do manejo adequado e de adubação; o aumento de

---

[50] Nessa legislação está definido que o Poder Executivo, em consonância com a Política Nacional sobre Mudança do Clima, estabelecerá os Planos Setoriais de Mitigação e de Adaptação às Mudanças Climáticas visando à consolidação de uma economia de baixo consumo de carbono em diferentes setores.

adoção de Sistemas de Integração Lavoura-Pecuária-Floresta e de Sistemas Agroflorestais em 4 milhões de hectares; a ampliação do Sistema Plantio Direto em 8 milhões de hectares; o aumento do uso da fixação biológica (FBN) em 5,5 milhões de hectares e a promoção de ações de reflorestamento no país, expandindo a área com o Programa Florestas Plantadas.

Agora, em novo capítulo, aplicável de 2021 a 2030, o Plano ABC+ tem oito ações previstas, mais robustas e baseadas em: (i) recuperação de pastagens degradadas em 30 milhões de hectares e potencial para a mitigação de emissão de 113,70 milhões de toneladas de equivalente de gás carbônico; (ii) plantio direto em 12,5 milhões de hectares e potencial de redução de 12,99 milhões de toneladas de CO_2; (iii) Sistemas de Integração Lavoura-Pecuária-Floresta e Sistemas Agroflorestais em 10,10 milhões de hectares e redução de 72,01 milhões de CO_2; (iv) florestas plantadas em 4 milhões de hectares com potencial de mitigação de 510 milhões de toneladas de CO_2 equivalente; além de (v) sistemas irrigados; (vi) bioinsumos; (vii) tratamento de dejetos animais; e (viii) abates em terminação intensiva.

As expectativas para as novas medidas são tão positivas quanto seus números ambiciosos. Para isso, porém, necessário o aumento de recursos ao programa, uma vez que o crédito direcionado é um de seus principais gargalos – o ABC é financiado pelo Plano Safra, principal fonte pública de custeio das atividades do campo. Mais recentemente, no Plano de Safra 2023/2024, tivemos uma surpresa: a renomeação do Programa ABC para RenovAgro. O RenovAgro, Programa para Financiamento a Sistemas de Produção Agropecuária Sustentáveis, incorpora os financiamentos de investimentos identificados com o objetivo de incentivo à adaptação à mudança do clima e baixa emissão de carbono na agropecuária.

Por meio do RenovAgro, como operado no anterior ABC, é possível financiar práticas sustentáveis como a recuperação de áreas e de pastagens degradadas, a implantação e a ampliação de sistemas de integração lavoura-pecuária-florestas, a adoção de práticas conservacionistas de uso e o manejo e proteção dos recursos naturais. Também podem ser financiadas a implantação de agricultura orgânica, a recomposição de áreas de preservação permanente ou de reserva legal, a produção de bioinsumos e de biofertilizantes, os sistemas para geração de energia renovável e outras práticas que envolvem produção sustentável e culminam em baixa emissão de gases causadores do efeito estufa.

O RenovAgro amplia o apoio à recuperação de pastagens degradadas, com foco na sua conversão para a produção agrícola, com a menor taxa de juros da agricultura empresarial no Plano de Safra 2024/2025: 7% ao ano, nas modalidades recuperação de pastagens degradadas e adequação ou regularização das propriedades rurais perante a legislação ambiental (para as demais finalidades, os juros prefixados são de até 8,5% ao ano). O RenovAgro ainda impõe limites de R$ 5 milhões por cliente, por ano agrícola e, em casos de projetos coletivos destinados especialmente ao aproveitamento de biogás (geração de energia elétrica e produção de biometano), o limite chega a

R$ 20 milhões por ano agrícola, observado o limite individual de R$ 5 milhões, visando a duas condições: (i) o biogás e o biometano devem ser produzidos unicamente a partir de dejetos e resíduos oriundos de produção animal própria dos participantes do projeto coletivo (Item 6.2.2.1 da Circular SUP/ADIG n. 53/2024); a energia elétrica e o biometano produzidos devem destinar-se exclusivamente ao uso próprio (Item 6.2.2.2 da Circular SUP/ADIG n. 53/2024). No caso de financiamentos a cooperativas para repasse a cooperado, o limite se refere a cada cooperado beneficiado pelo financiamento. Por fim, admite-se a concessão de mais de um financiamento para o mesmo cliente, por ano agrícola, respeitado o limite do programa, quando a atividade assistida requerer e ficar comprovada a capacidade de pagamento do cliente.

O Sistema ILPF foi instituído em 2013, com a vigência da Lei n. 12.805/2013. De acordo com o § 1º do art. 1º da Lei n. 12.805/2013, a ILPF é uma estratégia que objetiva a produção sustentável, integrando atividades agrícolas, pecuárias e florestais realizadas na mesma área, em cultivo consorciado, em sucessão ou rotacionado, e busca efeitos sinérgicos entre os componentes do agroecossistema. Em seus conceitos referenciais, inclui os principais elementos de sustentabilidade: econômico, social e ambiental (sobre paradigma ESG, ver item 10.1).

O Sistema ILPF tem por objetivo, nos termos do art. 1º da apontada Lei: (i) melhorar, de forma sustentável, a produtividade, a qualidade dos produtos e a renda das atividades agropecuárias, por meio da aplicação de sistemas integrados de exploração de lavoura, pecuária e floresta em áreas já desmatadas, como alternativa aos monocultivos tradicionais; (ii) mitigar o desmatamento provocado pela conversão de áreas de vegetação nativa em áreas de pastagens ou de lavouras, contribuindo, assim, para a manutenção das áreas de preservação permanente e de reserva legal; (iii) estimular atividades de pesquisa, desenvolvimento e inovação tecnológica, assim como atividades de transferência de tecnologias voltadas para o desenvolvimento de sistemas de produção que integrem, entre si, ecológica e economicamente, a pecuária, a agricultura e a floresta; (iv) estimular e promover a educação ambiental, por meio de ensino de diferentes disciplinas, em todos os níveis escolares, assim como para os diversos agentes das cadeias produtivas do agronegócio, tais como fornecedores de insumos e matérias-primas, produtores rurais, agentes financeiros, e para a sociedade em geral; (v) promover a recuperação de áreas de pastagens degradadas, por meio de sistemas produtivos sustentáveis, principalmente da ILPF; (vi) apoiar a adoção de práticas e de sistemas agropecuários conservacionistas que promovam a melhoria e a manutenção dos teores de matéria orgânica no solo e a redução da emissão de gases de efeito estufa; (vii) diversificar a renda do produtor rural e fomentar novos modelos de uso da terra, conjugando a sustentabilidade do agronegócio com a preservação ambiental; difundir e estimular práticas alternativas ao uso de queimadas na agropecuária, com intuito de mitigar seus impactos negativos nas propriedades químicas, físicas e biológicas do solo e, com isso, reduzir seus danos sobre a flora e a fauna e a emissão de gases de efeito estufa; (viii) fomentar a diversificação de sistemas de produção com inserção de recursos florestais, visando à exploração comercial de produtos madeireiros e não madeireiros por meio da atividade florestal, a reconstituição de corredores de vegetação para a fauna e a proteção de matas ciliares e de reservas florestais, ampliando a capacidade de geração de renda do produtor; e (ix) estimular e difundir sistemas agrossilvopastoris aliados às práticas conservacionistas e ao bem-estar animal.[51]

Desse modo, observa-se que o objetivo central da ILPF é a otimização da terra, elevando os patamares de produtividade, diversificando a produção e originando produtos de qualidade, que reduzirão a pressão sobre a abertura de novas áreas.[52] Ainda, havendo benefício mútuo para todos, pode ser feito em cultivo consorciado, em sucessões ou em rotação.

Com a crescente preocupação sobre a relação meio ambiente e agropecuária, nasce o desafio de criar sistemas de produção em bases sustentáveis. A estratégia abrange quatro modalidades de sistemas, nos termos do art. 1º, § 2º, da Lei n. 12.805/2013: (i) Integração Lavoura-Pecuária ou Agropastoril, que integra os componentes agrícola e pecuário, em rotação, consórcio ou sucessão, na mesma área, em um mesmo ano agrícola ou por múltiplos anos; (ii) Integração Lavoura-Pecuária-Floresta ou Agrossilvopastoril, que integra os componentes agrícola, pecuário e florestal, em rotação, consórcio ou sucessão, na mesma área; (iii) Integração Pecuária-Floresta ou Silvopastoril, que integra os componentes pecuário e florestal em consórcio; e (iv) Integração Lavoura-Floresta ou Silvoagrícola, que integra os componentes florestal e agrícola, pela consorciação de espécies arbóreas com cultivos agrícolas, anuais ou perenes.[53]

Deve a política nacional de ILPF[54] ser implementada com base nos seguintes princípios, nos termos do art. 2º da norma de 2013: (i) preservação e melhoria das

---

[51] Art. 1º da Lei n. 12.805/2013.
[52] EMBRAPA. *Embrapa Forestry*. Disponível em: https://www.embrapa.br/en/florestas?p_auth=rAxTm4Bu&p_p_id=82&p_p_lifecycle=1&p_p_state=normal&p_p_mode=view&_82_struts_action=%2Flanguage%2Fview&_82_redirect=%2Fen%2Fflorestas%3Fmobile%3D0&_82_languageId=pt_BR. Acesso em: 25 set. 2023.
[53] Art. 1º, § 2º, da Lei n. 12.805/2013.
[54] "Art. 3º Compete ao poder público, no âmbito da Política Nacional de Integração Lavoura-Pecuária-Floresta:

I – definir planos de ação regional e nacional para expansão e aperfeiçoamento dos sistemas, com a participação das comunidades locais;

II – estimular a adoção da rastreabilidade e da certificação dos produtos pecuários, agrícolas e florestais oriundos de sistemas integrados de produção;

III – capacitar os agentes de extensão rural, públicos, privados ou do terceiro setor, a atuarem com os aspectos ambientais e econômicos dos processos de diversificação, rotação, consorciação e sucessão das atividades de agricultura, pecuária e floresta;

IV – criar e fomentar linhas de crédito rural consoantes com os objetivos e princípios da Política Nacional de Integração Lavoura-Pecuária-Floresta e com os interesses da sociedade;

V – estimular a produção integrada, o associativismo, o cooperativismo e a agricultura familiar;

condições físicas, químicas e biológicas do solo; (ii) sustentabilidade econômica dos empreendimentos rurais, por meio da melhoria dos índices de produtividade e de qualidade dos produtos agropecuários e florestais, pela diversificação das fontes de renda e melhoria do retorno financeiro das atividades; (iii) investigação científica e tecnológica voltada ao desenvolvimento de sistemas integrados envolvendo agricultura, pecuária e floresta de forma sequencial ou simultânea na mesma área; (iv) integração do conhecimento tradicional sobre uso sustentável dos recursos naturais; (v) sinergia entre ações locais, regionais e nacionais, com intuito de otimizar os esforços e a aplicação dos recursos financeiros; (vi) cooperação entre os setores público e privado e as organizações não governamentais; (vii) estímulo à diversificação das atividades econômicas; (viii) observância do zoneamento ecológico-econômico do Brasil e respeito às áreas de proteção ambiental, de relevante interesse ecológico e reservas extrativistas; (ix) observância aos princípios e às leis de proteção ambiental; e (x) incentivo ao plantio direto na palha como prática de manejo conservacionista do solo.

Segundo a Embrapa,[55] uma opção tecnológica de ILPF é o sistema silvipastoril que, em mesma área e tempo, realiza a combinação intencional de árvores, pastagens e gado. Ao gado o benefício direto é o bem-estar e conforto térmico, possibilitado com a presença de árvores. Quando adequadamente dispostas na pastagem, protegem os animais contra as adversidades climáticas, repercutindo de forma positiva na produtividade e saúde deles. O produtor passa a ter relevância em seu negócio pecuário, refletindo na imagem de sua produção, produto e resultado e, assim, atendendo a uma tendência mundial: a busca por produtos ambientalmente adequados, socialmente benéficos e economicamente viáveis. Na execução da política nacional de ILPF, serão utilizados instrumentos da política agrícola e da Política Nacional do Meio Ambiente, bem como instrumentos de financiamento do Sistema Nacional de Crédito Rural (art. 4º da Lei n. 12.805/2013).

VI – promover a geração, adaptação e transferência de conhecimentos e tecnologias;

VII – fiscalizar a aplicação dos recursos provenientes de incentivos creditícios e fiscais;

VIII – difundir a necessidade de racionalização do uso dos recursos naturais nas atividades agropecuárias e florestais, por meio da capacitação de técnicos, produtores rurais, agentes do poder público, agentes creditícios, estudantes de ciências agrárias, meios de comunicação e outros;

IX – assegurar a infraestrutura local necessária aos mecanismos de fiscalização do uso conservacionista dos solos;

X – estimular a mudança de uso das terras de pastagens convencionais em pastagens arborizadas para a produção pecuária em condições ambientalmente adequadas, a fim de proporcionar aumento da produtividade pelas melhorias de conforto e bem-estar animal;

XI – estimular e fiscalizar o uso de insumos agropecuários."

[55] EMBRAPA. *Embrapa Forestry*. Disponível em: https://www.embrapa.br/en/florestas?p_auth=rAxTm4Bu&p_p_id=82&p_p_lifecycle=1&p_p_state=normal&p_p_mode=view&_82_struts_action=%2Flanguage%2Fview&_82_redirect=%2Fen%2Fflorestas%3Fmobile%3D0&_82_languageId=pt_BR. Acesso em: 25 set. 2023.

Os solos também são beneficiários desse sistema. A fixação de carbono ocasionada pela fotossíntese e transferência decorrente da queda de folhas/ramos e apodrecimento de raízes velhas leva à manutenção ou incremento da matéria orgânica do solo; a fixação de nitrogênio por árvores que podem, ou não, ser leguminosas; a elevação do teor de nutrientes extraídos de rochas intemperizadas nas camadas profundas do solo, em razão das raízes que induzem um grau de intemperismo; e a criação de condições adequadas para ganhos de nutrientes pela chuva e poeira. Há também a redução de perdas do solo, por meio da proteção do solo contra a erosão, da recuperação dos nutrientes e pela menor taxa de mineralização da matéria orgânica decorrente da existência da sombra. Quanto às condições físicas e químicas do solo, estas recebem manutenção e melhoria por meio da combinação dos efeitos da matéria orgânica e das raízes – pelas raízes, com a fragmentação das camadas compactadas do solo, e pela matéria orgânica, com a diminuição da amplitude de temperaturas do solo por meio da combinação do sombreamento pelas copas e cobertura do solo por resíduos.

Por fim, para viabilizar as obrigações assumidas pelo Brasil na Confederação das Nações Unidas sobre as Mudanças Climáticas de 2015 (COP 21), em 2017 foi instituída a Política Nacional de Biocombustíveis (RenovaBio) por meio da Lei n. 13.576/2017, com posterior regulamentação dada pelo Decreto n. 9.888/2019 e da Portaria Normativa MME n. 56/GM/MME expedida pelo Ministério de Minas e Energia. Em 2024, o Programa passou por reformulação, por meio da Lei n. 15.082, de 30 de dezembro de 2024, que alterou a Lei n. 13.579/2017, incluindo os produtores independentes de matéria-prima (cana-de-açúcar e outras biomassas) destinada à produção de biocombustível. O Programa tem por objetivo: (i) contribuir para o atendimento aos compromissos do País no âmbito do Acordo de Paris sob a Convenção-Quadro das Nações Unidas sobre Mudança do Clima; (ii) contribuir com a adequada relação de eficiência energética e de redução de emissões de gases causadores do efeito estufa na produção, na comercialização e no uso de biocombustíveis, inclusive com mecanismos de avaliação de ciclo de vida; (iii) promover a adequada expansão da produção e do uso de biocombustíveis na matriz energética nacional, com ênfase na regularidade do abastecimento de combustíveis; e (iv) contribuir com previsibilidade para a participação competitiva dos diversos biocombustíveis no mercado nacional de combustíveis.[56]

Os fundamentos que permeiam o Programa dizem respeito à contribuição dos biocombustíveis na segurança do abastecimento nacional, na preservação ambiental e na promoção da economia e da sociedade, a promoção da livre concorrência do mercado, a agregação de valor à matéria-prima utilizada na produção de biocombustíveis e à biomassa (adicionado na redação dada pela Lei n. 15.082/2024), e a estratégia do setor na matriz energética nacional.[57] A busca por tornar acessível a energia cada vez

---

[56] Art. 1º, I a IV, da Lei n. 13.576/2017.
[57] Art. 1º, I a IV, da Lei n. 13.576/2017.

mais sustentável, competitiva e segura gerou uma gama de ações, atividades e projetos que estão englobados no RenovaBio. Para isso, os princípios que norteiam a Política Nacional de Biocombustíveis são elencados no art. 3º da Lei 13.576 de 2017, com readequação do primeiro, por meio da nova Lei n. 15.082/2024: "I – previsibilidade para a participação dos biocombustíveis, com ênfase na sustentabilidade da cadeia produtiva de biocombustíveis e na segurança do abastecimento; II – proteção dos interesses do consumidor quanto a preço, qualidade e oferta de produtos; III – eficácia dos biocombustíveis em contribuir para a mitigação efetiva de emissões de gases causadores do efeito estufa e de poluentes locais; IV – potencial de contribuição do mercado de biocombustíveis para a geração de emprego e de renda e para o desenvolvimento regional, bem como para a promoção de cadeias de valor relacionadas à bioeconomia sustentável; V – avanço da eficiência energética, com o uso de biocombustíveis em veículos, em máquinas e em equipamentos; e VI – impulso ao desenvolvimento tecnológico e à inovação, visando a consolidar a base tecnológica, a aumentar a competitividade dos biocombustíveis na matriz energética nacional e a acelerar o desenvolvimento e a inserção comercial de biocombustíveis avançados e de novos biocombustíveis".

É, portanto, uma política de Estado que reconhece o papel estratégico que os biocombustíveis assumem na matriz energética brasileira, no que se refere à sua contribuição para a segurança energética, previsibilidade do mercado e mitigação de emissões dos gases causadores do efeito estufa no setor de combustíveis. O RenovaBio é composto, nos termos do art. 4º da Lei n. 13.576/2017, por seis instrumentos: (i) as metas de redução de emissões de gases causadores do efeito estufa na matriz de combustíveis; (ii) os Créditos de Descarbonização (CBIOs); (iii) a Certificação de Biocombustíveis de que trata o Capítulo VI desta Lei; (iv) as adições compulsórias de biocombustíveis aos combustíveis fósseis; (v) os incentivos fiscais, financeiros e creditícios; e (vi) as ações no âmbito do Acordo de Paris sob a Convenção-Quadro das Nações Unidas sobre Mudança do Clima.

O CBIO, instrumento registrado sob a forma escritural, para fins de comprovação da meta individual imposta sob o distribuidor de combustíveis (art. 5º, V, Lei n. 13.576/2017) é emitido por usinas (produtoras ou importadoras de biocombustíveis certificadas pela Agência Nacional do Petróleo, Gás Natural e Biocombustíveis – ANP)[58]

---

[58] Art. 9º do Decreto n. 9.888, de 27 de junho de 2019. "A ANP estabelecerá os critérios, os procedimentos e as responsabilidades para regulação e fiscalização da Certificação de Biocombustíveis e do lastro do Crédito de Descarbonização, que abrangerão, dentre outros:

I – credenciamento, suspensão e cancelamento do registro de firma inspetora;

II – concessão, renovação, suspensão e cancelamento do Certificado da Produção Eficiente de Biocombustíveis;

III – emissão da Nota de Eficiência Energético-Ambiental; e

IV – definição, registro e controle das operações de venda de biocombustíveis que possam servir de lastro à emissão primária dos Créditos de Descarbonização.

e negociado em bolsa. Ademais, ainda sobre o art. 5º da Lei do RenovaBio, que estabelece definições acerca do tema, foram adicionados novos conceitos pela Lei n. 15.082/2024, sendo eles: (i) biomassa: recurso renovável oriundo de matéria biológica de origem vegetal ou animal que pode ser utilizado para a produção de biocombustíveis; (ii) produtor de biomassa destinada à produção de biocombustível: pessoa física ou jurídica produtora de matérias-primas elegíveis à fabricação de biocombustíveis que, cultivando terras próprias ou de terceiros, exerce diretamente a atividade agropecuária e destina sua produção a produtor de biocombustível; (iii) produtor de cana-de-açúcar destinada à produção de biocombustível: pessoa física ou jurídica que, cultivando cana-de-açúcar em terras próprias ou de terceiros, exerce diretamente a atividade agrícola e destina sua produção a produtor de biocombustível; (iv) extrator de óleos vegetais: pessoa jurídica responsável pela extração de óleos vegetais de grãos oleaginosos; (v) agente intermediário: pessoa jurídica responsável pela comercialização de biomassa; (vi) perfil padrão ou penalizado agrícola: opção de preenchimento da ferramenta para cálculo da intensidade de carbono do biocombustível e de geração da nota de eficiência energético-ambiental a ser utilizada pelo produtor ou importador de biocombustível em que são incluídos os parâmetros técnicos referentes à produção de biomassa energética requeridos com os dados previamente alimentados, correspondentes ao perfil médio de produção no Brasil acrescido de penalização, conforme definido em regulamento; (vii) perfil específico ou primário agrícola: opção de preenchimento da ferramenta para cálculo da intensidade de carbono do biocombustível e de geração da nota de eficiência energético-ambiental a ser utilizada pelo produtor ou importador de biocombustível em que são incluídos os parâmetros técnicos requeridos com os dados obtidos nos respectivos processos produtivos e nos processos dos produtores de biomassa energética; (viii) aposentadoria de CBIO: processo realizado por solicitação do detentor do Crédito de Descarbonização ao escriturador que visa à retirada definitiva

---

V – adimplemento do pagamento da participação do produtor de cana-de-açúcar de que trata o art. 6º-B, *caput*.

§ 1º O lastro de que trata o inciso IV do *caput* refere-se ao conjunto de informações necessárias à garantia da fiel emissão dos Créditos de Descarbonização relativo aos volumes comercializados de biocombustíveis produzidos ou importados e notas fiscais correspondentes e aos Certificados da Produção Eficiente de Biocombustíveis concedidos, renovados, suspensos, cancelados ou expirados, com dados do produtor ou do importador de biocombustíveis, da Nota de Eficiência Energético-Ambiental, da validade do certificado, do adimplemento do pagamento da participação do produtor de cana-de-açúcar, dentre outros.

§ 2º A ANP poderá contratar fornecedor especializado para a elaboração e a gestão de sistema informatizado para registro e controle das operações a que se refere o inciso IV do *caput*.

§ 3º Observadas as definições previstas na legislação aplicável, a ANP, além de biodiesel, etanol, biometano e bioquerosene, regulamentará outros combustíveis renováveis, em estado líquido, sólido ou gasoso, que possam ser empregados em motores a combustão interna ou para outro tipo de geração de energia, com vistas à substituição parcial ou total de combustíveis de origem fóssil."

de circulação do CBIO, impedindo qualquer negociação futura do crédito aposentado, conforme regulamento.

Vale ressaltar que cada papel corresponde a uma tonelada de carbono que deixa de ir para a atmosfera. Isso significa que a emissão e a negociação dele incentivam a produção de energia limpa, ou seja, de fontes renováveis e sem emissão de poluentes (art. 3º, § 2º, do Decreto n. 9.888/2019).

O Capítulo III da Lei n. 13.576/2017 diz sobre as metas estabelecidas para a redução de emissões na matriz de combustíveis, sendo estas definidas em regulamento, para um período mínimo de dez anos (art. 6º, *caput,* da Lei n. 13.576/2017). Determinado regulamento pode vir a autorizar a redução da meta individual do distribuir, caso seja observada a aquisição de biocombustíveis, por meio de contratos de fornecimento com prazo superior a um ano, acordado com o produtor, que é detentor do Certificado da Produção Eficiente de Biocombustíveis,[59] ou contrato de fornecimento com o mesmo prazo, porém formado entre a comercializadora de etanol, desde que o produto seja oriundo de produtor de biocombustível que possua o Certificado (art. 8º da Lei n. 13.576/2017).

Houve alteração, também, nos dispositivos que tratam sobre o não cumprimento das metas individuais estabelecidas,[60] colocando-os sujeitos à constituição de crime ambiental previsto na Lei n. 9.605/1998, podendo o distribuidor e seus dirigentes vir a pagar as penas da infração, somadas à multa, estabelecida entre R$ 100.000,00 e R$ 500.000.000,00 (proporcionalidade estabelecida de acordo com o maior preço médio mensal do Crédito de Descarbonização do período de cumprimento da meta individual.

De acordo com o art. 13 da Lei n. 13.576/2017, "a emissão primária de Crédito de Descarbonização será efetuada, sob a forma escritural, nos livros ou registros do escriturador, mediante solicitação do emissor primário, em quantidade proporcional ao volume de biocombustível produzido, importado e comercializado". Ainda, a definição da quantidade de Créditos de Descarbonização a serem emitidos considerará o volume de biocombustível produzido, importado e comercializado pelo emissor primário, observada a respectiva Nota de Eficiência Energético-Ambiental constante do Certificado da Produção Eficiente de Biocombustíveis do emissor primário.

A solicitação do Certificado deverá ser efetuada em até sessenta dias pelo emissor primário da nota fiscal de compra e venda do combustível, extinguindo-se, para todos os efeitos, o direito de emissão de Crédito de Descarbonização após esse período.[61]

---

[59] O Certificado da Produção Eficiente de Biocombustíveis, segundo a própria Agência Nacional do Petróleo, Gás Natural e Biocombustíveis, é o documento responsável por habilitar o produtor ou importador de biocombustível como emissor primário legalizado para solicitar a emissão de Crédito de Descarbonização (CBIO). Possui validade de três anos, com algumas exceções de um ano, estabelecidas no § 6º do art. 28 da Resolução ANP n. 758/2018.
[60] Art. 9º da Lei n. 13.576/2017.
[61] Art. 13, § 2º, da Lei n. 13.576/2017.

Deverá conter as seguintes informações: (i) denominação "Crédito de Descarbonização – CBIO"; (ii) número de controle; (iii) data de emissão do Crédito de Descarbonização; (iv) identificação, qualificação e endereços das empresas destacadas na nota fiscal de compra e venda do biocombustível que servirão de lastro ao Crédito de Descarbonização; (v) data de emissão da nota fiscal que servirá de lastro ao Crédito de Descarbonização; (vi) descrição e código do produto constantes da nota fiscal que servirão de lastro ao Crédito de Descarbonização; e (vii) peso bruto e volume comercializado constantes da nota fiscal que servirão de lastro ao Crédito de Descarbonização.[62]

A negociação dos CBIOs será feita em mercados organizados, inclusive em leilões (art. 15 da Lei n. 13.576/2017). Ainda, o Certificado será emitido na Receita Federal para fins de utilização como lastro para emissão de Créditos de Descarbonização, podendo ser realizada por empresas (mercado privado), desde que sejam produtores ou importadores de biocombustíveis que detenham o Certificado da Produção Eficiente de Biocombustíveis aprovado pelo ANP, com e-CNPJ para a contratação.[63]

O art. 15-B, inserido pela Lei n. 15.082/2024, regula a participação dos produtores de cana-de-açúcar nas receitas da comercialização de Créditos de Descarbonização gerados a partir da biomassa fornecida para a produção de biocombustíveis. Os produtores de cana têm direito a, no mínimo, 60% das receitas geradas pelos créditos com base em um perfil padrão agrícola. Caso forneçam dados mais detalhados sobre sua produção, o que gera um perfil específico agrícola, podem receber até 85% da receita adicional gerada pela comercialização dos créditos. A "receita adicional" refere-se à diferença entre os créditos gerados pelo perfil específico e pelo perfil padrão.

Para participar dessa divisão, o produtor deve atender aos critérios de elegibilidade do programa RenovaBio, fornecer dados necessários para o monitoramento do biocombustível e garantir que os pagamentos sejam feitos até o mês seguinte ao fim da safra. A participação do produtor será proporcional à quantidade de créditos gerados pela biomassa fornecida. Além disso, tributos e custos envolvidos na transação dos créditos serão descontados das receitas a serem repassadas aos produtores de cana. O não cumprimento das regras impede a emissão de novos créditos relacionados à biomassa fornecida.

Produtores de outras biomassas também têm direito a uma parte das receitas provenientes da comercialização dos Créditos de Descarbonização, dependendo dos dados fornecidos, com a participação acordada entre as partes. Essas receitas podem ser repassadas como prêmio e são isentas de tributação. Essas medidas visam incentivar a produção de biocombustíveis sustentáveis e garantir que os produtores de

---

[62] Art. 14 da Lei n. 13.576/2017.
[63] SERVIÇOS E INFORMAÇÕES DO BRASIL. Contratar plataforma para emissão de Crédito de Descarbonização (CBio). jan. 2023. Disponível em: https://www.gov.br/pt-br/servicos/contratar--plataforma-para-emissao-de-creditos-de-descarbonizacao-cbio. Acesso em: set. 2023.

biomassa sejam compensados de maneira justa pela contribuição à redução das emissões de CO_2.

Em relação às expectativas para 2025, a ANP publicou as metas preliminares de redução de emissão de gases de efeito estufa para o ano, aplicáveis a todos os distribuidores de combustíveis, com base nos dados de movimentação de combustíveis fósseis de janeiro a outubro de 2024, conforme a Resolução ANP n. 791/2019. Essas metas preliminares são calculadas em unidades de Créditos de Descarbonização (CBIOs), totalizando 40,39 milhões de CBIOs para 2025, conforme a meta definida pela Resolução CNPE n. 14/2024. A meta individual definitiva de cada distribuidor foi publicada em 20 de março de 2025 e levou em consideração abatimentos por aquisições de biocombustíveis via contratos de longo prazo. O cálculo da participação de mercado de cada distribuidor foi realizado conforme a metodologia da ANP.[64]

Uma inovação trazida em 2022 foi a ferramenta *Brazilian Land Use Change* (BRLUC 2.0), a qual estimula a mudança de uso de terra (MUT)[65] e as emissões de CO_2 associadas a produtos agropecuários brasileiros, com dados em níveis nacional, estadual e municipal. O método é compatível com protocolos internacionais de Avaliação de Ciclo de Vida (ACV) e Pegada de Carbono, como o IPCC, GHG Protocol, e ISO 14067. Utiliza dados de conversão de terras do MapBiomas, estatísticas agrícolas do IBGE e estoques de carbono regionalizados, permitindo estimativas mais precisas de emissões em comparação com dados internacionais. A ferramenta está disponível gratuitamente no *site* da Embrapa Meio Ambiente e é usada por empresas, organizações e instituições para gestão ambiental e territorial. O BRLUC fornece informações sobre estoques de carbono, padrões de mudança de uso da terra e estimativas de emissões de CO_2, auxiliando na elaboração de inventários de gases de efeito estufa e na promoção de práticas de produção de baixo carbono. Para um uso adequado, é necessário entender o escopo do estudo e os requisitos dos protocolos de ACV ou Pegada de Carbono.

Já o *Brazilian Land Use Model* (BLUM) é um modelo econômico dinâmico, de equilíbrio parcial, que abrange múltiplas regiões e mercados, detalhando os setores agrícolas do Brasil e sendo composto por duas partes: oferta/demanda e uso da terra. Esse modelo é reconhecido por sua habilidade em representar as mudanças no uso da terra no Brasil. Para destacá-lo de outros modelos, foi realizada uma análise profunda do contexto brasileiro, que inclui: (i) uma representação interna da prática de cultivo de várias culturas; (ii) uma representação das tecnologias pecuárias com a capacidade de alternar entre diferentes sistemas; (iii) uma estrutura teórica de uso da terra que

---

[64] MINISTÉRIO DE MINAS E ENERGIA. Metas preliminares para 2025 de redução de emissão de gases causadores do efeito estufa. Agência Nacional do Petróleo, Gás Natural e Biocombustíveis, 24 dez. 2024. Disponível em: https://www.gov.br/anp/pt-br/assuntos/renovabio/metas-preliminares-para-2025-de-reducao-de-emissao-de-gases-causadores-do-efeito-estufa. Acesso em: fev. 2025.

[65] Em inglês, *Land Use Change* (LUC).

permite identificar substituições entre os diversos usos; (iv) o uso de ferramentas de Sistema de Informações Geográficas (SIG) para ajustar as elasticidades que controlam as dinâmicas do uso da terra; e (v) uma análise regional do perfil tecnológico do setor sucroalcooleiro e sua capacidade de incorporar novas rotas tecnológicas.[66]

6.5. REGULAÇÃO DO MERCADO DE CARBONO

Apesar do expressivo consenso acerca da existência, das causas e da gravidade do problema da mudança do clima, enfrentá-lo tem sido desafiador em todo o mundo. Três fatores preponderantes contribuem para isso: (i) trata-se de um problema de escala global: as emissões de gases de efeito estufa (GEE) em qualquer parte do mundo causam impactos em nível mundial. Logo, qualquer solução ótima envolve a ação conjunta e coordenada dos países; (ii) é causada por um subproduto da própria atividade econômica, as emissões de GEE são geradas por agentes individuais e afetam toda a população global. Sendo assim, essas emissões configuram "externalidades negativas", cujos custos totais são repartidos com a sociedade, já que não são internalizados pelo emissor; e (iii) traz impactos cumulativos, de longo prazo e de difícil mensuração. Esses fatores caracterizam um problema de natureza plurijurisdicional, ou seja, que se manifesta em uma multiplicidade de agentes e jurisdições no mundo simultaneamente, sendo também de difícil tangibilização.[67]

Crédito de carbono é um termo genérico que normalmente se refere à unidade que representa a redução ou remoção de 1 tonelada de CO_2 equivalente da atmosfera, e que pode assim conferir um direito ao seu titular de efetuar a mesma quantidade de emissão para a atmosfera, a depender do contexto em que realizada essa compensação e das regras sob as quais está sujeito.[68]

Originado com a Convenção-Quadro das Nações Unidas sobre as Mudanças Climáticas, durante a ECO-92, o mercado de carbono foi desenvolvido como um mercado de *commodities*, pautado pela negociação de quantidade de emissões capturadas, ficando assim decidido o compromisso dos países com a redução de emissões de GEEs. Nesse sentido, o termo mercado de carbono é comumente utilizado para expressar dois tipos de comercialização de ativos relacionados às emissões de GEE que se

---

[66] IEA Bioenergy. *Evaluation of the Brazilian RenovaBio conversion-free criteria on land use change emissions*: Brazilian Biofuel Program and the use of the risk-management approach. Biofuel, nov. 2024. Disponível em: https://www.ieabioenergy.com/wp-content/uploads/2024/11/Report_ILUC_RenovaBio_t45_Final-version.pdf. Acesso em: fev. 2025.

[67] PROLO, Caroline Dihl; GUIMARÃES, Guido Couto Penido; SANTOS, Inaiê Takaes; THEUER, Stephanie La Hoz. *Explicando os mercados de carbono na era do Acordo de Paris*. Rio de Janeiro: Instituto Clima e Sociedade, 2021. p. 11.

[68] PROLO, Caroline Dihl; GUIMARÃES, Guido Couto Penido; SANTOS, Inaiê Takaes; THEUER, Stephanie La Hoz. *Explicando os mercados de carbono na era do Acordo de Paris*. Rio de Janeiro: Instituto Clima e Sociedade, 2021. p. 10.

diferenciam em aspectos fundamentais como abrangência, tipos de participantes e incidência de regulação.

O primeiro deles se relaciona a um Sistema de Comércio de Emissões (SCE) vinculado a um marco regulatório. Nesse caso, os governos estabelecem obrigações para os agentes econômicos responsáveis por emissões de GEE, buscando onerar as fontes emissoras pelas externalidades negativas causadas. De forma mais específica, a regulação estabelece um limite máximo de emissões de GEE. Os agentes que emitem abaixo desse limite podem negociar os seus direitos de emissão com os agentes que emitem acima desse limite em um arranjo conhecido como *cap and trade*.[69] Aqui, portanto, estamos diante de um mercado regulado, norteado pela demanda de países e empresas que possuem obrigação de reduzir as emissões do gás, dando, assim, resposta regulatória – fazem parte de instrumentos aprovados por sistemas compulsórios de redução de emissões nacionais ou subnacionais. Baseados em sistemas de *cap and trade*, há um limite regulatório para as emissões (*cap*), sendo distribuídas permissões para agentes emitirem até essa meta. Portanto, as emissões dentro do limite que não ocorrerem (*allowances*) podem ser comercializadas (*traded*) com as empresas que superam os limites de emissões.

De outra forma, podemos dizer, o mercado regulado é aquele no qual os governos definem metas de emissão de gases de efeito estufa para as empresas, e aquelas que poluírem menos que o determinado podem comercializar seus créditos que não foram consumidos. O Mecanismo de Desenvolvimento Limpo (MDL)[70] também faz parte da categoria de mercado regulado, uma vez que está sujeito às regras estabelecidas no âmbito da Convenção-Quadro das Nações Unidas sobre Mudança do Clima (UNFCCC).[71]

O segundo tipo, por seu turno, se relaciona a um mecanismo de compensações de emissões, no qual os agentes não estão submetidos a legislações obrigatórias. Nessa situação, empresas e indivíduos se autoatribuem metas de mitigação em razão de

---

[69] CEBDS – CONSELHO EMPRESARIAL BRASILEIRO PARA O DESENVOLVIMENTO SUSTENTÁVEL. *Proposta de Marco Regulatório para o Mercado de Carbono Brasileiro*. 2021. Disponível em: https://cebds.org/wp-content/uploads/2023/06/MERCADO-CARBONO_Marco-Regulatorio.pdf. Acesso em fev. 2024; ICC – INTERNATIONAL CHAMBER OF COMMERCE BRASIL. WayCarbon. Oportunidades para o Brasil em Mercados de Carbono – Relatório 2021. Disponível em: https://www.iccbrasil.org/wp-content/uploads/2021/10/oportunidades-para-o-brasil-em--mercados-de-carbono_icc-br-e-waycarbon_29_09_2021.pdf. Acesso em fev. 2024.

[70] O MDL consiste no desenvolvimento de projetos que reduzam a emissão de gases de efeito estufa. Os projetos no âmbito do MDL são implementados em países menos desenvolvidos e em desenvolvimento, os quais podem vender as reduções de emissão de GEE, denominadas Reduções Certificadas de Emissão (RCEs) para os países desenvolvidos, auxiliando-os assim a cumprir as suas metas e compromissos de redução de GEE assumidos no Protocolo de Quioto. Para mais informações, ver sítio *on-line* do Ministério da Ciência, Tecnologia e Inovação.

[71] TRENNEPOHL, Natascha. *Mercado de carbono* e *sustentabilidade:* desafios regulatórios e oportunidades. São Paulo: Saraiva, 2022.

uma responsabilidade corporativa socioambiental. Esses agentes buscam, voluntariamente, neutralizar suas emissões de GEE por meio da aquisição de créditos de carbono no chamado mercado voluntário de carbono. Assim, a lógica que motiva a demanda por créditos nos mercados voluntários é a intenção de remunerar agentes não regulados pela redução ou remoção de emissões.[72-73] É mercado representativo de demandas de instituições que estão reduzindo suas emissões por objetivos independentes, voluntários e por estratégias próprias, referindo-se a instrumentos concebidos fora de qualquer sistema compulsório. São baseados na redução das emissões, que têm, de maneira geral, a tonelada de CO_2 como fator-base para um crédito de carbono.[74]

O mercado de carbono é um tipo do que convencionamos chamar de financiamento verde, ou seja, um investimento pautado por formatos e modelos sustentáveis e renováveis, com intuito de preservação e proteção ambiental e que surge com elevado potencial ao agronegócio brasileiro. No caso da agricultura, por exemplo, a *Way Carbon*[75] destaca a possibilidade de realização de manejo sustentável, redução da utilização de fertilizantes de nitrogênio e gestão sustentável das pastagens como mecanismos de redução de emissões e consequentes gerações de crédito de carbono; também, em relação às florestas, o manejo florestal surge como um importante mecanismo que pode ser aliado à não conversão do ecossistema e à mitigação de desmatamento não planejado.

Os últimos anos viram crescimento significativo do mercado voluntário global de créditos de carbono, consequência dos progressivos compromissos assumidos por governos e setores empresariais em direção à neutralidade climática. O volume de

---

[72] PROLO, Caroline Dihl; GUIMARÃES, Guido Couto Penido; SANTOS, Inaiê Takaes; THEUER, Stephanie La Hoz. *Explicando os mercados de carbono na era do Acordo de Paris*. Rio de Janeiro: Instituto Clima e Sociedade, 2021.

[73] O Acordo de Paris entrou em vigor em 2016, menos de um ano após sua assinatura. No entanto, ele ainda não estava apto a funcionar plenamente, carecendo ainda da criação dos órgãos, procedimentos e regras de operacionalização das estruturas e medidas nele previstas. Daí se iniciou um processo de criação do chamado "Livro de Regras de Paris", que deveria levar três anos para ser finalizado. Em 2018, na COP24, em Katowice, o Livro de Regras de Paris foi quase concluído, com exceção de dois temas pendentes, sendo um deles a regulamentação do artigo 6. A regulamentação deste artigo tem se mostrado desafiadora diante da complexidade de se promoverem regras para funcionamento de um mercado de carbono verdadeiramente global e, portanto, aplicáveis a todos os países, independentemente de seu estágio de desenvolvimento, considerando os desafios de padronização de metodologias, procedimentos, contabilidade e rastreamento das unidades de mitigação transferidas entre os países nesse ambiente de cooperação (PROLO, Caroline Dihl; GUIMARÃES, Guido Couto Penido; SANTOS, Inaiê Takaes; THEUER, Stephanie La Hoz. *Explicando os mercados de carbono na era do Acordo de Paris*. Rio de Janeiro: Instituto Clima e Sociedade, 2021. p. 9).

[74] Também é possível a comercialização de outros gases considerados GEE, valendo-se do conceito de carbono equivalente.

[75] Empresa de assessoria sobre mudanças globais do clima, gestão de ativos ambientais e que atua no desenvolvimento de estratégias para economia de baixo carbono.

compensações de emissões de GEE geradas globalmente reduziu em 41%, comparando os anos de 2015 e 2023. A diferença registrada entre os anos de 2022 e 2023 foi de 46 milhões de toneladas de GEE, correspondendo ao percentual de 4%. Uma das principais características do mercado voluntário está na diversidade de atributos associados aos projetos e aos créditos gerados, entre os quais se destacam o padrão internacional de certificação, o escopo de atividade dos projetos e a geração de cobenefícios para a comunidade.

O mercado voluntário opera de acordo com as regras e padrões estipulados por mecanismos independentes internacionais. Esses padrões incluem metodologias aprovadas para o desenvolvimento e validação de projetos de redução ou remoção de GEE, bem como dos créditos de carbono por eles gerados. Os padrões visam assegurar a integridade climática e social dos projetos e dos créditos em matéria de critérios como adicionalidade, unicidade, permanência e não vazamento das emissões estocadas ou capturadas.[76]

Apesar de o mercado de carbono brasileiro ainda ser tímido em relação ao de outras economias, ele tem ganhado impulso em razão dos compromissos recentes assumidos por setores empresariais rumo à neutralidade de emissões de GEE. Entre os setores que dividem desafios e oportunidades temos o florestal. Com base na análise da demanda global por compensações de emissões, vemos direcionamento da preferência da demanda por créditos gerados a partir de soluções baseadas na natureza, que recebem maior valorização por compradores, em virtude de múltiplos benefícios associados, como proteção da flora e fauna, além dos impactos socioeconômicos positivos para as comunidades locais. Globalmente, as transações de créditos florestais do tipo REDD+[77] tiveram aumento virtuoso em 2021. O volume desse tipo de crédito transacionado no mercado mundial apenas nos oito primeiros meses do ano foi 280% superior ao volume de 2020, sendo a principal categoria de créditos transacionada do ano.[78] Nacionalmente, o setor florestal REDD+ se destaca como o principal gerador de créditos de carbono. O volume desses créditos emitido em 2021 foi 3,1 vezes superior ao volume emitido em 2020.

---

[76] SEROA DA MOTTA, R. *Oportunidades e barreiras no financiamento de soluções baseadas na natureza*. Rio de Janeiro: CEBDS, 2020.

[77] A Redução de Emissões Provenientes do Desmatamento e Degradação Florestal (REDD) passou a integrar a agenda de negociações internacionais sobre mitigação de mudanças climáticas na COP 11, em 2005. Em 2010, fixaram-se conceitualmente as atividades de REDD: (i) redução das emissões provenientes de desmatamento; (ii) redução das emissões provenientes de degradação florestal; (iii) conservação dos estoques de carbono florestal; (iv) manejo sustentável de florestas; (v) aumento dos estoques de carbono florestal.

[78] VARGAS, Daniel Barcelos; DELAZERI, Linda Márcia Mendes; FERRERA, Vinícius Hector Pires. *O avanço do mercado voluntário de carbono no Brasil: desafios estruturais, técnicos e científicos*. São Paulo: FGV, 2022.

Seu desafio, porém, consiste em potencial maior custo de implementação de projetos e maior dificuldade de monitoramento, uma vez que, geralmente, requerem a verificação de maior número de indicadores sociais e ambientais. Diante dos altos custos de elaboração e implementação de projetos florestais, a escala do projeto é fundamental na determinação de sua viabilidade financeira – para que sejam viáveis financeiramente, muitas vezes é necessário que a propriedade seja grande o suficiente para diluir os custos fixos de desenvolvimento e implementação. Uma categoria de projetos florestais que vem se sobressaindo nos últimos anos é a de projetos de florestamento, reflorestamento e revegetação (ARR, do inglês *Afforestation, Reforestation and Revegetation*). O destaque vem do crescente debate sobre se as atividades que removem carbono da atmosfera devem ser priorizadas em relação aos projetos de redução de emissões de GEE. Ambos os projetos desempenham papéis importantes na abordagem das questões relacionadas às mudanças climáticas.

Outro setor que merece relevo, especialmente a nós, é o setor agropecuário, que se destaca pela potencialidade de redução e remoção das emissões. Ações de mitigação no setor, tal como o uso de sistemas integrados de lavoura, pecuária e floresta, têm o potencial de abatimento de 2.419 toneladas de CO_2 da atmosfera até 2050. Assim como no caso do setor florestal, aqui, a preferência por compensações geradas por soluções baseadas na natureza, além da capacidade do setor de atuar como captor de GEE por meio de manejo sustentável de solo e pastos, confere ao setor posição favorável no mercado voluntário de carbono.[79] Apesar disso, e das diversas metodologias aprovadas por padrões internacionais de certificação relacionadas às atividades agropecuárias, poucos são os projetos desenvolvidos no setor até o momento.

As metodologias de análise são rigorosas, muitas vezes a ponto de inviabilizar financeiramente a implementação de projetos do setor no Brasil. Projetos de monitoramento de carbono no solo, por exemplo, possuem elevados custos e, consequentemente, inviabilizam a entrada de pequenos e médios produtores rurais no mercado. Dependendo da prática agrícola exercida, o tempo para o retorno financeiro do investimento poderá ser longo o bastante para inviabilizar a implementação do projeto. Caso a viabilidade técnica venha a ser superada, permanece a incerteza sobre qual será o comportamento da demanda – uma vez que o mercado ainda é composto por muitos compradores conservadores.[80]

---

[79] ICC – INTERNATIONAL CHAMBER OF COMMERCE BRASIL. WayCarbon. Oportunidades para o Brasil em Mercados de Carbono – Relatório 2021. Disponível em: https://www.iccbrasil.org/wp-content/uploads/2021/10/oportunidades-para-o-brasil-em-mercados-de-carbono_icc-br-e-waycarbon_29_09_2021.pdf. Acesso em fev. 2024.

[80] VARGAS, Daniel Barcelos; DELAZERI, Linda Márcia Mendes; FERRERA, Vinícius Hector Pires. *O avanço do mercado voluntário de carbono no Brasil: desafios estruturais, técnicos e científicos*. São Paulo: FGV, 2022. p. 17.

No campo estrutural, um dos entraves do mercado de carbono está na incerteza jurídico-regulatória. O que prevalece, hoje, é a estrutura descentralizada, pautada pela autorregulação feita pelos principais padrões internacionais de certificação de projetos e créditos, aplicados no mercado voluntário. Uma vez que as regras de participação variam conforme o padrão que as determina, a regulação não é clara para todos os potenciais entrantes no mercado. Ademais, alterações não antecipadas das regras de participação trazem instabilidade. Apesar dos requisitos rigorosos impostos por padrões internacionais de certificação, o mercado carece de uma regulação centralizada que busque unificar os requisitos exigidos por esses padrões, regulação essa que poderia resultar em maior segurança aos investidores ao garantir que os créditos sejam transacionados em uma infraestrutura robusta e transparente.[81]

A legislação brasileira acerca do tema necessitou de reformas para diminuir as incertezas e a insegurança jurídica, criando novos dispositivos legais, sendo um deles a Lei n. 15.042, de 11 de dezembro de 2024, que instituiu o Sistema Brasileiro de Comércio de Emissões de Gases de Efeito Estufa (SBCE), alterando as Leis n. 12.187/2009, n. 12.651/2012 (Código Florestal), n. 6.385/1976 (Lei da CVM) e n. 6.015/1973 (Lei de Registros Públicos). A lei estabelece o SBCE, alterando legislações relacionadas ao meio ambiente, como o Código Florestal e a Lei da Comissão de Valores Mobiliários. Ela se aplica a atividades, fontes e instalações no Brasil que emitem ou possam emitir GEE. Algumas atividades não estão sujeitas a essa regulação, como a produção agropecuária primária e suas infraestruturas. A lei define vários conceitos, como emissões líquidas, créditos de carbono, certificados de redução ou remoção de emissões (CRVE), e regula a compensação de emissões por meio de ativos como a Cota Brasileira de Emissões (CBE). Também detalha a dupla contagem e a transferência internacional de resultados de mitigação. Além disso, são estabelecidos mecanismos para medir e verificar as emissões e remoções de GEE, abrangendo tanto projetos privados quanto públicos de créditos de carbono e as iniciativas de REDD+, que lidam com a redução de emissões em razão do desmatamento e da degradação florestal.

O SBCE é instituído com o objetivo de limitar as emissões de GEE no Brasil, promovendo a comercialização de ativos relacionados à emissão, redução ou remoção desses gases. O SBCE visa a cumprir a Política Nacional sobre Mudança do Clima (PNMC) e os compromissos internacionais do Brasil, com foco na negociação de ativos ambientais. Os princípios do SBCE incluem: harmonização com outros mecanismos de carbono, compatibilidade com acordos internacionais, participação de diferentes esferas governamentais e sociedade civil, transparência, promoção da competitividade e desenvolvimento sustentável, respeito aos direitos dos povos indígenas e tradicionais e conservação dos ecossistemas. O sistema terá características como a redução de

---

[81] VARGAS, Daniel Barcelos; DELAZERI, Linda Márcia Mendes; FERRERA, Vinícius Hector Pires. *O avanço do mercado voluntário de carbono no Brasil: desafios estruturais, técnicos e científicos*. São Paulo: FGV, 2022. p. 20.

custos de mitigação, critérios transparentes para atividades emissoras de GEE, conciliação das obrigações de emissão, implementação gradual, estrutura confiável para medição e verificação de dados e integração com sistemas internacionais. Além disso, o SBCE garante a rastreabilidade das emissões e das transações de créditos de carbono (CBE) e certificados de redução de emissões (CRVE).

A governança do SBCE é composta por três órgãos principais. O Comitê Interministerial sobre Mudança do Clima (CIM) é o órgão deliberativo, responsável por definir as diretrizes gerais do SBCE, aprovar o Plano Nacional de Alocação e instituir grupos técnicos para aprimorar o sistema. O órgão gestor, por sua vez, exerce funções normativas, regulatórias, executivas, sancionatórias e recursais, regulando o mercado de ativos, estabelecendo metodologias de monitoramento, definindo atividades e fontes a serem reguladas, realizando leilões, aplicando sanções por infrações e coordenando a interligação com sistemas internacionais de comércio de emissões. Já o Comitê Técnico Consultivo Permanente é um órgão consultivo encarregado de fornecer subsídios e recomendações técnicas para o aprimoramento do SBCE, incluindo critérios para o credenciamento de metodologias de CRVE e a elaboração do Plano Nacional de Alocação. Além disso, será formada uma Câmara de Assuntos Regulatórios composta por entidades representativas dos setores regulados, cuja função é oferecer subsídios e orientações nas decisões do órgão gestor. As propostas de normas emitidas pelo órgão gestor serão sujeitas a consultas públicas e ouvidas formais da Câmara, conforme estabelecido na legislação vigente.

A expectativa para confecção de uma taxonomia nacional é de cerca de dois anos para haver padrão definido para as empresas brasileiras terem como referência. Taxonomia é uma espécie de manual de classificação. Na agenda de sustentabilidade, o instrumento serve para definir quais setores, atividades, projetos e ativos estão alinhados com os objetivos ambientais, sociais e de governança, mais conhecidos pela sigla em inglês ESG. É imprescindível para evitar *greenwashing*, quando algo se vende como "verde", mas não o é. A intenção do governo é a de tornar o assunto mais popular e por isso pretende publicar, logo após o lançamento do PTE, uma consulta pública sobre o assunto para colher sugestões da sociedade.[82]

Em julho de 2023, o Governo Federal brasileiro informou já ter as linhas gerais da proposta de regulamentação do mercado de carbono que almeja ser aprovada no Congresso Nacional até a COP-30 – Conferência da ONU sobre Mudanças do Clima prevista para 2025, em Belém (PA). O modelo adotado pelo governo se assemelha ao já existente internacionalmente, que conta com o apoio do setor produtivo e prevê a

---

[82] ESTADÃO. 'Revolução Verde' começa com taxonomia, mercado de carbono e emissão de títulos. *Época Negócios*, 16 jul. 2023.

coexistência de mercados regulado e voluntário para a redução das emissões dos gases que provocam o aquecimento global.[83]

O Sistema Brasileiro do Comércio de Emissões define o modelo *cap and trade* e o limite de emissões. As empresas passarão a ser reguladas e a receber cotas de emissão a cumprir. Aquelas que emitirem menos terão cotas referentes a essas emissões evitadas e aqueles que emitirem mais, deverão compensar dentro do mercado regulado ou em parte do mercado voluntário. Além da contribuição para a mitigação dos efeitos das mudanças climáticas, espera-se observar vantagens econômicas para o País, impulsionando o Brasil a assumir liderança internacional a partir das transições energéticas, sustentando, assim, um processo de neoindustrialização.[84]

O SBCE tem incidência sobre atividades, fontes e instalações localizadas em território nacional que emitam ou possam emitir gases de efeito estufa, sob responsabilidade de operadores, pessoas físicas ou jurídicas.

Trazendo atividade como qualquer ação, processo de transformação ou operação que emita ou possa emitir gases de efeito estufa e crédito de carbono como ativo fungível transacionável representativo da efetiva redução de emissões ou remoção de uma tonelada de dióxido de carbono equivalente, obtido a partir de projetos de redução ou remoção de gases de efeito estufa externos ao SBCE, este possuirá como órgão deliberativo o Comitê Interministerial sobre Mudança do Clima.[85]

A Lei institui a Cota Brasileira de Emissões e Certificados de Redução ou Remoção Verificada de Emissões, que deverão ser inscritos no Registro Central do SBCE. São valores mobiliários sujeitos ao regime da Lei n. 6.385, de 7 de dezembro de 1976, os ativos integrantes do SBCE e os créditos de carbono. Ainda, a Comissão de Valores Mobiliários (CVM) poderá determinar que, para fins de negociação no mercado de valores mobiliários, os ativos integrantes do SBCE e os créditos de carbono sejam escriturados em instituições financeiras autorizadas a prestar esse serviço.

Acerca da incidência tributária, é estipulado que o ganho decorrente da alienação, a qualquer título, de créditos de carbono e dos ativos definidos no art. 10 desta Lei será tributado pelo imposto sobre a renda de acordo com as regras aplicáveis: (i) aos ganhos

---

[83] CÂMARA DOS DEPUTADOS. Governo conclui proposta de regulamentação de carbono. 14 jul. 2023. Disponível em: https://www.camara.leg.br/noticias/980044-GOVERNO-CONCLUI-PROPOSTA-DE-REGULAMENTACAO-DO-MERCADO-DE-CARBONO. Acesso em: 25 set. 2023.

[84] CÂMARA DOS DEPUTADOS. Governo conclui proposta de regulamentação de carbono. 14 jul. 2023. Disponível em: https://www.camara.leg.br/noticias/980044-GOVERNO-CONCLUI-PROPOSTA-DE-REGULAMENTACAO-DO-MERCADO-DE-CARBONO. Acesso em: 25 set. 2023.

[85] "Art. 7º O Comitê Interministerial sobre Mudança do Clima é o órgão deliberativo do SBCE ao qual compete: I – estabelecer as diretrizes gerais do SBCE; II – aprovar o Plano Nacional de Alocação; III – instituir grupos técnicos para fornecimento de subsídios e apresentação de recomendações para aprimoramento do SBCE; e IV – aprovar o plano anual de aplicação dos recursos oriundos da arrecadação do SBCE, conforme prioridades estabelecidas nesta Lei."

líquidos quando auferidos em operações realizadas em bolsas de valores, de mercadorias e de futuros e em mercados de balcão organizado; e (ii) aos ganhos de capital, nas demais situações (art. 17).

Além disso, estabelece um Plano Nacional de Alocação que responderá por impor o limite máximo de emissões; a quantidade de Cotas Brasileiras de Emissões a ser alocada entre os operadores; as formas de alocação das Cotas Brasileiras de Emissões, gratuita ou onerosa, para as instalações e fontes reguladas; o percentual máximo de Certificados de Redução ou de Remoção Verificada de Emissões admitidos na conciliação periódica de obrigações; a gestão e operacionalização dos mecanismos de estabilização de preços dos ativos integrantes do SBCE, garantindo o incentivo econômico à redução ou remoção de emissões de gases de efeito estufa; e outros dispositivos relevantes para implementação do SBCE, conforme definido em ato específico do órgão gestor do SBCE e nas diretrizes gerais estabelecidas pelo Comitê Interministerial sobre Mudança do Clima.

CAPÍTULO 7

SISTEMA PRIVADO DE FINANCIAMENTO

7.1. CARACTERÍSTICAS GERAIS DOS TÍTULOS DE CRÉDITO

Por longo período de tempo, o conceito de título de crédito proposto ao final do século XIX – "o documento necessário ao exercício do direito, literal e autônomo, nele mencionado" – serviu muito bem, uma vez que o único suporte para esses títulos era o papel. O advento da informática e a modernização das transações econômicas, porém, levaram ao envelhecimento do conceito, ungido pela necessária atualização do que vem a ser compreendido como título de crédito. Assim, hoje, podemos entendê-lo como o "registro das informações que, em conformidade com a lei, individualizam um crédito passível de cobrança por execução forçada, na qual exceções pessoais não podem ser opostas a terceiro de boa-fé".[1]

No ordenamento jurídico brasileiro, duas são as normas de regência supletiva aplicáveis nas lacunas ou omissões das leis especiais do direito cambial: a Lei Uniforme de Genebra (LUG) e o Código Civil (arts. 887 a 926).[2] Nesse sentido, o legislador inicia

---

[1] COELHO, Fábio Ulhoa. *Títulos de crédito*: uma nova abordagem. São Paulo: Thomson Reuters, 2021.

[2] Embora as normas da LUG e Código Civil se apresentem substancialmente igual, elas se diferem em três principais pontos:

(i) responsabilidade do endossante: nos títulos sujeitos à regência supletiva da LUG, o endossante fica responsável pela solvência do devedor; já nos sujeitos à regência supletiva do CC, esse só responde pela existência do crédito, ficando com o endossatário o risco de insolvência do devedor. Nos dois casos, a disposição constante da lei pode ser afastada pelo endossante, que tanto pode ressalvar a sua responsabilidade pela solvência do devedor nos títulos sujeitos à LUG, como assumi-la nos títulos sujeitos ao CC;

(ii) aval parcial: se a regência supletiva couber à LUG, é admissível a limitação da garantia pelo avalista, de modo a torná-lo responsável somente por parte da dívida do avalizado. Ao contrário, pelo CC, esse é vedado;

(iii) títulos nominativos: para o Código Civil, são títulos nominativos os emitidos em favor de pessoa identificada em um registro apartado mantido pelo emitente, caso em que a titularidade do crédito se transfere por anotações nesse registro; diferentemente, à regência supletiva da LUG, títulos nominativos são aqueles em que o credor está identificado no próprio documento (COELHO, Fábio Ulhoa. Títulos de crédito: uma nova abordagem. São Paulo: Thomson Reuters, 2021).

o Título VIII do Código Civil determinando, no art. 887, que "o título de crédito, documento necessário ao exercício do direito literal e autônomo nele contido, somente produz efeito quando preencha os requisitos da lei". Cabe dizer, ainda que por muito tempo tenha se confundido título de crédito e valor mobiliário, ambos não são sinônimos ou equânimes – a diferenciação entre eles será objeto de análise do item 7.1.4.

Aqui, a natureza do regime geral dos preceitos sobre títulos de crédito do Código Civil decorre do disposto em seu art. 903, o qual define que, "salvo disposição diversa em lei especial, regem-se os títulos de crédito pelo disposto neste Código". Nesse sentido, observa-se que, uma vez estabelecido regime jurídico ao título de crédito por Lei especial, diretamente ou por omissão, o Código Civil não se aplica, sendo a Lei específica a reguladora da temática.[3]

Emprestando a conceituação geral, podemos apontar os títulos de crédito como instrumentos de circulação indireta de riqueza, destinados a formar, de modo simples, rápido e seguro, a movimentação de seus direitos no tráfego jurídico comercial.[4] Ao lado das formas tradicionais de circulação de riqueza (a entrega do dinheiro, a transmissão de uma mercadoria, a cessão ordinária de um crédito), os títulos de crédito surgem como uma maneira indireta e alternativa dessa circulação: o dinheiro, mercadoria ou crédito, no lugar de circularem diretamente, são titulados ou representados por meio de documentos que seguem em regime próprio de circulação.

A modalidade alternativa de titularidade e circulação de riqueza insculpida nos títulos de crédito tem significativas vantagens de simplicidade, celeridade e segurança nas transações comerciais. Assim pontuam Rachel Sztajn e Haroldo Malheiros Duclerc Verçosa: "a importância e utilidade dos títulos de crédito é tal que são um dos melhores exemplos da contribuição oferecida pelos mercadores à circulação de direitos. Não se estranha terem, rapidamente, ultrapassado o uso em relações entre banqueiros e entre estes e seus clientes, para a vulgarização (cremos possa assim ser designada) e consequente largo emprego de títulos de crédito na economia, tanto nas relações empresariais quanto nas relações privadas".[5]

Como já observado, o instrumento de crédito contém um direito reconhecido e certo, formado pelas partes, que a Lei reveste de certas qualidades. Constituem

---

[3] Os dispositivos sobre títulos de crédito constantes do Código Civil somente se aplicam se a lei cambial for posterior a janeiro de 2003 (entrada em vigor do Código) e, ao tipificar certo título de crédito, não o disciplinou por completo, tampouco fez remissão expressa à legislação sobre letra de câmbio na supressão de lacunas. O Código Civil não revogou a LUG, nem qualquer lei especial que continha remissão a essa lei uniforme.

[4] ANTUNES, José Engracia. *Os títulos de crédito*: uma introdução. Coimbra: Coimbra Editora, 2009. p. 11.

[5] SZTAJN, Rachel; VERÇOSA, Haroldo Malheiros Duclerc. A disciplina do aval no novo Código Civil. *Revista de Direito Mercantil, Industrial, Econômico e Financeiro*, São Paulo, v. 41, n. 128, p. 33, out./dez. 2002.

verdadeiros princípios internacionalmente reconhecidos, revelando-se, assim, na cartularidade,[6] literalidade[7] e na autonomia[8] das obrigações cambiais. O seu conteúdo diz respeito à informação sobre um crédito, concedido por um sujeito (credor) a outro (devedor), que podem ser lançadas em dois suportes diferentes: cartular[9] ou eletrônico.[10]

Os instrumentos de representação do crédito são os registros das informações que individualizam uma específica relação creditícia, contemplando dados como: (i) sujeito concedente do crédito (credor originário); (ii) sujeito ao qual o crédito foi concedido (devedor); (iii) valor principal do crédito; (iv) data de vencimento da obrigação de o devedor pagar o credor; (v) consectários para a hipótese de inadimplemento (juros moratórios, multa contratual etc.); (vi) transferências da titularidade do crédito, com a menção do sucessivo ou sucessivos titulares (credores); (vii) garantias dadas ao pagamento do crédito (reais ou pessoais); e (viii) ônus instituído sobre o crédito (penhor ou cessão fiduciária).[11]

---

[6] Título de crédito cartular é o documento necessário para o exercício do direito, literal e autônomo, nele mencionado. Desse adjetivo do conceito pode-se extrair a referência ao princípio da cartularidade, segundo o qual o exercício dos direitos representados por um título de crédito pressupõe a sua posse.

[7] Segundo o princípio da literalidade, somente produzem efeitos jurídico-cambiais os atos lançados no próprio título de crédito, isto é, no papel que lhe dá suporte. Atos documentados em documentos apartados, ainda que válidos e eficazes entre os sujeitos diretamente envolvidos, não produzirão efeitos perante o portador do título cartular.

[8] Segundo esse princípio, quando um único título documenta mais de uma obrigação, a eventual invalidade de qualquer delas não prejudica as demais. Assim, pelo princípio da autonomia das obrigações cambiais, os vícios que comprometem a validade de uma relação jurídica, documentada em título de crédito, não se estendem às demais relações abrangidas no mesmo documento.

[9] Título de crédito constituído como documento, papel. Na economia contemporânea, poucos créditos têm sido representados por títulos de crédito cartulares. Hoje em dia, somente em duas situações os sujeitos da relação obrigacional optam por documentá-la em uma cártula, utilizando-se principalmente de nota promissória. A primeira, quando se trata de crédito regido pelo Direito Civil, ou seja, negócios jurídicos estranhos à exploração da atividade empresarial. A segunda, em negócios jurídicos entre empresários de caráter esporádico.

[10] O título de crédito eletrônico ou virtual dispensa o uso de papéis e assinaturas de próprio punho, podendo ser emitido por meio de caracteres criados em computador ou meio técnico equivalente, necessitando de um certificado ou assinatura digital (geralmente uma senha). Dessa forma, torna-se possível também a realização do aceite, do endosso, do aval e, também, da própria assinatura dos títulos de crédito de forma eletrônica, o que acaba por mitigar o princípio da cartularidade e, consequentemente, da sua circularização. É inquestionável admitir o surgimento de uma nova era para a humanidade, caracterizada pelo advento das novas tecnologias da informação. Os avanços tecnológicos dos meios eletrônicos acarretaram profundas modificações nas atividades diárias, tanto na sociedade como nas práticas comerciais realizadas. O aumento do volume de operações comerciais e o consequente acúmulo de títulos e papéis exigiram que se procurasse um sucedâneo menos oneroso do que aquele representado pela prática tradicional. Pensou-se, então, originalmente, em mecanismos que pudessem substituir o papel pela fita magnética dos computadores.

[11] COELHO, Fábio Ulhoa. *Títulos de crédito*: uma nova abordagem. São Paulo: Thomson Reuters, 2021.

Na moderna prática empresarial, o único dos três princípios da matéria que não apresenta incompatibilidade intrínseca com o processo de desmaterialização dos títulos de crédito é o da autonomia das obrigações cambiais e os seus desdobramentos na abstração e inoponibilidade das exceções pessoais aos terceiros de boa-fé. Será a partir dele que o Direito poderá reconstruir a disciplina da ágil circulação do crédito, quando não existirem mais registros de sua concessão em papel.[12]

O art. 889, § 3º, do Código Civil inova e espelha a inegável realidade da sociedade da informação, ao reconhecer a existência do título de crédito eletrônico, dispondo que "o título poderá ser emitido a partir dos caracteres criados em computador ou meio técnico equivalente e que constem da escrituração do emitente, observados os requisitos mínimos previstos neste artigo", ou seja, a data de emissão do título, a indicação precisa dos direitos que confere e a assinatura do emitente. Paralelamente, o diploma civilista, no título relativo à prova, em seus arts. 212, II,[13] e 225,[14] abriga a validade jurídica dos documentos mecânicos e eletrônicos. Depreende-se dos referidos dispositivos legais que a legislação brasileira está se adequando à nova realidade tecnológica, possibilitando a circulação do crédito e de seus títulos representativos de maneira eletrônica.

Aqui, importa destacar que somente produzirá efeito, como título de crédito, aquele título que preencher os requisitos legais. Em nosso entendimento, estes se dividem em intrínsecos e extrínsecos. Os requisitos extrínsecos referem-se ao título e os intrínsecos, à obrigação contida no título. Portanto, os requisitos intrínsecos seriam aqueles comuns a todas as espécies de obrigações, tais como a capacidade e o consentimento, desde que não sendo matéria cambiária,[15] e os requisitos extrínsecos seriam aqueles que a lei cambiária indicar para formalizar a validade do título, conforme disposto no art. 889 do Código Civil.[16]

---

[12] COELHO, Fábio Ulhoa. *Curso de direito comercial*: empresa e estabelecimento. Títulos de crédito. 13. ed. São Paulo: Saraiva, 2009. v. 1, p. 390.

[13] "Art. 212. Salvo o negócio a que se impõe forma especial, o fato jurídico pode ser provado mediante: II – documento."

[14] "Art. 225. As reproduções fotográficas, cinematográficas, os registros fonográficos e, em geral, quaisquer outras reproduções mecânicas ou eletrônicas de fatos ou de coisas fazem prova plena destes, se a parte, contra quem forem exibidos, não lhes impugnar a exatidão."

[15] Os títulos de crédito somente instrumentalizam obrigações de dar bem fungível. Em nosso ordenamento, os únicos títulos de crédito que podem representar obrigações de dar não pecuniária são a Cédula de Produto Rural e os títulos armazeneiros, como o Conhecimento de Depósito, *Warrant*, Certificado de Depósito Agropecuário e *Warrant* Agropecuário.

[16] "Art. 889. Deve o título de crédito conter a data da emissão, a indicação precisa dos direitos que confere, e a assinatura do emitente.

§ 1º É à vista o título de crédito que não contenha indicação de vencimento.

§ 2º Considera-se lugar de emissão e de pagamento, quando não indicado no título, o domicílio do emitente.

A regulação e o planejamento do Estado no mercado de crédito servem para induzir o sistema financeiro a fomentar prazos e custos eficientes proporcionais aos setores da economia que, de outra forma, não receberiam crédito em volume.[17] A conformidade com a lei é o atendimento ao tipo legal de um título de crédito. Assim, somente os registros de informações sobre determinado crédito feitos conforme um desses tipos legais levam à constituição juridicamente aceita de títulos de crédito.[18-19]

No contexto didático, entre as diretrizes atuais da Política de Crédito Rural, foram criados novos instrumentos de financiamento e captação na direção de mais participação do mercado de crédito privado e do mercado de capitais. Dessa forma, e no cumprimento dessa função, foram criadas normas específicas para financiamento do agronegócio, compondo com demais diplomas legais uma nova ordem e regime legal, por meio dos conhecidos títulos privados de financiamento do setor e do chamado Sistema Privado de Financiamento do Agronegócio.

A Cédula de Produto Rural (CPR), representativa do financiamento do elo dentro da porteira (produção), inaugurou uma nova sistemática de financiamento do agronegócio, apontando o maior desenvolvimento no fomento ao crédito com a possibilidade de sua liquidação financeira no advento da Lei n. 10.200, de 14 de fevereiro de 2001, como forma de reduzir os riscos e incentivar a oferta desse título no mercado financeiro e de capitais. Além do ciclo de produção, para a fase de comercialização dos produtos agrícolas, foi criado o Certificado de Depósito Agropecuário (CDA), que também é um título de crédito, instituído pela Lei n. 11.076, de 30 de dezembro de 2004, representativo de promessa de entrega de produtos agropecuários, seus derivados,

---

§ 3º O título poderá ser emitido a partir dos caracteres criados em computador ou meio técnico equivalente e que constem da escrituração do emitente, observados os requisitos mínimos previstos neste artigo."

[17] OLIVEIRA, Marcos Cavalcante de. *Moeda, juros e instituições financeiras*: regime jurídico. 2. ed. rev. e atual. Rio de Janeiro: Forense, 2009. p. 379.

[18] COELHO, Fábio Ulhoa. *Títulos de crédito*: uma nova abordagem. São Paulo: Thomson Reuters, 2021.

[19] Os serviços de manutenção de um sistema informático de registro dos títulos eletrônicos só podem ser prestados no mercado de crédito por sujeitos de direito especialmente autorizados pelo BCB ou pela CVM. Na lei, as Entidades de Registro de Títulos Eletrônicos são chamadas de "entidades de depósito centralizado de ativos financeiros" (Lei n. 12.810/2013) ou "entidades de escrituração de duplicatas escriturais" (Lei n. 13.775/2018). Nesse sentido, também, as alterações procedidas nas Leis n. 11.076/2004 (Lei dos Títulos do Agro) e n. 8.929/1994 (Lei da CPR), pelas duas Leis do Agro (13.986/2020 e 14.421/2022), que instauraram sua emissão escritural, bem como trouxeram previsões quanto à assinatura e endosso eletrônicos.

Na Lei n. 12.810/2013, alguns prestadores de serviço de registro de títulos eletrônicos foram denominados "Entidades de Depósito Centralizado de Ativos Financeiros". São sujeitos de direito, que podem adotar a forma de sociedade anônima (por exemplo, a B3 Brasil Bolsa Balcão S.A.) ou de associação civil sem fins lucrativos (por exemplo, a Bolsa Brasileira de Mercadorias – BBM). Cabe ao BCB ou a CVM autorizar o sujeito de direito a atuar como entidade de depósito centralizado.

subprodutos e resíduos de valor econômico, depositados em armazéns integrantes do Sistema de Armazenagem de Produtos Agropecuários (§ 1º do art. 1º da referida lei). Como título que nasce reunido ao CDA, o *Warrant* Agropecuário (WA) é um título de crédito representativo de promessa de pagamento em dinheiro que confere direito de penhor sobre o CDA correspondente, assim como sobre o produto nele descrito (§ 2º do mesmo artigo). Aqui, cabe pequeno aviso, os únicos títulos de crédito que, segundo Ulhoa,[20] podem representar obrigação de dar não pecuniária são a CPR – vinculada a uma obrigação de fazer – e os títulos armazeneiros (CDA/WA).

Nas características comuns dos títulos para financiamento do agronegócio, podemos destacar que são títulos de crédito nominativos, de livre negociação, representativos de promessa de pagamento em dinheiro, vinculados a direitos creditórios originários de negócios realizados por produtores rurais, cooperativas agrícolas e demais agentes da Cadeia Agroindustrial, nas operações relacionadas com a produção, comercialização, beneficiamento ou industrialização de produtos ou insumos agropecuários ou de máquinas e implementos utilizados na atividade agropecuária, inclusive financiamentos ou empréstimos a essas atividades conexas, conforme melhor interpretação do § 1º do art. 23 da Lei n. 11.076, de 30 de dezembro de 2004.

O Certificado de Direitos Creditórios do Agronegócio (CDCA) é um título de crédito nominativo, de livre negociação, representativo de promessa de pagamento em dinheiro e constitui título executivo extrajudicial. Sua emissão é exclusiva das cooperativas de produtores rurais e outras pessoas jurídicas que exerçam a atividade de comercialização, beneficiamento ou industrialização de produtos e insumos agropecuários ou de máquinas e implementos utilizados na produção agropecuária (art. 24 da Lei dos Títulos do Agro). A Letra de Crédito do Agronegócio (LCA), por seu turno, também é um título de crédito, instituído pela Lei n. 11.076/2004, nominativo, de livre negociação e de emissão exclusiva das instituições financeiras, representativo de promessa de pagamento em dinheiro e que constitui título executivo extrajudicial (art. 26 da Lei n. 11.076/2004).

Os títulos do agro tidos como financeiros possuem característica de vinculação a lastro que, segundo Fabio Ulhoa,[21] se estruturam por meio de impedimentos de certos negócios jurídicos ou de segregação patrimonial. Em outras palavras, notamos que os lastros mitigam os riscos de crédito ao procurarem assegurar que o devedor manterá determinados bens ou direitos em seu patrimônio. Esses ativos, enquanto permanecem sob a propriedade ou a titularidade do devedor, presumivelmente afastam a perspectiva da insolvência, que frustraria o recebimento do crédito pela via forçada, se inadimplido o pagamento – atua como um "congelamento" dos ativos do devedor até o pagamento da dívida. Quanto à CDCA, LCA e CRA, anota-se que o lastro decorre da

---

[20] COELHO, Fábio Ulhoa. *Títulos de crédito*: uma nova abordagem. São Paulo: Thomson Reuters, 2021. p. 39.

[21] COELHO, Fábio Ulhoa. *Títulos de crédito*: uma nova abordagem. São Paulo: Thomson Reuters, 2021. p. 53.

simples emissão do título (penhor legal). A lei atuará, nesse sentido, determinando ativos do emitente que não poderão ser objeto de constrição judicial (penhora, arresto, sequestro etc.), a pedido de qualquer outro credor.

A securitização dos direitos creditórios do agronegócio nos traz o Certificado de Recebíveis do Agronegócio (CRA) como um título de crédito, de livre negociação, de emissão exclusiva das Companhias Securitizadoras de Direitos Creditórios do Agronegócio, representativo de promessa de pagamento em dinheiro, que constitui título executivo extrajudicial (art. 36 da Lei n. 11.076/2004). Todos esses títulos foram criados com a proposta de aumentar o volume de financiamento no mercado agrícola, facilitando a captação de investimentos para a produção, o armazenamento e o escoamento por meio da comercialização.[22]

Dois são os negócios jurídicos praticados no mercado de circulação de crédito, o endosso (ato regido pela legislação cambial constante da LUG ou do Código Civil) e cessão (tratada no item 7.1.3), disciplinada pelo direito das obrigações (Código Civil). Podemos conceituar o endosso como a transferência da titularidade de um crédito representado em um título de crédito. O endosso, cabe dizer, está sujeito a uma regra que visa à facilitação da circulação do crédito: o endossatário, ao executar o crédito, não pode ter exceções pessoais alegadas contra si. Assim, cabe observar a aplicação das determinações quando endosso,[23] em relação aos títulos de crédito incidentes no agronegócio:

(1) Nos títulos regidos supletivamente pelo Código Civil, o endossante responde pelo pagamento dos títulos endossados se assumir expressamente essa obrigação. Quem endossa um CDA e um WA não fica codevedor da obrigação, do armazém emitente desses títulos, de entregar ao endossatário a mercadoria depositada (Código Civil, art. 914, e Lei n. 11.076/2004, art. 2º, II). Do mesmo modo, responde apenas pela existência do crédito o endossante de CDCA, de CRA, de Cédula Imobiliária Rural – CIR (Lei n. 13.986/2020, art. 29, II) e de LCA.

(2) O endossante da CPR só responderá pela existência do crédito, mas não pela obrigação de entregar os produtos rurais referenciados no título. Apesar de a CPR submeter-se à regência supletiva da LUG, a lei uniforme não tem aplicação nesse caso, uma vez que a lei especial contém norma própria quanto à responsabilidade do endossante (Lei n. 8.929/1994, art. 10, II).

(3) Na hipótese de cessão de crédito, o cedente responde apenas pela existência do crédito, mas não pela solvência do devedor.

---

[22] MAMEDE, Gladston. *Direito empresarial brasileiro*. Rio de Janeiro: Atlas, 2016. v. 3, p. 441.

[23] Por fim, há que notar a existência de uma exceção: a transmissão da titularidade de crédito representada em Cédula de Crédito Imobiliário (CCI) faz-se apenas por cessão, e não por endosso (Lei n. 10.931/2004, art. 22) (COELHO, Fábio Ulhoa. *Títulos de crédito*: uma nova abordagem. São Paulo: Thomson Reuters, 2021. p. 47).

7.1.1. Direitos creditórios do agronegócio

Entender o que são e como se formam os direitos creditórios do agronegócio passa, em um primeiro momento, por compreender o que vem a efetivamente ser caracterizado por direito creditório, sem a adjetivação vinculada ao setor. Uma primeira conceituação, adotada pelo Banco do Brasil, aponta serem os direitos creditórios títulos representativos de crédito, originário de operações realizadas nos segmentos financeiro, comercial, industrial, imobiliário, de hipotecas, de arrendamento mercantil e de prestação de serviços.

A Comissão de Valores Mobiliários (CVM), por sua vez, aponta-os como "recebíveis, ou seja, quando uma empresa vende a prazo, ela possui um direito a ser recebido, um direito de crédito. Os principais direitos derivados dos créditos que uma empresa tem a receber são boletos, CCBs, cheques, contratos de CDC, contratos de empréstimos pessoais, duplicatas, faturas de cartão de crédito, notas promissórias etc.".[24] Em outras palavras, a autarquia os traz como os direitos e títulos representativos de direitos, originados por contratos mercantis de compra e venda de produtos, mercadorias e/ou serviços.

De maneira geral, podemos caracterizar os direitos creditórios como os direitos que correspondem aos créditos, ao "contas a receber" de uma empresa. Estes funcionam como dívidas convertidas em títulos, que podem ser vendidas, posteriormente, a outros investidores no mercado. Cabe acrescer, quando essa dívida é originária do governo, o direito creditório se torna um precatório, desde que abranja as indenizações obtidas em ações movidas contra bancos ou órgãos públicos – quando o processo já tiver sido finalizado e sem possibilidade de recurso.

Direcionando nosso olhar ao setor, teremos os direitos creditórios do agronegócio. Para a compreensão desse conceito, porém, necessitamos melhor identificar alguns elementos nas definições legislativas. Para tanto, faz-se necessário o destaque do § 1º do art. 23 da Lei n. 11.076/2004, que assim dispõe: "os títulos de crédito de que trata este artigo são vinculados a direitos creditórios originários de negócios realizados entre produtores rurais, ou suas cooperativas, e terceiros, inclusive financiamentos ou empréstimos, relacionados com a produção, a comercialização, o beneficiamento ou a industrialização de produtos ou insumos agropecuários ou de máquinas e implementos utilizados na atividade agropecuária".

Em princípio, analisando a letra simples da Lei, consoante a conceituação apontada, poderíamos chegar à equivocada conclusão de que somente os negócios realizados por pessoas físicas ou jurídicas que desenvolvam atividade de produção agropecuária primária, pesqueira ou de silvicultura gerariam direitos creditórios do agronegócio. Ocorre que tal interpretação diminuiria, significativamente, a abrangência dos

---

[24] CVM – COMISSÃO DE VALORES MOBILIÁRIOS. *O que são direitos creditórios?* Rio de Janeiro, 8 nov. 2022.

negócios eficazes à formação dos referidos direitos creditórios, fugindo claramente à vontade do legislador – conforme exposto em sede de motivação do diploma legal, a Lei visa ao financiamento de toda a Cadeia Agroindustrial, permeando, portanto, a necessária inter-relação das atividades econômicas referidas no § 1º do artigo citado.[25] É, assim, pela interpretação conforme uma interpretação sistemática da Cadeia de Produção Agroindustrial (CAI).

Conforme já destacamos oportunamente nesta obra (item 1.2), um Sistema ou Cadeia Agroindustrial pode ser entendida como uma sucessão de operações de transformação de alimentos, fibras e bioenergia, capazes de ser separadas, mas ligadas entre si por um encadeamento operacional. A cadeia de produção é também um conjunto de relações industriais, comerciais, logísticas e financeiras que estabelecem, entre todos os estados de transformação, um fluxo de troca, situado antes e após a porteira, entre fornecedores e clientes. Em muitos casos práticos, os limites dessa divisão não são facilmente identificáveis.

Essa separação pode variar conforme o tipo de produto e o objetivo da análise. Podemos destacar três macrossegmentos geralmente propostos: (i) segmento "antes da porteira" – engloba o fornecimento de insumos para a atividade agrícola, pecuária, de reflorestamento, pesca e aquicultura; as relações de produtores isolados ou associados e distribuidores de insumos com produtores e os serviços técnicos específicos relacionados à produção; (ii) segmento "dentro da porteira" – é constituído pela produção propriamente dita, desde o preparo para o cultivo vegetal ou cria e recria de animais, até a obtenção do produto agrícola para a comercialização integrada vertical ou horizontalmente; e (iii) segmento "depois da porteira" – abrange as etapas de processamento, armazenamento, transporte e distribuição de produtos, subprodutos e resíduos de valor econômico para destinação final, no mercado interno ou internacional.

Ao estender a diretriz do art. 23, ora em estudo, ao conceito de cadeia produtiva, temos de contrapor não mais uma solução contratual referente a uma única transação em uma mesma e única etapa – a da produção agrícola –, mas combinações de diferentes arranjos contratuais que se estabelecem nesse sistema como resposta às características das transações que ocorrem nesse sistema de produção. Nesse âmbito de caracterização dos direitos creditórios passíveis de lastrear os títulos do agronegócio, deveremos verificar: (i) atividade econômica integrada à produção de alimentos, fibras e bioenergia; e (ii) instrumentos representativos (negócios jurídicos) de uma relação creditícia, que vinculam os agentes econômicos da cadeia de produção.

A CVM, por meio de seu colegiado, já teve a oportunidade de posicionar-se acerca do conceito de direitos creditórios[26] do agronegócio para fins de operação de

---

[25] Em direito comparado, o Tratado da Comunidade Europeia (TCE) oferece uma definição de produtos agrícolas, entendidos como produtos do solo, da criação de animais e da pesca, como produtos de primeira transformação que estão em conexão direta com tais produtos.

[26] O professor Ivo Waisberg, em situação análoga, versando sobre direitos creditórios imobiliários,

securitização, em amparo da Lei n. 11.076/2004. Em uma das pioneiras decisões do colegiado sobre o assunto, nos autos do Processo 19957.001669/2016-13[27] (CRA *Burger King*), a CVM defendeu que o § 1º do art. 23 da Lei n. 11.076/2004 não restringe o tipo de transação que pode originar o crédito, uma vez que se refere "a negócios realizados entre produtores rurais, ou suas cooperativas, e terceiro", e não "a negócios em que o produtor rural seja devedor". Adicionalmente, complementou a CVM que a redação do dispositivo indica que tais negócios incluem financiamento ou empréstimos, podendo, assim, compreender outros tipos de transações comerciais, desde que relacionadas à produção, comercialização, ao beneficiamento ou à industrialização de produtos/insumos agropecuários ou máquinas e implementos utilizados na atividade.

A operação realizada pelo *Burger King*, no valor de R$ 150 milhões, teve prazo de quatro anos, sendo direcionada a investidores qualificados. O CRA foi lastreado em debêntures cujos recursos líquidos financiariam a aquisição de carne *in natura*. O *case* representou um avanço na percepção do enquadramento da operação como criadora de direitos creditórios do agro. A interpretação do regulador, no caso, é diretamente vinculada à compreensão de Cadeia Agroindustrial não limitada ao momento produção (dentro da porteira), mas abrangente a todos os demais agentes envolvidos na distribuição, armazenagem e comercialização do produto, até a sua chegada ao consumidor final.

---

ensina que o critério adotado pela Lei n. 9.514/1997 para definir se um crédito é ou não imobiliário está ligado à causa do negócio jurídico que deu origem ao crédito. Assim, se a causa for vinculada ao bem imóvel, o crédito seria imobiliário. Aplicando esse entendimento ao agronegócio, estando a causa do negócio jurídico relacionada ao setor agroindustrial, o direito creditório decorrente do respectivo negócio poderá ser caracterizado como do agronegócio (WAISBERG, Ivo; KUGLER, Hebert Morgenstern. O conceito de crédito imobiliário para fins de securitização imobiliária. Análise e crítica ao posicionamento atual da CVM. *Revista de Direito Bancário e do Mercado de Capitais*, São Paulo, n. 62, p. 127-139, 2013).

[27] Conforme salientado por Leonardo Pereira, o art. 23, § 1º, da Lei n. 11.076/2004 fixa dois principais critérios para definir o crédito hábil a lastrear o CRA, quais sejam a origem em negócio realizado entre produtor rural (ou cooperativas) e terceiros e que tal negócio tenha relação com alguma das etapas do processo de produção rural.

Em sua visão, esses critérios estariam presentes no caso concreto por três principais razões. Primeiramente, a operação tem, de um lado, os fornecedores (considerados produtores rurais) e, de outro, a devedora, na qualidade de terceiro que contrata com o produtor rural. Em segundo lugar, a operação compreende a comercialização de produção rural. Por fim, o presidente Leonardo Pereira destacou que as debêntures têm origem em negócios entre os fornecedores e a devedora, sendo que, nos termos da documentação da operação, há uma clara vinculação dos recursos captados por meio da oferta e emissão das debêntures à transação envolvendo os fornecedores.

O presidente ressaltou, contudo, que o registro da oferta deveria ser condicionado à previsão de que as notas fiscais relativas à aquisição das carnes in natura no âmbito da operação deveriam acompanhar, necessariamente, a declaração trimestral da devedora dirigida à ofertante, competindo ao agente fiduciário a verificação de tal obrigação.

Em análise ao caso, a CVM reconheceu ser o beneficiamento primário caracterizado pela primeira modificação ou preparo do produto pelo próprio produtor rural, mantidas suas características originais. A industrialização rudimentar, ou primeira industrialização, por sua vez, caracteriza processos relacionados ao primeiro elo de industrialização – aqui, ocorre a transformação das características originais do produto pelo produtor rural. Tanto na industrialização rudimentar como no beneficiamento primário, a CVM equiparou os subprodutos dessas atividades ao conceito de produto *in natura*. A autarquia, ainda, permitiu que títulos de dívida emitidos por terceiros fossem vinculados aos CRA. A vinculação comercial e entre o terceiro e produtores rurais e suas cooperativas é considerada válida mediante a demonstração inequívoca de que os recursos captados serão direcionados ao desenvolvimento do agronegócio brasileiro.

A CVM buscou se valer, à época, dos conceitos da Instrução Normativa n. 971 da Receita Federal para focar o objeto (produção), e não o sujeito (produtor). Ao elaborar a Instrução CVM n. 600, pretendeu detalhar as atividades referidas à luz do conceito da produção rural *in natura*, em especial no que se refere à comercialização e ao beneficiamento ou industrialização. Ao englobar uma larga gama de atividades e participantes, esses pontos traziam desconforto. Em leitura rápida, poderia haver o entendimento de que o sujeito que adquiriu a produção rural de terceiros, portanto, intermediário (por exemplo, distribuidores), seriam elegíveis à emissão de CRA. Visando mitigar o problema, a CVM manifestou, no relatório da audiência pública que culminou na Instrução CVM n. 600, que elos subsequentes da cadeia não se enquadram no mecanismo de financiamento, podendo soar como uma deturpação do interesse da norma. Nesse sentido, destacou que aquele que beneficia ou industrializa a sua produção rural própria continua sendo um produtor rural, ao passo que aquele que beneficia ou industrializa produção rural adquirida de terceiro não se enquadraria nessa condição.[28]

A promoção de meios de financiamento para aqueles que atuam "antes da porteira" também foi tema debatido. Em 2017, a discussão foi levada à CVM no caso Syngenta. A origem do negócio realizado se relacionava com os insumos agropecuários fornecidos pela empresa Syngenta. O recurso foi indeferido. A CVM entendeu que a relação entre os distribuidores e a Syngenta apenas ficava adstrita a uma das etapas do processo de

---

[28] Os fabricantes de roupas são exemplo clássico do exposto. O algodão, matéria-prima do produto, passa por diversos processos de beneficiamento, distanciando-se da cadeia agroindustrial. A intenção da Lei n. 11.076/2004 em promover o financiamento desses elos longínquos passaria a ser questionada. Certamente, a norma não intencionava promover a comercialização do resultado das industrializações mais distantes da produção rural, cujo fruto da captação de recursos atingisse indiretamente o setor. Logo, somente havendo vinculação clara à cadeia, ainda que por uma relação obrigacional – como ocorreu no caso *Burger King* –, torna-se viável e fiscalizável, do ponto de vista regulatório, a emissão do CRA.

produção rural, não configurando transação entre produtores rurais e terceiros. O referido entendimento reforçou a limitação do colegiado ao seu elo referente. Foram apresentadas à CVM estruturas realizadas por distribuidores buscando se valer de recebíveis decorrentes dessas revendas a produtores rurais locais. A autarquia reconheceu que, não demonstrada relação formal de venda a prazo, cujo fluxo seja ligado aos CRA, não é possível sua emissão. O distribuidor, portanto, assume figura de terceiro, e não de produtor rural/cooperativa.

As vendas na forma *spot* são características dessa atividade, como ocorre com grandes produtores rurais que têm condições de adquirir insumos e defensivos diretamente de seus fabricantes. Nesse sentido, a redação final da Instrução CVM n. 600 seguiu o entendimento da autarquia proferido nas decisões, destacando que serão aceitos como direitos creditórios vinculáveis aos CRA os negócios entre distribuidores e terceiros, desde que estejam explicitamente vinculados, por meio de instrumentos contratuais ou de títulos de crédito, a vendas do distribuidor aos produtores rurais, cabendo à companhia securitizadora comprová-los anteriormente à emissão do CRA. No entanto, no ano de 2021, a Resolução CVM n. 60, a qual dispõe sobre as companhias securitizadoras de direitos creditórios registradas na CVM, revogou a Instrução CVM n. 600, de 1º de agosto de 2018.[29] Limita-se, também, o conceito de direitos creditórios às análises do Conselho Monetário Nacional (CMN) por meio das Resoluções n. 5.118 (CRA) e n. 5.119 (LCA). O objetivo dessas mudanças é aumentar a eficiência e fortalecer o mercado de crédito, assegurando que esses instrumentos sejam usados de maneira mais adequada e direcionada aos setores agropecuário e imobiliário. Para os CRA e CRI, a Resolução n. 5.118/2024 proíbe o uso de lastros como títulos de dívida de empresas não ligadas a esses setores, além de evitar o uso de operações entre partes relacionadas ou para reembolso de despesas. O objetivo é garantir que os recursos captados sejam destinados de maneira mais eficiente aos setores do agronegócio e imobiliário. Essas medidas não afetam os CRA e CRI que já foram distribuídos ou cujas ofertas já estavam em processo de registro na CVM. Em relação à LCA, a Resolução n. 5.119/2024 restringe o uso de recursos captados para crédito rural com subvenção

---

[29] Mais recentemente, em 2022, foi sancionada a Lei n. 14.430, conhecida como o Novo Marco Legal da Securitização, responsável por, além das alterações nas disposições esparsas que versavam sobre a securitização de créditos imobiliários (Lei n. 9.514/1997) e de direitos creditórios do agronegócio (Lei n. 11.076/2004), criar os Certificados de Recebíveis (CRs). O novo Marco definiu as operações de securitização, para a emissão de CRs, como "a aquisição de direitos creditórios para lastrear a emissão de Certificados de Recebíveis ou outros títulos e valores mobiliários perante investidores, cujo pagamento é primariamente condicionado ao recebimento de recursos creditórios e dos demais bens, direitos e garantias que o lastreiam". Ainda, previu que "os direitos creditórios que lastrearão os Certificados de Recebíveis serão previamente identificados, atenderão aos critérios de elegibilidade previstos no termo de securitização e deverão ser adquiridos até a data de integralização dos Certificados de Recebíveis". Esses títulos, uma vez registrados, passam a ser compreendidos como valores mobiliários.

econômica da União, proibindo a aplicação desses recursos em crédito rural com taxas subsidiadas. Além disso, a norma veda a utilização de certos direitos creditórios, como adiantamentos sobre operações de câmbio e créditos à exportação, como lastro para a LCA. Também foi ampliado o prazo mínimo de vencimento da LCA de noventa dias para nove meses, para induzir prazos mais longos na captação de recursos. A utilização de operações de crédito rural com recursos controlados no lastro da LCA será gradualmente restringida até julho de 2025.

Em uma interpretação sistemática, os direitos creditórios do agronegócio são os contratos, títulos de crédito e valores mobiliários que representem operações econômicas, que vão desde o fornecimento de insumos (máquinas, equipamentos, implementos, sementes, fertilizantes, defensivos etc.) ao produtor rural, comercialização, logística, armazenamento, *packing*, distribuição e comercialização de alimentos, fibras e bioenergia, de origem agrícola, pecuária, de reflorestamento, pesca e aquicultura. Dessa forma, os direitos creditórios do agronegócio deverão estar relacionados à produção ou agroindustrialização, na transformação de um produto *in natura*. Também, assim, os insumos à produção devem ser aqueles diretamente ligados à atividade de produção rural, e não genericamente, como energia ou combustíveis. Por fim, na distribuição, uma cadeia de produção rural alcança a relação com o consumidor final de alimentos, fibras e bioenergia.

7.1.2. Registro e custódia em entidade autorizada

O advento da tecnologia no século XXI e a busca pela modernização das relações econômicas levaram à edição da Lei n. 13.986/2020 (Lei do Agro I), vocacionada a gerar maior transparência e segurança jurídica ao financiamento privado do setor, por meio dos títulos de crédito. Disso decorre o empréstimo de institutos comuns aos mercados financeiro e de capitais, em que se inserem o mecanismo de registro de títulos de crédito e as funções de escrituração[30] e depósito.[31]

---

[30] A escrituração se refere à emissão eletrônica de títulos de crédito, em sistemas operados por instituições financeiras autorizadas pelo Banco Central (BC), envolvendo a abertura de livros de registro, registro das informações relativas a valores mobiliários, tratamento de instruções de movimentação, realização de procedimentos e demais registros necessários à efetivação e à aplicabilidade desses valores e o tratamento dos eventos incidentes. No que diz respeito aos títulos desmaterializados e aos títulos escriturais, o crédito passa a estar documentado eletronicamente em conta acessada por intermediário habilitado pelo titular do título de crédito. Agora aplicada a todos os títulos do agro, atua em substituição à forma cartular. A partir da edição da Lei n. 13.986/2020, a emissão dos títulos passa a ser realizada na forma escritural, que ocorrerá por meio do lançamento em sistema eletrônico de escrituração gerido por entidade autorizada pelo BC a exercer essa atividade.

[31] O depósito representa a guarda centralizada de ativos financeiros e valores mobiliários, o controle de sua titularidade efetiva e o tratamento de seus eventos. Ele envolve, indissociavelmente, a figura do depositário central, regulado anteriormente no mercado de capitais pela Instrução

Conforme já descrito, o Prof. Fábio Ulhoa Coelho chega a ensejar um novo conceito de título de crédito como o "registro das informações que, em conformidade com a lei, individualizam um crédito passível de cobrança por execução forçada, na qual exceções pessoais não podem ser opostas a terceiros de boa-fé".[32] Isso porque o conteúdo do título de crédito diz respeito a informações sobre um crédito, concedido por um sujeito (credor) a outro (devedor), lançadas de forma cartular ou escritural. Quando as informações correspondentes ao conteúdo do título de crédito estão em suporte cartular, trata-se de um escrito em um documento em papel. No caso do suporte eletrônico, as informações sobre o conteúdo do título de crédito se encontram em filamentos sensibilizáveis por correntes elétricas, que formam a infraestrutura física dos sistemas informáticos e que só podem ser imediatamente processadas por computadores.

Dessa forma, compreende-se que um título de crédito pode mudar seu suporte para o eletrônico, depois retornar ao cartular. Atos de transferência da titularidade do crédito praticados na cártula não têm nenhuma eficácia jurídica, enquanto o suporte for eletrônico e vice-e-versa. Cabe, aqui, especial atenção. Isso porque um título de crédito cartular digitalizado não se equipara a um título de crédito eletrônico, assim como o relatório do sistema de informações de registro de títulos eletrônicos, impresso em papel, não é um título de crédito cartular.[33]

O registro, podemos dizer, compreende o armazenamento e a publicidade de informações referentes a transações financeiras, oferecendo maior segurança jurídica à operação e às partes envolvidas, possuindo eficácia *erga omnes*[34] e maior credibilidade. O ambiente que permeia esse tema tem como principais características o "espelhamento" dos registros de ativos do emissor ou de transações realizadas previamente, para fins exclusivos de publicidade. A exemplo, em 1994, a Lei n. 8.929/1994 (Lei da CPR) exigia o registro da CPR no Cartório de Registro de Imóveis competente apenas

---

CVM n. 541, e atualmente pela Resolução CVM n. 31, de 2022, a qual possui texto alterado pelas Resoluções CVM n. 174/2022 e n. 220/2024. O depósito centralizado é constituído com a transferência da titularidade do valor mobiliário, não integrando o patrimônio geral ou especial eventualmente detido pelo depositário central, devendo permanecer registrado em conta de depósito em nome do investidor. Pode ser compreendido como a transmissão da propriedade fiduciária de um valor mobiliário para um depositário central, com a respectiva identificação de seus investidores titulares. Um valor mobiliário, emitido de forma escritural, é custodiado por um custodiante autorizado ou registrado em um escriturador. Aqui, a propriedade fiduciária desse valor mobiliário é transmitida para um depositário que, perante custodiante/escriturador, torna-se o titular. O valor mobiliário é originado nos registros internos do depositário, em que são identificados os investidores de que lhe são titulares e, à medida que são negociados, a titularidade é transferida entre os investidores, nos registros do depositário central.

[32] COELHO, Fábio Ulhoa. *Títulos de crédito*: uma nova abordagem. São Paulo: Thomson Reuters, 2021. p. 29.

[33] COELHO, Fábio Ulhoa. *Títulos de crédito*: uma nova abordagem. São Paulo: Thomson Reuters, 2021. p. 61.

[34] Eficácia de caráter geral, atingindo todos os indivíduos.

para fins de eficácia contra terceiros. A ausência de obrigatoriedade legal gerou inúmeras CPRs não registradas – popularmente conhecidas como "CPR de gaveta" –, o que fez com que investidores não conseguissem conhecer, com exatidão, o grau de endividamento do produtor rural, impactando significativamente a análise de risco do investimento e impulsionando taxas de juros, em razão da insegurança.

O sistema de registro, assim, é competente para a manutenção do registro da cadeia de negócios ocorridos com os títulos registrados no sistema. Responsável por individualizar determinado crédito, deve informar, ao menos, o valor, o vencimento e os sujeitos envolvidos (devedor, garantidor do devedor, credor originário, novo credor, titular do penhor sobre o crédito etc.).[35] Para a individualização eficaz de certo crédito, a legislação se responsabiliza por especificar os elementos que devem constar na cártula ou no sistema informático de registros.

Para que um registro em um sistema informatizado dos dados que identificam um crédito produza os efeitos de título de crédito eletrônico, é indispensável a contratação dos serviços prestados por um agente econômico específico, denominado entidade de registro de títulos eletrônicos (ERTE). Trata-se, aqui, de um agente autorizado pelo Banco Central (Bacen) ou pela CVM, conforme a competência de cada uma dessas autoridades, para a prestação dos serviços de registro dos títulos de crédito eletrônico. Na Lei dos Títulos do Agro (Lei n. 11.076/2004) e na Lei das CPRs (Lei n. 8.929/1994) as ERTEs são chamadas de "entidade de depósito centralizado de ativos financeiros", conforme redação dada pelas Leis n. 13.986/2020 e n. 14.421/2022, em alusão à previsão da Lei n. 12.810/2013. Referidos sujeitos de direito poderão adotar a forma de sociedade anônima (por exemplo, a B3) ou de associação civil sem fins lucrativos (como a Bolsa Brasileira de Mercadorias, a BBM).

Sobre o tema, o inciso III do art. 4º da Lei n. 11.076/2004 (redação dada pela Lei do Agro I) dispõe que a entidade registradora – responsável pelo efetivo registro do título – será aquela autorizada pelo Bacen ou pela CVM, no âmbito de suas competências, a exercer a atividade de registro de ativos financeiros e de valores mobiliários. Em sentido contrário, porém, a Lei da CPR (Lei n. 8.929/1994) dispõe que a CPR será considerada ativo financeiro para os fins de registro e de depósito em entidades autorizadas pelo Bacen a exercerem tais atividades.[36]

De acordo com a Resolução do Bacen n. 304, de 20 de março de 2023, responsável por regulamentar a Lei n. 12.810/2013 (principal diploma acerca dessa atividade), a entidade registradora deve adotar procedimentos de conciliação mensal das informações

---

[35] COELHO, Fábio Ulhoa. *Títulos de crédito*: uma nova abordagem. São Paulo: Thomson Reuters, 2021.
[36] Art. 3º-A, § 4º, da Lei n. 8.929/1994. "Art. 3º-A (...) § 4º A CPR será considerada ativo financeiro, para os fins de registro e de depósito em entidades autorizadas pelo Banco Central do Brasil a exercer tais atividades."

para que o total de ativos financeiros registrados reflita, de maneira fiel, o que consta nos livros do emissor e, ainda, deve manter armazenadas as informações relativas aos registros efetuados em seus sistemas, de modo a permitir a rastreabilidade.[37]

Para participação no mercado de capitais, todas as transações realizadas com os títulos de crédito do agronegócio devem ser lançadas no registro, incluindo aditamentos, ratificações, retificações e garantias – as quais devem constar de forma expressa. A obrigatoriedade do registro de CPRs, por exemplo, mais recentemente albergada na Lei n. 8.929/1994, pela redação da Lei do Agro I, levou a aumento considerável no registro de CPRs em 2022/2023, com montante total de R$ 272,73 bilhões – o montante, em comparação com a safra 2020/2021 (anterior à vigência das regras de registro incidentes no título), teve crescimento de 435%. Segundo informa a B3, apenas em 2023, foram registradas mais de 100 mil CPRs.[38] A tendência permaneceu em 2024, com um aumento de 39% nos registros em apenas um ano (julho de 2023 e julho de 2024), sendo 167 mil novas CPRs.

Dentro do mercado financeiro, ainda, existem diversos tipos de instituições que acabam por atuar em segmentos específicos, e um desses casos é o do custodiante. O custodiante é a instituição designada para custodiar – ou seja, proceder à guarda – ações e ativos mobiliários, sejam estes oriundos de pessoas físicas ou de pessoas jurídicas. Estes atuam como uma espécie de intermediário das transações de compra e venda dos papéis transacionados, o que torna o processo mais seguro a todos os envolvidos. De outra forma, podemos dizer que caberá à instituição custodiante: manter sob sua guarda documentação que evidencie a regular constituição dos direitos creditórios vinculados; realizar a liquidação física e financeira dos direitos creditórios custodiados, devendo, para tanto, estar munida de poderes suficientes para efetuar sua cobrança e recebimento, por conta e ordem do emitente; e prestar quaisquer outros serviços contratados pelo emitente.

Nos termos da Resolução CVM n. 32/2021, responsável por regular a atividade de custódia, há previsão de que ao custodiante que prestar serviços a investidores é permitida a manutenção de vínculo como depositários centrais para a manutenção dos ativos dos investidores em contas de depósito centralizado, na forma da norma que dispõe sobre a prestação de serviços de depósito centralizado de valores mobiliários (art. 3º, *caput*).

---

[37] É necessária a utilização de mecanismos para identificar e reportar ao BC operações fora do padrão do mercado e fiscalizar – direta ou indiretamente – os atos praticados pelos participantes em seus sistemas, com o intuito de zelar sua plena aderência às regras estabelecidas no regulamento.

[38] São obrigatórios o registro e o depósito das CPRs, emitidas ou aditadas, nas seguintes situações: (i) se emitida até 10 de agosto de 2022, ser registrada ou depositada em até dez dias úteis da data de emissão ou aditamento; e (ii) se emitida a partir de 11 de agosto de 2022, ser registrada ou depositada em até 30 dias úteis da data do ato.

São passíveis de requerer autorização para a prestação de serviços de custódia de valores mobiliários os bancos comerciais, múltiplos ou de investimentos, as caixas econômicas, as sociedades corretoras ou distribuidoras de títulos e valores mobiliários e as entidades prestadoras de serviços de compensação e liquidação e de depósito centralizado de valores mobiliários (art. 4º, Resolução CVM n. 32/2021). Como apontado anteriormente, uma vez admitida a emissão em forma escritural, os títulos serão registrados ou depositados em entidades autorizadas a exercer as atividades de registro ou depósito centralizado de ativos financeiros e de valores mobiliários (art. 25, § 1º, I – CDCA, art. 27, § 1º, I – LCA, da Lei n. 11.076/2004, art. 23, *caput* – CRA da Lei n. 14.430/2022).

Enquanto o título de crédito ou valor mobiliário estiver registrado, não poderá circular, senão por meio de registros eletrônicos. Se, por exemplo, determinado Fundo adquiriu uma LCA de certa instituição financeira, ele pode revendê-lo a outro Fundo, se isso parecer interessante aos seus objetivos. O novo adquirente também poderá revender o título, se surgir oportunidade de negócio atraente, e assim por diante, em uma sequência regular de mobilização do crédito e realização de investimentos. Cada uma dessas transferências será feita por meio de registro eletrônico. Note-se que o título permanece desde o início na guarda da entidade custodiante, enquanto ocorrem as várias transferências da posição de fiduciante em meio eletrônico. Somente quando for o caso de baixa do registro, na retirada do ambiente de negociação, o custodiante deverá entregar o documento físico (caso haja) a quem figura nos registros como o último credor.

Dessa forma, em caso de emissão do título em sua forma cartular, ainda que se constitua em meio papelizado, passará a ter, enquanto registrado, exclusivamente suporte eletrônico. Transmutado para o suporte eletrônico, o título ou valor mobiliário registrado circula e é liquidado tão somente por meio de registros eletrônicos. O seu suporte papelizado fica confiado à guarda do registrador, à espera da conclusão do respectivo ciclo de negociação. Apenas se ocorrer o inadimplemento, por se tornar necessária a cobrança judicial, o título de crédito ou o certificado do valor mobiliário volta a ser materializado no documento físico.

Assim, interessante constatar que o título de crédito é emitido em um suporte e migra para o outro. A transmutação de suporte verifica-se, por exemplo, na sua admissão, para fins de negociação entre investidores, em mercado de balcão organizado, nesse caso, atualmente, na B3 ou na BBM. O título pode ter sido documentado, em sua emissão, em papel, e, enquanto não registrado em um mercado de balcão organizado, essa cártula será o seu único suporte, isso se houver alguma negociação do crédito documentado. Com efeito, quando o suporte estiver transmutado para o eletrônico, o instrumento físico não pode abrigar nenhum ato cambiário. Inclui-se, aqui, importante alerta: o título de crédito não pode ter simultaneamente dois suportes, um eletrônico e outro papelizado.

Enquanto o título não for baixado do sistema, o papel que lhe servia de suporte (e, eventualmente, poderá voltar a servir depois) deve ficar simplesmente custodiado, sem se lançar nele qualquer informação ou ato cambial. Sendo o suporte do título o meio eletrônico, todos os atos concernentes à sua negociação e liquidação devem ser formalizados nesse ambiente. Se for regularmente pago no vencimento, ele não retornará ao suporte originário. Tanto a cártula quanto o arquivo eletrônico já não terão mais qualquer função representativa de crédito, já que este se extinguiu com o pagamento. Contudo, se o devedor não adimplir a obrigação cambial, talvez seja necessária nova alteração de suporte. O documento eletrônico pode retornar ao suporte papelizado para instruir a ação judicial típica. Essa nova migração tende a desaparecer com a disseminação do processo judicial eletrônico.

7.1.3. Penhor ou cessão fiduciária de recebíveis

O título de crédito é título executivo extrajudicial. Desse modo, quando há o inadimplemento da obrigação, o credor se vale do poder de mover em face do devedor, de forma direta, uma execução judicial. Aqui, fica dispensada a prévia ação de conhecimento, em que precisaria ser provada a existência do crédito para obtenção do reconhecimento do direito e a condenação do devedor ao pagamento.[39] Quando o crédito se instrumentaliza por um título de crédito, fica vedado ao executado alegar qualquer matéria de defesa, quanto à relação de crédito. Nesse sentido, uma das marcas exclusivas dos títulos de crédito está na inoponibilidade das exceções pessoais aos terceiros de boa-fé.[40]

Os lastros do crédito são importantes mitigadores a seus riscos, na medida em que asseguram que o devedor manterá determinados bens ou direitos em seu patrimônio, e podem ser legais ou negociais. Na primeira hipótese, decorrem da pura emissão do título. Aqui, a Lei garante que determinados ativos do emitente não serão objetos de constrição judicial (arts. 12, *caput*, e 34, *caput*, da Lei n. 11.076/2004 e art. 18, *caput*, da Lei n. 8.929/1994). Por meio do lastro legal, não podem credores consumeristas, trabalhistas ou fiscais buscar a satisfação de seus direitos mediante a constrição dos ativos destinados por lei ao pagamento de um título de crédito, atuando, assim, como mitigador extensivo dos riscos. Por outro lado, os lastros negociais se originam por negócios jurídicos praticados pelo emitente que tenha como objetivo a mitigação de riscos de crédito que serão assumidos pelos adquirentes do título.[41]

---

[39] COELHO, Fábio Ulhoa. *Títulos de crédito*: uma nova abordagem. São Paulo: Thomson Reuters, 2021.

[40] A limitação das matérias de defesa do devedor é a razão pela qual o título de crédito se comporta como facilitador da mobilização do crédito, em benefício de toda a economia.

[41] COELHO, Fábio Ulhoa. *Títulos de crédito*: uma nova abordagem. São Paulo: Thomson Reuters, 2021.

Ao dizermos sobre os lastros negociais, estamos diante de situação em que o devedor separa de seu patrimônio determinados ativos, alocando-os em um patrimônio especial, que passará a valer, exclusivamente, à obrigação passiva lastreada. Aqui, a constituição de patrimônio especial ficará restrita aos sujeitos de direito autorizados por lei, quais sejam: companhias securitizadoras do agronegócio emitentes de CRA em regime fiduciário,[42] proprietário usuário de imóvel rural emitente de CIR ou de CPR lastreados em Patrimônio Rural em Afetação (PRA), nos termos da Lei n. 13.986/2020, art. 7º, § 1º.

No tocante à oneração de recebíveis, vemos operação que poderá ser judicial ou extrajudicial, a depender da garantia real que foi adotada. Em caso de hipoteca, o credor deverá promover a execução forçada judicial, pedindo a expropriação ao juiz. Na alienação fiduciária em garantia de bem imóvel, a expropriação se dá extrajudicialmente, na forma da Lei n. 9.514/1997. Nesse contexto, os recebíveis também podem ser objeto de garantia real, na forma de penhor ou cessão fiduciária.

O penhor, podemos dizer, é o direito real que compete ao credor sobre coisa móvel que lhe fora entregue pelo devedor ou por terceiro para segurança de seu crédito, e por força do qual poderá retê-la até se verificar o pagamento ou aliená-la da falta deste.[43] A cessão fiduciária de créditos, por seu turno, acarreta a transmissão do direito do devedor (ou terceiro) ao credor para fins de garantia – o credor, com isso, fica protegido de eventual falência do devedor, pois os créditos cedidos passam a integrar seu patrimônio. Cuida-se, a cessão, portanto, de transferência fiduciária, na medida em que a titularidade deve ser exercida em consonância com a finalidade de garantia. O que o credor receber na qualidade de cessionário fiduciário deve servir para o abatimento da dívida garantida, respondendo como depositário perante o devedor cedente. A titularidade do credor fiduciário é resolúvel, de maneira que, satisfeito integralmente o crédito, extingue-se a titularidade fiduciária, voltando o direito cedido a integrar o patrimônio do devedor fiduciante.[44]

De outro modo, Fábio Ulhoa Coelho[45] destaca com costumeiro rigor a cessão como uma das modalidades de transferência da titularidade de um crédito, com o endosso (tratado no item 7.1). Para o renomado advogado Marlon Tomazette,[46] a cessão

---

[42] Quando realizado por operação de securitização, a companhia securitizadora adquire créditos de um empresário e emite títulos para vender a investidores, tornando-se credora do empresário e devedora dos investidores (COELHO, Fábio Ulhoa. *Títulos de crédito*: uma nova abordagem. São Paulo: Thomson Reuters, 2021).

[43] FRAGA, Afonso. *Direitos reais de garantia*. São Paulo: Saraiva, 1993. p. 141.

[44] OLIVA, Milena Donato. *Do negócio fiduciário à fidúcia*. São Paulo: Atlas, 2014. p. 113 e 114.

[45] COELHO, Fábio Ulhoa. *Títulos de crédito*: uma nova abordagem. São Paulo: Thomson Reuters, 2021. p. 45-46.

[46] TOMAZETTE, Marlon. *Contratos empresariais*. 3. ed. rev., atual. e ampl. São Paulo: JusPodivm, 2024.

fiduciária constitui uma operação na qual o fiduciante transfere ao credor a titularidade dos créditos cedidos, a título de garantia para o cumprimento de uma obrigação. O credor fiduciário poderá receber os valores devidos ao fiduciante exclusivamente para a satisfação da dívida garantida. Uma vez quitada a obrigação, os créditos cedidos devem ser restituídos ao fiduciante. Dessa forma, a cessão fiduciária apresenta semelhanças com a alienação fiduciária, com a diferença de que envolve a cessão de créditos, ou seja, valores a receber, em vez de bens, conforme trecho a seguir:

> Por meio da cessão fiduciária, "opera-se a transferência ao credor da titularidade dos créditos cedidos, até a liquidação da dívida garantida". A ideia é a mesma da alienação fiduciária, apenas envolvendo a cessão de créditos, isto é, de valores a receber (recebíveis). O credor fiduciário recebe créditos devidos ao fiduciante, em garantia de alguma obrigação, podendo receber os valores para a satisfação da obrigação garantida. Quitada a dívida garantida, os créditos devem ser devolvidos ao fiduciante.[47]

Dessa forma, o autor compreende a cessão como o negócio jurídico de transferência do crédito representado em qualquer outro instrumento jurídico não qualificado, na lei, como título de crédito. Se o crédito está documentado em um contrato, sua transferência é feita por cessão – desde que não seja um título de crédito. Ainda, em caso de transmissão de titularidade de crédito representada em Cédula de Crédito Imobiliário (CCI), será feita apenas por cessão, e não por endosso (Lei n. 10.931/2004, art. 22). São quatro as diferenças principais entre um endosso e uma cessão:

(1) regência – o endosso está disciplinado em normas do direito cambial, enquanto a cessão de crédito é instituto do direito das obrigações;

(2) partes – o alienante chama-se endossante no endosso e cedente na cessão civil; e o adquirente do crédito é denominado endossatário no ato cambial e cessionário, no caso da cessão;

(3) direitos do adquirente – quando o endossatário adquire o crédito por endosso de título de crédito, deverá promover cobrança em juízo em face do devedor, que não poderá se defender alegando matérias de defesa relativas à relação com o endossante (princípio da inoponibilidade das exceções pessoais aos terceiros de boa-fé, característico do direito cambial); quanto à situação jurídica do cessionário, verifica-se significativa diferença, uma vez que o devedor pode suscitar em embargos, na execução judicial do crédito cedido, quaisquer matérias de defesa, incluindo as exceções que eventualmente tenha em face do cedente;

(4) responsabilidade do alienante – varia de acordo com a hipótese. Na cessão de crédito, o cedente responde apenas pela existência deste, não pela solvência do devedor. De maneira distinta, ocorre no endosso, no caso de CDA/WA,

---

[47] TOMAZETTE, Marlon. *Contratos empresariais*. 3. ed. rev., atual. e ampl. São Paulo: JusPodivm, 2024.

CDCA, CRA, LCA e CIR, nos quais o endossante não responde pelo pagamento do título endossado, salvo se assumir expressamente essa obrigação. Em relação à CPR, nota-se que o endossante só responderá pela existência do crédito, e não pela obrigação da entrega dos produtos rurais.

Cabe dizer, o contrato de cessão de crédito representa negócio jurídico em que o contratante, por meio de uma relação jurídica obrigacional, transfere seus direitos a terceiros. Nessa relação, atuam como envolvidos o cedente, que transfere o crédito; o cessionário, que recebeu o crédito; e o cedido, que possui a dívida. Entre as formas desse instrumento destacam-se: (i) cessão de crédito voluntária – o pacto estabelecido entre cedente e cessionário é de livre vontade; (ii) cessão de crédito necessária ou legal – fica obrigado o depositário que, por motivo de força maior, perder a coisa depositada e receber outra no lugar, entregar o correto ao depositante;[48] e (iii) cessão de crédito judicial – o negócio só ocorre em razão de uma sentença judicial.

Com o intuito de dar segurança ao sistema de financiamento por meio dos títulos de crédito do agronegócio, o CDCA e a LCA conferem direito de penhor sobre os direitos creditórios a eles vinculados, de acordo com o art. 32 da Lei n. 11.076/2004. A caução de títulos de crédito tem por objeto o próprio título que documenta o direito, pois este se incorpora ao documento. Por força desse artigo, caso o CDCA seja emitido com lastro em CPRs, por exemplo, automaticamente surgirá o direito real de penhor do titular do CDCA sobre as CPRs (penhor legal), independentemente de registro desse penhor em registro de títulos ou documentos ou de notificação ao devedor.

Na formalização e pleno efeito à garantia, a dispensa de registro do penhor e da notificação do devedor está estabelecida no referido art. 32, que afasta a aplicação dos arts. 1.452 e 1.453 do Código Civil. De forma exemplificativa, o penhor legal sobre a CPR, em favor do titular do CDCA que lastreia, abrange a totalidade dos direitos materiais constantes daquela cártula, que correspondem às obrigações do emitente da CPR com o credor dela, ou seja, a obrigação principal de entrega da coisa e eventuais obrigações acessórias, com vínculos comerciais ou financeiros.

Trata-se do penhor de título de crédito, regulado pelos arts. 1.451 e seguintes do Código Civil, por meio do qual o credor do CDCA ou LCA adquire a condição de uma espécie de mandatário do credor do título de crédito ou valor mobiliário que os lastreia, podendo praticar todos os atos decorrentes dessa condição. É a própria lei que atribui ao credor essa condição de mandatário. Com efeito, dispõem os arts. 1.454 e 1.455 do Código Civil que ao credor compete o direito de usar das ações, recursos e exceções convenientes para assegurar os seus direitos, bem como os do credor caucionante, como se deste fora procurador especial.

---

[48] O depositário também deverá ceder as ações que estiverem contra o terceiro responsável pela restituição da primeira.

Portanto, de sua condição de mandatário decorrem não só direitos, mas também deveres. Como consequência dessa condição, o Código Civil, em seu art. 1.459, outorga ao credor pignoratício de título de crédito o dever de conservar e recuperar a posse do título (inciso I); utilizar-se de meios judiciais para assegurar tanto os seus direitos quanto os direitos do credor do título empenhado (inciso II); e receber o valor constante do título e respectivos juros (inciso IV); entre outros.

Nessa mesma linha, o art. 1.455 do Código Civil autoriza o titular do CDCA a cobrar a obrigação de entrega da coisa contra o emitente da CPR, assim que ela se torne exigível. O parágrafo único desse artigo confere ao titular do CDCA o direito de excutir a coisa entregue pelo emitente da CPR. A legitimidade que o titular do CDCA tem para exigir o cumprimento da obrigação de entrega da coisa, contra o emitente da CPR, não encontra limitação no direito referente aos lastros, de modo que, em tese, o titular do CDCA tem, ao seu dispor, todos os meios e garantias legais para executar essa obrigação, fazendo as vezes do próprio credor original da CPR.

Nos termos do art. 15 da Lei n. 8.929/1994, o emitente da CPR física está obrigado a honrar a entrega da coisa prometida, sob pena de responder por execução. Considerando os arts. 809 e 813 do Código de Processo Civil, é conferido ao credor o direito a receber, além de perdas e danos, o valor da coisa, quando esta se deteriorar, não lhe for entregue, não for encontrada ou não for reclamada do poder de terceiro adquirente. Por força desses artigos de lei, e em razão de não existir qualquer limitação específica para o direito do credor pignoratício da CPR, entendemos que, na hipótese de inadimplemento, por parte do emitente da CPR, o titular do CDCA poderá demandar dele diretamente. Se não for encontrado o bem, ou em caso de destruição ou alienação, poderá o credor optar pela entrega de quantia em dinheiro equivalente ao valor do produto objeto da CPR.

O art. 391 do Código Civil, por seu turno, determina que o devedor responda por sua dívida com todos os seus bens, excetuando-se dessa regra aqueles denominados bens de família. Dessa forma, em caso de inadimplemento da obrigação do emitente do certificado, o titular do CDCA poderá, alternativamente: (i) demandar o pagamento contra o emitente da CDCA; ou (ii) executar a CPR dada em penhor, contra o emitente, exigindo o cumprimento da obrigação de entrega ou, caso isso não seja possível, convertendo essa pretensão em reparação pelo valor equivalente, acrescido de eventuais perdas e danos experimentados.

No mesmo contexto do regime jurídico dos lastros legais aos títulos de crédito do agronegócio, o art. 41 da Lei n. 11.076/2004, conforme já citado, entre as disposições comuns ao CDCA, à LCA e ao CRA, dispõe ser facultada a cessão fiduciária em garantia de direitos creditórios do agronegócio, em favor dos adquirentes do CDCA, da LCA e do CRA, nos termos do disposto nos arts. 18 a 20 da Lei n. 9.514/1997, conforme prescrito na própria Lei n. 11.076/2004. Vale aqui destacar ainda que, no âmbito do mercado financeiro e de capitais, a cessão fiduciária sobre direitos creditórios é regida pela Lei n. 10.931/2004, a qual introduziu no Decreto-lei n. 911/1969 o art. 66-B e, de maneira geral, pelos requisitos legais previstos nos arts. 1.361 e seguintes do Código Civil, nos já mencionados arts. 18 a 20 da Lei n. 9.514/1997 e na Lei n. 14.711/2023, conhecida como Marco Legal das Garantias, que incluiu a possibilidade de que um mesmo imóvel seja objeto de múltiplas alienações fiduciárias em garantia, que a execução pode ocorrer de forma extrajudicial, além de criar a figura do agente de garantias e intimação por meios eletrônicos. Fundamental destacar que a cessão fiduciária tem conotação facultativa e surge dentro do espírito da maior segurança na relação e na incidência da transferência dos direitos creditórios do agronegócio.[49]

Conforme já destacado no início deste item, a cessão fiduciária e a alienação fiduciária são institutos similares, exercendo a mesma função de garantia do crédito e alicerçando-se em fundamentos semelhantes. Ao passo que na alienação o objeto do contrato é a transmissão de um bem móvel ou imóvel, na cessão o objeto é a transmissão do domínio fiduciário ou da titularidade fiduciária do direito de crédito que subsiste enquanto perdurar a dívida garantida.[50] O art. 18 da Lei n. 9.514/1997 dispõe que o contrato de cessão fiduciária em garantia opera a transferência ao credor da titularidade dos créditos cedidos até a liquidação da dívida garantida.

A propriedade fiduciária não institui ônus real de garantia, a exemplo do penhor, mas opera a própria transmissão resolúvel da propriedade do bem, com intuito garantidor. Registrado o contrato de garantia, a coisa ingressa na esfera de patrimônio do credor, ali permanecendo enquanto perdurar a dívida. Conforme estabelecido no art. 49, § 3º, da Lei n. 11.101/2005, o crédito garantido por propriedade fiduciária de bens móveis ou imóveis não se submeterá aos efeitos da recuperação judicial. Ainda, incluídos pela Lei n. 14.112/2020, nesse contexto, os créditos relativos à dívida constituída nos três últimos anos anteriores ao pedido de recuperação judicial, que tenha sido contraída com a finalidade de aquisição de propriedades rurais e suas respectivas garantias. O tema da recuperação judicial do produtor rural já foi objeto de análise específica no item 5.6 do presente livro.

O termo "propriedade fiduciária" de bens móveis ou imóveis é empregado pelo referido dispositivo legal de forma ampla e compreende os bens corpóreos e incorpóreos, entre eles os direitos sobre bens móveis e títulos de crédito a que se refere o art. 66-B da Lei n. 4.728/1965, com a redação dada pelo art. 56 da Lei n. 10.931/2004.[51] Com efeito, o titular da garantia pode se apropriar dos créditos cedidos fiduciariamente, em caso de recuperação do devedor. Em relação ao penhor, os direitos creditórios respectivos ficarão retidos em uma conta vinculada, conforme preceitua o § 5º do art. 49 da

---

[49] ABRÃO, Carlos Henrique. *Agronegócios e títulos rurais*. São Paulo: IOB Thomson, 2006. p. 121.
[50] CHALHUB, Melhim Namem. *Negócio fiduciário*. 4. ed. atual. e ampl. Rio de Janeiro: Renovar, 2009. p. 355.
[51] CHALHUB, Melhim Namem. *Negócio fiduciário*. 4. ed. atual. e ampl. Rio de Janeiro: Renovar, 2009. p. 359-360.

Lei n. 11.101/2005. A cessão fiduciária de direitos creditórios tem caráter de direito real, somente tendo efeito *erga omnes* depois de averbado o instrumento particular no Registro de Títulos e Documentos do domicílio do devedor, embora, ainda relativamente a ele, a lei exija, para que a cessão seja eficaz, a realização da notificação judicial ou extrajudicial com intuito de lhe dar ciência da referida cessão, evitando que pague credor primitivo.[52]

7.1.4. Oferta e distribuição de títulos e valores mobiliários

Em 1976, com a criação da CVM,[53] a reestruturação do mercado de capitais trouxe a designação "valores mobiliários" como termo para classificar instrumentos jurídicos que, até então, eram tratados como espécies de títulos de crédito.[54-55] Com a modernização legislativa da época, potencializada pela Lei n. 6.385/1976, a doutrina passou a enxergar os valores mobiliários como instituto próprio, uma vez que estes não se sujeitavam integralmente aos princípios do direito cambiário.[56]

Como os títulos de crédito, os valores mobiliários surgiram da necessidade de transporte rápido e seguro de valores. O valor mobiliário tem a função de permitir que ativos de diversas espécies sejam oferecidos em massa, ou seja, ofertados publicamente, de maneira segura, tanto por conta das características próprias do instituto jurídico quanto pelo aparato legal que disciplina sua oferta em todos os países em que são previstos em ordenamento jurídico. Em que pese haver certa confusão, por vezes, quanto aos títulos de crédito e os valores mobiliários, cabe dizer que o que ocorre, de fato, é a utilização, pelos valores mobiliários, do regime jurídico dos títulos de crédito, o que leva à transmutação de alguns deles em valores mobiliários – os dois, todavia, são distintos.

---

[52] DINIZ, Maria Helena. *Código Civil anotado*. 14. ed. São Paulo: Saraiva, 2009. p. 287.

[53] Art. 8º, Lei n. 6.385/1976: "Compete à Comissão de Valores Mobiliários:

I – regulamentar, com observância da política definida pelo Conselho Monetário Nacional, as matérias expressamente previstas nesta Lei e na lei de sociedades por ações;

II – administrar os registros instituídos por esta Lei;

III – fiscalizar permanentemente as atividades e os serviços do mercado de valores mobiliários, de que trata o art. 1º, bem como a veiculação de informações relativas ao mercado, às pessoas que dele participem, e aos valores nele negociados;

IV – propor ao Conselho Monetário Nacional a eventual fixação de limites máximos de preço, comissões, emolumentos e quaisquer outras vantagens cobradas pelos intermediários do mercado;

V – fiscalizar e inspecionar as companhias abertas dada prioridade às que não apresentem lucro em balanço ou às que deixem de pagar o dividendo mínimo obrigatório".

[54] REQUIÃO, Rubens. *Curso de direito comercial*. 20. ed. São Paulo: Saraiva, 1991.

[55] MARTINS, Fran. *Títulos de crédito I*. 3. ed. Rio de Janeiro: Forense, 1983.

[56] MATTOS FILHO, Ari Oswaldo. O conceito de valor mobiliário. *Revista de Direito Mercantil*, São Paulo, n. 59, 1985.

O alcance do conceito de valor mobiliário se ampliou, não considerando apenas os títulos e contratos típicos, mas também qualquer contrato que represente investimento. Qualquer espécie de investimento passou a ser considerada um valor mobiliário, salvo as exceções legais expressas. Além disso, os investimentos que se enquadrem na definição de valor mobiliário e sejam objeto de oferta pública passaram a estar sujeitos à aplicação do Regulamento da CVM.[57]

Aqui, vale ressaltar definição de valor mobiliário trazida por Mattos Filho,[58] que os prevê como "o investimento oferecido ao público, sobre o qual o investidor não tem controle direto, cuja aplicação é feita em dinheiro, bens ou serviços, na expectativa de lucro, não sendo necessária a emissão do título para materialização da relação obrigacional". Ainda, Leães, visando conceituar valor mobiliário, apõe-lhes cinco características: "(1) todo investimento em dinheiro ou bens suscetíveis de avaliação monetária, (2) realizado pelo investidor em razão de captação de recursos, (3) de modo a fornecer capital de risco a um empreendimento, (4) em que ele, o investidor, não tem ingerência direta, (5) mas do qual espera obter algum ganho ou benefício futuro".[59]

A conceituação emprestada da doutrina se mostra necessária, na medida em que o Decreto n. 6.385/1976 não traz conceituação própria dos valores mobiliários, mas, sim, propõe-se a apresentar espécies que possam ser caracterizadas como tal (por exemplo, debêntures, ações, cotas de Fundos de Investimento etc.). O exposto foi ensejador da Medida Provisória n. 1.637, de 8 de janeiro de 1998, que procurou conceituar valor mobiliário de forma mais ampla, com o intuito de abranger boa parte das modalidades de captação pública de recursos. Em 2001, foi efetivamente promovida alteração na Lei de 1976, por meio da Lei n. 10.303/2001.[60]

---

[57] Quando autorizados por lei, os valores mobiliários poderão ser disponibilizados de oferta privada, dispensando, nesse caso, o registro de sua distribuição.

[58] MATTOS FILHO, Ary Oswaldo. O conceito de valor mobiliário. *Revista de Administração de Empresas*, v. 25, n. 2, p. 49, 1985.

[59] LEÃES, Luís Gastão Paes de Barros. O conceito de "security" no direito norte-americano e o conceito análogo no direito brasileiro. *Revista de Direito Mercantil, Industrial, Econômico e Financeiro*, v. 13, n. 14, p. 48, 1974.

[60] Com a redação alterada pela Lei n. 10.303, de 31 de outubro de 2001, o rol de valores mobiliários está previsto no art. 2º da Lei n. 6.385/1976. São estes: (i) as ações, debêntures e bônus de subscrição; (ii) os cupons, direitos, recibos de subscrição e certificados de desdobramento relativos aos valores mobiliários; (iii) os certificados de depósito de valores mobiliários; (iv) as cédulas de debêntures; (v) as cotas de fundos de investimento em valores mobiliários ou de clubes de investimento em quaisquer ativos; (vi) as notas comerciais; (vii) os contratos futuros, de opções e outros derivativos, cujos ativos subjacentes sejam valores mobiliários; (viii) outros contratos derivativos, independentemente dos ativos subjacentes; e (ix) quando ofertados publicamente, quaisquer outros títulos ou contratos de investimento coletivo, que gerem direito de participação, de parceria ou de remuneração, inclusive resultante de prestação de serviços, cujos rendimentos advêm do esforço do empreendedor ou de terceiros.

Assim, estão compreendidos no conceito de valor mobiliário, por exemplo: notas comerciais; contratos futuros, de opções e outros derivativos, cujos ativos subjacentes sejam valores

Atualmente, a CVM reconhece como valores mobiliários (consoante apresentado em seu próprio sítio eletrônico): (i) todos os listados nos incisos I ao VIII do art. 2º da Lei n. 6.385/1976; (ii) quaisquer outros criados por lei ou regulamentação específica, como os Certificados de Recebíveis Imobiliários (CRI), os Certificados de Investimentos Audiovisuais e as cotas de Fundos de Investimento Imobiliário (FII), entre outros; e (iii) quaisquer outros que se enquadrem no inciso IX da Lei, conforme citado *supra*. Importante destacar que a Lei expressamente retira da lista de valores mobiliários os títulos da dívida pública federal, estadual ou municipal e os títulos cambiais de responsabilidade das instituições financeiras, exceto as debêntures. De fato, se a captação é feita por entes governamentais ou por instituições financeiras (regulamentadas pelo Banco Central), com a responsabilidade destas, não há razões para se pleitear a tutela da CVM.

No mercado de capitais, os recursos financeiros transitam diretamente entre tomadores e aplicadores, sem intermediação financeira. No mercado primário ocorrem as emissões de novos valores mobiliários, mediante a mobilização da poupança popular. É nesse mercado que se constata a permissão da captação de recursos de poupança popular para posterior investidor – principal finalidade do mercado de capitais.[61] Emitidos os títulos ou valores mobiliários pelos tomadores e colocados em oferta ao público, inicia sua etapa de negociação, que ocorrerá no denominado mercado secundário. São realizadas as negociações dos títulos ou valores mobiliários já emitidos no mercado primário, buscando os investidores a liquidação dos recursos financeiros disponibilizados. O mercado secundário tem como função específica dar liquidez às operações originadas do mercado primário.[62]

Nesse contexto de mercado, a proteção dos investidores pode se encontrar em um conjunto de fundamentos que estão, entre si, em relação de complementaridade: o interesse público, a necessidade de segurança dos mercados e a busca da igualdade entre os diversos agentes intervenientes.[63] A principal função do mercado de valores mobiliários na economia é o atendimento às necessidades de financiamento de médio e longo prazo por parte das empresas; nesse caso, também assim ocorre com a

---

mobiliários; outros contratos derivativos, independentemente dos ativos subjacentes; e, quando ofertados publicamente, quaisquer outros títulos ou contratos de investimento coletivo, que gerem direito de participação, de parceria ou de remuneração, inclusive resultante de prestação de serviços, cujos rendimentos advêm do empreendedor ou de terceiros. Excluem-se do regime dessa lei os títulos da dívida pública federal, estadual ou municipal e os títulos cambiais de responsabilidade de instituição financeira, exceto as debêntures.

[61] Aqui, o tomador de recursos se dirige ao mercado, mediante a colocação de valores mobiliários, e, no intuito da captá-los, perfaz-se a mobilização da poupança.

[62] A compra e venda dos títulos ou valores mobiliários, previamente existentes, ocorre no mercado secundário, enquanto a constituição e colocação inicial destes, no mercado primário.

[63] RODRIGUES, Sofia Nascimento. *A proteção dos investidores em valores mobiliários*. Coimbra: Almedina, 2001. p. 23.

agroindústria. Então, na proteção do investidor, no caso da oferta pública, assegurando-lhe um nível adequado de informações sobre o emitente e sobre o valor mobiliário ofertado. Atualmente, alguns dos valores mobiliários voltam a se classificar como títulos de crédito, devendo ser reconhecida a sobreposição entre os institutos – há valores mobiliários que são títulos de créditos e há os que não o são.[64]

O poder regulador da CVM fica adstrito à consideração do título como valor mobiliário, de forma sua emissão e negociação públicas passarem a estar sujeitas às normas e à fiscalização da CVM, no que incide, propriamente, a temática da oferta pública. Cabe dizer, a Lei n. 6.385/1976, § 3º, do art. 19, definiu oferta pública como a emissão de títulos ou valores mobiliários pela utilização de listas ou boletins de venda ou subscrição, folhetos, prospectos ou anúncios destinados ao público; a procura de subscritores ou adquirentes para os títulos por meio de empregados, agentes ou corretores; e por negociação feita em loja, escritório ou estabelecimento aberto ao público, ou ainda com a utilização de serviços públicos de comunicação. Nesse sentido, a oferta pública também se caracteriza por ser uma proposta dirigida a pessoas indeterminadas, não individualizadas. Assim, no momento da realização da oferta, há uma indeterminação dos destinatários.

Inicialmente, define-se uma oferta privada quando realizada com um grupo reduzido de investidores, devidamente individualizados e de prévio conhecimento do ofertante do título, não tendo configurado qualquer esforço de venda para a efetivação da negociação, como é o caso, por exemplo, de uma oferta de CDCA feita diretamente para a tesouraria de um banco. Adicionalmente, a CVM entende também ser uma oferta privada aquela realizada para investidores que tenham prévia relação comercial, creditícia, societária ou trabalhista, estreita e habitual, com a emissora do valor mobiliário.

Na descrição de Nelson Eizirik,[65] o elemento mais importante para a classificação da emissão como pública ou privada são os destinatários da oferta, assim as emissões colocadas apenas a investidores sofisticados, os quais não necessitam da proteção estatal conferida pelo registro, uma vez que dispõem de suficiente poder de barganha perante a companhia emissora, até mesmo para discutir as condições financeiras da operação. Nessa linha, colocações realizadas unicamente para um número limitado de investidores institucionais, instituições financeiras ou sociedades de capital de risco podem ser consideradas como privadas, independentemente dos meios utilizados no processo de oferta.

De forma conclusiva, a emissão será considerada pública ou privada a partir da análise de três elementos fundamentais, de natureza objetiva e subjetiva. O elemento

---

[64] COELHO, Fábio Ulhoa. *Títulos de crédito*: uma nova abordagem. São Paulo: Thomson Reuters, 2021.

[65] EIZIRIK, Nelson. Emissão pública de valores mobiliários. *In*: EIZIRIK, Nelson. *Aspectos modernos de direito societário*. Rio de Janeiro: Renovar, 1992. p. 17.

objetivo é constituído dos meios empregados para a colocação da emissão ao público, ou seja, instrumentos utilizados na companhia para fazer chegar sua emissão ao público. Já os elementos subjetivos dizem respeito à companhia emissora e aos destinatários da oferta. Estes configuram o elemento mais importante, caracterizando-se a oferta pública basicamente pelo fato de ser uma proposta dirigida a pessoas indeterminadas, não individualizadas.

Nesse sentido, mais recentemente, prevê o art. art. 3º, *caput*, da Resolução CVM n. 160/2022: "oferta pública de distribuição o ato de comunicação oriundo do ofertante, do emissor, quando este não for o ofertante, ou ainda de quaisquer pessoas naturais ou jurídicas, integrantes ou não do sistema de distribuição de valores mobiliários, atuando em nome do emissor, do ofertante ou das instituições intermediárias, disseminado por qualquer meio ou forma que permita o alcance de diversos destinatários, e cujo conteúdo e contexto representem tentativa de despertar o interesse ou prospectar investidores para a realização de investimento em determinados valores mobiliários".[66]

Observa-se que os títulos do agronegócio não estão inseridos automaticamente no conceito de valor mobiliário.[67] No entanto, em determinadas formas e caso sejam ofertados publicamente, poderão ser considerados como tais. Como agência reguladora do mercado de valores mobiliários, a CVM detém função de fiscalização desse mercado, de forma a coibir e punir condutas que lhe sejam danosas, como mencionado anteriormente. A autarquia age imbuída de seu poder de polícia, limitando a liberdade individual em prol de um interesse público ou coletivo. A CVM tem poderes para aplicar a lei de maneira preventiva ou repressiva, pelos meios que foram a ela outorgados pela Lei n. 6.385/1976.[68]

---

[66] As ofertas públicas, de outra forma, podem ser conceituadas como um evento em que uma empresa ou Fundo emite novos ativos para captação de recursos no mercado. A oferta inicial (*Initial Public Offering* – IPO) ocorre quando a empresa decide abrir seu capital pela primeira vez, oferecendo suas ações ao público – permitindo que investidores comprem ações da empresa, trazem mais recursos para esta (apenas Sociedades Anônimas podem realizar IPOs). Há, ainda, a oferta denominada *Follow-On*, que ocorre quando uma empresa ou Fundo já listado na bolsa de valores emite novas ações ou títulos no mercado; a *Follow-On* pode ser realizada por meio de oferta pública a investidores em geral ou efetivada de forma restrita, quando a empresa oferta as suas ações a investidores qualificados.

[67] Ver Nelson Eizirik, quanto aos elementos caracterizadores da oferta pública de distribuição de valores mobiliários (*Mercado de capitais*: regime jurídico. São Paulo: Quartier Latin, 2019. p. 139 e ss.).

[68] Conforme deliberação n. 551, de 22 de outubro de 2008, a CVM constatou a ocorrência de oferta pública irregular de valores mobiliários, por meio da divulgação, na página www.fadine.com.br da rede mundial de computadores, de proposta de investimento em CPR e em ações de emissão de Fadine Agrobusiness. A oferta pública de valores mobiliários sem prévio registro na CVM autoriza essa autarquia a determinar a suspensão de tal procedimento, na forma do art. 20 da Lei n. 6.385, de 1976, sem prejuízo das sanções administrativas cabíveis, e constitui, ainda e em tese, o crime previsto no art. 7º, II, da Lei n. 7.492, de 16 de junho de 1986.

A Resolução CVM n. 160/2022, que dispõe sobre as ofertas públicas de distribuição primária ou secundária de valores mobiliários e a negociação dos valores mobiliários ofertados nos mercados regulamentados, em seu art. 1º, relacionou taxativamente os títulos que poderão assim ser caracterizados, sendo estes toda e qualquer oferta pública de distribuição de valores mobiliários e de títulos e instrumentos financeiros cuja regulamentação da distribuição pública seja atribuída por lei à CVM. Contudo, estes ficam excluídos quando a oferta dos valores mobiliários e dos referidos títulos e instrumentos financeiros for expressamente tratada em regulamentação específica diversa.

Aqui, também não estão sujeitas à regulamentação da CVM as ofertas de valores mobiliários com as seguintes características: (i) iniciais e subsequentes de cotas de fundos de investimento fechados exclusivos, conforme definidos em regulamentação específica; (ii) subsequentes de cotas de fundos de investimento fechados destinada exclusivamente a cotistas do próprio fundo nos casos de fundos ou classes de cotas com menos de cem cotistas na data da oferta e cujas cotas não estejam admitidas à negociação em mercado organizado; (iii) decorrentes de plano de remuneração destinado aos administradores, funcionários e pessoas naturais que prestem serviços ao emissor ou à empresa coligada, controlada ou controladora do emissor e entidades sem fins lucrativos por ele mantidas; (iv) de lote único e indivisível de valores mobiliários destinado a um único investidor;[69] (v) e valores mobiliários oferecidos por ocasião de permuta no âmbito de oferta pública de aquisição de ações (OPA), sem prejuízo das disposições de norma específica sobre OPA, e desde que tais valores mobiliários estejam admitidos à negociação em mercados organizados brasileiros; (vi) iniciais ou subsequentes de valores mobiliários emitidos e admitidos à negociação em mercados organizados de valores mobiliários estrangeiros, com liquidação no exterior em moeda estrangeira, quando adquiridos por investidores profissionais residentes no Brasil por meio de conta no exterior, sendo vedada a negociação desses ativos em mercados regulamentados de valores mobiliários no Brasil após a sua aquisição; e (vii) de ações de propriedade da União, Estados, Distrito Federal, municípios e demais entidades da administração pública, que, cumulativamente não objetive colocação ao público em geral e seja realizada em leilão organizado por entidade administradora de mercado organizado, nos termos da legislação que estabelece normas gerais sobre licitações e contratos administrativos.[70-71]

---

[69] Caso, nos cento e oitenta dias seguintes ao encerramento de oferta, o mesmo ofertante venha a realizar nova oferta de lote único e indivisível de mesma espécie de valor mobiliário de um mesmo emissor, a nova oferta não será considerada abrangida, também sendo impossibilitada a negociação fracionada do lote em mercados regulamentados pelo prazo de cento e oitenta dias da data de subscrição do lote de valores mobiliários.

[70] Art. 8º da Resolução CVM n. 160/2022.

[71] Às ofertas de distribuição mencionadas não é vedada a submissão prévia e voluntária a registro de oferta pública de distribuição, que deve seguir o rito de distribuição adequado ao tipo de valor mobiliário e público-alvo, bem como não é permitida a utilização de material publicitário às ofertas elencadas.

Consoante apresentado na Instrução CVM n. 554/2014, consideram-se profissionais os seguintes investidores: I – instituições financeiras e demais instituições autorizadas a funcionar pelo Banco Central do Brasil; II – companhias seguradoras e sociedades de capitalização; III – entidades abertas e fechadas de previdência complementar; IV – pessoas físicas ou jurídicas que possuam investimentos financeiros em valor superior a R$ 10.000.000 e que, adicionalmente, atestem por escrito sua condição de investidor profissional mediante termo próprio; V – fundos de investimento; VI – clubes de investimento, desde que tenham a carteira gerida por administrador de carteira de valores mobiliários autorizado pela CVM; VII – agentes autônomos de investimento, administradores de carteira, analistas e consultores de valores mobiliários autorizados pela CVM, em relação a seus recursos próprios; e VIII – investidores não residentes.[72]

Na verificação do enquadramento dos títulos do agronegócio, podemos observar o art. 43 da Lei n. 11.076/2004, que determina que o CDCA, a LCA e o CRA podem ser distribuídos publicamente. No caso de uma oferta de CPR financeira, CDCA, WA e CRA, primária (oferta do próprio emissor) ou secundária (oferta do atual titular dos títulos), a apresentação de quaisquer características de esforço de venda citadas configura-se como oferta pública e, dessa maneira, os títulos emitidos são valores mobiliários e sujeitos ao prévio registro na CVM. No caso da LCA, tendo em vista que esse título se trata de um título cambial de responsabilidade de instituição financeira (art. 2º, § 1º, II, da Lei n. 6.385/1976), não há a qualificação como valor mobiliário, não existindo a necessidade do registro do título na CVM, em razão de as instituições financeiras serem reguladas pelo Bacen.

---

[72] Art. 9º-A da Instrução CVM n. 554/2014.

"Art. 9º-A. São considerados investidores profissionais:

I – instituições financeiras e demais instituições autorizadas a funcionar pelo Banco Central do Brasil;

II – companhias seguradoras e sociedades de capitalização;

III – entidades abertas e fechadas de previdência complementar;

IV – pessoas naturais ou jurídicas que possuam investimentos financeiros em valor superior a R$ 10.000.000,00 (dez milhões de reais) e que, adicionalmente, atestem por escrito sua condição de investidor profissional mediante termo próprio, de acordo com o Anexo 9-A;

V – fundos de investimento;

VI – clubes de investimento, desde que tenham a carteira gerida por administrador de carteira de valores mobiliários autorizado pela CVM;

VII – agentes autônomos de investimento, administradores de carteira, analistas e consultores de valores mobiliários autorizados pela CVM, em relação a seus recursos próprios;

VIII – investidores não residentes". (NR)

7.2. CÉDULA DE PRODUTO RURAL (CPR)

Em 1994, a Lei n. 8.929 veio dispor sobre a Cédula de Produto Rural (CPR), motivo pelo qual o diploma legal ficou também conhecido como Lei da CPR. A CPR foi definida inicialmente como um título de crédito, líquido e certo, "representativo de promessa de entrega de produtos rurais, com ou sem garantias cedularmente constituídas".[73] Posteriormente, as edições legislativas promovidas pelas Leis n. 10.200/2001 (que instituiu a modalidade de CPR Financeira), n. 13.986/2020 (Lei do Agro I) e n. 14.421/2022 (Lei do Agro II) vieram a aprimorar o instrumento, alargando-se seu objetivo para maior captação de recursos à atividade.

Assim, atualmente temos a CPR como um título de crédito, representativo de promessa de entrega de produtos rurais, com ou sem garantias cedularmente constituídas ou de seu valor equivalente – referenciado em produtos rurais (art. 1º, *caput* e § 1º, da Lei de CPR). Aqui, vemos que a CPR é principalmente destinada às atividades de produção, portanto o elo "dentro da porteira", comportando-se como uma modalidade de financiamento referenciado em produto, mecanismo que permite ao produtor rural melhor dimensionar seus custos de produção e de transação.[74]

Mais recentemente, as Leis do Agro I e II se propuseram a ampliar o rol de objetos e sujeitos do título. Atualmente, a nova redação dada ao § 2º do art. 1º da norma de 1994 prevê que serão produtos rurais, passíveis de emissão de CPR, aqueles obtidos nas atividades:

(1) Agrícola, pecuária, florestal, de extrativismo vegetal e de pesca e aquicultura, seus derivados, subprodutos e resíduos de valor econômico, inclusive quando submetidos a beneficiamento ou a primeira industrialização.

(2) Relacionados à conservação, à recuperação e ao manejo sustentável de florestas nativas e dos respectivos biomas, à recuperação de áreas degradadas, à prestação de serviços ambientais na propriedade rural ou que vierem a ser definidos pelo Poder Executivo como ambientalmente sustentáveis.

(3) De industrialização dos produtos resultantes das atividades relacionadas à atividade agrícola, pecuária, florestal, de extrativismo vegetal e de pesca e aquicultura, seus derivados, subprodutos e resíduos de valor econômico.

(4) Vinculados à produção ou de comercialização de insumos agrícolas, de máquinas e implementos agrícolas e de equipamentos de armazenagem.

---

[73] Dada a modalidade financeira da cédula em tela, bem como alteração e extensão do objeto a subprodutos e resíduos de valor econômico e demais atividades econômicas referidas, teríamos formado atualmente um conceito bastante diferente do conceito original.

[74] GONZALEZ, Bernardo Celso R.; MARQUES, Pedro Valentim. A Cédula de Produto Rural: CPR e seus ambientes contratual e operacional. *Estudos Econômicos*, São Paulo, v. 29, n. 1, p. 65-94, jan. 1999.

Ao extrairmos os conceitos de estudos direcionados à atividade agroindustrial, vemos que produto pode ser apontado como o resultado direto da intervenção humana sobre o ambiente rural, feita por cultivo, criação ou extração.[75] Os subprodutos, por sua vez, advêm da transformação promovida em uma ou mais matérias-primas, por meio de processo secundário ou acessório da intervenção humana, obtendo, assim, novo produto de valor econômico, como é o couro, no âmbito da pecuária de corte, ou o caroço do algodão, na produção principal da fibra. Por fim, os resíduos de valor econômico apontam às sobras que encontram destinação econômica e mercado específico, passíveis de reaproveitamento e comercialização.[76]

Mencionados no inciso I do § 2º do art. 1º, os termos primeira industrialização e beneficiamento também carecem de apresentação. Emprestamos, aqui, a definição trazida pelo art. 4º do Decreto n. 7.212/2010, que caracteriza a industrialização como qualquer operação que modifique a natureza, o funcionamento, o acabamento, a apresentação ou a finalidade do produto. Nesse sentido, a primeira industrialização, também conhecida como industrialização rudimentar, pode ser compreendida como o processo inicial de transformação do produto rural, realizada pelo produtor rural pessoa física ou jurídica.[77] O beneficiamento, por seu turno, consiste no tratamento de produtos agropecuários sem que as características iniciais do produto *in natura*[78] sejam alteradas, é conjunto de procedimentos que têm por objetivo eliminar impurezas e evitar perdas, aprimorar a apresentação e agregar valor aos produtos que chegam ao mercado.

O título em comento, além de vinculado a objetos específicos, também tem legitimados próprios. É o que cuida apresentar o art. 2º da Lei da CPR:

Art. 2º Têm legitimação para emitir CPR:
I – o produtor rural, pessoa natural ou jurídica, inclusive com objeto social que compreenda em caráter não exclusivo a produção rural, a cooperativa agropecuária e a associação de produtores rurais que tenha por objeto a produção, a comercialização e a industrialização dos produtos rurais de que trata o art. 1º desta Lei;
II – as pessoas naturais ou jurídicas que beneficiam ou promovem a primeira industrialização dos produtos rurais referidos no art. 1º desta Lei ou que empreendem as atividades relacionadas à conservação, à recuperação e ao manejo sustentável de florestas nativas e dos respectivos biomas, à recuperação de áreas degradadas, à

---

[75] É o resultado final de um processo produtivo, que deve ser acompanhado de valor econômico.
[76] A agregação de valor econômico é fundamental para que se enquadre na categoria, uma vez que não é característica intrínseca e espontânea de resíduos, por exemplo, o bagaço da cana-de-açúcar.
[77] Nesse processo, as características originais do produto são alteradas, é o que ocorre nos casos de pasteurização, resfriamento, fermentação, embalagem, moagem, cozimento e destilação, por exemplo.
[78] O produto *in natura* é aquele obtido diretamente de plantas ou de animais para o consumo, sem que tenha sofrido qualquer alteração (MINISTÉRIO DA SAÚDE. In natura, *processados, ultraprocessados*: conheça os tipos de alimento. Disponível em: https://www.gov.br/saude/pt-br/assuntos/saude-brasil/eu-quero-me-alimentar-melhor/noticias/2021/in-natura-processados-ultraprocessados-conheca-os-tipos-de-alimento. Acesso em: 10. jul. 2023).

prestação de serviços ambientais na propriedade rural ou que vierem a ser definidas pelo Poder Executivo como ambientalmente sustentáveis; de industrialização dos produtos resultantes dessas atividades relacionadas no inciso I deste parágrafo e de produção ou de comercialização de insumos agrícolas, de máquinas e implementos agrícolas e de equipamentos de armazenagem.

Dessa forma, nota-se que a redação atual do art. 2º, dada pelas Leis do Agro I e II, abriu a emissão do título aos produtores rurais, pessoa natural ou jurídica, inclusive com objeto social que compreenda em caráter não exclusivo a produção rural; cooperativas[79] agropecuárias e associações de produtores rurais que tenham por objeto a produção, a comercialização e a industrialização dos produtos rurais de que trata a Lei; além daqueles responsáveis por exercer atividades relacionadas à conservação, recuperação e manejo sustentável de florestas nativas, recuperação de áreas degradadas e prestação de serviços ambientais; e também aqueles responsáveis pela produção ou comercialização de insumos agrícolas, máquinas e implementos e equipamentos de armazenagem.[80]

Com isso, a norma estende o elo de financiamento às atividades conexas à produção, mas ainda permanece em zona cinzenta da regulação do Título.[81] Contudo, a denominação "produtor rural" não desfruta de comando legal específico. Os novos padrões produtivos e a adesão do produtor a uma nova organização do conjunto do sistema de produção e gestão levaram ao desenvolvimento da figura do empresário rural (tratado no item 4.1). Ao conceituar a atividade organizada, a doutrina comercialista não se refere a níveis de organização ou verticalização, portanto, se essa estiver presente com os demais requisitos da empresa, o produtor rural passará a ser qualificado como empresário. As cooperativas,[82] muito ligadas à produção de artigos

---

[79] Originalmente, dispunha o art. 2º da Lei n. 8.929/1994:
"Art. 2º Têm legitimação para emitir CPR o produtor rural e suas associações, inclusive cooperativas".

[80] Art. 2º, I e II, da Lei n. 8.929/1994: "Art. 2º Têm legitimação para emitir CPR: I – o produtor rural, pessoa natural ou jurídica, inclusive com objeto social que compreenda em caráter não exclusivo a produção rural, a cooperativa agropecuária e a associação de produtores rurais que tenha por objeto a produção, a comercialização e a industrialização dos produtos rurais de que trata o art. 1º desta Lei; II – as pessoas naturais ou jurídicas que beneficiam ou promovem a primeira industrialização dos produtos rurais referidos no art. 1º desta Lei ou que empreendem as atividades constantes dos incisos II, III e IV do § 2º do art. 1º desta Lei".

[81] Ao novo grupo de legitimados, a nova redação dada à Lei também estabeleceu particularidades, de forma a sujeitá-los: (i) ao imposto sobre operações de crédito, câmbio e seguro, ou relativas a títulos ou valores mobiliários (IOF); e (ii) a não isenção de imposto de renda na fonte e na declaração de ajuste anual das pessoas físicas, a remuneração produzida pela CPR com liquidação financeira (art. 2º, § 2º, da Lei n. 8.929/1994).

[82] No que tange ao agronegócio, encontramos duas modalidades de cooperativas: as agropecuárias e as de crédito. A cooperativa agropecuária atua em diversos segmentos e se pauta pelas associações de produtores rurais buscando o mesmo foco, o desenvolvimento econômico. A cooperativa de crédito, por sua vez, representa a associação de pessoas para prestar serviços

agropecuários no Brasil, também são potenciais emissoras de CPR.[83] O Brasil possui legislação específica para as cooperativas, a Lei n. 5.764/1971, em que se prevê a formalização das cooperativas, quando da elaboração de contrato vinculativo a pessoas que, reciprocamente, se obrigam a contribuir com bens ou serviços para o exercício de uma atividade econômica, de proveito comum, sem objetivo de lucro (sobre cooperativas, ver item 4.2). As associações são apontadas como agrupamento (formal ou informal) que reúne pessoas físicas ou jurídicas com objetivos comuns, gerando benefícios aos associados e auxiliando-os a superar eventuais dificuldades. O Código Civil define-as no art. 53: "Constituem-se as associações pela união de pessoas que se organizem para fins não econômicos". O art. 44, I, do Código Civil dispõe, ainda, que as associações são constituídas na forma de pessoas jurídicas de direito privado. O Decreto-lei n. 7.449/1945, em seu art. 3º, ainda estabelece que: "São mantidas as instituições que, sob a forma de sociedades civis, congregam os que exercem atividades agropecuárias, para defesa dos interesses respectivos".

A CPR, uma vez que contenha todos os requisitos previstos para sua emissão (art. 3º de sua Lei própria) cartular ou escritural,[84] poderá assumir duas formas de liquidação, que refletem em suas modalidades:

(1) Física – representa o da entrega futura de produto rural. A CPR Física é a modalidade originária da CPR. Representa a promessa de entrega de produto rural objeto do título na data, local, quantidade e qualidade nele expressas, sem que haja menção a valores pecuniários – possibilita a alavancagem de

---

financeiros exclusivamente aos associados. Nessa modalidade, os associados encontram os principais serviços disponíveis nos bancos, como aplicações financeiras, cartão de crédito, empréstimos e financiamentos etc.

[83] De acordo com o último Censo Agropecuário realizado pelo IBGE, datado de 2017, 48% de toda a produção do campo brasileiro passa, em algum momento, por uma cooperativa (MATOS, Alan Kardec Veloso de. Cooperativismo e agronegócio. In: QUEIROZ, João Eduardo Lopes; SANTOS, Márcia Walquiria Batista dos (coord.). *Direito do agronegócio*. 2. ed. ampl. Belo Horizonte: Fórum, 2011. p. 245-258).

[84] "Art. 3º-A. A CPR poderá ser emitida sob a forma cartular ou escritural.

§ 1º A emissão na forma escritural, que poderá valer-se de processos eletrônicos ou digitais, será objeto de lançamento em sistema eletrônico de escrituração gerido por entidade autorizada pelo Banco Central do Brasil a exercer a atividade de escrituração.

§ 2º A CPR emitida sob a forma cartular assumirá a forma escritural enquanto permanecer depositada em entidade autorizada pelo Banco Central do Brasil a exercer a atividade de depósito centralizado de ativos financeiros ou de valores mobiliários.

§ 3º Os negócios ocorridos durante o período em que a CPR emitida sob a forma cartular estiver depositada não serão transcritos no verso do título, cabendo ao sistema referido no § 1º deste artigo o controle da titularidade.

§ 4º A CPR será considerada ativo financeiro, para os fins de registro e de depósito em entidades autorizadas pelo Banco Central do Brasil a exercer tais atividades."

recursos no mercado.[85] É modalidade que fomenta a atividade de produção no mercado físico por meio das operações com *tradings companies* e distribuidores de insumos. Sendo obrigação de entrega futura do produto rural, o produtor pode se assegurar em estratégias comerciais que visem à troca de insumos por produtos agrícolas, como a operação de *barter*, que travem os preços das *commodities*, ou via valoração na compra deles, ou ainda, na relação com as *tradings companies* na antecipação parcial de preço provisório do produto rural.[86]

(2) Financeira[87-88] – quando vinculada a apuração do valor para pagamento pela multiplicação da quantidade especificada do produto pelo preço ou índice de

---

[85] RODRIGUES, Marcos; MARQUEZIN, William Ricardo. CPR como instrumento de crédito e comercialização. *Revista de Política Agrícola*, Brasília, ano XXXIII, n. 2, p. 45, abr./jun. 2014.

[86] A volatilidade de preços em bolsa nos mercados globais, melhoramentos de tecnologia e *know-how* e aumento de instrumentos de *commodities*, por parte dos investidores institucionais, levaram ao uso de mecanismos de fixação de preços e derivativos agrícolas na busca por credibilidade no mercado e diminuição de riscos (sobre o tema, ver item 2.5). O conceito de *hedge* está intimamente ligado à gestão de riscos. Por meio deste, são realizadas transações casadas iguais e de sentido contrário, simultaneamente, no mercado à vista e a termo, evitando variações mercadológicas que possam resultar em lucros a uma das partes e prejuízos à outra (sobre gestão de riscos, ver item 2.2 e sobre mercados futuros ver item 2.4) (WAKSMAN, Muriel. Contratação de *hedge* em casos de CPR: mitigação de riscos. Organização Haroldo Malheiros Duclerc Verçosa. *ReDE – Revista de Direito Empresarial*, São Paulo, ano 3, n. 8, p. 225-238, mar./abr. 2015).

[87] "Art. 4º-A. A emissão de CPR com liquidação financeira deverá observar as seguintes condições:
I – que sejam explicitados, em seu corpo, a identificação do preço acordado entre as partes e adotado para obtenção do valor da CPR e, quando aplicável, a identificação do índice de preços, da taxa de juros, fixa ou flutuante, da atualização monetária ou da variação cambial a serem utilizados na liquidação da CPR, bem como a instituição responsável por sua apuração ou divulgação, a praça ou o mercado de formação do preço e o nome do índice;
II – que os indicadores de preço de que trata o inciso anterior sejam apurados por instituições idôneas e de credibilidade junto às partes contratantes, tenham divulgação periódica, preferencialmente diária, e ampla divulgação ou facilidade de acesso, de forma a estarem facilmente disponíveis para as partes contratantes;
III – que seja caracterizada por seu nome, seguido da expressão 'financeira'.
§ 1º A CPR com liquidação financeira é título líquido e certo, exigível, na data de seu vencimento, pelo resultado da multiplicação do preço praticado para o produto, aplicados eventuais índices de preços ou de conversão de moedas apurados segundo os critérios previstos neste artigo, pela quantidade do produto especificada.
§ 2º Para cobrança da CPR com liquidação financeira, cabe ação de execução por quantia certa.
§ 3º A CPR com liquidação financeira poderá ser emitida com cláusula de correção pela variação cambial, podendo o Conselho Monetário Nacional regulamentar o assunto.
§ 4º Cabe exclusivamente a emissão de CPR com liquidação financeira quando se tratar dos produtos relacionados nos incisos III e IV do § 2º do art. 1º desta Lei."

[88] "Processual civil. Recurso especial. Prequestionamento. Ausência. Súmula 211 do STJ. Negativa de prestação jurisdicional. Inocorrência. Execução por quantia certa. Exceção de pré-executividade. Cédula de produto rural com liquidação financeira emitida entre cooperativa e cooperado

preços adotado no título.[89] Foi criada com a edição da Medida Provisória n. 2.042/2000, convertida na Lei n. 10.200/2001, que incluiu o art. 4º-A à Lei n. 8.929/1994, o qual define CPR como título líquido e certo, exigível pelo valor nela previsto, ou conversão de quantidade do produto multiplicado pelo preço. O instrumento nasceu como alternativa para aqueles que não tinham interesse em obter o produto objeto do título, mais um instrumento financeiro. A modalidade depende de identificação clara do preço dos produtos comprados ou de índice a ser utilizado para sua liquidação. Com a escolha da modalidade de precificação, as partes estipularão o valor unitário do produto comprado para chegarem ao produto da liquidação financeira, já sendo

---

do setor do agronegócio. Certeza e liquidez. Condições formais. Preenchimento. Autonomia das partes. Presunção. Potestatividade na definição de parâmetro de liquidação. Inexistência. Cotação do preço do produto rural. Idoneidade e credibilidade da instituição divulgadora perante as partes. Prerrogativa do devedor indicar instituição diversa após vencimento da obrigação. Omissão. Inadimplência. Adequação do procedimento de liquidação. 1. Execução de título extrajudicial por quantia certa ajuizada em 01.11.2022, da qual foi extraído o presente recurso especial, interposto em 14.06.2024 e concluso ao gabinete em 12.08.2024. 2. O propósito recursal consiste em saber se, na pactuação de cédula de produto rural com liquidação financeira (CPR-F) entre cooperado e cooperativa do setor agroindustrial, é possível presumir ausência de idoneidade e credibilidade da instituição divulgadora do preço do produto rural quando ela coincide com a entidade credora da obrigação cartular e, consequentemente, caracterizar potestatividade apta a anular a cláusula de liquidação, retirar a liquidez e certeza do título e inviabilizar o prosseguimento da execução por quantia certa. 3. A ausência de decisão de dispositivos invocados pela recorrente em suas razões recursais, não obstante a interposição de embargos de declaração, impede o conhecimento do recurso especial. 4. Inexiste negativa de prestação jurisdicional quando o tribunal de origem examina fundamentadamente a questão submetida à apreciação judicial, na medida necessária para o deslinde da controvérsia, ainda que em sentido contrário à pretensão da parte. Precedentes. 5. A intenção do legislador em privilegiar a autonomia privada na escolha do índice do preço do produto rural para permitir a liquidação financeira da CPR é conferir maior liquidez ao resgate do título e atrair mais investidores como credores. 6. A negociação e emissão de CPR-F entre cooperados e cooperativas do setor do agronegócio são pautadas pelo princípio da autonomia privada e liberdade contratual. Precedentes. 7. O juízo acerca da existência de potestatividade na definição dos parâmetros de liquidação da CPR-F deve levar em consideração a autonomia de vontades, que é presumida na relação entre cooperado e cooperativa no ramo do agronegócio. Precedentes. 8. Hipótese em que as partes – no legítimo exercício de sua autonomia privada – elegeram a própria credora como uma das possíveis instituições divulgadoras do preço que serve de referencial para liquidação da obrigação, devendo a expressão de suas vontades ser respeitada – especialmente quando se tratar de operação milionária envolvendo cultivo da maior commodity brasileira (soja) –, estando as condições formais da emissão do título preenchidas, e o devedor, mesmo tendo prerrogativa exclusiva de indicar cotação alternativa após o vencimento da obrigação, queda-se inerte, de forma a caracterizar sua inadimplência. 9. Recurso especial parcialmente conhecido e, nesta extensão, provido para determinar prosseguimento da execução" (STJ, REsp 2.159.339/MS, 3ª Turma, Rel. Nancy Andrighi, data da decisão 05.11.2024, Data de Publicação: 08.11.2024).

[89] BURANELLO, Renato. *Cédula de Produto Rural:* mercados agrícolas e financiamento da produção. Londrina: Thoth, 2021.

conhecido da emissão da cédula (CPR Financeira prefixada). Em relação à escolha de índices, as partes terão de eleger uma instituição idônea, que apresentará cotação de produtos diariamente até a data da liquidação, quando será efetuada a multiplicação da quantidade de produto por essa cotação (CPR Financeira pós-fixada). À CPR Financeira fica permitido, nos termos do art. 4º-A, § 3º, ser emitida com cláusula de correção pela variação cambial, podendo o CMN regulamentar o assunto.

Na esteira de ampliação de aplicação a outras atividades de matriz sustentável, a Lei do Agro I criou um paradigma com a ampliação do rol de produtos legitimados à emissão do título, abrindo margem à edição do Decreto n. 10.828/2021, instituidor de nova modalidade, a CPR Verde. A emissão do título tem como objetivo o financiamento das atividades de conservação e recuperação de florestas nativas e de seus biomas, de que trata o inciso II do § 2º do art. 1º da Lei n. 8.929/1994.

O Decreto, assim, por meio de seu art. 2º, autoriza a emissão de CPR para os produtos rurais obtidos por meio de atividades relacionadas à conservação e à recuperação de florestas nativas e de seus biomas que resultem em: (i) redução de emissão de gases de efeito estuda; (ii) manutenção ou aumento do estoque de carbono florestal; (iii) redução do desmatamento e da degradação de vegetação nativa; (iv) conservação da biodiversidade; (v) conservação dos recursos hídricos; (vi) conservação do solo; ou (vii) outros benefícios ecossistêmicos.[90-91]

A emissão da CPR Verde, porém, ficará condicionada à certificação por terceira parte para indicação e especificação dos produtos rurais que a lastreiam (art. 3º do Decreto n. 10.828/2021). A modalidade se enquadra entre os títulos verdes, também conhecidos internacionalmente, que vêm apresentando considerável crescimento nos últimos três anos e que direcionam ao financiamento de atividades que trazem benefício ao ecossistema.

Dada a iniciativa de traduzir mais transparência e centralidade aos títulos de crédito, o art. 12 da Lei n. 8.929/1994 impõe serem, agora, obrigatórios o registro e o depósito das CPRs, emitidas ou aditadas, nas seguintes situações. O CMN ficou previamente autorizado, nos termos do art. 12, § 5º, I, da Lei de CPR, a estabelecer normas

---

[90] O reflorestamento é a ação de recuperar uma área desmatada por meio do plantio de novas árvores. A atividade de manejo florestal sustentável, compreende a administração da floresta para obtenção de benefícios econômicos, sociais e ambientais, respeitando os mecanismos de sustentação do ecossistema objeto do manejo e considerando, cumulativa ou alternativamente, a utilização de múltiplas espécies madeireiras, de múltiplos produtos e subprodutos não madeireiros, bem como a utilização de outros bens e serviços florestais.

[91] Quanto aos serviços ambientais, temos (por força de Lei, art. 2º, III, da Lei n. 14.119) atividades individuais ou coletivas que favoreçam a manutenção, a recuperação ou a melhoria dos serviços ecossistêmicos.

complementares para o cumprimento da determinação. No inciso II do § 5º do mesmo artigo, há a possibilidade de dispensa de registro e depósito com base em critérios de valor, formas de liquidação e características do emissor.

A assinatura do título pode ser efetuada de duas formas: eletrônica e digital (art. 3º, § 4º).[92] A assinatura eletrônica está conectada com a utilização de qualquer método ou símbolo baseado em meios eletrônicos que cumpra a função de permitir a identificação do autor em documento eletrônico. A assinatura digital é forma específica de assinatura eletrônica que utiliza chave criptográfica e privada, cedida por autoridade certificadora, por meio de certificado digital[93] – no Brasil, referimo-nos ao uso de Infraestrutura de Chaves Públicas Brasileira (ICP-Brasil). A assinatura digital possui maior segurança quanto aos efeitos de certeza e exigibilidade. Ante a existência de instrumento de assinatura, autoridade certificadora e presunção de veracidade, as operações nas instituições financeiras são feitas por meio desta, uma vez que se enquadra na ICP-Brasil. Ressalta-se que, quando levada a registro no Cartório de Registro de Imóveis, apenas essa modalidade de assinatura é aceita.

Cabe dizer, ainda, não é necessário negócio jurídico precedente e válido à emissão da CPR, pois o direito de crédito estampado na cédula é abstrato e autônomo – inerente aos efeitos externos, ou seja, não dependem de externalidades que propiciaram a sua eficácia. Logo, formalizado o título de crédito em referência, atendendo os requisitos formais legais expressos na Lei n. 8.929/1994, não há de falar em invalidade ou nulidade do título. O STJ, no mesmo sentido e orientação, dispôs o seguinte precedente:

> Processo civil. Direito agrário. Cédula de produto rural (CPR). Desnecessidade de antecipação do pagamento do preço pelo produto, por ausência de determinação legal. Necessidade de se dar ao título sua máxima utilização. Execução. Alegação, pelo agricultor, de que o portador do título não pagou pelos produtos nele indicados. Possibilidade, ante a ausência de circulação da CPR. Matéria a ser apreciada em primeiro grau consoante as regras de distribuição do ônus da prova. 1 – A Lei 8.929/1994 não impõe, como requisito essencial para a emissão de uma Cédula de Produto Rural, o prévio pagamento pela aquisição dos produtos agrícolas nela representados.

---

[92] Art. 3º, § 4º "As partes contratantes, observada a legislação específica, estabelecerão a forma e o nível de segurança da assinatura eletrônica que serão admitidos para fins de validade, eficácia e executividade, observadas as seguintes disposições:

I – na CPR e no documento à parte com a descrição dos bens vinculados em garantia, se houver, será admitida a utilização de assinatura eletrônica simples, avançada ou qualificada; e

II – no registro e na averbação de garantia real constituída por bens móveis e imóveis, será admitida a utilização de assinatura eletrônica avançada ou qualificada."

[93] O certificado digital é um arquivo de computador resultado da operação de verificação entre o emissor e o proprietário do certificado e é usado para conferir a autenticação de documentos mediante uma conexão com a internet para efetuar operações que dependam dessa autenticação, a exemplo de uma assinatura de *e-mails*, e peticionamento eletrônico ou *login* na grande maioria dos sistemas dos Tribunais de Justiça brasileiros.

A emissão desse título pode se dar para financiamento da safra, com o pagamento antecipado do preço, mas também pode ocorrer numa operação de *hedge*, na qual o agricultor, independentemente do recebimento antecipado do pagamento, pretende apenas se proteger contra os riscos de flutuação de preços no mercado futuro. 2 – A Cédula de Produto Rural é um título de crédito e, como tal, é regulada por princípios como o da cartularidade e da literalidade, consubstanciando um título representativo de mercadoria. Para que ela possa desempenhar seu papel de fomento agrícola, é importante que se confira segurança ao negócio, garantindo que, no vencimento da cártula, os produtos por ela representados sejam efetivamente entregues. (...) (REsp 1.023.083/GO, 3ª Turma, Rel. Min. Nancy Andrighi, j. 15.04.2010, *DJe* 1º.07.2010).

A promessa de entrega futura de produto na data aprazada[94-95] já é suficiente a perfazer o negócio jurídico originário da Cédula e, por consequência, a causa de sua emissão. Às características de abstração e autonomia do título de crédito, que circundam a CPR, sua emissão sem prévio pagamento ou sua utilização como garantia em operações de financiamento,[96] é integralmente válida e eficaz. A isso acresce-se não haver, da leitura da Lei da CPR, nenhum artigo que remeta à obrigatoriedade de pagamento antecipado do preço do produto.[97-98] De igual forma, não há previsão na legislação que impeça seu uso como garantia. Ainda que a CPR fosse utilizada, em

---

[94] "Art. 1º Fica instituída a Cédula de Produto Rural (CPR), representativa de promessa de entrega de produtos rurais, com ou sem garantias cedularmente constituídas."
[95] "Art. 3º A CPR conterá os seguintes requisitos, lançados em seu contexto: (...) IV – promessa pura e simples de entrega do produto, sua indicação e as especificações de qualidade, de quantidade e do local onde será desenvolvido o produto rural."
[96] Art. 5º, § 3º "A CPR com liquidação financeira poderá ser utilizada como instrumento para fixar limite de crédito e garantir dívida futura concedida por meio de outras CPRs a ela vinculadas."
[97] WALD, Arnoldo. Da desnecessidade de pagamento prévio para caracterização da Cédula de Produto Rural. *Revista Forense*, v. 374, p. 3-14, jul./ago. 2004.
[98] "Processo civil. Direito agrário. Cédula de produto rural (CPR). Desnecessidade de antecipação do pagamento do preço pelo produto, por ausência de determinação legal. Necessidade de se dar ao título sua máxima utilização. Execução. Alegação, pelo agricultor, de que o portador do título não pagou pelos produtos nele indicados. Possibilidade, ante a ausência de circulação da CPR. Matéria a ser apreciada em primeiro grau consoante as regras de distribuição do ônus da prova. 1 – A Lei 8.929/1994 não impõe, como requisito essencial para a emissão de uma Cédula de Produto Rural, o prévio pagamento pela aquisição dos produtos agrícolas nela representados. A emissão desse título pode se dar para financiamento da safra, com o pagamento antecipado do preço, mas também pode ocorrer numa operação de *hedge*, na qual o agricultor, independentemente do recebimento antecipado do pagamento, pretende apenas se proteger contra os riscos de flutuação de preços no mercado futuro. 2 – A Cédula de Produto Rural é um título de crédito e, como tal, é regulada por princípios como o da cartularidade e da literalidade, consubstanciando um título representativo de mercadoria. Para que ela possa desempenhar seu papel de fomento agrícola, é importante que se confira segurança ao negócio, garantindo que, no vencimento da cártula, os produtos por ela representados sejam efetivamente entregues. (...)" (REsp 1.023.083/GO, 3ª Turma, Rel. Min. Nancy Andrighi, j. 15.04.2010, *DJe* 1º.07.2010).

muito, como uma garantia de dívida, o título não perderia sua validade. Com efeito, caso se considere que a Cédula de Produto Rural foi emitida para garantir o adimplemento de uma obrigação principal tal operação não desfiguraria a natureza do título, aqui, com a função de garantia.

A Lei n. 8.929/1994 contemplou em seu art. 3º[99] o princípio da autonomia da vontade, permitindo ao emitente e ao credor do respectivo título lançar cláusulas, termos e condições. O art. 5º da mesma legislação, que regula a CPR, estabelece que a constituição de garantias vinculadas a essa cédula pode ser realizada por qualquer tipo de garantia previsto na legislação, desde que observadas as normas que regem cada tipo de garantia. Contudo, em caso de conflito entre as normas gerais de garantias e as disposições da CPR, prevalecerão as regras estabelecidas por esta última.

> Art. 5º A CPR admite a constituição de quaisquer dos tipos de garantia previstos na legislação, devendo ser observado o disposto nas normas que as disciplinam, salvo na hipótese de conflito, quando prevalecerá esta Lei.

Em continuidade, o art. 8º trata da alienação fiduciária, prevendo que a ausência de identificação dos bens objeto dessa garantia não prejudica sua eficácia. Nesse caso, a garantia poderá incidir sobre outros bens de mesma espécie, qualidade e quantidade, pertencentes ao garantidor, mesmo que não tenham sido especificamente identificados no momento da constituição da garantia. Tal disposição visa garantir maior flexibilidade ao devedor, permitindo a substituição dos bens, desde que pertençam ao mesmo gênero e possuam as mesmas características.

> Art. 8º A não identificação dos bens objeto de alienação fiduciária não retira a eficácia da garantia, que poderá incidir sobre outros do mesmo gênero, qualidade e quantidade, de propriedade do garante.

Já o art. 12, § 2º, esclarece que a validade e a eficácia da CPR não dependem de registro em cartório, dispensando, portanto, o registro do próprio título. No entanto, as garantias reais associadas à CPR, como a alienação fiduciária, devem ser averbadas no cartório de registro de imóveis onde os bens dados em garantia estão localizados, para que tenham eficácia contra terceiros. O prazo para a averbação é de três dias úteis a partir da apresentação do título ou da certidão de inteiro teor, sob pena de responsabilidade do oficial de registro que não realizar os atos necessários dentro desse período.

> Art. 12, § 2º A validade e eficácia da CPR não dependem de registro em cartório, que fica dispensado, mas as garantias reais a ela vinculadas ficam sujeitas, para valer contra terceiros, à averbação no cartório de registro de imóveis em que estiverem localizados os bens dados em garantia, devendo ser efetuada no prazo de 3 (três) dias

---

[99] "Art. 3º A CPR conterá os seguintes requisitos, lançados em seu contexto: (...) § 1º Sem caráter de requisito essencial, a CPR, emitida sob a forma cartular ou escritural, poderá conter outras cláusulas lançadas em seu contexto. (...)"

úteis, contado da apresentação do título ou certidão de inteiro teor, sob pena de responsabilidade funcional do oficial encarregado de promover os atos necessários.

A CPR, ainda, pode ser emitida com ou sem garantia, de acordo com o avençado entre as partes. Uma vez optado pela inclusão de garantia, a descrição dos bens poderá ser feita em documento à parte, assinado pelo emitente, com a devida menção no título dessa circunstância. De acordo com o § 3º do art. 3º da Lei n. 8.929/1994, os bens vinculados em garantia serão descritos de modo simplificado e, quando for o caso, serão identificados pela sua numeração própria e pelo número de registro ou matrícula no registro oficial competente, dispensada, no caso de imóveis, a indicação das respectivas confrontações. A Lei do Agro, ademais, criou o Patrimônio Rural em Afetação (PRA) como nova garantia aplicável à CPR, oportunamente tratado no item 5.4.

Ao falar em regime recuperacional (ver item 5.6), além das modificações operadas pelas Leis do Agro I e II, a Lei que alterou o regime recuperacional (Lei n. 14.112/2020) também conferiu especial atenção ao instrumento de financiamento da produção. Hoje, o art. 11 da Lei n. 8.929/1994 prevê que "não se sujeitarão aos efeitos da recuperação judicial os créditos e as garantias cedulares vinculados à CPR com liquidação física, em caso de antecipação parcial ou integral do preço, ou, ainda, representativa de operação de troca por insumos (*barter*), subsistindo ao credor o direito à restituição de tais bens que se encontrarem em poder do emitente da cédula ou de qualquer terceiro, salvo motivo de caso fortuito ou força maior que comprovadamente impeça o cumprimento parcial ou total da entrega do produto".

7.3. CERTIFICADO DE DEPÓSITO AGROPECUÁRIO E *WARRANT* AGROPECUÁRIO (CDA/WA)

A Lei n. 11.076/2004 criou os títulos armazeneiros do agronegócio, quais sejam, o Certificado de Depósito Agropecuário (CDA) e o *Warrant* Agropecuário (WA), em complementaridade ao Sistema de Armazenagem de Produtos Agropecuários, seus derivados, subprodutos e resíduos de valor econômico, em consonância com a Lei n. 9.973, de 29 de maio de 2000, e o Decreto n. 3.855, de 3 de julho de 2001. Além disso, ficou instituído no âmbito do Mapa o Sistema Nacional de Certificação de Unidades Armazenadoras, por intermédio do qual serão estabelecidas as condições técnicas e operacionais para a qualificação dos armazéns destinados à guarda e conservação de produtos agropecuários.

Os títulos armazeneiros, como se convencionou chamar aqueles títulos que expressam uma relação que envolve o depósito e a guarda de mercadorias em armazéns, são títulos representativos de mercadorias depositadas em um armazém geral e de suas obrigações assumidas, que originam em razão do contrato de depósito. Para que seja válido, deverá ser emitido por um armazém a pedido do depositário, não sendo necessário referenciar as mercadorias nele depositadas.

Com a edição da Lei n. 9.973/2000, instituiu-se, especificamente, o Sistema de Armazenagem de Produtos Agropecuários (sobre os Sapas, ver item 4.6) Até essa data, o Decreto n. 1.102/1903 era a única norma responsável por reger todos os tipos de armazéns – independentemente do gênero de produtos em que se especializava o estabelecimento, as normas eram aplicáveis à relação jurídica entre as partes do contrato de depósito e aos títulos representativos das mercadorias depositadas.

A noção do agronegócio como um sistema complexo que reúne diversas atividades ligadas à produção, distribuição e financiamento de produtos agrícolas e pecuários, levou à criação de uma espécie de armazém destacado dos demais, submetendo-o a regulamento administrativo específico do Mapa. Dessa forma, o art. 1º da Lei n. 9.973/2000 determina que nenhum armazém poderá receber em depósito produtos agropecuários, seus derivados, subprodutos e resíduos de valor econômico, se não se enquadrarem nas previsões dessa Lei, o que deve ser lido com a disposição prevista no art. 1º do Decreto regulamentador n. 3.855/2001, que diz: "Constitui atividade de armazenagem, sujeita ao disposto na Lei n. 9.973, de 29 de maio de 2000, o exercício da guarda e conservação de produtos agropecuários, seus derivados, subprodutos e resíduos de valor econômico, próprios ou de terceiros, por pessoas jurídicas de direito público ou privado, em estruturas apropriadas para esse fim".

O tratamento diferenciado aos armazéns do agronegócio tem como objetivo central alinhar o padrão de qualidade dos serviços de armazenagem, que deve ser compatível com a enorme inserção do Brasil no comércio global de *commodities* agropecuárias e dispensar atividades que são impostas pela Lei dos Armazéns Gerais, mas não se relacionam ao objeto específico dessa atividade, como administrar valores consignados.[100]

Os títulos armazeneiros de emissão dos armazéns gerais são conhecidos como Certificado de Depósito (CD) e *Warrant*. Especificamente à emissão de armazéns de agronegócio, a Lei n. 11.076/2004, emprestando a nomenclatura já existente e gravando-lhe de adjetivação vinculada ao objeto da guarda, instituiu o Certificado de Depósito do Agronegócio (CDA) e o *Warrant* Agropecuário (WA). Com clara derivação dos títulos já existentes, ambos compartilham de mesma estrutura e finalidade, diferenciando-se apenas quanto ao gênero de produto em que são referenciados e à admissibilidade de sua negociação em ambientes eletrônicos (conforme alterações mais recentes à norma de 2004, promovidas pelas Leis do Agro I e II – Leis n. 13.986/2020 e n. 14.421/2022, respectivamente). É exclusividade do CDA e do WA representar produtos agrícolas e pecuários depositados em armazéns do agronegócio, sendo admissível a negociação em ambientes eletrônicos mantidos por Entidade de Registro de Títulos Eletrônicos (ERTE), objeto de análise no item 7.1.2 desta obra.

O CDA é título de crédito representativo da entrega de produtos agropecuários, seus derivados, subprodutos e resíduos de valor econômico, depositados em armazéns

---

[100] COELHO, Fábio Ulhoa. *Títulos de crédito*: uma nova abordagem. São Paulo: Thomson Reuters, 2021. p. 140.

agropecuários (art. 1º, § 1º, da Lei n. 11.076/2004). O WA, por seu turno, é título representativo da promessa de pagamento em dinheiro, que confere o direito de penhor sobre o CDA, assim como sobre o produto nele descrito (art. 1º, § 2º, da Lei n. 11.076/2004). A eles, consoante previsão do art. 2º da Lei n. 11.076/2004, aplicam-se as normas de direito cambial no que forem cabíveis e o seguinte: (i) os endossos devem ser completos; (ii) os endossantes não respondem pela entrega do produto, mas, tão somente, pela existência da obrigação; e (iii) é dispensado o protesto cambial para assegurar o direito de regresso contra endossantes e avalistas.

A emissão dos títulos CDA/WA deve ocorrer, simultaneamente, ainda que possam circular em separado[101] (a princípio, porém, o armazém apenas poderá entregar o produto agrícola ou pecuário nele depositado a quem comprovar ser o titular dos dois títulos, nos termos do art. 21, § 1º, I, da Lei n. 11.076/2004). Deverão ser emitidos por um armazém agropecuário, a pedido do depositante, sendo referenciados nas mercadorias agrícolas nele depositadas.[102] Eles possuem lastro nos próprios produtos depositados, de modo que os bens depositados no armazém representados nesses títulos não podem ser objeto de constrição judicial a pedido de outros credores do depositante.[103-104]

---

[101] Art. 1º, Lei n. 11.076/2004: "Ficam instituídos o Certificado de Depósito Agropecuário – CDA e o *Warrant* Agropecuário – WA. (...) § 3º O CDA e o WA são títulos unidos, emitidos simultaneamente pelo depositário, a pedido do depositante, podendo ser transmitidos unidos ou separadamente, mediante endosso".

[102] Art. 6º, Lei n. 11.076/2004: "A solicitação de emissão do CDA e do WA será feita pelo depositante ao depositário.

§ 1º Na solicitação, o depositante:

I – declarará, sob as penas da lei, que o produto é de sua propriedade e está livre e desembaraçado de quaisquer ônus;

II – outorgará, em caráter irrevogável, poderes ao depositário para transferir a propriedade do produto ao endossatário do CDA.

§ 2º Os documentos mencionados no § 1º deste artigo serão arquivados pelo depositário junto com as suas respectivas vias do CDA e do WA.

§ 3º Emitidos o CDA e o WA, fica dispensada a entrega de recibo de depósito".

[103] "Art. 12. Emitidos o CDA e o WA, o produto a que se referem não poderá sofrer embargo, penhora, sequestro ou qualquer outro embaraço que prejudique a sua livre e plena disposição.

Parágrafo único. Na hipótese de o titular do CDA e do correspondente WA diferir do depositante, o produto objeto desses títulos não poderá ser confundido com bem de propriedade do depositante ou sujeitar-se aos efeitos de sua recuperação judicial ou falência, prevalecendo os direitos de propriedade sobre a coisa ao endossatário final que se apresentar ao depositário, nos termos do inciso II do § 1º do art. 6º e do § 5º do art. 21 desta Lei."

[104] Observa-se que a atual jurisprudência reconhece a impossibilidade de embargo, penhora, sequestro ou outro embaraço que prejudique a sua livre e plena disposição. Sentença proferida no TJMG: "Ação de depósito – 1ª Vara Cível. Processo n. 010190-3/15. Comarca: São Sebastião do Paraíso – MG.

(...)

Na solicitação realizada pelo depositante ao depositário,[105] deverá o depositante declarar, sob as penas da lei, que o produto é de sua propriedade e está livre e desembaraçado de quaisquer ônus e outorgar, em caráter irrevogável, poderes ao depositário para transferir a propriedade do produto ao endossatário do CDA (art. 6º da Lei n. 11.076/2004). Esses documentos deverão ser arquivados pelo depositário com as respectivas vias dos títulos e, quando emitidos, fica dispensada a entrega de recibo de depósito. Ainda, nos termos do art. 3º da Lei n. 9.973/2000, é facultada a formalização do contrato de depósito quando forem emitidos o CDA e o WA (art. 7º da Lei n. 11.076/2004).

Os títulos podem ser emitidos sob o suporte cartular ou escritural (art. 3º). A emissão na forma escritural ocorrerá por meio do lançamento em sistema eletrônico de escrituração gerido por entidade autorizada pelo Banco Central do Brasil (Bacen) a exercer essa atividade. O sistema eletrônico fará constar: (i) os requisitos essenciais do título; (ii) o endosso e a cadeia de endossos, se houver; (iii) os aditamentos, as ratificações e as retificações; e (iv) a inclusão de notificações, de cláusulas contratuais e de outras informações. Ainda, na hipótese de serem constituídos gravames e ônus, tal ocorrência será informada no sistema eletrônico. Se optar pela cártula, eles serão emitidos em duas vias, sendo as primeiras do depositante e as segundas do emitente (nas quais constarão os recibos de entrega dos originais ao depositário), e assumirão forma escritural enquanto permanecerem depositados em depositário central.[106]

Nos termos do art. 5º da Lei dos Títulos do Agro (Lei n. 11.076/2004), o CDA e o WA devem conter as seguintes informações: (i) denominação do título; (ii) número de controle, que deve ser idêntico para cada conjunto de CDA e WA; (iii) menção de que o depósito do produto se sujeita à Lei n. 9.973/2000 e, no caso de cooperativas, à Lei n. 5.764, de 16 de dezembro de 1971; (iv) identificação, qualificação e endereços do depositante e do depositário; (v) identificação comercial do depositário; (vi) cláusula à ordem; (vii) endereço completo do local do armazenamento; (viii) descrição e especificação do

---

Note-se ainda que, instituída a garantia e expedido o certificado de depósito agropecuário e o warrant com mesma característica pela Cooperativa que também opera como Armazém, em perfeita consonância com os dispositivos acima transcritos, estabelece o artigo 12 da Lei 11.076/2004 que o produto a que se referem não poderá sofrer embargo, penhora, sequestro ou qualquer outro embaraço que prejudique a sua livre e plena disposição, isto em função da necessidade de emprestar maior garantia e veracidade ao documento comprobatório do depósito e da obrigação de cumprir o compromisso assumido, isto para permitir a aplicação do disposto no artigo 16 do mesmo diploma.

(...)

São Sebastião do Paraíso, 10 de abril de 2016. Osvaldo Medeiros Neri. Juiz de Direito".

[105] O depositário que emitir o CDA e o WA é responsável, civil e criminalmente, inclusive perante terceiros, pelas irregularidades e inexatidões neles lançadas.

[106] COELHO, Fábio Ulhoa. *Títulos de crédito*: uma nova abordagem. São Paulo: Thomson Reuters, 2021.

produto; (ix) peso bruto e líquido; (x) forma de acondicionamento; (xi) número de volumes, quando cabível; (xii) valor dos serviços de armazenagem, conservação e expedição, a periodicidade de sua cobrança e a indicação do responsável pelo seu pagamento;[107] (xiii) identificação do segurador do produto e do valor do seguro; (xiv) qualificação da garantia oferecida pelo depositário, quando for o caso; (xv) data do recebimento do produto e prazo do depósito; (xvi) data de emissão do título; (xvii) identificação, qualificação e assinatura dos representantes legais do depositário, que poderá ser feita de forma eletrônica, conforme legislação aplicável; e (xviii) identificação precisa dos direitos que conferem.

Apesar de ser admitida a emissão dos títulos em suporte cartular ou escritural, seu endosso apenas poderá ocorrer de forma eletrônica.[108] De acordo com o art. 15 da Lei n. 11.076/2004, passa a ser obrigatório o depósito dos títulos em depositário central autorizado pelo Bacen, nos 30 dias seguintes à emissão. Quando emitidos sob a forma cartular, será procedido da entrega dos títulos à custódia de instituição legalmente autorizada para esse fim, por meio de endosso-mandato, de forma eletrônica, nos termos do § 1º do supracitado art. 15. Ainda, consoante supramencionado, CDA e WA podem circular separados a depender dos negócios jurídicos que vierem a ser celebrados entre os agentes do agronegócio, tendo os produtos depositados por referência. Enquanto estiverem sob a mesma titularidade, mesmo que já tiverem sido separados em algum momento, asseguram ao titular a plena propriedade da mercadoria depositada no armazém de agronegócio.

Por ocasião da primeira negociação do WA separado do CDA, o depositário central consignará em seus registros o valor da negociação do WA, a taxa de juros e a data de vencimento ou, ainda, o valor a ser pago no vencimento ou o indicador que será utilizado para o cálculo do valor da dívida.

> Art. 17. Por ocasião da primeira negociação do WA separado do CDA, o depositário central consignará em seus registros o valor da negociação do WA, a taxa de juros e a data de vencimento ou, ainda, o valor a ser pago no vencimento ou o indicador que será utilizado para o cálculo do valor da dívida.
>
> Se, na data de vencimento do WA, ambos não estiverem em nome do mesmo credor e o credor do CDA não houver consignado o valor da dívida, o titular do WA poderá promover execução do penhor sobre o produto, mediante sua venda em leilão a ser realizada em bolsa de mercadorias, ou sobre o CDA correspondente, mediante a venda do título com o WA, em bolsa de mercadorias ou de futuros, ou em mercado de balcão organizado.

---

[107] O depositante e o depositário poderão acordar que a responsabilidade pelo pagamento do valor dos serviços será do endossatário do CDA.

[108] COELHO, Fábio Ulhoa. *Títulos de crédito*: uma nova abordagem. São Paulo: Thomson Reuters, 2021. p. 140.

Art. 17 § 2º Se, na data de vencimento do WA, o CDA e o WA não estiverem em nome do mesmo credor e o credor do CDA não houver consignado o valor da dívida, na forma do inciso II do § 1º do art. 21 desta Lei, o titular do WA poderá, a seu critério, promover a execução do penhor sobre:

I – o produto, mediante sua venda em leilão a ser realizado em bolsa de mercadorias; ou

II – o CDA correspondente, mediante a venda do título, em conjunto com o WA, em bolsa de mercadorias ou de futuros, ou em mercado de balcão organizado.

Dessa forma, o endosso do WA separado do CDA investe o endossatário na condição de credor pignoratício do endossante, recaindo o penhor sobre o produto armazenado.[109]

O endosso do CDA em separado do WA investe o endossatário na condição de titular da propriedade dos produtos armazenados, menos um de seus atributos: o da onerabilidade. Apenas o titular do CDA pode negociar os produtos armazenados, mas não os pode dar em penhor. Na negociação do CDA, isoladamente ou com o WA, é que se verifica o emprego desses títulos armazeneiros como instrumento de investimento ou especulação. Comumente, quando adquire apenas o CDA, abato do seu valor o equivalente à obrigação garantida pelo WA.

Em princípio, e de acordo com o art. 21 da Lei n. 11.076/2004, o armazém do agronegócio só pode entregar o produto nele depositado a quem comprovar ser o titular dos dois títulos e consignar os serviços de armazenagem. A comprovação se faz por três maneiras diferentes: (i) por certidão emitida pela ERTE, se CDA e WA tiveram suporte exclusivamente eletrônico, desde o início; (ii) pela exibição das duas cártulas, se o suporte foi exclusivamente cartular, desde o início; ou (iii) também pela exibição das duas cártulas se, no prazo de 30 dias, ambos os títulos tiverem sidos registrados numa ERTE, desde que o interessado tenha pedido a "baixa escritural" deles.

Contudo, o titular do CDA que deseja levantar o produto depositado pode conquistar o direito por meio de: (i) resgatar o WA das mãos de quem o titula, pagando a obrigação garantida pelo penhor e reunindo os dois títulos; ou (ii) consignar o valor do WA (principal e juros) na ERTE, recebendo desta um documento comprobatório da consignação. A consignação da dívida do WA equivale ao seu real e efetivo pagamento, devendo a quantia consignada ser entregue ao credor do WA pela instituição custodiante. A ERTE providencia a "baixa escritural" dos títulos e o portador do CDA se dirige ao armazém do agronegócio e o exibe com o documento comprobatório da consignação do WA na ERTE. Nesse caso, seguindo o disposto do art. 21, § 1º, II, e §§ 2º, 4º e 6º, o credor do CDA terá direito de levantar o produto agrícola ou pecuário depositado, depois de pagar as despesas de armazenagem.

---

[109] COELHO, Fábio Ulhoa. *Títulos de crédito*: uma nova abordagem. São Paulo: Thomson Reuters, 2021.

O titular do WA é credor pignoratício do primeiro endossante desse título. Dessa forma, se a obrigação garantida não for honrada no vencimento, é possível que procure o titular do CDA, caso este tenha consignado o valor do seu crédito na ERTE para receber o pagamento; ou, se não houve a consignação, promover a execução da garantia pignoratícia. Pela linha do art. 17, §§ 2º e 3º, da Lei n. 11.076/2004, a execução do WA recairá diretamente sobre o produto depositado, que será vendido em leilão promovido em bolsa de mercadorias, ou sobre o CDA correspondente. Aqui, o título de crédito será expropriado de quem o detenha, para ser alienado judicialmente com o WA. Em ambas as hipóteses, o produto da venda é empregado, sucessivamente, na liquidação da obrigação garantida pelo WA, pagamento das despesas de armazenagem e entrega do saldo remanescente ao credor.

No mercado primário, a operação conhecida como administração colateral de estoques (*colateral management*) tem representado operação comum de carregamento de estoques no financiamento de operações agrícolas, na segurança e eficácia das garantias dadas às instituições financeiras nacionais e internacionais.

Já o desenvolvimento do mercado secundário desses títulos abrirá espaço para que os armazéns agropecuários possam operar de forma semelhante ao *elevators* americanos, ou seja, participem como agentes ativos da comercialização de produtos agropecuários. A entrada de novos agentes e investidores ampliará a liquidez da comercialização agrícola, atuando de forma complementar ao tradicional empréstimo do governo federal.[110]

7.4. CERTIFICADO DE DIREITOS CREDITÓRIOS DO AGRONEGÓCIO (CDCA)

Na esteira dos instrumentos privados de financiamento do agronegócio brasileiro, temos na edição da Lei n. 11.076/2004, a Lei dos Títulos do Agro (conforme já citado, alterada pelas Leis n. 13.986/2020 e n. 14.421/2022), a regulação dos Certificados de Direitos Creditórios do Agronegócio (CDCA).

> Art. 24, Lei n. 11.076/2004. O Certificado de Direitos Creditórios do Agronegócio – CDCA é título de crédito nominativo, de livre negociação, representativo de promessa de pagamento em dinheiro e constitui título executivo extrajudicial.

São títulos de crédito lastreados em direitos creditórios oriundos de atividades empresariais relacionadas aos negócios agroindustriais, variando conforme os sujeitos autorizados por lei a emiti-los (sobre direitos creditórios do agronegócio ver item 7.1.1). Segundo a legislação, os títulos de crédito que podem dar origem ao CDCA são aqueles "originários de negócios realizados entre produtores rurais, ou suas cooperativas, e terceiros, inclusive financiamentos ou empréstimos, relacionados com a produção, a

---

[110] BRASIL. Ministério da Fazenda. *Reformas microeconômicas e crescimento de longo prazo*. Brasília: Secretaria de Política Econômica do Ministério da Fazenda, dez. 2004. p. 41.

comercialização, o beneficiamento ou a industrialização de produtos ou insumos agropecuários ou de máquinas e implementos utilizados na atividade agropecuária" (Lei n. 11.076/2004, art. 23, § 1º, com redação dada pela Lei n. 13.331/2016).

O CDCA é título de emissão restrita, de forma a estarem autorizadas à emissão, nos termos da Lei, as cooperativas agropecuárias ou outras pessoas jurídicas que exploram atividades relacionadas ao agronegócio, como comercialização, beneficiamento ou industrialização de produtos, insumos ou máquinas utilizadas na produção agropecuária (Lei n. 11.076/2004, art. 24, § 1º). São elementos do título (art. 25 da Lei n. 11.076/2004): (i) o nome do emitente e a assinatura de seus representantes legais; (ii) o número de ordem, local e data da emissão; (iii) a denominação "Certificado de Direitos Creditórios do Agronegócio"; (iv) o valor nominal; (v) a identificação dos direitos creditórios a ele vinculados e seus respectivos valores; (vi) a data de vencimento ou, se emitido para pagamento parcelado, a discriminação dos valores e das datas de vencimento das diversas parcelas; (vii) a taxa de juros, fixa ou flutuante, admitida a capitalização; (viii) o nome da instituição responsável pela custódia dos direitos creditórios a ele vinculados; (ix) o nome do titular; e (x) a cláusula à ordem. É permitido ao CDCA dispor de outras cláusulas, que deverão constar em documento à parte, com a assinatura dos representantes legais do emitente (art. 31).

Os direitos creditórios do agronegócio que lastreiam o CDCA podem ser representados por diversos instrumentos jurídicos, como duplicatas, duplicatas rurais, Notas Promissórias Rurais, Cédulas de Produtos Rurais, Certificados de Depósitos Agropecuários e *Warrants* Agropecuários. Contudo, para servirem como lastro, deverão eles estar registrados em uma ERTE,[111] quando correspondentes a títulos de crédito, sob a forma cartular ou escritural (art. 25, § 1º, I e II, da Lei n. 11.076/2004).[112] À entidade custodiante (ERTE), que se refere o § 2º do art. 25 da Lei n. 11.076/2004, caberá: (i) manter sob sua guarda documentação que evidencie a regular constituição dos direitos creditórios vinculados ao CDCA; (ii) realizar a liquidação física e financeira dos direitos creditórios custodiados, devendo, para tanto, estar munida de poderes suficientes para efetuar sua cobrança e recebimento, por conta e ordem do emitente do CDCA; e (iii) prestar quaisquer outros serviços contratados pelo emitente do CDCA.[113]

---

[111] Sobre ERTEs, ver item 7.1.2 do presente livro.

[112] Art. 35, Lei n. 11.076/2004. "O CDCA e a LCA poderão ser emitidos sob a forma escritural, hipótese em que tais títulos deverão ser registrados ou depositados em entidade autorizada a exercer a atividade de registro ou de depósito centralizado de ativos financeiros e de valores mobiliários."

Art. 35-A, Lei n. 11.076/2004. "A emissão escritural do CDCA poderá, alternativamente, ocorrer por meio do lançamento em sistema eletrônico de escrituração gerido por entidade autorizada pelo Banco Central do Brasil a exercer a atividade de escrituração."

[113] A liquidação do pagamento da dívida em favor do legítimo credor, por qualquer meio de pagamento existente no âmbito do Sistema de Pagamentos Brasileiro, constituirá prova de pagamento total ou parcial, do CDCA emitido sobre a forma escritural (art. 35-C).

Cumprirá ao apontado sistema eletrônico de escrituração fazer constar os requisitos essenciais do título, o endosso e a cadeia de endossos (se houver), os aditamentos, as ratificações e as retificações e a inclusão de notificações, cláusulas contratuais e de outras informações (art. 35-D).

Ainda, acerca dos direitos creditórios que lastreiam a emissão do CDCA, verificamos que, além de servirem de base ao título, serão limitadores a seu valor nominal (art. 28 da Lei n. 11.076/2004). É responsabilidade dos emitentes do CDCA a veracidade da origem e autenticidade dos direitos creditórios a que se vincula, de forma que sua identificação possa ser feita em documento à parte, do qual conste a assinatura dos representantes legais do emitente, fazendo-se menção a essa circunstância no Certificado ou nos registros da instituição responsável pela manutenção dos sistemas de escrituração (arts. 29 e 30 da Lei n. 11.076/2004).

A emissão do CDCA implica a constituição de penhor legal sobre os lastros, que são insuscetíveis de qualquer constrição judicial para a cobrança de outras obrigações do emitente do título (art. 32, *caput*, da Lei n. 11.076/2004). Sendo necessária a substituição dos direitos creditórios vinculados ao CDCA, será permitida sua realização, mediante acordo entre as partes, o que importará na extinção do penhor sobre os direitos substituídos e automática constituição de novo penhor sobre os direitos dados em substituição (art. 32, § 1º). Sendo emitido CDCA em série, o direito de penhor incidirá sobre fração ideal do conjunto de direitos creditórios vinculados, proporcionalmente ao crédito do titular do CDCA (art. 32, § 2º). Os direitos creditórios vinculados ao CDCA são protegidos por Lei, não podendo ser penhorados, sequestrados ou arrestados em decorrência de outras dívidas do emitente desses títulos, a quem caberá informar ao juízo, que tenha determinado tal medida, a respeito da vinculação de tais direitos aos respectivos títulos, sob pena de responder pelos prejuízos resultantes de sua omissão (art. 34).

Outras garantias convencionais, como aval, penhor hipoteca ou alienação fiduciária sobre outros bens do emitente ou de terceiros, podem ser adicionadas ao penhor legal (art. 33 da Lei n. 11.076/2004). Isso torna o título mais seguro e de mais fácil colocação ao público investidor.

7.5. LETRA DE CRÉDITO DO AGRONEGÓCIO (LCA)

Ainda no âmbito da Lei dos Títulos do Agro, Lei n. 11.076/2004, ficou instituída a Letra de Crédito do Agronegócio (LCA). Assim como o CDCA, a LCA é título de crédito vinculado a direitos creditórios originários de negócios realizados entre produtores rurais, ou suas cooperativas, e terceiros que tenha como objeto a produção, a comercialização, o beneficiamento ou a industrialização de produtos ou insumos agropecuários ou de máquinas e implementos utilizados na atividade agropecuária. É título de crédito nominativo, de livre negociação, representativo de promessa de pagamento em dinheiro e que constitui título executivo extrajudicial.[114] Além disso, complementa os recursos direcionados ou sujeitos a diferentes tipos de subvenção econômica de origem estatal,[115] conforme já disposto.

Sua emissão é exclusiva das instituições financeiras, públicas ou privadas. Emprestando definição trazida pela Lei n. 4.595/1964, temos como instituições financeiras as pessoas jurídicas, públicas ou privadas, que tenham como atividade principal ou acessória a coleta, a intermediação ou a aplicação de recursos financeiros próprios ou de terceiros, em moeda nacional ou estrangeira, e a custódia de valor de propriedade de terceiros (art. 17). Ainda, considerando o quanto mencionado no artigo ora citado, combinado com o art. 18, § 1º, da mesma Lei,[116] e somados ao art. 192 da Constituição Federal de 1988[117] e à Lei Complementar n. 130, de 17 de abril de 2009, que dispõe sobre o Sistema Nacional de Crédito Cooperativo, a cooperativa de crédito está legitimada a emitir a LCA.

A Lei Complementar n. 130/2009, recentemente modificada pela edição da Lei Complementar n. 196/2022, cuidou de regular o Sistema Nacional de Crédito Cooperativo. Logo em seu art. 1º, a Lei Complementar vem a determinar que as instituições financeiras constituídas sob a forma de cooperativas de crédito sujeitam-se, também, à legislação aplicável ao Sistema Financeiro Nacional (SFN).[118] Uma vez sujeitas às normas do SFN, as Cooperativas de Crédito também ficarão adstritas à regulação e

---

[114] Art. 26 da Lei n. 11.076/2004. "A Letra de Crédito do Agronegócio – LCA é título de crédito nominativo, de livre negociação, representativo de promessa de pagamento em dinheiro e constitui título executivo extrajudicial."

[115] BRASIL. Banco Central do Brasil. Voto 6/2024 – CMN. 1º de fevereiro de 2024.

[116] "Art. 18. As instituições financeiras somente poderão funcionar no País mediante prévia autorização do Banco Central da República do Brasil ou decreto do Poder Executivo, quando forem estrangeiras.

§ 1º Além dos estabelecimentos bancários oficiais ou privados, das sociedades de crédito, financiamento e investimentos, das caixas econômicas e das cooperativas de crédito ou a seção de crédito das cooperativas que a tenham, também se subordinam às disposições e disciplina desta lei no que for aplicável, as bolsas de valores, companhias de seguros e de capitalização, as sociedades que efetuam distribuição de prêmios em imóveis, mercadorias ou dinheiro, mediante sorteio de títulos de sua emissão ou por qualquer forma, e as pessoas físicas ou jurídicas que exerçam, por conta própria ou de terceiros, atividade relacionada com a compra e venda de ações e outros quaisquer títulos, realizando nos mercados financeiros e de capitais operações ou serviços de natureza dos executados pelas instituições financeiras."

[117] "Art. 192. O sistema financeiro nacional, estruturado de forma a promover o desenvolvimento equilibrado do País e a servir aos interesses da coletividade, em todas as partes que o compõem, abrangendo as cooperativas de crédito, será regulado por leis complementares que disporão, inclusive, sobre a participação do capital estrangeiro nas instituições que o integram."

[118] Art. 1º da Lei Complementar n. 130/2009: "As instituições financeiras constituídas sob a forma de cooperativas de crédito e as confederações de serviço constituídas por cooperativas centrais de crédito sujeitam-se ao disposto nesta Lei Complementar, bem como, no que couber, à legislação aplicável ao Sistema Financeiro Nacional (SFN) e às sociedades cooperativas".

competência legal do CMN e do Bacen, de igual forma à posição que assumem estes perante as instituições financeiras – o mesmo incidirá sobre as confederações de serviço constituídas por cooperativas centrais de crédito. Vale esclarecer que, com o advento da Lei n. 14.937/2024, o § 2º do art. 23 da Lei n. 11.076/2004 foi revogado, retirando, portanto, a permissão de utilização como lastro de LCA de emissão dos bancos cooperativos, das confederações de cooperativas de crédito e das cooperativas centrais de crédito integrantes de sistemas cooperativos de créditos. O LCA poderia se caracterizar como título de crédito representativo de repasse interfinanceiro realizado em favor de cooperativa singular de crédito do sistema, ao passo que a totalidade dos recursos era destinada a apenas uma operação de crédito rural.

A LCA deverá conter os seguintes requisitos (art. 27 da Lei n. 11.076/2004): (i) o nome da instituição emitente e a assinatura de seus representantes legais; (ii) o número de ordem, o local e a data de emissão; (iii) a denominação "Letra de Crédito do Agronegócio"; (iv) o valor nominal; (v) a identificação dos direitos creditórios a ela vinculados e seus respectivos valores, ressalvado o disposto no art. 30 dessa lei; (vi) a taxa de juros, fixa ou flutuante, admitida a capitalização; (vii) a data de vencimento ou, se emitido para pagamento parcelado, a discriminação dos valores e das datas de vencimento das diversas parcelas; (viii) o nome do titular; e (ix) a cláusula à ordem.

Como os demais títulos de crédito do agro, após alterações trazidas pelas Leis do Agro I e II (Leis n. 13.986/2020 e n. 14.42/2022), a LCA passa a poder ser emitida, também, em forma escritural, hipótese em que deverá ser registrada ou depositada em entidade autorizada a exercer a atividade de registro ou de depósito centralizado de ativos financeiros e de valores mobiliários (art. 35 da Lei de 2004). Ainda, consoante redação dada pela Lei n. 13.986/2020 ao § 1º do art. 27 da Lei n. 11.076, os direitos creditórios vinculados à LCA deverão ser registrados ou depositados em entidade autorizada pelo Bacen ou pela CVM a exercer a atividade de registro ou de depósito centralizado de ativos financeiros e de valores mobiliários; e poderão ser mantidos em custódia, hipótese em que se aplica o disposto no inciso II do § 1º e no § 2º do art. 25 desta Lei. Vale destacar que o valor desse título não poderá exceder o valor nominal dos direitos creditórios a ele vinculados.

Observadas as condições estabelecidas pelo CMN, poderão ser utilizados para o cumprimento do direcionamento de recursos da LCA para o crédito rural (art. 27, § 2º, da Lei dos Títulos do Agro): (i) CPR emitida por produtor rural, inclusive as adquiridas por instituições financeiras de terceiros; (ii) quotas de fundos garantidores de operações de crédito com produtores rurais, pelo valor da integralização, desde que as operações de crédito garantidas sejam crédito rural; (iii) CDCA e CRA, desde que os direitos creditórios vinculados sejam integralmente originados de negócios em que o produtor rural seja parte direta; e (iv) CDA e WA, desde que tenham sido emitidos em favor de produtor rural. Como inovação legislativa, os §§ 3º e 4º do art. 27 da Lei n. 11.076/2004 foram adicionados com a sanção da Lei n. 14.937/2024, permitindo que as instituições financeiras, para fins de emissão de LCA, possam vir a utilizar instrumento de repasse interfinanceiro para operações de crédito rural como substituto aos direitos creditórios, concedendo os benefícios tributários das operações de emissão de LCA, desde que seja observado o disposto na legislação orçamentária. Sobre o § 3º, foram elencados três requisitos para a utilização de instrumento de repasse: "I – os instrumentos de repasse interfinanceiro e de crédito rural deverão ter idênticas datas de vencimento e indicação de sua mútua vinculação, e os recursos de cada repasse deverão destinar-se a apenas uma operação de crédito rural; II – o direito creditório representativo da operação de crédito rural deverá ser dado em garantia à instituição financeira repassadora dos recursos ou ser objeto de cláusula de sub-rogação em favor desta; e III – o título de crédito representativo de repasse interfinanceiro deverá ser realizado em favor de cooperativa singular de crédito integrante do próprio sistema, quando se tratar de bancos cooperativos, confederações de cooperativas de crédito e cooperativas centrais de crédito integrantes de sistemas cooperativos de crédito constituídos nos termos da Lei Complementar n. 130, de 17 de abril de 2009".

A emissão dessa letra confere ao titular direito de penhor sobre os direitos creditórios do agronegócio a ela vinculados, independentemente de convenção entre as partes envolvidas na operação; em caso de eventual substituição dos direitos creditórios a ela vinculados, ocorrerá a extinção do penhor sobre os direitos creditórios substituídos, constituindo-se automaticamente novo penhor sobre os direitos creditórios outorgados em substituição, conforme o art. 32 da Lei n. 11.076/2004. Ainda, comum às discussões relativas do CDCA, o título poderá contar com quaisquer garantias adicionais previstas na legislação e livremente pactuadas entre as partes, podendo ser constituídas no próprio título ou em documento à parte (art. 33, *caput*). Se a garantia for constituída no próprio título, a descrição dos bens poderá ser feita em documento à parte, assinado pelos representantes legais ao emitente, com menção a essa circunstância no contexto dos títulos.

Os direitos creditórios do agronegócio vinculados à LCA não poderão ser penhorados, sequestrados ou arrestados em decorrência de outras dívidas do emitente desses títulos, a quem caberá informar ao juízo que tenha determinado tal medida a respeito da vinculação desses direitos ao respectivo título, sob pena de responder pelos prejuízos resultantes de sua omissão, nos termos do art. 34 da Lei.

A Resolução n. 4.415/2015 do Banco Central instituiu, em seu art. 1º, o direcionamento obrigatório dos recursos captados por meio da emissão de LCAs, lastreada em direitos creditórios[119] do agronegócio originados de recursos obrigatórios (Seção 6 do

---

[119] O disposto não se aplica à recomposição de lastro de LCA emitida anteriormente a 2 de junho de 2015, até a data do seu vencimento original. Ainda, no caso de LCA com lastro parcial, deverá ser considerara a participação dos referidos direitos creditórios no lastro total da LCA.

Manual de Crédito Rural) ou depósitos de poupança (Seção 6-4 do Manual de Crédito Rural), nos seguintes percentuais: (i) no mínimo 50% do saldo médio diário das LCAs emitidas no período de 2 de junho de 2015 a 31 de maio de 2016; e (ii) 100% do saldo médio diário das LCAs emitidas a partir de 1º de junho de 2016.

Desses recursos fica facultada a aplicação de até 50% em financiamentos que beneficiem ou industrializem o produto, desde que comprovada a aquisição da matéria-prima diretamente de produtores ou suas cooperativas, por preço não inferior ao mínimo fixado ou ao adotado como base de cálculo do financiamento, e mediante deliberação e disciplinamento do CMN; e que se enquadrem como beneficiadores os cerealistas que exerçam, cumulativamente, as atividades de limpeza, padronização, armazenamento e comercialização de produtos agrícolas (a matéria anteriormente tratada pela Resolução n. 4.415/2015 está atualmente incorporada ao Manual de Crédito Rural, especificamente no Capítulo 6 (Recursos), Seção 7 (Letra de Crédito do Agronegócio – LCA)).

Ademais, a resolução vedou a emissão de LCA com lastro em direitos creditórios sobre os quais haja direito de sub-rogação por terceiros ou outras formas de garantia em favor de terceiros, inclusive direito de penhor tratado no art. 32 da Lei n. 11.076/2004, bem como a utilização desses direitos creditórios para a recomposição de lastro de LCA. A Resolução CMN n. 5.087/2023 elevou de 35% para 50% o volume do saldo de LCA que precisa ser direcionado pelas instituições financeiras ao financiamento rural (Seção 6-7 do Manual de Crédito Rural).

Novas resoluções foram inseridas no ordenamento jurídico que engloba os regramentos da LCA, por meio da Resolução n. 5.119, de 1º de fevereiro de 2024. Foi vedada a emissão de LCA com lastro em adiantamentos sobre operação de câmbio, certificado de recebíveis, debêntures e créditos à exportação, incluindo também cédulas, notas ou certificados representativos. No Voto 6/2024 – CMN, de 1º de fevereiro de 2024, de Roberto de Oliveira Campos Neto (na época, presidente do Banco Central), foi defendida a tese de que, decorrente do fato de a emissão de LCA pelas instituições financeiras não possuir relação direta com as prioridades da política agrícola, seria necessária a vedação expressa à utilização dos direitos creditórios derivados nas situações citadas *supra*.

Ademais, a Resolução CMN n. 5.157, de 3 de julho de 2024, estabeleceu nova exigência de aplicação de recursos à vista em crédito rural para o período de 1º de julho de 2024 a 30 de junho de 2025. Também revoga a exigência anterior sobre esses recursos, conforme o MCR 6-2-3-A, que seria aplicada a partir de 1º de julho de 2024. Além disso, revoga dispositivos da Resolução CMN n. 5.119, de 1º de fevereiro de 2024, relacionados às normas para operações de crédito rural com recursos da Letra de Crédito do Agronegócio, quando essas operações estão sujeitas à subvenção da União, na forma de equalização de encargos financeiros.

7.6. CERTIFICADOS DE RECEBÍVEIS DO AGRONEGÓCIO (CRA)

A securitização[120] pode ser entendida como uma tecnologia financeira usada para converter uma carteira relativamente homogênea de ativos em títulos e valores mobiliários passíveis de negociação. É uma forma de transformar ativos eventualmente não líquidos em títulos ou valores mobiliários líquidos, com maior transparência e segurança no tratamento dos riscos envolvidos na operação e, portanto, de mais fácil destituição no mercado. A partir da cessão onerosa, tem-se a emissão de valores mobiliários por veículo de propósito específico, a securitizadora de recebíveis do agronegócio, para distribuição aos investidores com características vinculadas às dos recebíveis cedidos.

A securitização tem como algumas de suas principais características: mecanismo estruturado, mobilização de riqueza, dispersão de riscos, adiantamento de recebíveis, cessão onerosa do crédito (*true sale*) com possível retirada dos recebíveis do balanço do cedente (*off balance sheet*), companhia securitizadora ou outros veículos, emissão de títulos/valores mobiliários lastreados nos créditos recebidos, antecipação de recursos, redesenho do fluxo de caixa, transferência de riscos, compromisso de pagamento futuro de principal e juros ao investidor, segregação de ativos e classificação de risco. A operação promoverá a captação de recursos aos interessados, gerando rentabilidade aos investidores. Sua operabilidade será baseada em três eixos: (i) o cedente, credor que tem contas a receber; (ii) a securitizadora,[121] instituição que transformará essas contas em títulos passíveis de negociação no mercado de capitais; e (iii) o investidor, quem efetivamente comprará esses títulos e assumirá seus riscos, recebendo em troca o rendimento econômico.

Atualmente, a Resolução CVM n. 60, de 23 de dezembro de 2021 (alterada pelas Resoluções CVM n. 162/2022, n. 179/2023 e n. 194/2023), é responsável por regular as companhias securitizadoras de direitos creditórios registrados na CVM. A normativa compreende como: (i) direitos creditórios, os direitos, os títulos ou os valores mobiliários representativos de crédito, originários de operações realizadas em qualquer

---

[120] O termo "securitização" é um anglicismo da palavra inglesa "securitization", invenção atribuída a Lewis Ranieri, na década de 1970. O autor se referiu a uma operação em que um ativo de baixa liquidez era transformado em uma *security* (termo, do inglês, para valor mobiliário). A Associação Brasileira das Entidades de Crédito Imobiliário e Poupança (Abecip), define securitização como emissão de títulos de crédito padronizado por instituições especializadas, com base em recebíveis e de fácil negociação no mercado (OIOLI, Erik F.; FALEIROS, Vanessa Zampolo. Transferência e retenção de riscos na securitização de recebíveis. *In*: CANTIDIANO, Luiz Leonardo; MUNIZ, Igor. *Temas de direito bancário e do mercado de capitais*. Rio de Janeiro: Renovar, 2014. p. 302).

[121] Necessárias às operações de securitização, as securitizadoras, ou companhias securitizadoras, são instituições não financeiras que têm por finalidade adquirir créditos, emiti-los e os oferecer no mercado financeiro e de capitais. Constituídas sob a forma de sociedade anônima deverão, portanto, seguir os preceitos contidos na Lei n. 6.404/1976 – Lei das Sociedades por Ações.

segmento econômico (sobre direitos creditórios ver item 7.1.1); (ii) companhias securitizadoras, as companhias cujo objeto social consista na realização de operações de securitização, registradas na CVM e que sejam emissoras de títulos de securitização, com ou sem a instituição de regime fiduciário sobre o lastro, ou controladora de sociedades de propósito específico dedicadas a operações de securitização, nos casos dos segmentos em que não há previsão legal de instituição de regime fiduciário; e (iii) operação de securitização, a aquisição de direitos creditórios para utilização como lastro de emissão de títulos de securitização para colocação a investidores, cujo pagamento é primariamente condicionado ao recebimento de recursos dos direitos creditórios e demais bens, direitos e garantias que lastreiam a emissão.

As operações de securitização essencialmente envolvem mecanismos de *rating* para possibilitar o enquadramento pertinente do perfil dos créditos e a unificação daqueles semelhantes, conferindo ao adquirente dos títulos baseados naqueles direitos a análise do risco. Por consequência, a empresa que inicialmente cedeu os créditos à securitizadora consegue uma antecipação dos valores de que era credora, além de controlar sua exposição ao risco de crédito nas relações individuais, unificadas conforme sua semelhança e negociáveis no mercado.[122]

Outro benefício atual extremamente relevante das operações de securitização para os investidores é a isenção fiscal, para pessoa física, de imposto de renda quanto à remuneração produzida pelo CRA, de acordo com o art. 3º, IV, da Lei n. 11.033/2004.[123] Tal isenção também é aplicável no caso de pessoas físicas não residentes no País, conforme estabelece o art. 85 da Instrução Normativa n. 1.585/2015 da Secretaria da Receita Federal (alterada pelas Instruções Normativas n. 1.637/2016, 1.720/2017 e 1.916/2019). Ainda no âmbito fiscal, nota-se que atualmente a alíquota de Imposto sobre Operações Financeiras (IOF) na modalidade "títulos e valores mobiliários", nas operações com CRA, encontra-se reduzida a zero, de acordo com o § 2º, V, art. 32, do Decreto n. 6.306/2007 (incluído pelo Decreto n. 7.487/2011).

Podemos, pois, afirmar que a securitização é, atualmente, motor e resultado da evolução do mercado financeiro, na medida em que estabelece a ponte entre o mercado de capital e o mercado de aplicação de Fundos, principalmente.[124] As operações de

---

[122] YAZBEK, Otávio. O risco de crédito e os novos instrumentos financeiros: uma análise funcional. *In*: WAISBERG, Ivo; FONTES, Marcos Rolim Fernandes (coord.). *Contratos bancários*. São Paulo: Quartier Latin, 2006. p. 323.

[123] "Art. 3º Ficam isentos do imposto de renda: (...) IV – na fonte e na declaração de ajuste anual das pessoas físicas, a remuneração produzida por Certificado de Depósito Agropecuário – CDA, *Warrant* Agropecuário – WA, Certificado de Direitos Creditórios do Agronegócio – CDCA, Letra de Crédito do Agronegócio – LCA e Certificado de Recebíveis do Agronegócio – CRA, instituídos pelos arts. 1º e 23 da Lei n. 11.076, de 30 de dezembro de 2004."

[124] CAMPOS, Diogo Leite de; PINTO, Cláudia Saavedra. *Créditos futuros, titularização e regime fiscal*. Coimbra: Almedina, 2007. p. 9.

securitização são, ainda, atrativas para os cedentes – tomadores – pois representam uma nova fonte de captação de recursos, em especial de longo prazo e à taxa de mercado, pois confere liquidez ao originador dos créditos, reduz sua exposição ao risco de crédito dos recebíveis securitizáveis e propicia, em algumas situações específicas, o "desreconhecimento" contábil de seus recebíveis, sem o reconhecimento de passivo a que estaria sujeito o cedente (estrutura *off-balance*).[125]

Melhor esclarecendo a estrutura em que se compõe a securitização, vale elucidar os instrumentos que, hoje, possuem destaque: (i) securitização via certificados de recebíveis emitidos por securitizadoras, por meio de CRI, CRA e Certificados de Recebíveis (CR); (ii) securitização via Fundos de Investimento, por meio de FIDC e Fiagro; e (iii) securitização via debêntures emitidas por Securitizadoras de Créditos Financeiros.

Para além das espécies de instrumentos que podem caracterizar uma operação de securitização, podemos apontar a existência de algumas modalidades que lhes são próprias. A primeira delas envolve risco majoritariamente corporativo ou decorrente de risco de carteira de recebíveis. De outra forma, há a securitização de formato estático (cessão pontual) ou revolvente (cessões periódicas), com ou sem constituição de subordinação na estrutura de capital (subordinação constituída pelo cedente ou por investidores de mercado). Por fim, há modalidade de emissão com risco de carteira, ou seja, cessões realizadas com ou sem retenção de riscos e benefícios (conceito de securitização *on balance* ou *off balance*).

Uma das principais características do mercado de capitais é a inexistência de intermediação financeira. Dessa forma, temos tomadores e poupadores de recursos em contato direto, buscando as melhores opções de investimento. Isso impõe a existência de diferentes formatos de ofertas de ativos (sobre ofertas de valores mobiliários, ver item 7.1.4), que se comunicam e visam público-alvo específico em uma estrutura de securitização. A estruturação em formato tradicional (com previsão de *bookbuilding* para definição de taxa de remuneração) ou em formato continuado (oferta/subscrição continuada por determinado período de tempo), é o primeiro desses formatos que nos demanda menção. Ainda, a estruturação com foco na encubação e/ou maturação de carteiras (conceito de *warehouse*) ou para captação e/ou alavancagem efetiva a mercado (total ou parcial). O último dos formatos que nos demanda atenção é a distribuição com foco em uma espécie direcionada de investidores (investidores de varejo, qualificados ou profissionais), consoante produto e/ou oferta realizada.

---

[125] Quanto a este último atributo favorável ao tomador, conforme mencionado anteriormente, importante ressaltar que a CVM já se manifestou sobre esse aspecto, por meio do Ofício-Circular/CVM/SNC/SEP/n. 01/2016, e determinou que, para que a operação de securitização seja considerada *off-balance*, o cedente não pode ter qualquer gerenciamento, envolvimento, ou acerto futuro com os títulos vendidos. Também não pode estar exposto aos riscos advindos do ativo alienado, tampouco auferir os benefícios econômicos por ele gerados.

Sendo o principal expoente do mecanismo de securitização no agronegócio brasileiro, o CRA é título instituído no ordenamento jurídico como meio de captação de recursos ao setor. Permite que recebíveis líquidos gerados em atividades realizadas na cadeia agroindustrial sejam "convertidos" em valor mobiliário e ofertados ao público investidor. É um título de crédito de livre negociação, lastreado em direitos creditórios do agronegócio que constitui promessa de pagamento em dinheiro.

Criado pela Lei n. 11.076/2004 (Lei dos Títulos do Agro), alterada pela Lei n. 13.986/2020 (Lei do Agro I), os CRA podem ser apontados como um título de crédito nominativo, de livre negociação, representativo de promessa de pagamento em dinheiro e que constitui título executivo extrajudicial. Essa modalidade de título é vinculada a direitos creditórios originários de negócios realizados entre produtores rurais, ou suas cooperativas, e terceiros, inclusive financiamentos ou empréstimos, relacionados com a produção, a comercialização, o beneficiamento ou a industrialização de produtos ou insumos agropecuários ou de máquinas e implementos utilizados na atividade agropecuária (art. 23, § 1º, da Lei n. 11.076/2004). Mais recentemente, todavia, a regulação do CRA passou por significativa modificação, isso porque toda a Seção da Lei dos Títulos do Agro, até então direcionada aos CRA, foi revogada pela Lei n. 14.430/2022, conhecida como o Marco Legal da Securitização.

Incidindo sobre os CRA a atual regra geral do Marco Legal da Securitização, passamos a emprestar suas normas incidentes sobre os CRs, quando não conflituosas, também aos CRA. Assim, é possível afirmar que o CRA adotará forma escritural, nos termos do art. 20 da Lei n. 14.430/2022.[126] Ainda, poderá ter garantia flutuante, desde que ofertado de maneira privada, que assegurará privilégio geral sobre o ativo do patrimônio comum da companhia securitizadora, mas não sendo impeditivo à negociação de bens que compõem o CRA.[127]

Consoante disposição incidente no art. 23, §§ 3º e 4º, da Lei n. 11.076/2004 e art. 22, § 8º, da Lei n. 14.430/2022, os CRA poderão ser emitidos com cláusula de correção pela variação cambial, desde que: (i) integralmente lastreado em títulos representativos de

---

[126] "Art. 20. Os Certificados de Recebíveis são títulos de crédito nominativos, emitidos de forma escritural, de emissão exclusiva de companhia securitizadora, de livre negociação, constituem promessa de pagamento em dinheiro, preservada a possibilidade de dação em pagamento, e são títulos executivos extrajudiciais."

[127] "Art. 22. Os Certificados de Recebíveis integrantes de cada emissão da companhia securitizadora serão formalizados por meio de termo de securitização, do qual constarão as seguintes informações: (...)

§ 4º O Certificado de Recebíveis, quando ofertado privadamente, poderá ter, conforme dispuser o termo de securitização, garantia flutuante, que lhe assegurará privilégio geral sobre o ativo do patrimônio comum da companhia securitizadora.

§ 5º Na hipótese prevista no § 4º deste artigo, a garantia flutuante não impedirá a negociação dos bens que compõem o Certificado de Recebíveis."

direitos creditórios com cláusula de correção na mesma moeda, na forma estabelecida pelo CMN; (ii) negociado, exclusivamente, com investidores não residentes nos termos da legislação e regulamentação em vigor; e (iii) observadas as demais condições a serem estabelecidas pelo CMN.

A antiga Lei do Agro I passou a permitir a distribuição de CRA diretamente no exterior, buscando facilitar a aquisição de CRA por investidores estrangeiros e fomentar o mercado de crédito do agronegócio no Brasil. Mesmo que revogadas as disposições incidentes sobre o título na Lei de 2004, interpretação do Marco Legal da Securitização nos permite compreender que os CRA podem ser registrados em entidade de registro e de liquidação financeira no exterior, desde que a entidade seja: (i) autorizada em seu país de origem e (ii) supervisionada por autoridade estrangeira com a qual a CVM tenha firmado acordo de cooperação mútua que permita intercâmbio de informações sobre operações realizadas nos mercados por ela supervisionados, ou que seja signatária de memorando multilateral de entendimentos da Organização Internacional das Comissões de Valores (Iosco).

As Resoluções CMN n. 5.118/2024 e n. 5.163/2024 trouxeram novo regramento para o CRA, da mesma forma que foi feita para o LCA (vide item 7.5). As estruturas de securitização passaram por reformas, e a primeira grande mudança é em relação à emissão de CRA lastreado em títulos de dívidas, cujo emissor, devedor, codevedor ou garantidor seja companhia aberta ou instituição financeira. Essa operação foi expressamente vedada, com exceção de companhias abertas que comprovem que o setor principal de atividade é o agronegócio (provenham mais de 2/3 da sua receita consolidada, apurada com base nas demonstrações financeiras do último exercício social).

Vale destacar que a definição de título de dívida estabelecida pela norma é bastante abrangente, incluindo até mesmo instrumentos que não são, de fato, um título de dívida convencional, como os "contratos de promessa de pagamento futuro" e contratos de *leasing*, além de produtos de financiamento bancário, como empréstimos, financiamentos e cédulas de crédito bancário. Portanto, um empréstimo ou financiamento concedido por uma instituição financeira a uma empresa aberta ou a uma parte a ela vinculada, cujo setor principal não seja o agropecuário, também não será considerado elegível para servir de lastro em operações de CRA. Isso representa um grande obstáculo ao financiamento privado nos setores agrícolas.

Os CRA têm crescimento significativo em seu mercado, com o registro de emissões de títulos associados a novos segmentos do agro. De dezembro de 2022 a dezembro de 2024, o mercado de CRA cresceu na média de 60%, registrando R$ 153,5 bilhões de movimentações no mercado.[128] Desse número, 91% dos recursos captados na abertura do lastro são destinados aos produtos agropecuários dentro da porteira, sendo 49% relacionados à produção, 25% à comercialização e os outros 26% são divididos entre

---

[128] ANBIMA. *Boletim CVM Agronegócio*, Ed. 9, p. 4, dez. 2024.

beneficiamento e industrialização. As debêntures são os instrumentos mais utilizados como lastro nessas operações de CRA, estimando um valor de R$ 55,7 bilhões, em dezembro de 2024.[129]

A temática ESG (sigla, do inglês, para práticas ambientais, sociais e de governança) também ganhou espaço na emissão de CRA. O título denominado "CRA Verde" permeia o conceito de *green bonds*[130] e impõe que os recursos captados na operação serão destinados, exclusivamente, ao financiamento de projetos alinhados com padrões de sustentabilidade ambiental. Entre 2015 e 2022, 287 operações sustentáveis de créditos foram realizadas por empresas brasileiras, movimentando R$ 199,28 bilhões – os títulos verdes corresponderam a 70% das operações.[131] Ainda, o advento das normas permissivas à correção do CRA em moeda estrangeira e sua vinculação direta a mercado externo criou estrutura conhecida por "CRA em dólar". Em 2022, o Banco Bradesco e o grupo Ecoagro concluíram a emissão do primeiro CRA referenciado em dólar no Brasil. Nessa operação, foram captados US$ 16 milhões a serem utilizados por dois produtores rurais. O novo formato tem se familiarizado com o agronegócio, que já conhece a emissão de CRA Verde em dólar.

Já em 2021 o Banco Nacional de Desenvolvimento Econômico e Social (BNDES) lançou modalidade de CRA, em que o banco atua como garantidor. Denominado de "CRA Garantido", o BNDES atua com o intuito de alimentar a concorrência do mercado, mitigando riscos para o investidor e permitindo maior acesso pelos produtores rurais a um crédito menos oneroso.[132] O CRA Garantido tem rodeado diversas emissões desde seu lançamento. É responsável por apoiar a produção de cerca de 50 fornecedores de cana-de-açúcar para a Usina Coruripe Açúcar e Álcool, operação que se iniciou em 2022 e se estenderá por cinco anos. O BNDES atua como garantidor da emissão de CRA em um total de R$ 156,4 milhões e demanda que as empresas sigam padrões ambientais e sustentáveis. Também a emissão de R$ 97,52 milhões em CRA em favor de produtores rurais cooperados da Cooperativa Cotribá, do Rio Grande do Sul, foi procedida por meio desse mecanismo de incentivo.[133]

Em que pese a força que o CRA assume, hoje, para o financiamento da atividade agroindustrial brasileira, até a edição da ICVM n. 600/2018 (atualmente revogada pela RCVM n. 60/2021), existiam pontos relevantes ao título e sua operacionalização que

---

[129] ANBIMA. *Boletim CVM Agronegócio*, Ed. 9, p. 7, dez. 2024.

[130] *Green bonds*, ou títulos verdes, são aqueles emitidos com exclusividade a financiar projetos com benefícios ambientais.

[131] LOTURCO, Roseli. Instituições aprimoram operações de crédito sustentável. *Valor Econômico*, São Paulo, mar. 2023.

[132] BANCO NACIONAL DO DESENVOLVIMENTO. BNDES concede garantia a financiamento de R$ 156 milhões para produtores de cana-de-açúcar. 2022.

[133] BANCO NACIONAL DO DESENVOLVIMENTO. BNDES apoia agricultores do RS garantindo financiamento de R$ 97,52 milhões. 2021.

demandavam maior detalhamento e que esbarravam em visão ultrapassada do setor. O primeiro deles reside na não obrigatoriedade de os recebíveis vinculados aos CRA serem formalizados em prazo suficiente para suportar as dívidas de longo prazo que os títulos representam. Por trazer distinção das ofertas de securitização, em matéria de mercado mobiliário, foi aplicado ao CRA o conceito de revolvência do lastro. O instituto da revolvência de direitos creditórios diz respeito ao processo pelo qual os lastros de determinado instrumento são substituídos durante a sua vigência.[134] O termo é derivado do chamado *revolving credit*, sistema no qual, quando extinto determinado crédito, cede-se outro adquirido com os recursos do pagamento do primeiro. Cria-se um mecanismo rotativo, devidamente divulgado aos investidores, por meio do termo de securitização e do prospecto da oferta pública.

Durante a estruturação de um CRA, é importante levarmos em conta alguns parâmetros, em especial o risco de crédito. Dentro do risco de crédito, encontramos o corporativo, a depender da forma de emissão do título (sem garantias, com garantia real ou com cessão fiduciária de carteira – recebíveis comerciais); ainda, vemos o risco oriundo da própria carteira de ativos no que se deve considerar se os recebíveis já estão performados (*performance* de entrega ou prestação de serviço já realizado), ou se estes ainda estão a performar (*performance* de entrega ou prestação do serviço a ser realizada).

Há, porém, a possibilidade de se instituírem mitigadores a esses riscos, seja via constituição de garantias para o CRA com fiança e/ou aval (de acionistas, controladores ou partes relacionadas); alienação fiduciária de ativos (imóveis e participações societárias, entre outros); e seguro de crédito (referente aos direitos creditórios e/ou ao principal e juros). Na estrutura de capital do CRA é possível, também, a inserção de mecanismo mitigador de risco, por meio da subordinação das classes (sênior e subordinadas), que assumirão preferência no recebimento de principal e de juros.

Uma vez compreendida a securitização, bem como seu principal mecanismo utilizado no agronegócio, convém-nos apontar as principais etapas de uma emissão de CRA:

(1) Análise de viabilidade: entendimento do modelo de negócio, aspectos de risco e perfil de distribuição e avaliação e definição de aspectos macro da estrutura da operação.

(2) *Kick-off*: início das contratações e começo do projeto.

(3) Estruturação e implementação: realização de estudo sobre comportamento histórico da carteira de recebíveis e do valor das garantias (se aplicável); definição dos fluxos operacionais (originação, cessão, monitoramento e cobrança – conforme o caso); definição dos parâmetros objetivos da operação, tais como

---

[134] De acordo com o art. 4º, *caput,* do Anexo Normativo II da Resolução CVM n. 60: "É permitida a revolvência nas situações em que o ciclo de plantação, desenvolvimento, colheita e comercialização dos produtos e insumos agropecuários vinculados ao CRA não permita que, na sua emissão, sejam vinculados direitos creditórios com prazos compatíveis ao vencimento do certificado".

critérios de elegibilidade, condições de cessão e monitoramento de garantias; elaboração da documentação do CRA e da oferta; e preparação dos materiais a serem utilizados no âmbito da oferta (*roadshow*).

(4) Distribuição e liquidação: realização de *roadshow* com investidores de mercado; execução do procedimento de *bookbuilding* para coleta das intenções de investimento e definição de taxas (se aplicável); e condução do processo de liquidação da oferta.

7.7. FUNDOS DE INVESTIMENTO DAS CADEIAS AGROINDUSTRIAIS (FIAGROS)

Os Fundos de Investimento são instrumentos já conhecidos no mercado de capitais e nos últimos anos ganharam um novo capítulo com a publicação da Lei n. 14.130, de 29 de março de 2021 – alterada pela Lei n. 14.421/2022 –, instituidora dos Fundos de Investimento nas Cadeias Produtivas do Agronegócio (Fiagros). Ao falarmos de Fundos de Investimento, deveremos ter em mente a Resolução CVM n. 175, com vigência a partir de outubro de 2023, e com novos regramentos incluídos pela Resolução CVM n. 214, de 30 de setembro de 2024 (adicionados o Anexo Normativo VI e os Suplementos O, P e Q). Carecendo de regras específicas que lhe garantam aplicabilidade prática, o Fiagro empresta disposições de Fundos de Investimento já conhecidos e experimentados pelo mercado, tornando-se um mecanismo de intersecção do agronegócio brasileiro a novas fontes de financiamento e o mercado de capitais.

Definidos pelo Capítulo X do Código Civil[135] e pela Resolução CVM n. 175,[136] os Fundos de Investimento são caracterizados como uma comunhão de recursos, constituída na forma de condomínio[137] especial e voltados à aplicação em ativos financeiros, bens e direitos. São regulamentados pela CVM (órgão federal responsável por normatizar e fiscalizar o mercado de capitais brasileiro), a qual fica encarregada por estabelecer as regras aplicáveis a esses instrumentos e impor penalidades aos prestadores de

---

[135] Art. 1.368-C do Código Civil. "O fundo de investimento é uma comunhão de recursos, constituído sob a forma de condomínio de natureza especial, destinado à aplicação em ativos financeiros, bens e direitos de qualquer natureza."

[136] Definição trazida pelo art. 4º da Resolução CVM n. 175.

[137] Ter-se-á condomínio quando a totalidade de um bem pertencer a mais de uma pessoa, concedendo a cada consorte igual cota ideal da coisa, e não uma parcela material desta. Todos os condôminos têm direitos qualitativamente iguais, delimitados na proporção quantitativa em que concorre com os outros companheiros na titularidade sobre o conjunto (DINIZ, Maria Helena. *Curso de direito civil brasileiro*: direitos das coisas. 25. ed. São Paulo: Saraiva, 2012. v. 4).

O Fundo de Investimento, ao ser compreendido como um condomínio de natureza especial, não se submete às regras do condomínio tradicional ou edilício (art. 1.368-C, § 1º, do Código Civil). Aqui, os condôminos têm influência mitigada sobre o Fundo, ficando o administrador responsável por guiar as operações, limitado pelo tipo e contrato de constituição do Fundo.

serviços e emissores de títulos de investimento que descumprirem qualquer uma das previsões normativas.[138]

De outra forma, os Fundos podem ser entendidos como o agrupamento de recursos de diferentes investidores que se unem para delegar a um gestor profissional a decisão sobre a aplicação desses recursos, compartilhando despesas e ampliando a segurança no cuidado do patrimônio.[139] Os investidores esperam o retorno de capital pela distribuição de rendimentos, pela venda das cotas[140] em mercado ou pelo resgate dessas cotas pelo Fundo (devolução do capital investido aos cotistas). Por outro lado, os integrantes dos Fundos (cotistas, aqueles que detêm cotas do Fundo) agrupam-se para negociar melhores condições para a aquisição de diversos ativos, diluindo riscos associados e garantindo capital a médio e longo prazo para as atividades selecionadas.

A constituição desses instrumentos depende da presença das figuras do administrador[141] e do gestor,[142] apresentados pelo art. 3º, I e XXVII, da Resolução CVM n. 175,[143] que se preocupou em melhor definir as responsabilidades dessas figuras. Os gestores

---

[138] As penalidades podem chegar a multas de R$50 milhões e até mesmo a inabilitação para exercício de atividades regidas pela CVM. Por isso, a aplicação de recursos em veículos de investimento fiscalizados pela CVM traz mais segurança para o investidor.

[139] A soma do valor investido forma o patrimônio do Fundo e deve ser aplicada de acordo com os objetivos e políticas predefinidos, quando de sua constituição.

[140] As cotas são as frações ideais do patrimônio do fundo, distribuídas por instituições habilitadas a atuarem como integrantes do sistema de distribuição. Há, ainda, as cotas seniores e as subordinadas. As cotas seniores não se subordinam às demais para efeito de amortização e resgate, o que ocorre de forma contrária nas subordinadas.

[141] Pessoa jurídica autorizada pela CVM para o exercício profissional de administração de carteiras de valores mobiliários, na categoria de "administrador fiduciário", também ficando responsável pela administração do fundo.

[142] Pessoa natural ou jurídica autorizada pela CVM para o exercício de administração de carteiras de valores mobiliários, na categoria "gestor de recursos", cuja atribuição é realizar a gestão da carteira de ativos.

[143] O CMN aprovou a Resolução n. 5.202, que altera a Resolução n. 4.994/2022, com o propósito de aprimorar as diretrizes de aplicação dos recursos garantidores das Entidades Fechadas de Previdência Complementar (EFPC). A medida resulta das discussões promovidas no âmbito da Agenda de Reformas Financeiras (ARF), iniciativa da Secretaria de Reformas Econômicas do Ministério da Fazenda voltada ao aperfeiçoamento regulatório do sistema financeiro. A nova norma visa adequar a regulamentação vigente ao marco legal instituído pela Resolução CVM n. 175/2022, que redesenhou a estrutura normativa dos fundos de investimento no Brasil. Busca-se ampliar a eficiência e a governança dos investimentos das EFPC, permitindo o acesso a instrumentos financeiros atualizados e mais aderentes à dinâmica dos mercados. Entre os principais avanços, destacam-se a ampliação das possibilidades de alocação, com a inclusão de novos ativos previstos na legislação recente, a fixação de limites compatíveis com o perfil de risco das entidades e a expressa vedação a investimentos em ativos virtuais, em razão de sua elevada volatilidade. A norma também reforça os critérios aplicáveis aos Fundos de Investimento em Participações (FIP) e flexibiliza disposições referentes a aplicações em imóveis, com o objetivo de conferir maior racionalidade à gestão das carteiras.

e os administradores passaram a ser chamados de prestadores de serviços essenciais, retirando qualquer hierarquia entre eles.[144-145] Ainda, diz-se que os Fundos de Investimento podem ser constituídos de duas formas: aberta[146] e fechada.[147] Independentemente da forma de sua constituição, o Fundo será administrado por pessoa autorizada pela CVM, a quem caberá decidir sobre a aplicação dos recursos financeiros e os controlar, direcionando-os ao cumprimento do regulamento.

Ainda que os Fiagros tenham sido inspirados nos Fundos de Investimento Imobiliário (FII), expandindo a possibilidade de investimento especial no contexto das Cadeias de Produção Agroindustriais, é veículo de investimento coletivo no agronegócio, pelo qual é dada aos poupadores em geral a oportunidade de adquirir recebíveis, títulos de dívida, imóveis e participação societária no setor, até então limitado ao público de varejo, atuando como um mecanismo de democratização do investimento financeiro no campo.

Entre seus objetivos está a busca por maior liquidez ao produtor rural, auxiliando na gestão e governança do setor e mais ampla captação de recursos, prevendo benefícios ao fluxo de investimentos à atividade agroindustrial. Para o investidor, democratiza o acesso ao investimento em imóveis rurais, dívidas de produtores, títulos de securitização e participação societária no capital de negócios em crescimento, efetivando a governança e a segurança jurídica. As teses de investimento do Fiagro são significativamente mais amplas, se comparadas aos demais veículos de financiamento. Dessa forma, os Fiagros podem atuar nas Cadeias Agroindustriais (CAIs),[148] direcionando-se

---

[144] A nova regra retirou o que se conhecia por responsabilidade solidária entre os prestadores de serviço, dividindo de forma mais ponderada o papel de cada uma das figuras que integram os Fundos de Investimentos.

[145] VALOR ECONÔMICO. Novas regras da CVM definem papel de gestor e administrador de fundos: saiba quais são. 25 jan. 2023. Disponível em: https://valor.globo.com/financas/noticia/2023/01/25/norma-da-cvm-define-papel-de-gestor-e-administrador-de-fundo.ghtml. Acesso em: 2 out. 2023.

[146] Nos Fundos abertos, os cotistas têm liberdade para resgatar suas cotas, isto é, solicitar a devolução do capital investido antes do encerramento do prazo de duração ou liquidação do Fundo, observadas as regras previstas no seu regulamento sobre o tema – a distribuição de cotas nos Fundos abertos independe de prévio registro na CVM.

[147] Quando fechadas, as cotas somente serão resgatadas quando esgotado o prazo de duração do Fundo, podendo o investidor vender as cotas a terceiros; nesse caso, a distribuição de cotas dependerá de prévio registro na CVM, salvo quando a lei disser em sentido contrário e, quando distribuídas ao público em geral, deverá ser precedida de registro de oferta pública de distribuição.

[148] Reforça-se que as Cadeias Agroindustriais compreendem conjuntos de bens e direitos das atividades econômicas integradas à produção rural que vão desde o fornecimento de insumos, até a produção, industrialização, armazenamento e distribuição para consumo interno e internacional. A produção rural se refere a produtos, subprodutos e resíduos de valor econômico de atividades agrícola, pecuária, de reflorestamento, pesca e aquicultura, objetivando a obtenção de alimentos, fibras e bioenergia.

à aquisição de recebíveis ou títulos de dívida, tais como os títulos de crédito do agronegócio; utilizado como veículo de investimento em sociedades empresariais que integram a cadeia de produção; ou veículo de investimento imobiliário nas CAIs.

Com base nisso, os seguintes ativos podem ser adquiridos pelo Fiagro: (i) imóveis rurais, podendo arrendar[149] ou alienar imóveis que vier a adquirir;[150] (ii) participação em sociedades que explorem atividades da cadeia agroindustrial; (iii) ativos financeiros, títulos de crédito ou valores mobiliários[151] emitidos por pessoas físicas ou jurídicas que integrem as cadeias agroindustriais; (iv) direitos creditórios do agronegócio e de natureza imobiliária rural, diretamente ou como títulos de securitização;[152] e (v) cotas de Fundos de Investimento que apliquem mais de 50% de seu patrimônio em qualquer um dos ativos apontados.

É na questão tributária que reside importante atrativo do Fiagro. A legislação optou por concentrar a tributação dos rendimentos e ganhos no nível dos cotistas, os quais, em regra, não serão tributados em sua carteira de rendimentos (não incidência de Imposto de Renda). A legislação também isenta a tributação das aplicações em papéis e títulos do agronegócio, tais como CDA/WA, CDCA, LCA, CRA e CPR e os rendimentos distribuídos por Fiagro, aliando-se no maior fomento ao investimento privado no setor. Aqui, a não tributação não se estende a rendimentos e ganhos líquidos de aplicações financeiras.

Em comparação com o FII,[153] o regime jurídico tributário do Fiagro apresenta modernizações. Em Nível Fundo, o instrumento direcionado às CAIs consagra ao

---

[149] Lei n. 8.668/1993, parágrafo incluído pela Lei n. 14.130/2021. Art. 20-A, § 2º "No arrendamento de imóvel rural pelos Fiagro, prevalecerão as condições livremente pactuadas no respectivo contrato, ressalvado que, na falta de pagamento dos valores devidos pelo arrendatário, eventual determinação judicial de desocupação coincidirá com o término da safra que esteja plantada na época do inadimplemento, quando aplicável, respeitado o prazo mínimo de 6 (seis) meses e máximo de 1 (um) ano."

[150] Há direta ligação com a Cédula Imobiliária Rural (CIR) e com o Patrimônio Rural em Afetação, mecanismos que buscam a mobilização do crédito rural para o setor agropecuário, com garantias reais robustas, por meio de veículo capaz de exercer a propriedade imobiliária.

[151] São valores mobiliários, quando ofertados publicamente, quaisquer títulos ou contratos de investimento coletivo que gerem direito de participação, de parceria ou remuneração, inclusive resultante da prestação de serviços, cujos rendimentos advêm do esforço do empreendedor ou de terceiros (PORTAL DO INVESTIDOR. O que são valores mobiliários. 25 out. 2022. Disponível em: https://www.gov.br/investidor/pt-br/investir/como-investir/conheca-o-mercado-de-capitais/o-que-sao-valores-mobiliarios. Acesso em: 31 jul. 2023).

[152] Abarca, também, CPRs com liquidação física e financeira. Consoante nova redação do inciso V do art. 20-A da Lei n. 8.668/1993 dada pela Lei n. 14.421/2022.

[153] Em Nível Fundo, o FII consagra ao Imposto de Renda (IR) e Imposto sobre Operações Financeiras (IOF) rendimentos e ganhos de capital isentos; isenção sobre Imposto sobre a Renda Retido na Fonte (IRRF) para rendimentos de FII, LH, CRI e LCI e cobrança de IRRF sobre aplicações financeiras de renda fixa ou variável, observando a possibilidade de compensação na distribuição

Imposto de Renda (IR) e IOF, rendimentos e ganhos de capital isentos; isenção de Imposto sobre a Renda Retido na Fonte (IRRF) para rendimentos de FII, CDA, WA, CDCA, LCA, CRA, CPR e CIR e cobrança de IRRF sobre aplicações financeiras de renda fixa ou variável. Em nível cotista, quando cumpridas as regras de números mínimos de 50 cotistas e máximo de 10% por pessoa física ou 20% de distribuição de rendimentos e ganho de capital, alienação ou resgate, há rendimento isento para pessoa física. Para pessoa jurídica, a tributação se consagra por lucro real e presumido – tributação pela Contribuição Social sobre o Lucro Líquido (CSLL). No regime especial, instituído sobre os Fiagros, há a possibilidade de pagamento de imóveis rurais por meio de cotas do Fiagro, momento em que o ganho de capital auferido pelo vendedor (pessoa física ou pessoa jurídica) fica deferido para o momento da venda da cota.[154]

Para viabilizar de maneira mais rápida a constituição dos primeiros Fiagros e acompanhar os movimentos do mercado, foi editada a Resolução n. 39 pela CVM. A autarquia determinou que, temporariamente, fossem utilizadas as normas já existentes para os Fundos de Investimento estruturados e experimentados –FIDC, FII e Fundo de Investimento em Participações (FIP). O Fiagro passou, assim, a ser dividido em três modalidades: (i) Fiagro Direitos Creditórios, regido pelas regras do FIDC; (ii) Fiagro Imobiliário, regido pelas regras do FII; e (iii) Fiagro Participações, regido pelas regras do FIP. A distinção de modalidade de fundo supera, em muito, sua simples denominação; são afetados o público-alvo, a forma de constituição (se aberto ou fechado), a documentação e o procedimento de registro, a possibilidade de registro automático, as regras estruturais, a forma de assembleia geral e as regras informacionais.

Os Fiagros Direitos Creditórios constituídos até outubro de 2023 são regulados pela Instrução CVM n. 356/2001 (a norma, porém, deixa de ser aplicada em outubro de 2023, sendo substituída pela Resolução CVM n. 175).[155] Os direitos creditórios correspondem, de maneira simplificada, ao "contas a receber" de uma empresa – créditos ou

---

dos rendimentos/ganhos de capital. Em nível cotista, o regime permanece o mesmo que o do Fiagro para pessoa física. Para pessoa jurídica, a tributação se consagra por lucro real e presumido, sendo 20% antecipado do devido na apuração mensal ou trimestral. Não há regime especial e apresenta, por sua vez, limitações à tributação como pessoa jurídica se aplicar em empreendimentos com incorporador/construtor/sócio com mais de 25% de cotas.

[154] Cabe, porém, fazer um alerta quanto à temática, isso porque, em agosto de 2023, foi publicada a Medida Provisória n. 1.184, que definiu novos requisitos à isenção do imposto de renda para pessoa física, em aplicação de Fiagros: antes, os principais requisitos para a isenção eram que os Fiagros deveriam possuir, pelo menos, 50 cotistas e as cotas deveriam ser submetidas à negociação, exclusivamente, em Bolsas de Valores ou no mercado de balcão organizado; agora, o Fundo deve possuir ao menos 500 cotistas e as cotas devem ser submetidas à negociação efetiva em Bolsa de Valores ou no mercado de balcão organizado.

[155] Passamos a ter ambiente mais modernizado, prevendo maior responsabilidade aos gestores dos Fundos; atualização do regime de responsabilidade dos prestadores de serviço; aquisição de cota de FIDC por investidor de varejo; e responsabilidade de entidades registradoras autorizadas pelo Bacen de validar e registrar os direitos creditórios adquiridos.

recebíveis detidos pela empresa em relação aos seus clientes. A modalidade em questão investe em recebíveis das cadeias agroindustriais (duplicatas, faturas, recebíveis de contratos comerciais etc.) e em títulos de dívida (CCB, CPR-F, CDCA, CRA, debêntures, notas comerciais etc.) emitidos por integrantes da cadeia.[156]

Ao investidor é permitida a remuneração em decorrência de títulos de dívida emitidos por integrantes da CAI ou pela cessão de descontos de recebíveis, enquanto ao produtor possibilita-se a obtenção de crédito para o seu negócio, seja diretamente, via emissão de um título de dívida, seja por meio de desconto de seus recebíveis. Em razão das características particulares da exploração da atividade agroindustrial, a receita das empresas agrícolas acaba sendo sazonal, o que traz a essa ferramenta elevado potencial de apoio à manutenção da exploração econômica, evitando a ausência de recursos que comprometa as atividades.

Podendo ser constituído nas formas aberta ou fechada, em seu público-alvo estão os investidores qualificados e profissionais,[157] ainda que também permita aquisição de

---

[156] Ainda, em 2021, a CVM capitaneou iniciativa de regulação sobre a utilização do rótulo "Socioambiental" em produtos de investimentos relacionados aos FIDCs, objeto da audiência pública SDM n. 8/2020. Investidores com viés socioambiental buscam aplicar seus recursos em ativos que proporcionem benefícios indiretos, frequentemente em detrimento de opções de investimentos mais rentáveis. Observa-se que a análise de critérios socioeconômicos se alinha com práticas internacionais, como é o caso da *Securities and Exchange Comission* (SEC), que notou crescimento expressivo no número de fundos que carregam rótulo ESG ou similares, passando de 65 em dezembro de 2007 para 291 no mesmo período de 2019, o que sinalizou a necessidade de regulamentação para o uso dessa nomenclatura. Definido pela CVM no âmbito do Edital de Audiência Pública SDM n. 8/20, somente poderão utilizar o termo "Socioambiental" as classes de cotas de FIDC que invistam preponderantemente em direitos creditórios que gerem benefícios socioambientais. Deverão ser verificados a partir do relatório de segunda opinião ou certificação de padrões com metodologias reconhecidas internacionalmente para esse fim. Ainda, *Securities and Exchange Comission* (SEC) é o órgão americano responsável por estabelecer regras para a denominação de fundos de investimento, desempenhando papel similar ao da CVM no Brasil (VALOR ECONÔMICO. Para aprimorar a minuta do FIDC socioambiental: os benefícios socioambientais devem ser verificados a partir de relatórios de segunda opinião. 14 jan. 2021. Disponível em: https://valor.globo.com/opiniao/coluna/para-aprimorar-a-minuta-do-fidc-socioambiental.ghtml. Acesso em: 2 jul. 2023).

[157] A Instrução CVM n. 554/2014, que altera, entre outros normativos, a Instrução CVM n. 539/2013, responsabilizou-se por categorizar os investidores. Por ela, são considerados investidores profissionais: (i) instituições financeiras e demais instituições autorizadas a funcionar pelo Banco Central do Brasil; (ii) companhias seguradoras e sociedades de capitalização; (iii) entidades abertas e fechadas de previdência complementar; (iv) pessoas naturais ou jurídicas que possuam investimentos financeiros em valor superior a R$ 10.000.000,00 e que, adicionalmente, atestem por escrito sua condição de investidor profissional mediante termo próprio; (v) fundos de investimento; (vi) clubes de investimento, desde que tenham carteira gerida por administrador de carteira de valores mobiliários autorizados pela CVM; (vii) agentes autônomos de investimento, administradores de carteira, analistas e consultores de valores mobiliários autorizados pela CVM, em relação a seus recursos próprios; e (viii) investidores não residentes.

suas cotas por investidores de varejo[158] – Resolução n. 175 da CVM, Anexo II. São ativos passíveis de aplicação: (i) ativos financeiros, títulos de crédito ou valores mobiliários emitidos por pessoas físicas e jurídicas que integram as CAIs; (ii) direitos creditórios do agronegócio e títulos de securitização, cotas de FIDC que apliquem mais de 50% nesses direitos creditórios; e (iii) direitos creditórios imobiliários relativos a imóveis rurais e títulos de securitização emitidos com lastro nesses, inclusive CPRs físicas e financeiras, CRA e cotas de FIDC e que apliquem mais de 50% nesses direitos creditórios. Uma das alterações trazidas pela Resolução CVM n. 187, de 27 de setembro de 2023, à Resolução CVM n. 175/2022 é a emissão de cotas seniores emitidas em uma única subclasse.[159] Anteriormente, as cotas seniores e subordinadas eram emitidas também em uma única subclasse, porém divididas para cada tipo. Acrescenta-se o fato de que foi revogado o inciso I do parágrafo único do art. 15 da Seção III – Subscrição e Integralização do Anexo Normativo II da Resolução CVM n. 175/2022. Esse dispositivo ditava sobre o afastamento da subscrição das cotas de classes no caso de plano de recuperação judicial da empresa devedora de direitos creditórios.

São duas as modalidades de direitos creditórios passíveis de aquisição pelos FIDCs: (i) direitos creditórios padronizados, compreendendo os recebíveis originários de operações realizadas nos segmentos financeiro, comercial, industrial, imobiliário, de hipotecas, de arrendamento mercantil e de prestação de serviços, *warrants*, contratos e títulos de compra e venda de produtos, mercados ou serviços para entrega ou prestação futura, bem como títulos ou certificados representativos desses contratos – abrange títulos de crédito como debêntures, notas comerciais, CPR física e financeira, CDCA, CDA/WA, Cédula de Crédito Bancário, entre muitos outros; e (ii) direitos creditórios "não padronizados", que compreendem os vencidos e pendentes de pagamento (NPL),

---

Como investidores qualificados, são considerados: (i) os investidores profissionais; (ii) pessoas naturais ou jurídicas que possuam investimentos financeiros em valor superior a R$ 1.000.000,00 e que, adicionalmente, atestem por escrito sua condição de investidor profissional mediante termo próprio; (iii) as pessoas naturais que tenham sido aprovadas em exames de qualificação técnica ou possuam certificações aprovadas pela CVM como requisitos para o registro de agentes autônomos de investimento, administradores de carteira, analistas e consultores de valor mobiliários, em relação a seus recursos próprios; e (iv) clubes de investimento, desde que tenham a carteira gerida por um ou mais cotistas, que sejam investidores qualificados.

[158] Seguindo o teor da Instrução CVM n. 554/2014, investidor de varejo é aquele que não se enquadra como investidor qualificado ou profissional.

[159] "Art. 8º As cotas seniores devem ser emitidas em uma única subclasse. § 1º As cotas seniores e subordinadas mezanino de classe fechada podem ser emitidas em séries com índices referenciais diferentes e prazos diferenciados para amortização, permanecendo inalterados os demais direitos e obrigações. § 2º É vedada a existência de subordinação entre diferentes subclasses de cotas subordinadas, sem prejuízo da possibilidade de o Regulamento estabelecer outras diferenciações entre direitos econômicos e políticos para as referidas subclasses, nos termos do art. 3º deste Anexo Normativo II. § 3º O Regulamento deve estabelecer a forma como as obrigações das cotas subordinadas serão cumpridas pelas diferentes subclasses de cotas subordinadas, se houver."

receitas públicas originárias ou derivadas da União, dos Estados, do Distrito Federal e dos Municípios, bem como suas autarquias e fundações; ações judiciais em curso, cujo direito constitua o objeto de litígio ou tenha sido judicialmente penhorado/dado em garantia; constituição ou validade jurídica da cessão para o FIDC como fator preponderante de risco; recuperação judicial ou extrajudicial; existência futura e montante desconhecido emergente de relação já constituída; e de natureza diversa.

A constituição dos Fundos dependerá da prestação de serviços por agentes diversos e suas funções próprias, entre os quais destacamos: (i) o administrador;[160] (ii) o distribuidor;[161] (iii) o gestor;[162] (iv) o custodiante;[163] (v) o *rating*;[164] (vi) o consultor de investimento;[165] (vii) o agente de cobrança;[166] e (viii) o auditor.[167]

Os critérios de elegibilidade são validados por informações controladas pelas entidades registradoras de direitos creditórios. As condições de cessão referem-se a critérios não verificáveis pelo custodiante. Nesse caso, a instituição administradora deve possuir e disponibilizar metodologia de verificação do cumprimento da obrigação. A concentração da carteira de direitos creditórios, em suma, é limitada a 20% por devedor ou coobrigado, não se aplicando em relação à companhia aberta, instituição financeira, títulos públicos e pessoas jurídicas com demonstrações financeiras auditadas e arquivadas na CVM pelo administrador.

A aquisição de direitos creditórios originados ou cedidos pelo administrador, gestor ou consultor de investimentos e/ou suas partes relacionadas é permitida, desde que (i) o administrador, o gestor, a entidade registradora e o custodiante dos direitos creditórios não sejam partes relacionadas entre si e (ii) a entidade registradora e o custodiante não sejam partes relacionadas ao originador ou cedente. Ainda, para cotas ofertadas publicamente a investidores de varejo, é necessária prévia classificação de risco e, também, a arrecadação e a cobrança dos direitos creditórios dependerão de sua modalidade.

O lastro, a base do direito creditório adquirido, deverá ser verificado quando da aquisição do ativo e, trimestralmente, salvo em casos de prévia verificação integral.

---

[160] Responsável pela representação do Fundo, comunicação e divulgação de informações com os cotistas, informe de rendimentos e verificação do cumprimento das obrigações dos demais.
[161] Sendo esse as instituições autorizadas pelo Bacen para atuarem na intermediação de títulos e valores mobiliários.
[162] Responsável pela gestão da carteira de ativos financeiros e de direitos creditórios, pela verificação de critérios de elegibilidade, pela estruturação do Fundo, pela verificação de lastro e subcontratação de certos prestadores de serviços.
[163] Responsável por validar os critérios de elegibilidade dos ativos, guardar o lastro dos direitos creditórios, quando não forem esses ativos registrados em entidades autorizadas pelo Bacen.
[164] Sendo a avaliação, realizada por uma agência, do risco de crédito de um determinado investimento.
[165] Exerce funções de recomendação e suporte nas teses de investimento.
[166] Realiza a cobrança negociando formas de pagamento e registra essas informações.
[167] Responsável pela auditoria independente das demonstrações financeiras do Fundo.

Pagamentos devidos ao Fundo devem ser realizados em conta de titularidade do FIDC ou em contas de garantia (*escrow account*).[168] Exclusivamente em Fundos para investidores profissionais é permitido o recebimento de tais pagamentos em conta de livre movimentação do cedente.

Ademais, convém dizer que a Assembleia Geral de Cotistas é o órgão máximo de deliberação do Fundo e deverá tomar, anualmente, suas contas e aprovar suas declarações financeiras, além de outras atividades de manutenção da continuidade de suas operações. As deliberações serão feitas pela maioria dos cotistas presentes, em alguns casos, podendo ser requerido quórum especial.[169] O Capítulo VII – Assembleias de Cotistas do Anexo Normativo II da Resolução CVM n. 175/2022 também foi alvo de mudanças da Resolução CVM n. 187/2023, ao passo que renumera o parágrafo único do art. 28 para § 1º, o qual se restringe somente aos titulares de cotas seniores e de cotas mezanino que não se subordinem à subclasse em deliberação, em situação de a matéria discutida vir a resultar em uma redução do índice de subordinação de determinada subclasse. Dessa forma, o § 2º foi incluído, permitindo o voto dos prestadores de serviços da classe de cotas de que sejam titulares de cotas subordinadas.

---

[168] *Escrow account* é termo derivado do inglês; em português, *escrow* significa "garantia" ou "compromisso". *Escrow account* é modalidade específica de conta de garantia que objetiva proteger duas partes de um contrato, assegurando o cumprimento de todo o acordado entre estas.

[169] As ofertas públicas de distribuição de valores mobiliários nos mercados primário e secundário, reguladas pela Resolução CVM n. 160/2022, dependem de registro na CVM e compreendem cotas que podem ser distribuídas para investidores qualificados. As ofertas públicas de valores mobiliários distribuídas com esforços restritos e a negociação desses valores nos mercados regulamentados, reguladas pela Resolução CVM n. 160/2022, têm registro dispensado, ficando a distribuição restrita. Todo Fundo deverá ter documentos básicos como o Regulamento, que estabelece suas regras de funcionamento. Além dele, temos o contrato de cessão, o contrato de custódia e escrituração, o contrato de gestão e o contrato de distribuição.

Essa modalidade, quando direcionada ao varejo, fica submetida a alguns requisitos: não pode adquirir cota subordinada (júnior) – apenas sênior ou subclasse única; fica obrigatório rating para subclasse sênior e cronograma para amortização de cotas ou distribuição de rendimentos, bem como, quando houver prazo de carência em classe aberta, deverá estar com o prazo total entre o pedido de resgate e seu pagamento, não podendo totalizar prazo superior a 180 dias. A política de investimento não admite a aplicação em direitos creditórios a performar, exceto se cedido por empresas concessionárias de serviços públicos ou SPE de infraestrutura ou de produção econômica intensiva em PD&I, considerados prioritários na forma regulamentada pelo Poder Executivo Federal.

O conceito de Pesquisa, Desenvolvimento e Inovação (PD&I) tem como centralidade o incentivo à inovação e à pesquisa científica e tecnológica no ambiente produtivo, visando à capacitação tecnológica, ao alcance da autonomia tecnológica e ao desenvolvimento do sistema produtivo nacional e regional do País. A PD&I é um processo que tem como centralidade a pesquisa científica, pesquisa aplicada, desenvolvimento experimental e inovação tecnológica (ANPEI – ASSOCIAÇÃO NACIONAL DE PESQUISA E DESENVOLVIMENTO DAS EMPRESAS INOVADORAS. P,D&I: entenda melhor esse conceito. 29 ago. 2019. Disponível em: https://anpei.org.br/pdi-pesquisa-desenvolvimento-e-inovacao-entenda/. Acesso em: 3 ago. 2023).

O Fiagro Imobiliário pode ser compreendido como a comunhão de recursos captados pelo sistema de distribuição e destinados à aplicação em empreendimentos imobiliários. Aqui, também é aplicável a Resolução CVM n. 160, no que se refere a seu registro de distribuição de cotas, que se dará pelo rito ordinário de registro – com análise prévia da CVM – ou pelo rito de registro automático a depender do público-alvo da oferta pública.

A modalidade está destinada à aquisição de imóveis rurais e se somam à possibilidade de aquisição de títulos de securitização no agronegócio, atuando como vetor de investimento imobiliário e de canalização para o setor produtivo por meio dos ativos financeiros que pode adquirir. Viabiliza a aquisição de direitos reais sobre terras agrícolas, objetivando a democratização do investimento no setor e permitindo a pequenos investidores a titularidade de direitos, costumeiramente, de custos elevados. A modalidade diretamente inspirada nos FIIs tem como público-alvo investidores em geral e deve ser constituído na forma de Fundo fechado.

O FII se conecta com a aquisição de ativos imobiliários e títulos e valores mobiliários na intersecção entre o universo imobiliário e do agronegócio, sendo os ativos passíveis de sua aquisição: (i) quaisquer direitos reais sobre imóveis rurais; (ii) ações, debêntures, bônus de subscrição, seus cupons, direitos, recibos de subscrição e certificados de desdobramentos, certificados de depósito de valores mobiliários, cédulas de debêntures, cotas de Fundos de Investimento, notas promissórias, e quaisquer outros valores mobiliários, desde que se trate de emissores registrados na CVM e cujas atividades preponderantes sejam permitidas aos Fiagro; (iii) ações ou cotas de sociedades cujo único propósito se enquadre entre as atividades permitidas aos Fiagro; (iv) cotas de Fundos de Investimento em Participações (FIP) que tenham como política de investimento, exclusivamente, atividades permitidas aos Fiagros ou de Fundos de Investimento em ações que sejam setoriais e que invistam de maneira exclusiva no agronegócio; (v) cotas de FII com política de investimento compatível; (vi) cotas de outros Fiagros; (vii) CRI e FIDC com lastro compatível; (viii) Letras Hipotecárias, Letra de Crédito Imobiliário e Letra Imobiliária Garantida, todas vinculadas a imóveis rurais, e Letra de Crédito do Agronegócio; e (ix) CRA.

Os bens, direitos, frutos e rendimentos integrantes da carteira do FII estão colocados diante de restrições, não podendo integrar o ativo do administrador ou responder por qualquer obrigação de sua responsabilidade, compor a lista de bens e direitos do administrador para efeito de liquidação judicial ou extrajudicial, ser passíveis de execução por seus credores, por mais privilegiados que sejam, ou ser dados em garantia de débito da operação do administrador. Ainda, por via de regra, os imóveis, bens e direitos de uso a serem adquiridos pelo Fundo deverão ser objeto de prévia avaliação.[170]

---

[170] O administrador deverá providenciar a averbação em Cartório de Registro de Imóveis, das restrições apontadas pelo art. 7º da Lei n. 8.668/1993, fazendo constar na matrícula do imóvel e direitos integrantes do patrimônio do FII que: esses ativos não integram o ativo do

De forma geral, o patrimônio do FII será composto pelos empreendimentos imobiliários e pelos fundos e títulos de renda fixa. De acordo com a Instrução CVM n. 571, que foi posteriormente revogada pela Resolução CVM n. 192, de 1.º de novembro de 2023, uma vez requerida pelo administrador, a autorização para constituição e funcionamento do Fundo era conferida, automaticamente, após dez dias úteis. Também é aplicável a Resolução n. 160, no que se refere ao registro e distribuição de cotas, resolução referente, ainda, à oferta restrita,[171] cabendo ao administrador informar à CVM a data da primeira integralização de cotas no prazo de dez dias após a sua ocorrência. As ofertas de cotas subsequentes serão automaticamente registradas.[172] As cotas do FII não autorizam o exercício de direito real sobre os imóveis e demais ativos da carteira do Fundo, bem como não respondem pelas obrigações a estes relativas. Sobre a oferta pública voluntária de aquisição de cotas, a Resolução CVM n. 214/2024 dá nova redação ao art. 6º do Anexo Normativo III da Resolução CVM n. 175. Atualmente, as "recompras" elencadas inicialmente pela Resolução n. 175/2022 passam a denominar-se por "ofertas públicas voluntárias" e devem seguir as regras da entidade administradora.

As decisões atinentes a todo o Fundo, como ocorrem nos demais, serão tomadas por assembleias gerais que têm como quórum comum de deliberação, o de maioria dos votos entre os presentes. Por vezes, porém, poderá ser requerido quórum qualificado para matérias que, por sua natureza, deveriam estar sujeitas a um regime mais rígido de aprovação.[173] A análise dos imóveis para investimentos deve considerar seu valor justo, e, em relação a imóveis para venda ordinária, o valor de custo ou o valor realizável líquido.

São alguns dos prestadores de serviços dos FII: (i) administrador;[174] (ii) consultoria especializada;[175] (iii) empresa especializada para administrar as locações ou

---

administrador, não respondem direta ou indiretamente por qualquer obrigação do administrador, não compõem a lista de bens e direitos do administrador para fins de liquidação judicial ou extrajudicial, não podem ser dados em garantia de débito de operação do administrador, não podem ser executados por qualquer credor do administrador e não podem ser objeto de constituição de ônus real sobre imóveis, com exceção dos casos de garantia das obrigações assumidas pelo Fundo ou por seus cotistas.

[171] A oferta restrita foi criada pela CVM com a finalidade de simplificar e agilizar o processo ao mercado de capitais. Originou-se com a Instrução CVM n. 476/2009, que posteriormente fora revogada pela Resolução CVM n. 160/2022.

[172] Esse registro, porém, não será aplicado em caso de mudanças relevantes na política de investimento do Fundo, uma vez que o regulamento do Fundo pode prever a aprovação de nova emissão de cotas diretamente pelo administrador, o que carecerá de observação ao direito de preferência dos cotistas.

[173] No mínimo 25% das cotas emitidas, quando o Fundo tiver mais de 100 cotistas; e 50% das cotas emitidas, quando o Fundo tiver até 100 cotistas.

[174] Bancos comerciais, bancos múltiplos com carteira de investimento ou carteira de crédito imobiliário, bancos de investimento, sociedades corretoras ou sociedades distribuidoras de valores mobiliários, sociedades de crédito imobiliário, caixas econômicas e companhias hipotecárias.

[175] Dará suporte e subsidiará o administrador e, se for o caso, o gestor, em suas atividades de análise, seleção e avaliação de empreendimentos imobiliários e demais ativos integrantes ou que possam vir a integrar a carteira do Fundo.

arrendamentos de empreendimentos integrantes de seu patrimônio, a exploração do direito de superfície, monitorar e acompanhar projetos e a comercialização dos respectivos imóveis e consolidar dados econômicos e financeiros selecionados das companhias investidas para fins de monitoramento; (iv) distribuidor;[176] e (v) formador de mercado.[177]

Diante de investidores qualificados, o FII poderá admitir a utilização de títulos e valores mobiliários na integralização de cotas, além de dispensar a elaboração de prospecto e de publicação de anúncio de início e encerramento da distribuição. É permitida a dispensa de laudo de avaliação para a integralização de cotas em bens e direitos, sem prejuízo da manifestação da assembleia de cotistas.

A modalidade permite a qualquer investidor nacional ou estrangeiro direcionar seus recursos no setor agropecuário. Ao adquirir cotas do Fiagro-FII, o investidor participa do mercado de terras, ainda que não tenha posse ou domínio de propriedade rural. Aos investidores não residentes o modelo permite direcionar recursos estrangeiros de forma direta a imóveis rurais desde que satisfaça a legislação nacional vigente, afastando questionamentos relativos à segurança nacional. Assim, os recursos internacionais ingressam de forma facilitada no setor, superando limites de aquisição de terras impostas a estrangeiros.[178] O Fiagro Participações, como os demais Fundos, é uma comunhão de recursos constituídos sob a forma fechada e são destinados à aquisição de ações, bônus de subscrição, debêntures simples, outros títulos e valores mobiliários conversíveis ou permutáveis em ações de emissão de companhias abertas ou fechadas, bem como títulos e valores mobiliários representativos de participação em sociedades limitadas, que devem participar do processo decisório da sociedade investida, com efetiva influência na definição de sua política estratégica e na sua gestão. Aqui, temos determinação de que no mínimo 90% do patrimônio líquido do Fundo deve ser investido nos ativos de aquisição a que ele se destina, nos quais também ingressam os designados ao pagamento de suas despesas, desde que limitados a 5% do capital subscrito, os decorrentes de operações de desinvestimento, ativos a receber decorrentes da alienação a prazo dos ativos de aquisição a que se destina e aqueles

---

[176] Instituições autorizadas pelo Bacen a atuarem na intermediação de títulos e valores mobiliários.

[177] Empresa cadastrada na B3 que se compromete a manter as ofertas de forma regular e contínua durante a negociação. A B3 é uma empresa de infraestrutura de mercado financeiro, com atuação em ambiente de bolsa e de balcão. As atividades incluem criação e administração de sistemas de negociação, compensação, liquidação, depósito e registro para todas as principais classes de ativos, desde ações e títulos de renda fixa corporativa até derivativos de moedas, operações estruturadas e taxas de juros e de *commodities*. Também opera como contraparte central garantidora para a maior parte das operações realizadas em seus mercados e oferta serviços de central depositária e de central de registro (B3. Quem somos: uma das principais empresas de infraestrutura de mercado financeiro do mundo. Disponível em: https://www.b3.com.br/pt_br/b3/institucional/quem-somos/. Acesso em: 31 jul. 2023).

[178] Relatório n. 1, de 2021 – Senador Carlos Fávaro.

aplicados em títulos públicos com o objetivo de constituição de garantia a contratos de financiamento de projetos de infraestrutura em instituições financeiras.

É Fundo exclusivo para investidores qualificados e profissionais. Sendo bastante flexível, permite a realização de operações de capital de risco, substituição da *holding*,[179] investimentos imobiliários, planejamentos sucessórios e reestruturação de empresas. A participação do Fundo no processo decisório da sociedade investida poderá ocorrer pela detenção de ações que integrem o bloco de controle, celebração de acordos de acionistas[180] ou celebração de qualquer contrato, acordo, negócio jurídico ou outro procedimento que assegure ao Fundo efetiva influência na definição de sua política estratégica e na sua gestão, inclusive por meio da indicação de membros do conselho de administração.[181]

Para o FIP investir em uma companhia fechada é necessário que esta atenda certas práticas de governança previamente estipuladas. Há abrandamento das práticas de governança em relação às Sociedades Anônimas investidas por FIP Empresas Estrangeiras e dispensa do cumprimento das práticas de governança quando FIP Capital Semente. O FIP poderá investir até 20% do seu capital subscrito em ativos no exterior. Não serão considerados ativos no exterior quando o emissor tiver sede no exterior e ativos localizados no Brasil que correspondam a 90% ou mais daqueles constantes das suas demonstrações contábeis. A participação do Fundo no processo decisório da investida no exterior deve ser assegurada pelo gestor no Brasil. Ainda, é possível ao FIP obter apoio financeiro direto de organismos de fomento,[182] caso em que ficará

---

[179] A expressão *Holding Company*, ou simplesmente *holding*, designa pessoas jurídicas (sociedades) que atuam como titulares de bens e direitos, dos quais incluem bens imóveis e móveis, participações societárias, propriedade industrial, investimentos, financiamentos etc. (MAMEDE, Gladston; MAMEDE, Eduarda Cotta. Holding *familiar e suas vantagens*. 6. ed. São Paulo: Atlas, 2014).

[180] O acordo de acionista é um ajuste parassocial que origina subvínculos societários entre acionistas, com limitação da matéria objeto do pacto. Relaciona-se exclusivamente com a sociedade, podendo modificar apenas a relação entre as partes, sendo impossível modificar a relação social (VENOSA, Sílvio de Salvo. *Direito empresarial*. Barueri: Grupo GEN, 2020).

[181] Ficará, porém, dispensada a participação do Fundo no processo decisório quando seu investimento na sociedade for reduzido a menos da metade do percentual originalmente aportado, representando parcela inferior a 15% do capital investido, o valor contábil do investimento for reduzido a zero e houver deliberação dos cotistas em assembleia geral em que aprovada a dispensa por maioria dos presentes ou as companhias listadas em Mercado de Acesso que assegurem cumprimento de padrão de governança corporativa mais restrito que o legalmente exigido, desde que o valor investido se limite a até 35% do capital do Fundo.

[182] Aqui, são considerados organismos de fomento os organismos multilaterais, as agências de fomento ou os bancos de desenvolvimento que possuam recursos provenientes de contribuições e cotas integralizadas majoritariamente com recursos orçamentários do governo e cujo controle seja governamental.

autorizado a contrair empréstimos destes, limitados a montante correspondente a 30% dos ativos do Fundo.

O Fundo pode efetuar empréstimo para fazer frente ao inadimplemento de cotistas que deixem de integralizar as suas cotas subscritas. Ainda, pode realizar adiantamentos para futuro aumento de capital nas companhias abertas ou fechadas que compõem a sua carteira desde que: (i) possua investimento em ações da companhia na data do adiantamento; (ii) essa possibilidade seja expressamente prevista em seu regulamento; (iii) seja vedada qualquer forma de arrependimento do adiantamento por parte do Fundo; e (iv) o adiantamento seja convertido em aumento de capital da companhia investida em, no máximo, 12 meses.

Ao decidir aplicar seus recursos em companhias que estejam em processo de recuperação judicial ou extrajudicial ou em reestruturação financeira, desde que devidamente aprovada pelos órgãos competentes da companhia, é admitida a integralização de cotas em bens ou direitos, inclusive créditos, que deverão estar vinculados ao processo de recuperação ou de reestruturação da companhia investida. O regulamento poderá admitir que o valor das cotas seja integralizado por meio de bens que devem estar respaldados em laudo de avaliação, aprovado em assembleia. Teremos na assembleia geral o principal órgão decisório do FIP. Aqui, também, é resguardado ao regulamento prever quórum especial.

No FIP, apenas poderão assumir a função de administrador as pessoas jurídicas autorizadas pela CVM ao exercício profissional de administração de carteiras de valores mobiliários. Ainda, compete a este, na qualidade de representante do Fundo, contratar prestadores de serviço, figurando no contrato como interveniente anuente. A gestão da carteira do Fundo é a gestão profissional dos ativos nela integrantes, desempenhada por pessoa jurídica credenciada como administrador de carteiras de valores mobiliários pela CVM, tendo poderes para negociar e contratar ativos e intermediários para realizar suas operações, negociar e contratar em seu nome e monitorar os ativos investidos.[183]

O ano de 2024 foi rico em novas regras estabelecidas aos Fiagros, por isso torna-se importante analisar detalhadamente o Anexo Normativo VI – Fundos de Investimento nas Cadeias Produtivas do Agronegócio, que foi constituído pela Resolução CVM n. 214/2024, dispondo sobre regras específicas do assunto: (i) âmbito e finalidade; (ii) características e constituição; (iii) cotas; (iv) carteira de ativos; (v) regulamento;

---

[183] É possível a constituição de conselhos consultivos ou comitês técnicos, o que não exime o administrador ou o gestor de sua responsabilidade sobre as operações da carteira. Sendo os investimentos do FIP feitos em ações, bônus de subscrição, debêntures não conversíveis ou outros títulos e valores mobiliários conversíveis ou permutáveis em ações de emissão de companhias fechadas, títulos ou valores mobiliários representativos de participação em sociedades limitadas e caixa do Fundo, desde que seja admitida a negociação em Bolsa de Valores ou mercado de balcão desses ativos, ficará dispensada a contratação do serviço de custódia.

(vi) assembleia de cotistas; (vii) prestação de serviços; (viii) vedações; (ix) divulgação de informações; (x) encargos; (xi) classes restritivas; e, por fim, (xii) penalidades.

O Capítulo I – Âmbito e Finalidade é composto por duas Seções, a abrangência e a aplicação da norma. A abrangência diz respeito às regras específicas do Fiagro. Sobre a aplicação da norma, o art. 2º da Resolução CVM n. 214/2024 trata de um caso específico onde uma classe de cotas de Fiagro tem uma política de investimento que permite aplicar mais de 50% do seu patrimônio líquido em ativos que também podem ser investidos em outra categoria de fundo.[184] Nesse caso, a classe de cotas do Fiagro precisa seguir as regras da categoria de fundo na qual esses ativos podem ser aplicados, mas de forma subsidiária. Isso quer dizer que, além das próprias regras da classe de cotas do Fiagro, as regras da categoria de fundo necessitam ser observadas. Em situação de conflito entre as regras da classe de cotas, as regras do Anexo Normativo VI devem prevalecer. Adiciona-se ainda que um ativo pode ser investido em mais de uma categoria de fundo, desde que o regulamento do fundo esteja claro e explícito ao indicar à qual categoria esse ativo pertence e esteja de acordo com os objetivos e regras da classe de cotas.[185] Já o § 2º afirma que, para que as categorias de fundo sejam bem definidas, ativos com a mesma natureza não podem ser atribuídos a diferentes categorias dentro da mesma classe de cotas do Fiagro, ou seja, a distribuição dos ativos deve ser clara e sem duplicidade dentro de uma única classe.[186]

O Capítulo II – Características e Constituição compreende as Seções de Características Gerais (arts. 3º, 4º e 5º) e de Constituição (art. 6º). O art. 3º define dois termos importantes, sendo eles: crédito de carbono do agronegócio e imóvel rural. Os créditos de carbono são títulos que representam a redução ou remoção de gases de efeito estufa da atmosfera. Esses créditos devem ser originados nas atividades do agronegócio, ou seja, nas produções agroindustriais, de acordo com as leis e regulamentações específicas para a emissão e remoção de gases. Já o imóvel rural é aquele que possui o Certificado de Cadastro de Imóvel Rural (CCIR) – documento de comprovação da regularização do imóvel para atividades rurais. Também é considerado imóvel rural aquele localizado em perímetro urbano, mas destinado às atividades do agronegócio, desde que tenha o registro no Registro Geral de Imóveis (RGI). O parágrafo único complementa a definição de imóvel rural, como aquele que possui depósito de água não

---

[184] "Art. 2º Caso uma classe de cotas do FIAGRO tenha política de investimento que possibilite a aplicação de mais de 50% (cinquenta por cento) do seu patrimônio líquido em ativos que também sejam objeto de investimento de outra categoria de fundo, deve observar subsidiariamente as regras aplicáveis à respectiva categoria, prevalecendo, em caso de conflito, as regras dispostas neste Anexo Normativo VI."

[185] "§ 1º Para fins do *caput*, caso um ativo possa fazer parte da carteira de mais de uma categoria de fundo, o regulamento deve indicar expressamente a categoria a que o ativo pertence, considerando a política de investimento da classe de cotas do FIAGRO."

[186] "§ 2º Para fins do § 1º, ativos com a mesma natureza não podem ser indicados em categorias distintas no âmbito da mesma classe de cotas."

marinha (seja natural ou artificial) destinado à piscicultura ou aquicultura, não dispensando o imóvel de estar devidamente registrado ou inscrito em cadastro ou registro de imóveis conforme a legislação vigente.[187] Já o art. 4º delimita o objetivo principal do investimento do Fiagro em cadeias produtivas do agronegócio, delimitando a cadeia de ativos no art. 14 do Anexo Normativo IV.[188] O último artigo da Seção I, o art. 5º, trata da denominação do fundo e das classes de cotas do Fiagro, com ressalvas específicas para determinados casos.[189]

---

[187] "Art. 3º Para os efeitos deste Anexo Normativo VI, entende-se por:

I – créditos de carbono do agronegócio: títulos representativos da efetiva redução da emissão ou da remoção de gases do efeito-estufa da atmosfera, nos termos da legislação e regulamentação específicas, originados no âmbito das atividades das cadeias produtivas do agronegócio; e

II – imóvel rural: o imóvel que possui Certificado de Cadastro de Imóvel Rural – CCIR ou que, localizado em perímetro urbano, seja destinado à exploração de atividades das cadeias produtivas do agronegócio e possua registro no Registro Geral de Imóveis – RGI.

Parágrafo único. Para os fins deste Anexo Normativo VI, é considerado imóvel rural o imóvel que possua depósito de água não marinha, natural ou artificial, para utilização em atividades de piscicultura ou aquicultura, sem prejuízo da necessidade de estar inscrito no cadastro ou registro de imóveis competente."

[188] É importante esclarecer quais são exatos os ativos que estão englobados nas cadeias produtivas do agronegócio. O art. 14 é responsável por elencá-los:

I – quaisquer direitos reais sobre imóveis rurais;

II – participações em sociedades;

III – ativos financeiros, títulos de crédito e valores mobiliários emitidos por pessoas naturais e jurídicas;

IV – direitos creditórios do agronegócio e direitos creditórios imobiliários;

V – certificados de recebíveis do agronegócio e outros títulos de securitização emitidos com lastro em direitos creditórios do agronegócio e certificados de recebíveis imobiliários e outros títulos de securitização emitidos com lastro em direitos creditórios;

VI – certificados de recebíveis e outros títulos de securitização emitidos com lastro em ativos financeiros emitidos por pessoas naturais ou jurídicas;

VII – cotas de classes que apliquem mais de 50% (cinquenta por cento) de seu patrimônio líquido nos ativos referidos nos incisos I a VI, o que inclui cotas de outros FIAGRO, mas não se limita a essa categoria de fundos;

VIII – créditos de carbono do agronegócio; e

IX – créditos de descarbonização – CBIO.

[189] "§ 1º Quando o fundo tiver classes de cotas (ou seja, diferentes tipos de investimentos dentro do fundo), deve constar na denominação da classe a expressão 'Classe de Investimento em Cotas' para indicar que se trata de uma parte do fundo. § 2º Caso o fundo tenha somente classes de cotas, ou seja, se o fundo não tiver outros tipos de investimentos além das cotas, a denominação do fundo pode ser 'Fundo de Investimento em Cotas'. § 3º Se a denominação do fundo ou de alguma classe de cotas mencionar a palavra 'carbono' ou qualquer termo relacionado à redução de gases de efeito estufa (como 'emissões de carbono' ou 'neutralização de carbono'), o regulamento do fundo deve explicar de forma clara como a política de investimento do fundo vai ajudar

Sobre a Seção II, o art. 6º diz que, caso a política de investimento de um Fiagro limite a aplicação de mais de 5% do seu patrimônio em determinados ativos,[190] o administrador fiduciário pode decidir, sozinho, a criação do fundo e das suas classes de cotas. Nesse caso, o administrador será o único responsável pela administração e pela gestão dos investimentos do fundo.

O próximo Capítulo, Cotas, é um dos mais relevantes por se tratar da distribuição e subscrição (arts. 7º a 11), integralização (art. 12) e oferta pública voluntária de aquisição de cotas (art. 13).

De acordo com o art. 7º, o pedido de registro para a oferta pública de distribuição de cotas deverá ser acompanhado dos documentos exigidos em regulamentação específica, além de, no caso de aquisição de imóvel rural no âmbito da distribuição de cotas constitutivas do patrimônio inicial da classe, ser apresentado laudo de avaliação elaborado em conformidade com os termos do Suplemento H, exceto pelas informações mencionadas no item II.7 do referido Suplemento, quando estas estiverem protegidas por sigilo ou, ainda, quando sua divulgação possa prejudicar a estratégia de investimento do fundo. Ademais, deverão ser acrescidas informações acerca da inscrição do imóvel no Cadastro Ambiental Rural (CAR), ou, caso tal inscrição se mostre desnecessária, a devida justificativa para essa dispensa. O art. 8º responsabiliza o administrador e o distribuidor por disponibilizarem uma versão atualizada de lâmina de informações básicas, quando o cotista ingressar na classe de cotas abertas. O art. 9º trata sobre o prazo de carência e o prazo legal de resgate (não pode exceder 180 dias no fundo destinado ao público em geral), seguindo pelo art. 10, que descreve que a política de investimento não pode permitir a aplicação de recursos em ativos que são inelegíveis para o público em geral, com especificação de três categorias de fundos.[191] O art. 11 finaliza a Seção de Distribuição e Subscrição, obrigando o cotista a confirmar, no termo de adesão e ciência de risco, seu acesso à lâmina de informações do fundo.

A Seção II – Integralização é composta apenas pelo art. 12, que determina que a integralização das cotas será feita em moeda corrente nacional, podendo, se previsto

---

a reduzir ou remover os gases do efeito estufa. Isso é necessário para garantir que o fundo realmente tenha um impacto positivo na redução dessas emissões."

[190] Os ativos determinados são os elencados nos incisos II a IX do art. 14 do Anexo Normativo VI, que também foram explicitados na referência de rodapé de número 772.

[191] "Art. 10. A política de investimento da classe de cotas destinada ao público em geral não pode prever a aplicação de recursos em ativos que são inelegíveis para o mesmo público em outras categorias de fundos, tais como:

I – direitos creditórios não-padronizados, conforme definidos no art. 2º, inciso XIII, do Anexo Normativo II;

II – direitos creditórios originados por contratos mercantis de compra e venda de produtos, mercadorias e serviços para entrega ou prestação futura; e

III – direitos creditórios originados ou cedidos pelo administrador, gestor, consultoria especializada, custodiante, entidade registradora e partes a eles relacionadas."

no regulamento, ser realizada em ativos. A integralização em ativos deve ser baseada em laudo de avaliação elaborado por empresa especializada e aprovado pela assembleia de cotistas. No caso de imóvel rural, o laudo deve seguir as normas do Suplemento H, exceto pelas informações protegidas por sigilo ou que prejudiquem a estratégia do fundo, e incluir dados sobre a inscrição no CAR ou justificativa de sua desnecessidade. A aprovação pela assembleia de cotistas não é necessária se o ativo for parte da oferta pública de cotas constitutivas do patrimônio inicial. O administrador deve garantir que as informações do laudo sejam precisas e corretas, sendo responsável por qualquer omissão. A integralização deve ocorrer dentro do prazo previsto no regulamento ou no documento de aceitação da oferta, conforme as normas da Lei n. 6.404/1976. O avaliador deve declarar que não possui conflito de interesses. As avaliações devem seguir as regras contábeis relacionadas à mensuração do valor justo dos ativos.

Sobre a oferta pública voluntária de aquisição de cotas (Seção III, art. 13), quando realizada pela própria classe que as emitiu, com o objetivo de adquirir parte ou a totalidade das cotas, deve seguir as regras e os procedimentos operacionais definidos pela entidade administradora do mercado em que as cotas estão sendo negociadas.

O Capítulo IV – Carteira de Ativos foi tratado anteriormente, pois possui apenas o art. 14 que elenca os ativos que permeiam a classe de cotas das cadeias produtivas do agronegócio. Por conseguinte, o Capítulo V – Regulamento aborda os arts. 15 a 17.

O regulamento do Fiagro deve estabelecer regras sobre várias questões, incluindo as responsabilidades do administrador em relação aos imóveis, prazos para a integralização de bens, e critérios para as aplicações e restituições de capital. Também deve definir como os rendimentos serão distribuídos ou reinvestidos, as taxas de custódia e *performance*, a remuneração de consultorias especializadas e a forma de convocação e funcionamento da assembleia de cotistas. O regulamento deve detalhar os ativos permitidos no fundo, os limites de aplicação e como serão controlados os créditos de carbono, caso sejam adquiridos. Além disso, se a classe de cotas for fechada e destinada ao público em geral, o regulamento não pode limitar o número de votos por cotista abaixo de 10% ou estabelecer diferentes limites de voto para cotistas da mesma classe.[192] O aumento ou a alteração da taxa de *performance* e da taxa máxima de custódia só será eficaz após 30 dias ou após o prazo de pagamento de resgates em classe aberta, o que for maior, e desde que aprovado pela unanimidade dos cotistas em assembleia. Além disso, os cotistas devem receber o resumo previsto no art. 79 da parte geral da Resolução.[193] Além dos documentos já previstos na Resolução, o administrador deve

---

[192] Art. 15 do Anexo Normativo IV da Resolução CVM n. 214.

[193] "Art. 16. Em acréscimo às matérias previstas no art. 50, parágrafo único, incisos I e II, da parte geral da Resolução, salvo se aprovada pela unanimidade dos cotistas reunidos em assembleia, aumento ou alteração do cálculo da taxa de performance e da taxa máxima de custódia são eficazes apenas a partir do decurso de, no mínimo, trinta dias, ou, no caso de classe aberta, do prazo para pagamento de resgate estabelecido no regulamento, o que for maior, e após a disponibilização aos cotistas do resumo previsto no art. 79 da parte geral da Resolução."

disponibilizar a lâmina atualizada das alterações de regulamento deliberadas em assembleia, caso aplicável, por meio de sistema eletrônico na internet, a partir da data de início da vigência dessas alterações.[194]

O Capítulo VI – Assembleia de Cotistas trata das competências, convocação, instalação e atuação dos representantes dos cotistas em um fundo de investimento. A Seção I – Competência, de modo geral, define as matérias que devem ser decididas pela assembleia de cotistas, como alteração do mercado de negociação das cotas, eleição e destituição de representantes dos cotistas, e modificações nas taxas de administração, gestão e *performance*. Já a Seção II – Convocação e Instalação estabelece que a assembleia deve ser convocada pelo administrador, com prazos e requisitos específicos para convocação pelos cotistas. Além disso, especifica que o administrador deve disponibilizar as informações necessárias para o exercício do direito de voto, inclusive a inclusão de matérias na pauta, quando solicitado.

Por fim, a Seção III – Representação dos Cotistas trata da eleição de representantes para fiscalizar os investimentos e defender os direitos dos cotistas. Os requisitos para a função incluem ser cotista da classe de cotas, não ter conflito de interesses e não exercer cargo em prestador de serviços essenciais ou administradores de outros Fiagros. Define ainda as responsabilidades dos representantes, como fiscalizar atos dos prestadores de serviços, opinar sobre propostas da assembleia, analisar informações financeiras e elaborar relatórios anuais. O administrador é obrigado a fornecer documentos financeiros aos representantes dentro de prazos específicos. Além disso, os representantes devem agir no exclusivo interesse da classe de cotas, com boa-fé e lealdade, e sua atuação deve ser transparente e diligente. A negociação de cotas com base em informação privilegiada é considerada ilícita se ocorrer dentro de três meses após o afastamento do representante.

Em seguida, o Capítulo VII – Prestação de Serviços regula as funções de administração e gestão dos fundos de investimento, detalhando as obrigações do administrador e do gestor. Sobre a Seção I – Administração, o art. 27[195] estabelece as

---

[194] "Art. 17. Em acréscimo aos documentos previstos no art. 51 da parte geral da Resolução, na data do início da vigência das alterações de regulamento deliberadas em assembleia, o administrador deve disponibilizar a lâmina atualizada, se aplicável, por meio de sistema eletrônico na rede mundial de computadores."

[195] "Art. 27. Em acréscimo às obrigações dispostas no art. 104 da parte geral da Resolução, compete ao administrador:

I – calcular e divulgar na rede mundial de computadores o valor da cota e do patrimônio líquido das classes e subclasses abertas, em periodicidade compatível com o prazo entre o pedido de resgate e seu pagamento, conforme previsto no regulamento;

II – verificar, após a realização das operações pelo gestor, em periodicidade compatível com a política de investimento da classe, a observância da carteira de ativos ao regulamento, inclusive no que se refere aos requisitos de composição da carteira, devendo informar ao gestor e à CVM sobre eventual desenquadramento, até o final do dia seguinte à data da verificação;

responsabilidades do administrador, como calcular e divulgar o valor da cota e patrimônio líquido, verificar a conformidade da carteira de ativos com o regulamento, contratar serviços de custódia, registro de direitos creditórios, e garantir que os imóveis rurais da carteira estejam devidamente registrados com restrições legais. O administrador também deve manter os relatórios dos representantes dos cotistas atualizados, diligenciar para a adequada guarda dos documentos relacionados aos ativos e assegurar a transparência das negociações entre as partes. Sobre gestão, o art. 29[196] detalha as obrigações do gestor, que inclui garantir a conformidade tributária, a preservação da integridade fundiária e ambiental dos imóveis rurais, e observar as normas para a gestão de participações societárias e direitos creditórios. O gestor também deve verificar a existência e titularidade dos créditos de carbono. O art. 30 permite que o gestor

---

> III – contratar os seguintes serviços, em nome do fundo, quando necessários por conta da política de investimento: a) custódia de ativos financeiros, valores mobiliários e CBIO, seja prestando-o diretamente, hipótese em que deve estar autorizado para tanto, ou indiretamente, por meio da contratação de custodiante; b) registro de direitos creditórios em entidade registradora autorizada pelo Banco Central do Brasil; e c) guarda da documentação que constitui o lastro dos direitos creditórios, a qual pode se dar por meio físico ou eletrônico;
>
> IV – providenciar a averbação, no registro competente, das restrições determinadas pelo art. 7º da Lei n. 8.668, de 25 de junho de 1993, fazendo constar nos registros dos imóveis rurais integrantes da carteira que tais imóveis: a) não integram o ativo do administrador ou do gestor; b) não respondem direta ou indiretamente por qualquer obrigação do administrador ou do gestor; c) não compõem a lista de bens e direitos do administrador ou gestor para efeitos de liquidação judicial ou extrajudicial; d) não podem ser dados em garantia de débito de operação do administrador ou do gestor; e e) não são passíveis de execução por quaisquer credores do administrador ou gestor, por mais privilegiados que possam ser;
>
> V – diligenciar para que sejam mantidos, às suas expensas, atualizados e em perfeita ordem, os relatórios dos representantes dos cotistas; e
>
> VI – sem prejuízo da observância dos procedimentos relativos às demonstrações contábeis, manter, separadamente, registros com informações completas sobre toda e qualquer modalidade de negociação realizada entre o administrador, gestor e consultoria especializada e respectivas partes relacionadas, de um lado; e a classe de cotas, de outro."

[196] "Art. 29. Em acréscimo às obrigações dispostas no art. 105 da parte geral da Resolução, compete ao gestor:

> I – na execução da política de investimentos, sem prejuízo de outras atribuições, zelar para que a composição da carteira de ativos não altere o tratamento tributário da classe ou dos cotistas, conforme previsto na legislação aplicável ao FIAGRO;
>
> II – diligenciar para que seja preservada a integridade fundiária e ambiental do imóvel rural;
>
> III – em relação à parcela da carteira composta por participações societárias em companhias fechadas e sociedades limitadas, observar o disposto no art. 26 do Anexo Normativo IV desta Resolução;
>
> IV – em relação à parcela da carteira composta por direitos creditórios, observar o disposto nos arts. 33, incisos II a VI, 34 e 36, do Anexo Normativo II desta Resolução; e
>
> V – em relação aos créditos de carbono do agronegócio, verificar a existência, integridade e titularidade dos ativos no âmbito das diligências para sua aquisição."

contrate serviços especializados, como consultoria para análise e avaliação de ativos, administração de locações de imóveis rurais, e agentes de cobrança para a gestão de créditos vencidos.

Para encerrar, as vedações, a divulgação de informações, sejam elas periódicas ou eventuais, os encargos, as classes restritas e a penalidades estão contemplados nos Capítulos VIII a XII, respectivamente. Cabe ressaltar que, no Anexo Normativo IV, foram adicionados com a Resolução CVM n. 214/2024 os Suplementos O, P e Q, que se destinam ao conteúdo do informe mensal (Suplemento O), ao conteúdo da lâmina de informações básicas (Suplemento P), e ao conteúdo do informe anual (Suplemento Q).

Perdas e ganhos decorrentes da avaliação de ativos e passivos do Fundo qualificado como entidade de investimento devem ser reconhecidos no resultado do período. Eventual ajuste do valor dos investimentos do Fundo somente integrará a base de distribuição de rendimentos aos cotistas quando de sua realização financeira. Os ativos e passivos do fundo devem ser inicialmente reconhecidos pelo seu valor justo. No entanto, concluindo o administrador que o valor justo de uma entidade não é mensurável de maneira confiável, o valor de custo pode ser utilizado até que haja essa base de dados.

Dessa forma, pode-se compreender que o Fiagro alia amplas oportunidades de investimento com o acesso ao agronegócio por pequenos investidores, ao mesmo passo em que aumenta o dinamismo e a transparência para o mercado de terras rurais, somando maior governança e organizando os casos de sucessão familiar.

CAPÍTULO 8

SEGURO E COBERTURA DOS RISCOS AGROINDUSTRIAIS

8.1. FUNDAMENTOS DA ATIVIDADE SECURITÁRIA

Conforme estabelece o art. 757 do atual Código Civil, "pelo contrato de seguro, o segurador se obriga, mediante o pagamento do prêmio, a garantir interesse legítimo do segurado, relativo a pessoa ou a coisa, contra riscos predeterminados". O conceito de contrato de seguro trazido pelo diploma civil é elaborado a partir de seus elementos essenciais, tais como interesse, risco, garantia, prêmio[1] e empresarialidade. Acolhendo sugestão do professor Fábio Konder Comparato, o Código Civil adotou o legítimo interesse[2] como fundamento comum da necessidade concreta do seguro de dano e da necessidade abstrata do seguro de pessoa.[3]

Sob a esfera das seguradoras, a regulação de suas atividades negociais com o mercado em geral deve ser feita com base na legislação ordinária, incluídos aqui o Código Civil (CC), o Código Comercial (CCom) e o Código do Consumidor (CDC).[4]

Diante da distinta natureza da indenização, o Código Civil cuidou de separar em duas seções diferentes as regras específicas aos seguros de danos e aos de pessoas. O seguro de danos fica sujeito ao princípio indenitário, não podendo a indenização ser fonte de enriquecimento ao segurado. O seguro de pessoa, por sua vez, ao esbarrar na

---

[1] COMPARATO, Fábio Konder. Notas explicativas ao substitutivo ao capítulo referente ao contrato de seguro no anteprojeto do Código Civil. *Revista de Direito Mercantil, Industrial, Econômico e Financeiro*, São Paulo, ano XI (nova série), n. 5, p. 147, 1972.
[2] Nos termos do art. 757 do Código Civil: "Pelo contrato de seguro, o segurador se obriga, mediante o pagamento do prêmio, a garantir interesse legítimo do segurado, relativo a pessoa ou a coisa, contra riscos predeterminados". Conforme a Lei n. 15.040, a proteção do interesse legítimo e à função social do seguro.
[3] KARAM, Munir. O contrato de seguro no projeto do Código Civil. *Revista do Advogado*, n. 47, p. 48, mar. 1996.
[4] A doutrina é firme ao se tratar da configuração do contrato de seguro como relação de consumo, sujeito ao regime jurídico do CDC, como também o da Superintendência de Seguros Privados (Susep), criando um tríplice regulamento para o seguro: CC, CDC e Susep.

impossibilidade de determinar uma valoração e o que esse tipo de seguro deverá suprir após sua morte, passa a ser contratado com livre estipulação de capital.

Nos seguros de danos, cabe uma subdivisão: os danos diretos, cuja finalidade se extrai da responsabilidade de cobrir as perdas materiais que atingem, diretamente, o patrimônio do segurado; e os danos indiretos, seguro de responsabilidade civil, em que o interesse está relacionado ao próprio patrimônio do segurado, à medida que possa garantir o segurado contra os recursos exercidos contra si por terceiros, por danos que lhe sejam imputáveis.[5]

O seguro de dano (ou de coisas) tem como fim uma indenização, isto é, uma compensação, a satisfação de um dano sofrido. Deverá propiciar ao segurado a mensuração de seus prejuízos, colocando-o na exata posição em que se encontrava antes da ocorrência do evento. O seguro tem relação com os bens corpóreos (coisas), aqui, os produtos, subprodutos e resíduos de valor econômico da atividade agropecuária, bem como os animais em cria e recria – objetos típicos do seguro rural.

Modernamente, classificamos a boa-fé como elemento integrante dos contratos em geral, uma vez que se trata de um princípio geral aplicável aos contratos, previsto pelo art. 422 do Código Civil. Direcionado ao tema, ainda, o art. 765 do atual Código Civil confirma esse princípio como pilar essencial para o equilíbrio econômico e para a viabilidade do contrato de seguro: "O segurado e o segurador são obrigados a guardar na conclusão e na execução do contrato, a mais estrita boa-fé e veracidade, tanto a respeito do objeto como das circunstâncias e declarações a ele concernentes".

Relaciona-se aos atributos de transparência e cooperação, atentando para o interesse do outro contratante, de forma que o contrato seja individual e socialmente útil, emanado de forma correta e completa (veracidade) de acordo com a vontade das partes e a função social. Em um segundo momento, uma vez formada a relação contratual, o dispositivo procura garantir que as variações que possam ser relevantes e afetar o equilíbrio entre as prestações devidas sejam declaradas reciprocamente e recebam a atuação prática necessária para melhor atender aos interesses de ambas as partes.

A conduta das partes deve primar pelo princípio da veracidade das informações prestadas, seja por ação ou omissão. Entre segurado e segurador, não pode haver outro comportamento senão o da boa-fé objetiva.[6] A respeito, entre outras regras apropriadas, trata o art. 6º, III, do Código de Defesa do Consumidor, impondo ao fornecedor

---

[5] FRANCO, Vera Helena de Mello. Seguros de danos. *In*: FRANCO, Vera Helena de Mello. *Contratos*: direito civil e empresarial. São Paulo: RT, 2009. p. 308-319.

[6] A boa-fé contratual pode ser conceituada em objetiva e subjetiva. A boa-fé subjetiva corresponde à virtude de dizer o que acredita e acreditar no que diz. Já a boa-fé objetiva é representada por condutas do contratante que demonstram o respeito ao direito da outra parte. Ambas devem ser observadas pelos contratantes desde as negociações até a conclusão do contrato (COELHO, Fábio Ulhoa. *Curso de direito civil*: contratos. 5. ed. São Paulo: Saraiva, 2012. p. 83-84).

"a informação adequada e clara sobre os diferentes produtos e serviços, com especificação correta de quantidade, características, composição, qualidade e preço, bem como sobre os riscos que apresentem".

As consequências por infringência ao princípio constam assinaladas no art. 766 do Código Civil: "Se o segurado, por si ou por seu representante, fizer declarações inexatas ou omitir circunstâncias que possam influir na aceitação da proposta ou na taxa do prêmio, perderá o direito à garantia, além de ficar obrigado ao prêmio vencido". O segurador, antes de aceitar os riscos que assumirá, necessita dos mais amplos dados, a fim de aquilatá-los.

A falsa declaração pode resultar na fixação de uma taxa diversa daquela que seria estabelecida caso as condições em que se encontrava o segurado ou o objeto segurado fossem conhecidas. Contudo, não basta a mera constatação de um fato não revelado para desvincular-se do dever de indenizar. Uma vez que a boa-fé é presumida, a má-fé deverá ser provada, ônus que incumbe ao segurador.[7] No tocante ao segurador, a regra do art. 773 do Código Civil considera também grave a sua má-fé no caso de contratar, mesmo que o risco já tenha passado: "O segurador que, ao tempo do contrato, sabe estar passado o risco de que o segurado se pretende cobrir, e, não obstante, expede a apólice, pagará em dobro o prêmio estipulado".

Diante da conceituação trazida pelo art. 757 do Código Civil de 2002,[8] e uma vez estudada a classificação do contrato, passamos agora à análise detalhada dos elementos essenciais do contrato de seguro. Ao contrato de seguro é imperativa a existência de cinco elementos, a saber: garantia, interesse, risco, prêmio e empresarialidade.

A noção de garantia já estava presente na doutrina do contrato de seguro antes da entrada em vigor do atual Código Civil. O conceito de garantia está ligado ao elemento do interesse segurável. O conteúdo das obrigações de garantia consiste na eliminação de um risco que pesa sobre o credor, ou seja, reparar as consequências de sua realização. No entanto, mesmo que essa concretização não se verifique, a simples assunção do risco pelo devedor de garantia representa o adimplemento de sua prestação. O fato de o risco previsto do qual se fez o seguro não se concretizar não isenta o segurado de pagar o prêmio que se estipulou (art. 764).[9] As operações de seguro representam a garantia de um interesse contra a realização de um risco, mediante o pagamento antecipado de um prêmio.[10]

---

[7] RJTJRGS 13/235, 39/284, 45/335 e 55/244; *RT* 405/396.
[8] Art. 757 do atual Código Civil: "Pelo contrato de seguro, o segurador se obriga, mediante o pagamento do prêmio, a garantir interesse legítimo do segurado, relativo a pessoa ou a coisa, contra riscos predeterminados".
[9] COMPARATO, Fábio Konder. Obrigações de meios, de resultado e de garantia. *In*: COMPARATO, Fábio Konder. *Ensaios e pareceres de direito empresarial*. Rio de Janeiro: Forense, 1978. p. 537.
[10] COMPARATO, Fábio Konder. Obrigações de meios, de resultado e de garantia. *In*: COMPARATO, Fábio Konder. *Ensaios e pareceres de direito empresarial*. Rio de Janeiro: Forense, 1978. p. 353.

A garantia estará representada nas coberturas expressas na apólice. No seguro garantia estarão cobertos os riscos representados pelo descumprimento de obrigações contratuais, de acordo com cada modalidade de cobertura. Vale ainda ressaltar que o valor da garantia pela apólice estará indicado pelo valor máximo de indenização, que deverá equivaler à perda máxima fixada ou provável a que o segurado estará sujeito, não podendo ser superior ao valor da obrigação contratual segurada (art. 778 do CC).

Como indica a própria etimologia do termo "interesse", o interesse segurável é objeto material do contrato de seguro representado em uma relação, adequadamente demonstrado na relação existente entre o segurado e a coisa ou pessoa sujeita ao risco. O interesse segurável representa a relação econômica ameaçada por um ou vários riscos, que une o segurado ou beneficiário a determinada coisa ou pessoa. A distinção entre o interesse segurável e a coisa ou objeto a que esse interesse se refere explica o fato da possiblidade de existir uma multiplicidade de seguros do mesmo tipo, referentes à mesma coisa, com titulares diferentes, mas protegendo interesse econômico diverso.

Na técnica de seguros, o risco é definido como a possibilidade de um evento oneroso afetar o interesse segurável; nesse sentido, a garantia contra as consequências patrimoniais de realização desse evento constitui a causa do contrato de seguro. O interesse poderá tê-lo como causa subjetiva, visto que deverá haver uma relação entre o segurado e a coisa ou pessoa que pretende ser coberta contra o risco, mas preferimos tratá-lo como objeto. Aliás, o interesse é um elemento exigido, ou que se entende necessário, ou que se encontra presente em inúmeros institutos, até mesmo para a propositura de ação judicial.

Ainda, o risco constitui elemento essencial do contrato, cuja natureza jurídica contratual fundamentalmente dele depende. Na definição de Pedro Alvim, "risco segurável é o acontecimento possível futuro e incerto, ou de data incerta, que não depende somente da vontade das partes".[11] O risco a que se acha exposto o patrimônio ou a pessoa do segurado constitui a causa do contrato de seguro. Entretanto, a questão do risco é complexa. Muitos doutrinadores defendem posições distintas e coerentes.

Fábio Konder Comparato afirma que o conceito técnico de risco em matéria de seguros não diverge do conceito geral de risco no direito. Ele se define essencialmente como a possibilidade de um evento desvantajoso para o segurado ou seus beneficiários.[12] Como já fizemos aqui, a doutrina também alerta para a necessidade de ter presente que o objeto do contrato de seguro não é a coisa que se quer pôr a salvo do dano, decorrente do sinistro como efetivação do risco, mas, sim, o interesse, relativo a coisas ou a pessoas. O risco atua como a causa do contrato. Sem risco não temos como falar em contrato de seguro.

---

[11] ALVIM, Pedro. *O contrato de seguro*. Rio de Janeiro: Forense, 1999. p. 215.
[12] COMPARATO, Fábio Konder. *O seguro de crédito:* estudo jurídico. São Paulo: RT, 1968. p. 40.

A caracterização do risco segurável não deve depender da intervenção do segurado. O fato intencional, por não poder ser submetido a um tratamento atuarial, é tecnicamente não segurável. A sanção jurídica varia de intensidade conforme o aumento da gravidade do risco provenha ou não da vontade do segurado. O legislador costuma distinguir o agravamento causado intencionalmente pelo segurado, ou pelo menos por ele consentido, daquele proveniente de fatos independentes da vontade desse.

Quando o risco é agravado de forma intencional, é comum que seja autorizada a anulação do contrato pelo segurado. De qualquer modo, é apropriado que faça a diferenciação do risco quando ocasionado por simples aumento do valor do interesse e quando se agrava propositalmente. A assunção do risco é interpretada restritivamente. A exacerbação do risco pode afetar a probabilidade da intensidade de sua realização, isto é, os dois fatores fundamentais de avaliação de risco. Dessa forma, e nos termos do Código Civil, o segurado perderá o direito à garantia se agravar intencionalmente o risco objeto do contrato (art. 768).

O prêmio pode ser definido como o percentual aplicado sobre a importância segurada que corresponde à contraprestação pela garantia assumida pela seguradora. É a remuneração paga pelo segurado ao segurador em contraprestação à cobertura do interesse segurado. O seu valor é determinado de acordo com a maior ou menor probabilidade de ocorrência do risco. Todos os prêmios pagos pelos segurados, deduzida a parte que se destina ao benefício da seguradora, reúnem-se em um fundo do qual esta é titular, mas que deve conservar-se integralmente para pagar as quantias prometidas. São importâncias apartadas para fazer frente às eventuais indenizações futuras.

Os elementos técnicos inerentes à atividade securitária exigem existência de atividade organizada, orientada com fundamento em técnica estatística. A legislação brasileira exige que a seguradora seja pessoa jurídica, constituída sob a forma de Sociedade Anônima, atuando mediante autorização administrativa. Essa exigência, há muito, se dá pela necessidade de o custeio de risco ser distribuído a um número amplo de seguradores, de forma que a seguradora se estruture para atender a finalidade social a que se propôs.[13]

Para Pontes de Miranda, as empresas seguradoras operam com interesses que são de relevância social, com a suposição de organização especial para a solvência das seguradoras, tendo o Estado a função de controle e supervisão do funcionamento dessas empresas. A massa pluralística de riscos exige exatidão no cálculo dos prêmios, vigilância quanto às margens de lucro e solidez nas reservas. Os pressupostos técnicos são gerais e são especiais aos ramos de seguros.[14]

---

[13] VENOSA, Sílvio de Salvo. *Direito civil:* contratos em espécie. São Paulo: Atlas, 2008.
[14] PONTES DE MIRANDA, Francisco Cavalcanti. *Tratado de direito privado*. Rio de Janeiro: Borsoi, 1964. v. 45, p. 280.

A operação de seguros é uma atividade complexa, de natureza econômica, que se fundamentou na dispersão ou pulverização de riscos e na mutualidade ou comunidade de riscos. A ideia fundamental que justifica a operação de seguros é a da prevenção do risco, aqui entendida como a probabilidade de que um acontecimento ocasione prejuízo no sentido de ônus econômico para o segurado. O risco é afastado pela compensação econômica do dano (ônus econômico), derivado da ocorrência do fato cujas consequências se quiseram evitar ou diminuir. Essa compensação tem natureza econômica no seguro, e isso independe de sua forma.

Por conseguinte, tais ideias, fundamentos, determinam a apreciação da atividade como uma operação técnica comercial que envolve uma série de programas de racionalização e processos de gestão específicos. Sua natureza engloba conceitos próprios, como os de reserva técnica, bens de inversão, cálculo de cobertura, cálculo de riscos sem curso, cálculo de sinistros pendentes, reserva legal etc., ou seja, somente adequadamente operacionalizados como atividade de empresa.

8.2. SEGURO RURAL

A acentuada variabilidade da produção e renda da agricultura está diretamente associada a eventos naturais. O risco da agricultura tem estado cada vez mais evidente, seja em virtude da instabilidade climática, associada ao aquecimento global e à intensificação do capital na produção, seja em razão dos efeitos do câmbio flutuante sobre a renda do setor. O fenômeno não é recente. Ainda na Antiguidade, foi possível verificar que a estabilidade econômica e social da Grécia estava ameaçada por diversas externalidades, sendo o fator climático o mais complexo. O clima mediterrâneo, caraterizado pela imprevisibilidade na variação anual das precipitações, poderia frequentemente resultar no fracasso de uma ou mais safras.[15]

Desde então, a produção agropecuária tem investido em inovações tecnológicas para maximizar a produtividade e, consequentemente, o retorno dos investimentos, além de buscar reduzir os efeitos negativos de variações climáticas. A gestão de risco tem se tornado um componente vital para a sustentabilidade e competitividade da produção rural, desempenhando também importante papel como instrumento de política agrícola. Proteger-se de riscos causados por adversidades climáticas é imprescindível para o produtor. Como instrumento de garantia sobre os efeitos da quebra de safra, surge o Seguro Rural que, ao possibilitar ao produtor a recuperação total ou parcial do capital investido em sua lavoura ou empreendimento, torna-se importante ferramenta para lidar com a queda de produtividade decorrente de eventos climáticos.

Nesse sentido, em 1973, foi instituído o Programa de Garantia da Atividade Agropecuária (Proagro). Criado pela Lei n. 5.969/1973 (revogada) e regido pela Lei n. 8.171/1991, ambas regulamentadas pelo Decreto n. 175/1991 e pela Lei Federal n. 12.058/2009, tinha como objetivo isentar obrigações financeiras relativas à operação

---

[15] CARTLEDGE, Paul. *História ilustrada da Grécia antiga*. São Paulo: Ediouro, 2009. p. 63.

de crédito rural de custeio, cuja liquidação fosse prejudicada pela ocorrência de fenômenos naturais, pragas ou doenças que atinjam rebanhos e plantações. O Proagro não atua como mecanismo de seguro, uma vez que é programa governamental de apoio à produção agrícola que possibilita a captação de recursos sob orientação da política agrícola do governo. O fato de não ser regulamentado por órgãos do seguro privado, somado com a dificuldade de fiscalização e alta burocracia, implicava atraso ou até cancelamento do pagamento de indenizações, gerando descrédito dos produtores em relação ao programa.[16]

Visando maior adaptação e eficiência, o programa passou por reformulações, incluindo ajustes administrativos para reduzir a taxa de sinistralidade e os déficits acumulados desde sua implantação. Entre as vias para esse objetivo, a redução do risco por meio de zoneamento edafoclimático das regiões de produção das principais culturas se destacou.[17] Em 1996, os indicativos do Zoneamento Agrícola de Risco Climático (Zarc) começaram a ser observados para o enquadramento no Proagro dos empreendimentos de trigo no Paraná.

O Programa Nacional de Zoneamento Agrícola de Risco Climático, regulamentado pelo Decreto n. 9.841/2019, concentra-se na melhoria da qualidade e disponibilidade de dados e informações sobre riscos agroclimáticos no Brasil. Seu foco é apoiar a formulação, o aperfeiçoamento e a operacionalização de programas e políticas públicas de gestão. O estudo visa minimizar os riscos relacionados a fenômenos climáticos adversos, permitindo aos municípios identificar a melhor época de plantio para diferentes culturas, tipos de solo e ciclos de cultivares.

Na realização dos estudos do Zarc, parâmetros climáticos de solo e ciclos de cultivares são analisados de acordo com a metodologia validada pela Empresa Brasileira de Pesquisa Agropecuária (Embrapa) e adotada pelo Ministério da Agricultura, Pecuária e Abastecimento (Mapa). O enquadramento nas recomendações do Zarc se tornou obrigatório para produtores relacionados ao Proagro e a outros programas de seguridade rural, incluindo o Programa de Subvenção ao Prêmio do Seguro Rural (PSR).

O PSR foi estabelecido pelo governo federal com a promulgação da Lei n. 10.823, de 19 de dezembro de 2003, e, após, regulamentado pelo Decreto n. 5.121, de 29 de junho de 2004. O Programa instituiu a subvenção econômica concedida para auxiliar milhares de produtores a contratar o seguro, como forma de se protegerem contra as perdas financeiras decorrentes de adversidades climáticas. A subvenção econômica concedida pelo Mapa pode ser pleiteada por qualquer pessoa física ou jurídica que cultive ou produza espécies contempladas pelo programa, permitindo também a complementação dos valores por subvenções concedidas por Estados e Municípios.

---

[16] BAUNAIN, Antônio Márcio; VIEIRA, Pedro Abel. Seguro agrícola no Brasil: desafios e potencialidades. *Revista Brasileira de Risco e Seguro*, Rio de Janeiro, v. 7, n. 13, p. 39-68, abr./set. 2011.

[17] MITIDIERI, Francisco José; MEDEIROS, Josemar Xavier de. Zoneamento agrícola de risco climático: ferramenta de auxílio ao seguro rural. *Revista de Política Agrícola*, ano XVII, n. 4, p. 33-46, out./nov./dez. 2008.

O PSR tem como principais objetivos: (i) reduzir o custo de aquisição do seguro (prêmio) pelo produtor; (ii) ampliar a adesão ao seguro rural no País, aumentando o número de lavouras e hectares amparados; (iii) estabilizar a renda dos produtores rurais, reduzindo a demanda por renegociação e prorrogação de dívidas; e (iv) fomentar o uso de tecnologias para modernizar a gestão de empreendimento agropecuário. Segundo dados do último relatório PSR publicado pelo Mapa, em 2023, 70.199 produtores foram atendidos pelo Programa, e 18,4% eram novos registros na subvenção federal. Deste número de 18,4% de novos beneficiários as apólices se dividiram pelas culturas da seguinte forma: 35,2% para soja, 15% para pecuária, 12% para café.[18]

Para contratar o seguro rural, o produtor deve procurar uma seguradora habilitada pelo Ministério, participante do programa de subvenção. O percentual de subvenção pago pelo governo federal varia de 20% a 40%, de acordo com as prioridades da política agrícola formulada pelo Mapa. As modalidades de seguro rural amparadas pelo PSR são: grãos (separado entre soja e os demais), frutas, olerícolas, café, cana-de-açúcar, florestas, pecuária e aquicultura.

O esquema de operacionalização do PSR engloba cinco principais etapas, iniciando pelo Congresso Nacional, que é responsável por definir anualmente orçamento do PSR. Em seguida, os produtores rurais devem negociar as propostas de seguro com as seguradoras, que por sua vez enviam as propostas para o Mapa, por meio do sistema eletrônico. Por fim, o Ministério fica encarregado de aceitar a proposta e recepcionar a apólice, comprometendo o orçamento. Importante salientar que o Comitê Gestor Interministerial do Seguro Rural (CGSR) é o órgão responsável por priorizar e elencar as diretrizes do Programa, além de fiscalizar e coordenar os recursos do PSR. O CGSR é composto pelo Mapa (coordenadores), Ministério da Fazenda, Ministério do Planejamento e Orçamento, Ministério do Desenvolvimento Agrário e Agricultura Familiar e pela Superintendência de Seguros Privados (Susep).

Com o objetivo de aprimorar e integrar as ferramentas de gestão de riscos oferecidas pelo Governo Federal por meio do PSR e do Zarc, em 2019 foi lançado pelo Mapa o Programa Agro Gestão Integrada de Riscos (Proagir). O programa, cujo objetivo é integrar as ações relacionadas à gestão de risco climático e difundir aos produtores rurais a importância da contratação de um seguro rural, está estruturado em sete estratégias: (i) promoção do Seguro Rural; (ii) reestruturação do Garantia-Safra; (iii) grupo de trabalho de agrometeorologia; (iv) modernização do Zarc; (v) digitalização dos processos da comissão especial de recursos do Proagro; (vi) qualificação dos peritos agrícolas; e (vii) inovação na gestão de riscos.

Cabe mencionar que as seguradoras que operam o seguro rural também podem aderir ao Fundo de Estabilidade do Seguro Rural (FESR), criado pelo Decreto-lei n. 73,

---

[18] MAPA – MINISTÉRIO DA AGRICULTURA E PECUÁRIA. *Programa de Subvenção ao Prêmio do Seguro Rural*. Brasília, 2024. https://www.gov.br/agricultura/pt-br/assuntos/riscos-seguro/seguro-rural/dados/relatorios/RelatorioGeralPSR2023.pdf. Acesso em: fev. 2024.

de 21 de novembro de 1966, que tem por finalidade manter e garantir o equilíbrio das operações do seguro rural no País, bem como atender à cobertura suplementar dos riscos de catástrofe, inerentes à atividade rural. Atualmente, o FESR é regido, controlado e fiscalizado conforme o estabelecido pela Resolução CNSP n. 339, de 11 de maio de 2016, e administrado pela Associação Brasileira Gestora de Fundos Garantidores e Garantias S.A. (ABGF). A Resolução CNSP n. 404, de 26 de março de 2021, revogou a Resolução CNSP n. 339/2016 e trouxe algumas alterações para o ordenamento da gestão do FESR.

O FESR garante a estabilidade das operações do seguro rural nas modalidades agrícola, pecuário, aquícola, de florestas e de penhor rural, e o seu exercício é de 1º de janeiro a 31 de dezembro do mesmo ano. Para tanto, as seguradoras e resseguradoras devem realizar contribuições ao FESR incidentes sobre o resultado positivo em cada exercício e de acordo com percentuais determinados pela ABGF. Já a indenização a ser recebida pelas seguradoras e resseguradoras locais será realizada anualmente, após o resultado de cada exercício, pela parcela de seus sinistros retidos de acordo os percentuais também definidos pela ABGF.

Em 2023, as receitas de prêmios do Fundo sofreram uma redução de 73,7%, principalmente em virtude de uma diminuição de 78,9% nas contribuições das seguradoras. Apesar dessa queda significativa, o Fundo permanece superavitário e continua sendo um componente crucial da política pública de cobertura nacional para catástrofes e desastres ambientais, especialmente no setor agrícola, com foco na produção familiar em todo o Brasil.[19] No exercício de 2023, o Fundo pagou R$ 34,82 milhões em indenizações referentes a 2022. O orçamento aprovado na Lei Orçamentária Anual (LOA) de 2022 para a cobertura de déficit nas operações de seguro rural foi de R$ 25 milhões, sendo R$ 19 milhões destinados à ação 0026, que trata da cobertura de déficit. No entanto, em razão do déficit orçamentário para o pagamento das indenizações às seguradoras, em dezembro de 2023, o Fundo recebeu uma suplementação orçamentária de R$ 15,8 milhões para a ação 0026, pois o valor das indenizações superou o orçamento inicialmente aprovado. Com isso, o exercício foi encerrado com um total de R$ 34,82 milhões alocados para essa ação.[20] Em 2024, a Lei n. 14.872/2024 alterou a Lei n. 12.340/2010 para dispor sobre o custeio de ações de recuperação em propriedades de agricultura familiar atingidas por desastres. Entendido o funcionamento básico e algumas características, virtudes e defeitos do PSR, destacamos, a seguir, as modalidades de seguro rural:

1) Seguro agrícola: esse seguro cobre as explorações agrícolas contra perdas decorrentes sobretudo de fenômenos meteorológicos. A cobertura alcança desde a

---

[19] ABGF – AGÊNCIA BRASILEIRA GESTORA DE FUNDOS GARANTIDORES E GARANTIAS S.A. *Fundo de Estabilidade do Seguro Rural – FESR*. Demonstrações contábeis, dez. 2022. Disponível em: https://www.abgf.gov.br/wp-content/uploads/2023/03/FESR_DEMONSTRACOES-PARA-PUBLICACAO-SITE-EXERCICIO-2022.pdf. Acesso em: 21 ago. 2023.

[20] ABGF – AGÊNCIA BRASILEIRA GESTORA DE FUNDOS GARANTIDORES E GARANTIAS S.A. *Fundo de Estabilidade do Seguro Rural – FESR*. Demonstrações contábeis, dez. 2022. Disponível em: https://www.abgf.gov.br/wp-content/uploads/2023/03/FESR_DEMONSTRACOES-PARA-PUBLICACAO-SITE-EXERCICIO-2022.pdf. Acesso em: 21 ago. 2023.

emergência da planta até a colheita, protegendo contra riscos externos como raio, tromba d'água, ventos fortes, granizo, geada, chuvas excessivas, seca e variação demasiada de temperatura. Destacam duas formas de contratação: o seguro multirriscos, em que são cobertos diversos riscos climáticos em uma única apólice, e o seguro de riscos nomeados, que apresenta coberturas distintas, havendo a possibilidade de contratação apenas da cobertura de maior interesse. No seguro agrícola, é importante que sejam observadas as seguintes variáveis: (a) produtividade esperada, que em geral deverá corresponder à média histórica da área a ser segurada; (b) nível de cobertura, o qual, atualmente, varia entre 50% e 80%, conforme cada seguradora e produto agrícola; (c) riscos excluídos, em que, por via de regra, são excluídos riscos causados por falha de manejo ou perdas provocadas por pragas e doenças; e (d) coberturas adicionais, tais como a cobertura de replantio.

2) Seguro pecuário e de animais: com regulamentação prevista na Circular Susep n. 286, de 21 de março de 2005, posteriormente revogada pela Circular Susep n. 571, de 22 de junho de 2018, essa modalidade de seguro divide-se em dois ramos: (a) seguro pecuário, que é enquadrado como modalidade de seguro rural e tem por objetivo garantir o pagamento de indenização em caso de morte de animal destinado, exclusivamente, ao consumo, produção, cria, recria, engorda ou trabalho por tração, e os animais destinados à reprodução por monta natural, coleta de sêmen ou transferência de embriões, cuja finalidade seja tão somente o incremento e/ou melhoria de plantéis daqueles animais mencionados em trecho anterior, estão também enquadrados nessa modalidade; e (b) o seguro de animais, que não é considerado modalidade de seguro rural e tem por objetivo garantir o pagamento de indenização, em caso de morte de animais classificados como de elite ou domésticos. Entendem-se como animais de elite os destinados ao lazer ou à participação em torneios/provas esportivas, bem como aqueles utilizados, exclusivamente, na coleta de sêmen e transferência de embriões para fins distintos dos estabelecidos para o seguro pecuário. São considerados animais domésticos aqueles adaptados ao convívio familiar e destinados apenas à companhia de pessoas ou guarda residencial. No seguro pecuário, é importante que o pecuarista mantenha rigoroso controle de identificação sobre os animais (utilização de brincos, por exemplo) para que seja permitido o reconhecimento em caso de morte por risco coberto. Em regra, não são cobertas pelo seguro pecuário e de animais mortes ocasionadas por doenças preexistentes, sacrifício de animais por determinação de leis sanitárias em consequência de doenças infectocontagiosas, doenças epidêmicas e manejo inadequado.

3) Seguro aquícola: esse seguro garante indenização por morte e/ou outros riscos inerentes a animais aquáticos, em consequência de acidentes e doenças. Nessa modalidade de seguro, a cobertura obrigatória protege as espécies cultivadas contra contaminação e/ou poluição em tanques escavados, de alvenaria ou de material sintético e em ambientes marinhos, lagos, lagoas, rios etc. Já a cobertura adicional pode cobrir riscos decorrentes de roubo ou furto qualificado, mortalidade e perda física em decorrência de ação de predadores, inundações e alagamentos. Ainda, o PSR inclui recursos

exclusivos para o incentivo à contratação dessa modalidade, com o percentual de subvenção ao prêmio diferenciado de 40% a fim de expandir o uso da ferramenta e mitigar os impactos causados pelos riscos inerentes à atividade.

4) Seguro de benfeitorias e produtos agropecuários: tem por objetivo cobrir perdas e/ou danos causados aos bens diretamente relacionados às atividades agrícola, pecuária, aquícola ou florestal, que não tenham sido oferecidos em garantia de operações de crédito rural. Regulamentado pela Circular Susep n. 305, de 3 de novembro de 2005, e substituída pela Circular Susep n. 640, de 23 de agosto de 2021, esse seguro garante o patrimônio do agricultor dentro dos limites da propriedade contra os riscos de incêndio, raio ou explosão, ventos fortes, impactos de veículos, entre outros. Estão cobertos nesse seguro construções, instalações ou equipamentos fixos, produtos agropecuários depois de removidos do campo de colheita ou estocados, produtos pecuários, veículos rurais mistos ou de cargas, máquinas agrícolas e seus implementos.

5) Seguro de penhor rural: tem por objetivo cobrir perdas e/ou danos causados aos bens, diretamente relacionados às atividades agrícola, pecuária, aquícola ou florestal, que tenham sido oferecidos em garantia de operações de crédito rural. Observada a natureza da instituição financeira, o seguro de penhor rural se divide em dois ramos distintos: penhor rural de instituições financeiras públicas *e* instituições financeiras privadas. Todas as operações dos seguros de bens diretamente relacionados às atividades agrícola, pecuária, aquícola ou florestal devem ser comercializadas e contabilizadas nos ramos penhor rural. Atualmente, o seguro de penhor rural é regulamentado pela Circular Susep n. 308, de 2 de dezembro de 2005, que foi alterada pela Carta Circular Susep/Detec n. 1, de 15 de maio de 2006 e revogada em 2021 pela Circular Susep n. 640.

6) Seguro de florestas: visa garantir pagamento de indenização pelos prejuízos causados nas florestas seguradas, identificadas e caracterizadas na apólice, desde que tenham decorrido diretamente de um ou mais riscos cobertos, sendo regulamentada pela Circular Susep n. 268, de 30 de setembro de 2004, e, como dito anteriormente, revogada pela Circular Susep n. 571, de 22 de junho de 2018. Para a modalidade, "floresta" é compreendida como qualquer formação florestal de culturas, desde que mantida para fins comerciais. Aqui, fica garantida a cobertura dos custos de reposição de florestas em formação ou do valor comercial de florestas já formadas ou naturais.

7) Seguro de vida do produtor rural: destinado ao produtor rural, devedor de crédito rural, e terá sua vigência limitada ao período de financiamento, e o beneficiário será o agente financiador. Nessa modalidade de seguro, ao tomar um crédito para custeio ou investimento da produção, o produtor rural contratará seguro que garanta a liquidação da dívida em caso de morte ou invalidez, e inclusive pode oferecer apoio financeiro para despesas de sepultamento e documentação. A atividade produtiva depende do produtor rural, em núcleos familiares em que o conhecimento sobre a atividade se concentra em um único familiar, em seu falecimento, tende à família ficar destituída de sua fonte de sobrevivência, enfatizando a relevância da modalidade.

Como apontado, as modalidades apresentadas expandem as compreendidas pelo Programa de Subvenção ao Prêmio do Seguro Rural, uma vez que este alcança apenas o seguro agrícola, pecuário, de florestas e aquícola. A focalização pelo PSR em muito se baseia nas principais atividades econômicas do setor brasileiro. Em 2023, a agricultura representou 72,7% do Produto Interno Bruto do agronegócio brasileiro,[21] mesmo ano em que R$ 780 milhões, aproximadamente, do orçamento anual do PSR esteve destinado para atividades ligadas a agricultura, sendo divididas entre culturas de grãos de inverno (R$ 383,8 milhões), grãos de verão (R$ 340,9 milhões), grãos de verão das regiões Norte e Nordeste (R$ 7,9 milhões) e frutas (R$ 47,0 milhões).[22]

Os desafios para consolidar o setor são muitos e envolvem: disseminação da cultura de proteção entre os produtores; regulamentação de um fundo para cobrir parte das perdas em anos de catástrofe; criação de bancos de dados e metodologias para monitorar clima e produtividade; aprimoramento das normas necessárias para toda a parte operacional, desde a inspeção até a regulamentação dos sinistros; capacitação de recursos humanos; e assegurar governança transparente para atrair capital das resseguradoras.

O setor há certo tempo vem observando alguns problemas ligados ao PSR, como o atraso na liberação das verbas de subvenção, demora no repasse das verbas devidas às seguradoras pelo governo federal, o valor disponibilizado ser consideravelmente inferior em relação à demanda, sendo esse valor distribuído entre as seguradoras, e não entre os produtores, olhar que se intensificou em 2023 com o anúncio do Plano Safra.

Outras fragilidades do PSR incluem a publicação tardia das regras referentes ao período de plantio, deficiências nos controles internos e no monitoramento de impactos na política que impeçam a correção de erros, e a ausência de um fundo garantidor de perda catastrófica eficiente. Por outro lado, para os beneficiados pela subvenção, o PSR, com o Proagro, tem se mostrado uma importante ferramenta de proteção contra riscos climáticos e, principalmente, para evitar a renegociação de dívidas quando da ocorrência desses eventos. Os recursos públicos têm se apresentado cada vez mais ínfimos. Passados 16 anos do modelo de seguro rural brasileiro, as operadoras de seguro ainda têm déficit da ordem de R$ 3 bilhões, levando as autoridades a refletirem sobre um modelo mais assertivo tecnologicamente e menos dependente das fontes governamentais.[23] A experiência internacional tem sido pauta nessas discussões.

---

[21] O PIB do agronegócio brasileiro é calculado pelo Centro de Estudos Avançados em Economia Aplicada (Cepea), da Esalq/USP, em parceria com a Confederação da Agricultura e Pecuária do Brasil (CNA).

[22] MAPA – MINISTÉRIO DA AGRICULTURA E PECUÁRIA. *Programa de Subvenção ao Prêmio do Seguro Rural*. Brasília, 2024. Disponível em: https://www.gov.br/agricultura/pt-br/assuntos/riscos-seguro/seguro-rural/dados/relatorios/RelatorioGeralPSR2023.pdf. Acesso em: fev. 2024.

[23] WALENDORFF, Rafael. Fávaro negocia com Haddad mais recursos para o seguro rural. *Globo Rural*, ago. 2023. Disponível em: https://globorural.globo.com/noticia/2023/08/favaro-negocia--com-haddad-mais-recursos-para-o-seguro-rural.ghtml. Acesso em: 21 ago. 2023.

O debate sobre a participação do governo no seguro agrícola começou nos Estados Unidos da América nos anos de 1920 e se intensificou com o passar dos anos.[24] Desde então, outros países também têm implantado o seguro agrícola para reduzir riscos de produção,[25] é o caso do Japão, Índia, Sri Lanka, Suécia, Canadá e México, todos países que já se apoiam nessa ferramenta.[26] Em comum a eles, o grande desafio dos governos é desenvolver instrumento capaz de, ao mesmo tempo, incentivar e proteger o setor, não distorcer a produção e evitar a perda de produtividade, consequência observada em razão da interferência governamental em programas agrícolas.[27]

Em agosto de 2023, o Ministro da Agricultura afirmou que o modelo brasileiro de seguro rural não tem sido sustentável e que o País estuda a adaptação dessa ferramenta, tomando por base o modelo mexicano.[28] A iniciativa mexicana mencionada intermedeia parcerias público-privadas para suprir a emergência de dados estatísticos sobre riscos climáticos, ajudando empresas e governos a quantificarem os custos de eventos e seus impactos de forma mais assertiva. Ainda, em caso de seca, quando o número de dias sem chuva excede o nível predeterminado em apólice, há a liberação da indenização, mas com o valor vinculado ao número de dias secos.

8.3. SEGURO GARANTIA

A origem do seguro garantia se confunde com o surgimento da fiança, usualmente relacionada a períodos distantes da história e consolidada no direito romano. Sua utilização corporativa e profissional iniciou em 1837, na Inglaterra.[29] Contudo, a primeira companhia de seguros a operar verdadeiramente nesse segmento foi fundada

---

[24] FERREIRA, A. L. C. J.; FERREIRA, L. R. Experiências internacionais de seguro rural: as novas perspectivas de política agrícola para o Brasil. *Econômica*, Rio de Janeiro, v. 11, n. 1, p. 131-156, jun. 2009.

[25] FERREIRA, A. L. C. J.; FERREIRA, L. R. Experiências internacionais de seguro rural: as novas perspectivas de política agrícola para o Brasil. *Econômica*, Rio de Janeiro, v. 11, n. 1, p. 131-156, jun. 2009..

[26] WRIGHT, B. D.; HEWITT, J. A. All-Risk Crop Insurance: Lessons from Theory and Experience. *In*: HUETH, D.L.; FURTAN, W.H. *Economics of agricultural crop insurance*: theory and evidence. Boston: Kluwer Academic Publishers, 1994.

[27] WRIGHT, B. D.; HEWITT, J. A. All-Risk Crop Insurance: Lessons from Theory and Experience. *In*: HUETH, D.L.; FURTAN, W.H. *Economics of agricultural crop insurance*: theory and evidence. Boston: Kluwer Academic Publishers, 1994.

[28] BALADELI, Marcelo. Governo estuda adaptar modelo de seguro rural do México para o Brasil. *Globo Rural*, ago. 2023. Disponível em: https://globorural.globo.com/economia/noticia/2023/08/governo-estuda-adaptar-modelo-de-seguro-rural-do-mexico-para-o-brasil.ghtml. Acesso em: 21 ago. 2023.

[29] POLETTO, Gladimir Adriani. *O seguro-garantia*: eficiência e proteção para o desenvolvimento. São Paulo: Roncarati, 2021.

nos Estados Unidos da América, em 1865.[30] Nesse momento, denominado como *surety bonds* (do português, títulos de garantia), foi instrumentado em forma de apólice, a qual destinava-se a garantir obrigações de fidelidade mediante remuneração sobre qualquer perda decorrente do descumprimento de obrigações contratuais.

Inicialmente, o modelo assegurava riscos de difícil mensuração. À medida que as nações se desenvolveram e as relações comerciais se intensificaram, nasceu a necessidade da criação de um instrumento de garantia que mitigasse os riscos decorrentes do inadimplemento das obrigações contraídas, originando o seguro garantia.[31] No Brasil, embora a integralidade das operações de seguros privados esteja subordinada ao Decreto-lei n. 73/1966, o desenvolvimento desse modelo ocorreu em 1970. O instituto foi objeto de regulação específica pelas já revogadas Circulares Susep n. 08/1982, n. 026/1989, n. 004/1997, n. 005/1997, n. 214/2002, n. 232/2003 e n. 477/2013, sendo atualmente regulamentado pela Circular Susep n. 662/2022.

O seguro garantia é compreendido como instrumento pelo qual o segurador se obriga a garantir interesse legítimo do segurado relativo à obrigação comercial de dar ou fazer assumida pelo tomador, conforme os termos da apólice securitária, configurando uma obrigação de garantia.[32] Nessa modalidade de seguro, a seguradora não assume o compromisso de efetuar o pagamento do débito no lugar do tomador, apenas se comprometendo a indenizar o segurado das consequências patrimoniais do inadimplemento. O objetivo do seguro *performance*, como também é conhecido, é de indenizar o segurado/beneficiado até o valor fixado na apólice, pelos prejuízos decorrentes do não cumprimento de obrigações contratuais que tenham sido firmadas entre segurado e tomador.

A relação jurídica do seguro garantia é tripartite e possui as figuras do tomador, segurado e beneficiário. A operação possui particularidades que, além do contrato de seguro usual, como a presença de um terceiro denominado tomador e pelo cumprimento das obrigações estabelecidas em conformidade aos termos do contrato denominado "Condições Gerais Contratuais", o qual também define a constituição de garantias em favor do segurado em caso de sinistro, diferentemente do que ocorre no contrato de seguro tradicional.

Aqui, a distinção entre pagamento e indenização é relevante em virtude de consequências judiciais distintas. Apesar de ambas cumprirem a finalidade de reparar danos econômicos, ao passo que o pagamento representa o fim da obrigação, a indenização se preocupa, exclusivamente, com o prejuízo ativo do segurado. Enquanto na

---

[30] POLETTO, Gladimir Adriani. *O seguro-garantia*: eficiência e proteção para o desenvolvimento. São Paulo: Roncarati, 2021.

[31] POLETTO, Gladimir. *O seguro garantia*: em busca de sua natureza jurídica. Rio de Janeiro: Funseg, 2003.

[32] BURANELLO, Renato Macedo. *Do contrato de seguro*: o seguro garantia de obrigações contratuais. São Paulo: Quartier Latin, 2006.

maioria dos grupos de seguro a extensão dos danos é prejuízo sofrido pela seguradora, no seguro garantia o prejuízo sofrido ultrapassa o pagamento da indenização, valendo-se da certeza de não obter pelos efeitos da sub-rogação a recuperação desse prejuízo do tomador que foi o causador dos danos.

Entre as partes envolvidas na contratação desse instrumento de garantia podemos destacar: (i) tomador: a empresa responsável pelo cumprimento da obrigação de entrega ou prestação de serviço; (ii) segurado: o credor da obrigação contratada com o tomador, que poderá ser o beneficiário direto do seguro ou, no caso de operação de crédito bancário, será destacada cláusula beneficiária em favor da instituição financeira regional ou internacional envolvida; (iii) seguradora: a sociedade garantidora que emitiu a apólice, sendo responsável por indenizar os prejuízos decorrentes do não cumprimento integral das obrigações assumidas pelo tomador; e (iv) ressegurador: instituição que aceita, em resseguro, a totalidade ou parte das responsabilidades repassadas pela seguradora direta, ou por outras resseguradoras, recebendo esta última operação o nome de retrocessão.

A Circular Susep n. 477/2013 já previa a divisão ramificada do seguro garantia em setor público e setor privado, estrutura mantida até hoje. O seguro garantia do setor público objetiva assegurar o fiel cumprimento das obrigações assumidas pelo tomador perante o segurado em razão de participação em licitação, em contrato principal pertinente a obras, serviços, inclusive de publicidade, compras, concessões ou permissões no âmbito dos Poderes da União, Estados, do Distrito Federal e dos Municípios, ou ainda as obrigações assumidas em razão de: (i) processos administrativos; (ii) processos judiciais, inclusive execuções fiscais; (iii) parcelamentos administrativos de créditos fiscais, inscritos ou não em dívida ativa; e (iv) regulamentos administrativos. Também se encontram garantidos por esse seguro os valores devidos ao segurado, tais como multas e indenizações, oriundos do inadimplemento das obrigações assumidas pelo tomador, previstos em legislação específica para cada caso.

Por outro lado, o seguro garantia do setor privado busca garantir o fiel cumprimento das obrigações assumidas pelo tomador perante o segurado no contrato principal firmado em âmbito distinto do seguro garantia do setor público. Contemplam-se as atividades realizadas por particulares que não participam de transação ou atividades de caráter público, ou que contratam, no objeto do seguro, serviço ou bem público. Ainda, em específico para essa modalidade, a Circular Susep define o contrato principal como o "documento contratual, seus aditivos e anexos, que especificam as obrigações e direitos do segurado e do tomador", e o segurado como o "credor das obrigações assumidas pelo tomador no contrato principal".

Operacionalmente, as seguradoras analisam os riscos, além dos critérios de capacidade, caráter e fluxo financeiro, por meio de dados sobre o cumprimento das obrigações contratadas nas últimas operações. Elas se tornam verdadeiras aliadas permanentes, durante a vigência do contrato, da execução da operação. A subscrição, ou *underwriting*, é o processo de avaliação que resulta na aceitação ou rejeição dos riscos de seguros.

O valor da garantia deve ser entendido como o montante máximo nominal garantido; uma vez alterados os valores previamente estabelecidos no contrato principal, o valor da garantia também deverá sê-lo, com intuito de acompanhar as modificações operadas. Para que a apólice acompanhe alterações posteriores efetuadas no objeto principal, elas deverão ter sido previamente estipuladas no objeto principal, em sua legislação específica ou no documento que serviu de base para a aceitação do risco pela seguradora.

Em situações distintas, a apólice somente acompanhará a alteração mediante o aceite pela seguradora. Ainda, quando prevista a exigência de comunicação da alteração do objeto principal à seguradora, a falta dela gerará perda de direito ao segurado apenas quando agravar o risco e, concomitantemente, tenha relação com o sinistro ou esteja comprovado, pela seguradora, que o segurado silenciou de má-fé. O valor da garantia poderá também ser modificado, desde que o índice e a periodicidade desse valor sejam os mesmos definidos no objeto principal ou em sua legislação específica. Ainda, nessas mesmas condições, a atualização dos valores da apólice poderá ocorrer automaticamente, sem manifestação expressa do segurado ou do tomador.

Nas operações de financiamento dos contratos de fornecimento de produtos agropecuários, é aplicável o seguro garantia de adiantamento de pagamento. Assim, já demonstrou importante aplicabilidade nas estimativas entre produtor rural/agroindústria (tomador), *treadings* (segurado) e instituições financeiras (beneficiário). O objetivo é garantir a indenização até o valor fixado na apólice por prejuízos decorrentes do inadimplemento do tomador, em relação aos adiantamentos de pagamentos concedidos contratualmente pelo segurado e que não tenham sido liquidados na forma prevista, conforme o contrato de execução.

As condições da apólice deverão ser analisadas de acordo com a seguinte sistematização: (i) condições gerais – são cláusulas de aplicação geral a qualquer modalidade de seguro garantia; (ii) condições especiais – as cláusulas da apólice que especificam as diferentes modalidades de cobertura do contrato de seguro e alteram as disposições estabelecidas nas condições gerais; e (iii) condições particulares – as que particularizam a apólice, discriminando o segurado, o tomador, o objeto do seguro, o valor garantido e as demais características aplicáveis a determinado contrato de seguro.

Ainda mais importante no seguro garantia, o resseguro é caracterizado como cessão contratual a outro segurador de uma parte da responsabilidade em contrapartida do prêmio recebido. Atualmente, o resseguro é concentrado em grandes resseguradoras internacionais. Já a retrocessão é operação feita pela resseguradora, que consiste na cessão de parte das responsabilidades, por ela aceitas, a outra ou outras resseguradoras.

Como um meio adicional de garantia da seguradora para evitar prejuízo no caso de sinistro, existe o contrato de contragarantia, que rege as relações obrigacionais entre a seguradora e o tomador. Ele é livremente pactuado entre as partes, não estando inserido no âmbito de atuação da Susep e, assim, não pode interferir no direito do segurado. Aqui, o tomador do seguro dá à seguradora garantias suficientes para cobrir a indenização. Há a regulação do segurador, do tomador e seus fiadores na hipótese de inadimplemento do contrato principal, estabelecendo ao segurador o direito de exigir garantia colateral, analisar o sinistro e regulá-lo com imparcialidade, sem qualquer interferência do tomador.[33]

No caso de o segurado e/ou beneficiário reclamarem qualquer pagamento em razão de um evento de risco político ou força maior que impeça o tomador de cumprir suas obrigações de entrega na forma do contrato garantido, a garantia será suspensa até que o referido evento deixe de existir ou de impedir o cumprimento das obrigações sob o contrato. Em geral, comprovada pelo segurado a inadimplência do tomador em relação às obrigações cobertas pela presente apólice e quando a notificação extrajudicial feita ao tomador não surtir efeito, o segurado terá o direito de exigir, da seguradora, a indenização devida. Ao efetuar a notificação extrajudicial para o tomador, o segurado também deverá comunicar à seguradora a expectativa do sinistro, por meio de envio de cópia da notificação extrajudicial, bem como documentação indicando claramente os itens não cumpridos do contrato, com a resposta do tomador, se houver.

Caracterizado o sinistro, a seguradora indenizará o segurado até o limite da garantia da apólice, segundo uma das formas dispostas a seguir, conforme acordado entre ambos: realizando, por meio de terceiros, o objeto do contrato principal, de modo a lhe dar continuidade e concluí-lo, sob a sua integral responsabilidade; ou pagando os prejuízos causados pela inadimplência do tomador.

O pagamento da indenização pela seguradora, caso o tomador não cumpra a obrigação garantida, deverá ser realizado mediante o pagamento em dinheiro dos prejuízos, multas e/ou demais valores devidos pelo tomador e garantidos pela apólice em decorrência da inadimplência da obrigação garantida; ou pela execução da obrigação garantida, de forma a dar continuidade e concluí-la sob a sua integral responsabilidade, nos mesmos termos e condições estabelecidos no objeto principal ou conforme acordado entre segurado e seguradora. Aqui deverão ser respeitadas as condições e os limites estabelecidos no contrato de seguro e o prazo de trinta dias após a notificação para que ocorra a resolução, disposto pelo Código Civil.

A seguradora ficará isenta de responsabilidade em relação a essa apólice na ocorrência de uma ou mais das seguintes hipóteses: (i) riscos ou prejuízos provenientes de ato doloso do segurado ou de seu representante, conforme disposto no art. 762 do Código Civil; (ii) descumprimento das obrigações do tomador decorrente de atos ou fatos de responsabilidade do segurado; (iii) alteração das obrigações contratuais garantidas por tal apólice, que tenham sido acordadas entre segurado e tomador, sem prévia anuência da seguradora; (iv) atos ilícitos dolosos praticados pelo segurado ou por seu representante legal. Excluem-se, expressamente, da responsabilidade da seguradora todas e quaisquer multas que tenham caráter punitivo, salvo disposição em contrário prevista nas condições especiais.

---

[33] POLETTO, Gladimir Adriani. *O seguro-garantia:* eficiência e proteção para o desenvolvimento. São Paulo: Roncarati, 2021.

Em caso de existirem duas ou mais garantias, cobrindo cada uma delas o objeto desse seguro, a seguradora responderá de forma proporcional aos demais participantes. A garantia dada por esse seguro se extinguirá: no momento em que o objeto do contrato principal garantido pela apólice for definitivamente realizado mediante termo ou declaração assinada pelo segurado ou devolução da apólice; quando segurado e seguradora assim o acordarem; com o pagamento da indenização; quando do término da vigência previsto na apólice, salvo se estabelecido em contrário nas condições especiais ou quando prorrogado por meio de endosso; ou, por fim, em caso de alteração do prazo do contrato principal.[34]

8.4. SEGURO DE CRÉDITO

O crédito é fundamental ao desenvolvimento da atividade empresarial,[35] assim já destacado quando da análise da teoria geral dos títulos de crédito, no item 7.1. A palavra, derivada do latim *creditum*, advém de *credere* e significa confiar, ter fé. Em sua acepção moral, representa a confiança que alguém desperta em outrem, contudo esse não é o único entendimento. Luiz Emygdio da Rosa Júnior apresenta o sentido econômico à palavra por meio de cinco conceitos: (i) crédito é a troca no tempo, e não no espaço; (ii) crédito é a permissão de usar capital alheio; (iii) crédito é o saque contra o futuro; (iv) crédito confere poder de compra a quem não dispõe de recursos para realizá-lo; e (v) crédito é a troca de uma prestação atual por prestação futura.[36] Também há sua concepção jurídica, na qual o crédito representa o direito de uma prestação do devedor.[37] O crédito passa a ser compreendido como a transação entre duas partes, na qual uma delas entrega a outra determinada quantidade de dinheiro, bens ou serviços, em troca de uma promessa de pagamento.[38]

Para efetiva relação jurídica de crédito, este deverá estar acompanhado de dois elementos primordiais: a confiança e o tempo.[39] Aquele que vende um bem a prazo e entrega esse bem confia no recebimento futuro de seu preço. A troca no tempo que

---

[34] Em estudo realizado pela Confederação Nacional de Seguradoras (CNSeg), o mercado de seguro garantia apresenta crescimento ininterrupto há mais de dez anos, decorrente da crescente adoção da modalidade em processos judiciais e da busca pela garantia em contratos privados. Em 2022, apresentou crescimento de 21% em relação ao ano anterior, somando o valor de R$ 570 milhões em indenizações. Esse crescimento é ainda maior quando focalizado nas operações privadas, que nos primeiros dez meses de 2022 apresentou crescimento de 77%, totalizando R$ 611,39 milhões em prêmios no período (VALOR ECONÔMICO. Modalidade de seguro-garantia cresce 21% em 2022. 13 fev. 2023. Disponível em: https://valor.globo.com/patrocinado/dino/noticia/2023/02/13/modalidade-de-seguro-garantia-cresce-21-em-2022.ghtml. Acesso em: 25 ago. 2023).
[35] REINHARD, Yves; CHAZAL, Jean-Pascal. *Droit Commercial*. 6. ed. Paris: Litec, 2001. p. 27.
[36] ROSA JÚNIOR, Luiz Emygdio da. *Títulos de crédito*. 4. ed. Rio de Janeiro: Renovar, 2006. p. 1-2.
[37] BULGARELLI, Waldírio. *Títulos de crédito*. 14. ed. São Paulo: Atlas, 1998. p. 22.
[38] MIRANDA, Maria Bernadete. *Títulos de crédito*. Rio de Janeiro: Forense, 2006. p. 2.
[39] BORGES, João Eunápio. *Títulos de crédito*. 2. ed. Rio de Janeiro: Forense, 1997. p. 7.

origina o crédito só se realiza quando diante de uma relação de confiança, que pode ter conotação subjetiva ou objetiva. Na primeira, a confiança do credor é pautada pela pessoa do devedor, acreditando que esta preenche os requisitos morais para satisfazer a prestação; na confiança objetiva, por outro lado, o credor acredita que o devedor tem capacidade econômico-financeira de satisfazer a prestação[40] em razão da prestação de garantias, de consultas de sistemas de proteção ao crédito, entre outros motivos.

A fim de estreitar a relação da seguridade nesse instrumento, em 1957, com a Portaria n. 38, de 17 de junho,[41] o Brasil passa a se valer do seguro de crédito, estabelecendo normas a serem seguidas quando da elaboração de apólice de seguros do seguro de quebra de garantia. Posteriormente, novas regulamentações foram expedidas pelos órgãos competentes, tanto pela União como pela Susep. O crédito, para que seja objeto de seguro, deve ser decorrente de uma obrigação contratual, em que há "um transcurso de um lapso de tempo entre o aperfeiçoamento do negócio e o adimplemento das prestações". Adicionalmente, ele deve ser certo, lícito quanto à sua origem, revestir-se de todas as formalidades de cunho legal ou regulamentar, incontestável e, principalmente, ter seu nascimento em momento posterior à conclusão do contrato de seguro.[42]

Para o professor Fábio Konder Comparato, o seguro de crédito desempenha quatro funções principais. A primeira possui caráter indenizatório, de modo a evitar que o credor tenha seu capital de giro prejudicado em virtude da inadimplência ou insolvência de seus devedores. A função estimulante aparece em segundo lugar, pois o credor, tendo maior segurança em relação aos financiamentos concedidos, poderá conceder mais empréstimos a terceiros, tendo a garantia de que um inadimplemento não afetará de forma substancial seu capital de giro. A terceira é a preventiva, tendo em vista que a empresa seguradora realiza pesquisas e levantamentos detalhados sobre a conjuntura econômica no País e fora dele, permitindo que o credor possa se valer dessas informações ao conceder um crédito. Por fim, o seguro de crédito possui a função acessória, pois o seguro torna-se relevante na recuperação de créditos inadimplidos.[43]

Atualmente, existem duas modalidades de seguro de crédito no Brasil: a) seguro de crédito doméstico ou interno, voltado especificamente para créditos concedidos a devedores domiciliados ou com sede no Brasil; e b) seguro de crédito à exportação, que realiza a cobertura de riscos relacionados ao não pagamento ao exportador brasileiro a vendas feitas a um importador localizado em outro país.

---

[40] ROSA JÚNIOR, Luiz Emygdio da. *Títulos de crédito*. 4. ed. Rio de Janeiro: Renovar, 2006. p. 3.
[41] Demais Portarias da Susep relativas ao Seguro de Crédito: Circular Susep n. 21, de 23 de agosto de 1989; Circular Susep n. 53, de 22 de setembro de 1980; Circular Susep n. 73, de 31 de outubro de 1979; Circular Susep n. 34, de 14 de junho de 1976; Circular Susep n. 30, de 4 de junho de 1976; Circular Susep n. 41, de 3 de outubro de 1972.
[42] COMPARATO, Fábio Konder. *O seguro de crédito*: estudo jurídico. São Paulo: RT, 1968. p. 32-39.
[43] COMPARATO, Fábio Konder. *O seguro de crédito*: estudo jurídico. São Paulo: RT, 1968. p. 13-14.

O seguro de crédito interno é regulamentado pela Susep, que em 1979[44] aprovou as condições gerais e particulares e os critérios de classificação e taxação de riscos do seguro de crédito interno. De acordo com a Susep, o objetivo do seguro de crédito é proteger credores de eventuais perdas decorrentes da insolvência de devedores com as quais tenha realizado operações de crédito. A perda aqui indicada corresponde ao total do crédito sinistrado acrescido das despesas de sua recuperação e deduzido das quantias efetivamente recebidas relativas a esse crédito. A Resolução do Conselho Nacional de Seguros Privados (CNSP) n. 407/2021, que dispõe sobre os princípios e as características gerais para a elaboração e a comercialização de contratos de seguros e danos para cobertura de grandes riscos, conceitua o seguro de crédito interno nesse mesmo sentido, contudo alcança apenas a hipótese de o segurado ser pessoa jurídica.[45]

É considerada a insolvência do devedor, para fins do seguro de crédito, nos seguintes casos: a) quando for declarada judicialmente a falência do devedor; b) quando for deferido judicialmente o processamento da concordata preventiva do devedor; c) quando for concluído um acordo particular do devedor com a totalidade dos seus credores, com a interveniência da seguradora, para pagamento de todas as dívidas com redução dos débitos. Especificamente em relação ao item "b", cumpre-nos destacar que a concordata preventiva foi substituída pela recuperação judicial, conforme regulada pela Lei n. 11.101, de 9 de fevereiro de 2005. Já o sinistro é caracterizado quando da ocorrência de insolvência do devedor, reconhecida por meio de medidas judiciais ou extrajudiciais realizadas para o pagamento da dívida.

O seguro de crédito interno divide-se, ainda, em dois ramos: a) riscos comerciais, caracterizado por ser uma vertente que tem o objetivo de cobrir as operações de crédito realizadas pelo segurado; e b) quebra de garantia, que tem por objetivo cobrir as operações de crédito realizadas pelo segurado, especialmente aquelas relativas à venda de bens de consumo. A principal característica desse segundo ramo é a existência de garantias reais, em que os bens envolvidos na operação são utilizados como garantia ao segurado e à seguradora.

Ainda em relação ao seguro de crédito interno, a Susep determinou que as principais coberturas são: a) cobertura de operações de consórcio, que garante ao segurado (no caso, o grupo de consórcio) as perdas em consequência da insolvência do devedor (cada um dos consorciados contemplados) depois que este tiver tomado posse do bem consorciado, deixando de pagar as prestações mensais; b) cobertura de operações de

---

[44] A Circular Susep n. 73, de 31 de outubro de 1979, responsabilizou-se por aprovar condições gerais e particulares e critérios de classificação e taxação de riscos, do Seguro de Crédito Interno. Posteriormente, foi revogada pela Circular Susep n. 518/2015 e então pela Circular Susep n. 604/2020.

[45] Art. 23 da Resolução CNSP n. 407/2021: "Para fins desta Resolução, o seguro de crédito, doméstico ou exportação, é destinado a garantir perdas geradas por recebíveis segurados e não pagos, decorrentes da venda de produtos, prestação de serviços ou concessão de crédito, nos termos pactuados, sempre que houver pessoa jurídica como segurado".

empréstimo hipotecário, que tem por objetivo cobrir as perdas que o segurado venha a sofrer em consequência da insolvência de seus devedores pessoas físicas, nos contratos de empréstimo com garantia hipotecária, não abrangidos pelo Sistema Financeiro de Habitação (SFH). Essa cobertura terá início no momento em que o devedor, satisfeitas todas as exigências estabelecidas no Contrato de Empréstimo Hipotecário e na apólice, inscreva a hipoteca no registro competente; e c) cobertura de operações de arrendamento mercantil (*leasing*), em que a seguradora se obriga a indenizar o segurado pelas perdas que ele possa sofrer em consequência da incapacidade do arrendatário/devedor de pagar as contraprestações estipuladas em contrato de arrendamento mercantil.

O seguro de crédito à exportação é realizado pela União, para as exportações nacionais, contra riscos comerciais, políticos e extraordinários, com lastro no Fundo de Garantia à Exportação (FGE). A competência para autorizar a concessão de garantia desse seguro de crédito em nome da União, com recursos do FGE, é delegada do Ministério da Fazenda à Secretaria de Assuntos Internacionais. A única empresa a operar essa modalidade no País é a Seguradora Brasileira de Crédito à Exportação (SBCE), criada em 1977, que tem como acionistas o Banco do Brasil, o BNDES e a *Compagnie Française d'Assurance pour le Commerce Extérieur* (Coface), contratada pela União por meio de licitação.

O seguro de crédito à exportação pode cobrir financiamento concedido por qualquer banco, público ou privado, brasileiro ou estrangeiro, a exportações brasileiras, sem pré-restrições de bens ou serviços ou quanto ao país do importador. Esse seguro não cobre gastos locais, que são, por exemplo, bens adquiridos no exterior, mesmo que relacionados à exportação brasileira. Além disso, não há exigência de conteúdo mínimo nacional.

A garantia da União para operações de crédito à exportação cobre: (i) riscos comerciais para prazos de financiamento superiores a dois anos; (ii) riscos políticos e extraordinários para qualquer prazo de financiamento; (iii) riscos comerciais, políticos e extraordinários para micro, pequenas e médias empresas (MPME) em operações de até dois anos; e (iv) risco de adiantamento de recursos e de *performance* para o setor de defesa e para produtos agrícolas beneficiados por cotas tarifárias para mercados preferenciais.

Atualmente, os percentuais máximos de cobertura do seguro de crédito à exportação são: a) no caso de risco comercial: até 95% como regra geral, até 100% em operações financiadas que contam com garantia bancária, até 100% em exportação do setor aeronáutico; e b) no caso de risco político e extraordinário, até 100%. Ainda, possui cobertura de até 100% do valor financiado em operações de seguro para micro, pequenas e médias empresas e, no caso de seguro contra os riscos de obrigações contratuais sob a forma de garantia de execução, garantia de reembolso de adiantamento de recursos e garantia de termos e condições de oferta, em operações de bens de consumo e de serviços das indústrias do setor de defesa e de produtos agrícolas beneficiados por cotas tarifárias para mercados preferenciais.

O crédito exerce papel determinante na economia moderna, permitindo a imediata mobilização da riqueza, aumento do número de negócios efetuados, de bens produzidos e de bens consumidos.[46] Quanto maior o volume de crédito, maior o crescimento da economia. No Brasil, o saldo total de crédito no Sistema Financeiro Nacional (SFN), em 2024, totalizou um valor de R$ 6,4 trilhões, com aumento de 10,9% em relação ao ano anterior.[47] Em mesmo sentido, o mercado de seguro de crédito também se mostra aquecido, apontando R$ 221,04 bilhões em indenizações, resgastes, benefícios e sorteios, contabilizando o ano inteiro de 2024.[48]

Com a edição da Lei n. 15.042, de 11 de dezembro de 2024, o setor de seguros brasileiro passou a enfrentar uma nova controvérsia regulatória: a obrigatoriedade de destinação de 0,5% das reservas técnicas e provisões das seguradoras para a compra de créditos de carbono, com o objetivo de fomentar o mercado ambiental e alinhar o sistema financeiro às metas de transição ecológica do País.[49]

A medida foi amplamente questionada pelas entidades representativas do setor. A Confederação Nacional das Seguradoras (CNseg) propôs ação direta de inconstitucionalidade (ADI) perante o Supremo Tribunal Federal, alegando que a imposição viola os princípios da livre-iniciativa, da autonomia privada das entidades seguradoras e da segurança jurídica, além de representar risco à liquidez e à solvência técnica das companhias. Segundo estimativas da própria CNseg, o montante exigido ultrapassaria o volume disponível em créditos de carbono registrados no Brasil, o que tornaria a medida, na prática, inexequível.[50]

Do ponto de vista jurídico, a controvérsia revela um ponto de tensão entre os princípios constitucionais da ordem econômica (art. 170 da CF/1988), os princípios da sustentabilidade ambiental (art. 225 da CF/1988) e o novo regime legal de seguros trazido pela Lei Geral do Seguro (Lei n. 15.040/2024),[51] que forçou a função social do seguro e reconheceu a legitimidade do Estado em orientar políticas públicas por meio de incentivos regulatórios e estímulos à gestão de riscos climáticos.

Ao impor uma aplicação compulsória e vinculada a um mercado ainda em estruturação, sem parâmetros objetivos para avaliação de risco e sem garantias de liquidez,

---

[46] ROSA JÚNIOR, Luiz Emygdio da. *Títulos de crédito*. 4. ed. Rio de Janeiro: Renovar, 2006. p. 3.
[47] BACEN – BANCO CENTRAL DO BRASIL. *Estatísticas monetárias e de crédito*. jan. 2025. Disponível em: https://www.bcb.gov.br/estatisticas/estatisticasmonetariascredito. Acesso em: fev. 2025.
[48] SUSEP – SUPERINTENDÊNCIA DE SEGUROS PRIVADOS. Setor de seguros cresce 12,3% até novembro de 2024. Finanças, Impostos e Gestão Pública, 15 jan. 2025. Disponível em: https://www.gov.br/susep/pt-br/central-de-conteudos/noticias/2025/janeiro/setor-de-seguros-cresce--12-3-ate-novembro-de-2024. Acesso em: fev. 2025.
[49] BRASIL. Lei n. 15.042, de 11 de dezembro de 2024. Dispõe sobre a destinação compulsória de parte das reservas técnicas das entidades supervisionadas à aquisição de créditos de carbono. *Diário Oficial da União*: seção 1, Brasília, DF, 10 dez. 2024.
[50] AZEVEDO, Rita. CNseg recorre contra compra compulsória de crédito de carbono. *Folha de S.Paulo*, São Paulo, 18 mar. 2025, Caderno Finanças.
[51] BRASIL. Lei n. 15.040, de 9 de dezembro de 2024. Institui normas gerais sobre os contratos de seguro e altera o Código Civil. *Diário Oficial da União*: seção 1, Brasília, DF, 10 dez. 2024.

a medida legislativa pode ultrapassar os limites do poder de conformação do legislador ordinário. Isso especialmente quando confrontada com o princípio da adequação atuarial, a ser respeitado pela Susep na regulação das reservas técnicas, cujo caráter é essencialmente protetivo dos segurados e da estabilidade do sistema.

A jurisprudência do STF, em precedentes como o RE 566.471 (repercussão geral), já reconheceu que a atuação estatal sobre atividades econômicas deve se pautar pela proporcionalidade, razoabilidade e respeito à livre concorrência.[52] Nesse contexto, a imposição normativa da Lei n. 15.042/2024 pode vir a ser declarada inconstitucional, caso se confirme que compromete o núcleo da função de garantia do seguro, essencial à ordem pública econômica.

A questão ainda está pendente de julgamento, mas marca o início de um debate essencial para o futuro da regulação do setor securitário, especialmente no tocante à sua interface com a política ambiental e climática. Trata-se de desafio sensível: conciliar a necessária transição ecológica, os instrumentos de financiamento verde e o princípio da função social do contrato de seguro, sem desestruturar a base técnico-financeira que sustenta a confiança no sistema.

8.5. FUNDAMENTOS DO PROJETO DE LEI N. 2.951/2024

O Projeto de Lei n. 2.951/2024, de autoria da senadora Tereza Cristina (PP/MS), propõe uma transformação abrangente no sistema de seguro rural brasileiro. Seu objetivo central é modernizar a legislação vigente, tornando o seguro mais acessível, eficiente e alinhado às melhores práticas internacionais de gerenciamento de riscos no setor agropecuário. Para isso, o projeto realiza alterações significativas em três marcos normativos: a Lei n. 8.171/1991 (Política Agrícola), a Lei n. 10.823/2003 (Subvenção Econômica ao Prêmio do Seguro Rural) e a Lei Complementar n. 137/2010 (Fundo de Cobertura Suplementar).

Entre os principais ajustes destaca-se a incorporação definitiva do seguro rural como pilar entre os instrumentos de política agrícola brasileira. Além disso, o projeto classifica as despesas com subvenção econômica ao seguro como "Operações Oficiais de Crédito", vinculadas ao Tesouro Nacional, o que poderá ampliar o volume de recursos disponíveis. Também estabelece obrigações mais rigorosas de transparência, exigindo o compartilhamento de dados detalhados por seguradoras e produtores, o que deve aprimorar a formulação de políticas públicas baseadas em evidências.

Outro eixo fundamental da proposta é a revisão da estrutura do fundo de cobertura suplementar de riscos, instituído pela Lei Complementar n. 137/2010. O Projeto de Lei propõe a efetiva criação desse fundo — que, até hoje, não foi implementado de forma robusta — com novas fontes de financiamento e governança aprimorada. A participação de seguradoras e resseguradoras será obrigatória para quem quiser acessar

---

[52] BRASIL. Supremo Tribunal Federal. Recurso Extraordinário n. 566.471/RS, Rel. Min. Celso de Mello, j. 17.02.2010.

os benefícios do Programa de Subvenção ao Prêmio do Seguro Rural, estimulando maior comprometimento do setor privado com a sustentabilidade do sistema.

Atualmente, o projeto encontra-se em tramitação no Senado Federal, sob a relatoria do senador Jayme Campos (União/MT), aguardando deliberação terminativa na Comissão de Constituição, Justiça e Cidadania (CCJ). Em dezembro de 2024, foi realizada uma audiência pública pela Comissão de Agricultura e Reforma Agrária, com ampla participação de especialistas e representantes do setor produtivo, destacando a relevância da proposta para a modernização do seguro rural brasileiro.

O Projeto de Lei n. 2.951/2024 não surge isoladamente: ele é influenciado por experiências bem-sucedidas em outros países com sistemas avançados de seguro rural. Os principais modelos que servem de referência são os dos Estados Unidos, Espanha e Canadá, todos com mecanismos consolidados de subvenção pública, gestão compartilhada de riscos e forte integração entre governo e setor privado.

O modelo americano é um dos mais desenvolvidos globalmente, baseado em parcerias público-privadas nas quais o governo federal subsidia parte do prêmio e compartilha os riscos com seguradoras privadas. Entre os elementos inspiradores para o Brasil estão a criação de fundos de cobertura suplementar e o uso intensivo de tecnologia e dados climáticos para avaliação de riscos, aspectos que o Projeto de Lei brasileiro procura incorporar. Na Espanha, o seguro rural é organizado por meio do *pool* Agroseguro, um consórcio de seguradoras que opera sob supervisão do Estado. Essa estrutura centralizada permite a redução da fragmentação do mercado e maior estabilidade para produtores. O Projeto de Lei n. 2.951/2024 se inspira na ideia de gestão compartilhada e supervisão estatal, embora não proponha um sistema unificado como o espanhol. O sistema canadense combina seguros tradicionais com seguros paramétricos, que utilizam indicadores objetivos (como índices de chuva ou produtividade média histórica) para acionar indenizações automaticamente. O projeto brasileiro demonstra interesse nesse modelo, especialmente para apoiar pequenos e médios produtores, embora ainda não preveja sua implementação em larga escala.

O Fundo Catástrofe é um dos principais pilares da proposta legislativa. Seu objetivo é oferecer suporte financeiro em caso de eventos extremos, como secas prolongadas, enchentes, geadas ou pragas severas, atuando como um mecanismo de resseguro público. A ideia é garantir que as seguradoras tenham liquidez suficiente para indenizar os produtores, sem que o Tesouro Nacional tenha que arcar diretamente com todos os custos.

O Projeto de Lei n. 2.951/2024 representa um passo importante para o fortalecimento do seguro rural no Brasil, aproximando-se de modelos internacionais de sucesso e introduzindo inovações relevantes, como o Fundo Catástrofe e o estímulo à transparência e à tecnologia. No entanto, a ausência de um sistema centralizado, a falta de integração com programas de renda e a não priorização de seguros paramétricos e educação financeira revelam que há espaço para melhorias.

CAPÍTULO 9

RESTRIÇÕES AO IMÓVEL RURAL: AQUISIÇÃO E ARRENDAMENTO POR ESTRANGEIRO E MARCO TEMPORAL

9.1. INVESTIMENTO ESTRANGEIRO NAS CADEIAS DE PRODUÇÃO

Como uma cadeia de produção global, o agronegócio se insere nas relações econômicas internacionais, em contexto de planejamento econômico na promoção de valores sociais e a organização de mercados.[1-2] Os ganhos de produtividade previstos para os próximos anos não serão suficientes para acompanhar a demanda por alimentos e energias renováveis.[3] Além do investimento[4] em tecnologia, será necessário o aumento da área para a produção e a construção de parcerias estruturais – aqui, o Brasil, assume ainda mais relevância na geopolítica mundial, dispondo de tecnologia e condições climáticas e territoriais favoráveis.[5]

No plano da ordem econômica, devemos buscar o conjunto de princípios, direitos e respectivas limitações, bem como os instrumentos de controle e incentivo. São

---

[1] Na origem da moderna economia, a cultura do crescimento indica que, para funcionarem efetivamente, as regras de mercado devem ter necessária base institucional que especifique os incentivos e coordenem os participantes (MOKYR, Joel. *A culture* of *growth:* the origins of the modern economy. Princeton, New Jersey: Princeton, 2017).

[2] MATTOS, Paulo Todescan Lessa. *Direito, regulação e economia:* estudos para o debate brasileiro. São Paulo: RT, 2017. p. 55-56.

[3] Dos 198 países do mundo, 184 terão declínio populacional nos próximos 25 anos. Nove, entretanto, sustentarão um crescimento robusto da população global: três asiáticos (Índia, Paquistão e Indonésia); cinco africanos (Nigéria, Sudão, Tanzânia, Congo e Uganda); e os Estados Unidos.

[4] É importante que os investidores no setor agrícola tenham alta qualificação. Dessa forma, circunscrever o acesso à terra por estrangeiros a áreas relativamente pequenas, como ocorreu nos últimos anos, impede o desenvolvimento de empresas viáveis economicamente na fronteira agrícola, onde ocorre a expansão.

[5] PÊSSOA, André (org.). *Impactos econômicos do parecer da AGU (Advocacia-Geral da União), que impõe restrições à aquisição e arrendamento de terras agrícolas por empresas brasileiras com controle de capital detido por estrangeiros.* São Paulo: Agroconsult, 2019. p. 4.

esses instrumentos que delimitam a intervenção do Estado do domínio econômico e determinam os meios de que se valerá a política econômica para contribuir com o desenvolvimento nacional, no tocante à produção, distribuição e consumo. Assim, a ordem econômica concretiza-se nos quadrantes da ordem jurídica, que condicionam seu desenvolvimento.

Na Constituição Federal de 1988, o desenvolvimento foi alçado à condição de objetivo, o que confere ao Direito um caráter mais dinâmico e, às suas normas, um timbre instrumental que ultrapassa a mera solução de conflitos de interesse, alcançando propósitos materiais. As normas do Direito Econômico e do Direito Empresarial confirmam que o programa constitucional é o desenvolvimento do País, em consonância com o art. 3º, II, da Constituição Federal. O Direito está intrinsecamente permeado de conteúdo econômico e a economia vem se tornando cada vez mais jurídica.

No Estado liberal, a função estatal era garantir que o desenvolvimento das atividades privadas se desse livremente. No Estado neoliberal, essa função se transformou na concepção de políticas ou programas, passando o Direito a atuar como um instrumento de apoio a esse fim. No campo econômico, o Estado intervém de forma indireta, posicionando-se como agente normativo e regulador, fiscalizando, incentivando e planejando a atividade econômica. A necessidade de planejamento da atuação estatal justifica-se pela aceleração da História e pelo subdesenvolvimento.

O processo de desenvolvimento exige que o crescimento econômico autossustentado se una à gradual eliminação das desigualdades sociais. Não há desenvolvimento sem crescimento econômico. Por isso, o planejamento envolve uma política de formação de capital para investimento. Nesse quadro, o agronegócio se destaca por contribuir com parcela significativa da produção da riqueza, demandando planejamento estatal no tocante ao papel da agricultura no desenvolvimento econômico.[6] O Direito deve se adaptar às suas novas funções voltadas ao desenvolvimento, devendo as normas ser dotadas de revisibilidade e flexibilidade.

No cenário regulatório, as normas jurídicas devem assumir características de instrumentos de realização de políticas públicas a incidir em mercados complexos. Para isso, é preciso compreender as condições econômicas e sociais, bem como considerar a técnica dos mercados. A realidade de mercado é uma ordem regular e previsível de condutas, obedecida pelos agentes para seu funcionamento. A obediência gera uniformidade de condutas e sem ela não seria possível aos agentes trabalhar nos cálculos que condicionam suas decisões no dinamismo do mercado.

O mercado, como ordem, se origina de relações de conformidade institucionais baseadas em normas jurídicas que o regulam, o delimitam e o constituem. O dinamismo da vida econômica e a diversidade de medidas possíveis implicam uma

---

[6] MEIJERINK, Gerdien; ROZA, Pim. *The role in agriculture in economic development*. Stichting DLO: Wageningen, 2007. p. 10-11.

variabilidade na definição do objeto do Direito Econômico do desenvolvimento, reforçando sua natureza instrumental. Portanto, é a política econômica escolhida que indicará o objeto jurídico-econômico. A argumentação jurídica, ao determinar regras de intervenção do Estado na ordem econômica, vale-se da capacidade de tornar própria uma realidade econômica sobre a qual incida a sua regulação.

A eficácia da exploração das atividades econômicas, porém, fica sujeita à possibilidade de aquisição de bens e insumos, bem como o reconhecimento de direitos e garantias às operações na área explorada, no caso, as propriedades rurais, pelos investidores. O Estado brasileiro opera com agricultura de larga escala, que demanda elevado investimento.[7] A agricultura de larga escala, intensiva em capital e essencialmente privada, aumenta a relevância de boa governança, da capacidade financeira de lidar com mercados futuros, do poder de barganha com fornecedores de insumos, da capacidade operacional de gestão e da sofisticação do capital humano.[8-9]

O País já tem experimentado a flexibilização de regras aos investimentos estrangeiros. É o caso do setor aéreo, com a edição da Lei n. 13.842/2019, que permitiu empresas do setor com capital 100% estrangeiro atuarem no País, no mesmo ano em que a Agência Nacional de Aviação Civil (Anac) aprovou a autorização para que o grupo espanhol Globalia operasse voos regulares no Brasil, primeira empresa aérea com 100% de capital estrangeiro.[10] A flexibilidade ampliou a oportunidade de participação de novas empresas nesse setor, em território nacional, aprimorando a competição.

Esse movimento também ocorreu no setor elétrico que, pautado por iniciativa da Agência Nacional de Energia Elétrica (Aneel) e da Agência Brasileira de Promoção de

---

[7] A compra de terra, a abertura de área ou a incorporação de pastagens exigem grandes investimentos em fertilidade (com baixa produtividade nos anos iniciais), em pesquisa e genética adaptada às novas regiões, na eliminação de ervas daninhas, na constrição de infraestrutura (como estradas, carreadores, pontes, estruturas de armazenagem) e no desenvolvimento de serviços de manutenção e de mão de obra, entre outros aspectos.

[8] O investimento nacional e estrangeiro em agricultura de larga escala em fronteiras agrícolas, como a região de Matopiba, acelerou a geração de renda e emprego. Empresas de gestão moderna, que não permitem passivos ambientais, sociais, trabalhistas e fiscais, contribuem para elevar o IDH de regiões mais pobres do País.

[9] Além da análise estática das mudanças no bem-estar social que a integração pode promover, devemos levar em consideração os aspectos dinâmicos da integração, os quais envolvem questões relacionadas ao aumento da concorrência, ganhos de economias de escala, estímulo aos investimentos e eficiência produtiva. Com a expansão dos mercados, é possível obter maiores ganhos de economias de escala, o que pode reduzir os custos de produção e melhorar a eficiência produtiva (CARMO, Edgar Cândido do; MARIANO, Jefferson. *Economia internacional*. 3. ed. São Paulo: Saraiva Jur, 2016. p. 46-47).

[10] G1 ECONOMIA. Anac autoriza primeira empresa aérea com 100% de capital estrangeiro a operar no Brasil. Brasília, 22 maio 2019. Disponível em: https://g1.globo.com/economia/noticia/2019/05/22/anac-da-autorizacao-para-1a-empresa-aera-com-100percent-de-capital-estrangeiro-operar-no-brasil.ghtml. Acesso em: 21 jul. 2023.

Exportações e Investimentos (Apex-Brasil), experimenta disputas por ativos entre empresas estrangeiras em todos os seus segmentos. Desde 2016, 95% das operações de fusão no setor estiveram envolvidas por empresas estrangeiras.[11] A maior aquisição foi vista por meio da compra da CPFL pela empresa chinesa State Grid Corporation, em julho de 2016.[12] Em 2017, o Brasil passou de sétimo a quarto país a mais atrair capital, vislumbrando crescimento de 8% no Índice de Desenvolvimento Elétrico (IDE). Em 2022, o Brasil recebeu US$ 90 bilhões em investimentos estrangeiros diretos, aumento duas vezes maior em relação ao ano anterior – o aumento foi impulsionado, principalmente, pelos investimentos no setor de energia.[13] Dados obtidos pela Apex Brasil[14] comprovam que o Brasil desfruta da quinta posição entre os principais destinos de investimentos estrangeiros, e o setor de energia elétrica por biomassa recebeu anúncio de US$ 1,4 bilhão.

Há de mencionar que o fluxo de capital estrangeiro na Bolsa brasileira em 2022 alcançou o total acumulado de +R$ 119,8 bilhões, o maior valor desde o início dos dados em 2008.[15] O primeiro mês de 2025 registrou a entrada de capital na B3 no valor de R$ 6,82 bilhões, sendo o maior valor registrado mensal desde agosto de 2024 (R$ 10 bilhões registrados no mês).[16] Os dados demonstram efetivo interesse estrangeiro em vetorizar seu capital para o País. Voltado ao agronegócio, em 2022, o Mapa divulgou o Portfólio de Investimento no Agronegócio Brasileiro, iniciativa que, mediante o cadastro de projetos de produtores rurais e empresas do setor agropecuário nacional, objetiva dar condições às empresas nacionais de ampliar a capacidade produtiva, modernizar instalações ou ainda implantar projetos de interesse do setor agropecuário a

---

[11] FEDERAÇÃO NACIONAL DOS URBANITÁRIOS. Estrangeiros abocanham setor elétrico brasileiro. 17 set. 2018. Disponível em: https://www.fnucut.org.br/13265/estrangeiros-abocanham-setor-eletrico-brasileiro/. Acesso em: 21 jul. 2023.

[12] FEDERAÇÃO NACIONAL DOS URBANITÁRIOS. Estrangeiros abocanham setor elétrico brasileiro. 17 set. 2018. Disponível em: https://www.fnucut.org.br/13265/estrangeiros-abocanham-setor-eletrico-brasileiro/. Acesso em: 21 jul. 2023.

[13] BACEN – BANCO CENTRAL DO BRASIL. Sistema de prestação de informações de capital: estrangeiro de investimento estrangeiro direto. *Manual do declarante*. 1.º out. 2024. Disponível em: https://www.bcb.gov.br/content/estabilidadefinanceira/rde/manuais_RDE/Manual-SCE-IED3.pdf. Acesso em: 21 jul. 2023.

[14] APEX BRASIL. Brasil é destino preferencial de investimentos estrangeiros. 8 jul. 2024. Disponível em: https://apexbrasil.com.br/br/pt/conteudo/noticias/Investimentos-Estrangeiros-Direitos--os-dados-mais-atualizados.html. Acesso em: fev. 2025.

[15] B3; XP RESEARCH. Entrada de capital estrangeiro bate recorde em 2022: fluxo em foco. 2023. Disponível em: https://conteudos.xpi.com.br/acoes/relatorios/entrada-de-capital-estrangeiro-bate-recorde-em-2022-fluxo-em-foco/#:~:text=Dezembro%20foi%20mais%20um%20m%-C3%AAs,at%C3%A9%204%2F1%2F2023. Acesso em: 4 set. 2023.

[16] QUANTUM. Investimento estrangeiro: histórico na bolsa brasileira. Disponível em: https://quantumfinance.com.br/estrangeiros-fogem-da-bolsa-brasileira-em-2024-veja-historico/. Acesso em: fev. 2025.

partir de investimento estrangeiro direto.[17] Após o cadastramento, os projetos ficam disponíveis para consulta por potenciais investidores interessados, além de serem divulgados pelo Mapa para as embaixadas e consulados, feiras agropecuárias internacionais, reuniões e seminários voltados para a atração de investimentos.[18]

O investimento de capital estrangeiro eleva a competição sobre as terras, aumenta seu valor, beneficia aqueles que detêm sua propriedade e, ainda, intensifica a integração operacional, comercial e tecnológico das cadeias agroalimentares.[19] O investimento passa a ser feito na produção rural em território nacional, com mão de obra brasileira, sendo a parcela do lucro obtido com a atividade o único bem encaminhado ao exterior.[20] Com o emprego de novas tecnologias e ganhos tributários e econômicos em maior escala, o desenvolvimento nacional se potencializa.[21] O estrangeiro estará sujeito a todas as regras que afetam o setor, sejam jurídicas, trabalhistas, ambientais, tributárias etc.[22] Ainda, ao ser exercida atividade agropecuária em uma terra, é

---

[17] MAPA – MINISTÉRIO DA AGRICULTURA E PECUÁRIA. Produtores rurais e empresas do agro poderão participar de cadastro para buscar investimentos estrangeiros. set. 2022. Disponível em: https://www.gov.br/agricultura/pt-br/assuntos/noticias-2022/produtores-rurais-e-empresas-do-agro-poderao-participar-de-cadastro-para-atrair-investimentos-estrangeiros. Acesso em: 4 set. 2023.

[18] MAPA – MINISTÉRIO DA AGRICULTURA E PECUÁRIA. Produtores rurais e empresas do agro poderão participar de cadastro para buscar investimentos estrangeiros. set. 2022. Disponível em: https://www.gov.br/agricultura/pt-br/assuntos/noticias-2022/produtores-rurais-e-empresas-do-agro-poderao-participar-de-cadastro-para-atrair-investimentos-estrangeiros. Acesso em: 4 set. 2023.

[19] A integração econômica também pode servir de instrumento de atração dos investimentos diretos, sejam eles provenientes dos países da integração ou fora dela. Nesse sentido, Fernández observa que a relação entre os fluxos de investimento e a integração se dá por: a) redução das distorções na produção entre os países da integração; b) aumento do mercado potencial; c) no caso de uma união aduaneira, pela criação de uma tarifa externa comum em um único mercado. Cabe salientar que, para facilitar os fluxos de investimentos, é necessário que o mercado de capitais entre os países da integração também seja integrado (CARMO, Edgar Cândido do; MARIANO, Jefferson. *Economia internacional*. 3. ed. São Paulo: Saraiva Jur, 2016. p. 47).

[20] "O estoque de capital estrangeiro no Brasil cresceu US$ 154,4 bilhões em um ano, até setembro. O saldo investido no país ao longo do tempo, chamado tecnicamente de Posição de Investimento Internacional, teve alta substancial, puxado tanto pelas aplicações no setor produtivo como pelo estoque em ações e títulos públicos e privados. No período, o estoque de Investimento Direto no País (IDP), aqueles voltados para a produção, passou de US$ 721 bilhões para US$ 787 bilhões em um ano. O de investimentos em carteira (ações e títulos públicos e privados) foi de US$ 269,5 bilhões para US$ 335 bilhões, comparando com setembro de 2018" (GRANER, Fabio. Estoque de capital estrangeiro cresce US$ 154,4 bi em um ano. *Valor Econômico*, 22 nov. 2019).

[21] Esperam-se, com a liberalização operada pelo PLS, investimentos na ordem de R$ 50 bilhões em terras no Brasil.

[22] Não se olvide que o exterior já contribuiu muito com o agronegócio brasileiro, ofertando capital humano (nossos agricultores são oriundos de diversas origens, como Alemanha, Itália, Holanda, Rússia, Japão, Portugal, Espanha, Estados Unidos e Argentina), tecnologia (com o crescimento

necessário o cumprimento de sua função social, de forma que sua ausência possa implicar desapropriação do imóvel, em razão de descumprimento de obrigação imposta pela Constituição Federal. Além da exportação de alimentos, o Brasil tem potencial para ser um grande fornecedor global de capital humano e de tecnologia para a agricultura tropical.[23]

As restrições atuais para a compra de terras rurais por estrangeiros, inclusive por empresas brasileiras que tenham a maioria do seu capital social estrangeiro, culminam em impactos negativos para o País, entre os quais destacamos: (i) restrições de crédito – sendo a terra a garantia mais importante em operações de crédito, uma vez que há limitação à sua liquidez e o encarecimento aos produtores rurais;[24] (ii) dificuldade no mercado de capitais – as restrições criam dúvidas e inseguranças sobre a possibilidade de os investidores externos adquirirem ativos que tenham terras agrícolas como parte das garantias; e (iii) baixa liquidez no mercado de terras – havendo um maior volume de recursos no mercado de terras, o mercado passa por majoração em sua liquidez, sendo mais fácil a transação dos ativos.

9.2. FUNÇÃO SOCIAL DA PROPRIEDADE RURAL

A letra da Constituição Federal de 1988 se preocupou em apontar uma dicotomia entre a classificação dos imóveis como urbano e rural. Trata, no Título VII, da Ordem Econômica e Financeira, da Política Urbana (Capítulo II) e da Política Agrícola e Fundiária e da Reforma Agrária (Capítulo III). Contudo, não há um ambiente regulatório uno, são diversas as leis nacionais que impõem diferentes disposições aos imóveis rurais.

A Lei n. 4.504/1964, o Estatuto da Terra, define em seu art. 4º, I, imóvel rural como "o prédio rústico, de área contínua qualquer que seja a sua localização que se destina à exploração extrativa agrícola, pecuária ou agroindustrial, quer através de planos públicos de valorização, quer através de iniciativa privada". Um ano após sua promulgação, o Decreto n. 55.891/1965 alargou esse conceito, que passou a ser previsto em seu art. 5º como "o prédio rústico, de área contínua, qualquer que seja a sua localização em

---

associado ao capital humano que migrou ao Brasil, diversas empresas multinacionais desenvolveram a indústria brasileira de insumos) e investimentos (muitas das empresas estrangeiras investem em pesquisa, somando esforços com a Embrapa no desenvolvimento da agricultura tropical brasileira).

[23] Os brasileiros produzem no exterior, aproximadamente, 20% da soja cultivada no Paraguai e 30% do arroz colhido no Uruguai, além de ter participação relevante na agricultura de outros países na América do Sul e na África. Além disso, o modo brasileiro de produção agrícola em larga escala pode ser replicado em outras áreas da América do Sul e da África, abrindo mercado para tecnologia, máquinas e equipamentos brasileiros, a exemplo do que ocorre com o café e a cana-de-açúcar.

[24] As instituições financeiras estrangeiras possuem dificuldades para concessão de créditos, uma vez que não podem executar contratos que possuam como garantia terra rural. Assim, muitas vezes optam por não fornecer o aporte de capitais pretendido.

perímetros urbanos, suburbanos ou rurais dos municípios, que se destine à exploração extrativa, agrícola, pecuária ou agroindustrial, quer através de planos públicos de valorização, quer através da iniciativa privada".

Em ambas as definições, o imóvel rural é caracterizado por sua destinação, devendo compreender a exploração da atividade agrícola, pecuária ou agroindustrial. Em 1966, porém, notamos uma sensível inovação, na medida em que o Decreto n. 59.428 trouxe em seu art. 93 a definição de imóvel rural como "o prédio rústico de área contínua, localizado em perímetro urbano ou rural dos Municípios que se destine à exploração extrativa, agrícola, pecuária ou agroindustrial, através de planos públicos ou particulares de valorização", passando a também compreender como imóvel rural aquele que esteja no perímetro urbano.

A exclusividade da destinação como critério para a caracterização do imóvel rural se manteve incorrupta por 30 anos. Apenas em 1996, com a edição da Lei n. 9.393, Lei da Propriedade Territorial Rural (ITR), foi observada a primeira alteração relevante desse conceito. Em seu art. 1º, § 2º, a Lei citada prevê o imóvel rural como "a área contínua, formada de uma ou mais parcelas de terras, localizada na zona rural do município". Nesse momento, diferentemente das demais, foi imposta a localização como critério para determinação do imóvel como rural ou urbano. O exposto, ainda, se alinhou com a disposição do Código Tributário Nacional, de 1966, por meio do art. 29.[25]

No arcabouço jurídico atual, ambos os critérios, o econômico (de destinação) e o de local (de localização), coexistem e são plenamente válidos. De forma geral, o critério de destinação é o mais utilizado, ficando o de localização restrito e afeto a matérias de natureza tributária. Ainda que falte uma definição una do conceito de imóvel rural, o cumprimento de sua função social é soberano e independente.

A histórica importância da propriedade para a produção de alimentos e, consequentemente, para a garantia da segurança alimentar mundial cunhou-a de verdadeira conotação social, no que diz respeito ao seu uso. Por esse motivo, a questão fundiária é constitucionalmente prevista, de forma a ser insculpido na Constituição Federal de 1988 o conceito de função social da propriedade – o próprio art. 5º, XXII e XXIII, garante em sentido amplo o direito de propriedade, diretamente vinculado ao devido cumprimento de sua função social que, ainda, insurge como princípio à ordem econômica, consoante abarcado pelo art. 170, II e III, da Constituição Federal. É justamente na redação do inciso III do art. 170 que se insculpe o conceito de função social, apontando para a submissão da propriedade privada ao preenchimento desse requisito, sempre vinculado à destinação da propriedade. Dessa forma, verificamos que a Constituição já consagra, propriamente, um parâmetro ao exercício do direito de propriedade e sua interpretação.

---

[25] "Art. 29. O imposto, de competência da União, sobre a propriedade territorial rural tem como fato gerador a propriedade, o domínio útil ou a posse de imóvel por natureza, como definido na lei civil, localização fora da zona urbana do Município."

A Constituição de 1988, ao eleger a função social da propriedade como princípio da ordem econômica e financeira, trata-o com maior detalhamento em seu art. 182, responsável por abordar a política de desenvolvimento urbano. No parágrafo único do art. 185, por sua vez, ao dispor sobre a propriedade rural, diz: "A lei garantirá tratamento especial à propriedade produtiva e fixará normas para o cumprimento dos requisitos relativos à sua função social". É no art. 186 do diploma maior de 1988 que encontramos os balizadores determinantes ao cumprimento da função social da propriedade rural: (i) aproveitamento racional e adequado; (ii) utilização adequada dos recursos naturais disponíveis e preservação do meio ambiente; (iii) observância das disposições que regulam as relações de trabalho; e (iv) exploração que favoreça o bem-estar dos proprietários e dos trabalhadores. Vemos, aqui, o sentido amplo do atendimento aos benefícios sociais, que envolvem trabalho, economia e meio ambiente.[26]

Vale, ainda, lembrar que o Código Civil (Lei n. 10.406/2002) aponta, em seu art. 1.228, § 1º, que "o direito de propriedade deve ser exercido em consonância com as suas finalidades econômicas e sociais (...)", portanto incorporando também a ideia de função social. Sobre o direito de propriedade, Maria Helena Diniz[27] menciona ser a propriedade o direito que a pessoa física ou jurídica tem, dentro dos limites normativos, de usar, gozar e dispor de um bem, corpóreo ou incorpóreo, bem como de reivindicar de quem injustamente o detenha; há, todavia, uma limitação ao direito de propriedade, com intuito de coibir abusos e impedir que seja esse exercido, acarretando prejuízo ao bem-estar social, o que permite o desempenho da função econômico-social da propriedade, constitucionalmente preconizada, criando condições para que ela seja economicamente útil e produtiva, atendendo o desenvolvimento econômico e os reclamos da justiça social.

Cabe dizer, o legislador constituinte deixou à legislatura ordinária a incumbência de regular ambos os preceitos, ou seja, de traçar os limites materiais pertinentes à função social – assim, está disposto o comando ao legislador ordinário no próprio parágrafo único do art. 185 da Constituição Federal, de que "a lei garantirá tratamento especial à propriedade produtiva e fixará normas para o cumprimento dos requisitos relativos a sua função social". Trata-se de integrar a norma constitucional para fazê-la aplicável ao universo a que se destina, tarefa relativamente complexa, por meio da qual o legislador comum deve compatibilizar, dentro de sua esfera de liberdade, o direito de propriedade

---

[26] A Constituição anterior já previa a função social da propriedade como um princípio geral. O que diferencia o texto atual é que a propriedade e a função social tornaram-se princípios fundamentais do ordenamento, garantias individuais e não apenas princípios da ordem econômica. O Código Civil, em seu art. 1.228, § 1º, prescreve que o direito de propriedade deve ser exercido conforme às finalidades econômicas e sociais, a fim de serem preservados, na forma da lei, a flora, a fauna, as belezas naturais, o equilíbrio ecológico e o patrimônio histórico e artístico, sem prejuízo ao se evitar a poluição do ar e das águas.

[27] DINIZ, Maria Helena. *Código Civil anotado*. São Paulo: Saraiva, 2003. p. 784-785.

com as restrições que legitimam seu exercício. Cuida-se, aqui, do que a doutrina chama de concordância prática entre os direitos em jogo, de maneira a impedir o sacrifício de um em relação a outro.[28] A isso acrescemos as ponderações de Suzana de Toledo Barros,[29] que traz a ínsita necessidade de o legislador ordinário intervir para determinar o sentido da função social da propriedade, no que se agrega análise sobre o próprio conteúdo de muitos desses direitos e garantias e se pode observar que, em grande parte, é eminentemente normativo, situação que gera limitação considerável.

Com o intuito de regulamentar a disposição constitucional, a Lei n. 8.629/1993 objetiva destrinchar o requisito econômico. Em seu art. 6º, aponta ser considerada produtiva a área que, explorada econômica e racionalmente, atingir graus de utilização da terra e de eficiência na exploração, segundo índices fixados pelo órgão federal competente. Para fins de utilização da terra, será considerado o grau de valor igual ou superior a 80%, calculado pela relação entre a área efetivamente utilizada[30] e a área aproveitável total do imóvel. O valor de eficiência, por outro lado, será de 100%, obtido de acordo com a seguinte sistemática: para os produtos vegetais, divide-se a quantidade colhida de cada produto pelos índices de rendimento da microrregião e para a exploração pecuária, divide-se o número total de unidades animais do rebanho pelo índice de lotação da microrregião. A soma dos resultados obtidos para os produtos

---

[28] TOLEDO, Gastão Alves de. Ordem econômica e financeira. *In:* MARTINS, Ives Gandra da Silva; MENDES, Gilmar Ferreira; NASCIMENTO, Carlos Valder do (coord.). *Tratado de direito constitucional 2*. São Paulo: Saraiva Jur, 2010. p. 329.

[29] BARROS, Suzana de Toledo. *O princípio da proporcionalidade e o controle de constitucionalidade das leis restritivas de direitos fundamentais*. Brasília: Brasília Jurídica, 2000. p. 26.

[30] Lei n. 8.629/1993, art. 6º, § 3º "Considera-se efetivamente utilizadas:

I – as áreas plantadas com produtos vegetais;

II – as áreas de pastagens nativas e plantadas, observado o índice de lotação por zona de pecuária, fixado pelo Poder Executivo;

III – as áreas de exploração extrativa vegetal ou florestal, observados os índices de rendimento estabelecidos pelo órgão competente do Poder Executivo, para cada Microrregião Homogênea, e a legislação ambiental;

IV – as áreas de exploração de florestas nativas, de acordo com plano de exploração e nas condições estabelecidas pelo órgão federal competente;

V – as áreas sob processos técnicos de formação ou recuperação de pastagens ou de culturas permanentes, tecnicamente conduzidas e devidamente comprovadas, mediante documentação e Anotação de Responsabilidade Técnica.

§ 4º No caso de consórcio ou intercalação de culturas, considera-se efetivamente utilizada a área total do consórcio ou intercalação.

§ 5º No caso de mais de um cultivo no ano, com um ou mais produtos, no mesmo espaço, considera-se efetivamente utilizada a maior área usada no ano considerado.

§ 6º Para os produtos que não tenham índices de rendimentos fixados, adotar-se-á a área utilizada com esses produtos, com resultado do cálculo previsto no inciso I do § 2º deste artigo."

vegetais e pecuários, dividida pela área efetivamente utilizada e multiplicada por cem, determina o grau de eficiência na exploração.[31]

A utilização dos recursos naturais disponíveis, por sua vez, será considerada adequada quando a exploração da área for realizada respeitando a vocação da terra, de modo a manter o potencial produtivo da propriedade. Para tanto, a preservação do meio ambiente será compreendida como a manutenção das características próprias do meio natural e da qualidade dos recursos ambientais, em medida adequada à garantia do equilíbrio ecológico da propriedade e da saúde, bem como da qualidade de vida das comunidades vizinhas.

Por fim, em relação ao trabalho no campo, importa dizer que as disposições não se limitarão – mas englobarão – às leis trabalhistas, também prevendo o conteúdo de contratos coletivos de trabalho e demais relações e previsões contratuais próprias. A exploração que favorece o bem-estar dos proprietários e dos trabalhadores rurais é, portanto, aquela que objetiva o atendimento das necessidades humanas básicas daqueles que trabalham com a terra, garantindo a observância de normas de segurança do trabalho e que, ainda, não provocam conflitos e tensões sociais no imóvel.

De outro lado, o Estatuto da Terra (Lei n. 4.504/1964) assegura a todos a oportunidade de acesso à propriedade rural, desde que atendida a função social. Entre os pressupostos da política agrícola de que trata o art. 2º da Lei n. 8.171/1991 (Lei de Política Agrícola), o cumprimento da função social da propriedade deve ser buscado no desempenho da atividade agrícola, de forma a ter esta reflexos na política agrícola e fundiária. Ainda em seu art. 2º, trata dos requisitos para integral cumprimento da função social pela propriedade rural, que ocorre quando, simultaneamente: (i) favorece o bem-estar dos proprietários e dos trabalhadores que nela labutam, assim como de suas famílias; (ii) mantém níveis satisfatórios de produtividade; (iii) assegura a conservação dos recursos naturais; e (iv) observa as disposições legais que regulam as justas relações de trabalho entre os que a possuem e a cultivem.

Uma vez não verificado o devido cumprimento da função social do imóvel rural, poderá ser este desapropriado. Nos termos do art. 184 da Constituição, "compete à União desapropriar por interesse social, para fins de reforma agrária, o imóvel rural que não esteja cumprindo sua função social, mediante prévia e justa indenização em títulos da dívida agrária, com cláusula de preservação do valor real, resgatáveis no prazo de até vinte anos, a partir do segundo ano de sua emissão, e cuja utilização será definida em lei".

Analisando a história da locução "função social da propriedade", Silvia C. B. Opitz e Oswaldo Opitz exclamam ser ela bastante significativa "(...) para indicar a finalidade

---

[31] Cabe ao Incra fixar, com base nas características regionais e no tipo de atividade predominante em cada área, os índices de rendimento e lotação.

da terra representada pela sua função econômica".[32] Concluem, então, que o conteúdo semântico dessa expressão é o de que a terra produz todos os bens que podem atender às necessidades atuais e futuras dos homens, o que amplia o conceito econômico de propriedade; adjetivada de "social", revela uma função econômica, qual seja, a de observar os princípios da justiça social e o aumento da produtividade, mencionados no art. 1º, § 1º, do Estatuto da Terra (Lei n. 4.504/1964), considerando a possibilidade de desapropriação para reforma agrária.

Seguindo essa visão, entende-se que é vedado ao Estado permanecer inerte à pouca eficiência da atividade privada, justificando sua intervenção na economia, como previsto, por exemplo, no art. 1º do Estatuto da Terra (Lei n. 4.504/1964). Assim, o Estado não obriga o proprietário ao cumprimento da função social, mas intervém e realiza a desapropriação por interesse social ante a sua inobservância.

Criticando o reducionismo com que se interpreta a realização da função social, Elisabete Maniglia[33] afasta que tal cumprimento se dê com a mera relação de produtividade, que, segundo entende, mostra-se como um artifício, e destaca que os requisitos listados pelo art. 186 da Constituição Federal devem ser observados simultaneamente, e não isoladamente. O dever do proprietário compreende um elemento econômico, conjugado a um elemento social e a um elemento ambiental, nos exatos termos do referido art. 186. Não se trata de negar a produtividade, que é essencial, mas de vê-la como um meio, e não como um fim.

O problema é a constatação de que a função social da propriedade rural se reduz, na prática, à consideração do fator econômico para fins de reforma agrária; em outras palavras, na visão da autora, não se pode equiparar atendimento à função social e verificação de produtividade.[34] A produtividade deve estar aliada à consideração do meio ambiente e das pessoas nela envolvidas: cumprir a função social implica cumprir simultaneamente os elementos produtivos, ecológicos e sociais.[35] Nem toda propriedade economicamente produtiva cumpre sua função social, uma vez que a mera produtividade não é suficiente para desempenhá-la.[36] O uso da terra deve ser racional e humano.

---

[32] OPITZ, Silvia C. B.; OPITZ, Oswaldo. *Curso completo de direito agrário*. 7. ed. rev. e atual. São Paulo: Saraiva, 2013. p. 202-204.

[33] MANIGLIA, Elisabete. Atendimento da função social pelo imóvel rural. *In*: ARROSO, Lucas Abreu; MIRANDA, Alcir Gursen de; SOARES, Mário Lúcio Quintão (org.). *O direito agrário na Constituição*. 3. ed. rev., atual. e ampl. Rio de Janeiro: Forense, 2013. p. 25-44.

[34] MANIGLIA, Elisabete. Atendimento da função social pelo imóvel rural. *In*: ARROSO, Lucas Abreu; MIRANDA, Alcir Gursen de; SOARES, Mário Lúcio Quintão (org.). *O direito agrário na Constituição*. 3. ed. rev., atual. e ampl. Rio de Janeiro: Forense, 2013. p. 36-37.

[35] CASSETARI, Christiano. *Direito agrário*. São Paulo: Atlas, 2012. p. 53.

[36] RIZZARDO, Arnaldo. *Direito do agronegócio*. Rio de Janeiro: Forense, 2018.

Nelson Rosenvald,[37] dispondo sobre a função social e sua contraposição ao direito privado que detém a propriedade do imóvel, aduz que "a locução social traduz o comportamento regulador do proprietário, exigindo que ele atue numa dimensão na qual se realize interesses sociais, sem a eliminação do direito privado do bem que lhe assegure as faculdades de uso, gozo e disposição. Vale dizer, a propriedade mantém-se privada e livremente transmissível, porém detendo finalidade econômica adequada às atividades urbanas e rurais básicas, no intuito de circular riquezas e gerar empregos".

No regime jurídico atual, os imóveis transportam finalidades múltiplas. Sua utilidade econômica não se esgota em um único uso, no melhor uso, ou no mais lucrativo uso.[38] A nosso ver, o cumprimento da função social depende de uma ponderação do binômio necessidade/possibilidade, ou seja, retirar daquele que não produz, com a devida indenização. A isso se deve agregar a percepção de que as limitações impostas ou as novas conformações emprestadas ao direito de propriedade deverão observar, especialmente, o princípio da proporcionalidade, que exige que as restrições legais sejam adequadas, necessárias e proporcionais.[39]

Nesse contexto, o imposto sobre a propriedade territorial rural (ITR), de competência da União, previsto no art. 153, VI, e § 4º, da Constituição Federal, instituído pela Lei n. 9.393/1996, será progressivo para desestimular a manutenção de propriedades improdutivas, o que demarca seu caráter extrafiscal.

Com a advertência de que fiscalidade e extrafiscalidade não se excluem, mas preponderam alternativamente nos tributos, as alíquotas do ITR devem ser maiores, conforme a menor produtividade da propriedade. Isso ficou espelhado na tabela de alíquotas anexa à Lei n. 9.393/1996, por meio da qual a alíquota será determinada pelo cotejo entre a área total do imóvel e seu grau de utilização. Visando à função social da propriedade, especialmente nas considerações relativas ao meio ambiente, salientam-se as diversas exclusões listadas no art. 10 da Lei n. 9.393/1996 para fins de apuração e posterior pagamento do ITR, como as áreas de preservação permanente e as de reserva legal, entre outras.

Em regra, uma vez não comprovada materialmente a irregularidade do imóvel, será entendido que este atende aos ditames legais da função social da propriedade. Dessa maneira, podemos dizer que a presunção é pelo seu cumprimento, sendo demandada prova em sentido contrário, a qual pode surgir por condenação ou autuação do proprietário, reconhecendo a deturpação dos preceitos legais, ou havendo arcabouço fático inegável. De cunho comprobatório do quanto mencionado, apresentamos

---

[37] ROSENVALD, Nelson. *Direitos reais*. Rio de Janeiro: Lumen Juris, 2012. p. 314.
[38] RIZZARDO, Arnaldo. *Direito do agronegócio*. Rio de Janeiro: Forense, 2018.
[39] TOLEDO, Gastão Alves de. *O direito constitucional econômico e sua eficácia*. Rio de Janeiro: Renovar, 2004. p. 188.

decisão do STJ sobre o tema, em razão de violações de caráter ambiental de propriedade rural:

> Ambiental. Recurso especial. Ação civil pública. Óbices admissionais não caracterizados. Chácara destinada ao lazer. Propriedade localizada em zona rural. Casa construída em área de preservação permanente. Invasão da faixa mínima de proteção da margem de curso de água. Demolição parcial. Medida adequada à manutenção da integridade e dos atributos que justificaram a criação da área de preservação permanente (APP).
>
> (...) 2. No caso dos autos, tem-se por incontroverso que parte da edificação pertencente aos réus adentra oito metros na faixa de preservação que ladeia pequeno curso d'água existente na propriedade.
>
> 3. De acordo com o art. 2º, *a*, 1, da Lei n. 4.771/1965 (antigo Código Florestal), com redação dada pela Lei n. 7.803/1989, são considerados de preservação permanente as florestas e demais formas de vegetação natural situadas ao longo dos rios ou de qualquer curso d'água, em faixa marginal cuja largura mínima será de 30 (trinta) metros para os cursos d'água de menos de 10 (dez) metros de largura.
>
> 4. No plano normativo ambiental, a Constituição Federal condiciona a exegese e a eficácia do respectivo arcabouço regulamentar ordinário, por isso que o art. 2º, *a*, 1, da Lei n. 4.771/1965 (redação dada pela Lei n. 7.803/1989), deve ser interpretado em harmonia com os ditames dos arts. 186 e 225, § 1º, III, da CF/1988, evitando-se qualquer forma de utilização da propriedade que comprometa a integridade e os atributos que justificaram a criação da APP.
>
> 5. A utilização da propriedade rural para deleite pessoal de seus titulares, ignorando a proteção da faixa mínima nas margens de curso d'água e, por isso, em desconformidade com a função socioambiental do imóvel, torna inescapável a demolição da edificação, quanto à porção que avançou para além do limite legalmente permitido.
>
> 6. Recurso especial do *Parquet* estadual a que se dá provimento (REsp 1.341.090/SP, 1ª Turma, Rel. Min. Sérgio Kukina, j. 24.10.2017, *DJe* 07.12.2017).

Além do exposto, a destinação de terras públicas e devolutas[40] deverá ser compatibilizada com a política agrícola nacional e com o plano nacional de reforma agrária, de forma a ser direito dos beneficiários da distribuição de imóveis rurais receber títulos de domínio ou concessão de uso das terras, os quais são inegociáveis pelo prazo de dez anos.

---

[40] Pela origem pública da propriedade no País é que se tem o instituto de terras devolutas, ou seja, terras que, não estando a qualquer título em mãos públicas ou privadas, devem ser devolvidas ao poder originário. Terras devolutas são terras públicas. Em seu art. 20, II, a Constituição Federal, reitera que as terras devolutas são bens da União.

"Art. 20. São bens da União:

(...)

II – as terras devolutas indispensáveis à defesa das fronteiras, das fortificações e construções militares, das vias federais de comunicação e à preservação ambiental, definidas em lei".

Também, em seu art. 188, declara que "destinação de terras públicas e devolutas será compatibilizada com a política agrícola e com o plano nacional de reforma agrária".

Mais recentemente, instado a se manifestar sobre a temática, o Supremo Tribunal Federal (STF), analisando a ADI 3.865, no qual o *Parquet*, por unanimidade, seguiu a compreensão do relator, Min. Edson Fachin, de que o direito de propriedade fica condicionado a seu uso socialmente adequado, sendo exigido constitucionalmente o cumprimento da função social da propriedade produtiva como um requisito simultâneo à sua inexpropriabilidade. Assim, admite-se a desapropriação de imóvel rural, mesmo que produtivo, pela ausência de cumprimento de sua função social.

A função social, assim, passa a integrar o conceito de propriedade imobiliária, o que redunda na adequada regulamentação de alguns institutos jurídicos, como a regularização fundiária, a usucapião, a reforma agrária e outros, uma vez que o direito de propriedade não mais se reveste de caráter absoluto, sobre este recaindo ônus social, de forma a, uma vez sendo descumprida a função que lhe é inerente, ser autorizada intervenção do Estado na esfera dominial privada.

Diante do exposto, cabe acrescer que a economia contemporânea, caracterizada pela complexidade das transações, recoloca no centro das discussões a análise das dimensões e efeitos dos direitos de propriedade sobre a atividade econômica, porém não mais de uma forma estanque, ora pela ótica econômica, ora pela ótica do direito, mas, sim, de forma integrada pelas duas vertentes. Para a nova economia institucional, a abordagem de Direito e Economia também pode ser entendida pela perspectiva das organizações como uma forma de compreender a capacidade de as organizações funcionarem e solucionarem conflitos. Portanto, dentro dessa abordagem teórica, como são definidos e estabelecidos os direitos de propriedade e como geram incentivos aos agentes econômicos envolvidos, pode ser um caminho para entender o desempenho das organizações nos diversos setores da economia.[41]

9.3. EMPRESA DE CAPITAL NACIONAL E FORMAS DE CONTROLE

As restrições à titularidade da aquisição e arrendamento de imóveis rurais por não brasileiros remontam a variados anos. A partir da edição do Ato Complementar n. 45/1969, pessoas físicas ou jurídicas estrangeiras, residentes ou sediadas no exterior, não poderiam, em hipótese alguma, adquirir diretamente imóveis rurais no Brasil. Hoje, aquisição e arrendamento[42] de imóveis rurais por estrangeiros são regulados pela Lei

---

[41] ZYLBERSTAN, Decio; NASCIMENTO, Viviam Ester de Souza; SAES, Maria Sylvia Macchione. Direitos de propriedade, investimentos e conflitos de terra no Brasil: uma análise da experiência paranaense. *Revista de Economia e Sociologia Rural*, [S.L.], v. 48, n. 3, p. 705-748, set. 2010.

[42] Lei n. 8.629/1993, art. 23. "O estrangeiro residente no País e a pessoa jurídica autorizada a funcionar no Brasil só poderão arrendar imóvel rural na forma da Lei n. 5.709, de 7 de outubro de 1971.

§ 1º Aplicam-se ao arrendamento todos os limites, restrições e condições aplicáveis à aquisição de imóveis rurais por estrangeiro, constantes da lei referida no *caput* deste artigo.

§ 2º Compete ao Congresso Nacional autorizar tanto a aquisição ou o arrendamento além dos limites de área e percentual fixados na Lei n. 5.709, de 7 de outubro de 1971, como a aquisição

n. 5.709, de 7 de outubro de 1971. A norma traz restrições ao exercício do direito de propriedade a pessoas físicas estrangeiras residentes no País, pessoas jurídicas estrangeiras autorizadas a funcionar no Brasil e empresas brasileiras cuja maioria do capital social seja de titularidade de pessoas estrangeiras. Atualmente, para que um estrangeiro adquira imóveis no Brasil, é necessário que ele esteja adequado às seguintes limitações: (i) residência ou autorização para funcionar no País (pessoa física ou jurídica); (ii) efetiva exploração da terra; (iii) limitação de tamanho da área; e (iv) autorização do Instituto Nacional de Colonização e Reforma Agrária (Incra). A essa norma soma-se a Instrução Normativa n. 88/2017 do Incra.

O arcabouço regimental originado pelas disposições, a partir do final dos anos 1960, privilegiou a origem do capital como critério para definir a nacionalidade da pessoa jurídica e, com base nessa caracterização, definiu as restrições indicadas no texto legal mencionado. Com o passar dos anos, foram diversas as controvérsias instauradas sobre o regime legal criado pela Lei n. 5.709/1971 quanto à distinção de empresa brasileira, empresa de capital nacional e empresa estrangeira.

Sobre a temática em epígrafe, somamos as manifestações da AGU, que ocorreram em três oportunidades. Os dois primeiros pareceres, datados de 1994 e 1998, Parecer n. AGU/LA-04/1994 e n. GQ-181/1998, respectivamente, posicionaram-se favoráveis a uma maior flexibilização ao negócio de terras rurais com estrangeiros. Simultaneamente a esse período, em 1995, o art. 171 da Constituição Federal, que definia "empresa brasileira", foi revogado pela Emenda Constitucional n. 06/1995, que teve como objetivo afastar a distinção de empresa brasileira e empresa brasileira de capital nacional. Mais tarde, porém, em sentido contrário, o terceiro parecer sobre o tema, o LA-01 de 2010 (Parecer da AGU), revogou os anteriores e buscou manter, integralmente, as restrições previstas pela legislação infraconstitucional, fixando nova interpretação acerca da recepção da Lei n. 5.709/1971 pela Constituição Federal de 1988.[43] Especificamente em relação ao § 1º do art. 1º,[44] impôs restrições, também, às pessoas jurídicas brasileiras com maioria de capital social estrangeiro.[45]

---

    ou arrendamento, por pessoa jurídica estrangeira, de área superior a 100 (cem) módulos de exploração indefinida."

[43] Constata-se que, embora a Lei n. 5.709/1971 possa ser considerada recepcionada em suas grandes linhas, o certo é que o Texto Constitucional está a exigir uma nova disciplina da matéria, mais de acordo com o conteúdo do preceito sob comento (BASTOS, Celso Ribeiro; MARTINS, Ives Gandra. *Comentários à Constituição do Brasil*. São Paulo: Saraiva, 1990. v. 7, p. 335).

[44] "§ 1º Fica, todavia, sujeita ao regime estabelecido por esta Lei a pessoa jurídica brasileira da qual participem, a qualquer título, pessoas estrangeiras físicas ou jurídicas que tenham a maioria do seu capital social e residam ou tenham sede no Exterior."

[45] HAGE, Fábio Augusto Santana; PEIXOTO, Marcus; VIEIRA FILHO, José Eustáquio Ribeiro. *Aquisição de terras por estrangeiros no Brasil:* uma avaliação jurídica e econômica. Brasília: Senado Federal, 2012. p. 32.

O novo parecer da AGU fomentou discussões sobre a inconstitucionalidade da aplicação da Lei n. 5.709/1971. O ponto central da discussão está na máxima de que o direito de propriedade é um direito fundamental consagrado no art. 5º, XXII, da CF, que tem, entre outras restrições, o teor do próprio art. 190 da CF, segundo o qual "a lei regulará e limitará a aquisição ou o arrendamento de propriedade rural por pessoa física ou jurídica estrangeira e estabelecerá os casos que dependerão de autorização do Congresso Nacional". Ainda, o art. 172 da mesma Carta estabelece que "a lei disciplinará, com base no interesse social, os investimentos de capital estrangeiro, incentivará os reinvestimentos e regulará a remessa de lucros".

As normas, ora em comento, incidem não apenas nas hipóteses da aquisição ou arrendamento direto de terras rurais por estrangeiros, mas, igualmente, nos casos de fusão e/ou incorporação de sociedades, de alteração de controle acionário ou de transformação de pessoa jurídica brasileira em pessoa jurídica estrangeira, bem como em aquisições ou arrendamento indiretos, por meio de aquisição de participações de quotas sociais ou ações de sociedades brasileiras detentoras de imóveis rurais.

De acordo com o § 1º do art. 1º da Lei n. 5.709/1971, como já apontado, fica sujeita ao regime limitante estabelecido pela norma a pessoa jurídica brasileira da qual participem, a qualquer título, pessoas estrangeiras físicas ou jurídicas que tenham a maioria do seu capital social e residam ou tenham sede no exterior. De acordo com esse dispositivo legal, portanto, toda e qualquer sociedade brasileira que tenha a maioria do seu capital social detido por pessoas físicas e/ou jurídicas estrangeiras, residentes e sediadas, respectivamente, no exterior, deve se submeter às mesmas regras que estariam sujeitas pessoas físicas ou jurídicas estrangeiras, caso adquirissem diretamente imóveis rurais em território brasileiro.

Assim, o supracitado diploma tem por efeito a desconsideração da separação patrimonial existente entre, de um lado, sociedades brasileiras titulares de imóveis rurais e, de outro, os seus sócios ou acionistas estrangeiros. Aqui, reside situação de desconsideração atributiva de personalidade jurídica, em que os bens integrantes do patrimônio de determinada sociedade, para os efeitos específicos da norma legal em referência, são atribuídos diretamente ao patrimônio de seus sócios ou acionistas, de modo que sobre ela recaiam os mesmos efeitos que se projetariam sobre os últimos, como titulares do bem.

Ainda, o § 1º do art. 1º da norma de 1971 tem por efeito atribuir a qualidade de estrangeira a toda e qualquer sociedade brasileira que seja titular de terras rurais e cujo sócio estrangeiro tenha a maioria de seu capital social. Nesse caso, convenciona-se quebrar o termo "maioria de capital social" em dois, o que nos traz apontamentos de importância ao Direito Societário. De um lado, o conceito de maioria remete à ideia de poder de controle, de outro, o capital social remonta a aportes de recursos, ao investimento e à exposição do sócio aos riscos da atividade social. O poder de controle terá relevo no que tange ao atributo e à prerrogativa que são reconhecidos ao sócio ou acionista controlador de orientar o funcionamento da sociedade controlada e de eleger a maioria de seus administradores, nos termos do art. 116 da Lei n. 6.404/1976 (Lei das S.A.). Na Lei das S.A. vemos que a caracterização do controle acionário depende da ocorrência cumulativa de três requisitos: (i) predominância de votos nas assembleias gerais, com a eleição da maioria dos administradores; (ii) permanência da predominância; e (iii) uso efetivo do poder de dominação para dirigir as atividades sociais. O conceito foi reafirmado no art. 243, § 2º, da mesma Lei, que considera "controlada a sociedade na qual a controladora, diretamente ou através de outras controladas, é titular de direitos de sócio que lhe assegurem de modo permanente, preponderância nas deliberações sociais e o poder de eleger a maioria dos administradores".

A Lei n. 5.709/1971, em sentido contrário, porém, aplica com a locução "maioria do capital social" a percepção de que haverá sócio ou acionista que detém o controle de determinada sociedade e que, por consequência, terá sempre a prerrogativa de usar e/ou dispor dos bens integrantes de seu patrimônio social. No plano societário, porém, a prerrogativa de uso e disposição não é atributo reconhecido ao controlador de forma incondicionada, bem como não é a ele conferido poder para atendimento de suas necessidades pessoais.

Questão de relevância é a compreensão do requisito de participação majoritária de pessoa física ou jurídica no capital social da sociedade brasileira adquirente de terras rurais. Isso porque, a depender do tipo societário a ser adotado, nem sempre o controle da sociedade será exercido por aqueles que tenham a maioria do capital social. A maioria do capital social não se confunde necessariamente com o poder de controle. Em determinados casos, esses atributos poderão estar dissociados, sendo exercidas parte por uma categoria de acionistas e parte por outra. É controlador o acionista – ou o grupo de acionistas – que exerce o poder permanente de dirigir as atividades sociais, impondo a sua vontade dentro da companhia (poder que pode ser exercido de forma isolada ou conjunta).

Ainda, verifica-se que o legislador optou por não exigir a propriedade de determinado percentual de ações votantes para identificar a figura do sócio ou da sociedade controladora, considerando como tal que, de fato, comanda os negócios, fazendo prevalecer sua vontade nas deliberações sociais.[46] O poder de controle se refere a um poder de fato, não a um poder jurídico. Existem diferentes modalidades, como apontado, pelas quais o controle acionário pode se manifestar. O controle majoritário verifica-se quando um acionista, pessoa física ou jurídica, detém a maioria das ações com direito de voto, o que lhe permite exercer isoladamente o poder de conduzir os negócios sociais.

O controle compartilhado, por seu turno, configura-se quando alguns dos acionistas da companhia se reúnem (usualmente mediante acordo de acionistas)[47] e se

---

[46] EIZIRIK, Nelson. *Temas de direito societário*. Rio de Janeiro: Renovar, 2005.

[47] O acordo de acionistas, previsto no art. 118 da Lei das S.A., constitui contrato firmado entre sócios de determinada companhia visando à composição de seus interesses individuais e ao estabelecimento de normas de atuação na sociedade.

comprometem a votar em bloco nas matérias atinentes ao exercício do poder de controle, de modo a desempenharem o controle da sociedade em conjunto.[48] Nessa hipótese, ainda que nenhum dos signatários do acordo detenha, individualmente, a maioria das ações votantes, a união de suas ações lhes assegura o exercício do poder de controle. Nestas, o poder será de titularidade de um conjunto de acionistas que integram o grupo controlador, não de qualquer de seus membros isoladamente. A esse respeito, a Comissão de Valores Mobiliários (CVM) já se manifestou no sentido de que, em casos de controle compartilhado, "o controle é exercido pelo grupo, como grupo, e em grupo".[49]

Ainda, cumpre elucidar que o Código Civil, em seu art. 1.126, compreende como sociedade nacional a "sociedade organizada de conformidade com a lei brasileira e que tenha no país a sede de sua administração". Aqui o Código opera com o local da constituição e da sede de fato, alinhando-se com o posto pela Constituição Federal. A falta de passividade quanto ao conceito de empresa brasileira fomenta a insegurança jurídica que tem rodeado o tema e se arrastado até os dias atuais, resultando em constantes discussões e propostas de um novo regulamento.

O tema é complexo e polêmico. Ao longo dos anos foram elaborados inúmeros projetos de lei em uma tentativa de disciplinar a questão. O Projeto de Lei n. 2.289/2007 propõe que pessoas físicas ou jurídicas estrangeiras não possam adquirir nem arrendar imóveis rurais com mais de 35 módulos fiscais, em área contínua ou descontínua, observando o limite de 2,5 mil hectares. No entanto, não haverá restrição à compra de imóvel de até quatro módulos fiscais nem ao arrendamento de até dez módulos fiscais. Apensados ao Projeto de Lei n. 2.289/2007 encontram-se: (i) o Projeto de Lei n. 2.376/2007, que proíbe a compra de terra destinada à plantação de matéria-prima para biocombustíveis, e empresas brasileiras com capital estrangeiro majoritário dependerão da autorização do Congresso Nacional para adquirirem terras; (ii) o Projeto de Lei n. 3.483/2008, que limita extensão do imóvel rural adquirido por empresas estrangeiras a 50 módulos fiscais ou 2,5 mil hectares; (iii) o Projeto de Lei n. 4.240/2008, que sujeita as empresas brasileiras com maioria do capital social estrangeiro às mesmas regras das estrangeiras para aquisição de terras – o projeto ainda diminui para 6,25% a área que pessoas da mesma nacionalidade podem possuir no município; e, finalmente; (iv) o Projeto de Lei n. 4.059/2012, que autoriza as empresas nacionais com capital estrangeiro a comprarem imóveis rurais; (v) o Projeto de Lei n. 1.053/2015, que trata da aplicação de restrições à posse de imóveis rurais por estrangeiro; e (vi) o Projeto de Lei n. 6.379/2016, que trata da exclusão do regime da Lei n. 5.709/1971 das pessoas jurídicas nacionais das quais participem, a qualquer título, pessoas estrangeiras físicas ou jurídicas que tenham a maioria do seu capital social e residam ou tenham sede no exterior, que utilizam para as suas atividades madeira de florestas plantadas. Também, na

---

[48] COMPARATO, Fábio Konder. *O poder de controle na Sociedade Anônima*. São Paulo: RT, 1976. p. 46.
[49] Processo CVM n. 2007/7230.

mesma intenção e mais recentemente, originou o Projeto de Lei n. 2.962/2019, buscando uma alteração moderna para o arcabouço jurídico brasileiro aplicável à aquisição e arrendamento de terras por estrangeiros.

Em paralelo às diversas propostas, em 2010, seguindo orientação do LA-01, o Conselho Nacional de Justiça (CNJ) recomendou, por meio do Parecer n. 250/10-E, que corregedorias, locais ou regionais atreladas aos seus respectivos Tribunais de Justiça, determinassem que os Cartórios de Registros de Imóveis voltassem a controlar a aquisição e o arrendamento de imóveis rurais por estrangeiros, observando a Lei n. 5.709/1971. Assim, os Cartórios de Registro de Imóveis e Tabelionatos de Notas passaram a não aprovar a aquisição de terras rurais por estrangeiros sem a prévia confirmação do Incra.

Ocorre que, em 11 de dezembro de 2012, o então Corregedor-Geral da Justiça no Estado de São Paulo, José Renato Nalini, aprovou o Parecer n. 461/2012 que dispensava os oficiais de Registro de Imóveis e Tabeliães de Notas da obrigação de seguir as disposições normativas impostas na Lei n. 5.709/1971 e no seu Decreto regulamentador n. 74.095/1974 no que diz respeito às restrições para a aquisição e/ou arrendamento de imóveis rurais por empresas brasileiras de capital estrangeiro. Os Registros de Imóveis do Estado de São Paulo e os tabeliães de notas passaram a não exigir mais a prévia anuência do Incra para transações que envolvam a aquisição e/ou arrendamento de imóvel rural às empresas brasileiras de capital estrangeiro. Importante lembrar que o Parecer n. LA-01 da AGU, que vincula o Incra às determinações da Lei n. 5.709/1971, permanece vigente, e apenas os tabeliães e oficiais de Registros de Imóveis estavam vinculados à decisão da Corregedoria de São Paulo.

Nesse sentido, a União e o Incra ajuizaram perante o STF a Ação Cível Originária (ACO) 2.463, com pedido de liminar, objetivando a declaração de nulidade do Parecer n. 461/2012-E da Corregedoria-Geral de Justiça do Estado de São Paulo. Em 2016, foi concedida liminar que suspendeu os efeitos do referido Parecer n. 461/2012 até julgamento final dessa ação.[50] Contudo, em maio de 2023, o STF, no âmbito da ACO 2.463 e da Arguição de Descumprimento de Preceito Fundamental (ADPF) 342, revogou a liminar por empate de votos.[51] A ADPF 342, iniciada pela Sociedade Rural Brasileira (SRB), tinha como foco o art. 1º, § 1º, da Lei n. 5.709/1971. Alguns ministros presentes alegaram que a constitucionalidade da Lei era desproporcional e que a medida poderia prejudicar as empresas brasileiras com participação estrangeira, interferindo em suas atividades comerciais e gerando incertezas econômicas.

Há de rememorar que o texto da Lei n. 5.709/1971 é datado de meio século, momento em que o País era, ainda, importador de alimentos, do que se questiona a

---

[50] ACO 2.463 MC, Rel. Min. Marco Aurélio, j. 1º.09.2016, *DJe*-188 05.09.2016.
[51] Conforme estabelecido pelo Regimento Interno do STF, em casos de empate em matéria que exija maioria absoluta, o resultado contrário ao proposto prevalece.

inadequação do regime diante do contexto jurídico-econômico atual. A administração pública, em sua função, possui uma margem de liberdade para agir administrativamente dentro dos limites estabelecidos por lei, denominado poder discricionário.[52] A discricionariedade é a liberdade que remanesce aos agentes administrativos para elegerem, entre várias condutas possíveis, a que traduz maior conveniência e oportunidade[53] para o interesse público, objetivando cumprir o dever de adotar a solução mais adequada à satisfação da finalidade legal, quando, por força da fluidez das expressões da lei ou da liberdade conferida no mandamento, dela não se possa extrair solução objetiva e eficaz.[54]

O agronegócio, formado em contexto global de cadeia de produção, envolve variados fatores mercadológicos, de forma que o comportamento dos consumidores e as inovações tecnológicas, além dos cenários geopolíticos e o regime jurídico das atividades econômicas, têm impacto direto no investimento, em especial, aqui, os investimentos estrangeiros ao agronegócio. Oportuniza-se, com isso, novo ambiente jurídico a regular o tema. Estima-se que as restrições do governo decorrentes do Parecer da AGU de 2010 sobre aquisição e arrendamento de terras rurais por empresas estrangeiras tenham sido capazes de gerar, em 2011 e 2012 – anos imediatamente seguintes à nova interpretação – prejuízos de cerca de US$ 15 bilhões ao agronegócio, inibindo investimentos estrangeiros na forma de capital de risco *private equity* e *venture capital*.

As proposições normativas, além de se basearem na presença de falhas de mercado, devem elevar o nível de competitividade por meio de uma solução cooperativa. É necessário à regulação fazer uso de técnicas administrativas de correção de falhas de mercado na estabilização e desenvolvimento setorial. Pelo disposto, parece-nos claro que as restrições relativas à propriedade de terras rurais nacionais devem ser revistas, com intuito de se estabelecerem de forma alinhada com a preservação da segurança nacional e soberania do País sem, no entanto, bloquear o desenvolvimento econômico, que tem – inegavelmente – como importante aliada a contribuição do investimento estrangeiro.

9.4. RESTRIÇÃO À AQUISIÇÃO DE IMÓVEL RURAL

A aquisição e o arrendamento de imóveis rurais por estrangeiros estão regulamentados pela Lei n. 5.709/1971. Ainda sobre o tema incide a Instrução Normativa Incra n.

---

[52] PIRES, Antonio Cecílio Moreira. *Manual de direito administrativo*. São Paulo: WVC, 2002. p. 31.

[53] Conveniência e oportunidade são elementos centrais do poder discricionário. Conveniência indica as condições que conduzirão o agente, enquanto a oportunidade diz respeito ao momento em que a atividade deve ser produzida (BARROS, Gabriela Santos. A discricionariedade administrativa sob a perspectiva do princípio da juridicidade: o controle judicial dos atos administrativos discricionários. *Revista Jus Navigandi*, Teresina, ano 26, n. 6584, 11 jul. 2021).

[54] BANDEIRA DE MELLO, Celso Antônio. *Curso de direito administrativo*. 22. ed. São Paulo: Malheiros, 2006.

88/2017, com redação alterada em 2018, pela Portaria Incra n. 2017. Além de trazer restrições quanto à titularidade do bem, para o exercício do direito de propriedade – pessoas físicas estrangeiras residentes no País, pessoas jurídicas estrangeiras autorizadas a funcionar no Brasil e empresas brasileiras cuja maioria do capital social seja de titularidade de pessoas estrangeiras –, a Lei impõe outras previsões de condão restritivo, que devem ser observadas em conjunto e de forma integrada, para sua aplicação.

Logo, cumpre observar as vedações trazidas pelas normativas destacadas. Iniciamos quanto à aquisição de imóvel rural por tais entes, que não poderá exceder 50 módulos de exploração indefinida, seja área contínua ou não. Quando estiver esse agente, porém, diante de imóvel com área igual ou inferior a três módulos, a aquisição será livre, independendo de qualquer autorização ou licença, salvo quanto às exigências legais de caráter geral.[55] Ainda, poderá o Poder Executivo criar normas que regulem a aquisição de área compreendida entre 3 e 50 módulos de exploração indefinida; vide redação dada ao § 3º do art. 3º por alteração promovida pela Lei n. 8.629/1993. O exposto é seguido na Instrução Normativa n. 88/2017, em seu art. 8º, *caput*. Ao Presidente da República, uma vez ouvido o Conselho de Segurança Nacional, será conferido o poder de aumentar o limite prefixado.

As áreas rurais pertencentes a pessoas estrangeiras, físicas ou jurídicas, não poderão ultrapassar um quarto (25%) da superfície dos municípios onde se situem, devendo ser comprovada por certidão do Registro de Imóveis. Quando adquirido por pessoas da mesma nacionalidade, estas ficarão limitadas, para cada município, a 40% do um quarto já fixado. Aqui, fica condicionado ao Presidente da República, mediante decreto, autorizar a aquisição além dessas condições quando se tratar de imóvel rural vinculado a projetos julgados prioritários em face dos planos de desenvolvimento do País (art. 12 da Lei n. 5.709/1971). Ainda, dessas restrições específicas ficam excluídas as restrições à aquisição de áreas rurais: (i) inferiores a três módulos; (ii) que tiverem sido objeto de compra e venda, de promessa de compra e venda, de cessão ou de promessa de cessão, mediante escritura pública ou instrumento particular devidamente protocolado no Registro competente, e que tiverem sido cadastradas no Incra em nome do promitente comprador, antes de 10 de março de 1969; e (iii) quando o adquirente tiver filho brasileiro ou for casado com pessoa brasileira sob o regime de comunhão de bens. Aqui, vemos diferenciação quanto à previsão do art. 10 da Instrução Normativa n. 88/20172017, que impõe as restrições gerais às pessoas naturais brasileiras casadas com pessoas naturais estrangeiras, caso o regime de bens do casamento venha a determinar a comunicação do direito de propriedade.

Cabe acrescentar, às pessoas jurídicas a que se referem a Lei n. 5.709/1971 agregamos mais uma condicionante, insculpida no art. 5º do diploma legal: essas apenas

---

[55] Tendo o imóvel menos de três módulos, a aquisição ou o arrendamento independerão de manifestação prévia do Incra (art. 8º, § 1º, da Instrução Normativa n. 88/2017).

poderão adquirir imóveis rurais destinados à implantação de projetos agrícolas, pecuários, industriais ou de colonização, quando vinculados a seus objetivos estatutários (art. 13 da Instrução Normativa n. 88/2017). O projeto, em regra, deverá ser aprovado pelo Ministério da Agricultura e Pecuária, ouvido o órgão federal competente de desenvolvimento regional na respectiva área. Especificamente aos projetos de caráter industrial, será ouvido o Ministério da Indústria e Comércio.

De acordo com as disposições do art. 2º da Instrução Normativa n. 88/2017, a concessão de autorização do Incra para aquisição ou arrendamento de imóveis rurais por estrangeiros deve seguir requisitos fundamentais, como: (i) estar o imóvel pretendido devidamente registrado no Cartório de Registro de Imóveis em nome do transmitente; (ii) estar o imóvel rural regularmente cadastrado no SNCR em nome do transmitente, salvo em caso de aquisição por usucapião; (iii) ter o estrangeiro residência no Brasil e ser inscrito no Registro Nacional de Estrangeiro (RNE), na condição de permanente, com prazo de validade vigente ou indeterminado, quando houver previsão legal; (iv) nos casos de pessoa jurídica estrangeira ou pessoa jurídica brasileira equiparada, apresentar projeto de exploração agrícola, pecuário, florestal, turístico, industrial ou de colonização, vinculado aos seus objetivos estatutários ou sociais – a pessoa jurídica estrangeira também deverá apresentar autorização para funcionamento no Brasil; (v) comprovar a inscrição na Junta Comercial do Estado de localização de sua sede, se pessoa jurídica brasileira da qual participem, a qualquer título, pessoas estrangeiras, natural ou jurídica, que tenham a maioria de seu capital social e residam ou tenham sede no exterior ou ainda o poder de conduzir as deliberações da assembleia geral, de eleger a maioria dos administradores da companhia e de dirigir as atividades sociais e orientar o funcionamento dos órgãos da companhia; e (vi) ter o consentimento prévio da Secretaria Executiva do Conselho de Defesa Nacional (SECDN), se o imóvel rural estiver localizado em faixa de fronteira ou em área considerada indispensável à segurança nacional. O que deve ser procedido por meio da apresentação dos documentos comprobatórios previstos no art. 12 da Instrução Normativa n. 88/2017.

Nos termos do art. 15 da Instrução Normativa n. 88/2017, conceitua-se a pessoa jurídica brasileira equiparada à estrangeira aquela constituída segundo as leis brasileiras, com sede no Brasil, e que possua participação majoritária, a qualquer título, de capital estrangeiro, e desde que os sócios pessoas naturais ou jurídicas estrangeiras, respectivamente, residam ou tenham sede no exterior. Para que ocorra essa equiparação, nos termos do § 1º, é necessário que esses sócios detenham a maioria do capital social ou que sua participação acionária lhes assegure o poder de conduzir as deliberações da assembleia geral, de funcionamento dos órgãos da empresa. A aquisição e o arrendamento de imóveis, no caso de pessoas jurídicas estrangeiras ou equiparadas, carecem de pedido de autorização, nos termos do art. 19 da Instrução Normativa n. 88/2017.

Eventuais aquisições de imóveis situados em áreas consideradas como indispensáveis à segurança nacional dependerão da coleta de assentimento prévio da

Secretaria-Geral do Conselho de Segurança Nacional, pelo ente interessado (art. 7º da Lei n. 5.709/1971). Para esse mesmo grupo, será obrigatória a transcrição do ato por meio de escritura pública, o que decorre de sua própria essência; referida escritura deverá contar com: (i) menção do documento de identidade do adquirente; (ii) prova de residência no território nacional; e (iii) quando necessário, autorização do órgão competente ou assentimento prévio da Secretaria-Geral do Conselho de Segurança Nacional. Ainda, especificamente à pessoa jurídica estrangeira, constará da escritura a transcrição do ato que concedeu autorização para a aquisição da área rural, bem como dos documentos comprobatórios de sua constituição e de licença para seu funcionamento do Brasil.

Nessa senda, os Cartórios de Registro de Imóveis, nos termos do art. 10 da Lei n. 5.709/1971, deverão manter cadastro especial, em livro auxiliar, das aquisições de terras rurais por pessoas estrangeiras, físicas e jurídicas, na qual deverão constar: (i) menção do documento de identidade das partes contratantes ou dos respectivos atos de constituição, se pessoas jurídicas; (ii) memorial descritivo do imóvel, com área, características, limites e confrontações; e (iii) transcrição da autorização do órgão competente, quando for o caso. Também a esses Cartórios ficam incumbidos de remeter, trimestralmente, sob pena de perda do cargo, à Corregedoria da Justiça dos Estados a que estiverem subordinados e ao Ministério da Agricultura relação das aquisições de áreas rurais por pessoas estrangeiras, da qual constem esses dados enumerados. Quando se tratar de imóvel situado em área indispensável à segurança nacional, a relação mencionada também deverá ser remetida à Secretaria-Geral do Conselho de Segurança Nacional.

Em caso de loteamentos rurais efetuados por empresas particulares de colonização, a aquisição e ocupação de, no mínimo, 30% da área total serão feitas, obrigatoriamente, por brasileiros (art. 4º). As empresas particulares de colonização, para efeitos dessa lei, ficam reconhecidas como as pessoas físicas, nacionais ou estrangeiras, residentes ou domiciliadas no Brasil, ou jurídicas, constituídas e sediadas no País, que tiverem por finalidade executar programa de valorização de área ou distribuição de terras. Também, em caráter impositivo, temos a obrigatoriedade a que as ações de sociedades anônimas adotem forma nominativa, quando se dedicarem a loteamento rural, explorarem diretamente áreas rurais e forem proprietárias de imóveis rurais não vinculados a suas atividades estatutárias – essa norma, porém, não se aplica às entidades mencionadas no art. 4º do Decreto-lei n. 200/1967 – redação atualmente dada pela Lei n. 7.596/1987.[56]

---

[56] "Art. 4º A Administração Federal compreende:

I – A Administração Direta, que se constitui dos serviços integrados na estrutura administrativa da Presidência da República e dos Ministérios.

II – A Administração Indireta, que compreende as seguintes categorias de entidades, dotadas de personalidade jurídica própria:

Apesar de impor uma série de restrições à aquisição e arrendamento de imóveis rurais, notamos que estas não serão incidentes sobre casos de sucessão legítima – salvo em hipóteses de áreas consideradas indispensáveis à segurança nacional; constituição de garantia real, inclusive quanto à transmissão de propriedade fiduciária em favor de pessoa jurídica, nacional ou estrangeira; e, em casos de recebimento de imóvel em liquidação de transação com pessoa jurídica, nacional ou estrangeira, ou pessoa jurídica nacional da qual participem, a qualquer título, pessoas estrangeiras físicas ou jurídicas que tenham a maioria de seu capital e que residam ou tenham sede no exterior, por meio de realização de garantia real, de dação em pagamento, ou de qualquer outra forma (art. 1º, § 2º, da Lei n. 5.709/1971).

Ademais, está previsto na legislação em comento que, salvo casos já insculpidos em legislação de núcleos coloniais, onde se estabeleçam em lotes rurais como agricultores, estrangeiros imigrantes, é vedada, a qualquer título, a doação de terras públicas a pessoas estrangeiras.

Qualquer aquisição que viole os limites impostos pela Lei será nula de pleno direito, de forma ao tabelião que lavrar a escritura e o oficial de registro que a transcrever poderem responder civilmente pelos danos que causarem aos contratantes, sem prejuízo de sua responsabilidade criminal. Projetos de colonização pré-aprovados, porém, manterão sua validade; de mesma forma, as autorizações concedidas permanecerão aplicáveis (a aplicação da nulidade é reproduzida no art. 26 da Instrução Normativa n. 88/2017).

Por fim, não menos importante, vale apontar que a aquisição de imóvel rural não se confunde com a constituição de garantias imobiliárias, pois nesse tipo de relação a transmissão da propriedade não seria plena e definitiva, logo, as restrições da Lei n. 5.709/1971 não seriam aplicáveis. Todavia, devem-se ressaltar os riscos envolvidos na constituição de garantia imobiliária por estrangeiros ou controladas por estrangeiros, quais sejam, risco de (1) não conseguir registrar o instrumento de garantia, o que pode gerar a necessidade de uma ação judicial para obrigar o cartório a realizar o respectivo registro; e, (2) no caso da excussão extrajudicial do bem objeto de alienação fiduciária, de não haver lances mínimos nos leilões e, consequentemente, o credor não conseguir consolidar a propriedade em nome próprio.

a) Autarquias;

b) Empresas Públicas;

c) Sociedades de Economia Mista;

d) fundações públicas.

Parágrafo único. As entidades compreendidas na Administração Indireta vinculam-se ao Ministério em cuja área de competência estiver enquadrada sua principal atividade."

Aqui, lembramos o que nos foi ensinado por Canotilho.[57] Os Estados têm o direito de proteger a sua soberania e os seus recursos naturais e interesses vitais diante do investimento direto estrangeiro no quadro de um direito internacional dinâmico e com forte propensão liberalizadora. Trata-se de um princípio internacionalmente reconhecido e com consagração numa Resolução da Assembleia das Nações Unidas. Contudo, eles devem proteger os seus interesses soberanos num quadro de juridicidade, igualdade, consistência, previsibilidade, confiança, transparência, proporcionalidade, boa-fé e equidade, como decorre do princípio do Estado de Direito. Quando adquirem direitos de propriedade imobiliária, os estrangeiros não estão fazendo aquisição de parcelas de soberania estadual. Semelhante leitura decorreria de uma concepção ultrapassada que vê, no Estado, um proprietário alodial, ou seja, um latifundiário com um direito de propriedade incondicional.

Tanto basta para demonstrar que não existe uma relação linear entre propriedade privada e soberania política. Há, por isso, uma diferença fundamental entre transferir a propriedade e transferir a soberania. Esse ponto é dado como assente mesmo em contextos favoráveis à liberação do investimento direto estrangeiro, como se vê no âmbito da OCDE. Em momento algum se nega aos Estados o direito de salvaguardarem interesses vitais de segurança nacional e de ordem pública. Numa ordem constitucional justa, os direitos de propriedade em nada restringem a soberania nacional sobre os recursos naturais.[58] Ainda, foi pauta de discussão pelo Ministro Gilmar Mendes o equívoco em considerar as terras brasileiras como alvo de radicalização: "É fundamental que nós tenhamos todos os cuidados para analisar essas questões com múltiplas perspectivas, sobretudo para restabelecermos a capacidade de diálogo".[59] Torna-se necessário entender que a modernização da legislação pode atrair mais investimentos, de modo que vai melhorar o protagonismo do Brasil no contexto de rápidas mudanças econômicas. No mesmo evento suprarreferido,[60] o jurista e ex-Ministro da Justiça José Eduardo Cardozo ditou sobre a importância da previsibilidade e estabilidade nas regras que regem as relações negociais, o crescimento se torna incerto e as sociedades enfrentam dificuldades para prosperarem.

---

[57] CANOTILHO, José Joaquim Gomes. *Parecer (conformidade da Lei n. 5.709/1971 com a Constituição brasileira)*. Coimbra: Almedina, 2015.

[58] CANOTILHO, José Joaquim Gomes. *Parecer (conformidade da Lei n. 5.709/1971 com a Constituição brasileira)*. Coimbra: Almedina, 2015. p. 18.

[59] Discurso em evento de Encerramento do CB Fórum: Cenário dos Investimentos Estrangeiros no Agronegócio Brasileiro, em que o ministro decano do STF, Gilmar Mendes, pontuou as potencialidades do agronegócio brasileiro, perante a agenda sustentável no ambiente de negócios. Evento ocorreu em 25 de março de 2025.

[60] Encerramento do CB Fórum: Cenário dos Investimentos Estrangeiros no Agronegócio Brasileiro, 25 mar. 2025.

9.5. MARCO TEMPORAL

A promulgação da Lei n. 14.701/2023, conhecida como Lei do Marco Temporal, reacendeu no Brasil um dos debates mais complexos e sensíveis do direito constitucional fundiário: a definição dos critérios para a demarcação de terras indígenas. O novo diploma legal estabelece que apenas as terras ocupadas por comunidades indígenas em 5 de outubro de 1988 – data da promulgação da Constituição Federal –, ou em disputa possessória contínua até essa data, podem ser objeto de reconhecimento e demarcação pelo Estado brasileiro.[61]

A tese do marco temporal não surgiu com essa nova legislação. Ela tem origem jurisprudencial, especialmente a partir do julgamento da ação que tratou da demarcação da Terra Indígena Raposa Serra do Sol, em 2009, no STF. Naquela ocasião, o Tribunal entendeu que os direitos originários dos povos indígenas deveriam ser garantidos desde que comprovada a ocupação da terra na data da Constituição, estabelecendo, assim, uma referência temporal objetiva. Essa posição foi amplamente utilizada como baliza por órgãos administrativos e consolidou expectativas jurídicas legítimas entre produtores rurais, investidores e instituições de crédito.

Contudo, essa mesma interpretação tem sido objeto de fortes críticas por parte de juristas, movimentos indígenas, organizações sociais e organismos internacionais, como a Organização Internacional do Trabalho (OIT), cuja Convenção n. 169, ratificada pelo Brasil, determina que a demarcação das terras indígenas deve respeitar sua ocupação tradicional, independentemente de data específica. Esses críticos argumentam que o marco de 1988 desconsidera episódios históricos de violência, expulsões e remoções forçadas que impediram diversas comunidades indígenas de estarem em suas terras naquela data.

O tema ganhou contornos mais amplos no final de 2023, quando o Congresso Nacional aprovou a Lei n. 14.701/2023 em resposta à crescente insegurança jurídica provocada pela judicialização da matéria. Pouco tempo depois, três partidos políticos – Progressistas (PP), Liberal (PL) e Republicanos – ajuizaram a Ação Declaratória de Constitucionalidade (ADC) 87 pleiteando o reconhecimento da conformidade da nova

---

[61] "As terras indígenas são terras públicas federais e pertencentes ao domínio exclusivo da União. A própria União, entretanto, sofreu limitação de seus direitos de proprietária, haja vista que o constituinte instituiu um usufruto exclusivo dos índios sobre as riquezas do solo, dos rios e dos lados nela existentes. E mais: determinou que fossem inalienáveis e indisponíveis, sendo imprescritíveis os direitos delas.

A inalienabilidade e a imprescritibilidade que gravam as terras indígenas opõem-se à União e às próprias comunidades indígenas, que, elas também, não poderão efetuar qualquer negócio jurídico que implique alienação, cessão ou disposição de seus direitos sobre elas" (ANTUNES, Paulo de Bessa. Povos indígenas e tribais: e a consulta prévia da Convenção 169 da Organização Internacional do Trabalho. Indaiatuba: Foco, 2025. p. 35).

lei com a Constituição.[62] A relatoria da ação coube ao Ministro Gilmar Mendes, que instaurou uma Comissão Especial no âmbito do STF para promover debates e escuta pública qualificada com todos os setores envolvidos: indígenas, produtores rurais, ambientalistas, juristas e representantes do poder público.

Nesse cenário, a Confederação da Agricultura e Pecuária do Brasil (CNA) ingressou na ADC 87 como *amicus curiae*, destacando o papel estratégico do agronegócio na economia nacional e argumentando que o marco temporal é essencial para a estabilidade das relações fundiárias no campo. A CNA sustenta que a insegurança jurídica decorrente de demarcações retroativas coloca em risco propriedades legalmente tituladas e compromete os investimentos na produção de alimentos, violando o princípio da função social da propriedade e o direito adquirido.

Paralelamente, a CNA também recorreu ao STF em outro processo de grande relevância: a Ação Cível Ordinária (ACO) 3.555, relacionada à demarcação de terras nos municípios de Guaíra e Terra Roxa, no Paraná. A entidade contestou a decisão do Ministro Edson Fachin, que suspendeu ações possessórias durante o recesso do Judiciário, alegando "mudança inusual e imprevisível" do objeto da ACO e descumprimento da decisão do Ministro Dias Toffoli, que havia encaminhado o litígio à Câmara de Conciliação e Arbitragem da Administração Pública Federal (CCAF) da Advocacia-Geral da União.

A discussão sobre o marco temporal e a segurança jurídica no campo revela a tensão estrutural entre dois princípios constitucionais fundamentais: o reconhecimento dos direitos originários dos povos indígenas às suas terras tradicionais (art. 231 da CF) e o direito de propriedade com base no título legítimo e na boa-fé objetiva (art. 5º, XXII e XXIII, da CF). Essa tensão exige soluções institucionais que respeitem os direitos humanos e, ao mesmo tempo, promovam a estabilidade econômica e social do campo.

É importante destacar que, em setembro de 2023, o STF formou maioria para rejeitar a tese do marco temporal, reabrindo o debate e gerando preocupações no setor agropecuário. Em resposta, o Congresso aprovou a Lei n. 14.701/2023 como uma forma de reafirmar a tese, agora com força normativa legal, gerando um impasse entre os Poderes Legislativo e Judiciário, que será resolvido na própria ADC 87.

A proposta apresentada pelo Ministro Gilmar Mendes na Comissão Especial do STF, divulgada em fevereiro de 2025, busca conciliar as diferentes visões por meio de um anteprojeto de lei complementar, que trata de forma detalhada do processo de reconhecimento, demarcação, consulta prévia, indenização de benfeitorias e uso sustentável das terras indígenas. O texto, elaborado a partir de seis meses de escuta ativa e diálogo institucional, tem o objetivo de promover governança colaborativa e consenso mínimo entre indígenas, produtores rurais e o Estado.

---

[62] BRASIL. Supremo Tribunal Federal. Ação Declaratória de Constitucionalidade 87/DF, Rel. Min. Gilmar Mendes, 14 fev. 2025.

No contexto do regime jurídico dos Sistemas Agroindustriais, o marco temporal configura-se como um tema central para o estudo da segurança jurídica fundiária, política indígena, função social da propriedade e regularização de terras. A definição sobre sua constitucionalidade ou não afetará profundamente as regras do jogo agrário brasileiro nos próximos anos, impactando o crédito rural, os contratos agroindustriais, os investimentos estrangeiros e a política de desenvolvimento regional.

Assim, a abordagem jurídica do marco temporal deve ser crítica, intersetorial e sensível à pluralidade de direitos constitucionais envolvidos, reconhecendo que o desafio do século XXI é promover um modelo de desenvolvimento rural com respeito à propriedade privada, exercício de sua função social e econômica, na geração de riqueza e redução das desigualdades regionais.

9.6. PRINCIPAIS ASPECTOS DO ATUAL PROJETO DE LEI N. 2.963/2019

O regime jurídico aplicável à aquisição e arrendamento de terras por estrangeiros é, em suma, antigo, editado em outro contexto político-econômico e merece significativa atualização. É o que se verifica com as inúmeras tentativas de alteração e modernização ao longo dos últimos anos. O Projeto de Lei n. 2.963/2019 (Projeto) é o principal projeto, atualmente, a se relacionar com o tema, regulamentando o art. 190 da Constituição Federal[63] e procedendo alterações em demais normas vinculadas à temática. Delimitando importantes conceitos, o Projeto visa disciplinar a aquisição e todas as modalidades de posse, incluindo o arrendamento, de imóveis rurais em todo o território nacional por pessoas físicas e jurídicas estrangeiras – constituídas e estabelecidas fora do território nacional.[64]

O Projeto se dedica, logo em seu art. 3º, a estabelecer as pessoas jurídicas que estarão sujeitas à aprovação pelo Conselho de Defesa Nacional (CDN), pretensão de aquisição ou posse de imóveis rurais, ainda que sob a forma indireta, mediante a aquisição direta ou indireta de participação societária, constituição de Fundos de Investimentos quaisquer ou contratação de consórcio. São elas:

(1) Organização não governamental (ONG) com atuação no território brasileiro que tenha sede no exterior ou organização não governamental estabelecida no Brasil, cujo orçamento anual seja majoritariamente proveniente de uma mesma pessoa física estrangeira, ou empresa com sede no exterior ou, ainda, proveniente de mais de uma dessas fontes quando coligadas, quando a

---

[63] Art. 190 da Constituição Federal. "A lei regulará e limitará a aquisição ou o arrendamento de propriedade rural por pessoa física ou jurídica estrangeira e estabelecerá os casos que dependerão de autorização do Congresso Nacional."

[64] Nos termos do art. 1º do Projeto de Lei n. 2.964/2019.

localização do terreno for na faixa de fronteira nos termos do art. 1º do Decreto n. 85.064/1980.[65]

(2) Fundação particular quando os seus instituidores forem as pessoas previstas quanto às ONGs, ou empresas estrangeiras ou empresas estrangeiras autorizadas a funcionar no Brasil com sede no exterior.

(3) Fundos soberanos[66] constituídos por recursos provenientes de Estados estrangeiros e sociedades estatais estrangeiras, que detenham mais do que 10%, direto ou indireto, de qualquer sociedade brasileira; e

(4) Pessoas jurídicas brasileiras constituídas ou controladas direta ou indiretamente por pessoas físicas ou jurídicas, estrangeiras, quando o imóvel rural se situar no Bioma Amazônia[67] e sujeitar-se a reserva legal igual ou superior a 80%.

Além da limitação prevista no art. 3º, verificamos que a posse por tempo indeterminado, bem como o arrendamento ou subarrendamento parcial ou total por tempo

---

[65] Art. 1º, Decreto n. 85.064/1980: "Este regulamento estabelece procedimentos a serem seguidos para a prática de atos que necessitem de assentimento prévio do Conselho de Segurança Nacional (CSN), na Faixa de Fronteira, considerada área indispensável à segurança nacional e definida pela Lei n. 6.634, de 2 de maio de 1979, como a faixa interna de cento e cinqüenta (150) quilômetros de largura, paralela à linha divisória terrestre do território nacional".

[66] Atualmente, não possuímos conceito homogêneo de Fundo Soberano. São diversas as definições e características próprias e peculiares existentes, variando de uma modalidade de Fundo para outra. A concepção clássica de Fundos Soberanos é apresentada, exclusivamente como de propriedade de ente governamental. O *International Working Group of Sovereign Wealth Funds* (IWG), em conceituação mundialmente aceita, definiu os Fundos Soberanos por fundos constituídos pelos governos para cumprir finalidades macroeconômicas, possuindo, dirigindo ou administrando ativos para atingir objetivos financeiros utilizando, para isso, um conjunto de estratégias que incluem investimentos em ativos externos. Os Fundos possuem natureza coletiva, compondo-se de estruturas de investimentos que reúnem ativos financeiros, por meio da emissão de ações ou cotas ao público (IWG – INTERNATIONAL WORKING GROUP OF SOVEREIGN WEALTH FUNDS. *Sovereign Wealth Funds:* Generally Accepted Principles and Practices. Santiago Principles. London: IWG, 2008. p. 3).

[67] O bioma se refere ao espaço físico onde os sistemas agrícolas estão inseridos. Representa um conjunto de vida, vegetal ou animal, constituído por um agrupamento de tipos de vegetação contíguos e identificáveis de escala regional, com condições geoclimáticas similares e história compartilhada de mudanças, resultando em uma diversidade biológica própria. A distribuição dos biomas na superfície terrestre em muito se relaciona com os climas – mais diretamente com a temperatura e a precipitação. Especificamente sobre o Bioma Amazônia, vemos que este compreende quase metade do território nacional e é considerado o maior abrigo de diversidade biológica do mundo. Passando pelos territórios do Acre, Amapá, Amazonas, Pará e Roraima, bem como parte do território do Maranhão, Mato Grosso, Rondônia e Tocantins, envolve seis estados da região Norte inteiros e três outros estados brasileiros de maneira parcial.

As informações são extraídas dos textos de: HIRAKURI, M. H. et al. Sistemas de produção: conceitos e definições no contexto agrícola. Documentos, Londrina, n. 335, p. 23, 2012; e MILARÉ, Édis. Direito do ambiente. 10. ed. São Paulo: RT, 2015.

indeterminado de imóvel rural por pessoa física ou jurídica estrangeira,[68] são vedados pelo art. 4º, que também veda, nessas condições, a habilitação à concessão florestal de que trata a Lei n. 11.284, de 2 de março de 2006, regulamentada pelo Decreto n. 12.046/2024.

Tanto em relação às limitações esposadas no art. 3º quanto às limitações previstas pelo art. 4º, verificamos que o PL cria regra distinta relacionada ao objeto do contrato. Dessa forma, não incidem as vedações sobre a aquisição de direitos reais ou exercício de posse de qualquer natureza, quando destinadas à execução ou exploração de concessão, permissão ou autorização de serviço público, inclusive perante as atividades de geração, transmissão e distribuição de energia elétrica, ou de concessão ou autorização de bem público da União.

Há, aqui, tratamento diferenciado vinculado à prestação de um serviço destinado à coletividade, quanto à transferência de um encargo que decorra do uso de um bem público,[69] podendo existir faculdade a terceiro de utilização exclusiva de um bem, consoante sua destinação.[70-71] Ainda, quando se versa acerca de bem de uso comum do povo, a outorga apenas será possível para fins de interesse público, porque, com a concessão,[72] a parcela do bem público concedida ficará com sua destinação desviada para finalidade diversa. Estabelecida por contrato administrativo, a concessão de uso de bem ou serviço público delega ao contratante privado a atribuição de agir na defesa de interesses públicos, de acordo com o previsto em sede contratual, transferindo, assim, a particulares atividades reservadas à Administração.[73] Obriga o uso do bem de forma preestabelecida, deslocando ao particular a responsabilidade pelo oferecimento

---

[68] A vedação aqui tratada não se aplica à pessoa jurídica brasileira, ainda que constituída ou controlada direta ou indiretamente por pessoa, física ou jurídica, estrangeira.

[69] Para maior elucidação do tema, convém mencionar que os bens públicos são os bens de uso comum do povo, os bens de uso especial (destinados a serviço ou estabelecimento da administração federal, estadual ou municipal, inclusive das autarquias) e os bens dominicais (constituem o patrimônio das pessoas jurídicas de direito público, como objeto de direito pessoal, ou real de cada uma dessas entidades).

[70] DI PIETRO, Maria Sylvia Zanella. *Direito administrativo*. 25. ed. São Paulo: Atlas, 2012. p. 336.

[71] O uso exclusivo ou privativo será situação na qual apenas pessoas determinadas poderão se valer da utilização do bem. Isso ocorre por meio de um título jurídico conferido, individualmente, pela Administração Pública. Em contrapartida, o uso comum é o exercido em igualdade de condições por todos os membros da coletividade, sem necessidade de um consentimento individualizado por parte da Administração (DI PIETRO, Maria Sylvia Zanella. *Uso privativo de bem público por particular*. 2. ed. São Paulo: Atlas, 2010. p. 18).

[72] A concessão é instituto derivado do regime jurídico-administrativo ao qual se submetem os contratos celebrados entre o particular (concessionário), pessoa física ou jurídica com capacidade para contratar, e o Poder Público (concedente), que tem por objeto a delegação da prestação de um serviço público.

[73] MOREIRA NETO, Diogo de Figueiredo. *Curso de direito administrativo*. 16. ed. Rio de Janeiro: Forense, 2014. p. 301.

daquele serviço e fazendo com que este seja prestado por sua conta e risco, mediante a remuneração de seus usuários.

Em sede de exceção às limitações até o momento apresentadas, cumpre mencionar que estas ainda não incidirão sobre a aquisição de direitos reais ou o exercício de posse de qualquer natureza quando ela se destinar à execução ou exploração de concessão, permissão ou autorização de serviço público, inclusive das atividades de geração, transmissão e distribuição de energia elétrica, ou de concessão ou autorização de bem público da União. Ademais, ressaltamos que, ao tratarmos de imóveis com áreas inferiores a quinze módulos fiscais,[74] ficará dispensada a autorização ou licença à sua aquisição, bem como qualquer modalidade de posse por estrangeiros.[75]

Na sequência da esteira de análise do Projeto, observamos que seu art. 7º ratifica o respeito à função social da propriedade vinculada aos imóveis rurais adquiridos por pessoa física ou jurídica estrangeira, com sanções específicas em caso da não observância, as quais: (i) no caso da aquisição, na desapropriação,[76] nos termos do art. 184 da Constituição Federal; (ii) no caso de qualquer modalidade de posse, na anulação do contrato correspondente, sem direito ao pagamento de multas ou outros encargos rescisórios, mas com indenização das eventuais benfeitorias úteis e necessárias; e (iii) nos casos de insuscetibilidade de desapropriação, serão anulados os contratos de compra e venda, sendo os imóveis incorporados ao patrimônio da União por meio de aquisição nos valores de mercado, consoante Decreto-lei n. 3.365, 21 de junho de 1941.

Ponto de grande importância insculpido no Projeto refere-se ao limite territorial das áreas adquiridas em raio espacial específico. Isso porque a soma das áreas rurais pertencentes e arrendadas a pessoas estrangeiras não poderá ultrapassar um quarto da superfície dos Municípios onde se situem, critério este que pode ser somado a outra limitação da norma, pois pessoas de uma mesma nacionalidade não poderão ser

---

[74] Módulo fiscal é uma unidade de medida, em hectares, cujo valor é estabelecido pelo Incra para cada município, levando em conta: (i) o tipo de exploração predominante no município (hortifrutigranjeira, cultura permanente, cultura temporária, pecuária ou florestal); (ii) a renda obtida no tipo de exploração predominante; (iii) outras explorações existentes no município que, embora não predominantes, sejam expressivas em razão da renda ou da área utilizada; e (iv) o conceito de "propriedade familiar". A dimensão de um módulo fiscal varia de acordo com o município onde está localizada a propriedade. No Brasil, esse valor varia de 5 a 110 hectares (EMBRAPA. *Forest Code:* contributions for rural environmental compliance. Disponível em: https://www.embrapa.br/en/codigo-florestal. Acesso em: 11 set. 2023).

[75] Art. 6º do Projeto de Lei n. 2.963/2019. "Ressalvadas as exigências gerais determinadas em Lei, dispensa qualquer autorização ou licença, a aquisição e qualquer modalidade de posse por estrangeiros quando se tratar de imóveis com áreas não superiores a quinze módulos fiscais."

[76] Desapropriação é a transferência compulsória da propriedade do particular ao Poder Público, mediante o pagamento justo e prévio de indenização em dinheiro (art. 5º, XXIV, da Constituição Federal).

proprietárias ou possuidoras, em cada município, de mais de 40% desse limite.[77] Relembramos, porém, que, estando o imóvel situado em área indispensável à segurança nacional, a aquisição dependerá do assentimento prévio do Conselho de Defesa Nacional.[78]

Em razão de sua especialidade vinculada ao sujeito possuidor ou proprietário, a aquisição de imóveis rurais por pessoas físicas e jurídicas estrangeiras deverá ser seguida de cadastro especial, em livro auxiliar, efetuado por Cartórios de Registro de Imóveis. Esse cadastro deverá conter a qualificação completa do proprietário, com menção do documento de identidade das partes contratantes ou dos respectivos atos de constituição (se pessoas jurídicas) e o número da matrícula do imóvel respectivo.[79] Dentro do prazo de dez dias, esses dados deverão ser informados pelo Cartório correspondente à Corregedoria da Justiça dos Estados a que estiverem subordinados e ao Instituto Nacional de Colonização e Reforma Agrária (Incra), sob pena de serem aplicadas as penalidades na forma prevista no art. 32 da Lei n. 8.935, de 18 de novembro de 1994.[80] Quando se tratar de imóvel situado em área indispensável à segurança nacional, a relação mencionada também deverá ser remetida à Secretaria-Executiva do CDN.

---

[77] Ficam excluídas dessas restrições as aquisições de áreas rurais quando o adquirente, no caso, for casado com pessoa brasileira sob o regime de comunhão total de bens.

[78] Ainda, é indispensável a lavratura de escritura pública na aquisição de imóvel rural por pessoa estrangeira. Da escritura relativa à aquisição de área rural por pessoas estrangeiras contará, obrigatoriamente: (i) menção do documento de identidade do adquirente; (ii) prova de residência n território nacional; (iii) autorização ou licença do órgão competente, a ser definido em regulamento, e assentimento prévio do conselho de Defesa Nacional, quando for o caso; e (iv) memorial descritivo do imóvel georreferenciado ao Sistema Geodésico Brasileiro e certificado pelo Incra (art. 10 do Projeto de Lei n. 2.963/2019).

[79] "Art. 11. Os Cartórios de Registro de Imóveis manterão cadastro especial, em livro auxiliar, das aquisições de imóveis rurais pelas pessoas físicas e jurídicas estrangeiras no qual deverá constar:

I – qualificação completa do proprietário, com menção do documento de identidade das partes contratantes ou dos respectivos atos de constituição, se pessoas jurídicas;

II – número da matrícula do imóvel respectivo.

§ 1º No prazo de até dez dias após o registro, os Cartórios de Registros de Imóveis informarão, sob pena de serem aplicadas as penalidades na forma prevista no art. 32 da Lei n. 8.935, de 18 de novembro de 1994, os dados previstos nos incisos deste artigo, à Corregedoria da Justiça dos Estados a que estiverem subordinados e ao Incra.

§ 2º Quando se tratar de imóvel situado em área indispensável à segurança nacional, assim estabelecida pelo Conselho de Defesa Nacional, a relação mencionada neste artigo deverá ser remetida também à Secretaria-Executiva deste órgão."

[80] "Art. 32. Os notários e os oficiais de registro estão sujeitos, pelas infrações que praticarem, assegurado amplo direito de defesa, às seguintes penas:

I – repreensão;

II – multa;

III – suspensão por noventa dias, prorrogável por mais trinta;

IV – perda da delegação."

Cabe apontar, porém, que há uma liberalidade cedida ao Congresso Nacional, de forma a lhe ser conferido o poder de, mediante Decreto Legislativo, por manifestação prévia do Poder Executivo, autorizar a aquisição de imóvel por pessoas estrangeiras, além dos limites fixados pelo PL, quando se tratar da implantação de projetos julgados prioritários em face dos planos de desenvolvimento do País. Uma vez consagrada como Lei, o disposto no atual texto do Projeto não afastará aplicação da legislação sobre patrimônio da União, mas serão anuláveis[81] as contratações atinentes a imóvel rural que violem suas prescrições.

As restrições estabelecidas pelo Projeto, de modo geral, não se aplicam aos casos de sucessão legítima;[82] aos casos de direitos reais ou pessoais de garantia;[83] e às pessoas jurídicas brasileiras, ainda que constituídas ou controladas direta ou indiretamente por pessoas privadas, físicas ou jurídicas estrangeiras,[84] ressalvados o disposto no art. 3º e a obrigatoriedade de fornecer informações, nos termos de Regulamento, sobre a composição do seu capital social e nacionalidade dos sócios no Cadastro Ambiental Rural

---

[81] É importante a diferenciação entre negócio jurídico nulo e anulável. O ato nulo é quele que, mesmo alinhado com os elementos necessários à sua existência, originou-se em desobediência com o prescrito pela norma jurídica. Vale-se de ordem pública e está disposto no art. 166 do Código Civil.

Já o negócio jurídico anulável é aquele que, em razão de um vício existente quando foi celebrado ou pela incapacidade do agente, seus efeitos jurídicos podem ser eliminados. Assim, entende-se que os efeitos desse negócio são frágeis, podendo ser sanados. A nulidade não concerne questões de ordem pública, é prescritível e admite confirmação, devendo ser requerida pela parte que teve prejuízo com determinado ato.

[82] Ressalvado o disposto no art. 9º do Projeto de Lei n. 2.963/2019: "A aquisição, por pessoas estrangeiras, de imóvel situado em área indispensável à segurança nacional depende do assentimento prévio do Conselho de Defesa Nacional".

[83] Fica ressalvado o disposto no art. 3º, I, II e III: "Estão sujeitos a aprovação pelo conselho de defesa nacional a aquisição de imóveis rurais ou exercício de qualquer modalidade de posse, ainda que sob a forma indireta, mediante a aquisição direta ou indireta de participação societária, constituição de fundos de investimentos quaisquer ou contratação de consórcios, as seguintes pessoas jurídicas:

I – a organização não-governamental com atuação no território brasileiro que tenha sede no exterior ou organização não-governamental estabelecida no Brasil cujo orçamento anual seja proveniente, na sua maior parte, de uma mesma pessoa física estrangeira, ou empresa com sede no exterior ou, ainda, proveniente de mais de uma dessas fontes quando coligadas, quando a localização do terreno for na faixa de fronteira nos termos do art. 1º do Decreto n. 85.064/1980;

II – a fundação particular quando os seus instituidores forem pessoas enquadradas no disposto no inciso I ou empresas estrangeiras ou empresas estrangeiras autorizadas a funcionar no Brasil com sede no exterior;

III – os fundos soberanos constituídos por recursos provenientes de estados estrangeiros e sociedades estatais estrangeiras, que detenham mais do que dez por cento, direto ou indireto, de qualquer sociedade brasileira".

[84] Art. 1º, § 2º, do Projeto de Lei n. 2.963/2019.

(CAR) e Sistema Nacional de Cadastro Rural (SNCR), anualmente e sempre que houver aquisição, alteração do controle societário, transformação da natureza societária e celebração do contrato de qualquer modalidade de posse.

Aqui, notamos a menção do Poder de Controle. As empresas têm suas ações lastreadas na vontade coletiva, tomada em assembleia geral consoante a participação do capital social. Conforme o volume e a qualidade do capital detido, um acionista ou um grupo de acionistas pode decidir pela empresa, o que não implica, necessariamente, ter 50% das ações. O acionista controlador é aquele que detém títulos societários que lhe garantam o poder de decisão;[85] possui controle sobre a companhia que deverá ser exercido tendo em vista sua função social, respeitando e atendendo os direitos e interesses de todos aqueles vinculados à empresa.[86-87] Aqui, o estudo dos grupos societários é relevante. O controle é um elemento importante para a compreensão da direção unitária entre diversas sociedades, sendo comum que as legislações procurem estabelecer critérios coerentes para a definição dos grupos não apenas pelos efeitos, a direção unitária, mas também pelas causas ou instrumentos que os originam.

Por fim, como observado, é notória a não diferenciação entre sociedades brasileiras, ainda que estas sejam, eventualmente, controladas por capital estrangeiro. A distinção entre uma sociedade brasileira controlada por capital estrangeiro e uma sociedade estrangeira deve ser verificada em distintos regimes, uma vez que a última depende de autorização para funcionamento ou abertura de subsidiárias no País, não necessitando de sede e administração em solo pátrio.[88] A sociedade estrangeira é a pessoa jurídica organizada em conformidade com a lei estrangeira e que tem a sua sede de administração fora dos limites do território nacional, no que se incluem as empresas controladas por Fundos Soberanos estrangeiros. Como já visto, a diferenciação de

---

[85] MAMEDE, Gladston. *Direito empresarial brasileiro:* direito societário: sociedades simples e empresárias. 8. ed. São Paulo: Atlas, 2016. p. 422.

[86] TOMAZETTE, Marlon. *Curso de direito empresarial:* teoria geral e direito societário. São Paulo: Atlas, 2012. v. 1, p. 478.

[87] Além disso, é possível que um grupo de acionistas una suas vontades por meio de um acordo de acionistas, no qual passarão a atuar e agir, em certa medida, em conjunto para conferir maior força e expressão a seus interesses. Este, portanto, se pautará por contratos parassociais entabulados por quem detém ações na sociedade – apresentam-se como convenção *interna corporis* –, mas se concretizarão além das regras universais e estatutárias da companhia, definindo obrigações e faculdades entre seus pactuantes (MAMEDE, Gladston. *Direito empresarial brasileiro:* direito societário: sociedades simples e empresárias. 8. ed. São Paulo: Atlas, 2016. p. 374; TOMAZETTE, Marlon. *Curso de direito empresarial:* teoria geral e direito societário. São Paulo: Atlas, 2012. v. 1, p. 501).

[88] As pessoas jurídicas brasileiras controladas por capital estrangeiro, para todos os fins legais, serão tratadas como pessoa jurídica brasileira. As ONGs e fundações particulares, quando controladas por entidades estrangeiras, terão o tratamento de sociedade estrangeira. Os fundos soberanos e empresas constituídas por fundos soberanos estrangeiros terão o tratamento de sociedade estrangeira.

tratamento entre os tipos de sociedade trazido pelo § 1º do art. 1º[89] do diploma de 1971 apresenta choque direto com a Letra da Constituição, podendo pugnar em sua inconstitucionalidade.

Impor a discussão da norma de 1971 perante as principais alterações legais movimentadas ao longo das últimas décadas trava-se em escorreita análise de que o tratamento referendado pela Lei aplicável esbarra em percepções do mundo moderno. É o caso da redundante discussão sobre a não diferenciação entre sociedades brasileiras controladas por capital estrangeiro e sociedade estrangeira. O Estado brasileiro, no exercício de sua soberania, se reserva ao direito de estabelecer condições e requisitos para que os entes estrangeiros exerçam, regularmente, atividade econômica em território nacional,[90] cumprindo a ele promover a regulação do exercício da atividade. A lei civil não traz limitação sobre o objeto da atuação societária. O regime jurídico societário do estabelecimento subordinado, todavia, será o brasileiro, ainda que na matriz seu tipo seja diverso daquele previsto na legislação nacional.[91]

A concepção tradicional de soberania nacional como fechamento das portas de uma nação às influências externas não coaduna com o fenômeno da globalização pelo qual o mundo vem passando ao longo dos últimos anos. A globalização representa a integração sistêmica da economia nacional, em uma economia internacional por meio do comércio, do investimento estrangeiro direto por parte de corporações e multinacionais, fluxos de capital de curto prazo, fluxo internacional de trabalhadores e pessoas em geral e fluxos de tecnologia.[92] Soberania e globalização não devem ser apresentadas como termos antagônicos, uma não é capaz de afastar a outra, mas, sim, apenas impor novas conformações desse conceito. A globalização não tem como pauta eliminar o Estado nacional ou sua soberania, mas impõe apenas uma reorganização e controle.

---

[89] Art. 1º, § 1º, da Lei n. 5.709/1971. "O estrangeiro residente no País e a pessoa jurídica estrangeira autorizada a funcionar no Brasil só poderão adquirir imóvel rural na forma prevista nesta Lei.

§ 1º Fica, todavia, sujeita ao regime estabelecido por esta Lei a pessoa jurídica brasileira da qual participem, a qualquer título, pessoas estrangeiras físicas ou jurídicas que tenham a maioria do seu capital social e residam ou tenham sede no Exterior."

[90] TEPEDINO, Gustavo; BARBOZA, Heloisa Helena; MORAES, Maria Celina Bodin de. *Código Civil interpretado:* conforme Constituição da República. Rio de Janeiro: Renovar, 2007. p. 350.

[91] VENOSA, Sílvio de Salvo. *Direito civil.* 12. ed. São Paulo: Atlas, 2012. p. 222.

[92] TOMAZETTE, Marlon. *Curso de direito empresarial:* teoria geral e direito societário. São Paulo: Atlas, 2012. v. 1, p. 4-5.

CAPÍTULO 10

TUTELA DO MEIO AMBIENTE E ATIVIDADE AGRÍCOLA

10.1. SUSTENTABILIDADE E PRODUÇÃO RURAL

A atividade rural brasileira ocupa cerca de um terço do território nacional. No Brasil, País que assume dimensões continentais, mais de 60% do território é preservado. Há, aqui, uma das legislações ambientais mais avançadas e restritivas do mundo, que tem impactado, significativamente, a associação do avanço produtivo com a preservação ambiental. A partir dos anos 2000, é possível observar que o avanço das áreas dedicadas à pastagem – principal atividade que, no final do século passado impulsionou o avanço sobre a vegetação nativa – cessou, começando a efetivamente encolher a partir de 2005. Poucos países conseguiram conciliar uma exuberante produção de alimentos com indicadores elevados de sustentabilidade e preservação ambiental.

Visando garantir a proteção da vegetação nativa e o equilíbrio entre meio ambiente e exploração econômica, a própria Constituição Federal brasileira de 1988 prevê, entre seus princípios, a defesa do meio ambiente, conforme o art. 170, VI.[1] Em um contexto mais amplo, todavia, o mau uso do meio ambiente tem importado em custos econômicos e sociais imensos. Relatório mais recente do *Intergovernmental Panel on Climate Change* (IPCC)[2] estima que nos próximos 100 anos, no ritmo do exercício das atividades antrópicas atuais, a temperatura global aumente entre 1,4ºC e 5,8ºC. Dessa forma, passa a ser prioritária a efetiva aplicação de medidas capazes de diminuir os

---

[1] Art. 170. A ordem econômica, fundada na valorização do trabalho humano e na livre iniciativa, tem por fim assegurar a todos existência digna, conforme os ditames da justiça social, observados os seguintes princípios:
(...) VI – defesa do meio ambiente, inclusive mediante tratamento diferenciado conforme o impacto ambiental dos produtos e serviços e de seus processos de elaboração e prestação;

[2] O IPCC é vinculado às Nações Unidas e foi criado em 1988 com o objetivo de avaliar as informações científicas, técnicas e socioeconômicas relevantes para a compreensão da mudança do clima, seus impactos e as opções para mitigação e adaptação. A cada cinco anos, o IPCC lança um relatório baseado na revisão de pesquisas de mais de 2.500 cientistas de todo o mundo.

efeitos deletérios das atividades econômicas – o que aqui nos atine, as atividades agropecuárias – no meio ambiente, com uma participação indissolúvel de sociedade, governo e demais entes privados.

Ao integrarmos a atividade agropecuária à tutela jurídica vinculada a plantas e animais e, evidentemente, em proveito da dignidade humana dos brasileiros e dos estrangeiros residentes (segurança alimentar), a agropecuária recebe a partir da Constituição Federal de 1988 pormenorizados controles no campo jurídico vinculados à defesa da flora e da fauna, de forma que a atividade deverá observar não apenas a elaboração de estudo prévio de impacto ambiental sempre que potencialmente causar significativa degradação do meio ambiente (art. 225, § 1º, IV, da CF),[3] como evitar práticas que coloquem em risco a função ecológica da fauna e da flora, práticas que provoquem riscos às espécies ou, ainda, práticas que submetam animais a crueldade (art. 225, § 3º, VI, da CF). A aludida atividade também necessitará harmonizar-se com a tutela jurídica do solo e do subsolo brasileiro, uma vez que tanto a agricultura como a pecuária só podem ser viabilizadas em determinado espaço territorial controlado pela ordem jurídica em vigor. O conjunto de regras constitucionais estabelecerá, assim, os contornos normativos destinados à aplicação de direitos e deveres no ambiente da agropecuária.[4]

Portanto, dentro da perspectiva constitucional brasileira, a produção agroindustrial deverá envolver os recursos ambientais por meio de uma perspectiva sustentável, ou

---

[3] A Política Nacional de Meio Ambiente introduz o instrumento de Avaliação de Impacto Ambiental (AIA) na ordem jurídica nacional, concebida como mecanismo preventivo na tutela de cada ambiente avaliado. A definição do que seja impacto ambiental vem expressa no art. 1º da Resolução n. 001/1986 do Conselho Nacional de Meio Ambiente (Conama): "(...) considera-se impacto ambiental qualquer alteração das propriedades físicas, químicas e biológicas do meio ambiente, causada por qualquer forma de matéria ou energia resultantes das atividades humanas que, direta ou indiretamente, afetam: I – a saúde, a segurança e o bem-estar da população; II – as atividades sociais e econômicas; III – a biota; IV – as condições estéticas e sanitárias do meio ambiente; V – a qualidade dos recursos ambientais".

Entre os mecanismos de gestão, avaliação e tutela do meio ambiente, o Estudo de Impacto Ambiental (EIA) é, indiscutivelmente, um dos instrumentos mais importantes de atuação administrativa na defesa do meio ambiente. Também consideramos o EIA como verdadeiro mecanismo de planejamento atual da atividade agroindustrial na prevenção de certas atividades que possam ter algum tipo de repercussão sobre a qualidade ambiental. Nesses termos, o referido estudo tem caráter eminentemente preventivo de danos no meio ambiente.

O EIA nasce e se desenvolve para a emanação de um ato administrativo: a licença ambiental. O licenciamento ambiental é um procedimento do qual fazem parte o EIA, o Relatório de Impacto Ambiental (Rima), o Relatório de Ausência de Impacto Ambiental Significativo (Raias) e a licença ambiental propriamente dita. Assim, o procedimento de licenciamento culmina com a expedição ou denegação da licença ambiental, no qual o EIA serve de guia ao administrador na emissão da licença; o referido estudo limita o âmbito de licenciamento ambiental.

[4] FIORILLO, Celso Antônio Pacheco. *Curso de direito ambiental brasileiro*. 22 ed. São Paulo: Saraiva, 2022. p. 957-961.

seja, a atividade deverá explorar o ambiente de maneira a garantir a perenidade dos recursos ambientais renováveis e dos processos ecológicos, mantendo a biodiversidade e os demais atributos ecológicos de forma socialmente justa, economicamente viável e levando em consideração necessidades vinculadas às presentes e futuras gerações.[5]

Nesse contexto, é clara a relevância do Direito Ambiental, que se relaciona com o conjunto de condições, normas, influências e interações de ordem física, química e social, que permite, abriga e rege a relação das pessoas físicas e das empresas com o meio ambiente em todas as suas formas, de acordo com o art. 3º da Lei n. 6.938, de 31 de agosto de 1981, que instituiu a Política Nacional do Meio Ambiente (PNMA). A adequada determinação de competências na proteção do meio ambiente representa fator condicionante para o desenvolvimento econômico equilibrado.

A discussão sobre alternativas econômicas para o bem-estar das sociedades mudou de natureza com o conhecimento dos riscos da mudança climática, o que levou à atualização das noções de ambientalismo e de sustentabilidade. O conceito de sustentabilidade se reformulou e, também, a natureza e a amplitude de seus *stakeholders*, bem como das pessoas e populações afetadas.[6] Hoje, defrontamo-nos a aplicação do conceito ESG como a grande tríade capaz de nortear a relação produção/meio ambiente.

Entender o trinômio ESG passa por compreender a originação do termo e dos aspectos que envolvem a temática da sustentabilidade.[7] O acrônimo "ESG", sigla abreviativa para "Environmental, Social and Governance", em inglês, ou "Meio Ambiente, Social e Governança" em português, passou a ser utilizado em 2004. Sua primeira aparição foi em relatório publicado pelo Pacto Global da ONU, em parceria com o Banco Mundial, denominado *Who Cares Wins*. Por muitos tido como o pai do ESG, Koffi Annan convidou os principais CEOs do setor financeiro a direcionarem seus olhares à possibilidade de integração dos fatores sociais, ambientais e de governança que pudessem rodear e, verdadeiramente, se chocar com os mercados financeiro e de capitais.

Ainda que datado de quase vinte anos, o termo apenas mais recentemente passou a assumir destaque na agenda mundial, de forma que o sentido e o alcance das

---

[5] CAMARGO NETO, Pedro de. Antes da margem equatorial, o momento é de transição energética. *Folha de S. Paulo,* 4 mar. 2025. Disponível em: https://www1.folha.uol.com.br/opiniao/2025/03/antes-da-margem-equatorial-o-momento-e-de-transicao-energetica.shtml. Acesso em: mar. 2025.

[6] ABRANCHES, Sérgio. Agenda climática, sustentabilidade e desafio competitivo. *In*: ZYLBERSZTAJN, David; LINS, Clarissa (org.). *Sustentabilidade e geração de valor*: a transição para o século XXI. Rio de Janeiro: Elsevier, 2010.

[7] Com quase quarenta anos, o relatório "Nosso Futuro Comum", publicado em 1987 pela Comissão Mundial sobre Meio Ambiente e Desenvolvimento da ONU (também conhecido como Relatório Brundtland), foi um marco importante no desenvolvimento do conceito de sustentabilidade. Ainda sendo verdadeiro marco ao tema, o relatório definiu desenvolvimento sustentável como "aquele que satisfaz as necessidades do presente sem comprometer a capacidade das gerações futuras de satisfazer suas próprias necessidades".

diretrizes do acrônimo sejam cada vez mais presentes (e uma cobrança) na realidade empresarial, em escala global. A aplicação e o cumprimento de padrões ESG são, hoje, uma exigência do mercado, para que sua implementação diretamente se vincule a uma maior competitividade, solidez, redução de custos e, principalmente, maior resiliência empresarial.[8] Diretamente vinculados aos Objetivos do Desenvolvimento Sustentável (ODS),[9] os parâmetros ESG trazem uma nova percepção de desenvolvimento de projetos, com objetivação a obtenção, até 2030, de um mundo mais econômico, social e ambientalmente mais sustentável. Ao que se acresce: o termo ESG não só se apresenta como uma necessidade, mas também como verdadeira oportunidade a que se obtenha sustentabilidade empresarial.[10] Antes de adentrarmos nas questões originárias à sustentabilidade – força motriz a todo o desenvolvimento da percepção e do construto que é ESG –,reservaremos um breve momento de segmentação do termo:

(1) *Environmental*: estudos e atuação de defesa, preservação e manutenção de ecossistema ambientalmente equilibrado. Aqui, nota-se maior relevância à proteção e conservação ambiental, como pauta de discussão e desafios globais mais recentes, como a tentativa constante de mitigação das mudanças climáticas, queimadas, poluição, entre outros. Diversas organizações, como a própria ONU, possuem atuação diligente a que alcancemos uma melhor preservação ambiental. A promoção do desenvolvimento sustentável, aqui, deve estar diretamente vinculada a equilíbrio das necessidades humanas com a conservação de longo prazo. Empresas, em contrapartida, são forçadas a se posicionarem publicamente e a assumirem compromisso de diminuição dos impactos ambientais negativos e majoração dos impactos ambientais positivos, que suas atividades produzem, adotando práticas de compliance[11] ambiental com o objetivo de trazer benefícios para o meio ambiente e para sua própria gestão.

---

[8] MAZON, Cassiano; ISSA, Rafael Hamze. Adoção e implementação das práticas ESG (*environmental, social and governance*) pelas empresas estatais. *Cadernos da Escola Paulista de Contas Públicas*, São Paulo, v. 1, p. 35-52, 1º sem. 2022.

[9] Os Objetivos de Desenvolvimento Sustentável (ODS) foram adotados pelas Nações Unidas em 2015 como um apelo universal à ação para acabar com a pobreza, proteger o planeta e garantir que até 2030 todas as pessoas desfrutem de paz e prosperidade. São 17 objetivos estabelecidos e integrados. Entende-se que a ação em uma área afetará os resultados em outras e que o desenvolvimento deve equilibrar a sustentabilidade social, econômica e ambiental.

Há o comprometimento dos países em priorizar o progresso daqueles que estão mais atrasados. Os ODS objetivam acabar com a pobreza, a fome, a AIDS e a discriminação contra mulheres e meninas (United Nations Development Programme. The SDGs in action).

[10] Segundo estudo feito pela Morningstar a pedido da *Capital Reset*, no Brasil, fundos ESG captaram R$ 2,5 bilhões em 2020, e mais da metade da captação veio de fundos criados nos últimos 12 meses (Pacto Global Rede Brasil).

[11] Originado do verbo inglês "to comply", significa estar de acordo, cumprir. Conceitua-se *compliance* por aquele que está de acordo com as leis, normas e regulamentos que ditam sobre determinado assunto.

(2) Social: refere-se à necessidade de garantia de um desenvolvimento humano com base em um mínimo adequado. No Brasil, como dito anteriormente, a Constituição Federal de 1988 estabelece os direitos humanos individuais e coletivos – nos quais se incluem o direito ao meio ambiente equilibrado. Referidos direitos devem ser respeitados, sob pena de violação da ordem máxima brasileira e são basilares à democracia nacional. Dessa forma, são estimulados o respeito à individualidade, a integração e o desenvolvimento social, bem como, em ambiente de trabalho, a criação de mecanismos e instrumentos de proteção e garantia da concretização desses direitos.

(3) *Governance*: aqui, corresponderá especialmente à governança corporativa. Dessa forma, encerra políticas e práticas conjugadas, objetivando proporcionar maior transparência, estabelecer mecanismos mais eficientes de controle e incentivar uma atuação ética de todos os envolvidos, a fim de que as ações sejam pautadas por consonância com a lei e as regras internas da companhia.[12] Boas práticas de governança corporativa compreendem uma jornada contínua de adequação e aperfeiçoamento e, quando incorporadas, inclinam-se a incrementar a confiabilidade da empresa no mercado, maximizando, inclusive, os seus próprios resultados.[13]

Ao analisar a questão pelo prisma de vinculação às atividades agroindustriais, notamos que o complexo integrado de atividades econômicas que compõem o agronegócio ganha relevância jurídica à medida em que encontra os critérios de organicidade e economicidade. A característica empresarial do agronegócio brasileiro reflete um olhar otimista ao setor, com importantes perspectivas futuras, mas mostra também grandes desafios. A nós, essa expansão deve ocorrer de forma sustentável dos pontos de vista social, ambiental e econômico (ESG). É esse o motivo pelo qual nos deteremos a observar como cada uma das letras do acrônimo se inter-relaciona com o agronegócio. Iniciando pelo caráter ambiental, notamos que, uma vez compreendendo o complexo agroindustrial como um conjunto de atividades que dependem diretamente de recursos naturais e do meio ambiente, sua associação com questões ambientais, além de importante, é essencial.

Faz-se necessário que uma economia agrícola se alinhe à proteção ambiental. O plantio direto, a rotação de culturas, os processos de integração (ILPF – Integração Lavoura-Pecuária-Floresta – e ILP – Integração Lavoura-Pecuária) e a recuperação de pastagens degradadas são alguns mecanismos já utilizados nas atividades do setor, objetivando evitar que lesões ambientais ocasionem um prejuízo à própria área

---

[12] AMARAL, Paulo Osternack. Lei das Estatais: espectro de incidência e regras de governança. *In*: JUSTEN FILHO, Marçal (org.). *Estatuto Jurídico das Empresas Estatais*. São Paulo: RT, 2016. p. 65.

[13] MAZON, Cassiano; ISSA, Rafael Hamze. Adoção e implementação das práticas ESG (*environmental, social and governance*) pelas empresas estatais. *Cadernos da Escola Paulista de Contas Públicas*, São Paulo, v. 1, p. 35-52, 1º sem. 2022.

de produção e, em larga escala, em matéria de mudança climática. Há de mencionar que economias agrícolas são as principais prejudicadas com as mudanças climáticas, uma vez que se estabelecem sobre verdadeira indústria a céu aberto; a produção é caracterizada por sua fragilidade, sendo diretamente influenciada pelo seu entorno.

Quanto ao critério social, como visto, a dignidade humana está insculpida na Constituição Federal brasileira e deve ser respeitada sob pena de sanções nacionais e internacionais. O agronegócio, por sua vez, desempenha papel importante no desenvolvimento social. Devendo estar ajustado ao processo Pesquisa e Desenvolvimento (P&D), o agronegócio é reconhecido pela abertura de novos trabalhos, geração de riqueza e desenvolvimento de regiões que, até então, por serem rurais e longínquas, permaneciam afastadas de olhar cauteloso – desenvolvimento de habitações e saneamento básico, por exemplo, são benefícios levados ao campo por seu uso produtivo. Ademais, não poderíamos deixar de pontuar o excelente papel que o agronegócio efetua na garantia de segurança alimentar mundial. Apoiado em novas tecnologias, o agronegócio brasileiro, atualmente, é responsável pelo oferecimento de alimentos nutritivos e saudáveis, fibras e energia, atendendo à demanda de mais de 190 países ao redor do globo.

Por fim, quanto à governança, notamos que, cada dia mais, empresas se defrontam com a cobrança de transparência em suas atividades. Direcionando nossos olhares ao agronegócio, esbarramos, primeiramente, na cobrança quanto a rastreabilidade e origem dos produtos. Parceiros comerciais e consumidores externalizam preocupação sobre o caminho do produto, exigindo laudos de segurança alimentar e biológica, bem como a certificação da origem lícita do dinheiro investido na produção. O processo de sucessão patrimonial bem como as evoluções legais de registro e depósito de informações em ambientes controlados têm levado a uma maior demanda por controle e organização societária no setor. É a transformação do agroempresarial brasileiro e a nova mentalidade dos agentes da cadeia.

De acordo com os dados do ESG Radar 2023,[14] investimentos em ESG nas organizações devem chegar a US$ 53 trilhões até o ano de 2025, representando um terço dos ativos globais sob gestão.[15] Há aqui, porém, que ressaltar a existência de uma barreira que impacta diretamente as questões ambientais: a taxonomia. Atualmente, não há notícias de órgão regulador global ou regional que disponha de bem acertado arcabouço de critérios e condutas mínimas do que deve ser considerado como "verde". Esse posicionamento tem sido, cada vez mais, demandado por consumidores e organizações, de modo que já se observa um posicionamento diante da temática.

---

[14] NYSE; INFI. ESG Radar 2023.
[15] O centro desses investimentos está em ações ambientais comparadas às sociais e de governança, espelhado pelo retorno ágil que oferecem à organização. Cerca de 73% dos recursos estão associados às ações de reutilização da água e às ações de redução da pegada de carbono.

Diretamente afetado ao setor, o Ministério da Agricultura e Pecuária (Mapa) disponibilizou, em fevereiro de 2023, certificado para 27 empresas e cooperativas agropecuárias em que se compreendiam os aspectos do Selo Mais Integridade, o qual reconhece as organizações com boas práticas em gestão ESG. Essa ação representa um aumento motivacional da equipe interna e cadeia produtiva, melhor classificação de risco em operações de crédito, além de impulsionar as relações comerciais com parceiros internacionais.[16]

Aqui, também cabe menção ao Projeto de Lei n. 4.734/2020,[17] que objetiva a criação do Selo Agro Verde, certificação concedida aos produtos originários de propriedade que preservem o meio ambiente. Segundo o autor do Projeto, os mercados domésticos e internacionais têm exigido de seus fornecedores a comprovação do cumprimento de normas sociais e ambientais, principalmente aquelas voltadas a evitar o desmatamento ilegal – como é o caso da normativa europeia já oportunamente tratada neste livro. A criação do Selo Agro Verde permitirá que os consumidores identifiquem os produtos provenientes de propriedades que respeitam as normas ambientais.[18] O projeto prevê que o selo será concedido aos produtores que possuírem regularidade fundiária, atestada pelo Instituto Nacional de Colonização e Reforma Agrária (Incra); e regularidade ambiental, por meio da utilização de dados do Cadastro Ambiental Rural (CAR) e de certidão negativa emitida pelos sistemas de controle de autuações ambientais e de embargos dos órgãos integrantes do Sistema Nacional do Meio Ambiente (Sisnama).

A *Capital Requirements Directive* (CRD) e a *Capital Requirements Regulation* (CRR) são regulamentações essenciais da União Europeia que visam garantir a estabilidade do setor financeiro, exigindo que as instituições financeiras mantenham capital

---

[16] De acordo com o Mapa, na categoria "Integridade e Ética", a empresa UPL do Brasil Indústria e Comércio de Insumos Agropecuário foi premiado pelo projeto "Game 'Compliance em Ação + Programa de Embaixadores'". Na categoria "Responsabilidade Social", a Baldoni Produtos Naturais Comércio e Indústria se destacou com o programa "Projeto Anjos do Sertão". Já em "Sustentabilidade Ambiental", contemplaram-se as empresas: (i) Adecoagro Vale do Ivinhema S.A., pelo "projeto Biogás – Redução e eliminação do uso de combustíveis fósseis; e (ii) Iharabras S.A. Indústrias Químicas, pelo programa "Cultivida". Também foi entregue menção honrosa à Associação Brasileira de Proteína Animal (ABPA) e à Associação Brasileira das Indústrias de Tecnologia em Nutrição Vegetal (Abisolo), que representam as organizações mais premiadas. Pela primeira vez, o Selo Mais Integridade foi entregue às cooperativas do setor do agronegócio, o que espelha o avanço e comprometimento do setor com questões sustentáveis.

[17] BRASIL. Projeto de Lei n. 4.734, de 2020. Altera a Lei n. 8.171, de 17 de janeiro de 1991, que dispõe sobre a política agrícola, para criar o Selo Agro Verde; e aprimora o controle de origem e regularidade ambiental da produção agropecuária. O PL encontra-se aguardando Designação de Relator(a) na Comissão de Meio Ambiente e Desenvolvimento Sustentável (CMADS).

[18] BRASIL. Câmara dos Deputados. Redação. Projeto cria selo verde para produtos com boa procedência ambiental: proposta quer desestimular o desmatamento ilegal. Proposta quer desestimular o desmatamento ilegal. 2021. Disponível em: https://www.camara.leg.br/noticias/722911-projeto-cria-selo-verde-para-produtos-com-boa-procedencia-ambiental. Acesso em: 26 mar. 2023.

suficiente para cobrir riscos e evitar crises. A CRD, como diretiva, estabelece obrigações que os Estados-Membros devem adaptar em suas legislações nacionais, enquanto a CRR, sendo um regulamento, se aplica diretamente a todos os países da União Europeia. Juntas, essas normas abrangem os requisitos de capital, a gestão de riscos, a governança e a supervisão das instituições financeiras. Recentemente, a CRD e a CRR passaram por alterações importantes, com foco na inclusão de riscos ambientais, sociais e de governança (ESG). As mudanças introduziram definições claras sobre riscos ESG, como risco ambiental, físico, de transição, social e de governança, no Artigo 4 da CRR, garantindo uma compreensão uniforme desses riscos. Além disso, a partir dos Artigos 73 e 74 da CRD, as instituições financeiras passaram a ser obrigadas a considerar esses riscos em suas estratégias e processos, com uma visão de curto, médio e longo prazo.[19]

Foi também adicionado um novo Artigo 87a na CRD, que exige que as autoridades competentes garantam que as instituições tenham sistemas adequados para identificar, medir, gerenciar e monitorar os riscos ESG, levando em conta um horizonte de longo prazo de pelo menos dez anos.[20] As instituições também devem realizar testes de resiliência para avaliar o impacto dos riscos ESG, especialmente os relacionados ao clima, utilizando cenários elaborados por organizações internacionais. Essas alterações reforçam a necessidade de as instituições financeiras estarem preparadas para os desafios impostos pela transição para uma economia mais sustentável, assegurando que os riscos ESG sejam adequadamente gerenciados. A *European Banking Authority* (EBA) também recebeu a responsabilidade de definir diretrizes sobre as metodologias a serem usadas pelas instituições para avaliar e monitorar os riscos ESG, garantindo a robustez dos planos de transição e a transparência na gestão desses riscos. Essas modificações visam aumentar a resiliência do setor financeiro e preparar as instituições para uma futura economia de baixo carbono.

Admitidas as características essenciais da regulação, princípios desenvolvimentistas e de proteção ao meio ambiente, às vezes transcritos como objetivos opostos entre si, revelam-se de grande grau de complementaridade. A promoção do desenvolvimento e a proteção do meio ambiente têm instrumentos comuns de persecução.[21] O desenvolvimento sustentável consiste na exploração equilibrada dos recursos naturais, nos limites da satisfação das necessidades e no bem-estar da presente geração, assim

---

[19] EBA – EUROPEAN BANKING AUTHORITY. *Final Report:* Guidelines on the management of environmental, social and Governance (ESG) risk. EBA/GL, jan. 2025. Disponível em: https://www.eba.europa.eu/sites/default/files/2025-01/fb22982a-d69d-42cc-9d62-1023497ad58a/Final%20Guidelines%20on%20the%20management%20of%20ESG%20risks.pdf. Acesso em: fev. 2025.

[20] EBA – EUROPEAN BANKING AUTHORITY. *Final Report:* Guidelines on the management of environmental, social and Governance (ESG) risk. EBA/GL, jan. 2025. Disponível em: https://www.eba.europa.eu/sites/default/files/2025-01/fb22982a-d69d-42cc-9d62-1023497ad58a/Final%20Guidelines%20on%20the%20management%20of%20ESG%20risks.pdf. Acesso em: fev. 2025.

[21] SALOMÃO FILHO, Calixto. *Regulação e desenvolvimento*: novos temas. São Paulo: Malheiros, 2012. p. 58.

como em sua conservação no interesse das futuras gerações.[22] Dessa forma, a sustentabilidade ambiental é entendida, do ponto de vista agrícola, como o equilíbrio dos elementos biológicos com os componentes abióticos do meio ambiente, de modo a estabilizar a produção agrícola em longo prazo, sem esgotar os recursos naturais necessários nem romper os ciclos de nutrientes e os fluxos de energia da natureza.[23]

10.2. UNIDADES DE CONSERVAÇÃO, ÁREAS DE PRESERVAÇÃO PERMANENTE E RESERVA LEGAL

A Lei n. 9.985/2000 foi responsável por instituir o Sistema Nacional de Unidades de Conservação (Snuc), criador de regime jurídico protetivo a espaços especialmente destacados por suas características geográficas e de composição vegetativa e de fauna. Nos termos legais, as Unidades de Conservação (UCs) são reconhecidas como espaço territorial protegido, com objetivos de conservação e limites definidos, sob regime especial de administração, às quais se aplicam garantias protetivas.

Assim, as UCs visam salvaguardar a representatividade de porções significativas e ecologicamente viáveis das diferentes populações, *habitats* e ecossistemas do território nacional e das águas jurisdicionais, preservando o patrimônio biológico existente. Além disso, objetivam garantir o uso sustentável dos recursos naturais, de forma racional, bem como assegurar o desenvolvimento de atividades econômicas sustentáveis. Aqui, deter-nos-emos a analisar algumas das principais características das UCs e seus possíveis enfrentamentos legais, quando vinculadas à atividade de produção agropecuária.

Apontadas UCs, consoante disciplina do art. 7º, I e II, da Lei n. 9.985/2000, dividem-se em dois grupos: (i) Unidades de Proteção Integral, que abrigam as categorias estação ecológica, reserva biológica, parque nacional, monumento natural e refúgio da vida silvestre – têm como principal objetivo preservar a natureza, sendo admitido apenas o uso indireto de seus recursos naturais, ou seja, aqueles que não envolvem consumo, coleta ou danos aos recursos naturais; e (ii) Unidades de Uso Sustentável, cujo objetivo básico é compatibilizar a conservação da natureza com o uso sustentável de parcela dos seus recursos naturais, com as categorias área de proteção ambiental, área de relevante interesse ecológico, floresta nacional, reserva extrativista, reserva de fauna, reserva de desenvolvimento sustentável e reserva particular do patrimônio natural – estas têm como objetivo compatibilizar a conservação da natureza com o uso sustentável dos recursos, conciliando a presença humana nas áreas protegidas.

A principal diferença entre os grupos de UCs reside em ser o uso da biodiversidade mais restrito nas unidades de proteção integral. No entanto, nas unidades de uso sustentável, como reservas extrativistas, é possível fazer uso direto dos recursos

---

[22] Ver: REPORT of the world commission on environment and development: our common future. 1991. https://sustainabledevelopment.un.org/content/documents/5987our-common-future.pdf. Acesso em: fev. 2025.

[23] Ver: BROWN, Lester S. Farmers facing two new challenges. *In*: BROWN, Lester S. *Plan B:* rescuing a Planet under stress and a civilization in trouble. New York: Earth Policy Institute, 2003. p. 8.

naturais (extração de óleos, resinas e fibras vegetais, por exemplo), desde que estudos demonstrem que a atividade é sustentável. As UCs devem possuir um plano de manejo, documento que contenha o ordenamento das atividades e gestão da unidade, constituindo-se o principal instrumento de trabalho da administração local, e é nesse plano que ficam estabelecidos o zoneamento da unidade e as normas para uso da área e manejo dos recursos naturais.

Unidades de Proteção Integral		
Categoria	Objetivo	Uso
Estações Ecológicas	Preservar e Pesquisar	Pesquisas científicas e visitação pública com objetivos educacionais.
Reservas Biológicas	Preservar a biota (seres vivos) e demais atributos naturais, sem interferência humana direta ou modificações ambientais.	Pesquisas científicas e visitação pública com objetivos educacionais.
Parque Nacional	Preservar ecossistemas naturais de grande relevância ecológica e beleza cênica.	Pesquisas científicas, desenvolvimento de atividades de educação e interpretação ambiental, recreação em contato com a natureza e turismo ecológico.
Monumentos Naturais	Preservar sítios naturais raros, singulares ou de grande beleza cênica.	Visitação pública.
Refúgios da Vida Silvestre	Proteger ambientes naturais e assegurar a existência ou reprodução da flora ou fauna.	Pesquisa científica e visitação pública.

Fonte: WWF.

Unidades de Uso Sustentável			
Categoria	Característica	Objetivo	Uso
Área de Proteção Ambiental	Área extensa, pública ou privada, com atributos importantes para a qualidade de vida das populações humanas locais.	Proteger a biodiversidade, disciplinar o processo de ocupação e assegurar a sustentabilidade do uso dos recursos naturais.	São estabelecidas normas e restrições para a utilização de uma propriedade privada localizada em uma APA.
Área de Relevante Interesse Ecológico	Área de pequena extensão, pública ou privada, com pouca ou nenhuma ocupação humana, com características naturais extraordinárias.	Manter os ecossistemas naturais e regular o uso admissível dessas áreas.	Respeitados os limites constitucionais, podem ser estabelecidas normas e restrições para utilização de uma propriedade privada localizada em uma ARIE.

| Unidades de Uso Sustentável ||||
Categoria	Característica	Objetivo	Uso
Floresta Nacional	Área de posse e domínio público com cobertura vegetal de espécies predominantemente nativas.	Uso múltiplo sustentável dos recursos florestais para a pesquisa científica, com ênfase em métodos para exploração sustentável de florestas nativas.	Visitação, pesquisa científica e manutenção de populações tradicionais.
Reserva Extrativista	Área de domínio público com uso concedido às populações extrativistas tradicionais.	Proteger os meios de vida e a cultura das populações extrativistas tradicionais e assegurar o uso sustentável dos recursos naturais.	Extrativismo vegetal, agricultura de subsistência e criação de animais de pequeno porte. Visitação pode ser permitida.
Reserva de Fauna	Área natural de posse e domínio público, com populações animais adequadas para estudos sobre o manejo econômico sustentável.	Preservar populações animais de espécies nativas, terrestres ou aquáticas, residentes ou migratórias.	Pesquisa científica.
Reserva de Desenvolvimento Sustentável	Área natural, de domínio público, que abriga populações tradicionais, cuja existência baseia-se em sistemas sustentáveis de exploração dos recursos naturais.	Preservar a natureza e assegurar as condições necessárias para a reprodução e melhoria dos modos e da qualidade de vida das populações tradicionais.	Exploração sustentável de componentes do ecossistema. Visitação e pesquisas científicas podem ser permitidas.
Reserva Particular do Patrimônio Natural	Área privada, gravada com perpetuidade.	Conservar a diversidade biológica.	Pesquisa científica, atividades de educação ambiental e turismo.

Fonte: WWF.

Segundo a legislação atualmente vigente, as UCs são criadas por ato do Poder Público, após a realização de estudos técnicos que indiquem a importância ecológica dos espaços propostos à proteção. Ainda, nesse processo é realizada consulta pública obrigatória (salvo em casos de Estação Ecológica e Reserva Biológica) que deve fornecer informações e participação à população interessada. As UCs de uso sustentável podem ser transformadas em UCs de proteção integral, por instrumento normativo de mesmo nível hierárquico daquele que a criou, o mesmo ocorrendo com casos de ampliação dos limites da UC. A desafetação ou a redução dos limites de uma UC, porém, apenas poderá ser feita por lei específica.

Ademais, a lei prevê ser defeso ao Poder Público, ressalvadas as atividades agropecuárias e outras atividades econômicas em andamento e obras públicas licenciadas, na forma da lei, decretar limitações administrativas provisórias ao exercício das atividades e empreendimentos efetiva ou potencialmente causadores de degradação ambiental, para a realização de estudos de viabilidade de constituição de UC. Ao que se agrega: em casos de licenciamento ambiental de empreendimentos de significativo impacto ambiental, assim considerados por órgão ambiental competente, com fundamento em Estudo de Impacto Ambiental e seu respectivo relatório (EIA/RIMA), o empreendedor é obrigado a apoiar a implantação e a manutenção de UC de proteção integral, nos termos do art. 36 da Lei n. 9.985/2000. A gestão do Snuc é feita, no País, pelo Instituto Chico Mendes de Conservação da Biodiversidade (ICMBio), no caso de unidades federais, e por órgãos ambientais estaduais e municipais, sob coordenação do Ministério do Meio Ambiente.

Cabe dizer, ainda, no conceito de espaços territoriais especialmente protegidos, submetem-se as UCs típicas, isto é, previstas expressamente na Lei n. 9.985/2000, bem como aquelas que, embora não expressamente arroladas, apresentam características que se amoldam ao conceito do inciso I do art. 2º da referida lei. Nesse sentido, constituem espaços territoriais especialmente protegidos, em sentido amplo, as demais áreas protegidas, como as Áreas de Preservação Permanente (APPs) e as Reservas Florestais Legais (RLs) disciplinadas pela Lei n. 12.651/2012 (Código Florestal).

As APPs,[24] nos termos do art. 3º, II, do Código Florestal, podem ser apresentadas como "área protegida, coberta ou não por vegetação nativa, com a função ambiental de

---

[24] "Art. 4º Considera-se Área de Preservação Permanente, em zonas rurais ou urbanas, para os efeitos desta Lei:

I – as faixas marginais de qualquer curso d'água natural perene e intermitente, excluídos os efêmeros, desde a borda da calha do leito regular (...)

II – as áreas no entorno dos lagos e lagoas naturais (...)

III – as áreas no entorno dos reservatórios d'água artificiais, decorrentes de barramento ou represamento de cursos d'água naturais, na faixa definida na licença ambiental do empreendimento;

IV – as áreas no entorno das nascentes e dos olhos d'água perenes, qualquer que seja sua situação topográfica, no raio mínimo de 50 (cinquenta) metros;

V – as encostas ou partes destas com declividade superior a 45º, equivalente a 100% (cem por cento) na linha de maior declive;

VI – as restingas, como fixadoras de dunas ou estabilizadoras de mangues;

VII – os manguezais, em toda a sua extensão;

VIII – as bordas dos tabuleiros ou chapadas, até a linha de ruptura do relevo, em faixa nunca inferior a 100 (cem) metros em projeções horizontais;

IX – no topo de morros, montes, montanhas e serras, com altura mínima de 100 (cem) metros e inclinação média maior que 25º, as áreas delimitadas a partir da curva de nível correspondente a 2/3 (dois terços) da altura mínima da elevação sempre em relação à base, sendo esta definida pelo plano horizontal determinado por planície ou espelho d'água adjacente ou, nos relevos ondulados, pela cota do ponto de sela mais próximo da elevação;

preservar os recursos hídricos, a paisagem, a estabilidade geológica e a biodiversidade, facilitar o fluxo gênico de fauna e flora, proteger o solo e assegurar o bem-estar das populações humanas". De outra forma, podemos apresentá-las como uma faixa de preservação de vegetação estabelecida em razão da topografia ou do relevo, geralmente ao longo dos cursos d'água, nascentes, reservatórios e em topos e encostas de morros, destinadas à manutenção da qualidade do solo, das águas e, também, para funcionar como corredores de fauna.[25] Essas áreas foram previstas no Código Florestal para proteger, entre outros, as matas ciliares e a vegetação em topos e encostas de morro.

As APPs não poderão ser objeto de indenização por parte do Poder Público, pois a limitação imposta pela lei não impossibilita o uso da propriedade, tampouco sua exploração. São consideradas APPs, quando assim forem declaradas pelo Poder Público, as florestas e as demais formas de vegetação destinadas a: atenuar erosão das terras; fixar dunas; formar faixas de proteção ao longo de rodovias e ferrovias; auxiliar na defesa do território nacional, a critério das autoridades militares; proteger sítios de excepcional beleza ou de valor científico ou histórico; asilar exemplares da fauna ou flora ameaçados de extinção; manter ambiente necessário à vida das populações silvícolas (patrimônio indígena); e assegurar condições de bem-estar público. Ainda, as florestas de preservação permanente não podem ser manejadas de forma a sofrerem cortes rasos.

A supressão de vegetação em APP somente será admitida com prévia autorização do Poder Executivo federal e quando for necessária à execução de obras, planos, atividades ou projetos de utilidade pública ou interesse social. O órgão ambiental competente indicará, previamente à emissão da autorização para a supressão de vegetação em APP, as medidas mitigadoras e compensatórias que deverão ser adotadas pelo empreendedor.

No que tange à temática e consoante disposição do art. 4º, § 6º, do Código Florestal, em imóveis rurais com até 15 módulos fiscais, é admitida a prática de aquicultura e a infraestrutura física diretamente a ela associada, desde que sejam adotadas práticas sustentáveis de manejo de solo e água e de recursos hídricos, garantindo sua qualidade e quantidade, de acordo com norma dos Conselhos Estaduais de Meio Ambiente, esteja de acordo com os respectivos planos de bacia ou planos de gestão de recursos hídricos, seja realizado o licenciamento pelo órgão ambiental competente, o imóvel esteja inscrito no Cadastro Ambiental Rural (CAR) e não implique novas supressões de vegetação nativa.[26]

X – as áreas em altitude superior a 1.800 (mil e oitocentos) metros, qualquer que seja a vegetação;

XI – em veredas, a faixa marginal, em projeção horizontal, com largura mínima de 50 (cinquenta) metros, a partir do espaço permanentemente brejoso e encharcado. (Redação dada pela Lei n. 12.727, de 2012.)"

[25] MILARÉ, Édis. *Direito do ambiente*. 5. ed. rev., atual. e ampl. São Paulo: RT, 2007. p. 693.

[26] Os agentes econômicos dos sistemas de produção devem seguir as determinações legais do Código Florestal, as quais divergem das internacionais. Um bom exemplo é em relação à área de

Ainda, a Lei n. 12.651/2012, em seu art. 61-A, autoriza de forma exclusiva a continuidade das atividades agrossilvipastoris, de ecoturismo e de turismo rural em áreas rurais consolidadas até 22 de julho de 2008. A existência dessas situações deverá ser informada ao CAR, para fins de monitoramento, sendo exigida, nesses casos, adoção de técnicas de conservação do solo e da água que visam à mitigação dos eventuais impactos. Para efeito de recomposição de algumas categorias de APP em áreas consideradas consolidadas, a Lei n. 12.651/2012 estabelece regras transitórias, indicando as dimensões mínimas a serem recompostas com intuito de garantir a oferta de serviços ecossistêmicos a elas associados. A aplicação de tais regras leva em consideração o tamanho da propriedade em módulos fiscais e as características associadas às APPs.

A RL, de acordo com o art. 3º, III, do Código Florestal em vigor, é a "área localizada no interior de uma propriedade ou posse rural, delimitada nos termos do art. 12, com a função de assegurar o uso econômico de modo sustentável dos recursos naturais do imóvel rural, auxiliar a conservação e a reabilitação dos processos ecológicos e promover a conservação da biodiversidade, bem como o abrigo e a proteção de fauna silvestre e da flora nativa". A denominação de área de RL não existia, originariamente, no Código Florestal (Lei n. 4.771/1965). Foi nele incluída pela Lei n. 7.803, de 18 de julho de 1989, e consiste na destinação de uma porção contínua de cada propriedade rural para preservação da vegetação e do solo.

Nas palavras de Milaré,[27] a RL é uma das formas de restrição à exploração econômica da propriedade, justificada pela necessidade de se garantir o atendimento de interesses ecológicos específicos. A RL exterioriza-se como limitação administrativa, de caráter *propter rem*, que deve ser observada para o uso e a ocupação da propriedade rural (usos alternativos do solo), tendo como justificativa a materialização da função socioambiental da propriedade, sob o manto da inafastável garantia constitucional dos "processos ecológicos essenciais" e da "diversidade biológica".

As áreas de RL admitem, ainda, o manejo florestal sustentável, mediante autorização da autoridade competente e sob sua fiscalização. As florestas e outras formas de vegetação nativa, exceto as APPs, são suscetíveis de supressão, desde que seja mantido um percentual a título de RL. O art. 12 do Código Florestal em vigor estabelece diferentes percentuais mínimos para preservação, impondo tratamento diferenciado a imóveis que estejam localizados na Amazônia Legal. Assim, nesse caso, deve ser observado o percentual mínimo de preservação de (i) 80% no imóvel situado em área de

---

desmatamento. Para o Código brasileiro, os produtores rurais possuem permissão de "desmatamento legal", ou seja, com o limite instituído em lei, é possível que as empresas utilizem um pedaço da terra para a supressão da vegetação local. Já as medidas impostas pela União Europeia, baseadas em sistema de *due diligence*, procuram comprovações de que não houve desmatamento ou degradação florestal durante a produção. Além dos pontos ambientais, devem ser revisadas as normas de *compliance*, normas trabalhistas e o respeito às comunidades locais e indígenas.

[27] MILARÉ, Édis. *Direito do ambiente*. 10. ed. São Paulo: RT, 2015.

florestas; (ii) 35% no imóvel situado em área de cerrado; e (iii) 20% no imóvel situado em área de campos gerais. Para os imóveis localizados nas demais regiões, o limite será de 20%. A isso acresce-se que, havendo fracionamento do imóvel rural a qualquer título, inclusive para assentamentos pelo Programa de Reforma Agrária, será considerada a área do imóvel antes do fracionamento para imposição dos percentuais.

Ainda, não será exigida RL em relação às áreas adquiridas ou desapropriadas por detentor de concessão, permissão ou autorização para exploração de potencial de energia hidráulica, nas quais funcionem empreendimentos de geração de energia elétrica, subestações ou sejam instaladas linhas de transmissão e de distribuição de energia elétrica. A exigência também não se aplicará à RL relativa às áreas adquiridas ou desapropriadas com o objetivo de implantação e ampliação de capacidade de rodovias e ferrovias. Também, quando indicado pelo Zoneamento Ecológico-Econômico (ZEE) estadual, realizado segundo metodologia unificada, o poder público federal poderá reduzir, exclusivamente para fins de regularização, mediante recomposição, regeneração ou compensação da RL de imóveis com área rural consolidada, situados em área de floresta localizada na Amazônia Legal, para até 50% da propriedade, excluídas as áreas prioritárias para conservação da biodiversidade e dos recursos hídricos e os corredores ecológicos; e ampliar as áreas de RL em até 50% dos percentuais previstos nessa Lei, para cumprimento de metas nacionais de proteção à biodiversidade ou de redução de emissão de gases de efeito estufa.

A localização da RL depende de aprovação do órgão ambiental estadual competente ou, na existência de convênio, pelo órgão ambiental municipal ou outra instituição devidamente autorizada, devendo ser considerados no processo de aprovação a função social da propriedade e os seguintes critérios e instrumentos, quando houver: plano de bacia hidrográfica, plano diretor municipal, zoneamento ecológico-econômico, a proximidade com outra RL, APP, UC ou outra área legalmente protegida.

A Lei n. 10.267, de 28 de agosto de 2001, regulamentada pelo Decreto n. 4.449, de 30 de outubro de 2002, instituiu o georreferenciamento das propriedades rurais no Brasil, determinando que a averbação do memorial georreferenciado seja feita nos casos de desmembramento, parcelamento e remembramento, e ainda nos casos de transferência de imóvel rural. Dessa forma, para o registro no CAR da RL, nos imóveis a que se refere o inciso V do art. 3º (pequena propriedade ou posse rural familiar: aquela explorada mediante o trabalho pessoal do agricultor familiar e empreendedor familiar rural, incluindo os assentamentos e projetos de reforma agrária), o proprietário ou possuidor apresentará os dados identificando a área proposta de RL, cabendo aos órgãos competentes integrantes do Sisnama, ou instituição por ele habilitada, realizar a captação das respectivas coordenadas geográficas.

Tanto as APPs quanto as RLs visam à proteção das florestas brasileiras, porém sua diferença consiste na área de incidência, pois, enquanto as APPs incidem sobre o domínio público e privado, a RL incide sobre propriedades privadas, já que a propriedade particular é a única que poderá, mediante autorização, ser objeto de exploração. A preocupação do Poder Público com a preservação dessas áreas é tanta que o proprietário de área em que estão tais florestas, de acordo com o art. 104 da Lei n. 8.171/1991 e o art. 10 da Lei n. 9.393/1996, estará isento de tributação e do pagamento de Imposto Territorial Rural (ITR) equivalentes às áreas dos imóveis rurais em que há Reserva Legal Florestal e Florestas de Preservação Permanente.

Com o advento da MP n. 2.166-67/2001, posteriormente revogada pela Lei n. 12.651/2012, possibilitou-se ao Poder Executivo autorizar a supressão da flora de preservação permanente prevista tanto no art. 2º quanto no art. 3º-A do Código Florestal de 1965. Isso só poderia ser feito quando a soma da vegetação nativa em APP e RL excedesse a: 80% da propriedade rural localizada na Amazônia Legal; 50% da propriedade rural localizada nas demais regiões do País; e 25% da pequena propriedade. A Medida Provisória, hoje, convertida no Código Florestal, também trouxe a possibilidade de o proprietário compensar a RL inexistente por outra área (que pode ser própria ou arrendada sob regime de servidão florestal) ou por meio de aquisição de Cotas de Reserva Ambiental (CRA, que veio a substituir a Cota de Reserva Florestal – CRF).[28] Desse modo, o proprietário transferiria para fora de sua propriedade a RL faltante para outra área em que houvesse excedente, ou seja, para outra propriedade que houvesse preservado ambientes naturais além dos limites impostos no art. 12 do Código Florestal atual (80% na Amazônia Legal, 35% no cerrado e 20% nas demais regiões do País). Essa compensação pode se dar de forma definitiva se a área excedente de floresta ficar gravada em caráter perpétuo ou, inclusive, de maneira provisória, por meio dos institutos da servidão florestal e do sistema de CRAs – a utilização de CRA para compensação da RL será averbada na matrícula do imóvel no qual se situa a área vinculada ao título e na do imóvel beneficiário da compensação.

---

[28] "Art. 44. É instituída a Cota de Reserva Ambiental – CRA, título nominativo representativo de área com vegetação nativa, existente ou em processo de recuperação:

I – sob regime de servidão ambiental, instituída na forma do art. 9º-A da Lei n. 6.938, de 31 de agosto de 1981;

II – correspondente à área de Reserva Legal instituída voluntariamente sobre a vegetação que exceder os percentuais exigidos no art. 12 desta Lei;

III – protegida na forma de Reserva Particular do Patrimônio Natural – RPPN, nos termos do art. 21 da Lei n. 9.985, de 18 de julho de 2000;

IV – existente em propriedade rural localizada no interior de Unidade de Conservação de domínio público que ainda não tenha sido desapropriada.

§ 1º A emissão de CRA será feita mediante requerimento do proprietário, após inclusão do imóvel no CAR e laudo comprobatório emitido pelo próprio órgão ambiental ou por entidade credenciada, assegurado o controle do órgão federal competente do Sisnama, na forma de ato do Chefe do Poder Executivo.

§ 2º A CRA não pode ser emitida com base em vegetação nativa localizada em área de RPPN instituída em sobreposição à Reserva Legal do imóvel.

§ 3º A Cota de Reserva Florestal – CRF emitida nos termos do art. 44-B da Lei n. 4.771, de 15 de setembro de 1965, passa a ser considerada, pelo efeito desta Lei, como Cota de Reserva Ambiental.

§ 4º Poderá ser instituída CRA da vegetação nativa que integra a Reserva Legal dos imóveis a que se refere o inciso V do art. 3º desta Lei."

Existe, também, a possibilidade de o proprietário gravar sua propriedade voluntariamente – instituto conhecido como Reserva Particular do Patrimônio Natural (RPPN). O gravame é voluntário e de caráter definitivo, e é necessário que a floresta não seja de preservação permanente. A instituição da RPPN traz algumas vantagens, como a isenção do Imposto Territorial Rural ter preferência na concessão de recursos do Fundo Nacional do Meio Ambiente (FNMA) e nos pedidos de concessão de crédito agrícola nas instituições oficiais de crédito. De forma resumida, o Código Florestal em vigor trouxe diversas inovações, e, em relação às APPs, a Lei n. 12.651/2012 instituiu a diferença entre os regimes das APPs em lagos e lagoas naturais e em reservatórios d'água artificiais, bem como fixou as metragens das faixas de proteção, matéria que era antes regulamentada por resoluções Conama, tendo dispensado a reserva da faixa de proteção nas acumulações naturais ou artificiais de água com superfície inferior a um hectare (art. 4º, § 4º).

Ademais, o Código Florestal de 2012, conforme mencionado anteriormente, admite em seu art. 8º a intervenção ou supressão de vegetação nativa em APPs nas hipóteses legalmente previstas de utilidade pública, de interesse social ou de baixo impacto ambiental. A legislação atual permite o acesso de pessoas e animais às APPs para obtenção de água e para realização de atividades de baixo impacto ambiental. O Código Florestal de 1965 consentia o acesso de pessoas e animais às APPs apenas para obtenção de água e desde que não houvesse supressão e comprometimento da vegetação nativa.

No tocante à reserva legal, o advento do Código Florestal atual reduziu os espaços protegidos, cujo art. 15 permite que a APP seja computada no cálculo da área de reserva legal. Outrossim, a exploração florestal foi admitida pelo Código Florestal (art. 31), mediante licenciamento pelo órgão competente do Sisnama. Nos termos dos §§ 8º e 9º do art. 16 do Código Florestal de 1965, era obrigatória a averbação da RL à margem da inscrição de matrícula do imóvel.[29] Conforme o Código atual (art. 14), a área de reserva legal deve ser apenas registrada no órgão ambiental competente por meio de inscrição no CAR, sendo vedada a alteração de sua destinação, nos casos de transmissão, a qualquer título, ou de desmembramento, com as exceções previstas em lei.

O Código Florestal em vigor instituiu regras gerais para eventual recomposição das reservas legais (arts. 66 a 68), bem como a Cota de Reserva Ambiental (art. 44), que se trata de título nominativo representativo de área com vegetação nativa não somente da

---

[29] O STJ negou pedido apresentado pela Usina Santo Antonio, de São Paulo, que tinha como objetivo suspender decisão na qual a empresa foi condenada à recuperação de reserva florestal onde houve dano ambiental. Por meio de uma liminar, em uma medida cautelar, a usina alegava que as medidas impostas na condenação seriam extremamente onerosas, totalizando mais de R$ 1 milhão para sua implementação. De acordo com o Tribunal, em ação civil pública, movida pelo Ministério Público paulista, os proprietários da Usina Santo Antonio foram condenados a medir, demarcar e averbar reserva florestal de no mínimo 20% da área onde houve o crime ambiental. E, dessa forma, recompor a cobertura florestal do trecho, com o plantio de espécies nativas da região. Também foi imposta à empresa a obrigação de elaborar projeto de reflorestamento completo, incluindo cronograma de obras e serviços.

existente, mas também daquela em processo de recuperação. A Lei n. 12.651/2012, em seu art. 12, § 4º, permite a redução da RL (que é de 80%) para 50%, para fins de recomposição, quando o município tiver mais de 50% da área ocupada por UCs de natureza de domínio público e por terras indígenas. Quanto à compensação da RL, a legislação anterior estabelecia que esta deveria ocorrer dentro da mesma microbacia hidrográfica, devendo o órgão ambiental estadual competente aplicar o critério de maior proximidade possível entre a propriedade desprovida de reserva legal e a área escolhida para compensação, desde que na mesma bacia hidrográfica e no mesmo Estado. Já o Código Florestal em vigor não faz nenhuma menção à necessidade de localização da área na mesma bacia.[30]

O Plenário do STF iniciou em setembro de 2017 o julgamento conjunto de cinco ações que tratam do atual Código Florestal, todas de relatoria do Ministro Luiz Fux. As ADIns 4.901,[31] 4.902[32] e 4.903,[33] ajuizadas pela PGR, e a ADIn 4.937, de autoria do PSOL,

---

[30] FIGUEIREDO, Guilherme José Purvin de. *Curso de direito ambiental*. 5. ed. São Paulo: RT, 2011. p. 343.

[31] Decisão 24.10.2024: "(ED-terceiros) O Tribunal, por maioria, deu parcial provimento aos embargos de declaração para (i) declarar a constitucionalidade do artigo 48, § 2º, da Lei federal 12.651/2012 (Código Florestal), mantendo o bioma como mecanismo compensatório previsto; e (ii) atribuir efeitos prospectivos à declaração de inconstitucionalidade da expressão 'gestão de resíduos' constante do artigo 3º, VIII, b, da Lei federal 12.651/2012 (Código Florestal), de sorte a possibilitar que os aterros sanitários já instalados, ou em vias de instalação ou ampliação, possam operar regularmente dentro de sua vida útil, sempre pressupondo o devido licenciamento ambiental e a observância dos termos e prazos dos contratos de concessão ou atos normativos autorizativos vigentes na data deste julgamento. Consectariamente, não é necessário retirar, após o fechamento da unidade, o material depositado, observadas todas as normas ambientais aplicáveis. Tudo nos termos do voto do Relator, vencidos a Ministra Rosa Weber, que proferiu voto em assentada anterior, e os Ministros Edson Fachin e Cármen Lúcia, que divergiam no tocante ao item (ii) quanto ao prazo de subsistência dos aterros sanitários. Não votou o Ministro Flávio Dino, sucessor da Ministra Rosa Weber. Presidência do Ministro Luís Roberto Barroso. Plenário, 24.10.2024. Transitado em julgado, 21.02.2025".

[32] Decisão 24.10.2024: "(ED-terceiros) O Tribunal, por maioria, deu parcial provimento aos embargos de declaração para (i) declarar a constitucionalidade do artigo 48, § 2º, da Lei federal 12.651/2012 (Código Florestal), mantendo o bioma como mecanismo compensatório previsto; e (ii) atribuir efeitos prospectivos à declaração de inconstitucionalidade da expressão 'gestão de resíduos' constante do artigo 3º, VIII, b, da Lei federal 12.651/2012 (Código Florestal), de sorte a possibilitar que os aterros sanitários já instalados, ou em vias de instalação ou ampliação, possam operar regularmente dentro de sua vida útil, sempre pressupondo o devido licenciamento ambiental e a observância dos termos e prazos dos contratos de concessão ou atos normativos autorizativos vigentes na data deste julgamento. Consectariamente, não é necessário retirar, após o fechamento da unidade, o material depositado, observadas todas as normas ambientais aplicáveis. Tudo nos termos do voto do Relator, vencidos a Ministra Rosa Weber, que proferiu voto em assentada anterior, e os Ministros Edson Fachin e Cármen Lúcia, que divergiam no tocante ao item (ii) quanto ao prazo de subsistência dos aterros sanitários. Não votou o Ministro Flávio Dino, sucessor da Ministra Rosa Weber. Presidência do Ministro Luís Roberto Barroso. Plenário, 24.10.2024. Transitado em julgado, 21.02.2025".

[33] Decisão 24.10.2024: "(ED-terceiros) O Tribunal, por maioria, deu parcial provimento aos embargos de declaração para (i) declarar a constitucionalidade do artigo 48, § 2º, da Lei federal 12.651/2012 (Código Florestal), mantendo o bioma como mecanismo compensatório previsto; e

pedem a inconstitucionalidade de diversos dispositivos do Código Florestal em vigor. Já a ADC 42, proposta pelo PP, defende a constitucionalidade da lei. Em 28 de fevereiro de 2018, foi enfim procedido o julgamento das ações. Nesse, o STF declarou:

(1) A inconstitucionalidade das expressões "gestão de resíduos" e "instalações necessárias à realização de competições esportivas estaduais, nacionais ou internacionais", contidas no art. 3º, VIII, *b*, da Lei n. 12.651/2012 (Código Florestal).

(2) A constitucionalidade (i) do art. 7º, § 3º; (ii) do art. 13, § 1º; (iii) do art. 44; (iv) do art. 60; (v) do art. 61-A; (vi) do art. 61-B; (vii) do art. 61-C; e (viii) do art. 63, todos do Código Florestal.

(3) Conferiu interpretação conforme a Constituição ao art. 48, § 2º, do Código Florestal, para permitir compensação apenas entre áreas com identidade ecológica.

(4) Conferiu interpretação conforme a Constituição ao art. 59, § 4º, do Código Florestal, de modo a afastar, no decurso da execução dos termos de compromissos subscritos nos programas de regularização ambiental, o risco de decadência ou prescrição, seja dos ilícitos ambientais praticados antes de 22.07.2008, seja das sanções deles decorrentes, aplicando-se extensivamente o disposto no § 1º do art. 60 da Lei n. 12.651/2012, segundo o qual "a prescrição ficará interrompida durante o período de suspensão da pretensão punitiva".

(5) Interpretação conforme a Constituição do art. 59, § 5º, do Código Florestal, de modo a afastar, no decurso da execução dos termos de compromissos subscritos nos programas de regularização ambiental, o risco de decadência ou prescrição, seja dos ilícitos ambientais praticados antes de 22.07.2008, seja das sanções deles decorrentes, aplicando-se extensivamente o disposto no § 1º do art. 60 da Lei n. 12.651/2012, segundo o qual "a prescrição ficará interrompida durante o período de suspensão da pretensão punitiva".

Em 4 de setembro de 2023, o STF, instado a se manifestar em sede de embargos de declaração, na figura do Ministro Roberto Barroso, visou sanar dúvidas e

---

(ii) atribuir efeitos prospectivos à declaração de inconstitucionalidade da expressão 'gestão de resíduos' constante do artigo 3º, VIII, *b*, da Lei federal 12.651/2012 (Código Florestal), de sorte a possibilitar que os aterros sanitários já instalados, ou em vias de instalação ou ampliação, possam operar regularmente dentro de sua vida útil, sempre pressupondo o devido licenciamento ambiental e a observância dos termos e prazos dos contratos de concessão ou atos normativos autorizativos vigentes na data deste julgamento. Consectariamente, não é necessário retirar, após o fechamento da unidade, o material depositado, observadas todas as normas ambientais aplicáveis. Tudo nos termos do voto do Relator, vencidos a Ministra Rosa Weber, que proferiu voto em assentada anterior, e os Ministros Edson Fachin e Cármen Lúcia, que divergiam no tocante ao item (ii) quanto ao prazo de subsistência dos aterros sanitários. Não votou o Ministro Flávio Dino, sucessor da Ministra Rosa Weber. Presidência do Ministro Luís Roberto Barroso. Plenário, 24.10.2024. Transitado em julgado, 21.02.2025".

obscuridades existentes em relação ao julgamento de 2018, quanto à aplicação temporal das normas do Código Florestal e seus limites interpretativos.[34]

Em matéria de infrações e sanções administrativas ao meio ambiente, o Decreto n. 6.514, de 22 de julho de 2008, é o dispositivo legal responsável por estabelecer o processo administrativo federal para apuração dessas irregularidades. O principal objetivo do Decreto n. 6.514/2008 é regulamentar a aplicação das penalidades e

---

[34] "Após os votos dos Ministros Luiz Fux (Relator), Rosa Weber (Presidente) e Cármen Lúcia, que davam parcial provimento aos embargos de declaração para (i) estender a interpretação conforme a Constituição Federal conferida ao art. 48, § 2º, da Lei federal n. 12.651/2012 (Código Florestal) também ao art. 66, §§ 5º e 6º, da Lei, para exigir identidade ecológica das áreas para fins de compensação de Reserva Legal; e (ii) atribuir eficácia *ex nunc* à declaração de inconstitucionalidade da expressão 'gestão de resíduos' constante do art. 3º, VIII, *b*, da Lei federal 12.651/2012 (Código Florestal), de forma a preservar os aterros sanitários em funcionamento regular em áreas de preservação permanente APPs, de acordo com a autoridade técnico-ambiental competente, na data do julgamento da presente ação, os quais poderão permanecer em funcionamento por 36 (trinta e seis) meses a contar do julgamento dos presentes embargos, vedadas novas ampliações; do voto do Ministro Gilmar Mendes, que divergia do Relator e dava parcial provimento aos embargos declaratórios, conferindo-lhes efeitos infringentes, para: (i) sanar a contradição e conferir interpretação conforme à Constituição aos arts. 48, § 2º, e 66, §§ 5º e 6º, do Código Florestal, para permitir compensação apenas entre áreas com identidade ecológica; (ii) conferir interpretação conforme à Constituição ao art. 3º, inciso VIII, alínea *b*, da Lei 12.651/2012, e assentar que a gestão de resíduos qualificada como utilidade pública abrange apenas as modalidades previstas na Lei 12.305/2010, excluída a possibilidade, em qualquer hipótese, de instalação de lixões em áreas de preservação permanente; e (iii) caso vencido no item (ii), modular os efeitos da decisão embargada para conferir efeitos prospectivos à decisão declaratória de inconstitucionalidade da expressão "gestão de resíduos" do art. 3º, inciso VIII, alínea *b*, da Lei 12.651/2012, a contar da publicação da ata de julgamento destes aclaratórios, mantidas as atuais licenças e futuras prorrogações concedidas nos termos da legislação anterior, ressalvada a possibilidade de revogação da licença (prévia, de instalação ou de operação), a qualquer momento pelo órgão ambiental competente, em caso de descumprimento da respectiva legislação, em especial da Lei 12.305/2010; e do voto do Ministro Alexandre de Moraes, que conhecia do recurso interposto pelo Advogado-Geral da União e, em parte, da impugnação recursal deduzida pelo Partido Progressista, acolhendo parcialmente os Embargos de Declaração, atribuindo-lhes efeitos infringentes, para: (a) conferir eficácia prospectiva à declaração de inconstitucionalidade da expressão 'gestão de resíduos', contida no art. 3º, VIII, *b*, do Código Florestal, pronunciada pelo Plenário nestes autos, em ordem a conceder o prazo de dez anos, contados da publicação da ata do presente julgamento, para a progressiva desativação dos aterros sanitários atualmente instalados e em funcionamento nas áreas de preservação permanente; e (b) eliminando a contradição entre a interpretação conferida pelo acórdão embargado ao art. 48, § 2º, e a declaração de constitucionalidade proferida em relação ao que se contém no art. 66, § 6º, do mesmo diploma legislativo, declarar a plena validade constitucional do preceito inscrito no referido art. 48, § 2º, pediu vista dos autos o Ministro Roberto Barroso. O Ministro Edson Fachin acompanhou o Relator com ressalvas, entendendo que os aterros sanitários em funcionamento regular em áreas de preservação permanente – APPs poderão permanecer em funcionamento por 36 (trinta e seis) meses a contar da data da publicação da ata de julgamento destes embargos de declaração. Plenário, Sessão Virtual de 25.08.2023 a 1º.09.2023."

promover a responsabilidade de indivíduos e empresas que descumprirem as normas ambientais no Brasil. Esse Decreto foi uma atualização da Lei n. 9.605, de 1998 (Lei de Crimes Ambientais), com o intuito de tornar mais claros e específicos os procedimentos administrativos para a punição das infrações administrativas ambientais.[35] Na prática da jurisprudência atual, a aplicação das sanções previstas pelo art. 48 do Decreto n. 6.514/2008 exige uma definição formal das "áreas especialmente protegidas" pelo poder público, conforme disposto pela Constituição Federal. Não basta que o imóvel esteja localizado, por exemplo, na Amazônia Legal para que se aplique a penalidade; é necessário que haja um ato administrativo formal que defina a área como protegida. O art. 225, § 1º, III, da Constituição condiciona essa proteção à criação de unidades de conservação ou zonas de especial proteção, processo que deve ser regulamentado pela Lei n. 9.985/2000. Assim, a delimitação formal da área é essencial para garantir a legalidade das restrições e evitar a aplicação indevida de penalidades, assegurando que a punição só seja aplicada quando existirem bases legais claras e fundamentadas.[36]

---

[35] "Art. 2º Considera-se infração administrativa ambiental, toda ação ou omissão que viole as regras jurídicas de uso, gozo, promoção, proteção e recuperação do meio ambiente, conforme o disposto na Seção III deste Capítulo."

[36] "Ambiental, constitucional e administrativo. Auto de infração ambiental. Amazônia Legal. Desmatamento. Art. 50 Decreto 6.514/2008. Área de especial proteção. Não identificada. Nulidade do auto de infração e do termo de embargo. Sentença mantida.

1. Insurge-se o Instituto Brasileiro do Meio Ambiente e dos Recursos Naturais Renováveis – Ibama contra sentença proferida em Ação Ordinária, na qual foram acolhidos os pedidos autorais para anular o Auto de Infração n. 631012-D e o Termo de Embargo n. 559203-C, por ter supostamente destruído, sem autorização do órgão ambiental competente, 8 hectares da Floresta Amazônica, objeto de especial preservação, tendo sido arbitrada assim uma multa no valor de R$ 40.000,00 (quarenta mil reais).

(...)

5. A área inserida na Amazônia Legal não se reveste automaticamente das características dos espaços especialmente protegidos, diante do termo técnico utilizado pelo legislador constituinte para áreas assim definidas por ato formal do Poder Público, interpretação ratificada por José Afonso da Silva ao conceituar os espaços territoriais especialmente protegidos como 'áreas geográficas públicas ou privadas (porção do território nacional) dotadas de atributos ambientais que requeiram sua sujeição, pela lei, a um regime jurídico de interesse público que implique sua relativa imodificabilidade e sua utilização sustentada (...)'.

(...)

10. Não há indicadores precisos nos autos de que o autor teria usurpado percentual de reserva legal ou área de preservação permanente. Não há referência no processo administrativo sobre a extensão do imóvel (além daquela inserida no recurso administrativo), ou se houve intromissão em percentual de reserva legal, na medida em que o auto de infração limita a apontar o desmate irregularmente realizado por se tratar de 'área especialmente protegida', como se o proprietário não pudesse praticar nela nenhuma atividade. Com esses dados, pode-se aferir que se houve usurpação não foi em grande proporção, ainda tendo por parâmetro o percentual de reserva legal aplicável à Amazônia Legal (80%)" (TRF1, Apelação Cível 1000129-14.2018.4.01.3000, 5ª Turma, Rel. Des. Federal Carlos Augusto Pires Brandão, Data da Decisão: 22.07.2024, Data de Publicação: 22.07.2024).

O Decreto n. 6.514/2008, ao estabelecer os procedimentos administrativos para apuração das infrações ambientais, tem como um de seus princípios fundamentais o respeito aos direitos de defesa dos autuados. Isso significa que, ao aplicar uma sanção, o poder público deve observar os princípios do devido processo legal e da ampla defesa, permitindo que o infrator tenha a oportunidade de contestar as acusações, apresentar provas e argumentar sobre a legalidade da infração. A lei também estipula prazos e formalidades para a apuração das irregularidades, a fim de garantir que o processo seja conduzido de forma justa e eficiente, sem que haja arbitrariedade nas decisões. Essa estrutura busca assegurar a transparência e a legalidade nas ações administrativas, ao mesmo tempo que reforça a importância da prevenção e da reparação de danos ambientais.[37]

No entanto, a definição de "áreas especialmente protegidas" é um aspecto crucial para a correta aplicação das sanções previstas pelo Decreto, especialmente no contexto da Amazônia Legal, que é uma região de grande relevância ecológica. A legislação brasileira, ao exigir que essas áreas sejam formalmente delimitadas, evita interpretações imprecisas que possam levar à aplicação de multas e sanções sem a devida comprovação de que a área, de fato, se enquadra nas categorias de proteção previstas pela Constituição e pelas leis ambientais. Dessa maneira, o processo de criação de unidades de conservação e a definição de zonas de especial proteção, por meio de atos administrativos formais, garante que o sistema de penalidades ambientais seja justo e eficaz, assegurando a proteção ambiental sem prejudicar direitos legítimos dos proprietários de terras. A definição clara dessas áreas também contribui para a gestão adequada dos recursos naturais e a conservação da biodiversidade, objetivos centrais da política ambiental brasileira.

10.3. USO DOS RECURSOS NATURAIS, FERTILIZANTES E AGROTÓXICOS

A abordagem temática sobre a tutela do meio ambiente passa pela devida compreensão da natureza, sua composição e a caracterização dos recursos naturais. Observando, em um primeiro momento, a natureza do ponto de vista filosófico, deparamo-nos com dotação de valor inerente que independe de qualquer apreciação utilitarista humana. Ao olharmos pelo prisma econômico, por seu turno, verificamos que a natureza constitui valores de uso econômico direto ou indireto, servindo de paradigma

---

[37] A Advocacia-Geral da União (AGU) e o Ministério Público Federal (MPF) obtiveram maioria no julgamento do Recurso Extraordinário com Agravo 1.352.872, em que se discute a imprescritibilidade da reparação do dano ambiental, mesmo convertida em perdas e danos, em fase executiva. O caso, que tem repercussão geral reconhecida sob o Tema 1.194, está sendo examinado no plenário virtual do Supremo Tribunal Federal (STF).

ao antropocentrismo das gerações futuras. No âmbito jurídico, por sua vez, a natureza é dotada ora de função-objeto, ora de função-sujeito.[38-39]

Ganhou força a tese de que um dos objetivos do Direito Ambiental é a proteção da biodiversidade (fauna, flora e ecossistemas), sob uma perspectiva distinta: a natureza como titular de valores jurídicos próprios, exigindo, por força de profundos argumentos éticos e ecológicos, proteção independentemente de sua utilidade econômico-sanitária direta ao homem. Ainda que exista uma distinção das visões e percepções sobre a natureza, é inegável que esta deve ser protegida e que uma parcela sua será destinada à utilização humana.

O conceito jurídico de bem ambiental, diga-se, é hoje bem mais amplo, de maneira que abrange todos os recursos naturais essenciais à sadia qualidade de vida (água, solo, subsolo, florestas e vegetação, por exemplo). Cuida-se do denominado bem de uso comum do povo, que transcende o bem pertencente ao particular ou ao Poder Público. A qualidade de vida do cidadão, assim, transformou-se em um dos objetivos a serem almejados pelo Poder Público, do ponto de vista social. Justamente com base nisso e com toda a proteção ambiental que passa a ser insculpida em nossa Constituição Federal de 1988, passamos a ter a obrigação normativa de uso racional dos recursos naturais[40] para a subsistência e manutenção da vida humana.[41]

De forma bastante simplificada, podemos dizer que os recursos naturais são todos os elementos extraídos da natureza que têm como finalidade suprir as necessidades humanas. Esses recursos podem ser divididos em renováveis (recursos capazes de se recompor por meio natural ou pela influência humana em um curto espaço de tempo) e não renováveis (recursos que demoram milhares de anos para se renovarem ou, até mesmo, são destituídos dessa capacidade de renovação). Ainda, são modalidades de recursos naturais: (1) recursos biológicos – origem animal e vegetal; (2) recursos minerais – minérios, rochas, areias e pedras preciosas; (3) recursos hídricos – lagos, rios, mares e oceanos, bem como bacias hidrográficas, nascentes e leitos; (4) recursos energéticos – elementos naturais capazes de gerar energia para as atividades humanas, como a água, a luz solar e o vento. A nós importará neste momento dar maior destaque ao uso dos recursos hídricos e ao uso dos recursos biológicos (em especial, solo e subsolo).

---

[38] BENJAMIN, Antônio Herman V. A natureza no direito brasileiro: coisa, sujeito ou nada disso. *Caderno Jurídico*, Escola Superior do Ministério Público, n. 2, p. 157 e 169, jul. 2001.

[39] Como dizia Miguel Reale, um dos maiores jusfilósofos do Brasil, "se antes recorríamos à natureza para dar base estável ao Direito (e, no fundo, essa é a razão do Direito Natural), assistimos, hoje a uma trágica inversão, sendo o homem obrigado a recorrer ao Direito para salvar a natureza que morre" (REALE, Miguel. *Memórias*. São Paulo: Saraiva, 1987. p. 129).

[40] Lei n. 6.938/1981, art. 2º, V: "recursos ambientais: a atmosfera, as águas interiores, superficiais e subterrâneas, os estuários, o mar territorial, o solo, o subsolo, os elementos da biosfera, a fauna e a flora".

[41] Constituição Federal de 1988, art. 24: "Compete à União, aos Estados e ao Distrito Federal legislar concorrentemente sobre: (...) VI – florestas, caça, pesca, fauna, conservação da natureza, defesa do solo e dos recursos naturais, proteção do meio ambiente e controle da poluição".

O Brasil é um país muito rico em recursos naturais. O solo brasileiro, aliado à boa condição climática, imprime alta qualidade e impulsiona o crescimento contínuo do agronegócio brasileiro. Nosso território, cabe dizer, conta com uma das maiores reservas de água doce do mundo e cerca de 11% da disponibilidade de água potável em todo o planeta. Toda essa disponibilidade hídrica faz com que tenhamos a maior usina hidrelétrica das Américas e a segunda maior do mundo, a Usina de Itaipu. A prática agrícola em larga escala, altamente dependente dos recursos naturais e de sua renovação, impõe a observação de limites que permitam a reconstituição natural.

É o que se vê quanto ao uso da água, regulado pela Lei n. 9.433/1997, a Política Nacional de Recursos Hídricos (PNRH), que tem como fundamento a percepção da água como um bem de domínio público, caracterizado em recurso natural limitado, dotado de valor econômico, com uso prioritário destinado ao consumo humano e animal (situações de escassez). A gestão dos recursos hídricos deve ser descentralizada e contar com a participação do Poder Público, dos usuários e das comunidades. São instrumentos, trazidos pelo art. 5º da PNRH, os planos de recursos hídricos, o enquadramento dos corpos de água em classes, a outorga dos direitos de uso, a compensação a municípios e o Sistema de Informações sobre Recursos Hídricos.

A outorga de direitos de uso de recursos hídricos tem como objetivo assegurar o controle quantitativo e qualitativo dos usos da água e o efetivo exercício dos direitos de acesso à água, de forma a estarem sujeitos a essa outorga, entre outros, a derivação ou captação de parcela da água para consumo final, inclusive abastecimento público ou insumo de processo produtivo. A necessária outorga não se aplica, porém, ao uso desses recursos para a satisfação de necessidades de pequenos núcleos populacionais distribuídos no meio rural. A Lei de 1997 também foi responsável por criar o Sistema Nacional de Gerenciamento de Recursos Hídricos, cujo objetivo é implantar uma política nacional de recursos hídricos, além de coordenar a gestão integrada das águas e promover a cobrança por seu uso.

Muito anterior à PNRH, porém, é o Código de Águas (Decreto-lei n. 24.643/1934, alterado pelo Decreto n. 2.869/1998, posteriormente, revogado pelo Decreto n. 4.895/2003), que traz o conceito de águas particulares e comuns. As águas particulares são as nascentes e todas as águas situadas em terrenos que também o sejam, quando não estiverem essas águas classificadas entre aquelas comuns de todos e públicas – há, aqui, caracterização com base em exclusão. O Decreto permite o aproveitamento da água, de forma gratuita, para as primeiras necessidades de vida, desde que haja um caminho público que a torne acessível. Todavia, o Decreto impede a derivação das águas públicas para aplicações na agricultura, na indústria e na higiene, sem a existência de uma concessão ou autorização administrativa.[42]

---

[42] De outra forma, porém, prevê o art. 96 do Decreto-lei n. 24.643/1934: "O dono de qualquer terreno poderá apropriar-se por meio de poços, galerias, etc., das águas que existam debaixo da

O uso de recursos hídricos estará sujeito à cobrança, que terá como sua motriz o reconhecimento da água como um bem econômico, o incentivo à racionalização de seu uso e a obtenção de recursos financeiros para o financiamento de programas de intervenções contemplados nos planos de recursos hídricos. A legislação estabelece critérios que devem ser observados para fixação da cobrança, por estarem diretamente ligados ao uso da água. Na fixação dos valores a serem cobrados pelo uso dos recursos hídricos, devem ser observados, entre outros: "I – nas derivações, captações e extrações de água, o volume retirado e seu regime de variação; II – nos lançamentos de esgotos e demais resíduos líquidos ou gasosos, o volume lançado e seu regime de variação e as características físico-químicas, biológicas e de toxidade do afluente", conforme o art. 21 da Lei n. 9.433/1997. Assim, fica claro que a PNRH utilizou o instrumento da outorga como forma de controle quantitativo e qualitativo do uso de águas. Ainda, a Lei n. 8.171/1991 (Lei de Política Agrícola) prevê em seu art. 20 que as bacias hidrográficas se constituem em unidades básicas de planejamento do uso, da conservação e da recuperação dos recursos naturais, incluindo o solo.[43]

Ainda, sobre o uso do solo, apontamos que ele não poderá estar desvinculado de medidas indutoras e instrumentos reguladores do desenvolvimento agropecuário. A proteção do solo é tutelada, geralmente, sob o enfoque da atividade que dele necessita para ser desenvolvida, como é o caso da agricultura. Quanto à sua qualidade ambiental, o solo relaciona-se com uma variedade de conceitos, como a porosidade, a permeabilidade e uma complexa composição química. Ao uso indevido do solo correspondem diversas formas de agressão, por exemplo, agricultura predatória, desmatamento[44] e queimadas.

A Lei de Política Agrícola prevê, em seu art. 19, ser dever do Poder Público disciplinar e fiscalizar o uso racional do solo, realizar zoneamento agroecológico para ordenar a ocupação espacial pelas diversas atividades produtivas e promover e estimular a recuperação de áreas em processo de desertificação.[45] A Política Nacional do Meio

---

superfície de seu prédio contanto que não prejudique aproveitamentos existentes nem derive ou desvie de seu curso natural águas públicas dominicais, públicas de uso comum ou particulares.

Parágrafo único. Se o aproveitamento das águas subterrâneas de que trata este artigo prejudicar ou diminuir as águas públicas dominicais ou públicas de uso comum ou particulares, a administração competente poderá suspender as ditas obras e aproveitamentos".

[43] Lei n. 8.171/1991, art. 20: "As bacias hidrográficas constituem-se em unidades básicas de planejamento do uso, da conservação e da recuperação dos recursos naturais".

[44] Desmatamento ou desflorestamento consiste na retirada da vegetação nativa, total ou parcial, de uma determinada área.

[45] A desertificação pode ser compreendida como o processo de perda da qualidade e fertilidade dos solos em decorrência das alterações provocadas pela intervenção antrópica no meio. Entre suas causas, encontramos o desmatamento, as queimadas, a erosão, a lixiviação e o uso inadequado do solo. Dessa forma, observamos a intensificação da aridez do solo, em regiões áridas, semiáridas e subúmidas secas (segundo classificação da ONU). De outro modo, como o próprio nome

Ambiente, insculpida na Lei n. 6.938/1981, por seu turno, tem como objetivo a preservação, a melhoria e a recuperação da qualidade ambiental propícia à vida, visando assegurar condições ao desenvolvimento socioeconômico, aos interesses da segurança nacional e à proteção da dignidade da vida humana, atendidos certos princípios, entre os quais se inclui a racionalização do uso do solo, do subsolo, da água e do ar.

O solo será considerado degradado quando parar de exercer parte de suas funções, tais como nutrir as plantas, filtrar a água ou abrigar a biodiversidade. Dos desgastes leves aos mais graves, o fenômeno da erosão,[46] provocada por fatores eólicos, hidráulicos ou mecânicos, altera substancialmente as condições físicas e químicas da terra, além de contribuir para a perda do próprio solo. A exploração desse recurso natural deve, assim, estar vinculada a medidas indutoras e instrumentos reguladores do desenvolvimento nacional e, principalmente, na sua relação com a atividade agroindustrial.

A tutela do solo vem sendo regulada por legislação específica ao longo dos anos, bem como tem recebido tratamento na interdependência com a proteção de outros recursos naturais, por exemplo, nas disposições do antigo Código Florestal (Lei n. 4.771/1965), que proibia, em seu art. 27, o uso de fogo na vegetação, no intuito de preservar não só a qualidade do ar, mas também as propriedades químicas do solo. O Decreto n. 2.661, de 8 de julho de 1998, que regulamentava o art. 27 da Lei n. 4.771/1965, estabelecia, em seus arts. 1º e 2º, hipóteses em que era vedado o emprego de fogo e previa normas de precaução quando o seu emprego era permitido, em práticas agropastoris e florestais, mediante a queima controlada.

Atualmente, a matéria é regulada pela Lei n. 12.651/2012, atual Código Florestal brasileiro, que veda em seu art. 38 o uso de fogo na vegetação, salvo nas seguintes situações: (i) locais ou regiões cujas peculiaridades justifiquem o emprego do fogo em práticas agropastoris ou florestais, mediante prévia aprovação do órgão estadual ambiental competente do Sisnama, para cada imóvel rural ou de forma regionalizada, que estabelecerá os critérios de monitoramento e controle; (ii) emprego da queima controlada em UCs, em conformidade com o respectivo plano de manejo e mediante prévia aprovação do órgão gestor da UC (tratada no item anterior, 10.2), visando ao manejo conservacionista da vegetação nativa, cujas características ecológicas estejam associadas evolutivamente à ocorrência do fogo; e (iii) atividades de pesquisa científica vinculada a projeto de pesquisa devidamente aprovado pelos órgãos competentes e

---

indica, podemos entender que a desertificação é capaz de transformar regiões com distintos níveis de vulnerabilidade em desertos.

[46] A *erosão* é o processo de desgaste, transporte e sedimentação do solo, dos subsolos e das rochas como efeito da ação dos agentes erosivos, tais como a água, os ventos e os seres vivos. O processo de desagregação das partículas de rochas (chamadas de sedimentos) é ocasionado pela ação do *intemperismo* (conjunto de processos químicos, físicos e biológicos que provocam o desgaste dos solos e rochas). O transporte desses sedimentos ocorre pela ação da gravidade e dos elementos da superfície. Já a *sedimentação* consiste na deposição das partículas dos ambientes erodidos.

realizado por instituição de pesquisa reconhecida, mediante prévia aprovação do órgão ambiental competente do Sisnama.

O Código Florestal, ainda, prevê o uso alternativo do solo, caracterizado pela substituição de vegetação nativa e formações sucessoras por outras coberturas do solo, como atividades agropecuárias, industriais, de geração e transmissão de energia, de mineração e de transporte, assentamentos urbanos ou outras formas de ocupação humana, como um dos princípios a nortearem a disposição normativa. Para isso, porém, será necessário o cadastramento do imóvel no CAR e a prévia autorização do órgão estadual competente no Sisnama.

Fica autorizado ao Poder Executivo Federal instituir programa de apoio e incentivo à conversação do meio ambiente e para a adoção de tecnologias e boas práticas que conciliem a produtividade agropecuária e florestal, como forma de promoção do desenvolvimento ecologicamente sustentável, abrangendo entre suas categorias e linhas de ação o pagamento ou incentivo a serviços ambientais como retribuição, monetária ou não, às atividades de conservação e melhoria dos ecossistemas e que gerem serviços ambientais, tais como a conservação e o melhoramento do solo (art. 41, I, *g*, do Código Florestal). Por fim, quanto a essa temática, o Código de 2012 prevê a criação de zona de pousio, ou seja, prática de interrupção temporária de atividades ou usos agrícolas, pecuários ou silviculturais por, no máximo, cinco anos, para possibilitar a recuperação da capacidade de uso ou da estrutura física do solo.

Por vezes, o exercício da atividade agrícola em seu máximo aproveitamento e produtividade dependerá da adição de produtos ao solo que lhe promovam a recomposição ou qualificação de suas características. Para isso, utilizamos os fertilizantes (ou adubos), componentes químicos ou orgânicos de relevada importância à produção brasileira, na medida em que visam suprir deficiências do solo, garantindo que este mantenha características vitais à sobrevivência dos vegetais e proporcionando aumento produtivo. Em outras palavras, são definidos, em sentido amplo, como substâncias minerais ou orgânicas, naturais ou sintéticas, fornecedoras de um ou mais nutrientes de plantas. Estes podem ser aplicados por meio de folhas (pulverização manual ou mecanizada ou via irrigação) ou do solo.

Uma vez aplicados, esses produtos liberam macronutrientes como nitrogênio (impulsiona a produção de proteínas, o crescimento vegetativo e o desenvolvimento das folhas), fósforo (atua no processo de energia das plantas, na formação de raízes, flores e frutos), potássio (age na síntese de carboidratos, crescimento de raízes, regulação do balanço hídrico e resistência a doenças), cálcio (como um macronutriente, o cálcio é uma das substâncias que compõem a parede celular das plantas; além disso, o mineral permite o deslocamento de carboidratos e nutrientes na planta), enxofre (fundamental no metabolismo e na produção de proteínas da planta. Também é importante para a fotossíntese e contribui para a fixação do nitrogênio no vegetal) e magnésio (macronutriente secundário, essencial na fotossíntese da planta, que também participa dos processos metabólicos do vegetal, como na formação de ATP, na síntese proteica e na formação de clorofila, pigmento que contribui para a oxigenação e transporte de nutrientes da planta).

Os fertilizantes, ainda, são classificados conforme sua origem e a composição de seus nutrientes. Cada solo, cultivo e momento de desenvolvimento da lavoura requer um tipo diferente deste, sendo a escolha do insumo adequado fundamental à produtividade da cultura; dessa forma, podemos ter os fertilizantes orgânicos (derivados de materiais de origem animal ou vegetal) e minerais ou inorgânicos (contêm nutrientes essenciais em forma química e são produzidos industrialmente, a partir da extração de rochas ou de subprodutos de petróleo, entre outras matérias-primas).

Como apontado, esses fertilizantes podem ter origem orgânica, os quais são derivados de materiais de origem animal ou vegetal como esterco, compostagem, farinha de ossos, torta de mamona; os adubos orgânicos fornecem uma melhora na estrutura do solo e na atividade biológica. Com liberação gradual de nutrientes essenciais, esses insumos são indicados para lavouras com ciclos mais longos ou que buscam uma produção sustentável; ou inorgânica (mineral), que contêm nutrientes essenciais em forma química e são produzidos industrialmente a partir da extração de rochas ou dos subprodutos do petróleo, entre outras matérias-primas. Esses insumos podem ser nitrogenados, fosfatados ou potássicos, a depender da sua composição. Ainda, temos os insumos organominerais, que misturam matéria orgânica enriquecida com substâncias químicas – essa combinação busca aproveitar as vantagens dos dois tipos de insumos, com uma liberação equilibrada de nutrientes, ao mesmo tempo que contribui para o desenvolvimento da biodiversidade do solo.

A utilização adequada dos fertilizantes garante aproximadamente mais da metade potencial produtiva, no patamar mínimo de produção estimada para cada cultura. O restante depende do clima, dos cultivos adequados, do controle de pragas e doenças e do apropriado manejo agrícola. Entretanto, para garantir a absorção desses nutrientes, muitas vezes é necessário corrigir a acidez do solo, visto que, no Brasil, a maioria dos solos apresenta essa característica. Seu uso excessivo pode causar acidificação dos solos, contaminação de reservatórios de água e eutrofização.

A exploração da atividade agrícola, além de dever seguir todas as previsões de caráter ambiental e respeitar a devida utilização e recomposição dos recursos naturais, por vezes, dependerá da aplicação de produtos conhecidos como defensivos agrícolas. Os defensivos agrícolas ou agroquímicos, que podem receber diversos nomes, são aqueles produtos destinados à proteção das culturas agrícolas contra pragas e doenças. Em outras palavras, esses produtos, também conhecidos como fitossanitários ou praguicidas, são insumos que previnem, repelem ou controlam qualquer praga de origem animal ou vegetal durante a produção, armazenamento, transporte e distribuição de produtos agrícolas.[47]

---

[47] A antiga Lei n. 7.802/1989 (Lei dos Agrotóxicos) foi revogada pela atual Lei n. 14.785/2023, que não define mais o termo "agrotóxico", e sim o termo "aditivo", no seu art. 2º, I, como substância ou produto adicionado a agrotóxicos, a produtos de controle ambiental e afins, para melhorar sua ação, função, durabilidade, estabilidade e detecção ou para facilitar o processo de produção.

Os defensivos de principal utilização na agricultura podem ser classificados em cinco grupos: (1) inseticidas – utilizados no combate, controle e prevenção de insetos e pragas, grandes responsáveis por perdas significativas no campo;[48] (2) fungicidas – substâncias químicas utilizadas no controle de doenças causadas por fundos nas lavouras, caso em que a aplicação do produto pode ocorrer em todas as fases de desenvolvimento dos vegetais; (3) herbicidas – aplicados nas lavouras para o controle de ervas daninhas, e que podem ser, também, classificados como um tipo de pesticida; (4) acaricidas – substância utilizada no combate de ácaros que se alimentam das plantas e que podem ocasionar variadas doenças, bem como destruir plantações; e (5) nematicidas – produtos aplicados no solo para manejo correto dos nematoides.

Os defensivos agrícolas, também chamados genericamente de agrotóxicos, são definidos pelo Decreto n. 4.074/2002, que regulamenta a antiga Lei n. 7.802/1989 (Lei dos Agrotóxicos) como os produtos e agentes de processos físicos, químicos ou biológicos, destinados ao uso nos setores de produção, no armazenamento e beneficiamento de produtos agrícolas, nas pastagens, na proteção de florestas, nativas ou plantadas, e de outros ecossistemas e de ambientes urbanos, hídricos e industriais, cuja finalidade seja alterar a composição da flora ou da fauna, a fim de preservá-las da ação danosa de seres vivos considerados nocivos, bem como as substâncias e produtos empregados como desfolhantes, dessecantes, estimuladores e inibidores de crescimento (art. 1º, IV).

Atualmente, os defensivos, seus componentes e afins só poderão ser produzidos, manipulados, importados, exportados, comercializados e utilizados no território nacional se previamente registrados no órgão federal competente, atendidas as diretrizes e exigências dos órgãos federais responsáveis pelos setores de agricultura, saúde e meio ambiente. O registro será efetivado após a análise de três órgãos, o Mapa, o Ministério do Meio Ambiente, representado pelo Instituto Brasileiro do Meio Ambiente e dos Recursos Naturais Renováveis (Ibama) e o Ministério da Saúde, representado pela Agência Nacional de Vigilância Sanitária (Anvisa).

Ainda, o Decreto regulamentador prevê, em seu art. 31 (redação dada pelo Decreto n. 10.833/2021), quais produtos têm seu registro vedado: (1) aqueles para os quais no Brasil não se disponham de métodos para desativação[49] de seus componentes; (2) para os quais não haja antídoto ou tratamento eficaz no Brasil; (3) que apresentem evidências suficientes de que são teratogênicos; (4) que apresentem evidências suficientes de que são carcinogênicos; (5) que apresentem evidências suficientes de que são mutagênicos; (6) que apresentem evidências suficientes de que provocam distúrbios hormonais; (7) que apresentem evidências suficientes de que provocam

---

[48] Além de reduzirem a produtividade, dependendo da intensidade da infestação e dos danos causados, os insetos podem matar a lavoura.

[49] "Art. 31, § 1º Devem ser considerados como 'desativação de seus componentes' os processos de inativação dos ingredientes ativos que minimizem os riscos ao meio ambiente e à saúde humana."

danos ao aparelho reprodutor; (8) que se revelem mais perigosos para a espécie humana do que os testes em laboratório e estudos científicos tenham sido capazes de demonstrar; e (9) cujas características ou cujo uso causem danos ao meio ambiente, de acordo com critérios estabelecidos em normas complementares editadas pelo órgão federal de meio ambiente.[50]

Para a obtenção de registro nos órgãos competentes do Estado, do Distrito Federal ou dos Municípios, as pessoas físicas e jurídicas que sejam prestadoras de serviços na aplicação de defensivos, seus componentes e afins, ou que os produzam, formulem, manipulem, exportem, importem ou comercializem, deverão apresentar, entre outros documentos, requerimento solicitando seu registro liberador ao exercício da atividade. As embalagens, os rótulos e as bulas de defensivos e afins devem atender às especificações e dizeres aprovados pelos órgãos federais dos setores da agricultura, da saúde e do meio ambiente, em suas respectivas áreas de competência, por ocasião do registro do produto ou, posteriormente, quando da autorização para sua alteração, e a inobservância dessas disposições acarretará a suspensão do registro do produto. Ademais, o armazenamento de defensivos agrícolas, seus componentes e afins obedecerá à legislação vigente e às instruções fornecidas pelo fabricante, inclusive especificações e procedimentos a serem adotados no caso de acidentes, derramamento ou vazamento de produto e, ainda, às normas municipais aplicáveis, inclusive quanto à edificação e à localização.

Como já apontado, os defensivos objetivam controlar pragas e doenças prejudiciais à agricultura. Seu uso é crescente em diversos países ao redor do mundo. Isso porque, segundo dados da FAO, cerca de 40% da produção agrícola mundial é, atualmente, perdida para as pragas, o que implica um prejuízo à economia mundial de mais de US$ 220 bilhões por ano. As pragas invasoras custam aos países, pelo menos, US$ 70 bilhões, além de ocasionarem significativos prejuízos, também, à biodiversidade.[51] O uso desses produtos é regulado, de forma a evitar prejuízos à saúde humana e ao solo. Isso porque entre os pontos desfavoráveis ao seu uso está o problema da resistência genética. O uso químico na agricultura causa, especialmente em insetos, a resistência genética a qualquer substância tóxica, por meio da seleção natural. A morte dos inimigos naturais e a conversão de pragas secundárias em pragas primárias é outro problema. Os

---

[50] A Lei n. 14.785/2023, em seu art. 4º, § 3º, também proíbe o registro de agrotóxicos, de produtos de controle ambiental e outros que representem riscos às medidas fitossanitárias de consumidores ou do meio ambiente. Mesmo que sejam adotadas medidas para *gerir os riscos*, se o produto ainda for considerado *inseguro*, não será permitido seu registro. Em resumo, o foco é garantir que produtos químicos ou de controle ambiental não sejam aprovados se representarem perigo significativo e não controlável para a saúde ou o ambiente.

[51] Espécies como a lagarta-do-cartucho, que se alimenta de plantações que incluem milho, sorgo e milheto, já se espalharam em razão do clima mais quente. Outros, como os gafanhotos do deserto, que são as pragas migratórias mais destrutivas do mundo, devem mudar suas rotas migratórias e distribuição geográfica.

agrotóxicos matam não somente os organismos pretendidos, como também um grande número de predadores naturais e parasitas que auxiliam no controle das denominadas pragas.

A utilização descontrolada de defensivos agrícolas na agricultura pode trazer consequências nocivas para o meio ambiente; assim, destacamos, por exemplo, que o seu uso já é a segunda causa de contaminação da água no País, perdendo apenas para o despejo de esgoto doméstico, o grande problema ambiental brasileiro. Já o descarte irregular de embalagens vazias de defensivos é apontado como a principal causa de contaminação. Com frequência, são encontradas abandonadas em seus locais de uso, geralmente próximas às margens de rios, mananciais e criações de animais. A queima dessas embalagens também é comum, o que acaba por gerar poluição atmosférica, com a emissão de gases tóxicos.

O uso incorreto de defensivos agrícolas e os danos decorrentes dessa conduta dão ensejo à responsabilização civil, regulamentada pelos arts. 3º[52] e 14, § 1º,[53] da Lei n. 6.938/1981 e inserida na regra geral dada pelo art. 927 do Código Civil,[54] a qual dispõe que aquele que, por ato ilícito, causar dano a outrem fica obrigado a repará-lo.

---

[52] "Art. 3º Para os fins previstos nesta Lei, entende-se por:

I – meio ambiente, o conjunto de condições, leis, influências e interações de ordem física, química e biológica, que permite, abriga e rege a vida em todas as suas formas;

II – degradação da qualidade ambiental, a alteração adversa das características do meio ambiente;

III – poluição, a degradação da qualidade ambiental resultante de atividades que direta ou indiretamente:

a) prejudiquem a saúde, a segurança e o bem-estar da população;

b) criem condições adversas às atividades sociais e econômicas;

c) afetem desfavoravelmente a biota;

d) afetem as condições estéticas ou sanitárias do meio ambiente;

e) lancem matérias ou energia em desacordo com os padrões ambientais estabelecidos;

IV – poluidor, a pessoa física ou jurídica, de direito público ou privado, responsável, direta ou indiretamente, por atividade causadora de degradação ambiental;

V – recursos ambientais: a atmosfera, as águas interiores, superficiais e subterrâneas, os estuários, o mar territorial, o solo, o subsolo, os elementos da biosfera, a fauna e a flora."

[53] "Art. 14. Sem prejuízo das penalidades definidas pela legislação federal, estadual e municipal, o não cumprimento das medidas necessárias à preservação ou correção dos inconvenientes e danos causados pela degradação da qualidade ambiental sujeitará os transgressores.

§ 1º Sem obstar a aplicação das penalidades previstas neste artigo, é o poluidor obrigado, independentemente da existência de culpa, a indenizar ou reparar os danos causados ao meio ambiente e a terceiros, afetados por sua atividade. O Ministério Público da União e dos Estados terá legitimidade para propor ação de responsabilidade civil e criminal, por danos causados ao meio ambiente."

[54] "Art. 927. Aquele que, por ato ilícito (arts. 186 e 187), causar dano a outrem, fica obrigado a repará-lo.

A responsabilidade também será solidária[55] entre todos os causadores do dano ambiental, diretos ou indiretos. Já a responsabilidade administrativa relaciona-se a infrações administrativas. Suas sanções são multa, advertência, interdição da atividade, entre outras medidas.

A Lei de Crimes Ambientais (Lei n. 9.605/1998) ampliou a proteção para o bem ambiental e estabeleceu em seu art. 56 a tipificação delituosa nas condutas de produzir, processar, embalar, importar, exportar, comercializar, fornecer, transportar, armazenar, guardar, ter em depósito ou usar produto ou substância tóxica, perigosa ou nociva à saúde humana ou ao meio ambiente, em desacordo com as exigências estabelecidas em leis ou nos seus regulamentos. Também foram incluídas, pela Lei de Crimes Ambientais, além da possibilidade de responsabilização da pessoa jurídica, a possibilidade de criminalização dos diretores, gerentes, funcionários e prepostos das empresas.[56]

10.4. CADASTRO AMBIENTAL RURAL (CAR) E PROGRAMA DE REGULARIZAÇÃO AMBIENTAL (PRA)

O Cadastro Ambiental Rural (CAR)[57] é o registro público eletrônico, obrigatório para todos os imóveis rurais, de suas informações ambientais, com o objetivo de promover a identificação e a integração das informações ambientais das propriedades e posses rurais, visando ao planejamento ambiental, monitoramento, combate ao desmatamento e regularização ambiental. Com esse cadastro, objetiva-se compreender a situação das APPs, das áreas de RL, das florestas e dos remanescentes de

---

Parágrafo único. Haverá obrigação de reparar o dano, independentemente de culpa, nos casos especificados em lei, ou quando a atividade normalmente desenvolvida pelo autor do dano implicar, por sua natureza, risco para os direitos de outrem."

[55] Código Civil, art. 942: "Os bens do responsável pela ofensa ou violação do direito de outrem ficam sujeitos à reparação do dano causado; e, se a ofensa tiver mais de um autor, todos responderão solidariamente pela reparação.

Parágrafo único. São solidariamente responsáveis com os autores os coautores e as pessoas designadas no art. 932".

[56] Lei de Crimes Ambientais, art. 2º: "Quem, de qualquer forma, concorre para a prática dos crimes previstos nesta Lei, incide nas penas a estes cominadas, na medida da sua culpabilidade, bem como o diretor, o administrador, o membro de conselho e de órgão técnico, o auditor, o gerente, o preposto ou mandatário de pessoa jurídica, que, sabendo da conduta criminosa de outrem, deixar de impedir a sua prática, quando podia agir para evitá-la".

[57] Art. 2º, II, do Decreto n. 7.830/2012: "II – Cadastro Ambiental Rural – CAR – registro eletrônico de abrangência nacional junto ao órgão ambiental competente, no âmbito do Sistema Nacional de Informação sobre Meio Ambiente – SINIMA, obrigatório para todos os imóveis rurais, com a finalidade de integrar as informações ambientais das propriedades e posses rurais, compondo base de dados para controle, monitoramento, planejamento ambiental e econômico e combate ao desmatamento".

vegetação nativa, das áreas de uso restrito e das áreas consolidadas das propriedades e posses rurais do País. O Serviço Florestal Brasileiro (SFB) é o responsável por coordenar, em âmbito federal, o CAR e prestar apoio técnico à sua implementação nos entes federativos.

Criado pela Lei n. 12.561/2012 (Código Florestal) posteriormente regulamentada pelos Decretos n. 7.830/2012 e 8.235/2014, o CAR é constituído em base de dados estratégicos para controle, monitoramento e combate ao desmatamento das florestas e demais formas de vegetação nativa no País (art. 29, *caput*, do Código Florestal). A inscrição do imóvel rural no CAR, que tem natureza declaratória e permanente, deverá ser feita, preferencialmente, no órgão ambiental municipal ou estadual,[58] que exigirá do proprietário ou possuidor rural: (i) identificação pessoal; (ii) comprovação da propriedade ou da posse; e (iii) identificação do imóvel por meio de planta e memorial descritivo, em que conste a indicação das coordenadas geográficas e que informe a localização dos remanescentes de vegetação nativa, das APPs, das áreas de uso restrito, das áreas consolidadas e das RLs. Cabe acrescer: as informações prestadas são de responsabilidade do declarante, o que incorrerá em sanções penais e administrativas, sem prejuízos de demais, quando forem total ou parcialmente falsas, enganosas ou omissas, e deverão ser atualizadas periodicamente ou sempre que houver alteração de natureza dominial ou possessória.[59]

Em caso de pequena propriedade ou propriedade familiar, deverá ser observado procedimento simplificado, na qual serão obrigatórias apenas a identificação do proprietário ou do possuidor rural, a comprovação da propriedade ou posse e a apresentação de croqui que indique o perímetro do imóvel, as APPs e os remanescentes de RL.

---

[58] Há crítica no emprego da expressão tendo em vista que a lei é que deve indicar a competência; ainda, não há competência federal para imiscuir-se na esfera municipal ou estadual e respectivas atribuições administrativas.

[59] Art. 7º do Decreto n. 7.830/2023: "Caso detectadas pendências ou inconsistências nas informações declaradas e nos documentos apresentados no CAR, o órgão responsável deverá notificar o requerente, de uma única vez, para que preste informações complementares ou promova a correção e adequação das informações prestadas.

§ 1º Na hipótese do *caput*, o requerente deverá fazer as alterações no prazo estabelecido pelo órgão ambiental competente, sob pena de cancelamento da sua inscrição no CAR.

§ 2º Enquanto não houver manifestação do órgão competente acerca de pendências ou inconsistências nas informações declaradas e nos documentos apresentados para a inscrição no CAR, será considerada efetivada a inscrição do imóvel rural no CAR, para todos os fins previstos em lei.

§ 3º O órgão ambiental competente poderá realizar vistorias de campo sempre que julgar necessário para verificação das informações declaradas e acompanhamento dos compromissos assumidos.

§ 4º Os documentos comprobatórios das informações declaradas poderão ser solicitados, a qualquer tempo, pelo órgão competente, e poderão ser fornecidos por meio digital".

Nessa hipótese, caberá aos órgãos competentes integrantes do Sisnama, ou instituição por ele habilitada, realizar a captação das coordenadas geográficas, devendo o poder público prestar apoio técnico e jurídico, assegurada a gratuidade ao proprietário e sendo facultado a este ou possuidor o fazer por meios próprios. Essas disposições também serão aplicadas ao proprietário ou posseiro rural com até quatro módulos fiscais que desenvolva atividade agrossilvipastoris, e aos povos e comunidades indígenas tradicionais que façam uso coletivo do seu território. O cadastro no CAR, aponta-se, não assume a natureza de título para fins de reconhecimento do direito de propriedade ou de posse.

Os proprietários ou possuidores de imóveis rurais com área acima de quatro módulos fiscais, que inscreverem seus imóveis no CAR até o dia 31 de dezembro de 2023, e aqueles com área inferior a quatro módulos fiscais que os inscreverem no CAR até o dia 31 de dezembro de 2025, terão direito à adesão ao PRA, consoante previsão do § 4º do art. 29 do Código Florestal (redação dada pela Lei n. 14.595/2023). Uma vez identificada, na inscrição, a existência de passivo ambiental, o proprietário ou possuidor de imóvel rural poderá solicitar de imediato a adesão ao PRA.

Como apontado anteriormente, a inscrição no CAR é obrigatória e por prazo indeterminado para todas as propriedades e posses rurais, nos termos do § 3º do art. 29, conforme redação da Lei n. 13.887/2019. Todavia, destaca-se que o art. 30 desobriga o proprietário de imóvel rural cuja RL já tenha sido averbada na matrícula do imóvel, com identificação do perímetro e da locação da área, de fornecer ao órgão ambiental as informações anteriores, constantes do art. 29, § 1º. Nessa hipótese, deverá o proprietário apresentar ao órgão ambiental a certidão de registro do imóvel em que conste a averbação da RL ou termo de compromisso no caso de posse (art. 30, parágrafo único). Considera-se um dever redundante a necessária apresentação na situação descrita, isso porque a averbação das RLs pressupõe aprovação do órgão ambiental, que, portanto, também tem ciência da informação. Por fim, não se pode esquecer do Sistema Nacional de Informação sobre Meio Ambiente (Sinima), que deveria concentrar todas essas informações já disponíveis aos órgãos competentes.

Como vimos, os arts. 29 e 30 do atual Código Florestal são os responsáveis por disporem sobre o CAR. Paulo de Bessa Antunes, por sua vez, ressalta a previsão legal e a existência de cadastros rurais desde o Brasil Império. Criado no âmbito do Sinima, consoante o art. 29, o CAR se insere no rol de mecanismos da Política Nacional do Meio Ambiente.

O Decreto regulamentador n. 7.830/2012 foi responsável, também, por dispor acerca do Sistema de Cadastro Ambiental Rural (Sicar), que possui os seguintes objetivos: (1) receber, gerenciar e integrar os dados do CAR de todos os entes federativos; (2) cadastrar e controlar as informações dos imóveis rurais, referentes a seu perímetro e localização e áreas protegidas; (3) monitorar a manutenção, a recomposição, a regeneração, a compensação e a supressão da vegetação nativa e da cobertura vegetal nas

APPs, de uso restrito e de RL, no interior dos imóveis rurais; (4) promover o planejamento ambiental e econômico do uso do solo e conservação ambiental no território nacional; e (5) disponibilizar informações de natureza pública sobre a regularização ambiental dos imóveis rurais em território nacional, na internet.

Compete aos órgãos integrantes do Sinima disponibilizar em sítio eletrônico a interface de programa e cadastramento integrado ao CAR, destinado à inscrição, consulta e acompanhamento da situação de regularização ambiental dos imóveis rurais. Ainda, entes federativos que não dispuserem de sistema para o cadastramento de imóveis rurais poderão fazer uso do Módulo de Cadastro Ambiental Rural, disponível no Sicar, por meio de instrumento de cooperação com o Ministério do Meio Ambiente (MMA). O MMA também disponibilizará imagens destinadas ao mapeamento das propriedades e posses rurais para compor a base de dados do sistema de informações geográficas do Sicar, visando à implantação do CAR.

Entre as vantagens do CAR para os produtores destacam-se: comprovação da regularidade ambiental, segurança jurídica, suspensão de sanções, acesso a crédito agrícola e a programas de regularização ambiental, planejamento do imóvel rural, manutenção ou alcance de certificações de mercado, comercialização das cotas de reserva ambiental, entre outros. Para os órgãos ambientais, citam-se: diferenciação entre desmatamento legal e ilegal, facilitação no monitoramento e combate ao desmatamento, apoio ao licenciamento, meio para planejamento de políticas, melhorias na gestão ambiental rural, entre outras.

A fim de incentivar os produtores rurais a inscreverem suas propriedades ou posses no CAR, o Código Florestal vincula essa obrigação a outras da Lei, como o acesso ao crédito rural. Mesmo com a alteração realizada pela Lei n. 13.887/2019, que extinguiu o prazo para a adesão do imóvel rural ao CAR, não foi procedida alteração na regra insculpida no *caput* do art. 78-A do Código Florestal, que prevê: "após 31 de dezembro de 2017, as instituições financeiras só concederão crédito agrícola, em qualquer de suas modalidades, para proprietários de imóveis rurais que estejam inscritos no CAR". Há aqui, portanto, um conflito entre a extinção de prazo para inscrição no CAR e a imposição prevista quanto à condição para concessão do crédito rural, que ganha mais uma camada com o parágrafo único do art. 78-A, que impõe ser o prazo de 31 de dezembro de 2017 prorrogado, em observância aos novos prazos de que trata o § 3º do art. 29 do Código Florestal.

A análise, agora, nos direciona a verificar o PRA, que, previsto nos arts. 59 e 60 da Lei n. 12.651/2012, é compreendido como o conjunto de ações ou iniciativas empreendidas por proprietários e posseiros rurais, a fim de adequar e promover a regularização ambiental. Com previsão regulamentar, também, nos Decretos n. 7.830/2012 e n. 8.235/2014, o PRA tem como instrumentos o CAR, termo de compromisso, Projeto de Recuperação de Áreas Degradadas e Alteradas e, quando couber, as CRA.

Dessa forma, e como apontado anteriormente, a inscrição do imóvel no CAR é condição obrigatória para a adesão ao PRA, que deverá ser requerida pelo interessado no prazo de um ano, contado a partir de sua implantação e prorrogável por uma única vez, por igual período. O termo de compromisso deverá conter: (i) nome, qualificação e endereço das partes compromissadas ou de seus representantes legais; (ii) dados da propriedade ou posse rural; (iii) localização da APP, RL ou área de uso restrito a ser recomposta, recuperada, regenerada ou compensada; (iv) descrição da proposta simplificada do proprietário ou possuidor que vise à recomposição, recuperação, regeneração ou compensação das áreas; (v) prazo e cronograma para atendimento das obrigações; (vi) multas ou sanções que poderão ser aplicadas aos proprietários ou possuidores de imóveis rurais compromissados e os casos de rescisão, em decorrência do não cumprimento das obrigações pactuadas; e (vii) foro competente para dirimir litígios entre as partes.[60]

Após a assinatura do termo de compromisso, o órgão competente fará inserção imediata no Sicar das informações e das obrigações de regularização ambiental. Ainda, o termo poderá ser alterado em comum acordo, em razão de evolução tecnológica, caso fortuito ou força maior.[61] A partir da assinatura do termo de compromisso, serão suspensas as sanções decorrentes das infrações relativas à supressão irregular de vegetação em APPs,[62]

---

[60] Art. 5º, Decreto n. 8.235/2014: "§ 3º Tratando-se de Área de Reserva Legal, o prazo de vigência dos compromissos, previsto no inciso V do *caput*, poderá variar em até vinte anos, conforme disposto no § 2º do art. 66 da Lei n. 12.651, de 2012.

§ 4º No caso de território de uso coletivo titulado ou concedido aos povos ou comunidades tradicionais, o termo de compromisso será firmado entre o órgão competente e a instituição ou entidade representativa dos povos ou comunidades tradicionais.

§ 5º Em assentamentos de reforma agrária, o termo de compromisso a ser firmado com o órgão competente deverá ser assinado pelo beneficiário da reforma agrária e pelo órgão fundiário".

[61] "Art. 8º Quando houver necessidade de alteração das obrigações pactuadas ou das especificações técnicas, deverá ser encaminhada solicitação, com justificativa, ao órgão competente, para análise e deliberação.

Parágrafo único. O disposto no *caput* não se aplica às hipóteses de regularização da Reserva Legal por meio da compensação de que trata o parágrafo único do art. 2º."

[62] Art. 19 do Decreto n. 7.830/2012: "A recomposição das Áreas de Preservação Permanente poderá ser feita, isolada ou conjuntamente, pelos seguintes métodos: I – condução de regeneração natural de espécies nativas; II – plantio de espécies nativas; III – plantio de espécies nativas conjugado com a condução da regeneração natural de espécies nativas; e IV – plantio intercalado de espécies lenhosas, perenes ou de ciclo longo, exóticas com nativas de ocorrência regional, em até cinquenta por cento da área total a ser recomposta, no caso dos imóveis a que se refere o inciso V do *caput* do art. 3º da Lei n. 12.651, de 2012.

§ 1º Para os imóveis rurais com área de até um módulo fiscal que possuam áreas consolidadas em Áreas de Preservação Permanente ao longo de cursos d'água naturais, será obrigatória a recomposição das respectivas faixas marginais em cinco metros, contados da borda da calha do leito regular, independentemente da largura do curso d'água.

de RL[63] e de uso restrito, de forma a deverem ser cumpridas as obrigações estabelecidas no PRA ou no termo de compromisso, visando à regularização ambiental do imóvel. Eventuais multas decorrentes das infrações destacadas serão convertidas em serviços de prestação, melhoria e recuperação da qualidade do meio ambiente, regularizando o uso de áreas rurais consolidadas. Atividades contidas nos Projetos de Recomposição de Áreas Degradadas e Alteradas deverão ser concluídas de acordo com o cronograma

> § 2º Para os imóveis rurais com área superior a um módulo fiscal e de até dois módulos fiscais que possuam áreas consolidadas em Áreas de Preservação Permanente ao longo de cursos d'água naturais, será obrigatória a recomposição das respectivas faixas marginais em oito metros, contados da borda da calha do leito regular, independentemente da largura do curso d´água.
>
> § 3º Para os imóveis rurais com área superior a dois módulos fiscais e de até quatro módulos fiscais que possuam áreas consolidadas em Áreas de Preservação Permanente ao longo de cursos d'água naturais, será obrigatória a recomposição das respectivas faixas marginais em quinze metros, contados da borda da calha do leio regular, independentemente da largura do curso d'água.
>
> (...) § 5º Nos casos de áreas rurais consolidadas em Áreas de Preservação Permanente no entorno de nascentes e olhos d'água perenes, será admitida a manutenção de atividades agrossilvipastoris, de ecoturismo ou de turismo rural, sendo obrigatória a recomposição do raio mínimo de quinze metros.
>
> § 6º Para os imóveis rurais que possuam áreas consolidadas em Áreas de Preservação Permanente no entorno de lagos e lagoas naturais, será admitida a manutenção de atividades agrossilvipastoris, de ecoturismo ou de turismo rural, sendo obrigatória a recomposição de faixa marginal com largura mínima de: I – cinco metros, para imóveis rurais com área de até um módulo fiscal; II – oito metros, para imóveis rurais com área superior a um módulo fiscal e de até dois módulos fiscais; III – quinze metros, para imóveis rurais com área superior a dois módulos fiscais e de até quatro módulos fiscais; e IV – trinta metros, para imóveis rurais com área superior a quatro módulos fiscais.
>
> § 7º Nos casos de áreas rurais consolidadas em veredas, será obrigatória a recomposição das faixas marginais, em projeção horizontal, delimitadas a partir do espaço brejoso e encharcado, de largura mínima de: I – trinta metros, para imóveis rurais com área de até quatro módulos fiscais; e II – cinquenta metros, para imóveis rurais com área superior a quatro módulos fiscais.
>
> § 8º Será considerada, para os fins do disposto neste artigo, a área detida pelo imóvel rural em 22 de julho de 2008".

[63] Art. 18 do Decreto n. 7.830/2012: "A recomposição das áreas de reserva legal poderá ser realizada mediante o plantio intercalado de espécies nativas e exóticas, em sistema agroflorestal, observados os seguintes parâmetros: I – o plantio de espécies exóticas deverá ser combinado com as espécies nativas de ocorrência regional; e II – a área recomposta com espécies exóticas não poderá exceder a cinquenta por cento da área total a ser recuperada.

Parágrafo único. O proprietário ou possuidor de imóvel rural que optar por recompor a reserva legal com utilização do plantio intercalado de espécies exóticas terá direito a sua exploração econômica".

previsto no termo de compromisso.[64-65] Caso descumprido o termo de compromisso, será retomado o curso do processo administrativo, sem prejuízo da aplicação de multa e das sanções previstas no termo e serão adotadas providências necessárias ao prosseguimento de processo criminal.

Os PRAs instituídos pela União, Estados e Distrito Federal deverão incluir mecanismo que permita o acompanhamento de sua implementação, considerando os objetivos e metas nacionais para florestas, especialmente a implementação dos instrumentos previstos no Código Florestal, a adesão cadastral dos proprietários e possuidores de imóvel rural, a evolução da regularização das propriedades e posses rurais, o grau de regularidade do uso de matéria-prima florestal e o controle e prevenção de incêndios florestais.

Na sistemática de regularização dos imóveis rurais, o Mapa, por meio do SFB, lançou o Módulo de Regularização Ambiental (MRA) do Sicar em dezembro de 2021. A tecnologia em questão visa possibilitar ao produtor rural que tiver o CAR analisado, elaborar proposta de regularização ambiental e, caso tenha optado por aderir ao PRA, acessar os benefícios estipulados pelo Código Florestal brasileiro. A Proposta Simplificada de Regularização Ambiental a ser emitida pelo MRA tem o objetivo de atender aos objetivos pretendidos pela inscrição no CAR e será parte integrante e indissociável do Termo de Compromisso de Regularização Ambiental.

Consoante apresentado pelo próprio Ministério, o MRA advém de processo de melhorias realizadas no Módulo PRA do Sicar e traz como principais inovações: ser módulo *on-line* integrado à plataforma WebAmbiente da Embrapa, ter funcionalidade para elaboração de proposta de recomposição de áreas antropizadas não consolidadas (desmatadas após 22 de julho de 2008) e permitir a regularização ambiental, também, dos cadastros que não aderiram ao PRA.

A atual versão do MRA busca otimizar a elaboração da Proposta Simplificada de Regularização Ambiental do Imóvel Rural, com dados e informações técnicas mínimas

---

[64] Art. 16 do Decreto n. 7.830/2012: "As atividades contidas nos Projetos de Recomposição de Áreas Degradadas e Alteradas deverão ser concluídas de acordo com o cronograma previsto no Termo de Compromisso.

§ 1º A recomposição da Reserva Legal de que trata o art. 66 da Lei n. 12.651, de 2012, deverá atender os critérios estipulados pelo órgão competente do SISNAMA e ser concluída em até vinte anos, abrangendo, a cada dois anos, no mínimo um décimo da área total necessária à sua complementação.

§ 2º É facultado ao proprietário ou possuidor de imóvel rural, o uso alternativo do solo da área necessária à recomposição ou regeneração da Reserva Legal, resguardada a área da parcela mínima definida no Termo de Compromisso que já tenha sido ou que esteja sendo recomposta ou regenerada, devendo adotar boas práticas agronômicas com vistas à conservação do solo e água".

[65] Art. 17 do Decreto n. 7.830/2012: "Os PRAs deverão prever as sanções a serem aplicadas pelo não cumprimento dos Termos de Compromisso firmados nos termos deste Decreto".

necessárias para a regularização ambiental das áreas consolidadas e áreas antropizadas não consolidadas em APPs, RLs e áreas de uso restrito, e das sanções administrativas cometidas até 22 de julho de 2008 relativas à supressão irregular de vegetação nessas mesmas unidades, nos termos da Lei n. 12.651/2012.

Assim, por meio do MRA, o proprietário/possuidor emite e envia a Proposta Simplificada de Regularização Ambiental para a análise do órgão estadual competente para posterior assinatura do Termo de Compromisso de Regularização Ambiental, de forma que os compromissos para a regularização ambiental do imóvel rural continuarão a ser efetivados pela assinatura conjunta do Termo pelo órgão estadual competente e todos os proprietários/possuidores, assumindo este força de título executivo extrajudicial.

10.5. RESPONSABILIDADE AMBIENTAL DAS INSTITUIÇÕES FINANCEIRAS

Como já demonstramos ao longo do presente livro, o financiamento agroindustrial, cada vez mais, vem cunhado de uma razão de sustentabilidade, que impõe uma matriz ambiental quando da realização das atividades agrícolas. Desse modo, vemos a combinação dos sistemas de comando e controle[66-67] entre os instrumentos econômicos para empreender as correções necessárias na correlação entre meio ambiente e mercado financeiro e de capitais. O papel desempenhado pelas políticas públicas na área ambiental encontra relação além da produção e comercialização de produtos agrícolas, uma vez que compõem, como dissemos, as estruturas de financiamento.

O tema socioambiental, aqui, será analisado pela ótica da responsabilidade das instituições financeiras. Observada mais detidamente a partir de 2003, a temática encontra representação nos chamados Princípios do Equador,[68] conjunto de diretrizes adotadas por algumas instituições financeiras no mundo, e os princípios foram criados por iniciativa do *International Finance Corporation* (IFC), ligado ao Banco Mundial. Isso porque a atuação dos bancos pode levar ao financiamento de projetos e atividades lesivas ao meio ambiente, o que impõe necessário desenvolvimento de políticas de concessão de crédito e gerenciamento de risco socioambiental. Tais princípios são

---

[66] Os instrumentos de comando e controle são aqueles que fixam normas, regras, procedimentos e padrões determinados para as atividades econômicas a fim de assegurar o cumprimento dos objetivos da política em questão e o não cumprimento acarreta sanções de cunho penal e administrativo (LUSTOSA, Maria Cecília J.; YOUNG, Carlos Eduardo F. Política ambiental. *In*: KUPFER, David; HASENCLEVER, Lia. *Economia industrial*: fundamentos teóricos e práticos no Brasil. Rio de Janeiro: Campus, 2002. Cap. 24, p. 578).

[67] A abordagem de comando e controle de políticas públicas é aquela em que, a fim de gerar comportamentos socialmente desejáveis, as autoridades políticas simplesmente garantem o comportamento por lei e, então, usam qualquer maquinário de fiscalização – tribunais, polícia, multas etc. – necessário para fazer as pessoas obedecerem à lei (FIELD, Barry C.; FIELD, Martha K. *Introdução à economia do meio ambiente*. 6. ed. Porto Alegre: Bookman, 2014).

[68] *Equator Principles Financial Institutions* (EPFIs).

concretizados conforme uma classificação que seleciona os projetos financiáveis conforme seu risco em categorias A, B e C, sendo esta última a classificação para projetos com risco baixo. Atualizados ao longo dos anos, a quarta e última versão dos Princípios do Equador publicada até o momento data de 2019.

Com base no apontado, ao receber uma proposta de financiamento para um projeto, a instituição financeira, como parte de seu processo interno de análise e diligência prévia, fará a categorização do empreendimento com fundamento na magnitude dos riscos e dos impactos socioambientais potenciais, que deverá ser proporcional à natureza, à escala e ao estágio do projeto. São, assim, as divisões de categoria:

(1) Categoria A – Projetos com potencial de riscos e/ou impactos socioambientais adversos significativos e que sejam diversos, irreversíveis ou sem precedentes.

(2) Categoria B – Projetos com potencial de riscos e/ou impactos socioambientais adversos limitados, em número reduzido, geralmente locais, amplamente reversíveis e prontamente tratáveis por meio de medidas mitigatórias.

(3) Categoria C – Projetos com riscos e/ou impactos socioambientais mínimos ou sem riscos e/ou impactos socioambientais adversos.

Entre outras determinações, caberá à instituição financeira solicitar ao cliente a realização de processo de avaliação apropriado para tratar dos riscos socioambientais relevantes e da escala dos impactos do projeto proposto. A Documentação de Avaliação deverá apontar e propor medidas capazes de minimizar, mitigar e, quando houver impactos residuais, compensar/solucionar os riscos e impactos para os trabalhadores, as comunidades afetadas e o meio ambiente, de forma significativa e apropriada à natureza e à escala do Projeto. Referida Documentação, caso enquadrado o empreendimento na Categoria A e, em algumas hipóteses da Categoria B, deverá incluir uma Avaliação de Impacto Socioambiental (ESIA, da sigla em inglês) e Avaliação de Risco de Mudanças Climáticas.[69] Nos empreendimentos de Categoria C e, em alguns casos, da Categoria B, poderá ser aplicada avaliação concentrada. O processo de avaliação deverá, antes de tudo, verificar a conformidade do projeto com as leis, as regulamentações e as licenças aplicáveis no País em que será realizado o empreendimento.

De forma geral, os Princípios em comento versam sobre avaliações ambientais, proteção a *habitats* naturais, gerenciamento de pragas, segurança de barragens, populações indígenas, reassentamento involuntário de populações, propriedade cultural, trabalho infantil, forçado ou escravo, projetos em águas internacionais e saúde e segurança no trabalho. Os Princípios do Equador são aplicáveis quando da análise dos seguintes produtos financeiros, sempre que sejam estes utilizados para dar apoio a um novo projeto de investimento:

---

[69] A profundidade e a natureza da Avaliação do Risco de Mudanças Climáticas dependerão do tipo de Projeto, assim como da natureza dos riscos, incluindo sua materialidade e gravidade.

(1) Financiamento de Projeto (*Project Finance*): cujo custo total de capital seja igual ou superior a US$ 10 milhões.

(2) Serviços de Assessoria para Financiamento de Projeto (*Project Finance Advisory Service*): para projetos cujo custo total de capital seja igual ou superior a US$ 10 milhões.

(3) Financiamentos Corporativos Dirigidos a Projetos (*Project Related Corporate Loans*): cuja maior parte destina-se a um único projeto sobre o qual o cliente tenha o controle operacional efetivo direto ou indireto, com valor total consolidado de pelo menos US$ 100 milhões e o compromisso individual da instituição financeira seja de pelo menos US$ 50 milhões, e com prazo de pelo menos dois anos.

(4) Empréstimos-Ponte (*Bridge Loans*): com prazo inferior a dois anos a serem refinanciados por Financiamento de Projeto ou por Financiamentos Corporativos Dirigidos a Projetos.

Em 2009, com a celebração do Protocolo Verde, os Princípios do Equador foram recebidos pela ordem nacional. Com isso, as instituições financeiras atuantes no Brasil passaram a ofertar linhas de crédito e programas que estimulassem a qualidade de vida e o uso sustentável do meio ambiente, levando em conta os impactos e os custos socioambientais quando da gestão de ativos e estudo e projetos, bem como apoiando o consumo consciente e a propagar políticas sustentáveis. Ainda, podem-se mencionar as práticas de gestão da *International Organization for Standartization* (ISO), que na série ISO 14000 contempla o assunto em tela. Igualmente, tem-se o Índice de Sustentabilidade Empresarial (ISE), que espelha o retorno de carteiras de ações de sociedades que observam práticas de responsabilidade socioambiental.

Com base na implementação dos Princípios, apenas deverá ser concedido financiamento aos projetos que possuírem Sistema de Gestão Ambiental (SGA), que tenha foco na mitigação, planejamento de ação, monitoramento e gerenciamento de riscos. O SGA pode ser apresentado como uma estrutura organizacional formada por conjunto de procedimentos para gerir ou administrar uma empresa, de forma a que se obtenha o melhor controle sobre os impactos ambientais de suas atividades. Esse sistema, ainda, prevê meios para a seleção e o monitoramento de fornecedores, o que evita sanções e penalizações pelo enquadramento da organização como corresponsável por infração ambiental cometida por seu fornecedor. O SGA é estabelecido, no País, pela NBR ISO 14001.

É possível destacar a compreensão de que a efetiva aplicação do Protocolo Verde e das regras insculpidas nos Princípios do Equador poderia ser importante aliada do cumprimento da Lei n. 6.938/1981, isto é, a Política Nacional do Meio Ambiente, especialmente os princípios e obrigações nela previstos. Nesse contexto, a adesão e o efetivo cumprimento e realização dos princípios e práticas constantes dos protocolos voluntários podem significar o atendimento do referido art. 12[70] pela instituição financeira, a qual estaria zelando pela legalidade e viabilidade ambiental do projeto a que se concede o financiamento. Contudo, essa interpretação de que a adesão aos protocolos voluntários pode traduzir-se no cumprimento das obrigações constantes do art. 12 não pode ensejar atenuação nas sanções decorrentes de danos ambientais.

O Conselho Monetário Nacional (CMN), dentro das atribuições constantes da Lei n. 4.595, de 31 de dezembro de 1964, deve limitar, sempre que necessário, as taxas de juros, descontos, comissões e quaisquer formas de operações e serviços bancários ou financeiros, inclusive os prestados pelo Banco Central do Brasil, assegurando taxas favorecidas aos financiamentos que se destinam a promover: recuperação e fertilização do solo, reflorestamento, combate a epizootias e pragas nas atividades rurais e irrigação (art. 4º, IX, da Lei n. 4.595/1964). Constata-se também que a política do CMN deve orientar a aplicação dos recursos das instituições financeiras, quer públicas, quer privadas, tendo em vista propiciar, nas diferentes regiões do País, condições favoráveis ao desenvolvimento harmônico da economia nacional (art. 3º, IV). Esse desenvolvimento passa tanto pela diminuição das desigualdades regionais (arts. 3º, III, e 43, ambos da Constituição Federal) como integra o conteúdo do desenvolvimento sustentável, isto é, aquele que estabelece a equidade entre a presente e as futuras gerações (art. 225 da Constituição Federal).[71]

A PNMA dispõe, em seu art. 12, *caput*, que as entidades e órgãos de financiamento e incentivos governamentais condicionarão a aprovação de projetos habilitados a esses benefícios ao licenciamento, na forma dessa lei, e ao cumprimento das normas, dos critérios e dos padrões expedidos pelo Conama. O Banco do Brasil, a Caixa Econômica Federal, o Banco do Nordeste do Brasil, o Banco da Amazônia e o Banco Nacional de Desenvolvimento Econômico e Social, ao inserirem na Declaração de Princípios para o Desenvolvimento Sustentável que as "leis e regulamentações ambientais devem ser aplicadas e exigidas, cabendo aos bancos participar de sua divulgação" (Princípio 7º), fazem uma adesão pública ao art. 12 da PNMA.

Ainda, esse mesmo artigo estatui que a aprovação dos projetos fica condicionada ao licenciamento ambiental. Não é, portanto, incondicionada essa operação, mas é ato que só adquire sua plenitude legal com a juntada de uma licença ambiental favorável. O Decreto n. 99.274/1990, que regulamentou a Política Nacional do Meio Ambiente,

---

[70] "Art. 12. As entidades e órgãos de financiamento e incentivos governamentais condicionarão a aprovação de projetos habilitados a esses benefícios ao licenciamento, na forma desta Lei, e ao cumprimento das normas, dos critérios e dos padrões expedidos pelo CONAMA.

Parágrafo único. As entidades e órgãos referidos no *caput* deste artigo deverão fazer constar dos projetos a realização de obras e aquisição de equipamentos destinados ao controle de degradação ambiental e à melhoria da qualidade do meio ambiente."

[71] MACHADO, Paulo Affonso Leme. *Direito ambiental brasileiro*. 27. ed. Salvador: JusPodivm, 2020. p. 332 e ss.

revogando o Decreto n. 88.351/1983, insistiu na mesma orientação, dizendo: "as entidades governamentais de financiamento ou gestoras de incentivos, condicionarão a sua concessão à comprovação do licenciamento previsto neste decreto" (art. 23).

A atividade de crédito atualmente enseja um novo tipo de relação na parceria entre bancos e órgãos ambientais, de acordo com uma nova observância socioambiental do complexo agroindustrial. Cada organismo preservará sua identidade funcional e pautará sua conduta, primeiro, pelas suas próprias regras. Inegavelmente, devem surgir normas que tornarão harmônica e ágil essa convivência. Na relação com as instituições financeiras públicas federais, esses bancos oficiais estão jungidos na concessão dos financiamentos, a verificar o cumprimento das normas, dos critérios e dos padrões pelo Conama (parte do art. 12, *caput*, da Lei n. 6.983/1981). Essa parte das incumbências que a Lei de Política Nacional do Meio Ambiente formulou para os bancos não é isenta de dificuldades, mas nem por isso deve ser deixada de lado. O legislador procurou valorizar as normas federais ambientais no momento em que elas deverão ser aplicadas pelos órgãos ambientais. Procura-se, assim, o apoio dos bancos oficiais federais para que a legislação federal de meio ambiente seja concretamente implementada nos Estados.

Posicionamentos normativos do Conama devem ser analisados pelos especialistas dos bancos, principalmente quando os órgãos ambientais estaduais tiverem dispensado a realização desse procedimento. Assim procedendo, os bancos não estarão exercendo nenhuma ingerência na atividade dos órgãos ambientais estaduais, mas simplesmente tomando cautela de sua responsabilidade. Além disso, a Resolução n. 4.327, de 25 de abril de 2014, do Banco Central do Brasil (Bacen), tratou das diretrizes a serem observadas no estabelecimento e na implementação da Política de Responsabilidade Socioambiental (PRSA) pelas instituições financeiras e demais instituições autorizadas por ele a funcionar. Com a edição desse diploma normativo, as instituições brasileiras tornaram-se sujeitas ao cumprimento de determinações específicas sobre sua relação com circunstâncias que possam causar risco ambiental. Mais recentemente, em 2021, essa Resolução foi substituída pela Resolução n. 4.945 do CMN, que desenvolve, agora, a Política de Responsabilidade Social, Ambiental e Climática (PRSAC).

Referida Resolução do CMN obriga a instituição e a aplicação da PRSAC, pelas instituições financeiras, com a implementação de ações que objetivem sua efetividade. As ações tomadas, com base no dispositivo de 2021, devem ser regidas pela proporcionalidade ao modelo de negócio, à natureza das operações e à complexidade dos produtos, dos serviços, das atividades e dos processos da instituição, bem como adequadas à dimensão e à relevância da exposição aos riscos social, ambiental e climático (art. 2º).

Para fins da Resolução, a PRSAC consistirá em "conjunto de princípios e diretrizes de natureza social, de natureza ambiental e de natureza climática a ser observado pela instituição na condução dos seus negócios, das suas atividades e dos seus processos, bem como na sua relação com as partes interessadas". Ainda, são trazidos conceitos aplicáveis, como natureza social, interesse comum, natureza ambiental, natureza climática e partes interessadas.[72] A norma impõe, ademais, que a PRSAC, em sua implementação, deverá levar em conta o impacto de natureza social, ambiental ou climática das atividades dos processos da instituição, bem como dos produtos e serviços por ela oferecidos, além dos objetivos estratégicos da instituição e as oportunidades de negócios relacionadas a aspectos dessa natureza e, também, as condições de competitividade e o ambiente regulatório em que a instituição atua (art. 3º, § 2º, da Resolução n. 4.945/2021). As ações tomadas, conforme aponta o art. 4º da Resolução do CMN, devem ser monitoradas continuamente e avaliadas quanto à sua contribuição para a efetividade da PRSAC, por meio de critérios claros e passíveis de verificação.

Prevendo a aplicação de critérios de governança, cumprirá à instituição indicar diretor responsável pelo cumprimento da norma, a quem serão atribuídas as funções de prestação de subsídio e participação no processo de tomada de decisões relacionadas ao estabelecimento e à revisão da PRSAC, auxiliando o conselho de administração; implementação de ações visando à efetividade da PRSAC; monitoramento e avaliação das ações implementadas; aperfeiçoamento das ações implementadas, quando identificadas eventuais deficiências; e divulgação adequada e fidedigna das informações necessárias (art. 5º, § 1º, da Resolução do CMN). Apontado diretor deverá ser designado, pela instituição, perante o Banco Central do Brasil (art. 5º, § 4º).

A norma, em acréscimo, prevê a constituição de comitê de responsabilidade social, ambiental e climática, vinculado ao conselho de administração, e as hipóteses em que

---

[72] "§ 1º Para fins desta Resolução, considera-se:

I – natureza social, o respeito, a proteção e a promoção de direitos e garantias fundamentais e de interesse comum;

II – interesse comum, interesse associado a grupo de pessoas ligadas jurídica ou factualmente pela mesma causa ou circunstância, quando não relacionada à natureza ambiental ou à natureza climática;

III – natureza ambiental, a preservação e a reparação do meio ambiente, incluindo sua recuperação, quando possível;

IV – natureza climática, a contribuição positiva da instituição:

a) na transição para uma economia de baixo carbono, em que a emissão de gases do efeito estufa é reduzida ou compensada e os mecanismos naturais de captura desses gases são preservados; e

b) na redução dos impactos ocasionados por intempéries frequentes e severas ou por alterações ambientais de longo prazo, que possam ser associadas a mudanças em padrões climáticos; e

V – partes interessadas:

a) os clientes e usuários dos produtos e serviços da instituição;

b) a comunidade interna à instituição;

c) os fornecedores e os prestadores de serviços terceirizados relevantes da instituição;

d) os investidores em títulos ou valores mobiliários emitidos pela instituição; e

e) as demais pessoas impactadas pelos produtos, serviços, atividades e processos da instituição, segundo critérios por ela definidos."

este será obrigatório ou facultativo, bem como suas atribuições.[73] A revisão e a aprovação da PRSAC ficarão a cargo do conselho de administração da instituição, que também deverá garantir a devida aderência da instituição à PRSAC, bem como a aplicação de ações com vistas à sua efetividade, assegurando sua compatibilidade e integração às demais políticas institucionais e correção das deficiências verificadas (art. 7º da Resolução n. 4.945/2021).

A revisão da PRSAC, nos termos do § 1º do art. 7º da Resolução regulamentadora, deverá ser feita, no mínimo, a cada três anos, ou quando da ocorrência de eventos considerados relevantes, no que se incluem: (i) oferta de novos produtos ou serviços relevantes; (ii) modificações relevantes nos produtos, nos serviços, nas atividades ou nos processos da instituição; (iii) mudanças significativas no modelo de negócios da instituição; (iv) reorganizações societárias significativas; (v) mudanças políticas, legais, regulamentares, tecnológicas ou de mercado, incluindo alterações significativas nas preferências de consumo, que impactem de forma relevante os negócios da instituição, tanto positiva quanto negativamente; e (vi) alterações relevantes à dimensão e à exposição dos riscos social, ambiental e climático.

A norma, ainda, prevê a necessária divulgação ao público externo acerca da adesão à PRSAC, as ações implementadas visando à sua efetividade, seus critérios de avaliação e, quando existirem: a relação dos setores econômicos sujeitos a restrições nos negócios realizados pela instituição em decorrência de aspectos de natureza social,

---

[73] "Art. 6º A constituição de comitê de responsabilidade social, ambiental e climática, vinculado ao conselho de administração, é:

I – obrigatória, para instituição enquadrada no S1 ou no S2; e

II – facultativa, para instituição enquadrada no S3, no S4 ou no S5.

§ 1º As atribuições do comitê de que trata o *caput* abrangem:

I – propor recomendações ao conselho de administração sobre o estabelecimento e a revisão da PRSAC;

II – avaliar o grau de aderência das ações implementadas à PRSAC e, quando necessário, propor recomendações de aperfeiçoamento; e

III – manter registros das recomendações de que tratam os incisos I e II.

§ 2º A composição do comitê de que trata o *caput* deve ser divulgada no sítio da instituição na internet.

§ 3º O comitê de responsabilidade social, ambiental e climática deve coordenar suas atividades com o comitê de riscos, de que trata a Resolução n. 4.557, de 2017, de modo a facilitar a troca de informações.

§ 4º Desde que assegurada a inexistência de conflito de interesses e a observância do disposto nos §§ 2º e 3º, admite-se a designação das atribuições do comitê de responsabilidade social, ambiental e climática, de que trata o § 1º, a outro comitê constituído pela instituição.

§ 5º Na hipótese de não constituição do comitê de que trata o *caput* e da não observância do disposto no § 4º, a diretoria de instituição enquadrada no S3, no S4 ou no S5 deve assumir as atribuições mencionadas no § 1º."

de natureza ambiental ou de natureza climática; a relação de produtos e serviços oferecidos pela instituição que contribuam positivamente em aspectos de natureza social, de natureza ambiental ou de natureza climática; a relação de pactos, acordos ou compromissos nacionais ou internacionais de natureza social, de natureza ambiental ou de natureza climática de que seja participante a instituição ou, conforme o caso, sua matriz estrangeira, quando essa participação envolver a subsidiária brasileira; e os mecanismos utilizados para promover a participação de partes interessadas, caso incluídas no processo de estabelecimento e de revisão da PRSAC (art. 10 da Resolução n. 4.945/2021). Por fim, observa-se que a PRSAC deverá ser unificada para instituições integrantes de um mesmo conglomerado prudencial ou de um mesmo sistema cooperativo de crédito, o que deverá ser informado ao Banco Central (arts. 11 e 12 da Resolução n. 4.945/2021).

Nesse contexto, tem-se o Normativo de Criação e Implementação de Política de Responsabilidade Socioambiental instituído pelo Sistema de Autorregulação Bancária da Federação Brasileira de Bancos – Febraban (SARB) n. 14/2014 (conforme atualizações), nos termos de seu art. 1º, trata das diretrizes e dos parâmetros concretos para implementação da PRSA (agora, PRSAC). Seu art. 5º trata da estrutura de governança, que deve ser capaz de conferir tratamento ajustado às questões socioambientais, considerada a proporção à exposição ao risco da instituição, e garantir a integração de suas políticas. No tocante às operações consideradas de alto grau de exposição ao risco socioambiental, prevê o art. 9º que se submeterá à avaliação por critérios robustos e verificáveis, por exemplo, a licença ambiental.

Entre as cláusulas mínimas previstas, há a obrigação de o tomador observar a legislação ambiental e trabalhista; a faculdade de decretação de vencimento antecipado em certos casos; a obrigação de monitoramento pelo tomador das atividades para identificar e reduzir impactos ambientais não vislumbrados quando da contratação de crédito e a de fazê-lo também quanto a seus fornecedores diretos e relevantes no tocante aos impactos ambientais. Quanto ao financiamento de projetos, o art. 12 prevê que a signatária deverá verificar seu financiamento e sua aptidão produtiva, de acordo com o setor econômico do financiado e a localização do projeto, bem como a qualidade da gestão socioambiental do tomador.

Ainda, o normativo trata, em seu art. 14, da participação em empresas. Segundo esse dispositivo, os novos investimentos realizados pela instituição em companhia serão precedidos de avaliação efetuada pela investidora para constatação do grau de conformidade às suas políticas socioambientais. Isso nos casos em que a instituição participe, na companhia destinatária do investimento, com direitos de sócio, que assegurem àquela preponderância nas deliberações sociais, poder de eleger ou destituir a maioria dos administradores, controle operacional efetivo ou controle societário. Essa auditoria socioambiental terá por objetivos, portanto, avaliar eventuais passivos socioambientais da companhia; averiguar o cumprimento por esta da legislação socioambiental vigente; avaliar, quando cabível, fornecedores diretos e relevantes da companhia, segundo dispõe o § 1º do art. 14.

Por fim, no tocante às garantias imobiliárias, no caso de imóvel rural oferecido em garantia ao financiamento, a instituição deverá analisar a averbação da reserva legal na matrícula do imóvel rural ou no CAR, nos termos do art. 16. Ainda, deverá exigir declaração de que o imóvel rural não possui restrição ao uso – como as relacionadas a zoneamento, parcelamento de solo, preservação do patrimônio arqueológico e histórico, restrição de atividades em virtude da inserção em Área de Preservação Ambiental (APA) ou APP – e de que não está localizado em terras de ocupação indígena ou quilombola; além disso, a instituição terá a opção de vencimento antecipado, se verificada, no curso do contrato, alguma restrição (art. 17).

Diz o art. 2º, § 4º, da Lei n. 11.105, de 24 de março de 2005: as organizações públicas e privadas, nacionais, estrangeiras ou internacionais, financiadoras ou patrocinadoras de atividades ou de projetos referidos no *caput* deste artigo devem exigir a apresentação de Certificado de Qualidade em Biossegurança, emitido pela CTNBio, sob pena de se tornarem corresponsáveis pelos eventuais efeitos decorrentes do descumprimento dessa Lei ou de sua regulamentação.

A Lei n. 11.105/2005 aponta a amplitude da responsabilidade, pois todos os estabelecimentos financiadores – privados ou públicos, nacionais, estrangeiros ou internacionais – são abrangidos. Assim, os bancos oficiais ou privados, brasileiros ou estrangeiros, podem figurar como réus, já que o regime jurídico da responsabilidade nos eventos ligados ao meio ambiente é a responsabilidade objetiva ou responsabilidade sem culpa, por força do art. 14, § 1º, da Lei n. 6.938/1981. A responsabilidade civil, aqui, segue o princípio do poluidor pagador, que impõe responder pelos riscos e prejuízos aquele que lucra com a atividade, uma vez que é obrigado a indenizar ou reparar eventuais danos causados ao meio ambiente e a terceiros, atingidos por sua atividade.[74] Mais

---

[74] Quanto à responsabilidade objetiva por dano ambiental, cabe destaque ao Tema Repetitivo n. 681 do STF, que firmou a tese: "A responsabilidade por dano ambiental é objetiva, informada pela teoria do risco integral, sendo o nexo de causalidade o fator aglutinante que permite que o risco se integre na unidade do ato, sendo descabida a invocação, pela empresa responsável pelo dano ambiental, de excludentes de responsabilidade civil para afastar a sua obrigação de indenizar". Ainda, julgamos pertinente destacar a tese firmada pelo mesmo tribunal, no Tema Repetitivo n. 707, quando da análise de acidente ambiental, nos dizeres: "a) a responsabilidade por dano ambiental é objetiva, informada pela teoria do risco integral, sendo o nexo de causalidade o fator aglutinante que permite que o risco se integre na unidade do ato, sendo descabida a invocação, pela empresa responsável pelo dano ambiental, de excludentes de responsabilidade civil para afastar sua obrigação de indenizar; b) em decorrência do acidente, a empresa deve recompor os danos materiais e morais causados; c) na fixação da indenização por danos morais, recomendável que o arbitramento seja feito caso a caso e com moderação, proporcionalmente ao grau de culpa, ao nível socioeconômico do autor, e, ainda, ao porte da empresa, orientando-se o juiz pelos critérios sugeridos pela doutrina e jurisprudência, com razoabilidade, valendo-se de sua experiência e bom senso, atento à realidade da vida e às peculiaridades de cada caso, de modo a

recentemente, em agosto de 2023, foram afetados os Recursos Especiais 1.962.089 e 1.953.359 para julgamento sob o rito dos recursos repetitivos, no STF, para julgamento em que cadastrados como Tema n. 1.204, com intuito de definir se "as obrigações ambientais possuem natureza *propter rem*, sendo admissível cobrá-las do proprietário ou possuidor atual e/ou dos anteriores ou, ainda, dos sucessores, à escolha do credor".

Cabe aqui, todavia, destacar que em casos específicos é possível estabelecer um nexo de causalidade entre o financiamento concedido e os danos ambientais. Segundo a melhor doutrina sobre o tema, a responsabilidade ambiental objetiva, com a aplicação do entendimento do STJ sobre o nexo de causalidade no âmbito da reparação dos danos ambientais, leva à conclusão de que o vínculo causal entre o financiamento concedido para o desenvolvimento de atividades potencial ou efetivamente poluidoras e os danos ambientais resultantes é estabelecido pela ação do financiador ao liberar o crédito para o financiado.[75] Dessa forma, é essencial que a instituição adote todas as medidas de diligência para prevenir a ocorrência desses danos para, em casos mais extremos, proceder à efetiva comprovação de sua ação, perante o Judiciário. Embora a jurisprudência, geralmente, isente o banco de responsabilidade pelos danos ambientais, sua ação positiva é crucial, devendo ser procedida análise minuciosa sobre as circunstâncias de cada caso específico.

Somam-se a isso as prescrições da Lei n. 9.605/1998, que trata das sanções penais e administrativas decorrentes de condutas e atividades lesivas ao meio ambiente, bem como os arts. 12 e 14 da Lei n. 6.938/1981. Ainda, ganham relevo as determinações da Resolução n. 4.945/2021 do CMN, devendo as instituições adotar medidas preventivas que reduzam o número de episódios de falhas na concessão de crédito e financiamento de projetos e atividades que possam agredir o ambiente. Nesse contexto, as instituições financeiras podem requerer legitimamente a prova da regularidade ambiental das pessoas que lhes solicitam crédito e financiamento, como manifestação de seu dever de cautela, contribuindo simultaneamente para a proteção do meio ambiente.

A apresentação efetivada é de suma importância, uma vez que é possível que empreendimentos que buscam financiamento estejam localizados em áreas protegidas pela legislação ambiental brasileira, como é o caso das UCs, oportunamente tratadas no item 10.2. Essas áreas são designadas com o propósito de preservar a biodiversidade, garantindo, assim, a proteção dos recursos naturais e, portanto, exigindo cautela especial na condução das atividades econômicas nelas inseridas.

Além disso, no que toca ao financiamento de atividades rurais, verifica-se a incidência de regras próprias, editadas pelo CMN e que integram o Manual de Crédito

---

que, de um lado, não haja enriquecimento sem causa de quem recebe a indenização e, de outro, haja efetiva compensação pelos danos morais experimentados por aquele que fora lesado".

[75] GRIZZI, Ana Luci Esteves. *Responsabilidade civil ambiental dos financiadores*. Rio de Janeiro: Lumen Juris, 2003. p. 41.

Rural (MCR), que poderão impor ao Banco desafios adicionais para fins de adequação das suas operações. No contexto da concessão de financiamento relacionado ao crédito rural, a imperatividade do dever de proteção ambiental encontra respaldo e regulamentação específica. Dentro do MCR, observamos a existência de Seção (Capítulo 2, Seção 9) totalmente direcionada a apontar impedimentos à concessão do crédito, de caráter social, ambiental e climático, criada em 2021, por meio da Resolução n. 140 do Banco Central. Para os fins de que trata essa Seção, a identificação do imóvel rural onde se situa o empreendimento objeto do crédito rural será realizada de acordo com as informações registradas no Sicar.

Norteado pela Resolução CMN n. 5.081/2023, o item 2 da destacada Seção do MCR impõe que: "Não será concedido crédito rural para empreendimento situado em imóvel rural que não esteja inscrito ou cuja inscrição se encontre cancelada ou suspensa no Cadastro Ambiental Rural (CAR), respeitadas as condições e exceções previstas nos itens MCR 2-1-12 a 15". Em 2 de janeiro de 2025, entrou parcialmente em vigor a Resolução CMN n. 5.193, alterando as normas da Seção 9 (Impedimentos Sociais, Ambientais e Climáticos) do Capítulo 2 (Condições Básicas) do MCR (o Item 2 citado no início não sofreu alterações). O Item 14 do MCR define que "não será concedido crédito rural a empreendimento situado em imóvel rural total ou parcialmente inserido em Floresta Pública Tipo B (Não Destinada) registrada no Cadastro Nacional de Florestas Públicas (CNFP) do Serviço Florestal Brasileiro (SFB)". Essa vedação possui duas exceções (Item 2-9-15 do MCR): (i) imóveis rurais com título de propriedade; e (ii) imóveis com até quinze módulos fiscais, desde que a área ocupada pelo empreendimento a ser financiado não esteja inserida, total ou parcialmente, na respectiva Floresta Pública.

Para fins de cumprimento do disposto na legislação ambiental, Lei n. 9.985/2000 e Resolução CMN n. 5.193, não será concedido crédito rural a empreendimento total ou parcialmente inserido em UC, salvo se a atividade econômica se encontrar em conformidade com o Plano de Manejo da Unidade de Conservação, respeitadas as disposições do art. 28 da referida Lei e as disposições específicas aplicáveis à população tradicional beneficiária ou residente, na forma do Decreto n. 4.340, de 22 de agosto de 2002. Sendo a UC de domínio exclusivamente público, o impedimento de que trata o item 3 se aplica apenas a empreendimento inserido total ou parcialmente em imóvel cujo processo de regularização fundiária tenha sido concluído, nos termos da regulamentação aplicável.

Com o sistema normativo em tela, a Lei n. 6.001/1973 (art. 18, § 1º) não concede crédito rural a empreendimento cuja área esteja total ou parcialmente inserida em terra indígena, consideradas, para esses fins, como as tradicionalmente ocupadas pelos índios aquelas já homologadas na forma do art. 5º do Decreto n. 1.775/1996.[76] No

---

[76] A norma não incidirá em casos em que o proponente pertença aos grupos tribais ou às comunidades indígenas ocupantes ou habitantes da terra indígena na qual se situa a área do empreendimento.

mesmo sentido, não será concedido crédito rural a empreendimento com área total ou parcialmente inserida em terras ocupadas e tituladas por remanescentes das comunidades quilombolas.[77]

Também em sentido protetivo, não será concedido crédito rural a empreendimento situado no Bioma Amazônia (ver conceituação conforme item 9.4), nos casos em que: (i) localizado em imóvel em que exista embargo vigente decorrente de uso econômico de áreas desmatadas ilegalmente no imóvel, conforme divulgado pelo Ibama; e (ii) em operação de financiamento ao amparo do Programa Nacional de Reforma Agrária (PNRA), para proponente de crédito rural que possua restrição vigente pela prática de desmatamento ilegal, conforme registros disponibilizados pelo Incra.

Objetivando dar cumprimento aos ditames de caráter vocacionado à responsabilidade social, o item 9 da seção prevê que não será concedido crédito rural a pessoa física ou jurídica inscrita no cadastro de empregadores que mantiveram trabalhadores em condições análogas à de escravo, instituído pelo Ministério responsável pelo referido registro, em razão de decisão administrativa final relativa ao auto de infração.

10.6. BIOECONOMIA E MEIO AMBIENTE COMO OPORTUNIDADE

Destacamos, ao longo deste livro, a crescente preocupação mundial quanto ao meio ambiente e que tem impactado, significativamente, o comércio internacional, que se direciona à busca por uma economia de baixo carbono, com base na biotecnologia, biodiversidade e energias limpas. A mudança em comento se relaciona à longa transição energética, não mais baseada na simples extração de recursos naturais, mas em seu cultivo para produção de biocombustíveis, medicamentos, insumos para a agricultura e materiais industriais, visando a materialidade de um novo conceito, chamado de "Bioeconomia".

A bioeconomia é um conceito multifacetado e aberto a diferentes interpretações. Três visões influentes de bioeconomia destacadas pela literatura científica tomaram forma predominante no mundo, nos últimos anos: bioecologia, biotecnologia e biorrecursos.[78] Essas visões apostam na criação de novo ciclo econômico impulsionado por avanços em áreas como informática, ciência biológica, bioquímica, biofísica, genética e nanotecnologia. Nessa perspectiva, a natureza não é mais apenas um recurso a ser consumido, mas, sim, uma fábrica de produção de novos bens e serviços. Essa visão busca o conhecimento avançado sobre o funcionamento da natureza para promover o desenvolvimento de novas formas de produção de alimentos, medicamentos, energia e computação. Nesse novo ciclo, o valor econômico estaria cada vez mais associado à

---

[77] "Item 7. A norma não se aplica aos casos em que o proponente pertença ao grupo remanescente da comunidade do quilombo na qual se situa a área do empreendimento."
[78] VARGAS, Daniel; PINTO, Talita; LIMA, Cicero. *Transição verde:* bioeconomia e conversão do verde em valor. Observatório de Conhecimento e Inovação em Bioeconomia. São Paulo: Fundação Getulio Vargas, 2023. p. 6.

inteligência e ao domínio da energia viva da natureza, resultando em crescimento sustentável baseado em tecnologia de ponta e reconciliação com o meio ambiente.

Mais afeto à percepção de biorrecursos, temos a substituição gradual de produtos de origem fóssil e química por novos, de origem biológica. Essa visão propõe a reconstrução dos espaços de produção e troca na economia contemporânea, na busca por uma "desfossilização" da sociedade e "renaturalização" da economia. Por meio do avanço tecnológico e científico, a bioeconomia dos biorrecursos objetiva ampliar o uso de insumos biológicos, substituindo os não renováveis, e promover a industrialização sustentável no campo. Essa visão tem implicação tanto em acordos climáticos, como o Acordo de Paris, quanto no mercado privado, inspirando compromissos socioambientais e projetos sustentáveis. Ao redirecionar o crescimento econômico para um futuro sustentável, a bioeconomia dos biorrecursos visa um casamento entre economia e natureza, com inovações tecnológicas e novas práticas produtivas.

O crescimento populacional, a maior longevidade, a urbanização, o incremento da classe média (principalmente no Sudoeste Asiático e partes da África) e as mudanças no perfil dos consumidores levam a projeções importantes, que demonstram que até 2030 será necessário o aumento em 35% da produção mundial de alimentos. O crescimento da demanda por alimentos, fibras e bioenergia em um ambiente com recursos naturais finitos exigirá a realização de investimentos em tecnologias para mitigação da mudança do clima e para a redução dos seus impactos, principalmente na agricultura. Diversas tecnologias, comunicação e informação estão impulsionando uma nova revolução no campo, caracterizando o chamado processo de digitalização do agro, que contempla sinais e tendências como intensificação, localização geográfica (zoneamento) e acesso a mercados. O desenvolvimento acelerado tem promovido ganhos de produtividade, controle de pragas e doenças com menor uso de defensivos e biodefensivos. Integração de conhecimento e incremento da governança formam a nova configuração do agro no século XXI.

Dono da maior biodiversidade de flora e fauna do planeta, o Brasil, com mais de 100 mil espécies animais e cerca de 45 mil vegetais conhecidas,[79] deve investir com premência em um modelo econômico baseado no uso sustentável de recursos naturais. Quando bem caracterizados e racionalmente explorados, esses recursos podem contribuir de forma efetiva para alavancar a bioeconomia nacional, criando oportunidades a partir do aprofundamento do conhecimento sobre a biodiversidade dos biomas brasileiros. Fortalecer a agricultura com base nos conceitos de bioeconomia, viabilizando seu potencial de oferta de novos materiais, de químicos e de energia, além de fortalecer a multifuncionalidade da agricultura brasileira a partir do estímulo ao vínculo entre agricultura e indústria e da redução do tempo do fluxo de transformação entre

---

[79] Ver: EMBRAPA. *Bioeconomia:* a ciência do futuro no presente. Disponível em: https://www.embrapa.br/tema-bioeconomia. Acesso em: 25 set. 2023.

conhecimento-tecnologia-inovação, são objetivos que podem ser atingidos com a aplicação dos conceitos e instrumentos bioeconômicos.

Observando a relação entre o agro e a bioeoconomia e o potencial dessa interligação, notamos que o País saiu da condição de importador líquido de alimentos para 3º maior exportador no mundo,[80] bem como da condição de dependência de importação de energia fóssil para exportador e 2º maior produtor de biocombustíveis.[81] Atualmente, em 2025, a matriz energética brasileira possui 85% de formação por fontes renováveis, com a tendência ainda de crescimento.[82] O Brasil alcançou um recorde de 10,85 gigawatts (GW) na expansão de sua capacidade energética, evidenciando o crescimento das tecnologias renováveis e a descentralização dos investimentos, promovendo maior inclusão regional. Os resultados de 2024 mostram que, com planejamento, investimentos e políticas públicas eficazes, é possível superar desafios e acelerar a transição para um modelo energético sustentável. O País continua a se destacar como líder global na adoção de fontes limpas, reafirmando seu compromisso com um futuro mais verde e resiliente.

Entre os anos 1960 e 1990, houve uma duplicação da produtividade global das colheitas no Brasil e um aumento de sete vezes no uso de fertilizantes nitrogenados e três vezes no uso do fósforo.[83] Um agronegócio mais atual, conectado e biológico conta com biocombustíveis, inteligência artificial, integração de culturas e uso integral da biomassa,[84] unido a mais de 50% do território nacional preservado em florestas originais.[85]

Aqui, cabe dizer, o mundo todo assimilou a descarbonização global, montada originalmente para orientar e apoiar a descarbonização dos países temperados. Ao mesmo tempo, também se globalizou uma versão própria de "verde temperado", nem sempre capaz de enxergar as particularidades de países tropicais produtores de

---

[80] VIEIRA FILHO, José Eustáquio Ribeiro; GASQUES, José Garcia (org.). *Agricultura, transformação produtiva e sustentabilidade*. Brasília: Ipea, 2016.

[81] MAPA – MINISTÉRIO DA AGRICULTURA E PECUÁRIA. Brasil avança no setor de biocombustíveis. Brasília, 12 jul. 2021. Disponível em: https://www.gov.br/pt-br/noticias/energia-minerais-e-combustiveis/2021/07/brasil-avanca-no-setor-de-biocombustiveis. Acesso em: fev. 2025.

[82] TIME SIMPLE. Brasil bate recorde de expansão de usinas de energia em 2024. 14 jan. 2025. Disponível em: https://simpleenergy.com.br/brasil-bate-recorde-de-expansao-de-usinas-de-energia-em-2024/. Acesso em: fev. 2025.

[83] EMBRAPA. *O futuro da agricultura brasileira:* 10 visões. Brasília: Embrapa, 2023.

[84] Ex.: Açúcar, etanol, bioeletricidade, biogás, biometano.

[85] O progresso produtivo brasileiro está cada vez mais baseado em tecnologias avançadas, com uso de inovações genéticas e desenvolvimento de espécies adaptadas às características específicas do solo e clima do País. Essas variedades são mais resistentes a pragas e variações climáticas, permitindo uma produção mais estável e resiliente (VARGAS, Daniel; PINTO, Talita; LIMA, Cicero. *Transição verde:* bioeconomia e conversão do verde em valor. Observatório de Conhecimento e Inovação em Bioeconomia. São Paulo: Fundação Getulio Vargas, 2023).

alimentos, fibras e bioenergia. Dessa forma, precisamos direcionar o olhar às peculiaridades tropicais brasileiras e nossas tendências para os próximos anos, que se apresentam em: (i) redução da mão de obra ocupada; (ii) baixo crescimento da área plantada; (iii) insumos biológicos; (iv) nanotecnologia; (v) tecnologia da biomassa; e (vi) fibras para uso industrial. As necessidades fundamentais se consolidam em: (i) preservar os seis biomas (Amazônia, mata atlântica, cerrado, pantanal, pampa e caatinga); (ii) ganhos de competitividade (produtividade, qualidade e menores emissões); e (iii) melhor uso dos recursos minerais, químicos e biológicos. A função da produção é dominada pelo capital, ou seja, a tecnologia é o *drive* da produção, dominando terra e trabalho.

Ao mesmo tempo, passamos por um período de evolução tecnológica no agronegócio do mundo tropical, que se consolida na genética/biotecnologia, na mecanização agrícola, no manejo da fertilidade dos solos, na fixação biológica de nitrogênio, na liberação do fósforo às raízes, nas práticas conservacionistas, na irrigação, na integração da cana com outras culturas e, ainda, em um mundo digital. Para isso, é essencial a aceleração substancial no crescimento de nossa produtividade, assim como investimentos que incentivem a inovação, a pesquisa e o desenvolvimento e a infraestrutura, o que, acreditamos, será capaz de abrir ainda mais mercados para a agroindústria brasileira, que deverá se unir a uma atuação público-privada nas questões internacionais relativas ao setor, em especial com foco na defesa brasileira e na reorganização da OMC.

De acordo com a Organização para a Cooperação e Desenvolvimento Econômico (OCDE), a bioeconomia movimenta no mercado mundial 2 trilhões de Euros e gera cerca de 22 milhões de empregos. Estudos da organização apontam que a bioeconomia responderá, até 2030, por 2,7% do Produto Interno Bruto (PIB) dos seus países-membros, percentual que poderá ser ainda maior em países como o Brasil, que dispõe de grande biodiversidade e políticas públicas para fortalecer as cadeias produtivas que utilizam os recursos naturais de forma sustentável e consciente.[86] Além disso, as atividades do setor estão no cerne de pelo menos metade dos ODS da ONU, desde a segurança alimentar até a garantia de acesso à energia e saúde.

Amparando o impacto significativo que a bioeconomia tem e pode, ainda mais, expressar no contexto econômico brasileiro, estudos recentes da Fundação Getulio Vargas (FGV)[87] demonstram que o conjunto de atividades da bioeconomia brasileira registraram mais de US$ 162 bilhões em exportações em 2022, um aumento de 49,4% em relação à média de 2021, o maior índice registrado desde o início da série histórica, em 1997.[88] A atividade agrícola, responsável por criar produtos e subprodutos de

---

[86] OECD. The *Bioeconomy to 2030*: Designing a Policy Agenda. 2009. Disponível em: https://www.oecd.org/en/publications/the-bioeconomy-to-2030_9789264056886-en.html. Acesso em: fev. 2025.

[87] LIMA, C. Z.; PINTO, T. P. *PIB da bioeconomia*. Observatório de Conhecimento e Inovação em Bioeconomia. São Paulo: Fundação Getulio Vargas, 2022.

[88] PRESSINOTT, Fernanda. Exportações da bioeconomia crescem 49,4% em 2022, diz FGV. *Valor Econômico*, 2023.

natureza biológica, registrou saldo positivo de US$ 69,4 bilhões no comércio internacional, sendo diretamente seguida pela bioindústria, que também conta com atividades de matriz agroindustrial, como refinarias de açúcar, produção de papel e celulose e os biocombustíveis. De acordo com o Observatório de Conhecimento e Inovação em Bioeconomia da FGV, o PIB da bioeconomia já ultrapassa a marca de R$ 2,5 trilhões.[89] De grande relevância à balança comercial nacional, as exportações da bioeconomia representaram 45,8% do total comercializado pelo País em 2022.[90]

A melhor mensuração desses resultados, porém, depende da incorporação, na realidade econômica brasileira, do fator verde de produção de forma mais direta. Para pesquisadores do OCBio, uma estratégia promissora é o desenvolvimento da Conta Nacional de Bioeconomia (CNBio), que deve ser incorporada pela integração de contas econômicas e ambientais. Essa integração ocorre a partir da utilização de contas-satélite, também conhecidas como "contas temáticas", que atuam como extensões do Sistema de Contas Nacionais (SCN) e permitem ampliar a capacidade de análise para campos além da economia, incluindo biodiversidade, ecossistemas e meio ambiente. A incorporação das contas-satélite ambientais ao SCN seria grande apoio para a valoração da bioeconomia. Hoje, para valorar os fatores produtivos tradicionais do País, existe o SCN, uma estrutura contábil adotada oficialmente por regiões e países do mundo, que atua como um fator comum de comparação econômica entre países. O SCN segue padrões internacionais, com classificações e regras universais, que permitiriam ao Brasil mensurar fluxos da economia, como o PIB. O SCN, portanto, é o ponto de partida para o desenvolvimento da contabilidade verde, é a base para a valoração do montante "bio", em meio ao total de riqueza gerada pela economia brasileira.[91]

Segundo estudo do Grupo de Estudos Avançados de Aprimoramento do Sistema Nacional de Pesquisa Agropecuária (SNPA),[92] o Brasil deve assumir um papel de liderança na Economia Verde, destacando-se nas inovações científicas e tecnológicas com

---

[89] LIMA, C. Z.; PINTO, T. P. *PIB da bioeconomia*. Observatório de Conhecimento e Inovação em Bioeconomia. São Paulo: Fundação Getulio Vargas, 2022; CRUZ, Patrick. PIB da bioeconomia já passa de R$ 2,5 trilhões no Brasil. *Valor Econômico*, 2023.

[90] O saldo da balança comercial da bioeconomia foi muito influenciado não somente pelo desempenho do setor primário – composto por 34 atividades e 705 produtos relacionados à agropecuária –, mas também da bioindústria – a indústria de transformação com insumos 100% de origem biológica, com total de 59 atividades e 1.802 produtos (LIMA, C. Z.; PINTO, T. P. *PIB da bioeconomia*. Observatório de Conhecimento e Inovação em Bioeconomia. São Paulo: Fundação Getulio Vargas, 2022).

[91] VARGAS, Daniel; PINTO, Talita; LIMA, Cicero. Transição verde: bioeconomia e conversão do verde em valor. *Agroanalysis*, v. 43, n. 9, p. 19, set. 2023.

[92] SNPA – SISTEMA NACIONAL DE PESQUISA AGROPECUÁRIA. *Relatório executivo*. 2023. Disponível em: https://www.embrapa.br/busca-de-publicacoes/-/publicacao/1159355/snpa-grupo-de-estudos-avancados-de-aprimoramento-do-sistema-nacional-de-pesquisa-agropecuaria--relatorio-executivo. Acesso em fev. 2025.

o objetivo de ampliar, diversificar e inserir de forma competitiva os setores ligados à bioeconomia dos recursos naturais do bioma brasileiro no mercado internacional. Isso envolve também a intensificação sustentável da agricultura. Para alcançar esses objetivos, é necessário gerar indicadores e métricas para novos padrões e normas, validando a operação, a segurança e os serviços com reconhecimento internacional, adequados às condições ambientais e socioeconômicas dos diferentes biomas. Além disso, a rastreabilidade de produtos e processos deve ser vista como um componente básico da economia circular, impulsionando modelos de negócios mais eficientes e sustentáveis, integrando áreas rurais e urbanas. O Brasil também deve contribuir para garantir o *soft power* global, liderando a transição para uma economia verde, com foco na diversificação e verticalização das cadeias produtivas e na redução das emissões de gases de efeito estufa.

O desenvolvimento de tecnologias escaláveis e transferíveis será fundamental para a recuperação de áreas degradadas, utilizando sistemas integrados de produção e as melhores práticas agrícolas. A pesquisa, o desenvolvimento e a inovação, em parceria com novos atores do ecossistema de inovação, são essenciais para aumentar a escala do conhecimento sobre solos e ecossistemas naturais e antrópicos, além de avaliar as potencialidades e as vulnerabilidades ambientais em todo o território nacional. Por fim, a melhoria da eficiência no uso de recursos naturais, como solo, água, energia e biodiversidade, visa aumentar a produtividade das lavouras e criar serviços ecossistêmicos, promovendo um desenvolvimento mais sustentável e resiliente.

Ainda, levantamento inédito, intitulado "Potencial do Impacto da Bioeconomia para a Descarbonização do Brasil",[93] prevê que melhores implementação e desenvolvimento da bioeconomia podem gerar um faturamento industrial anual de US$ 284 bilhões até 2050. Esse montante poderá ser alcançado caso o País realize a chamada total implementação da bioeconomia, que abrange três frentes: as atuais políticas para mitigação de emissões de gases de efeito estufa (GEE) no País, a consolidação da biomassa como principal matriz energética em setores importantes da economia e a intensificação de tecnologias biorrenováveis. Segundo a própria Embrapa,[94] o documento avalia distintas trajetórias para o Brasil até o ano de 2050, a partir das quais propõe três cenários potenciais da bioeconomia no contexto de transição energética no Brasil, sendo o último considerado ponto fundamental do documento, com a adoção mais intensificada da bioeconomia.

---

[93] Realizado em parceria entre a Associação Brasileira de Bioinovação (ABBI), a Embrapa Agroenergia, o Laboratório Nacional de Biorrenováveis do Centro de Pesquisa em Energias e Materiais (LNBR/CNPEM), o Centro de Tecnologia da Indústria Química e Têxtil (Senai/Cetiqt) e o Laboratório Cenergia da Universidade Federal do Rio de Janeiro (Cenergia/UFRJ).

[94] EMBRAPA. Bioeconomia no Brasil pode gerar faturamento de US$ 284 bi anuais. 24 jan. 2023. Disponível em: https://www.embrapa.br/busca-de-noticias/-/noticia/77870291/bioeconomia-no--brasil-pode-gerar-faturamento-de-us-284-bi-anuais. Acesso em: fev. 2025.

Os resultados em muito derivam da elevada competitividade dos produtos de origem agrícola, pecuária e da indústria de alimentos nacional. A elevação do preço das *commodities* também impacta o resultado. O fortalecimento da multifuncionalidade da agricultura brasileira, com o consequente incentivo ao vínculo entre agricultura e indústria, além da redução do fluxo de transformação entre conhecimento-tecnologia-informação, apoia o desenvolvimento do setor, a diminuição dos impactos ambientais e estimula a adoção de práticas sustentáveis, agregadoras de valor à cadeia produtiva nacional. O movimento tem sido amplamente impulsionado pelo agronegócio. Produtores vêm noticiando os benefícios que práticas produtivas, vinculadas à preservação ambiental, são capazes de trazer.

Adicionalmente, a competência em bioenergia, agricultura e biotecnologia faz do Brasil um dos protagonistas no cenário da bioeconomia em nível mundial. Uma das tendências mais fortes hoje no País é a utilização de biomassa integral ou residual como matéria-prima para desenvolvimento de diversos bioprodutos com potencial de uso em diferentes setores da economia. A expectativa é reduzir a dependência de recursos de fontes fósseis e o impacto sobre a biodiversidade e o meio ambiente.[95] A mudança de paradigmas e visões produtivas não vem, todavia, destituída de desafios que, atualmente, podem ser divididos em tópicos:

(1) Reglobalização: no mundo desenvolvido, há a questão da fragmentação e reordenação; no mundo emergente, dependências e fragilidades; no Brasil, as narrativas.

(2) Descarbonização: no mundo desenvolvido, o processo é lento e há uma dicotomia entre empresas de energia fóssil e de energias renováveis; no mundo emergente, ainda há dependência da energia fóssil e pouco posicionamento; no Brasil, há bom posicionamento e vanguarda.

(3) Insegurança alimentar e energética: no mundo desenvolvido, há temor e tensão, além do problema da União Europeia e a falta de energia; no mundo emergente, há uma dependência crescente; no Brasil, há bom posicionamento e competitividade.

(4) Instituições globais: no mundo desenvolvido, ainda é distante, já que a fragilidade institucional é conveniente; no mundo emergente, é ausente e dependente, amplamente exposto ao protecionismo rico; no Brasil, há dependência.

A valorização do fator verde de produção alterou a dinâmica econômica entre empresas e consumidores e, também, entre Países. Por um lado, o verde é um custo que varia conforme sua disponibilidade no mercado. Isso significa que, à medida que a preocupação ambiental avança, a demanda pelo fator verde cresce e, consequentemente, sua importância para a competitividade. Para o setor privado, a consequência é

---

[95] Ver: EMBRAPA. *Bioeconomia:* a ciência do futuro no presente. Disponível em: https://www.embrapa.br/tema-bioeconomia. Acesso em: 25 set. 2023.

a crescente necessidade de inovar em modelos de negócios e tecnologias, mas também em incorporação de práticas sustentáveis nas diversas etapas do processo produtivo. Por outro lado, o verde é, também, uma nova oportunidade. Países bem-posicionados e que promovem políticas direcionadas ao desenvolvimento sustentável e à preservação do meio ambiente têm a oportunidade de se destacar no cenário global, atraindo investimentos e fortalecendo sua imagem.[96] Ainda, reflexões sobre a relação entre mudanças climáticas e o sistema financeiro começaram a se desenvolver, com maior vigor, nos últimos anos. Após uma década do Acordo de Paris, é preciso tratar da diversificação das fontes de financiamento, visando estimular maior mobilização de recursos, custos de captação atrativos, taxas de juros menores, esquemas de garantia customizados por tipos de projetos, entre outros elementos. Esses dados evidenciam que há uma intensa movimentação do mercado financeiro e dos bancos multilaterais alinhados a financiamento de projetos com propósitos climáticos.

Nesse sentido, parece razoável que o Roadmap de financiamento se dedique a temas como: – Avaliação e aprimoramento de instrumentos financeiros mais apropriados para projetos de mitigação e adaptação – Assegurar a captação de financiamento nos BMDs com recursos públicos e privados – Tratar de riscos regulatórios e institucionais que geram altos custos de empréstimos, resultantes dos riscos da dívida soberana dos países – Tratar do endividamento dos países e do espaço fiscal limitado – Fortalecer arranjos para garantia que viabilizem projetos de forma efetiva – Definir orientações que visem garantir diferenciais quanto a taxa de juros, garantias, prazos de pagamento, volume de recursos elegíveis, dentre outros – Avaliar opções que permitam reduzir os custos de tomada de crédito para financiamentos climáticos – Definir orientações que incentivem financiamento de projetos que viabilizem a geração de créditos de carbono, seguindo as decisões dos mecanismos do Artigo 6 do Acordo de Paris – Estimular a reforma de políticas de subsídios – Ampliar o acesso a instrumentos de seguros – Criar orientações de reporte para financiamento climático.[97]

Os impactos disruptivos que as mudanças climáticas trouxeram ao sistema financeiro tornaram-se mais aparentes e o papel desse mercado na mitigação de prejuízos climáticos passou a ser mais reconhecido. Há pressão crescente sobre a agroindústria para dar transparência aos processos produtivos, o que faz surgir um mercado de produtos éticos. O País possui casos práticos bem-sucedidos de desenvolvimento de uma nova economia sustentável e menos dependente de combustíveis fósseis, por exemplo. Os Créditos de Descarbonização (CBIOs), detidamente tratados no item 6.4, representam uma vereda de sucesso do País que, espera-se, seja seguida pelo mercado de carbono (item 6.5 desta obra).

---

[96] VARGAS, Daniel; PINTO, Talita; LIMA, Cicero. Transição verde: bioeconomia e conversão do verde em valor. *Agroanalysis*, v. 43, n. 9, p. 18, set. 2023.

[97] LIMA, Rodrigo. Os desafios para o Roadmap de financiamento climático. *Broadcast*, 27 mar. 2025. Disponível em: https://agroicone.com.br/wp-content/uploads/2025/03/rodrigolimamarco25.pdf. Acesso em: fev. 2025.

Atenta a essa necessidade do mercado financeiro, a CVM incluiu a previsão aos fundos socioambientais, relacionando a nomenclatura à divulgação de informações que comprovem o investimento em ativos ambientalmente benéficos. Essa inserção ocorre na Resolução n. 175 – norma que inflexiona o paradigma regulamentar dos fundos de investimento no País, com vigência a partir de outubro de 2023. A princípio, a autarquia observaria essa ótica apenas em relação aos Fundos de Investimento em Direitos Creditórios (FIDCs). Porém, atendendo a pedidos do mercado, a estendeu à toda indústria de fundos. Além de originar maior investimento a ativos que referendem adicionalidades ambientais, o objetivo da autarquia é evitar práticas de *greenwashing*. De acordo com a Resolução da CVM, o regulamento do Fundo e o anexo que descreve a classe de cotas com denominação em referência a fatores ambientais, sociais e de governança, como "ESG", "ambiental", "verde", "social" e "sustentável", deverão estabelecer, de forma clara, os benefícios que se esperam originar com a política de investimentos adotada.

O movimento caminha na mesma direção às mais recentes normas editadas pelo Poder Legislativo brasileiro, que abriu margem para que produtos de financiamento da atividade agroindustrial nacional – como CPRs e CRAs – se valham da locução "verde", quando referentes ao financiamento de projetos e operações com comprovado valor ambiental agregado, criando-se os *Green Bonds* do agro, ou "títulos verdes". Esse é o movimento das Cadeias de Produção Agroindustriais para tirar o Brasil da posição de poluidor, conforme variados critérios, para levá-lo à consolidação da postura de preservador, como país de forte bioeconomia.

Nessa esteira, em 2022, foi apresentado o Projeto de Lei Complementar n. 150. O objetivo do projeto é instituir uma Política Nacional de Bioeconomia, além de estabelecer seus objetivos, princípios, diretrizes e instrumentos. Entre seus objetivos, vemos a promoção do desenvolvimento nacional, regional e local com base ambientalmente sustentável; a conservação da sociobiodiversidade, por meio da identificação e do aproveitamento do seu valor econômico; e o fortalecimento da competitividade da produção nacional na transição dos mercados internacionais para uma economia de baixo carbono. Apresentado em dezembro de 2022, o Projeto aguarda Parecer do relator na Comissão de Integração Nacional e Desenvolvimento Regional (Cindre).

O "potencial instalado" de boa parte da economia brasileira, a começar pelo campo, é sustentável. Frear o desmatamento na Amazônia e cumprir, com rigor, o Código Florestal são condições para a sustentabilidade da economia brasileira. Se o fizermos, o potencial de intensificação produtiva, de remuneração do fator verde e de ampliação da rentabilidade de produção nacional, sem dúvida, crescerá. Os holofotes voltados para o fator verde colocam a bioeconomia em evidência. A presença de recursos naturais abundantes e sustentáveis em um território atrai empresas. Por outro lado, a competição entre os fatores de produção é dinâmica e os termos de equilíbrio mudam ao longo do tempo.

Vale analisar o Levantamento Preliminar das Estratégias e Práticas do G20, publicado pela *Nature Finance* em parceria com a FGV.[98] A vertente abordada no estudo publicado em maio de 2024 confere importantes pontuações de estratégias nacionais e regionais de bioeconomia do G20. Foram elencadas políticas facilitadoras em prol de investimento, inovação e pesquisas em tecnologias sustentáveis, sendo estas as (i) políticas agrícolas e de uso da terra; (ii) políticas de bioenergia; (iii) regulamentação ambiental; (iv) subsídios e incentivos fiscais; (v) políticas de Contratos Públicos Verdes (CPV); (vi) mecanismos de precificação de carbono; e (vii) políticas comerciais.

No âmbito de cooperação internacional, cita-se a iniciativa *Governing Bioeconomy Pathways*, instituída pelo *Stockholm Environment Institute*, o qual foi responsável por unir informações de processos internacionais, fóruns e instituições que propiciam o cenário de desenvolvimento da bioeconomia. Foram elencados quatro segmentos para determinar o rol de cada instituição internacional relevante para a governança da bioeconomia: (a) o primeiro é o segmento do mercado e economia, consolidando a Organização Mundial do Comércio (OMC), a OCDE, a Conferência das Nações Unidas sobre Comércio e Desenvolvimento (UNCTAD) e os grupos G20 e G7; (b) no ramo de conhecimento, foram incluídos a Plataforma Biofuturo, o Conselho Global de Bioeconomia, a Organização das Nações Unidas para Alimentação e Agricultura (FAO), a Organização Mundial da Propriedade Intelectual (WIPO), o Fórum Internacional de Bioeconomia (IBF) e as instituições Unido, UNDP e Unep; (c) os elencados na área de informativos foram a Mesa-Redonda sobre Biomateriais Sustentáveis (RSB), a Parceria Global de Bioenergia (GBEP) e a Organização Internacional de Normalização (ISSO); (d) encerrando a divisão, a Convenção sobre Diversidade Biológica (CDB), o Combate à Desertificação e Mitigação dos Efeitos das Secas (UNCCD) e a Convenção-Quadro das Nações Unidas sobre Mudança do Clima (UNFCCC) compactuam a parte de compromisso e a agenda da bioeconomia.[99]

---

[98] NATURE FINANCE; FGV EAESP. *A bioeconomia global.* maio 2024, p. 33-36. Disponível em: https://www.naturefinance.net/wp-content/uploads/2024/05/POR-ABioeconomiaGlobal_FINAL.pdf. Acesso em: fev. 2025.

[99] NATURE FINANCE; FGV EAESP. *A bioeconomia global.* maio 2024, p. 49. Disponível em: https://www.naturefinance.net/wp-content/uploads/2024/05/POR-ABioeconomiaGlobal_FINAL.pdf. Acesso em: fev. 2025.

REFERÊNCIAS

ABGF – AGÊNCIA BRASILEIRA GESTORA DE FUNDOS GARANTIDORES E GARANTIAS S.A. *Fundo de Estabilidade do Seguro Rural – FESR*. Demonstrações contábeis, dez. 2022. Disponível em: https://www.abgf.gov.br/wp-content/uploads/2023/03/FESR_DEMONSTRACOES-PARA-PUBLICACAO-SITE-EXERCICIO-2022.pdf. Acesso em: 21 ago. 2023.

ABIA – ASSOCIAÇÃO BRASILEIRA DA INDÚSTRIA DE ALIMENTOS. Números do setor 2024. Disponível em: https://intranet.abia.org.br/vsn/temp/z2024827NUMEROSDOSETOR2024ONEPAGE.pdf. Acesso em: 28 jan. 2025.

ABRANCHES, Sérgio. Agenda climática, sustentabilidade e desafio competitivo. *In*: ZYLBERSZTAJN, David; LINS, Clarissa (org.). *Sustentabilidade e geração de valor*: a transição para o século XXI. Rio de Janeiro: Elsevier, 2010.

ABRÃO, Carlos Henrique. *Agronegócios e títulos rurais*. São Paulo: IOB Thomson, 2006.

ALTEMANI, Henrique; LESSA, Antônio Carlos (org.). *Relações internacionais no Brasil*: temas e agendas. São Paulo: Saraiva, 2006. 2 v.

ALVIM, Agostinho. *Da inexecução das obrigações e suas consequências*. 5. ed. São Paulo: Saraiva, 1980.

ALVIM, Pedro. *O contrato de seguro*. Rio de Janeiro: Forense, 1999.

ALZERNAZ, A. Avanço da agricultura regenerativa no Brasil. *Agroanalysis*, v. 45, n. 1, fev. 2025.

AMARAL JÚNIOR, Alberto do. *A solução de controvérsias na OMC e a aplicação do direito internacional*. 2006. 645 f. Tese (Concurso para professor titular de Direito Internacional Público) – Faculdade de Direito do Largo São Francisco, Universidade de São Paulo, 2006

AMARAL, Paulo Osternack. Lei das Estatais: espectro de incidência e regras de governança. *In*: JUSTEN FILHO, Marçal (org.). *Estatuto Jurídico das Empresas Estatais*. São Paulo: RT, 2016.

ANBIMA. *Boletim CVM Agronegócio*, Ed. 9, dez. 2024.

ANBIMA. Mercado de capitais encerra 2024 com emissão de R$ 783,4 bilhões. *Boletim de Mercado de Capitais*, 2025.

ANPEI – ASSOCIAÇÃO NACIONAL DE PESQUISA E DESENVOLVIMENTO DAS EMPRESAS INOVADORAS. P,D&I: entenda melhor esse conceito. 29 ago. 2019. Disponível em: https://anpei.org.br/pdi-pesquisa-desenvolvimento-e-inovacao-entenda/. Acesso em: 3 ago. 2023.

ANTUNES, José Engracia. *Os títulos de crédito:* uma introdução. Coimbra: Coimbra Editora, 2009.

ANTUNES, Paulo de Bessa. *Povos indígenas e tribais*: e a consulta prévia da Convenção 169 da Organização Internacional do Trabalho. Indaiatuba: Foco, 2025.

ANUÁRIO.COOP. [s.d.]. Disponível em: https://anuario.coop.br/. Acesso em: 9 mar. 2025.

APEX BRASIL. Brasil é destino preferencial de investimentos estrangeiros. 8 jul. 2024. Disponível em: https://apexbrasil.com.br/br/pt/conteudo/noticias/Investimentos-Estrangeiros-Direitos-os-dados-mais-atualizados.html. Acesso em: fev. 2025.

ARAUJO, C. Plantas de cobertura: o que é isto? *Embrapa*, 25 set. 2017. Disponível em: https://www.embrapa.br/busca-de-noticias/-/noticia/28512796/artigo---plantas-de-cobertura-o-que-e-isto. Acesso em: mar. 2025.

ARAÚJO, Massilon J. *Fundamentos de agronegócios*. 6. ed. São Paulo: Atlas, 2022.

ARIAS, Diego; MENDES, Paulo; ABEL, Pedro (org.). *Revisão rápida e integrada da gestão de riscos agropecuários no Brasil*. Brasília: Banco Mundial, 2015.

ASQUINI, A. Perfis da empresa. Tradução Fábio Konder Comparato. *Revista de Direito Mercantil*, n. 4, 1996.

ASSAF NETO, Alexandre. *Mercado financeiro*. São Paulo: Atlas, 2019.

AZEVEDO, Rita. CNseg recorre contra compra compulsória de crédito de carbono. *Folha de S.Paulo*, São Paulo, 18 mar. 2025, Caderno Finanças.

B3. Quem somos: uma das principais empresas de infraestrutura de mercado financeiro do mundo. Disponível em: https://www.b3.com.br/pt_br/b3/institucional/quem-somos/. Acesso em: 31 jul. 2023.

B3; XP RESEARCH. Entrada de capital estrangeiro bate recorde em 2022: fluxo em foco. 2023. Disponível em: https://conteudos.xpi.com.br/acoes/relatorios/entrada-de-capital-estrangeiro-bate-recorde-em-2022-fluxo-em-foco/#:~:text=O%20total%20acumulado%20de%202022,deterioradas%20em%20rela%C3%A7%C3%A3o%20ao%20fiscal.. Acesso em: 4 set. 2023.

BALADELI, Marcelo. Governo estuda adaptar modelo de seguro rural do México para o Brasil. *Globo Rural*, ago. 2023. Disponível em: https://globorural.globo.com/economia/noticia/2023/08/governo-estuda-adaptar-modelo-de-seguro-rural-do-mexico-para-o-brasil.ghtml. Acesso em: 21 ago. 2023.

BACEN – BANCO CENTRAL DO BRASIL. *Estatísticas monetárias e de crédito*. jan. 2025. Disponível em: https://www.bcb.gov.br/estatisticas/estatisticasmonetariascredito. Acesso em: fev. 2025.

BACEN – BANCO CENTRAL DO BRASIL. *Matriz de dados do crédito rural*. FAESP/Departamento Econômico, jan. 2025.

BACEN – BANCO CENTRAL DO BRASIL. *Sistema de Prestação de Informações de Capital Estrangeiro de Investimento Estrangeiro Direto*. Manual do declarante. Disponível em:

https://www.bcb.gov.br/content/estabilidadefinanceira/rde/manuais_RDE/Manual-SCE-IED3.pdf. Acesso em: 21 jul. 2023.

BANDEIRA DE MELLO, Celso Antônio. *Curso de direito administrativo.* 22. ed. São Paulo: Malheiros, 2006.

BARRETO FILHO, Oscar. As operações a termo sobre mercadorias (*hedging*). *Revista de Direito Mercantil*, São Paulo, ano XVII, nova série, n. 29, 1978.

BARRETO, Lauro Muniz. *Financiamento agrícola e títulos de crédito rural.* São Paulo: Max Limonad, 1967. v. 1.

BARRO, R. J.; SALA-I-MARTIN, X. Technological diffusion, convergence, and growth. *Journal of Economic Growth*, v. 2, n. 1, p. 1-26, 1997.

BARROS, Gabriela Santos. A discricionariedade administrativa sob a perspectiva do princípio da juridicidade: o controle judicial dos atos administrativos discricionários. *Revista Jus Navigandi*, Teresina, ano 26, n. 6584, 11 jul. 2021.

BARROS MONTEIRO, Washington de. *Curso de direito civil.* 34. ed. São Paulo: Saraiva, 1998. v. 3.

BARROS, Suzana de Toledo. *O princípio da proporcionalidade e o controle de constitucionalidade das leis restritivas de direitos fundamentais.* Brasília: Brasília Jurídica, 2000.

BARROS, Wellington Pacheco. *O contrato e os títulos de crédito rural.* Porto Alegre: Livraria do Advogado, 2000.

BASTOS, Celso Ribeiro; MARTINS, Ives Gandra. *Comentários à Constituição do Brasil.* São Paulo: Saraiva, 1990. v. 7.

BATISTA JUNIOR, Paulo Nogueira. A Alca e o Brasil. *Estudos Avançados*, São Paulo, v. 17, n. 48, p. 267-293, ago. 2003. Disponível em: http://dx.doi.org/10.1590/s0103-40142003000200021. Acesso em: fev. 2025.

BAUNAIN, Antônio Márcio; VIEIRA, Pedro Abel. Seguro agrícola no Brasil: desafios e potencialidades. *Revista Brasileira de Risco e Seguro*, Rio de Janeiro, v. 7, n. 13, p. 39-68, abr./set. 2011.

BELL, L. W.; MOORE, A. D. Integrated crop-livestock systems in Australian agriculture: Trends, drivers and implications. *Agricultural Systems*, v. 111, p. 1-2, set. 2012.

BENJAMIN, Antônio Herman V. A natureza no direito brasileiro: coisa, sujeito ou nada disso. *Caderno Jurídico*, Escola Superior do Ministério Público, n. 2, jul. 2001.

BERGSTEIN, Laís Gomes. Conexidade contratual, redes de contratos e contratos coligados. *Revista de Direito do Consumidor*, v. 26, n. 109, jan./fev. 2017.

BERNSTEIN, Peter. *A história do mercado de capitais:* o impacto da ciência e da tecnologia nos investimentos. Rio de Janeiro: Elsevier, 2008.

BESSADA, Octavio; BARBEDO, Claudio; ARAÚJO, Gustavo. *Mercado de derivativos no Brasil:* conceitos, operações e estratégias. Rio de Janeiro: Record, 2005.

BETTIOL, Wagner. Pesquisa, desenvolvimento e inovação com bioinsumos. *In*: MEYER, M. C.; BUENO, A. de F.; MAZARO, S. M.; SILVA, J. C. da. *Bioinsumos na cultura da soja*. Brasília: Embrapa Soja, 2022. p. 21-38.

BEVILÁQUA, Clóvis. *Teoria geral do direito civil*. 5. ed. Rio de Janeiro: Francisco Alves, 1951.

BIALOSKORSKI NETO, Sigismundo. *Economia e gestão de organizações cooperativas*. São Paulo: Atlas, 2012.

BIALOSKORSKI NETO, Sigismundo. Um ensaio sobre desempenho econômico e participação em cooperativas agropecuárias. *RER*, Rio de Janeiro, v. 45, n. 1, jan./mar. 2007.

BNDES – BANCO NACIONAL DO DESENVOLVIMENTO. BNDES apoia agricultores do RS garantindo financiamento de R$ 97,52 milhões. 22 nov. 2021. Disponível em: https://www.bndes.gov.br/wps/portal/site/home/imprensa/noticias/conteudo/bndes-apoia-agricultores-do-rs-garantindo-financiamento-de-97-52-milhoes. Acesso em: 21 jul. 2023.

BNDES – BANCO NACIONAL DO DESENVOLVIMENTO. BNDES concede garantia a financiamento de R$ 156 milhões para produtores de cana-de-açúcar. 1º ago. 2022. Disponível em: BANCO NACIONAL DO DESENVOLVIMENTO. BNDES concede garantia a financiamento de R$ 156 milhões para produtores de cana-de-açúcar. 2022. Acesso em: 21 jul. 2023.

BORGES, Antonino Moura. *Comentários ao Estatuto da Terra e legislação adesiva*. São Paulo: Edijur, 2007.

BORGES, João Eunápio. *Títulos de crédito*. 2. ed. Rio de Janeiro: Forense, 1997.

BORSARI, A. C. P; VIEIRA, L. C. Mercado e perspectivas dos bioinsumos no Brasil. *In*: MEYER, M. C.; BUENO, A. de F.; MAZARO, S. M.; SILVA, J. C. da. *Bioinsumos na cultura da soja*. Brasília: Embrapa Soja, 2022. p. 39-52.

BORTOLOZZO, Sérgio. Garantir o seguro rural deve ser prioridade. *Agroanalysis*, v. 44, n. 9, p. 45, set. 2024. Disponível em: https://periodicos.fgv.br/agroanalysis/article/view/92078. Acesso em: fev. 2025.

BRASIL. ACO 2.463 MC, Rel. Min. Marco Aurélio, j. 1º.09.2016, publicado em *DJe*-188 05.09.2016.

BRASIL. Agravo de instrumento. Recurso de revista. Contrato de parceria agrícola. Reconhecimento de vínculo de emprego. AIRR-1034-33.2012.5.05.0581, 4ª Turma, Rel. Des. Convocada Cilene Ferreira Amaro Santos, *DEJT* 23.10.2015.

BRASIL. Agravo de instrumento em recurso de revista. Vínculo empregatício. AIRR-767-80.2015.5.12.0025, 8ª Turma, Rel. Min. Dora Maria da Costa, *DEJT* 09.11.2018.

BRASIL. Banco Central do Brasil. Voto 6/2024 – CMN. 1º fev. 2024.

BRASIL. Banco Nacional de Desenvolvimento Econômico e Social. *Complexo agroalimentar*: desafios e oportunidades. Rio de Janeiro, 2014. Disponível em: https://web.bndes.gov.br/bib/jspui/bitstream/1408/18021/1/PRCapLiv214782_Complexo%20Agroalimentar_compl_P.pdf. Acesso em: 29 jan. 2025.

BRASIL. Câmara dos Deputados. *Projeto de Lei Complementar n. 150, de 2022*. Dispõe sobre planejamento e gestão territorial. Brasília, DF, 2022.

BRASIL. Câmara dos Deputados. *Projeto de Lei n. 1.459, de 2022*. Dispõe sobre a pesquisa, a experimentação, a produção, a comercialização e o uso de agrotóxicos. Brasília, DF, 2022.

BRASIL. Câmara dos Deputados. *Projeto de Lei n. 2.962, de 2019*. Dispõe sobre aquisição de imóveis rurais por estrangeiros. Brasília, DF, 2019.

BRASIL. Câmara dos Deputados. *Projeto de Lei n. 4.734, de 2020*. Altera regras sobre regularização fundiária em áreas da União. Brasília, DF, 2020.

BRASIL. Câmara dos Deputados. *Projeto de Lei n. 412, de 2022*. Estabelece o marco regulatório do mercado brasileiro de carbono. Brasília, DF, 2022.

BRASIL. Câmara dos Deputados. *Projeto de Lei n. 658, de 2021*. Dispõe sobre a produção agroecológica e o estímulo à transição para modelos sustentáveis. Brasília, DF, 2021.

BRASIL. Câmara dos Deputados. Redação. Projeto cria selo verde para produtos com boa procedência ambiental: proposta quer desestimular o desmatamento ilegal. Proposta quer desestimular o desmatamento ilegal. 2021. Disponível em: https://www.camara.leg.br/noticias/722911-projeto-cria-selo-verde-para-produtos-com-boa-procedencia-ambiental. Acesso em: 26 mar. 2023.

BRASIL. CARF. Segunda Turma. Imposto sobre a renda de pessoa física (IRPF). Ano-calendário: 2002, 2003, 2004, 2005, 2006. Parceria rural x arrendamento rural. Distinção. Forma de tributação. CARF, 2ª Seção de Julgamento, 4ª Câmara, 2ª Turma Ordinária, Acórdão 2402-008.839, Rel. Cons. Rafael Mazzer de Oliveira Ramos, j. 07.08.2020

BRASIL. Comissão aprova projeto que impede bloqueio de recursos do Orçamento para a defesa agropecuária. Câmara dos Deputados, Agropecuária, 6 jan. 2025. Disponível em: https://www.camara.leg.br/noticias/1125717-comissao-aprova-projeto-que-impede-bloqueio-de-recursos-do-orcamento-para-a-defesa-agropecuaria/. Acesso em: fev. 2025.

BRASIL. Decreto n. 1.102, de 21 de novembro de 1903. Institui regras para o estabelecimento de empresas de armazéns gerais, determinando os direitos e obrigações. *Diário Oficial da União*, Rio de Janeiro, DF, 21 nov. 1903.

BRASIL. Decreto n. 55.891, de 31 de março de 1965. Regulamenta dispositivos da Lei n. 4.504, de 30 de novembro de 1964. *Diário Oficial da União*, Brasília, DF, 2 abr. 1965.

BRASIL. Decreto n. 59.428, de 27 de outubro de 1966. Dispõe sobre fiscalização ambiental. *Diário Oficial da União*, Brasília, DF, 31 out. 1966.

BRASIL. Decreto n. 74.095, de 22 de junho de 1974. Dispõe sobre os registros cartoriais de imóveis rurais. *Diário Oficial da União*, Brasília, DF, 25 jun. 1974.

BRASIL. Decreto n. 85.064, de 26 de agosto de 1980. Aprova o Estatuto da Funai. *Diário Oficial da União*, Brasília, DF, 27 ago. 1980.

BRASIL. Decreto n. 88.351, de 1º de junho de 1983. Dispõe sobre a Política Nacional de Irrigação. *Diário Oficial da União*, Brasília, DF, 2 jun. 1983.

BRASIL. Decreto n. 99.274, de 6 de junho de 1990. Regulamenta a Lei da Política Nacional do Meio Ambiente. *Diário Oficial da União*, Brasília, DF, 7 jun. 1990.

BRASIL. Decreto n. 175, de 10 de julho de 1991. Dispõe sobre o Programa de Garantia da Atividade Agropecuária (Proagro), instituído pela Lei n. 5.969, de 11 de dezembro de 1973, e dá outras providências. *Diário Oficial da União*, Brasília, DF, 11 jul. 1991.

BRASIL. Decreto n. 1.775, de 8 de janeiro de 1996. Regulamenta procedimentos administrativos de demarcação de terras indígenas. *Diário Oficial da União*, Brasília, DF, 9 jan. 1996.

BRASIL. Decreto n. 2.366, de 5 de novembro de 1997. Regulamenta a Lei n. 8.929, de 22 de agosto de 1994. *Diário Oficial da União*, Brasília, DF, 6 nov. 1997.

BRASIL. Decreto n. 2.519, de 16 de março de 1998. Promulga o Tratado Internacional sobre Recursos Fitogenéticos. *Diário Oficial da União*, Brasília, DF, 17 mar. 1998.

BRASIL. Decreto n. 2.661, de 8 de julho de 1998. Dispõe sobre o Sistema Nacional de Unidades de Conservação. *Diário Oficial da União*, Brasília, DF, 9 jul. 1998.

BRASIL. Decreto n. 2.869, de 7 de dezembro de 1998. Dispõe sobre o Programa Nacional de Florestas. *Diário Oficial da União*, Brasília, DF, 8 dez. 1998.

BRASIL. Decreto n. 3.855, de 3 de julho de 2001. Regulamenta a Lei n. 9.973, de 29 de maio de 2000, que dispõe sobre o sistema de armazenagem dos produtos agropecuários, e dá outras providências. *Diário Oficial da União*, Brasília, DF, 4 jul. 2001.

BRASIL. Decreto n. 4.074, de 4 de janeiro de 2002. Regulamenta a Lei n. 7.802, de 11 de julho de 1989, sobre agrotóxicos. *Diário Oficial da União*, Brasília, DF, 7 jan. 2002.

BRASIL. Decreto n. 4.340, de 22 de agosto de 2002. Regulamenta dispositivos da Lei n. 9.985/2000. *Diário Oficial da União*, Brasília, DF, 23 ago. 2002.

BRASIL. Decreto n. 4.449, de 30 de outubro de 2002. Regulamenta a regularização fundiária em áreas da União. *Diário Oficial da União*, Brasília, DF, 31 out. 2002.

BRASIL. Decreto n. 5.121, de 29 de junho de 2004. Regulamenta a Lei n. 10.823, de 19 de dezembro de 2003, que dispõe sobre a subvenção econômica ao prêmio do Seguro Rural e dá outras providências. *Diário Oficial da União*, Brasília, DF, 30 jun. 2004.

BRASIL. Decreto n. 6.514, de 22 de julho de 2008. Dispõe sobre infrações e sanções administrativas ambientais. *Diário Oficial da União*, Brasília, DF, 23 jul. 2008.

BRASIL. Decreto n. 7.212, de 15 de junho de 2010. Regulamenta a cobrança, fiscalização, arrecadação e administração do Imposto sobre Produtos Industrializados – IPI. *Diário Oficial da União*, Brasília, DF, 16 jun. 2010.

BRASIL. Decreto n. 7.487, de 23 de maio de 2011. Dá nova redação aos arts. 7º, 32, 33 e 45 do Decreto n. 6.306, de 14 de dezembro de 2007, que regulamenta o Imposto sobre Operações de Crédito, Câmbio e Seguro, ou relativas a Títulos ou Valores Mobiliários – IOF. *Diário Oficial da União*, Brasília, DF, 24 maio 2011.

BRASIL. Decreto n. 7.830, de 17 de outubro de 2012. Institui o Cadastro Ambiental Rural. *Diário Oficial da União*, Brasília, DF, 18 out. 2012.

BRASIL. Decreto n. 8.235, de 5 de maio de 2014. Regulamenta o Programa Nacional de Assistência Técnica e Extensão Rural. *Diário Oficial da União*, Brasília, DF, 6 maio 2014.

BRASIL. Decreto n. 9.013, de 29 de março de 2017. Regulamenta a inspeção industrial e sanitária de produtos de origem animal. *Diário Oficial da União*, Brasília, DF, 30 mar. 2017.

BRASIL. Decreto n. 9.841, de 18 de junho de 2019. Dispõe sobre o Programa Nacional de Zoneamento Agrícola de Risco Climático. *Diário Oficial da União*, Brasília, DF, 19 jun. 2019.

BRASIL. Decreto n. 10.139, de 28 de novembro de 2019. Dispõe sobre a revisão e consolidação dos atos normativos. *Diário Oficial da União*, Brasília, DF, 3 dez. 2019.

BRASIL. Decreto n. 10.301, de 31 de março de 2020. Altera o Decreto n. 9.013, de 29 de março de 2017. *Diário Oficial da União*, Brasília, DF, 1º abr. 2020.

BRASIL. Decreto n. 10.375, de 26 de maio de 2020. Institui o Programa Nacional de Bioinsumos. *Diário Oficial da União*, Brasília, DF, 27 maio 2020.

BRASIL. Decreto n. 10.411, de 30 de junho de 2020. Regulamenta a análise de impacto regulatório. *Diário Oficial da União*, Brasília, DF, 1º jul. 2020.

BRASIL. Decreto n. 10.437, de 22 de julho de 2020. Altera o Decreto n. 10.253, de 20 de fevereiro de 2020, que dispõe sobre o Conselho Nacional da Amazônia Legal. *Diário Oficial da União*, Brasília, DF, 23 jul. 2020.

BRASIL. Decreto n. 10.576, de 14 de dezembro de 2020. Institui a Estratégia Nacional de Recuperação da Vegetação Nativa. *Diário Oficial da União*, Brasília, DF, 15 dez. 2020.

BRASIL. Decreto n. 10.586, de 18 de dezembro de 2020. Regulamenta a Lei n. 10.711, de 5 de agosto de 2003, sobre sementes e mudas. *Diário Oficial da União*, Brasília, DF, 21 dez. 2020.

BRASIL. Decreto n. 10.776, de 24 de agosto de 2021. Regulamenta o pagamento por serviços ambientais. *Diário Oficial da União*, Brasília, DF, 25 ago. 2021.

BRASIL. Decreto n. 10.828, de 1º de outubro de 2021. Regulamenta a emissão de Cédula de Produto Rural relacionada às atividades de conservação e recuperação de florestas nativas e de seus biomas. *Diário Oficial da União*, Brasília, DF, 4 out. 2021.

BRASIL. Decreto n. 10.833, de 7 de outubro de 2021. Regulamenta dispositivos da Lei n. 14.119/2021. *Diário Oficial da União*, Brasília, DF, 8 out. 2021.

BRASIL. Decreto n. 11.148, de 26 de julho de 2022. Regulamenta a Lei n. 14.119, de 2021, sobre pagamento por serviços ambientais. *Diário Oficial da União*, Brasília, DF, 27 jul. 2022.

BRASIL. Decreto n. 11.187, de 21 de setembro de 2022. Altera o Decreto n. 11.148, de 2022. *Diário Oficial da União*, Brasília, DF, 22 set. 2022.

BRASIL. Decreto n. 11.243, de 22 de outubro de 2022. Institui o Programa Nacional de Cadeias Agropecuárias Descarbonizantes. *Diário Oficial da União*, Brasília, DF, 24 out. 2022.

BRASIL. Decreto n. 11.815, de 5 de dezembro de 2023. Institui o Programa Nacional de Conversão de Pastagens Degradadas. *Diário Oficial da União*, Brasília, DF, 6 dez. 2023.

BRASIL. Decreto-Lei n. 24.643, de 10 de julho de 1934. Regula a defesa sanitária vegetal. *Diário Oficial da União*, Rio de Janeiro, DF, 13 jul. 1934.

BRASIL. Decreto-Lei n. 2.612, de 3 de setembro de 1940. Dispõe sobre o transporte marítimo e fluvial. *Diário Oficial da União*, Rio de Janeiro, DF, 4 set. 1940.

BRASIL. Decreto-Lei n. 3.365, de 21 de junho de 1941. Dispõe sobre desapropriações por utilidade pública. *Diário Oficial da União*, Rio de Janeiro, DF, 23 jun. 1941.

BRASIL. Decreto-Lei n. 7.449, de 9 de abril de 1945. Dispõe sobre a organização da vida rural. *Diário Oficial da União*, Rio de Janeiro, DF, 9 abr. 1945.

BRASIL. Decreto-Lei n. 73, de 21 de novembro de 1966. Dispõe sobre o Sistema Nacional de Seguros Privados, regula as operações de seguros e resseguros e dá outras providências. *Diário Oficial da União*, Brasília, DF, 22 nov. 1966.

BRASIL. Decreto-Lei n. 167, de 14 de fevereiro de 1967. Institui a Cédula de Crédito Rural e dá outras providências. *Diário Oficial da União*, Brasília, DF, 15 fev. 1967.

BRASIL. Decreto-Lei n. 200, de 25 de fevereiro de 1967. Dispõe sobre a organização da Administração Pública Federal. *Diário Oficial da União*, Brasília, DF, 27 fev. 1967.

BRASIL. *Decreto-Lei n. 4.734, de 2020*. Altera a Lei n. 8.171, de 17 de janeiro de 1991, que dispõe sobre a política agrícola, para criar o Selo Agro Verde; e aprimora o controle de origem e regularidade ambiental da produção agropecuária. O PL encontra-se em espera pela devolução do Relator que deixou de ser Membro da Câmara dos Deputados.

BRASIL. Decreto Legislativo n. 2, de 3 de fevereiro de 1994. Aprova o texto da Convenção da Diversidade Biológica. *Diário Oficial da União*, Brasília, DF, 4 fev. 1994.

BRASIL. Emenda Constitucional n. 10, de 9 de novembro de 1964. Acrescenta dispositivo à Constituição de 1946, estabelecendo o regime jurídico da renda mínima. *Diário Oficial da União*, Brasília, DF, 10 nov. 1964.

BRASIL. Governo Federal. Ministério da Agricultura e Pecuária. Governo Federal lança Plano Safra 24/25 com R$ 400,59 bilhões para agricultura empresarial. 3 jul. 2024.

BRASIL. Governo Federal. Portal do Investidor. *Mercado Primário x Mercado Secundário*. 2022. Disponível em: https://www.gov.br/investidor/pt-br/investir/como-investir/como-funciona-a-bolsa/mercado-primario-x-mercado-secundario. Acesso em: fev. 2025.

BRASIL. Governo Federal. Portal do Investidor. *O Sistema Financeiro Nacional*. 2022.

BRASIL. Lei n. 492, de 30 de agosto de 1937. Regula o penhor rural e a cédula pignoratícia. *Diário Oficial da União*, Rio de Janeiro, DF, 30 ago. 1937.

BRASIL. Lei n. 2.666, de 6 de dezembro de 1955. Dispõe sobre o penhor dos produtos agrícolas. *Diário Oficial da União*, Rio de Janeiro, DF, 7 dez. 1955.

BRASIL. Lei n. 4.504, de 30 de novembro de 1964. Dispõe sobre o Estatuto da Terra, e dá outras providências. *Diário Oficial da União*, 30 nov. 1964.

BRASIL. Lei n. 4.595, de 31 de dezembro de 1964. Dispõe sobre a Política e as Instituições Monetárias, Bancárias e Creditícias, Cria o Conselho Monetário Nacional e dá outras providências. *Diário Oficial da União*, 31 dez. 1964.

BRASIL. Lei n. 4.728 de 14 de julho de 1965. Disciplina o mercado de capitais e estabelece medidas para o seu desenvolvimento. *Diário Oficial da União*, 16 jul. 1965.

BRASIL. Lei n. 4.771, de 15 de setembro de 1965. Institui o Código Florestal. *Diário Oficial da União*, Brasília, DF, 16 set. 1965.

BRASIL. Lei n. 4.829, de 5 de novembro de 1965. Institucionaliza o crédito rural. *Diário Oficial da União*, Brasília, DF, 8 nov. 1965.

BRASIL. Lei n. 5.709, de 7 de outubro de 1971. Regula a aquisição de imóvel rural por estrangeiro. *Diário Oficial da União*, Brasília, DF, 11 out. 1971.

BRASIL. Lei n. 5.764 de 16 de dezembro de 1971. Define a Política Nacional de Cooperativismo, institui o regime jurídico das sociedades cooperativas, e dá outras providências. *Diário Oficial da União*, 16 dez. 1971.

BRASIL. Lei n. 5.868, de 12 de dezembro de 1972. Cria o Sistema Nacional de Cadastro Rural e dá outras providências. *Diário Oficial da União*, Brasília, DF, 13 dez. 1972.

BRASIL. Lei n. 5.969, de 11 de dezembro de 1973. Institui o Programa de Garantia da Atividade Agropecuária e dá outras providências. *Diário Oficial da União*, Brasília, DF, 13 dez. 1973.

BRASIL. Lei n. 6.001, de 19 de dezembro de 1973. Dispõe sobre o Estatuto do Índio. *Diário Oficial da União*, Brasília, DF, 21 dez. 1973.

BRASIL. Lei n. 6.015, de 31 de dezembro de 1973. Dispõe sobre os registros públicos e dá outras providências. *Diário Oficial da União*, Brasília, DF, 31 dez. 1973.

BRASIL. Lei n. 6.385 de 7 de dezembro de 1976. Dispõe sobre o mercado de valores mobiliários e cria a Comissão de Valores Mobiliários. *Diário Oficial da União*, 9 dez. 1976.

BRASIL. Lei n. 6.404 de 15 de dezembro de 1976. Dispõe sobre as Sociedades por Ações. *Diário Oficial da União*, 17 dez. 1976.

BRASIL. Lei n. 6.754, de 17 de dezembro de 1979. Dispõe sobre a fixação de preços mínimos para os produtos agrícolas. *Diário Oficial da União*, Brasília, DF, 18 dez. 1979.

BRASIL. Lei n. 6.894 de 16 de dezembro de 1980. Dispõe sobre a inspeção e a fiscalização da produção e do comércio de fertilizantes, corretivos, inoculantes, estimulantes ou biofertilizantes, remineralizadores e substratos para plantas, destinados à agricultura, e dá outras providências. (Redação dada pela Lei n. 12890, de 2013). *Diário Oficial da União*, 17 dez. 1980.

BRASIL. Lei n. 6.938, de 31 de agosto de 1981. Dispõe sobre a Política Nacional do Meio Ambiente. *Diário Oficial da União*, Brasília, DF, 2 set. 1981.

BRASIL. Lei n. 7.492 de 16 de junho de 1986. Define os crimes contra o sistema financeiro nacional, e dá outras providências. *Diário Oficial da União*, 18 jun. 1986.

BRASIL. Lei n. 7.596, de 10 de abril de 1987. Altera dispositivos do Decreto-Lei n. 200/1967 e dá outras providências. *Diário Oficial da União*, Brasília, DF, 13 abr. 1987.

BRASIL. Lei n. 7.802, de 11 de julho de 1989. Dispõe sobre agrotóxicos e afins. *Diário Oficial da União*, Brasília, DF, 12 jul. 1989.

BRASIL. Lei n. 7.803, de 18 de julho de 1989. Altera dispositivos da Lei n. 4.771, de 1965. *Diário Oficial da União*, Brasília, DF, 20 jul. 1989.

BRASIL. Lei n. 8.171, de 17 de janeiro de 1991. Dispõe sobre a política agrícola. *Diário Oficial da União*, Brasília, DF, 18 jan. 1991.

BRASIL. Lei n. 8.427, de 27 de maio de 1992. Dispõe sobre a concessão de subvenção econômica nas operações de crédito rural. *Diário Oficial da União*, Brasília, DF, 28 maio 1992.

BRASIL. Lei n. 8.629, de 25 de fevereiro de 1993. Dispõe sobre a regulamentação da reforma agrária. *Diário Oficial da União*, Brasília, DF, 26 fev. 1993.

BRASIL. Lei n. 8.668, de 25 de junho de 1993. Dispõe sobre a constituição e o regime tributário dos Fundos de Investimento Imobiliário e dá outras providências. *Diário Oficial da União*, Brasília, DF, 28 jun. 1993.

BRASIL. Lei n. 8.929, de 22 de agosto de 1994. Institui a Cédula de Produto Rural, e dá outras providências. *Diário Oficial da União*, Brasília, DF, 23 ago. 1994.

BRASIL. Lei n. 8.935, de 18 de novembro de 1994. Regulamenta o art. 236 da Constituição Federal. *Diário Oficial da União*, Brasília, DF, 21 nov. 1994.

BRASIL. Lei n. 9.279, de 14 de maio de 1996. Regula direitos e obrigações relativos à propriedade industrial. *Diário Oficial da União*, Brasília, DF, 15 maio 1996.

BRASIL. Lei n. 9.393, de 19 de dezembro de 1996. Dispõe sobre o Imposto sobre a Propriedade Territorial Rural. *Diário Oficial da União*, Brasília, DF, 20 dez. 1996.

BRASIL. Lei n. 9.433, de 8 de janeiro de 1997. Institui a Política Nacional de Recursos Hídricos. *Diário Oficial da União*, Brasília, DF, 9 jan. 1997.

BRASIL. Lei n. 9.456, de 25 de abril de 1997. Institui a Lei de Proteção de Cultivares e dá outras providências. *Diário Oficial da União*, Brasília, DF, 28 abr. 1997.

BRASIL. Lei n. 9.457, de 5 de maio de 1997. Altera dispositivos da Lei n. 6.404, de 15 de dezembro de 1976. *Diário Oficial da União*, Brasília, DF, 6 maio 1997.

BRASIL. Lei n. 9.514, de 20 de novembro de 1997. Dispõe sobre o Sistema de Financiamento Imobiliário, institui a alienação fiduciária de coisa imóvel e dá outras providências. *Diário Oficial da União*, Brasília, DF, 21 nov. 1997.

BRASIL. Lei n. 9.605, de 12 de fevereiro de 1998. Dispõe sobre as sanções penais e administrativas derivadas de condutas e atividades lesivas ao meio ambiente. *Diário Oficial da União*, Brasília, DF, 13 fev. 1998.

BRASIL. Lei n. 9.973, de 29 de maio de 2000. Dispõe sobre o sistema de armazenagem dos produtos agropecuários. *Diário Oficial da União*, Brasília, DF, 30 maio 2000.

BRASIL. Lei n. 9.985, de 18 de julho de 2000. Institui o Sistema Nacional de Unidades de Conservação. *Diário Oficial da União*, Brasília, DF, 19 jul. 2000.

BRASIL. Lei n. 10.200, de 14 de fevereiro de 2001. Acresce e altera dispositivos da Lei no 8.929, de 22 de agosto de 1994, que institui a Cédula de Produto Rural, e dá outras providências. *Diário Oficial Eletrônico*, 16 fev. 2001.

BRASIL. Lei n. 11.101 de 9 de fevereiro de 2005. Regula a recuperação judicial, a extrajudicial e a falência do empresário e da sociedade empresária. *Diário Oficial da União*, p. 1, 9 fev. 2005.

BRASIL. Lei n. 12.187 de 29 de dezembro de 2009. Institui a Política Nacional sobre Mudança do Clima – PNMC e dá outras providências. *Diário Oficial da União*, 29 dez. 2009.

BRASIL. Lei n. 10.267, de 28 de agosto de 2001. Altera dispositivos da Lei n. 4.947/1966 sobre georreferenciamento de imóveis rurais. *Diário Oficial da União*, Brasília, DF, 29 ago. 2001.

BRASIL. Lei n. 10.303 de 31 de outubro de 2001. Altera e acrescenta dispositivos na Lei n. 6.404, de 15 de dezembro de 1976, que dispõe sobre as sociedades por ações, e na Lei n. 6.385, de 7 de dezembro de 1976, que dispõe sobre o mercado de valores mobiliários e cria a comissão de valores mobiliários. *Diário Oficial da União*, 1º nov. 2001.

BRASIL. Lei n. 10.406, de 10 de janeiro de 2002. Institui o Código Civil. *Diário Oficial da União*, Brasília, DF, 11 jan. 2002.

BRASIL. Lei n. 10.711, de 5 de agosto de 2003. Dispõe sobre o Sistema Nacional de Sementes e Mudas e dá outras providências. *Diário Oficial da União*, 6 out. 2003.

BRASIL. Lei n. 10.823, de 19 de dezembro de 2003. Dispõe sobre a subvenção econômica ao prêmio do Seguro Rural e dá outras providências. *Diário Oficial da União*, Brasília, DF, 22 dez. 2003.

BRASIL. Lei n. 10.931 de 2 de agosto de 2004. Dispõe sobre o patrimônio de afetação de incorporações imobiliárias, Letra de Crédito Imobiliário, Cédula de Crédito Imobiliário, Cédula de Crédito Bancário, altera o Decreto-Lei n. 911, de 1º de outubro de 1969, as Leis n. 4.591, de 16 de dezembro de 1964, n. 4.728, de 14 de julho de 1965, e n. 10.406, de 10 de janeiro de 2002, e dá outras providências. *Diário Oficial da União*, 3 out. 2004.

BRASIL. Lei n. 11.033 de 21 de dezembro de 2004. Altera a tributação do mercado financeiro e de capitais; institui o Regime Tributário para Incentivo à Modernização e à Ampliação da Estrutura Portuária – REPORTO; altera as Leis n. 10.865, de 30 de abril de 2004, 8.850, de 28 de janeiro de 1994, 8.383, de 30 de dezembro de 1991, 10.522, de

19 de julho de 2002, 9.430, de 27 de dezembro de 1996, e 10.925, de 23 de julho de 2004; e dá outras providências. *Diário Oficial da União*, 22 dez. 2004.

BRASIL. Lei n. 11.076, de 30 de dezembro de 2004. Dispõe sobre o Certificado de Depósito Agropecuário – CDA, o *Warrant* Agropecuário – WA, o Certificado de Direitos Creditórios do Agronegócio – CDCA, a Letra de Crédito do Agronegócio – LCA e o Certificado de Recebíveis do Agronegócio – CRA, dá nova redação a dispositivos das Leis n. 9.973, de 29 de maio de 2000, que dispõe sobre o sistema de armazenagem dos produtos agropecuários, 8.427, de 27 de maio de 1992, que dispõe sobre a concessão de subvenção econômica nas operações de crédito rural, 8.929, de 22 de agosto de 1994, que institui a Cédula de Produto Rural – CPR, 9.514, de 20 de novembro de 1997, que dispõe sobre o Sistema de Financiamento Imobiliário e institui a alienação fiduciária de coisa imóvel, e altera a Taxa de Fiscalização de que trata a Lei n. 7.940, de 20 de dezembro de 1989, e dá outras providências. *Diário Oficial da União*, 31 dez. 2004.

BRASIL. Lei n. 11.105, de 24 de março de 2005. Regula atividades com organismos geneticamente modificados. *Diário Oficial da União*, Brasília, DF, 28 mar. 2005.

BRASIL. Lei n. 11.284, de 2 de março de 2006. Dispõe sobre a gestão de florestas públicas para produção sustentável e cria o Serviço Florestal Brasileiro. *Diário Oficial da União*, Brasília, DF, 3 mar. 2006.

BRASIL. Lei n. 12.651, de 25 de maio de 2012. Dispõe sobre a proteção da vegetação nativa. *Diário Oficial da União*, Brasília, DF, 28 maio 2012.

BRASIL. Lei n. 12.805, de 7 de maio de 2013. Dispõe sobre a execução indireta de atividades de suporte. *Diário Oficial da União*, Brasília, DF, 8 maio 2013.

BRASIL. Lei n. 12.810 de 15 de maio de 2013. Dispõe sobre o parcelamento de débitos com a Fazenda Nacional relativos às contribuições previdenciárias de responsabilidade dos Estados, do Distrito Federal e dos Municípios; altera as Leis n. 8.212, de 24 de julho de 1991, 9.715, de 25 de novembro de 1998, 11.828, de 20 de novembro de 2008, 10.522, de 19 de julho de 2002, 10.222, de 9 de maio de 2001, 12.249, de 11 de junho de 2010, 11.110, de 25 de abril de 2005, 5.869, de 11 de janeiro de 1973 – Código de Processo Civil, 6.404, de 15 de dezembro de 1976, 6.385, de 7 de dezembro de 1976, 6.015, de 31 de dezembro de 1973, e 9.514, de 20 de novembro de 1997; e revoga dispositivo da Lei n. 12.703, de 7 de agosto de 2012. *Diário Oficial da União*, 16 maio 2013.

BRASIL. Lei n. 12.873, de 24 de outubro de 2013. Altera as Leis n. 12.546, de 2011, 12.780, de 2013, e 12.865, de 2013, e dá outras providências. *Diário Oficial da União*, Brasília, DF, 25 out. 2013.

BRASIL. Lei n. 13.105, de 16 de março de 2015. Código de Processo Civil. *Diário Oficial da União*, Brasília, DF, 17 mar. 2015.

BRASIL. Lei n. 13.301 de 27 de junho de 2016. Dispõe sobre a adoção de medidas de vigilância em saúde quando verificada situação de iminente perigo à saúde pública pela presença do mosquito transmissor do vírus da dengue, do vírus chikungunya e do vírus da zika ; e altera a Lei n. 6.437, de 20 de agosto de 1977. *Diário Oficial da União*, 28 jun. 2016.

BRASIL. Lei n. 13.331, de 1º de setembro de 2016. Altera a Lei n. 11.076, de 30 de dezembro de 2004, que dispõe sobre o Certificado de Depósito Agropecuário-CDA, o Warrant Agropecuário-WA, o Certificado de Direitos Creditórios do Agronegócio-CDCA, a Letra de Crédito do Agronegócio-LCA e o Certificado de Recebíveis do Agronegócio-CRA. *Diário Oficial da União*, Brasília, DF, 2 set. 2016.

BRASIL. Lei n. 13.476, de 28 de agosto de 2017. Altera a Lei n. 12.810, de 15 de maio de 2013, entre outras providências. *Diário Oficial da União*, Brasília, DF, 29 ago. 2017.

BRASIL. Lei n. 13.576, de 26 de dezembro de 2017. Dispõe sobre a Política Nacional de Biocombustíveis – RenovaBio. *Diário Oficial da União*, Brasília, DF, 27 dez. 2017.

BRASIL. Lei n. 13.775 de 20 de dezembro de 2018. Dispõe sobre a emissão de duplicata sob a forma escritural; altera a Lei n. 9.492, de 10 de setembro de 1997; e dá outras providências. *Diário Oficial da União*, 21 dez. 2018.

BRASIL. Lei n. 2.963, de 2019. Dispõe sobre aquisição de imóveis rurais por estrangeiros. *Diário Oficial da União*, Brasília, DF, 2019.

BRASIL. Lei n. 13.842, de 17 de junho de 2019. Altera a Lei n. 7.565, de 19 de dezembro de 1986 (Código Brasileiro de Aeronáutica). *Diário Oficial da União*, Brasília, DF, 18 jun. 2019.

BRASIL. Lei n. 13.887, de 17 de outubro de 2019. Altera a Lei n. 11.952/2009, sobre regularização fundiária. *Diário Oficial da União*, Brasília, DF, 18 out. 2019.

BRASIL. Lei n. 4.734, de 2020. Dispõe sobre regularização fundiária em áreas urbanas e rurais. *Diário Oficial da União*, Brasília, DF, 2020.

BRASIL. Lei n. 13.986, de 7 de abril de 2020. Institui o Fundo Garantidor Solidário, dispõe sobre o patrimônio rural em afetação, a Cédula Imobiliária Rural e outros instrumentos. *Diário Oficial da União*, Brasília, DF, 7 abr. 2020.

BRASIL. Lei n. 14.112 de 24 de dezembro de 2020. Altera as Leis n os 11.101, de 9 de fevereiro de 2005, 10.522, de 19 de julho de 2002, e 8.929, de 22 de agosto de 1994, para atualizar a legislação referente à recuperação judicial, à recuperação extrajudicial e à falência do empresário e da sociedade empresária. Diário *Diário Oficial da União*, 24 dez. 2020.

BRASIL. Lei n. 14.119, de 13 de janeiro de 2021. Institui a Política Nacional de Pagamento por Serviços Ambientais. *Diário Oficial da União*, Brasília, DF, 14 jan. 2021.

BRASIL. Lei n. 14.130, de 1º de abril de 2021. Lei de Licitações e Contratos Administrativos. *Diário Oficial da União*, 1º abr. 2021.

BRASIL. Lei n. 14.195, de 26 de agosto de 2021. Dispõe sobre a facilitação para abertura de empresas, sobre a proteção de acionistas minoritários, sobre a facilitação do comércio exterior, sobre o Sistema Integrado de Recuperação de Ativos (Sira), sobre as cobranças realizadas pelos conselhos profissionais, sobre a profissão de tradutor e intérprete público, sobre a obtenção de eletricidade, sobre a desburocratização societária e de atos processuais e a prescrição intercorrente na Lei n. 10.406, de 10 de janeiro de 2002 (Código Civil); altera as Leis n. 11.598, de 3 de dezembro de 2007, 8.934, de 18 de novembro de 1994, 6.404, de 15 de dezembro de 1976, 7.913, de 7 de dezembro de 1989, 12.546, de 14 de dezembro 2011, 9.430, de 27 de dezembro de 1996, 10.522, de 19 de julho de 2002, 12.514, de 28 de outubro de 2011, 6.015, de 31 de dezembro de 1973, 10.406, de 10 de janeiro de 2002 (Código Civil), 13.105, de 16 de março de 2015 (Código de Processo Civil), 4.886, de 9 de dezembro de 1965, 5.764, de 16 de dezembro de 1971, 6.385, de 7 de dezembro de 1976, e 13.874, de 20 de setembro de 2019, e o Decreto-Lei n. 341, de 17 de março de 1938; e revoga as Leis n. 2.145, de 29 de dezembro de 1953, 2.807, de 28 de junho de 1956, 2.815, de 6 de julho de 1956, 3.187, de 28 de junho de 1957, 3.227, de 27 de julho de 1957, 4.557, de 10 de dezembro de 1964, 7.409, de 25 de novembro de 1985, e 7.690, de 15 de dezembro de 1988, os Decretos n. 13.609, de 21 de outubro de 1943, 20.256, de 20 de dezembro de 1945, e 84.248, de 28 de novembro de 1979, e os Decretos-Lei n. 1.416, de 25 de agosto de 1975, e 1.427, de 2 de dezembro de 1975, e dispositivos das Leis n. 2.410, de 29 de janeiro de 1955, 2.698, de 27 de dezembro de 1955, 3.053, de 22 de dezembro de 1956, 5.025, de 10 de junho de 1966, 6.137, de 7 de novembro de 1974, 8.387, de 30 de dezembro de 1991, 9.279, de 14 de maio de 1996, e 9.472, de 16 de julho de 1997, e dos Decretos-Lei n. 491, de 5 de março de 1969, 666, de 2 de julho de 1969, e 687, de 18 de julho de 1969; e dá outras providências. *Diário Oficial da União,* 27 ago. 2021.

BRASIL. Lei n. 14.421, de 20 de julho de 2022. Altera a Lei n. 8.171, de 17 de janeiro de 1991, para dispor sobre a Política Nacional de Incentivo à Produção de Café de Qualidade. *Diário Oficial da União,* Brasília, DF, 21 jul. 2022.

BRASIL. Lei n. 14.430, de 3 de agosto de 2022. Dispõe sobre a emissão de Letra de Risco de Seguro (LRS) por Sociedade Seguradora de Propósito Específico (SSPE), sobre as regras gerais aplicáveis à securitização de direitos creditórios e à emissão de Certificados de Recebíveis e sobre a flexibilização do requisito de instituição financeira para a prestação do serviço de escrituração e de custódia de valores mobiliários; altera as Leis n. 6.404, de 15 de dezembro de 1976, 6.385, de 7 de dezembro de 1976, 9.718, de 27 de novembro de 1998, 4.594, de 29 de dezembro de 1964, e o Decreto-Lei n. 73, de 21 de novembro de 1966; e revoga dispositivos das Leis n. 9.514, de 20 de novembro de 1997, 10.931, de 2 de agosto de 2004, 11.076, de 30 de dezembro de 2004, 12.810, de 15 de maio de 2013, 13.331, de 1º de setembro de 2016, e 13.986, de 7 de abril de 2020. *Diário Oficial da União,* 4 ago. 2022.

BRASIL. Lei n. 14.515, de 29 de dezembro de 2022. Dispõe sobre os programas de autocontrole dos agentes privados regulados pela defesa agropecuária e sobre a organização e os procedimentos aplicados pela defesa agropecuária aos agentes das cadeias produtivas do setor agropecuário; institui o Programa de Incentivo à Conformidade em Defesa Agropecuária, a Comissão Especial de Recursos de Defesa Agropecuária e o Programa de Vigilância em Defesa Agropecuária para Fronteiras Internacionais (Vigifronteiras); altera as Leis n. 13.996, de 5 de maio de 2020, 9.972, de 25 de maio de 2000, e 8.171, de 17 de janeiro de 1991; e revoga dispositivos dos Decretos-Leis n. 467, de 13 de fevereiro de 1969, e 917, de 7 de outubro de 1969, e das Leis n. 6.198, de 26 de dezembro de 1974, 6.446, de 5 de outubro de 1977, 6.894, de 16 de dezembro de 1980, 7.678, de 8 de novembro de 1988, 7.889, de 23 de novembro de 1989, 8.918, de 14 de julho de 1994, 9.972, de 25 de maio de 2000, 10.711, de 5 de agosto de 2003, e 10.831, de 23 de dezembro de 2003. *Diário Oficial da União*, 30 dez. 2022.

BRASIL. Lei n. 14.595, de 5 de junho de 2023. Institui a Política Nacional de Modernização da Administração Pública. *Diário Oficial da União*, Brasília, DF, 6 jun. 2023.

BRASIL. Lei n. 14.711, de 30 de outubro de 2023. Dispõe sobre o aprimoramento das regras de garantia, a execução extrajudicial de créditos garantidos por hipoteca, a execução extrajudicial de garantia imobiliária em concurso de credores, o procedimento de busca e apreensão extrajudicial de bens móveis em caso de inadimplemento de contrato de alienação fiduciária, o resgate antecipado de Letra Financeira, a alíquota de imposto de renda sobre rendimentos no caso de fundos de investimento em participações qualificados que envolvam titulares de cotas com residência ou domicílio no exterior e o procedimento de emissão de debêntures; altera as Leis n. 9.514, de 20 de novembro de 1997, 10.406, de 10 de janeiro de 2002 (Código Civil), 13.476, de 28 de agosto de 2017, 6.015, de 31 de dezembro de 1973 (Lei de Registros Públicos), 6.766, de 19 de dezembro de 1979, 13.105, de 16 de março de 2015 (Código de Processo Civil), 9.492, de 10 de setembro de 1997, 8.935, de 18 de novembro de 1994, 12.249, de 11 de junho de 2010, 14.113, de 25 de dezembro de 2020, 11.312, de 27 de junho de 2006, 6.404, de 15 de dezembro de 1976, e 14.382, de 27 de junho de 2022, e o Decreto-Lei n. 911, de 1º de outubro de 1969; e revoga dispositivos dos Decretos-Lei n. 70, de 21 de novembro de 1966, e 73, de 21 de novembro de 1966. *Diário Oficial da União*, 31 out. 2023.

BRASIL. Lei n. 14.785, de 27 de dezembro de 2023. Dispõe sobre a pesquisa, a experimentação, a produção, a embalagem, a rotulagem, o transporte, o armazenamento, a comercialização, a utilização, a importação, a exportação, o destino final dos resíduos e das embalagens, o registro, a classificação, o controle, a inspeção e a fiscalização de agrotóxicos, de produtos de controle ambiental, de seus produtos técnicos e afins; revoga as Leis n. 7.802, de 11 de julho de 1989, e 9.974, de 6 de junho de 2000, e partes de anexos das Leis n. 6.938, de 31 de agosto de 1981, e 9.782, de 26 de janeiro de 1999. *Diário Oficial da União*, 28 dez. 2023.

BRASIL. Lei n. 14.937, de 26 de julho de 2024. Institui a Letra de Crédito do Desenvolvimento (LCD); altera as Leis n. 13.483, de 21 de setembro de 2017, e 11.076, de 30 de dezembro de 2004; e revoga dispositivos das Leis n. 14.366, de 8 de junho de 2022, e 14.440, de 2 de setembro de 2022. *Diário Oficial da União*, 29 jul. 2024.

BRASIL. Lei n. 15.040, de 9 de dezembro de 2024. Institui normas gerais sobre os contratos de seguro e altera o Código Civil. *Diário Oficial da União*, Brasília, DF, 10 dez. 2024.

BRASIL. Lei n. 15.042, de 9 de dezembro de 2024. Dispõe sobre a destinação compulsória de parte das reservas técnicas das entidades supervisionadas à aquisição de créditos de carbono. *Diário Oficial da União*, Brasília, DF, 10 dez. 2024.

BRASIL. Lei n. 15.070, de 23 de dezembro de 2024. Dispõe sobre bioinsumos para uso agrícola, pecuário, aquícola e florestal. *Diário Oficial da União*, Brasília, DF, 26 dez. 2024.

BRASIL. Lei n. 15.082, de 30 de dezembro de 2024. Estabelece diretrizes para o setor agropecuário sustentável. *Diário Oficial da União*, 2 jan. 2025.

BRASIL. Ministério da Agricultura e Pecuária. Líder global na utilização de bioinsumos. Brasil apresenta panorama regulatório de registros biológicos na ABIM. 2024. Disponível em: https://www.gov.br/agricultura/pt-br/assuntos/noticias/lider-global-na-utilizacao-de-bioinsumos-brasil-apresenta-panorama-regulatorio-de-registros-biologicos-na-abim. Acesso em: 4 fev. 2025.

BRASIL. Ministério da Agricultura, Pecuária e Abastecimento. Bioinsumos.

BRASIL. Ministério da Agricultura, Pecuária e Abastecimento. *Títulos do agronegócio*. Brasília: Mapa, 2021. Disponível em: https://www.gov.br/agricultura/pt-br/assuntos/politica-agricola/credito-rural/titulos-do-agronegocio. Acesso em: 4 fev. 2025.

BRASIL. Ministério da Fazenda. Reformas microeconômicas e crescimento de longo prazo. Brasília: Secretaria de Política Econômica do Ministério da Fazenda, dez. 2004.

BRASIL. Sancionada regulamentação dos bioinsumos. Senado Federal, 26 de dezembro de 2024. Disponível em: https://www12.senado.leg.br/noticias/materias/2024/12/26/sancionada-regulamentacao-dos-bioinsumos. Acesso em: fev. 2025.

BRASIL. Senado Federal. *Projeto de Lei n. 326, de 2016*. Altera a Lei n. 8.171/1991, para dispor sobre a aquisição de imóveis rurais por estrangeiros. Brasília, DF, 2016.

BRASIL. Subchefia de Análise e Acompanhamento de Políticas Governamentais. *Diretrizes gerais e guia orientativo para elaboração de Análise de Impacto Regulatório – AIR*. Brasília: Presidência da República, 2018.

BRASIL. Superior Tribunal de Justiça. REsp 1.764.873/PR, 3ª Turma, Rel. Min. Paulo de Tarso Sanseverino, j. 14.05.2019.

BRASIL. Superior Tribunal de Justiça. 3ª Turma, AgInt no AREsp 2.169.148/GO, Rel. Min. Marco Aurélio Bellizze, j. 13.02.2023.

BRASIL. Superior Tribunal de Justiça. ADI 3865, Tribunal Pleno, Rel. Edson Fachin, data da decisão 04.09.2023, data de publicação 14.09.2023.

BRASIL. Superior Tribunal de Justiça. AgInt no REsp 1.861.934, 10.08.2020.

BRASIL. Superior Tribunal de Justiça. AgInt no TP 3.654/RS, 4ª Turma, Rel. Raul Araújo, data da decisão 15.03.2022, data de publicação 08.04.2022.

BRASIL. Superior Tribunal de Justiça. Civil. Processual civil. Agravo interno em recurso especial. Irresignação submetida ao NCPC. Ação revisional de contrato de abertura de crédito. Produtor rural. Aquisição de insumos. Negativa de prestação jurisdicional. Não verificada. Inaplicabilidade do CDC. Precedentes. Descaracterização da mora. AgInt no REsp 1.656.318/MT, 3ª Turma, Rel. Min. Moura Ribeiro, j. 15.08.2022, *DJe* 17.08.2022.

BRASIL. Superior Tribunal de Justiça. Conflito de Competência 131.656/PE, Rel. Min. Maria Isabel Gallotti, j. 08.10.2014.

BRASIL. Superior Tribunal de Justiça. Direito civil e agrário. Compra e venda de safra futura a preço certo. Alteração do valor do produto no mercado. Circunstância previsível. Onerosidade excessiva. Inexistência. Violação aos princípios da função social do contrato. Boa-fé objetiva e probidade. Inexistência. Recurso Especial 803.481/GO 2005/0205857-0, Min. Nancy Andrighi.

BRASIL. Superior Tribunal de Justiça. Tributário e processual civil. Agravo regimental no recurso especial. Cooperativa em liquidação. Caráter não empresarial. Lei de falências. Inaplicabilidade. Aplicação da Lei 5.764/1971. Entendimento pacífico do STJ. AgRg no REsp 1.109.103/SP, 1ª Turma, Rel. Min. Sérgio Kukina, j. 25.11.2014, *DJe* 02.12.2014.

BRASIL. Superior Tribunal de Justiça. Constitucional, trabalhista e processual civil. Agravo interno na reclamação. Ausência de estrita aderência entre o ato impugnado e o paradigma invocado. Agravo desprovido. I. Caso em exame. AgR Rcl 68.887, 1ª Turma, Rel. Alexandre de Moraes, data da decisão 07.08.2024, data de publicação 19.08.2024.

BRASIL. Superior Tribunal de Justiça. Processo civil. Agravo interno no agravo em recurso especial. Insumos agrícolas. Produtor rural. Implementação de atividade econômica. Não incidência do código de defesa do consumidor. Teoria finalista. Abrandamento. Demonstração de hipossuficiência técnica, jurídica ou econômica. Verificação. Reexame do acervo fático-probatório dos autos. Súmula n. 7 do STJ. AgInt no AREsp 2.377.029/BA, 4ª Turma, Rel. João Otávio de Noronha, data da decisão 20.05.2024, data de publicação 22.05.2024.

BRASIL. Superior Tribunal de Justiça. Civil e processual civil. Agravo interno no agravo em recurso especial. Contrato de parceria rural. Retomada do imóvel. Notificação prévia. Necessidade. Renovação automática. Aplicação supletiva do estatuto da terra. Decisão mantida. AgInt no AREsp 1.972.895/SP, 4ª Turma, Rel. Antonio Carlos Ferreira, data da decisão 12.12.2022, data de publicação 15.12.2022.

BRASIL. Superior Tribunal de Justiça. Agravo interno. Recurso especial. Julgamento monocrático. Possibilidade. Juízo de admissibilidade na origem. Ausência de efeito vinculativo. Decisão proferida em antecipação de tutela. Juízo precário. Prequestionamento. Abertura da instância especial. Arrendamento rural. Ação declaratória e desconstitutiva. Fixação do preço em produtos agrícolas. Art. 18 do Decreto n. 56.666/1966. Nulidade da cláusula contratual. Cédula de produto rural. Garantia do pagamento fixado em produtos. Nulidade. AgInt no REsp 1.546.289/MT, 4ª Turma, Rel. Min. Luis Felipe Salomão, j. 08.08.2022.

BRASIL. Superior Tribunal de Justiça. Civil. Agravo interno no recurso especial. Contrato de arrendamento rural. Prazo mínimo legal. Norma cogente. Precedentes. Decisão mantida. AgInt no REsp 1.568.933/MS, 4ª Turma, Rel. Min. Antonio Carlos Ferreira, j. 28.09.2020.

BRASIL. Superior Tribunal de Justiça. Recurso especial. Ação de rescisão contratual e despejo. Arrendamento rural. Criação de gado bovino. Atividade pecuária de grande porte. Contrato. Vigência mínima. Cinco anos. Manutenção da sentença. Transcurso do prazo. Curso do processo. Fato novo posterior. Sucumbência. Autor. Princípio da causalidade. Recurso parcialmente provido. REsp 1.980.953/RS, 4ª Turma, Rel. Antonio Carlos Ferreira, data da decisão 12.12.2023, data de publicação 18.12.2023.

BRASIL. Superior Tribunal de Justiça. Recurso Especial 1.447.082/TO, Rel. Min. Paulo de Tarso Sanseverino, j. 10.05.2016.

BRASIL. Superior Tribunal de Justiça. Recurso Especial 1.447.082/TO, Rel. Min. Paulo de Tarso Sanseverino, j. 10.05.2016.

BRASIL. Superior Tribunal de Justiça. Recurso Especial 1.758.746/GO, Rel. Min. Marco Aurélio Bellizze, j. 25.09.2018.

BRASIL. Superior Tribunal de Justiça. Recurso Especial 936.741/GO, Rel. Min. Antonio Carlos Ferreira, j. 03.11.2011.

BRASIL. Superior Tribunal de Justiça. REsp 1.167.382/MT, 4ª Turma, Rel. Luis Felipe Salomão, data da decisão 13.03.2012, data de publicação 17.05.2012.

BRASIL. Superior Tribunal de Justiça. REsp 2.103.320/MT, 3ª Turma, Rel. Nancy Andrighi, data da decisão 12.12.2023, data de publicação 25.01.2024.

BRASIL. Superior Tribunal de Justiça. REsp 2.159.339/MS, 3ª Turma, Rel. Nancy Andrighi, data da decisão 05.11.2024, data de publicação 08.11.2024.

BRASIL. Superior Tribunal de Justiça. REsp 2.198.988/MT, Rel. Min. João Otávio de Noronha, autuação: 24.02.2025.

BRASIL. Superior Tribunal de Justiça. REsp 1.023.083/GO, 3ª Turma, Rel. Min. Nancy Andrighi, j. 15.04.2010, *DJe* 1º.07.2010.

BRASIL. Superior Tribunal de Justiça. REsp 1.867.694/MT, 3ª Turma, Rel. Min. Marco Aurélio Bellizze, j. 06.10.2020, *DJe* 15.10.2020.

BRASIL. Superior Tribunal de Justiça. REsp 327.650/MS, 4ª Turma, Rel. Min. Sálvio de Figueiredo Teixeira, j. 26.08.2003

BRASIL. Superior Tribunal de Justiça. REsp 936.741/GO, Rel. Min. Antonio Carlos Ferreira, j. 03.11.2011.

BRASIL. Superior Tribunal de Justiça. REsp 61.090/SC, 4ª Turma, Rel. Min. Barros Monteiro, j. 21.11.1995, *DJ* 18.03.1996.

BRASIL. Superior Tribunal de Justiça. REsp 1.991.989/MA, 03.05.2022.

BRASIL. Superior Tribunal de Justiça. Agravo interno no agravo em recurso especial. Agravo de instrumento. Embargos à execução. Contrato de parceria rural. Ausência de notificação prévia. Acórdão em sintonia com o entendimento firmado no STJ. Exigibilidade do título executivo extrajudicial. Matéria que demanda reexame de fatos e provas. Sumula 7 do STJ. Agravo interno não provido. REsp 1.277.085/AL, 3ª Turma, Rel. Min. Ricardo Villas Bôas Cueva, j. 27.09.2016, *DJe* 07.10.2016). (...) (STJ, AgInt nos EDcl no AREsp 1.786.844/MT, 4ª Turma, Rel. Min. Ministro Luis Felipe Salomão, j. 16.08.2021).

BRASIL. Superior Tribunal de Justiça. Civil. Alienação fiduciária. Bens fungíveis e consumíveis. Os bens fungíveis e consumíveis não podem ser alienados fiduciariamente. Recurso especial conhecido e provido. REsp 97.952/MS, 3ª Turma, Rel. Min. Ari Pargendler, j. 06.04.2000, *DJ* 08.05.2000.

BRASIL. Superior Tribunal de Justiça. Civil. Recurso especial. Alienação de fração ideal de imóvel rural por coproprietário. Direito de preferência. Arrendatário. Art. 92, § 3º, da Lei n. 4.504/1964. Arrendamento de apenas parcela do imóvel inferior ao módulo rural. Indivisibilidade. Art. 65 do Estatuto da Terra. Vedação à criação de minifúndios. Microssistema do direito agrário. Art. 46, § 1º, do Decreto n. 59.566/1966. Preferência do coproprietário em imóvel indivisível que se sobrepõe. Valor do pagamento. Tanto por tanto. Manutenção do acórdão. REsp 2.025.344/SP, 3ª Turma, Rel. Nancy Andrighi, data da decisão 07.03.2023, data de publicação 10.03.2023.

BRASIL. Superior Tribunal de Justiça. Recurso especial. Ação resolutória. Contrato de compra e venda. Imóvel. Benfeitorias. Direito de retenção. Art. 1.029 do CC/02. Limite. Valor da indenização devida. Enriquecimento ilícito. Vedação. Art. 884 CC/02. Aluguéis. Taxa de ocupação. Utilização de imóvel alheio. Incidência. Período de ocupação do imóvel. Integralidade. Indenizações. Valores. Compensação. Provimento. REsp 1.854.120/PR, 3ª Turma, Rel. Min. Nancy Andrighi, j. 09.02.2021.

BRASIL. Supremo Tribunal Federal. Ação Declaratória de Constitucionalidade 87/DF, Rel. Min. Gilmar Mendes. j. 14.02.2025.

BRASIL. Supremo Tribunal Federal. Recurso Extraordinário 566.471/RS, Rel. Min. Celso de Mello, j. 17.02.2010.

BRASIL. Tribunal de Justiça do Estado de São Paulo. Agravo de Instrumento 2242900-77.2023.8.26.0000, 37ª Câmara de Direito Privado, Foro Regional II – Santo Amaro, 4ª Vara Cível, Rel. José Wagner de Oliveira Melatto Peixoto, j. 18.09.2023, data de registro 18.09.2023.

BRASIL. Tribunal de Justiça do Estado de São Paulo. Apelação 1078580-86.2021.8.26.0100, 19ª Câmara de Direito Privado, Rel. Des. Ricardo Pessoa de Mello Belli, j. 27.02.2023.

BRASIL. Tribunal de Justiça do Estado de São Paulo. Agravo de Instrumento 2056458-71.2021.8.26.0000, 2ª Câmara Reservada de Direito Empresarial, Rel. Des. Ricardo Negrão, j. 19.10.2021.

BRASIL. Tribunal de Justiça do Estado de São Paulo. Agravo de Instrumento 2056458-71.2021.8.26.0000, j. 19.10.2021.

BRASIL. Tribunal de Justiça do Estado de São Paulo. Agravo de Instrumento 2139471-65.2021.8.26.0000, 14ª Câmara de Direito Privado, Foro Central Cível – 18ª Vara Cível, Rel. Thiago de Siqueira, j. 29.09.2021, data de registro 29.09.2021.

BRASIL. Tribunal de Justiça do Estado de São Paulo. Agravo de Instrumento 2216048-21.2020.8.26.0000, 2ª Câmara Reservada de Direito Empresarial, Foro de Caconde – Vara Única, Rel. Araldo Telles, j. 06.05.2021, data de registro 06.05.2021

BRASIL. Tribunal de Justiça do Estado de São Paulo. Agravo de Instrumento 2259099-19.2019.8.26.0000, 21ª Câmara de Direito Privado, Rel. Des. Maia da Rocha, j. 12.06.2020.

BRASIL. Tribunal de Justiça do Estado de São Paulo. Apelação Cível 046172-13.2019.8.26.0100, 3ª Câmara de Direito Privado, Rel. Des. Viviani Nicolau, j. 09.09.2020.

BRASIL. Tribunal de Justiça do Estado de São Paulo. Parceria agrícola. Rescisão contratual. Reintegração de posse. Cobrança. Tutela de urgência. Procedente. Plantio de cana-de--açúcar. Inadimplência confessa, a assegurar a rescisão contratual e a desocupação da área. Ônus da prova competia à ré. Inteligência do art. 92, § 6º do Estatuto da Terra. Pedido de retenção e indenização por benfeitorias (socas e cana-de-açúcar) ou acessões, afastada. Falta de prova do alegado. Sentença mantida. Recurso desprovido, nos termos do acórdão. Apelação Cível 1002534-83.2016.8.26.0568, Rel. Des. Claudio Hamilton, j. 30.01.2020.

BRASIL. Tribunal de Justiça do Estado de São Paulo. Apelação 1001727-40.2017.8.26.0047, Rel. Des. Paulo Alcides, j. 08.11.2018.

BRASIL. Tribunal de Justiça do Estado do Mato Grosso do Sul. Agravo de Instrumento 1417215-62.2021.8.12.0000, j. 09.03.2022.

BRASIL. Tribunal de Justiça do Mato Grosso do Sul. Agravo de Instrumento 1400474-10.2022.8.12.0000, 3ª Câmara Cível, Rel. Des. Dorival Renato Pavan, j. 12.05.2022.

BRASIL. Tribunal de Justiça do Mato Grosso. Agravo de Instrumento 1020309-42.2023.8.11.0000, j. 1º.11.2023.

BRASIL. Tribunal de Justiça do Mato Grosso. Agravo de Instrumento 10111487620218110000, j. 08.09.2021.

BRASIL. Tribunal de Justiça do Rio Grande do Sul. Agravo de Instrumento 50312184820238217000, 19ª Câmara Cível, Rel. Antônio Maria Rodrigues de Freitas Iserhard, j. 11.05.2023.

BRASIL. Tribunal de Justiça do Rio Grande do Sul. Agravo de Instrumento 70004910429, 6ª Câmara Cível, Rel. Des. Cacildo de Andrade Xavier, j. 13.12.2002.

BRASIL. Tribunal de Justiça do Rio Grande do Sul. Contratos agrários. Arrendamento rural. Extinção. Notificação premonitória. Retomada motivada. Impossibilidade de posterior alteração do motivo. Notificação ineficaz. Renovação do contrato. Agravo de Instrumento 70055059380, 9ª Câmara Cível, Rel. Eugênio Facchin Neto, j. 13.06.2013.

BRASIL. Tribunal de Regional do Trabalho da 12ª Região. Contrato de integração vertical nas atividades agrossilvipastoris (Lei n. 13.288/16). Inexistência de vínculo empregatício. Recurso Ordinário 0000263-47.2014.5.12.0013/SC 0000263-47.2014.5.12.0013, 3ª Turma, Rel. Ligia Maria Teixeira Gouvea, data de publicação 30.03.2017.

BRASIL. Tribunal Regional Federal F1. Apelação Cível 1000129-14.2018.4.01.3000, 5ª Turma, Rel. Des. Federal Carlos Augusto Pires Brandão, data da decisão 22.07.2024, data de publicação 22.07.2024.

BREDA, Bárbara; RIBEIRO JR., José Alves. *Fundos de investimento nas cadeias produtivas do agronegócio.* Instituto Brasileiro de Direito do Agronegócio (IBDA), 2023.

BROWN, Lester S. Farmers facing two new challenges. *In*: BROWN, Lester S. *Plan B*: rescuing a Planet under stress and a civilization in trouble. New York: Earth Policy Institute, 2003.

BUAINAIN, A. M.; SOUZA, R. F. *Propriedade intelectual e desenvolvimento no Brasil.* Rio de Janeiro: Idea D; ABPI, 2019.

BUCCI, Maria Paula Dallari. *Fundamentos para uma teoria jurídica das políticas públicas.* 2. ed. São Paulo: Saraiva, 2021.

BUENO, A. F.; SILVA, J. C.; MEYER, M. C.; MAZARO, S. M. *Bioinsumos na cultura de soja.* Brasília: Embrapa, 2022.

BULGARELLI, Waldírio. *Títulos de crédito.* 14. ed. São Paulo: Atlas, 1998.

BURANELLO, Renato. *Cédula de Produto Rural:* mercados agrícolas e financiamento da produção. Londrina: Thoth, 2021.

BURANELLO, Renato Macedo. *Do contrato de seguro:* o seguro garantia de obrigações contratuais. São Paulo: Quartier Latin, 2006.

BURANELLO, Renato. Os contratos do agronegócio. *In*: VERÇOSA, Haroldo Malheiros Duclerc. *Direito comercial*: contratos empresariais em espécie. São Paulo: RT, 2014.

BURANELLO, Renato M. *Sistema privado de financiamento do agronegócio:* regime jurídico. 2. ed. São Paulo: Quartier Latin, 2011.

BURANELLO, Renato; WINTER, Marcelo. Patrimônio Rural em Afetação. *Agroanalysis*, São Paulo, v. 40, n. 9, p. 24-25, set. 2020.

CAFFAGNI, Luiz Cláudio. Desidratação das principais fontes controladas do crédito rural. *Agroanalysis*, v. 44, n. 5, p. 22-25, maio 2024.

CALDAS, Pedro Frederico. As instituições financeiras e a taxa de juros. *Revista de Direito Mercantil*, São Paulo, ano XXXV, nova série, n. 101, jan./mar. 1996.

CÂMARA DOS DEPUTADOS. Governo conclui proposta de regulamentação de carbono. 14 jul. 2023. Disponível em: https://www.camara.leg.br/noticias/980044-GOVERNO-CONCLUI-PROPOSTA-DE-REGULAMENTACAO-DO-MERCADO-DE-CARBONO. Acesso em: 25 set. 2023.

CÂMARA DOS DEPUTADOS. Legislação Informatizada – Lei n. 11.101, de 9 de fevereiro de 2005 – Exposição de Motivos. Brasília, 27 de julho de 1993. Disponível em: https://www2.camara.leg.br/legin/fed/lei/2005/lei-11101-9-fevereiro-2005-535663-exposicaodemotivos-150148-pl.html. Acesso em: abr. 2025.

CAMARGO NETO, Pedro de. Antes da margem equatorial, o momento é de transição energética. *Folha de S. Paulo,* 4 mar. 2025. Disponível em: https://www1.folha.uol.com.br/opiniao/2025/03/antes-da-margem-equatorial-o-momento-e-de-transicao-energetica.shtml. Acesso em: mar. 2025.

CAMPOBASSO, G. F. *Diritto commerciale.* 1. Diritto dell'impresa. 2. ed. Torino: UTET, 1996.

CAMPOS, Diogo Leite de; PINTO, Cláudia Saavedra. *Créditos futuros, titularização e regime fiscal.* Coimbra: Almedina, 2007.

CANOTILHO, José Joaquim Gomes. Parecer (conformidade da Lei n. 5.709/1971 com a Constituição Brasileira). Coimbra, 2015.

CARDOSO, Victor M.; GILIO, Leandro; JANK, Marcos S. Evolução histórica e análise do desempenho das exportações do agronegócio em 2024. *Insper Agro Global*, jan. 2025. Disponível em: https://agro.insper.edu.br/storage/papers/January2025/Exportac%C-C%A7o%CC%83es%20e%20Importac%CC%A7o%CC%83es%20AGRO%20-%20Histo%CC%81rico%20e%20Balanc%CC%A7o%20de%202024.pdf. Acesso em: 28 jan. 2025.

CARMO, Edgar Cândido do; MARIANO, Jefferson (org.). *Economia internacional.* 3. ed. São Paulo: Saraiva, 2016.

CARTLEDGE, Paul. *História ilustrada da Grécia antiga.* São Paulo: Ediouro, 2009.

CARVALHO DE MENDONÇA, J. X. *Tratado de direito comercial brasileiro.* 5. ed. Rio de Janeiro: Freitas Bastos, 1955. v. 5.

CARVALHO DE MENDONÇA, J. X. *Tratado de direito comercial brasileiro.* Campinas: Russell, 2003.

CARVALHO, Ana Sofia; AZEVEDO, Patrícia Anjos de; CUNHA, Ary Ferreira da. *Contratos próprios do mundo rural:* parceria pecuária e constituição de servidão predial. Porto: Vida Econômica, 2013.

CARVALHO, J. Pedidos de registro de marca no Inpi sobem 143% em dez anos. *Consultor Jurídico*, Anuário de Direito Empresarial, 1º dez. 2024. Disponível em: https://www.conjur.com.br/2024-dez-01/pedidos-de-registro-de-marca-no-inpi-sobem-143-em-dez-anos/. Acesso em: 4 fev. 2025.

CARVALHOSA, Modesto. *Direito econômico*: obras completas. São Paulo: RT, 2013.

CARVALHO, Sérgio Medeiros Paulino de; SALLES FILHO, Sérgio Luiz Monteiro; BUAINAIN, Antônio Márcio. A institucionalidade propriedade intelectual no Brasil: os impactos da política de articulação da Embrapa no mercado de cultivares no Brasil. *Cadernos de Estudos Avançados*, Rio de Janeiro, 2005.

CARVALHO, Sérgio Medeiros Paulino de; SALES FILHO, Sérgio; PAULINO, Sonia Regina. Propriedade intelectual e dinâmica de inovação na agricultura, *Revista Brasileira de Inovação*, Rio de Janeiro, v. 5, n. 2, 2006.

CASAGRANDE NETO, Humberto. *A abertura do capital de empresas no Brasil*. São Paulo: Atlas, 1989.

CASSETARI, Christiano. *Direito agrário*. São Paulo: Atlas, 2012.

CEBDS – CONSELHO EMPRESARIAL BRASILEIRO PARA O DESENVOLVIMENTO SUSTENTÁVEL. Agricultura regenerativa no Brasil: desafios e oportunidades. 2023. Disponível em: https://cebds.org/wp-content/uploads/2023/12/CEBDS_Agricultura-Regenerativa_2023.pdf. Acesso em: fev. 2025.

CEBDS – CONSELHO EMPRESARIAL BRASILEIRO PARA O DESENVOLVIMENTO SUSTENTÁVEL. *Proposta de Marco Regulatório para o Mercado de Carbono Brasileiro.* 2021. Disponível em: https://cebds.org/wp-content/uploads/2023/06/MERCADO-CARBONO_Marco-Regulatorio.pdf. Acesso em fev. 2024.

CHALHUB, Melhim Namem. *Alienação fiduciária*: negócio fiduciário. 8. ed. Rio de Janeiro: Forense, 2023.

CHALHUB, Melhim Namem. *Da incorporação imobiliária*. Rio de Janeiro: Renovar, 2003.

CHALHUB, Melhim Namem. *Negócio fiduciário*. 4. ed. atual. e ampl. Rio de Janeiro: Renovar, 2009.

CHANDLER, Alfred. *The visible hand:* managerial revolution in American Business. Belknap Press: USA, 1977.

CHAVANNE, Albert; BURST, Jean-Jacques. *Droit de la propriété industrielle*. 5. ed. Paris: Dalloz, 1998.

COASE, R. H. *A firma, o mercado e o direito*. São Paulo: Forense Universitária, 2017.

COASE, R. H. The nature of the firm. *Economica*, v. 4, p. 386-405, nov. 1937.

COELHO, Fábio Ulhoa. *Comentários à Lei de Falências e de Recuperação de Empresas*. 8. ed. São Paulo: Saraiva, 2011.

COELHO, Fábio Ulhoa. *Curso de direito civil*: contratos. 5. ed. São Paulo: Saraiva, 2012.

COELHO, Fábio Ulhoa. *Curso de direito comercial*. 3. ed. São Paulo: Thomson Reuters Brasil, 2018. v. 1.

COELHO, Fábio Ulhoa. *Curso de direito comercial*: direito de empresa: contratos, falência e recuperação de empresas. 20. ed. rev., atual. e ampl. São Paulo: Thomson Reuters Brasil, 2021. v. 3.

COELHO, Fábio Ulhoa. *Curso de direito comercial*: empresa e estabelecimento. Títulos de crédito. 13. ed. São Paulo: Saraiva, 2009. v. 1.

COELHO, Fábio Ulhoa. *Desafios do direito comercial*. São Paulo: Saraiva, 2014.

COELHO, Fábio Ulhoa. *Princípios do direito comercial:* com anotações ao projeto de Código Comercial. São Paulo: Saraiva, 2012.

COELHO, Fábio Ulhoa. *Títulos de crédito*: uma nova abordagem. São Paulo: Thomson Reuters, 2021.

COMPARATO, Fábio Konder. Notas explicativas ao substitutivo ao capítulo referente ao contrato de seguro no anteprojeto do Código Civil. *Revista de Direito Mercantil, Industrial, Econômico e Financeiro*, São Paulo, ano XI (nova série), n. 5, 1972.

COMPARATO, Fábio Konder. Obrigações de meios, de resultado e de garantia. *In*: COMPARATO, Fábio Konder. *Ensaios e pareceres de direito empresarial*. Rio de Janeiro: Forense, 1978.

COMPARATO, Fábio Konder. *O poder de controle na Sociedade Anônima*. São Paulo: RT, 1976.

COMPARATO, Fábio Konder. *O seguro de crédito:* estudo jurídico. São Paulo: RT, 1968.

CONAB. Nova estimativa da Conab para safra de grãos 2024/25 é de 322,53 milhões de toneladas. Disponível em: https://www.conab.gov.br/ultimas-noticias/5821-nova-estimativa-da-conab-para-safra-de-graos-2024-25-e-de-322-53-milhoes-de-toneladas. Acesso em: 9 mar. 2025.

CONAB. Último levantamento da safra 2023/2024 estima produção de grãos em 298,41 milhões de toneladas. Disponível em: https://www.conab.gov.br/ultimas-noticias/5728-ultimo-levantamento-da-safra-2023-2024-estima-producao-de-graos-em-298-41-milhoes-de-toneladas. Acesso em: 28 jan. 2025.

CONFEDERAÇÃO DA AGRICULTURA E PECUÁRIA DO BRASIL. *Guia de Crédito Rural*. Safra 2017/2018.

CONTAG. *Anuário Estatístico da Agricultura Familiar*, ano 3, 2024.

CORRÊA, Arnaldo Luiz; RAÍCES, Carlos. *Derivativos agrícolas*. São Paulo: Globo, 2005.

CORRÊA, Ricardo G. de Farias. *Gestão integrada de riscos no agronegócio:* um modelo para sistemas integrados de produção agropecuária. 2019. Tese (Doutorado em Engenharia) – Universidade Federal do Rio Grande do Sul, Porto Alegre, 2019.

COSTA, Ligia Maura. *OMC e direito internacional do desenvolvimento sustentável*. São Paulo: Quartier Latin, 2013.

COSTA, Mário Júlio de Almeida. *Direito das obrigações*. 10. ed. Coimbra: Almedina, 2006.

CROPLIFE BRASIL. *25 anos de transgênicos no campo:* benefícios ambientais, econômicos e sociais no Brasil. 2023. Disponível em: https://static.poder360.com.br/2024/08/Relatorio_CropLife_Brasil_25_Anos_Transgenicos_2023.pdf. Acesso em: 12 fev. 2025.

CROPLIFE BRASIL. Agricultura regenerativa, uma solução frente às mudanças climáticas. 2024. Disponível em: https://croplifebrasil.org/agricultura-regenerativa/. Acesso em: mar. 2025.

CROPLIFE BRASIL. Projeto de Lei n. 1.459, que dispõe sobre o marco legal dos pesticidas, é aprovado no Senado Federal. 2025. Disponível em: https://croplifebrasil.org/projeto-de-lei-1459-que-dispoe-sobre-o-marco-legal-dos-pesticidas-e-aprovado-no-senado-federal/. Acesso em: 28 jan. 2025.

CROPLIFE BRASIL; FGV. *Desafios e oportunidades para o mercado brasileiro de bioinsumos*, 6 nov. 2024.

CRUZ, G. M.; CARDOSO, V. M. Agricultura Regenerativa: o que há de novo? *Insper*, Clima e Meio Ambiente, 19 fev. 2025. Disponível em: https://agro.insper.edu.br/agro-in-data/artigos/agricultura-regenerativa-o-que-ha-de-novo. Acesso em: mar. 2025.

CRUZ, G. M.; GILIO, L.; JANK, M. S. Novos desafios do comércio agrícola internacional: geopolítica, segurança alimentar e inovação. *Agro Global*, Comércio Internacional, n. 7, dez. 2024.

CRUZ, J. C. *et al*. Plantio direto. *Embrapa*, dez. 2021. Disponível em: https://www.embrapa.br/agencia-de-informacao-tecnologica/cultivos/milho/producao/manejo-do-solo-e-adubacao/sistema-de-manejo-do-solo/plantio-direto. Acesso em: mar. 2025.

CRUZ, Patrick. PIB da bioeconomia já passa de R$ 2,5 trilhões no Brasil. *Valor Econômico*, 2023.

CVM – COMISSÃO DE VALORES MOBILIÁRIOS. *Boletim CVM Agronegócio*, ed. 9, dez. 2024.

CVM – COMISSÃO DE VALORES MOBILIÁRIOS. *Missão, valores e objetivos estratégicos*. Disponível em: https://www.gov.br/cvm/pt-br/acesso-a-informacao-cvm/institucional/missao-valores-e-objetivos-estrategicos. Acesso em: 9 mar. 2025.

CVM – COMISSÃO DE VALORES MOBILIÁRIOS. *O que são direitos creditórios?* Rio de Janeiro, 8 nov. 2022.

DANTAS, Adriana. *Subsídios agrícolas*: regulação internacional. São Paulo: Saraiva, 2009.

DAVIS, John H.; GOLDBERG, Ray A. *A Concept of Agribusiness*. Boston: Harvard University Graduate School of Business Administration, 1957.

DI PIETRO, Maria Sylvia Zanella. *Direito administrativo*. 25. ed. São Paulo: Atlas, 2012, p. 336.

DI PIETRO, Maria Sylvia Zanella. *Uso privativo de bem público por particular*. 2. ed. São Paulo: Atlas, 2010.

DINAMARCO, Cândido Rangel. *Instituições de direito processual civil*. 3. ed. São Paulo: Malheiros, 2009. v. IV.

DINIZ, Maria Helena. *Código Civil anotado*. 14. ed. São Paulo: Saraiva, 2009.

DINIZ, Maria Helena. *Curso de direito civil brasileiro*: direitos das coisas. 25. ed. São Paulo: Saraiva, 2012. v. 4.

EBA – EUROPEAN BANKING AUTHORITY. *Final Report:* Guidelines on the management of environmental, social and Governance (ESG) risk. EBA/GL, jan. 2025. Disponível em: https://www.eba.europa.eu/sites/default/files/2025-01/fb22982a-d69d-42cc-9d-62-1023497ad58a/Final%20Guidelines%20on%20the%20management%20of%20 ESG%20risks.pdf. Acesso em: fev. 2025.

EIZIRIK, Nelson. Emissão pública de valores mobiliários. *In*: EIZIRIK, Nelson. *Aspectos modernos de direito societário*. Rio de Janeiro: Renovar, 1992.

EIZIRIK, Nelson. *Mercado de capitais*: regime jurídico. São Paulo: Quartier Latin, 2019.

EIZIRIK, Nelson. *Reforma das sociedades anônimas e do mercado de capitais*. 2. ed. rev. e aum. Rio de Janeiro: Renovar, 1998.

EIZIRIK, Nelson. *Temas de direito societário*. Rio de Janeiro: Renovar, 2005.

EMBRAPA. Bioeconomia no Brasil pode gerar faturamento de US$ 284 bi anuais. 24 jan. 2023. Disponível em: https://www.embrapa.br/busca-de-noticias/-/noticia/77870291/bioeconomia-no-brasil-pode-gerar-faturamento-de-us-284-bi-anuais. Acesso em: fev. 2025.

EMBRAPA. *Bioeconomia*: a ciência do futuro no presente. Disponível em: https://www.embrapa.br/tema-bioeconomia. Acesso em: 25 set. 2023.

EMBRAPA. *Embrapa Forestry*. Disponível em: https://www.embrapa.br/en/florestas?p_auth=rAxTm4Bu&p_p_id=82&p_p_lifecycle=1&p_p_state=normal&p_p_mode=view&_82_struts_action=%2Flanguage%2Fview&_82_redirect=%2Fen%2Fflorestas%3Fmobile%3D0&_82_languageId=pt_BR. Acesso em: 25 set. 2023.

EMBRAPA. *Forest Code*: Contribuitions for rural environmental compliance. Disponível em: https://www.embrapa.br/en/codigo-florestal. Acesso em: 11 set. 2023.

EMBRAPA. *O futuro da agricultura brasileira*: 10 visões. Brasília: Embrapa, 2023.

EOS DATA ANALYTICS. Sequestro de carbono: como funciona e exemplos. *Gestão de Carbono*, 26 nov. 2024. Disponível em: https://eos.com/pt/blog/sequestro-de-carbono/. Acesso em: mar. 2025.

ESQUERDO, J. C. D. M.; ANTUNES, J. F. G. *Geotecnologias aplicadas no monitoramento agrícola*. Campinas: Embrapa, 2008.

ESQUERDO, J. C. D. M.; ANTUNES, J. F. G. Monitoramento meteorológico-espectral de culturas agrícolas por meio de perfis temporais. *Embrapa Agricultura Digital*, 2009.

ESTADÃO. 'Revolução Verde' começa com taxonomia, mercado de carbono e emissão de títulos. *Época Negócios*, 16 jul. 2023.

FAO. An international consultation on integrated crop-livestock systems for development. The Way Forward for Sustainable Production. *Integrated Crop Management*, v. 13, 2010.

FARINA, E. M. M. Q. Competitividade e coordenação de sistemas agroindustriais: um ensaio conceitual. *Revista Gestão e Produção*, São Carlos, v. 6, n. 3, dez. 1999.

FERNANDES, Marcelo Cama Proença. *Contratos:* eficácia e relatividade nas coligações contratuais. São Paulo: Saraiva, 2014.

FERREIRA, A. L. C. J.; FERREIRA, L. R. Experiências internacionais de seguro rural: as novas perspectivas de política agrícola para o Brasil. *Econômica*, Rio de Janeiro, v. 11, n. 1, p. 131-156, jun. 2009.

FERREIRA, Pinto. *Curso de direito agrário*: de acordo com a Lei n. 8.639/93. São Paulo: Saraiva, 1994.

FERRI, G. *Manuale di diritto commerciale*. 12. ed. Torino: UTET, 2006.

FGV – FUNDAÇÃO GETULIO VARGAS. Acordo Mercosul-EU: o impacto positivo sobre a economia brasileira. *Agroanalysis*, v. 45, n. 1, jan. 2025.

FGV – FUNDAÇÃO GETULIO VARGAS. Macrobioeconomia. 2024. Disponível em: https://agro.fgv.br/sites/default/files/2024-10/MACROBIOECONOMIA_0.pdf. Acesso em: 28 jan. 2025.

FIEB. Por que o marco legal dos bioinsumos é importante para a indústria? *Notícias*, 16 jan. 2025. Disponível em: https://www.fieb.org.br/noticias/por-que-o-marco-legal-dos-bioinsumos-e-importante-para-a-industria/. Acesso em: fev. 2025.

FIELD, Barry C.; FIELD, Martha K. *Introdução à economia do meio ambiente*. 6. ed. Porto Alegre: Bookman, 2014.

FIGUEIREDO, Guilherme José Purvin de. *Curso de direito ambiental*. 5. ed. São Paulo: RT, 2011.

FIORILLO, Celso Antônio Pacheco. *Curso de direito ambiental brasileiro*. 22 ed. São Paulo: Saraiva, 2022.

FORBES. Forbes Mulher Agro: Supersafra de grãos pode levar Brasil a recorde de déficit de armazenagem em 2025. fev. 2025. Disponível em: https://forbes.com.br/forbesagro/2025/02/forbes-mulher-agro-supersafra-de-graos-pode-levar-brasil-a-recorde-de-deficit-de-armazenagem-em-2025/a. Acesso em: 9 mar. 2025.

FORGIONI, Paula A. *Teoria geral dos contratos empresariais*. 2. ed. São Paulo: RT, 2010.

FRAGA, Afonso. *Direitos reais de garantia*. São Paulo: Saraiva, 1993.

FRANCO, Vera Helena de Mello. Seguros de danos. *In*: FRANCO, Vera Helena de Mello. *Contratos*: direito civil e empresarial. São Paulo: RT, 2009. p. 308-319.

FURTADO, Rogério. Agribusiness *brasileiro:* a história. São Paulo: Evoluir Cultural, 2002.

FUTURES INDUSTRY INSTITUTE. *Curso de futuros e opções*. São Paulo: BM&F, 2008.

FUX, Luiz. *O novo processo civil brasileiro:* direito em expectativa. Rio de Janeiro: Forense, 2011.

GEBREKIDAN, Selam; APUZZO, Matt; NOVAK, Benjamin. Subsídio da EU financia oligarcas e populistas. *O Estado de São Paulo*, Economia, 22 nov. 2019.

GHELER-COSTA, Carla; LOPES, Juliana; CRUZ, Gabriela Mota da. *Agricultura regenerativa no Brasil:* desafios e oportunidades. Consultoria: São Paulo: CEBDS, 2023. Disponível em: https://cebds.org/publicacoes/agricultura-regenerativa-no-brasil-desafios-e-oportunidades/. Acesso em: 8 jul. 2025.

GHODSI, Mahdi. *The Role of Specific Trade:* Concerns Raised on TBTs in the Import of Products to the EU, USA and China. Viena: Vienna Institute For International Economic Studies, 2015.

GILIO, Leandro. O estreitamento das relações entre o Brasil e a China no agronegócio. *Insper Agro Global*, São Paulo, 22 mar. 2023.

GISCHKOW, Emílio Alberto Maya. *Princípios de direito agrário*: desapropriação e reforma agrária. São Paulo: Saraiva, 1988.

GOLDBERG, R. A. *Food Citizenship:* food system advocates in an era of distrust. New York: Oxford University Press, 2018.

GOLDBERG, Ray; BIRD, Kermit Molyneaux; ARTHUR, Henry B. *The Technological Front in the Food and Fiber Economy*. Washington, DC: National Advisory Commission on Food and Fiber, 1968.

GOMES, Orlando. *Contratos*. Atualizadores Antônio Junqueira de Azevedo e Francisco Paulo de Crescenzo Marino. Coordenador Edvaldo Brito. 26. ed. Rio de Janeiro: Forense, 2007.

GONZALEZ, Bernardo Celso R.; MARQUES, Pedro Valentim. A Cédula de Produto Rural: CPR e seus ambientes contratual e operacional. *Estudos Econômicos*, São Paulo, v. 29, n. 1, p. 65-94, jan. 1999.

GRANER, Fabio. Estoque de capital estrangeiro cresce US$ 154,4 bi em um ano. *Valor Econômico*, 22 nov. 2019.

GRAU, Eros Roberto. Notas a respeito do direito do planejamento: uma hipótese a discutir. *Revista de Direito Público*, v. 8, n. 41-42, 1979.

GRAZIANO NETO, Francisco. Direito agrário. *O Estado de S.Paulo*, São Paulo, 11 ago. 2009.

GRIZZI, Ana Luci Esteves. *Responsabilidade civil ambiental dos financiadores*. Rio de Janeiro: Lumen Juris, 2003.

GUEDES, Josefina Maria M. M. Antidumping, *subsídios e medidas compensatórias*. 3. ed. São Paulo: Aduaneiras, 2002.

HAGE, Fábio Augusto Santana, PEIXOTO, Marcus, VIEIRA FILHO, José Eustáquio Ribeiro. *Aquisição de terras por estrangeiros no Brasil:* uma avaliação jurídica e econômica. Brasília: Senado Federal, 2012.

HARFUCH, Leila; LOBO, Gustavo Dantas; GOMES, Ricardo. Gestão de riscos, seguro rural e paisagem: caminhos para a inovação. *Agroanlysis*, v. 42, n. 11, nov. 2022.

HARTUNG, Paulo. Política ambiental como motor social. *O Estado de S.Paulo*, 4 jul. 2023.

HIRAKURI, M. H. *et al*. Sistemas de produção: conceitos e definições no contexto agrícola. *Documentos*, Londrina, n. 335, 2012.

HUBERMAN, Leo. *História da riqueza do homem*. 21. ed. Rio de Janeiro: LTC, 1986.

IBAMA – INSTITUTO BRASILEIRO DO MEIO AMBIENTE E DOS RECURSOS NATURAIS RENOVÁVEIS. Registro Especial Temporário (RET). Disponível em: https://www.gov.br/ibama/pt-br/assuntos/quimicos-e-biologicos/agrotoxicos/registros/registro-especial-temporario-ret. Acesso em: fev. 2025.

IBGE. Indicadores IBGE. *Levantamento sistemático da produção agrícola:* estatística da produção agrícola. 14 jan. 2025. Disponível em: https://agenciadenoticias.ibge.gov.br/

media/com_mediaibge/arquivos/42a86ef6d8cbdb0a25e13cdc830799e6.pdf. Acesso em: fev. 2025.

IBGE. *Síntese de indicadores sociais:* uma análise das condições de vida da população brasileira. Rio de Janeiro, 2018.

ICC – INTERNATIONAL CHAMBER OF COMMERCE BRASIL. WayCarbon. Oportunidades para o Brasil em Mercados de Carbono – Relatório 2021. Disponível em: https://www.iccbrasil.org/wp-content/uploads/2021/10/oportunidades-para-o-brasil-em-mercados-de-carbono_icc-br-e-waycarbon_29_09_2021.pdf. Acesso em: fev. 2024.

IEA BIOENERGY. Evaluation of the Brazilian RenovaBio conversion-free criteria on land use change emissions: Brazilian Biofuel Program and the use of the risk-management approach. *Biofuel*, nov. 2024.

INPI. *Boletim Mensal de Propriedade Industrial:* estatísticas preliminares. Rio de Janeiro, mar. 2022.

INSPER AGRO. Efeito poupa-terra: produtividade é a chave para a sustentabilidade ambiental do agro brasileiro. Agro in Data. Disponível em: https://agro.insper.edu.br/agro-in-data/artigos/efeito-poupa-terra-produtividade-e-a-chave-para-a-sustentabilidade-ambiental-do-agro-brasileiro. Acesso em: 28 jan. 2025.

KARAM, Munir. O contrato de seguro no projeto do Código Civil. *Revista do Advogado*, n. 47, mar. 1996.

KOHL, J.; POSTMA, J.; NICOT, P.; RUOCCO, M.; BLUM, B. Stepwise screening of microorganisms for commercial use in biological control of plant pathogenic funghi and bacteria. *Biological Control*, v. 57, p. 1-12, 2011.

KOTLER, P. et al. *Principles of marketing*. 4. ed. New Jersey: Prentice Hall Europe, 2005.

KUPFER, David; HASENCLEVER, Lia. *Economia industrial:* fundamentos teóricos e práticos no Brasil. Rio de Janeiro: Campus, 2002.

LANDES, William M.; POSNER, Richard A. *The Economic Structure of Intellectual Property Law*. Cambridge/London: The Belknap Press of Harvard University Press, 2003.

LAZZARINI, Sérgio. A indústria virou suco? Veja, 1º nov. 2017.

LEÃES, Luís Gastão Paes de Barros. O conceito de "security" no direito norte-americano e o conceito análogo no direito brasileiro. *Revista de Direito Mercantil, Industrial, Econômico e Financeiro*, v. 13, n. 14, p. 41-60, 1974.

LEIRIÃO FILHO, J. A. *Recuperação judicial no agronegócio e as alterações pela Lei n. 14.112/2020 ao produtor rural em crise*. São Paulo: Quartier Latin, 2024. p. 90.

LEITÃO, Luís Manuel Teles de Menezes. *Garantias das obrigações*. 2. ed. Coimbra: Almedina, 2008.

LENNON, Seane. Recuperações judiciais no agro quase triplicam em 2024. *Agrolink*, 1º abr. 2025. Disponível em: https://www.agrolink.com.br/noticias/recuperacoes-judiciais-no-agro-quase-triplicam-em-2024_500735.html. Acesso em: abr. 2025.

LIMA, C. Z.; PINTO, T. P.. *PIB da bioeconomia*. Observatório de Conhecimento e Inovação em Bioeconomia. São Paulo: Fundação Getulio Vargas, 2022.

LIMA, R. Os desafios para o Roadmap de financiamento climático. *Broadcast*, 27 mar. 2025. Disponível em: https://agroicone.com.br/wp-content/uploads/2025/03/rodrigolima-marco25.pdf. Acesso em: fev. 2025.

LOPES, M. Brasil fecha ano com 125 Indicações Geográficas. *Agência Sebrae de Notícias*. Nacional: 26 dez. 2024. Disponível em: https://agenciasebrae.com.br/cultura-empreendedora/brasil-fecha-ano-com-125-indicacoes-geograficas/. Acesso em: 4 fev. 2025.

LOPES, Maurício Antônio. Escolhas estratégicas para o agronegócio brasileiro. *Revista de Política Agrícola*, ano XXVI, n. 1, jan./fev./mar. 2017.

LOTURCO, Roseli. Instituições aprimoram operações de crédito sustentável. *Valor Econômico*, São Paulo, mar. 2023.

LOUBET, Leonardo Furtado. *Tributação federal no agronegócio*. São Paulo: Noeses, 2017.

LOUREIRO, Luiz Guilherme. *Contratos no novo Código Civil*. 2. ed. São Paulo: Método, 2004.

LUHMANN, Niklas. *Direito da sociedade*. São Paulo: Martins Fontes, 2011.

LUSTOSA, Maria Cecília J.; YOUNG, Carlos Eduardo F. Política ambiental. *In*: KUPFER, David; HASENCLEVER, Lia. *Economia industrial*: fundamentos teóricos e práticos no Brasil. Rio de Janeiro: Campus, 2002.

MACHADO FILHO, Cláudio Antonio Pinheiro; MARINO, Matheus Kfouri; CONEJERO, Marco Antônio. Gestão estratégica em cooperativas agrícolas. *In*: IV CONGRESSO INTERNACIONAL DE ECONOMIA E GESTÃO DE REDES AGROALIMENTARES. Faculdade de Economia, Administração e Contabilidade de Ribeirão Preto, da Universidade de São Paulo, *Anais [...]* 2013. p. 2-13.

MACHADO, Paulo Affonso Leme. *Direito ambiental brasileiro*. 27. ed. Salvador: JusPodivm, 2020.

MAGALHÃES, Luiz Roberto Paranhos de. *Subsídios na disciplina da Organização Mundial do Comércio – OMC:* a necessidade de maior liberdade para a ação governamental nos países em desenvolvimento. Rio de Janeiro: Forense, 2007.

MAMEDE, Gladston. *Direito empresarial brasileiro*: títulos de crédito. 5. ed. São Paulo: Atlas, 2009. v. 3.

MAMEDE, Gladston. *Direito empresarial brasileiro*: títulos de crédito. 5. ed. São Paulo: Atlas, 2009. v. 3.

MAMEDE, Gladston; MAMEDE, Eduarda Cotta. Holding *familiar e suas vantagens*. 6. ed. São Paulo: Atlas, 2014.

MANIGLIA, Elisabete. Atendimento da função social pelo imóvel rural. *In*: ARROSO, Lucas Abreu; MIRANDA, Alcir Gursen de; SOARES, Mário Lúcio Quintão (org.). *O direito agrário na Constituição*. 3. ed. rev., atual. e ampl. Rio de Janeiro: Forense, 2013.

MARCONDES, Sylvio. *Problemas de direito mercantil*. São Paulo: Max Limonad, 1970.

MARQUES, Claudia Lima. *Contratos no Código de Defesa do Consumidor:* o novo regime das relações contratuais. 5. ed. São Paulo: RT, 2005.

MARQUES, Pedro Valentim; MARTINES FILHO, João; MELLO, Pedro. *Mercados futuros agropecuários*. São Paulo: Campus, 2008.

MARTINS-COSTA, Judith. Reflexões sobre o princípio da função social dos contratos. *Revista Direito GV*, v. 1, n.1, maio/out. 2005.

MARTINS, Fran. *Títulos de crédito I*. 3. ed. Rio de Janeiro: Forense, 1983.

MASSENO, Manuel David. Novas variações sobre um dos temas de direito agrário industrial. *In*: II CONGRESO EUROPEO Y I IBEROAMERICANO DE DERECHO AGRARIO, 1999, Almeria. *Boletim do Ministério da Justiça* – Documentação e Direito Comparado, 1997.

MATOS, Alan Kardec Veloso de. Cooperativismo e agronegócio. *In*: QUEIROZ, João Eduardo Lopes; SANTOS, Márcia Walquiria Batista dos (coord.). *Direito do agronegócio*. 2. ed. ampl. Belo Horizonte: Fórum, 2011.

MATTOS FILHO, Ary Oswaldo. O conceito de valor mobiliário. *Revista de Administração de Empresas*, v. 25, n. 2, p. 37-51, 1985.

MATTOS FILHO, Ari Oswaldo. O conceito de valor mobiliário. *Revista de Direito Mercantil*, São Paulo, n. 59, 1985.

MATTOS, Paulo Todescan Lessa. *Direito, regulação e economia:* estudos para o debate brasileiro. São Paulo: RT, 2017.

MAZON, Cassiano; ISSA, Rafael Hamze. Adoção e implementação das práticas ESG (*environmental, social and governance*) pelas empresas estatais. *Cadernos da Escola Paulista de Contas Públicas*, São Paulo, v. 1, p. 35-52, 1º sem. 2022.

MEIJERINK, Gerdien; ROZA, Pim. *The role in agriculture in economic development*. Stichting DLO: Wageningen, 2007.

MELO, José Eduardo Soares de. *Contratos e tributação:* noções fundamentais. São Paulo: Malheiros, 2015.

MESSINEO, Francesco. *Operazioni di borsa e di banca*. 2. ed. Milano: Giuffrè, 1954.

MILARÉ, Édis. *Direito do ambiente*. 5. ed. rev., atual. e ampl. São Paulo: RT, 2007.

MILARÉ, Édis. *Direito do ambiente*. 10. ed. São Paulo: RT, 2015.

MAPA – MINISTÉRIO DA AGRICULTURA E PECUÁRIA. Brasil avança no setor de biocombustíveis. Brasília, 12 jul. 2021. Disponível em: https://www.gov.br/pt-br/noticias/energia-minerais-e-combustiveis/2021/07/brasil-avanca-no-setor-de-biocombustiveis. Acesso em: fev. 2025.

MAPA – MINISTÉRIO DA AGRICULTURA E PECUÁRIA. *Programa de Subvenção ao Prêmio do Seguro Rural*. Brasília, 2024. Disponível em: https://www.gov.br/

agricultura/pt-br/assuntos/riscos-seguro/seguro-rural/dados/relatorios/RelatorioGeralPSR2023.pdf. Acesso em: fev. 2024.

MAPA – MINISTÉRIO DA AGRICULTURA E PECUÁRIA. Produtor rural e empresas do agro poderão participar de cadastro para buscar investimentos estrangeiros. set. 2022. Disponível em: https://agro2.com.br/agricultura/produtor-rural-e-empresas-do-agro-podem-se-cadastrar-para-buscar-investimentos-estrangeiros-veja-como/#:~:text=A%20partir%20de%20agora%2C%20produtores,Pecu%C3%A1ria%20e%20Abastecimento%20(Mapa). Acesso em: 4 set. 2023.

MAPA – MINISTÉRIO DA AGRICULTURA E PECUÁRIA. *Relatório PSR 2023:* programa de Subvenção ao Prêmio do Seguro Rural. Brasília, 2024. Disponível em: https://www.gov.br/agricultura/pt-br/assuntos/riscos-seguro/seguro-rural/dados/relatorios/RelatorioGeralPSR2023.pdf. Acesso em fev. 2024.

MINISTÉRIO DA SAÚDE. In natura, *processados, ultraprocessados*: conheça os tipos de alimento. Disponível em: https://www.gov.br/saude/pt-br/assuntos/saude-brasil/eu-quero-me-alimentar-melhor/noticias/2021/in-natura-processados-ultraprocessados-conheca-os-tipos-de-alimento. Acesso em: 10. jul. 2023.

MINISTÉRIO DE MINAS E ENERGIA. Metas preliminares para 2025 de redução de emissão de gases causadores do efeito estufa. Agência Nacional do Petróleo, Gás Natural e Biocombustíveis, 24 dez. 2024. Disponível em: https://www.gov.br/anp/pt-br/assuntos/renovabio/metas-preliminares-para-2025-de-reducao-de-emissao-de-gases-causadores-do-efeito-estufa. Acesso em: fev. 2025.

MIRANDA, Evaristo de. *Os territórios da agropecuária brasileira:* 40 anos de pesquisa e inovação. Campinas/SP: Embrapa Territorial, 2021.

MIRANDA, Maria Bernadete. *Títulos de crédito*. Rio de Janeiro: Forense, 2006.

MITIDIERI, Francisco José; MEDEIROS, Josemar Xavier de. Zoneamento agrícola de risco climático: ferramenta de auxílio ao seguro rural. *Revista de Política Agrícola*, ano XVII, n. 4, p. 33-46, out./nov./dez. 2008.

MOKYR, Joel. *A culture of growth:* the origins of the modern economy. Princeton, New Jersey: Princeton, 2017.

MONTIGAUD, J. C. *Les filieres fruits et legumes et la grande distribution:* Méthodes d'analyse et resultants. Montpellier, France: Centre International de Hautes Études Agronomiques Mediterraneennes, 1991.

MORAES, A. *et al.* Integrated crop-livestock systems in the Brazilian subtropics. *European Journal of Agronomy*, v. 57, p. 4-9, 2014.

MORATH, T. *TRQs have little impact in EU market acces, while CEEs may benefit*. Washington: Market and Trade Economics Division, Economic Research Service, U.S. Department of Agriculture, Washington, 1997.

MOREIRA NETO, Diogo de Figueiredo. *Curso de direito administrativo*. 16. ed. Rio de Janeiro: Forense, 2014.

MORVAN, Y. Filière de production. *In*: MORVAN, Yves. *Fondements d'Economie Industrielle*. 2 ed. Paris: Economica, 1991.

MOSQUEIRA, Roberto Quiroga. *Tributação no mercado financeiros e de capitais*. São Paulo: Dialética, 1999.

MOTA, Carlos Guilherme (org.). *Viagem incompleta:* a experiência brasileira. 2. ed. São Paulo: Senac, 2000.

MUNHOZ, Leonardo. Bioinsumos no Brasil e insegurança jurídica. *Agroanalysis*, v. 44, n. 8, ago. 2024.

MUNHOZ, Leonardo. Código Florestal como Exemplo para a União Europeia. *Agroanalysis*, Sustentabilidade, v. 44, n. 5, p. 31-33, maio 2024. Disponível em: https://periodicos.fgv.br/agroanalysis/article/view/91245. Acesso em: fev. 2025.

NATURE FINANCE; FGV EAESP. *A bioeconomia global*. maio 2024. Disponível em: https://www.naturefinance.net/wp-content/uploads/2024/05/POR-ABioeconomiaGlobal_FINAL.pdf. Acesso em: fev. 2025.

NEGRI, João Alberto de; ARBACHE, Jorge Saba; SILVA, Maria Luiza Falcão. *A formação da ALCA e seu impacto no potencial exportador brasileiro para os mercados dos Estados Unidos e do Canadá*. Brasília: Ipea, 2003.

NERY, Rosa Maria de Andrade; NERY JR., Nelson. *Instituições de direito civil*: direitos patrimoniais e reais. São Paulo: RT, 2016. 5 v.

NEVES, J.; BONISOLO, I. O Marco Legal dos Bioinsumos e seus impactos no setor agrícola. *Jota*, Agro, 8 jan. 2025. Disponível em: https://www.jota.info/artigos/o-marco-legal-dos-bioinsumos-e-seus-impactos-no-setor-agricola. Acesso em: fev. 2025.

NEVES, Marcos Fava. *Food and Agribusiness in 2023*: a roadmap. The Netherlands: Wageningen Academic Publishers, 2020..

NEVES, Marcos Fava. Os biológicos, bioinsumos e bioprodutos: um mar de oportunidades. *Revista Veja*, 23 nov. 2023.

NEVES, Marcos Fava; SPERS, Eduardo Eugênio. *Agribusiness*: a origem, os conceitos e tendências na Europa. *In*: MACHADO FILHO, Claudio A. Pinheiro. Agribusiness *europeu*. São Paulo: Pioneira, 1996.

NORTH, Douglas C. Institutions. *Journal of Economic Perspectives*, v. 5, n. 1, p. 97-112, 1991.

NYSE; INFI. ESG Radar 2023. Disponível em: https://www.infosys.com/about/esg-radar-report/esg-radar-report-2023.pdf. Acesso em: fev. 2025.

OECD. The *Bioeconomy to 2030:* Designing a Policy Agenda. 2009. Disponível em: https://www.oecd.org/en/publications/the-bioeconomy-to-2030_9789264056886-en.html. Acesso em: fev. 2025.

OIOLI, Erik F.; FALEIROS, Vanessa Zampolo. Transferência e retenção de riscos na securitização de recebíveis. *In*: CANTIDIANO, Luiz Leonardo; MUNIZ, Igor. *Temas de direito bancário e do mercado de capitais*. Rio de Janeiro: Renovar, 2014.

OLIVA, Milena Donato. *Do negócio fiduciário à fidúcia*. São Paulo: Atlas, 2014.

OLIVEIRA, Anglizey Solivan de. O papel do administrador na recuperação judicial do produtor rural. *In*: SCALZILLI, João Pedro; BERNIER, Joice Ruiz (org.). *O administrador judicial e a reforma da Lei 11.101/2005*. São Paulo: Almedina, 2022.

OLIVEIRA, Fernando A. Albino de. Contratos futuros: características jurídicas e regulação dos mercados futuros. *Revista de Direito Público*, ano XXI, n. 87, p. 224-228, jul./set. 2008.

OLIVEIRA, Marcos Cavalcante de. *Moeda, juros e instituições financeiras*: regime jurídico. 2. ed. rev. e atual. Rio de Janeiro: Forense, 2009.

OMPI – ORGANIZAÇÃO MUNDIAL DE PROPRIEDADE INTELECTUAL. *Patents*. 2018. Disponível em: http://www.wipo.int/patents/en/index.html. Acesso em: 4 fev. 2025.

OMPI; WIPO. *Intellectual Property Handbook*. 2. ed. Genebra: WIPO, 2008.

OPTIZ, Oswaldo. *Tratado de direito agrário brasileiro*. São Paulo: Saraiva, 1983.

OPITZ, Silvia C. B.; OPITZ, Oswaldo. *Curso completo de direito agrário*. 7. ed. rev. e atual. São Paulo: Saraiva, 2013.

ORIOLI, Álvaro Luiz; YOSHII, Kazuhiro. Monitoramento do uso e ocupação do solo. *In*: YOSHII, Kazuhiro; CAMARGO, Amabílio J. A. de; ORIOLI, Álvaro Luiz (org.). *Monitoramento ambiental nos projetos agrícolas do Proceder*. Planaltina: Embrapa, 2000.

ORTIZ, Carlos *et al*. Propensity for premature filing for judicial financial recovery in large--scale agriculture in Brazil. *Internacional Food and Agribusiness Management Review*, v. 24, Issue 4, 2021.

ORTIZ, Carlos; MELO, Fabiano. A alta disponibilidade de crédito, quando influenciada pela inflação do valor da terra, também deixa o agronegócio sensível a choques de fundamentos. *Agroanalysis*, Rio de Janeiro, v. 37, n. 3, p. 12-14, mar. 2017. Disponível em: https://periodicos.fgv.br/agroanalysis/issue/download/4184/2163.

PAJARDI, Piero. *Radici e ideologie del fallimento*. 2. ed. Milano: Giuffrè, 2002.

PATTON, C.; SAWICKI, D. Basic *Methods of policy analysis and planning*. New Jersey/US: Prentice-Hall, 1993.

PAULILLO, Luiz Fernando. Sobre o desenvolvimento da agricultura brasileira: concepções clássicas e recentes. *In*: BATALHA, Mário Otávio (org.). *Gestão agroindustrial*. 3. ed. São Paulo: Atlas, 2007. v. 1.

PERANTONI, Marianna. *Os subsídios no sistema OMC e a defesa comercial no Brasil*. Rio de Janeiro: Lumen Juris, 2014.

PEREIRA, Caio Mário da Silva. *Instituições de direito civil*. 12. ed. Rio de Janeiro: Forense, 2005.

PEREIRA, Caio Mário da Silva. *Instituições de direito civil*. 25. ed. Rio de Janeiro: Forense, 2017. v. 4.

PEREIRA, Caio Mário da Silva. *Instituições de direito civil*: direitos reais. 20. ed. Rio de Janeiro: Forense, 2009. v. 4.

PÊSSOA, André (org.). *Impactos econômicos do Parecer da AGU (Advocacia-Geral da União), que impõe restrições à aquisição e arrendamento de terras agrícolas por empresas brasileiras com controle de capital detido por estrangeiros*. São Paulo: Agroconsult, 2019.

PINAZA, Luiz Antônio. A palavra é reforma. *Revista Globo Rural*, 1.º fev. 2013.

PIRES, Antonio Cecílio Moreira. *Manual de direito administrativo*. São Paulo: 2002.

PLAZA, Charlene Maria Coradini de Ávila; CARRARO, Fábio. Propriedade intelectual – patentes e cultivares. *In*: PLAZA, Charlene Maria Coradini de Ávila; DEL NERO, Patrícia Aurélia; TARREGA, Maria Cristina Vidotte Blanco; SANTOS, Nivaldo dos (org.). *Propriedade intelectual na agricultura*. São Paulo: Fórum, 2012.

POLETTO, Gladimir Adriani. *O seguro-garantia*: eficiência e proteção para o desenvolvimento. São Paulo: Roncarati, 2021.

POLETTO, Gladimir. *O seguro garantia*: em busca de sua natureza jurídica. Rio de Janeiro: Funseg, 2003.

PONTES DE MIRANDA, Francisco Cavalcanti. *Tratado de direito privado*. Rio de Janeiro: Borsoi, 1964. v. 45.

PORTAL DO INVESTIDOR. O que são valores mobiliários. 25 out. 2022. Disponível em: https://www.gov.br/investidor/pt-br/investir/como-investir/conheca-o-mercado-de--capitais/o-que-sao-valores-mobiliarios. Acesso em: 31 jul. 2023.

PORTAL DO INVESTIDOR. *O Sistema Financeiro Nacional*. 2022. Disponível em: https://www.gov.br/investidor/pt-br/investir/como-investir/conheca-o-mercado-de-capitais/sistema-financeiro-nacional. Acesso em: 31 jul. 2023.

PORTILHO, R. Magnino Rosa; SANT'ANNA, L. da SILVA Análise econômica do direito e propriedade intelectual: a contribuição de Posner & Landes. *Revista de Direito Econômico e Socioambiental*, [S. l.], v. 9, n. 1, p. 355-379, 2018. DOI: 10.7213/rev.dir.econ.soc.v9i1.18997. Disponível em: https://periodicos.pucpr.br/direitoeconomico/article/view/18997. Acesso em: 27 out. 2022.

PRESSINOTT, Fernanda. Exportações da bioeconomia crescem 49,4% em 2022, diz FGV. *Valor Econômico*, 2023.

PROLO, C. D.; PENIDO, G.; SANTOS, I. T., LA HOZ THEUER, S. *Explicando os mercados de carbono na era do Acordo de Paris*. Rio de Janeiro: Instituto Clima e Sociedade, 2021.

QUANTUM. Investimento estrangeiro: histórico na bolsa brasileira. Disponível em: https://quantumfinance.com.br/estrangeiros-fogem-da-bolsa-brasileira-em-2024-veja-historico/. Acesso em: fev. 2025.

RADIOFREEEUROPE; RADIOLIBERTY. Which countries have the most vegetarians? *RFE/RL'S Infographics*, 21 jan. 2019. Disponível em: https://www.rferl.org/a/which-countries-have-the-most-vegetarians/29722181.html. Acesso em: fev. 2025.

RALLY DA SAFRA 2025. Largada etapa soja: por que a safra 2024/25 tem tudo para ser a maior da história? 16 jan. 2025. Disponível em: file:///C:/Users/IBDA02/Downloads/1736985557361Ebook_Largada%2520Soja%2520RS_2025.pdf. Acesso em: fev. 2025.

REALE, Miguel. *Memórias*. São Paulo: Saraiva, 1987.

REBOUÇAS, Helder. "Revisaço" regulatório e defesa agropecuária. *Carta Agro*, ano II, n. 6, jun. 2020.

REBOUÇAS, Helder. Segurança jurídica do agronegócio. *Valor Econômico*, 2 jun. 2017.

REINHARD, Yves; CHAZAL, Jean-Pascal. *Droit Commercial*. 6. ed. Paris: Litec, 2001.

REPORT of the world commission on environment and development: our common future. 1991. https://sustainabledevelopment.un.org/content/documents/5987our-common-future.pdf. Acesso em: fev. 2025.

REQUIÃO, Rubens. *Curso de direito comercial*. 20. ed. São Paulo: Saraiva, 1991.

REQUIÃO, Rubens. *Curso de direito comercial*. 25. ed. rev. e atual. São Paulo: Saraiva, 2008. v. 2.

RIZZARDO, Arnaldo. *Curso de direito agrário*. São Paulo: RT, 2013.

RIZZARDO, Arnaldo. *Direito do Agronegócio*. Rio de Janeiro: Forense, 2018.

ROCHA, Mauro Antônio. *O regime da afetação patrimonial na incorporação imobiliária*. IRIB. 2006.

RODRIGUES, Marcos; MARQUEZIN, William Ricardo. CPR como instrumento de crédito e comercialização. *Revista de Política Agrícola*, Brasília, ano XXXIII, n. 2, abr./jun. 2014.

RODRIGUES, Roberto. A importância do multilateralismo. *Agroanalysis*, V. 42, N. 7, jul. 2022.

RODRIGUES, Silvio. *Direito civil*: direito das coisas. São Paulo: Saraiva, 1993. v. 5.

RODRIGUES, Sofia Nascimento. *A proteção dos investidores em valores mobiliários*. Coimbra: Almedina, 2001.

ROSA JÚNIOR, Luiz Emygdio da. *Títulos de crédito*. 4. ed. Rio de Janeiro: Renovar, 2006.

ROSENVALD, Nelson. *Direitos RReais*. Rio de Janeiro: Lumen Juris, 2012.

ROTH, Alvin E. *Como funcionam os mercados*: a nova economia das combinações e do desenho de mercado. Tradução Isa Mara Lando e Mauro Lando. São Paulo: Portfolio-Penguin, 2016.

SACRAMONE, Marcelo Barbosa. Os direitos do compromissário comprador diante da falência ou recuperação judicial do incorporador de imóveis. *Revista de Direito Bancário e do Mercado de Capitais*, São Paulo, ano 20, v. 76, p. 173-193, abr./jun. 2017.

SALOMÃO FILHO, Calixto. Breves acenos para uma análise estruturalista do contrato. *Revista de Direito Mercantil, Industrial, Econômico e Financeiro*, n. 141, p. 7-30, jan./mar. 2006.

SALOMÃO FILHO, Calixto. *O novo direito societário*. 3. ed. rev. e ampl. São Paulo: Malheiros, 2006.

SALOMÃO FILHO, Calixto. Regulação da atividade empresarial para o desenvolvimento. *In*: SALOMÃO FILHO, Calixto. *Regulação e desenvolvimento*: novos temas. São Paulo: Malheiros, 2012.

SALOMÃO FILHO, Calixto. *Regulação e desenvolvimento*: novos temas. São Paulo: Malheiros, 2012.

SANTOS, L. L. G.; RIBEIRO, P. H. C.; SÁ, C. D.; GILIO, L. Tempos de crise: uma análise das manifestações agrícolas na Europa. *Agro Global*, Meio Ambiente, n. 3, jun. 2024.

SANTOS, Wellington Gomes dos; MARTINS, João Isídio Freitas. O zoneamento agrícola de risco climático e sua contribuição à agricultura brasileira. *Revista de Política Agrícola*, Brasília, v. 25, n. 3, jul. 2016.

SCAFF, Fernando Campos. *Direito agrário*: origens, evolução e biotecnologia. São Paulo: Atlas, 2012.

SECCHI, Leonardo. *Análise de políticas públicas:* diagnóstico de problemas, recomendação de soluções. São Paulo: Cengage Learning, 2021.

SENAR. Rotação de culturas melhora fertilidade do solo e aumenta produtividade. 31 maio 2022. Disponível em: https://www.cnabrasil.org.br/noticias/rotacao-de-culturas-melhora-fertilidade-do-solo-e-aumenta-produtividade#:~:text=O%20uso%20de%20rota%C3%A7%C3%A3o%20de,a%20renda%20do%20produtor%20rural. Acesso em: mar. 2025.

SERAFIM, Milena Pavan. *Agricultura familiar no Brasil:* um panorama sobre a política e as instituições. São Paulo: Annablume, 2015.

SERASA EXPERIAN. *Recuperações judiciais no agronegócio*. 28 jun. 2024.

SEROA DA MOTTA, R. *Oportunidades e barreiras no financiamento de soluções baseadas na natureza*. Rio de Janeiro: CEBDS, 2020.

SERVIÇOS E INFORMAÇÕES DO BRASIL. Contratar plataforma para emissão de Crédito de Descarbonização (CBio). jan. 2023. Disponível em: https://www.gov.br/pt-br/servicos/contratar-plataforma-para-emissao-de-creditos-de-descarbonizacao-cbio. Acesso em: set. 2023.

SHARMA, Kriti. World Vegetarian Day 2024: List of Countries with Highest Rates of Vegetarianism. *Jagran Josh*, Explainer, 1º out. 2024. Disponível em: https://www.jagranjosh.com/general-knowledge/list-of-countries-with-highest-rates-of-vegetarianism-1727769970-1. Acesso em: fev. 2025.

SHIBUYA, Daniel Hideki *et al. Monitoramento agrícola para análise de mudança do uso da terra em Alto Taquari-MT*. Campinas: Embrapa, 2023.

SILVA, Andrea Lago da; SPERS, Eduardo Eugênio. Marketing aplicado ao agronegócio. *In*: BATALHA, Mário Otávio (coord.). *Gestão agroindustrial*. 4. ed. São Paulo: Atlas, 2021.

SILVA, C. B. S.; FERREIRA, E. F.; COELHO, N. T.; SOUZA, E. P. Uso e efeito dos bioinsumos na agricultura. *In*: MELO, Julio. *Ciências agrárias:* o avanço da ciência no Brasil. São Paulo: Editora Científica Digital, 2022. p. 194-205.

SILVA, Clóvis do Couto e. *A obrigação como processo*. Rio de Janeiro: Editora FGV, 2006.

SILVA, Ovídio A. Baptista da. *Curso de processo civil*. 3. ed. Rio de Janeiro: Forense, 2008. v. 1, t. 2.

SILVA, S. W.; GONÇALVES, J. E.; SOUZA, D. V. R.; PEREIRA, W. F.; FONSECA, L. R. Sistema Financeiro Nacional Brasileiro: contexto, estrutura e evolução. *Revista da Universidade Vale do Rio Verde*, v. 14, n. 1, 2016.

SIQUEIRA, Thiago Ferreira. *A responsabilidade patrimonial no novo sistema processual civil*. São Paulo: RT, 2016.

SNPA – SISTEMA NACIONAL DE PESQUISA AGROPECUÁRIA. *Relatório executivo*. 2023. Disponível em: https://www.embrapa.br/busca-de-publicacoes/-/publicacao/1159355/snpa-grupo-de-estudos-avancados-de-aprimoramento-do-sistema-nacional-de-pesquisa-agropecuaria-relatorio-executivo. Acesso em fev. 2025.

SODERO, Fernando Pereira. *Direito agrário e reforma agrária*. São Paulo: Legislação Brasileira, 1968.

SOUZA, M. N. *et al*. Agricultura regenerativa: abordagens, técnicas e práticas conservacionistas de água e solo no Sítio Jaqueira Agroecologia. *In*: SOUZA, M. N. (org.). *Tópicos em recuperação de áreas degradadas*. Mérida Publishers CC-BY 4.0, 2024. v. VIII, p. 68-97.

SOUZA, Washington Peluso Albino de. Conceito e objeto do direito econômico. *Revista da Faculdade de Direito da UFMG*, Belo Horizonte, n. 16, v. 24, p. 26-28, maio 1976.

STATISTA. Leading cities in Brazil as of June 2024, by number of vegetarians, vegans and supporters. *Consumer Goods & FMCG, Food & Nutrition*. Disponível em: https://www.statista.com/statistics/873904/brazil-vegetarians-vegans-cities/. Acesso em: fev. 2025.

STEIN, J.; USHER, S.; LAGATTUTA, D.; YOUNGEN, J. A comparables approach to measuring Cash-Flow-at-Risk for non-financial firms. *Journal of Applied Corporate Finance*, v. 13, n. 4, p. 8, Winter 2001.

SUSEP – SUPERINTENDÊNCIA DE SEGUROS PRIVADOS. Setor de seguros cresce 12,3% até novembro de 2024. Finanças, Impostos e Gestão Pública, 15 jan. 2025. Disponível em: https://www.gov.br/susep/pt-br/central-de-conteudos/noticias/2025/janeiro/setor-de-seguros-cresce-12-3-ate-novembro-de-2024. Acesso em: fev. 2025.

SZTAJN, Rachel. *Teoria jurídica da empresa*: atividade empresária e mercados. 2. ed. São Paulo: Atlas, 2010.

SZTAJN, Rachel; VERÇOSA, Haroldo Malheiros Duclerc. A disciplina do aval no novo Código Civil. *Revista de Direito Mercantil, Industrial, Econômico e Financeiro*, v. 41, n. 128, out./dez. 2002.

TARTUCE, Flávio. *Direito civil*: direito das coisas. Rio de Janeiro: Forense, 2014. v. 4.

TEJON, José Luiz. *Agricultura familiar:* marketing ético; onde o amor e o alimento se unem para sempre. Piracicaba: FEALQ, 2024. p. 95-101.

TEPEDINO, Gustavo; BARBOZA, Heloisa Helena; MORAES, Maria Celina Bodin de. *Código Civil interpretado*: conforme Constituição da República. Rio de Janeiro: Renovar, 2007.

THE NEW YORK TIMES. The money farmers, 3 set. 2019. Disponível em: https://www.nytimes.com/2019/11/03/world/europe/eu-farm-subsidy-hungary.html. Acesso em: fev. 2025.

TIME SIMPLE. Brasil bate recorde de expansão de usinas de energia em 2024. 14 jan. 2025. Disponível em: https://simpleenergy.com.br/brasil-bate-recorde-de-expansao-de-usinas-de-energia-em-2024/. Acesso em: fev. 2025.

TNC – THE NATURE CONSERVANCY. *Desenvolvimento rural sustentável: agroflorestas e soluções baseadas na natureza*. Disponível em: https://www.tnc.org.br/o-que-fazemos/nossas-iniciativas/desenvolvimento-rural-sustentavel/agroflorestas/. Acesso em: mar. 2025.

TOLEDO, Gastão Alves de. *O direito constitucional econômico e sua eficácia*. Rio de Janeiro: Renovar, 2004.

TOLEDO, Gastão Alves de. Ordem econômica e financeira. *In*: MARTINS, Ives Gandra da Silva; MENDES, Gilmar Ferreira; NASCIMENTO, Carlos Valder do (coord.). *Tratado de direito constitucional 2*. São Paulo: Saraiva Jur, 2010.

TOLEDO, Paulo Fernando Campos Salles de et al. *Comentários à Lei de Recuperação de Empresas*. 1. ed. em e-book baseada na 1. ed. impressa. São Paulo: Thomson Reuters Brasil, 2021. Disponível em: https://proview.thomsonreuters. Acesso em: fev. 2025..

TOMAZETTE, Marlon. *Contratos empresariais*. 3. ed. rev., atual. e ampl. São Paulo: JusPodivm, 2024.

TOMAZETTE, Marlon. *Curso de direito empresarial*: teoria geral e direito societário. São Paulo: Atlas, 2012. v. 1.

TRENNEPOHL, Natascha. *Mercado de carbono e sustentabilidade*: desafios regulatórios e oportunidades. São Paulo: Saraiva, 2022.

TRENTINI, Flavia. Contrato agroindustrial de integração. *Revista de Direito Civil Contemporâneo*, v. 24, jul./set. 2020.

TRENTINI, Flavia. Contrato de integração, o novo contrato típico agrário. *Conjur*, 10 nov. 2017.

TRENTINI, Flavia. *Teoria geral do direito agrário contemporâneo*. São Paulo: Atlas, 2012.

TRENTINI, Flavia; AGUIAR, Carolina Costa de. As cláusulas obrigatórias dos contratos agrários – e as várias agriculturas. *Conjur*, 30 mar. 2018.

UNITED STATES INTERNATIONAL TRADE COMISSION. *The Year in Trade*: Operation of the Trade Agreements Program. 2640. Washington, DC: Usitc Publication, 1993. (44th Report.)

VALOIS, Afonso Celso Candeira. Biodiversidade, biotecnologia e propriedade intelectual., *Cadernos de Ciência & Tecnologia*, Brasília, v. 15, 1998.

VALOR ECONÔMICO. EUA superam em US$ 60 bi teto definido para subsídio, 12 nov. 2020. Disponível em: https://valor.globo.com/agronegocios/noticia/2020/11/12/eua-superam-em-us-60-bi-teto-definido-para-subsidio.ghtml. Acesso em: 25 ago. 2023.

VALOR ECONÔMICO. Modalidade de seguro-garantia cresce 21% em 2022. 13 fev. 2023. Disponível em: https://valor.globo.com/patrocinado/dino/noticia/2023/02/13/modalidade-de-seguro-garantia-cresce-21-em-2022.ghtml. Acesso em: 25 ago. 2023.

VALOR ECONÔMICO. Novas regras da CVM definem papel de gestor e administrador de fundos: saiba quais são. 25 jan. 2023. Disponível em: https://valor.globo.com/financas/noticia/2023/01/25/norma-da-cvm-define-papel-de-gestor-e-administrador-de-fundo.ghtml. Acesso em: 2 out. 2023.

VALOR ECONÔMICO. Para aprimorar a minuto do FIDC socioambiental: os benefícios socioambientais devem ser verificados a partir de relatórios de segunda opinião. 14 jan. 2021. Disponível em: https://valor.globo.com/opiniao/coluna/para-aprimorar-a-minuta-do-fidc-socioambiental.ghtml. Acesso em: 2 jul. 2023.

VALOR ECONÔMICO. UE cria conflitos sobre desmatamento. 2025. Disponível em: https://valor.globo.com/opiniao/coluna/ue-cria-conflitos-sobre-desmatamento.ghtml. Acesso em: 29 jan. 2025.

VARGAS, Daniel Barcelos; DELAZERI, Linda Márcia Mendes; FERRERA, Vinícius Hector Pires. *O avanço do mercado voluntário de carbono no Brasil: desafios estruturais, técnicos e científicos.* São Paulo: FGV, 2022.

VARGAS, Daniel; PINTO, Talita; LIMA, Cicero. Transição verde: bioeconomia e conversão do verde em valor. *Agroanalysis*, v. 43, n. 9, set. 2023.

VARGAS, Daniel; PINTO, Talita; LIMA, Cicero. *Transição verde:* bioeconomia e conversão do verde em valor. Observatório de Conhecimento e Inovação em Bioeconomia. São Paulo: Fundação Getulio Vargas, 2023.

VENOSA, Silvio de Salvo. *Direito civil*. 12. ed. São Paulo, Atlas, 2012.

VENOSA, Sílvio de Salvo. *Direito civil:* contratos em espécie. São Paulo: Atlas, 2008.

VENOSA, Sílvio de Salvo. *Direito empresarial*. Barueri: Grupo GEN, 2020.

VIEIRA, Adriana Carvalho Pinto; BUAINAIN, Antônio Márcio. Aplicação da propriedade intelectual no agronegócio. *In*: PLAZA, Charlene Maria Coradini de Ávila; DEL NERO, Patrícia Aurélia; TARREGA, Maria Cristina Vidotte Blanco; SANTOS, Nivaldo dos (org.). *Propriedade intelectual na agricultura*. São Paulo: Fórum, 2012.

VIEIRA FILHO, José Eustáquio Ribeiro; GASQUES, José Garcia (org.). *Agricultura, transformação produtiva e sustentabilidade*. Brasília: Ipea, 2016.

VIEIRA FILHO, José Eustáquio Ribeiro; FISHLOW, Albert. *Agricultura e indústria no Brasil:* inovação e competitividade. Brasília: Ipea, 2017.

WAISBERG, Ivo. A viabilidade da recuperação judicial do produtor rural. *Revista do Advogado*, v. 36, n. 131, p. 83-90, out. 2016.

WAISBERG, Ivo; KUGLER, Hebert Morgenstern. O conceito de crédito imobiliário para fins de securitização imobiliária. Análise e crítica ao posicionamento atual da CVM. *Revista de Direito Bancário e do Mercado de Capitais*, São Paulo, n. 62, p. 127-139, 2013.

WAKSMAN, Muriel. Contratação de *hedge* em casos de CPR: mitigação de riscos. Organização Haroldo Malheiros Duclerc Verçosa. *ReDE – Revista de Direito Empresarial*, São Paulo, ano 3, n. 8, p. 225-238, mar./abr. 2015.

WALD, Arnoldo. Da desnecessidade de pagamento prévio para caracterização da Cédula de Produto Rural. *Revista Forense*, v. 374, p. 3-14, jul./ago. 2004.

WALENDORFF, Rafael. Fávaro negocia com Haddad mais recursos para o seguro rural. *Globo Rural*, ago. 2023. Disponível em: https://globorural.globo.com/noticia/2023/08/favaro-negocia-com-haddad-mais-recursos-para-o-seguro-rural.ghtml. Acesso em: 21 ago. 2023.

WAMBIER, Luiz Rodrigues. Diretrizes fundamentais do novo CPC. *In*: WAMBIER, Luiz Rodrigues; WAMBIER, Teresa Arruda Alvim. *Temas essenciais do novo CPC*: análise das principais alterações do sistema processual civil brasileiro. São Paulo: RT, 2016.

WAQUIL, Paulo Dabdab; MIELE, Marcelo; SCHULTZ, Glauco. *Mercados e comercialização de produtos agrícolas*. Porto Alegre: Editora da UFRGS, 2010.

WATANABE, Kassia *et al*. Contract farming in Brazil – an approach to Law and Economics. *Revista Direito GV*, São Paulo, v. 13, n. 1, jan./abr. 2017.

WEDEKIN, Ivan. *Política agrícola no Brasil*: o agronegócio na perspectiva global. São Paulo: Wdk Agronegócio, 2009.

WHALLEY, J. Why do countries seek regional trade agreements?. *In*: WHALLEY, J. *The regionalization of the world economy*. Chicago: University of Chicago Press, 1998. p. 63-90.

WILLIAMSON, Oliver. *The mechanisms of governance*. Oxford: Oxford University Press, 1996.

WINTER, Marcelo Franchi. Cédula de produto rural e teoria da imprevisão. *Revista de Direito Bancário e do Mercado de Capitais*, São Paulo, v. 15, n. 57, p. 171-199, jul. 2012.

WORLD TRADE ORGANIZATION. *General Agreement on Tariffs and Trade 1947*. Disponível em: http:// www.wto.org. Acesso em: fev. 2025.

WRIGHT, B. D.; HEWITT, J. A. All-Risk Crop Insurance: Lessons from Theory and Experience. *In*: HUETH, D.L.; FURTAN, W.H. *Economics of agricultural crop insurance*: theory and evidence. Boston: Kluwer Academic Publishers, 1994.

YAZBEK, Otavio. Estruturas de negociação e agentes de mercado. *In*: YAZBEK, Otavio. *Regulação do mercado financeiro e de capitais*. 2. ed. ampl. Rio de Janeiro: Elsevier, 2009.

YAZBEK, Otávio. O risco de crédito e os novos instrumentos financeiros: uma análise funcional. *In*: WAISBERG, Ivo; FONTES, Marcos Rolim Fernandes (coord.). *Contratos bancários*. São Paulo: Quartier Latin, 2006.

ZAK, P. J. Institutions, property rights, and growth. *Recherches Economiques de Louvain*, v. 68, n. 1, p. 55-73, 2002.

ZYLBERSZTAJN, Decio. *Caminhos da agricultura brasileira*. São Paulo: Atlas, 2011.

ZYLBERSZTAJN, Decio. Conceitos gerais, evolução e apresentação. *In:* ZYLBERSZTAJN, Decio; NEVES, Marcos Fava. *Economia & gestão dos negócios agroalimentares*. São Paulo: Pioneira, 2000.

ZYLBERSTAN, Decio; NASCIMENTO, Viviam Ester de Souza; SAES, Maria Sylvia Macchione. Direitos de propriedade, investimentos e conflitos de terra no Brasil: uma análise da experiência paranaense. *Revista de Economia e Sociologia Rural*, [S.L.], v. 48, n. 3, p. 705-748, set. 2010.

ZYLBERSZTAJN, Decio; NEVES, Marcos Fava (org.). *Economia e gestão dos negócios agroalimentares*. São Paulo: Pioneira, 2000.

ZYLBERSZTAJN, Decio; NEVES, Marcos Fava; CALEMAN, Silvia M. de Queiroz. *Gestão de sistemas de agronegócios*. São Paulo: Atlas, 2015.